붉은 뱀의 춤

가톨릭(Catholic, 그리스도교)의 본질에 대한 이해

가톨릭(Catholic, 그리스도교)의 본질에 대한 이해

붉은 뱀의 춤

초판 1쇄 인쇄일 2023년 8월 10일
초판 1쇄 발행일 2023년 8월 22일

지은이 주묵성
펴낸이 양옥매
디자인 송다희 표지혜
마케팅 송용호

펴낸곳 도서출판 책과나무
출판등록 제2012-000376
주소 서울특별시 마포구 방울내로 79 이노빌딩 302호
대표전화 02.372.1537 팩스 02.372.1538
이메일 booknamu2007@naver.com
홈페이지 www.booknamu.com
ISBN 979-11-6752-349-5 (03230)

붉은 뱀의 춤

가톨릭(Catholic, 그리스도교)의 본질에 대한 이해

■

주묵성 지음

■

책과나무

일러두기

1. 예수(Jesus)가 육체를 취하여 지상에 강림(降臨)한 신이자 역사적 실존 인물이며 영혼의 구원자라고 주장하는 그리스도교(가톨릭, 基督敎)는 2023년 현재 전 세계적으로 34,000여 분파로 나뉘어 있고, 각 분파는 저마다 자신의 종파가 서기 1세기에 설립된 초대 교회의 정통(正統)을 계승하는 '참' 그리스도교라고 주장한다. 본서에서는 초기 그리스도교는 루터의 종교 개혁 시점(AD 1517)까지 통상적으로 '가톨릭(Catholic)'으로 불렸다는 점에서, 가톨릭을 그리스도교의 원형으로 삼아 '그리스도교'에 대해 고찰한다.

2. '미스테리아'(Mysteria)는 그리스도교 형성 훨씬 이전부터 존재했던 이집트·그리스·시리아·이탈리아 등지의 '신비주의 신앙' 또는 '신비한 가르침'을 표현하는 고유명사인데, 본서에서는 '신비종교', '신비신앙', '신비사상' 또는 '밀교'(密敎) 등을 미스테리아로 표기하였다.

3. '종교'(Religion)라는 용어는 오늘날 일반적으로 체계화되고 조직화된 특정 종교를 지칭하는 의미로 사용되는데, 고대 문화권에 등장했던 신 숭배 현상은 특정 종교로 규정되지도 않았고, 국가 구성원 전체가 문화전통 형태로 보유하고 간직해 온 전통의 계승이었다는 점에서, 고대 신앙 체계에 대해서는 '종교'라는 용어 대신 '종교전통'이라는 용어를 사용하였다.

4. 성서는 히브리어 원문과의 '내용 동등성'에 관점을 둔 번역본 『공동번역성서』(대한성서공회 발행)와 '형식일치'에 주안점을 두고 번역한 『성경』(한국천주교중앙협의회 발행)을 사용했다.

5. 구약성서는 다윗(BC 1010~970 재위) 왕조 시기부터 유대 민족의 조상인 '히브리인'들의 전설과 신화를 문자로 기록한 문헌인데, 본서에서는 구약성서는 '히브리 신화'라는 용어와 병용하고, 히브리 신화의 속편 성격으로 예수의 이야기를 담고 있는 신약성서의 복음서는 '예수 신화'라는 용어와 병용하였다.

6. 가톨릭 교의에 관한 부분은 가톨릭대학 사제양성과정에서 수학한 내용과 사제 생활 중 접한 가톨릭의 가르침 내용을 통합·정리하여 기술하는 형식을 취하였으므로 사항별 별도의 주는 달지 않았다. 제시된 내용에 대해서는 참고도서를 참조 바란다.

7. 기타 내용 중 일반적으로 널리 알려진 부분에 대해서는 주를 생략하였고, 인용 도서의 문장을 그대로 옮긴 부분에 대해서만 주를 달았다.

8. 문장 중 필요하다고 판단되는 보충 내용은 별도의 목록을 찾아보는 번거로움을 피하도록 문장 안이나, 관련 지면의 하단 주(註)에 첨부하였다.

9. 한정된 주제에 대한 논리 전개의 특성상, 반복되는 문장이나 구절의 등장에 대해 독자의 양해를 구한다.

10. 인용도서나 참고도서의 표기는 저자명을 먼저 표기하는 기존의 방식 대신 도서명을 먼저 표기하는 형식을 취하였다.

11. 종교는 진실성과 합리적인 이성의 측면에서 바라볼 때 '참'과 '거짓'의 문제로 판단되는바, 필자는 본서를 통해 가톨릭(그리스도교)이 철저하고 치밀하게 조작된 허구의 단체, 거짓 종교임을 살펴보고자 한다. 참고로 '있음'을 입증하는 증거가 없으면 그것은 없는 것으로 보는 것이 타당하다. 그럼에도 '있음'에 대한 확인이나 근거 없이 '있다'고 단정 짓거나 '있는 것처럼' 꾸미는 것은 조작이며 날조다.

12. 본서는 필자의 전작 『가톨릭, 그 허구의 모래성에 대한 고찰』의 개정·증보판 형태로 집필되었다.

13. 『진화란 무엇인가』의 저자 에른스트 마이어의 말처럼 설득당하기를 원치 않는 사람들은 어떤 증거를 들이대도 믿지 않을 테지만, 본서가 신과 종교 그리고 인생에 대해 진지하게 성찰하는 작은 계기가 되기를 바란다.

누가 신을 보았다 하는가?

신은 '상상적 관념의 산물'일 뿐이다.

그럼에도 사람들이 신을 믿는 것은

신이 존재한다고 믿도록 권고를 받았거나, 강요당했거나

그것이 아니면, 신이 존재하기를 희망하고

그것이 자신에게 유익할 것이라는 망상 때문이다.

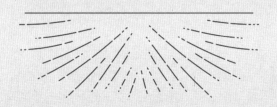

참을 수 없는 존재의 비열함

21세기, 과학 문명의 발달로 자연과 우주에 대한 신화화(神話化)가 소멸된 오늘날에도, "보이지 않는 곳에서 보이지 않는 힘으로 역사를 관장하는 보이지 않는 초월적인 존재[神, God]가 있다."고 호도하는 사람, 또는 집단이 있다. 종교라는 망토를 걸친 고결한 몽상가들이다.

지금 이 책을 펴든 독자 앞에 가톨릭[1] 주교(主教)가 서 있고, 그에게 "주교님은 정말로 신 존재와 육신의 부활과 내세(來世)의 영원한 삶을 믿습니까?"라고 묻는다면, 그는 분명 "당연하지요!"라고 답할 것이다. 하지만 그가 자신의 처소로 돌아와 거울에 비친 자신의 모습을 보면서도 그렇게 답할 수 있을까? 그가 거울에 비친 자신을 향해 "나는 신과 육신의 부활과

---

1 'Catholic'이라는 용어는 본래 고대 로마제국이 국교(國教)를 정할 때 특정 종교를 '제국민 모두가 믿을 수 있는 보편적인 종교' 곧 'Catholic'으로 선포한 데서 유래한다. 서기 392년에 로마제국의 테오도시우스 황제는 그리스도교를 국교로 선포했고, 이때부터 그리스도교는 '로마제국의 보편종교', 곧 '로마제국의 가톨릭'이 되었다. 이후 가톨릭이라는 용어는 그리스도교를 지칭하는 고유명사로 사용되었고, 오늘날에는 '로마 가톨릭교'를 지칭한다.

영원한 삶을 흔들림 없는 신념으로 믿는다."고 말한다면 그는 자신이 인간의 상상으로 빚어낸 망상(妄想)을 실재(實在)로 믿는 어리석은 바보라고 고백하는 꼴이 되고, "나는 그런 것을 사실로 믿지 않는다."고 말한다면 그는 자신이 위선과 가식의 허울 속에 살고 있는 형편없는 인간이라는 고백이 되는 딜레마에 봉착하게 된다. 그는 자기 자신에게 어떤 답을 제시할 수 있을까?

우리는 누구나 무제한적인 사유(思惟)의 극단에서 궁극적 존재로서의 어떤 초월적인 행위자를 '상상'할 수 있고(神話), '육체 없이도 인간의 정신은 독립적으로 존재할 수 있다'(데카르트)거나, '죽은 육체를 떠나서도 생명은 자체적으로 존속한다'(플라톤)는 '생각'을 할 수 있다. 하지만 그런 상상이나 생각을 한다고 해서 그것이 사실이거나 진실이 되는 것은 아니다.

(실제로는, 신화나 종교전통들이 말하는 '초월적 행위자' 또는 '궁극적 실재로서의 신'은 인간 지성이 상상하는 최고 이상형(理想型)의 투사나 대상화로서의 '완전자', 곧 '관념적 최고의 이상(理想)', '상상 속 초월적 가상(假想)의 실재(實在, entity)', '신화적 환영(幻影)'에 불과하다. 따라서 살아 움직이는 인격체로서의 신 같은 것은 존재하지 않거니와, 인간의 관념 속 상상으로만 존재하는 신이 실제적 실체로 자신의 존재성이나 정체성을 드러내는 일은 있을 수 없고, 어떤 작동성을 발휘하는 일도 있을 수 없다. 또 뇌(腦) 기능과의 연관성 없이 정신은 독립적으로 생성되거나 존재할 수 없고, '살아있는 유기체의 목숨' 또는 '유기체가 살아있는 상태'를 의미하는 생명도 유기체를 떠나 독립된 실체로 존재할 수 없다. 생명은 육체의 물리 · 생화학적인 신진대사의 정지로 소멸된다.)

우리는 또 가상의 동물인 용(龍)을 '특별한 형체를 지닌 생물'로 상상하듯이, '형체가 없는' 가상의 영적인 존재들(신이나, 영혼, 천사, 천국 등)을 어떤 '형체를 지닌' 존재처럼 상상할 수 있다. 그리고 그 연장선상에서 신이 손으로 흙을 빚어 사람을 창조했다거나, 천사는 날개를 갖고 있고, 천국은 아름다운 꽃밭이 펼쳐져 있는 낙원 같은 곳이라고 상상할 수 있다. 하지만 그런 상상은 '형체가 없는 것'의 본질적인 모습을 표상하지 못한다. 말 그대로 추상적인 상상에 머물고 만다.

'형체가 없는 어떤 것', 또는 '형체가 없는 어떤 실체'(영적 존재)는 그 실재성이 입증되지도 않았고, '형체가 없는 어떤 것'을 — 어떤 형체를 지닌 것처럼 생각하는 사유를 배제한 상태에서 — '형체가 없는 어떤 것' 자체로 상상하는 것은 사실 불가능하다. 곧, 우리는 '형체가 없는 어떤 것' 자체를 상상할 수 없다. 형체가 없는 것은 상상의 대상이 될 수 없기 때문이다.[2] 그리고 상상의 대상이 될 수 없는 것은 탐구나 관찰의 대상도 될 수 없으므로 그런 것들의 본질적인 모습이나 형태, 성격 같은 것을 규정할 수 없다. 따라서 탐구의 대상이 될 수 없는 상상의 동물인 용(龍)의 속성에 대해 말하는 것들이 모두 허구적 가설에 불과한 것처럼, 인간이 상상으로 창출해낸 초월적 존재로서의 신이나 영혼·내세는 인간의 상상 속 관념으로만 존재하므로, '관념적 상상의 산물을 마치 실재하는 어떤 실체적 존재인 것처럼 말하는 것'은 모두 가정적 추론이자, 허구이며, 거짓이다.[3]

---

2   이 순간에 독자는 실체가 없는 '사랑'이라는 관념을 떠올릴지 모르겠다. 하지만 사랑은 두뇌 작용으로 발현되는 정신이나 감정을 이르는 말이지 실체나 존재가 아니다. 즉 정신의 발현인 사랑은 존재적 실체로 이해되는 신이나 영혼과 등치되는 개념이 아니다. 혹자는 전자기파나 자외선·적외선 등의 빛 파장 또는 소리의 진동 같이, 형체 없이 존재하는 것들이 있다고 말할지도 모르겠다. 하지만 과학계는 파장이나 진동도 기계장치로 감지되고 분석되는 실체, 형체로 분류한다. 즉 그런 것들은 '진동이나 파장이라는 형태로 존재하는 실체'라고 설명한다.

3   신은 관념의 산물이며 가상의 실재이므로, "신은 전능하다, 신은 윤리 도덕의 원천이다" 등, 신의 속성에 대해 말하는 것들은 모두 종교적 상상으로 도출해 낸 추측성 가정 논리일 뿐이다.

이런 점에서, 누군가가 '사실로 입증되지 않은 어떤 것'들 — 예를 들어, 신이나 영혼이 존재한다거나 하늘 어딘가에 영생을 누리는 천국이 있다고 말하는 것, 예수가 부활했다거나 종교 성전(聖戰)의 전사자는 내세에서 72명의 처녀를 만난다고 말하는 것, '위령미사'나 '조상해원(解寃)의식'을 거행하면 죽은 이들의 영혼이 면죄의 은총을 받는다거나 그들의 원한이 해소된다는 것 등 — 이 '참된 진리라고 믿을 만한 타당한 이유가 전혀 없음'에도 불구하고, 주관적인 판단에 따라 그것을 사실로 믿고, 자신이 사실이라고 믿는 것을 절대 진리인 것처럼 호도하는 것을 통해 개인적인 모종의 이익(부나 명예나 명성 등)을 도모한다면, 그것은 타인에 대한 우롱(愚弄)이자 기망(欺罔)이며 사기(詐欺)이다. 나아가 사실이 아닌 것을 사실인 것처럼 의도적으로 조작하거나 날조하고, 그것을 진실이라고 호도하는 것을 자기 안위의 방편으로 삼는다면 그것은 참으로 비열한 일이다.[4]

가톨릭(그리스도교)은 지난 2,000여 년 동안 야훼(Yahweh)라는 이름의 신이 유일하게 존재하는 '참' 신이고, 자신들의 교회는 예수(Jesus)에 의해서 베드로를 통해 창설되었으며, 종교적 포괄주의[5]의 입장에서 베드로의

---

4 종교적 언설은 소위 종교 지도자라는 사람들이 말했다고 해서 그 자체로 '참'이 되는 것이 아니다. 종교적 언설이 참이 되기 위한 필요충분조건은 — 종교적 망상이 아니라 — 그 언설이 대상으로 삼는 신성한 존재가 '실제로 있어야 한다는 것'이다. 하지만 초월적 존재나 궁극적 실재의 존재성 또는 실재성은 입증되지 못했고, 그런 존재가 실재한다는 증거도 없다. 따라서 종교 지도자라는 사람들의 말을 아무런 성찰 없이 무작정 진리로 믿는 사람들은 '그들이 그렇다고 하니 그런가 보다'라는 막연한 마음으로 받아들이는 것이겠지만, 사실로 확인되지 않은 허구적 가설을 불변의 진리로 믿도록 호도하고 선동하는 것은 기만이다. 대부분의 사기는 그런 방식으로 이루어진다. 거짓은 실체의 진상이 왜곡되거나 가려진 곳에서 시작된다.

5 '종교적 포괄주의'는, 타 종교에는 구원이 없고 오직 자신의 종교만이 구원을 제공한다는 배타주의와는 달리, 유일신의 다양한 형태의 현존 방식에 따라 타 종교에도 구원에 필요한 진리가 내포되어 있을 수 있다는 견해를 갖는다. 그러면서도 '완전한 구원에 필요한 참된 요건'은 오직 자신의 종교에만 있다는 독단적인 태도를 취한다. 가톨릭의 '종교적 포괄주의' 관점

적통 후계자인 자신들만이 완전한 구원과 영생을 부여하는 신앙의 '참' 진리를 간직하고 있다고 주장해 왔다. 그리고 자신들이 신봉하는 신 야훼를 믿으면 천국에서 영원한 삶, 영생의 복락을 누리겠지만, 신의 실재성을 믿지 않는 자들은 불타는 지옥의 용광로에서 영원한 고통을 겪을 것이라는 회유와 협박[6]으로 교세를 유지하면서, 소위 교회 성직자라는 사람들만의 아성(牙城)을 구축해 왔다.[7] 하지만 그들의 주장은 모두 조작과 날조로

에는 자신의 종교는 구원의 완전성을 갖춘 일류 종교이고 타 종교는 미완의 이류나 삼류 종교라는 종교 서열주의, 분리주의, 차별주의의 오만한 독선이 내포되어 있음을 반영한다. 가톨릭은 이교 신앙인들은 예수를 알지 못하므로 온전한 그리스도인이 아니지만 구원에 필요한 진리를 일정 부분 갖고 있다는 측면에서 그들을 '익명의 그리스도인'이라고 칭한다. 가톨릭은 제2차 바티칸공의회(1962~1965) 이전까지는 가톨릭에만 구원이 있다는 배타주의 입장을 취하면서 이교도를 대상으로 가톨릭으로의 개종을 강요했고, 개종을 거부하는 자들을 무참히 학살하는 만행을 자행한 역사를 갖고 있다. 가톨릭의 포괄주의 입장으로의 전환은 가톨릭 집단지성이 계몽된 결과가 아니라 더 이상 무력이나 강권으로 이교도의 개종을 강요할 수 없다는 현실적인 판단 — 국제 다원화 환경의 시대정신이 더 이상 그러한 만행을 용납하지 않을 것이라는 판단 — 과, 가톨릭의 관대·관용성을 호도하고자 하는 선교 전략적 계산으로 이해된다.

6 '영원히 꺼지지 않는 불길이 타오르는 지옥'(묵시 20,14~15)은 우주 어디쯤 있는가? 가톨릭은 그런 물리적인 지옥이 실제로 있는 것처럼 호도하고, 신을 믿지 않거나 교회에 불복종하면 지옥의 벌을 면치 못하고 영생을 얻지 못한다는 겁박으로 인간의 공포 본능을 자극하는 전략을 통해 사람들을 교회 권력에 종속시켜 착취한 역사를 갖고 있다. 면죄부가 대표적이다. 가톨릭은 자신들 주장의 정당성을 강조하고 공포심을 조장하기 위해 불타는 지옥 그림으로 성당 벽면을 치장하기도 했다. 최근에 와서야 지옥은 실제로 불타는 용광로가 있는 어떤 장소가 아니라 신과 영원히 결별하는 상태를 의미하는 상징적인 묘사라고 말하지만, 지금도 "죄지으면 지옥 가서 벌 받는다."고 입버릇처럼 말하면서 심약한 인간들을 위협한다. 리처드 도킨스의 말처럼 그렇게 말하는 사람들은 지옥이 없는 것을 다행스럽게 여겨야 할 것이다. 그런 것이 실제로 있다면 허위로 인간을 기만한 그들은 결코 지옥행을 면치 못할 것이기 때문이다.

7 냉철하게 바라보면, 가톨릭(그리스도교)이 보장한다고 주장하는 영생을 얻을 희망으로 교회를 찾아간 신자들은 단지 교회 성직자들의 생계와 유희, 교회 권력 유지를 위한 도구이자 헌금 제공자일 뿐이다. 가톨릭(그리스도교)이 말하는 구원이나 영생 같은 것은 가공의 산물일 뿐 애당초 존재하지 않기 때문이다. 독자는 본문을 통해 그것을 확인할 수 있을 것이다.

꾸며 낸 거짓이다!

　가톨릭이 신 존재의 근거와 신앙 교의의 토대로 삼고 있는 『구약성서』
는 타 문화권 종교전통의 신화(神話)들과 마찬가지로, 가상의 초월적 존재
[神, God]를 추정하고 상상한 고대 히브리인(유대인)들의 신화일 따름이므
로, 역사적 사실성이 결여된 신화에서 도출해 낸 신 존재나 신앙 교의는
'종교적 가정과 추론'일 뿐, 그것이 사실이거나 불변의 절대 진리일 수 없
다.[8] 신이 사람의 모습으로 지상에 내려와 설립하였다고 가톨릭이 말하는
'교회'(신자들의 공동체 또는 신앙 조직) 역시 예수에 의해서도, 베드로 위에
설립된 것도 아니다. 교회는 예수가 부활하고 승천했다는 서기 30년 전후
에 세워진 것도 아니고, 예루살렘 교회라는 것은 존재하지도 않았다.

　교회는 서기 70년 이후 로마제국의 추방령에 의해 난민이나 노예 신분
으로 팔레스타나 본토를 떠나온 유대인들 중에 신원이 불분명한, 하지만
새로운 종교 설립을 통해 신분 상승과 기득권 구축을 도모하고자 한 자들
이 2세기 초, 고대 신비신앙[Mysteria]의 『예수 신인(神人) 신화』에서 언급

8　신(神)은 몇 개의 눈을 가졌는가? 팔다리가 있는가? 그는 생각이나 사고 작용을 일으키는
　　특별한 기관을 갖고 있고, 인간과 상호 직접적인 통교나 대화가 가능한 실체적 존재인가?
　　가톨릭의 주교나 신부, 개신교의 목회자나 선교사 등, 소위 그리스도교 계열 종교 지도자라
　　는 사람들은 '신은 형체가 없는 영적인 존재이지만 만물을 보고, 사유하는 이성을 갖고 있
　　고, 인간의 기도를 듣고, 인간에게 필요한 은총을 베풀고, 인류의 역사를 종말론적인 계획으
　　로 이끄는 능력의 소유자'라고 말한다. 그런데 그렇게 말하는 그들은 형체 없이도 어떤 작용
　　과 작동을 일으킨다는 그런 초월적인 존재를 두 눈으로 보았거나, 만났거나, 그와 직접 대화
　　를 나눈 일이 있을까? 신이 은총을 베풀거나 어떤 작용을 일으켜 암환자를 치유하거나, 차
　　사고가 났는데 안 다치게 하거나, 누군가를 임용 고시에 합격시키는 것을 본 일이 있을까?
　　없을 것이다. 그리고 그런 경험이 있다고 말한다면 그것은 거짓이다. 형체가 없는 신이 하
　　늘 저 멀리 어딘가에 '사람 형상'의 인격적인 실재(實在, entity, 인간의 의식으로부터 독립하여
　　객관적으로 존재하는 본질적인 실체)로 존재한다거나, 그가 무언가 작용을 일으키고 세상사나
　　개개인의 인간사에 관여한다고 생각하는 것은 '관념적 상상'으로 빚어낸 신화적 공상에 불
　　과하기 때문이다.

하는 '가상의 신화적 존재인 예수(그리스어 Iesous)'를 실제 역사적 실존 인물이자 구약성서[히브리 신화]에서 예시(豫示)하는 구원자 그리스도인 것처럼 꾸며 날조한 거짓 문서['예수 신화', '복음서']의 토대 위에 설립한 허구의 단체, 거짓 종교다.

가톨릭이 고대 『히브리 신화』(구약성서)가 말하는 관념적 상상의 산물로서의 신을 마치 실재하는 실체적 존재인 것처럼 호도하는 거짓 논변과, 『예수 신화』(복음서)의 허구 위에 구축된 거짓 종교라는 것은 다음의 사실로도 확인된다. ⅰ) 가톨릭이 신봉한다는 신 야훼나 구원자로서의 예수는 인류 역사 안에서 '객관적으로 인정될 수 있는 형태'로 직접 자신의 존재성이나 실체성을 드러낸 일이 없고,[9] ⅱ) 가톨릭은 신이나 영혼, 내세, 영생 같은 것들이 실제로 있다고 말하지만, 그런 것들이 존재한다는 명확한 증거나 근거를 길게는 4천 년(히브리인들이 야훼를 체험하였다는 BC 18세기부터), 짧게는 2천 년(예수가 교회를 세웠다는 AD 30년경부터)이 넘는 오늘의 시점까지 제시하지 못하고 있다. ⅲ) 또 가톨릭이 말하는 신앙 신조를 믿었던 사람들 중의 누군가가 생물학적인 죽음 이후 교회가 말하는 것처럼 부활했다거나 내세에서 영생의 복락을 누리고 있다는 것이 확인된 사실도 없고, ⅳ) 어느 누구도 천국의 지복을 누리고 있노라고 지상으로 돌아와 증언한 일도 없다. 가톨릭이 주장하는 신앙 신조의 타당성이나 정당성이

9　가톨릭의 신 야훼나 예수는 고대 신화 — 히브리 신화, 예수 신화 — 에만 등장할 뿐, 그런 존재의 현현을 공적으로 또는 객관적으로 인정될 수 있는 형태로 체험했다는 사람의 증언은 없다. 간혹 '간증'이라는 형태로 신 체험을 이야기하는 사람들이 있지만, 이는 개인적으로 체험한 어떤 상황이나 상태를 주관적인 신앙의 관점으로 해석하여 그것이 마치 신의 영적인 이끎이나 섭리로 빚어진 현상인 것처럼 말하는 자기 환상에 불과하다. 실제 사실이라는 확인이나 증명이 불가능한 주관적이고 개인적인 신 체험의 주장은 참된 진술로 인정될 수 없다.

4천여 년이 지나도록 입증되지 못하고 있는 것이다.

사실이 이러하므로, 필자는 (가톨릭교회 설립 이후) 지난 2,000여 년 동안 — 자신들의 종교가 허상의 신을 실재라고 속이는 기만과 날조된 문서의 토대 위에 설립된 거짓 종교라는 사실을 은폐하고 — 야훼라는 신이 유일하게 존재하는 '참' 신이고 가톨릭(그리스도교)만이 구원과 영생을 부여하는 '참' 종교라는 터무니없는 주장으로 인류와 역사를 기망하고, 또한 그것을 종교권력과 기득권 유지의 수단으로 삼아 온 교회의 성직자들에게 참을 수 없는 존재의 비열함을 느낀다.[10]

'확증편향'(자신의 신념이나 선입관에 일치하는 정보만을 인정하고, 불일치하는 정보는 무시하는 성향)의 오류로 강화된 왜곡된 신념은, 추후 그것이 오류였음이 확인되거나 잘못된 신념으로 밝혀졌을 때 '아니면 그만이지'라는 차원에서 마무리되거나 무마되는 성질의 것이 될 수 없다. 잘못된 신념은 무고한 시민을 마녀로 모함하여 학살하거나 자신과 다른 신념을 가진 자들을 학대하는 것을 정당화하기도 하고, 비행기를 빌딩에 충돌시켜 불특정 다수의 선량한 사람들을 살상하는 일을 신에 대한 헌신으로 미화

---

10   신이나 예수의 실재성이나 초월적 능력의 작용성을 입증하는 근거는 그 무엇도 제시하지 못하면서 영생과 구원을 보장한다는 허설을 수단 삼아 경제적·정치적·종교적 권한을 구축한 가톨릭 제도교회의 수장인 교황은, 교회 안에서 누리는 명예와 권력을 내려놓지 못하는 인간적인 욕망 때문에 가톨릭이 허구 위에 구축된 거짓 종교라는 것과 자신들이 주장하는 신앙 신조가 허위라는 사실을 밝히지 못할 것이다. 또 제도교회의 권력을 등에 업고 각자가 관리하는 교회 안에서 중세 봉건사회 영주 같은 권한을 행사하는 주교나 신부들 역시, 검증 불가능한 '추정적 가설과 날조로 정형화한 신앙 신조'로 신도들을 기망하는 행태를 통해 생계와 명성을 유지한다는 점에서 비열한 인간의 한 단면을 보인다. 필자는, 본인이 한때 아무런 문제의식 없이 그런 집단에 소속되어 그런 삶의 행태를 보이며 살았던 것을 한없이 부끄럽게 생각한다.

하고 칭송하는 비이성적인 행태를 낳기도 하기 때문이다. 따라서 자신이 가진 종교적 신념이 합리적이고 이성적인 사고에서 구축된 것인지를 냉철하게 성찰하고 검증하는 것은 참으로 중요한 일이라 할 것이다.

필자는 본서에서 ⅰ) 가톨릭 신앙 교의의 토대인 고대『히브리 신화』와『복음서』의 저술 과정을 고찰하고,『구약성서』와『복음서』라는 이름으로 날조된 문서의 기반 위에 설립된 가톨릭(그리스도교)은 어떠한 영생의 약속도 보장해 주지 못하는 허구의 거짓 종교라는 것을 살펴볼 것이다. ⅱ) 다음으로, 가톨릭이 교회 존립과 존속의 정당성을 주장하기 위해 전개하는 호교론적 논변들의 비합리성과 비논리성을 살펴볼 것이다. 그리고 이를 통해 '신 존재는 인간이 추측과 가정으로 도출해 낸 상상적 관념의 산물일 뿐이므로, 종교가 말하는 영생이나 구원은 현실성이나 실제성이 없는 추상적 몽상(夢想)과 종교적 망상(妄想)에 불과하다'는 것을 밝힘으로써, 신앙인들이 '현세의 삶은 내세와 영생의 삶을 준비하는 속죄와 수련의 장'이라는 왜곡된 가치관에서 탈피하여 자연의 일부로서의 자신의 현 실존을 냉철하게 직시하고, 두 번 다시 주어지지 않을 현실의 삶에 충실을 기하는 것이 인생의 참 몫임을 진지하게 받아들이는 선택을 돕고자 한다.

아울러 단 한 번뿐인 소중한 인생을 기껏, '실체가 없는 허상의 신과 허구의 내세나 구원(救援)이 마치 실제인 것처럼' 거짓으로 호도하며 사람들을 기망하는 것을 수단 삼아 연명하는 사람들에게는, 본인이 자신의 유익을 위해 동료 인간들을 도구화하는 비열하고 비루한 존재일 뿐이라는 사실을 겸허하게 받아들이고, 진정으로 '인격자답고 인간다운' 자신의 참삶의 몫을 되찾는 용기를 갖도록 돕고자 한다.[11]

---

11 지난 연말, 가톨릭의 전임 교황 베네딕토 16세가 서거했다(2022.12.31). 그가 생전에 ─ 필자

비판의식(批判意識) 없는 맹목적인 신앙관을 갖고 있고, 교회의 가르침이라면 그것이 무엇이든 진리로 여기는 사람들은 필자의 말을 일고의 가치도 없다고 비난할 것이다. 또 필자의 논변을 받아들이지 못하고 자신의 왜곡되고 굴절된 종교적 신념을 되지도 않는 논리로 방어하고 고집하면서 고수하려는 자들도 있을 것이다. 필자는 다만 본서가 이성적인 사고와 합리적인 판단력을 가진 사람들에게는 신앙과 종교에 대해 한 번쯤 진지하게 생각해보는 계기가 되고, 자신의 종교와 구원의 문제, 나아가 종교와 결부된 자신의 인생을 새로운 시각으로 바라보는 데 작으나마 도움이 되기를 희망할 따름이다.

영국의 총리를 역임한 윈스턴 처칠(1874~1965)은 개인의 종교적 신념에 관한 물음에, 자신은 사후 세계를 믿지 않지만 신의 신성한 섭리가 존재한다고 가정하는 것이 때로 편하거나 유쾌하거나 흥미로울 수 있다고 생각한다고 말한 바가 있다.[12] 그의 말처럼 견뎌 내야 할 현실의 고달픔에 힘겨워하는 사람들은 신의 위로나 내세의 영생을 가정하는 것을 통해 심리적·정서적인 위안을 얻을 수도 있을 것이다. 하지만 그것은 '환상에 매여 화석화(化石化)된 자기 위안'일 뿐 아무런 효과도 없는 신기루에 불과하

가 뼈저리게 체험한 자각처럼 — '인디언 기우제'와 다를 바 없이 '실체가 없는 허상의 신에게 아무런 효용성도 없는 종교 의례를 바치는 부질없는 일로 인생을 허비하고, 종교 지도자라는 타이틀을 내세워 도덕 선생 행세나 하는 삶을 살아왔다는 자각'을 가졌을지 궁금하지만, 만일 진실을 외면한 채 자기 합리화를 통해 개인적으로는 제도교회의 수장을 역임하며 명성과 영화를 누렸으니 나름 성공한 인생을 살았노라고 자위했다면 동료 인간으로서, 또 동료 사제로 살았던 사람으로서 그의 인생에 연민을 갖지 않을 수 없다. 필자는 그가 자기 내면의 양심 앞에, '자각은 했으나 삶의 안위와 구축된 명예를 포기할 용기가 없어 어쩔 수 없이 교회의 사제로 계속 살 수밖에 없었다'는 지극히 인간적이고 인격자다운 회한을 가졌기를 바라고, 고인의 죽음에 애도를 표한다.

12 『영웅들의 세계사』, 폴 존슨 저, 왕수민 역, 웅진지식하우스, 2009. p. 332.

다. 위로를 안겨 주는 신 같은 것은 있지도 않거니와, 신의 위로를 받았다고 생각하는 것조차 '자기 망상'에 불과한 것이기 때문이다. 필자는 그들이 자신의 주체적 자존감을 회복하고 건전한 정서적 건강을 회복할 수 있기를 기원하는 마음이다.

그가 누구이든 종교 지도자라면 일단 존중하고, 그 어떤 형태의 종교든 종교 신앙을 신성시하는 우리 사회의 풍토에서, 무작위로 쏟아질 비난의 위험을 무릅쓰고 종교 비판 서적의 출간을 허락해 준 '책과나무' 출판사 양옥매 사장님께 깊이 감사드린다. 또 본서 디자인과 교정을 맡아 수고해 주신 관계 직원분들께 감사드린다. 가톨릭 전주교구 전임 교구장 주교와 신부들에게도 감사드린다. 그들이 아니었다면 '허구의 모래성에 불과한 교회'라는 우물 안에서 바라보는 인생과 세상이 전부인 것처럼 착각하는 '완장 찬 어릿광대 개구리' 신세를 면치 못했을 것이다. 특별히, 교회를 떠나 진실을 말할 수 있도록 용기를 북돋아 준 본가 가족들에게 무한한 애정과 감사를 드린다. 그리고 가톨릭 사제로 사는 동안 '신화적인 망상에 갇혀 허상을 꿈꾸는 삶'이 아니라, 일상의 소소하고 평범한 삶이 진정 소중한 삶의 몫이며 행복임을 새삼 일깨워 주신 존경하는 아버지께 이 책을 바친다. 그럼 처음의 질문으로 글을 시작하자.

"주교님! 주교님은 진정 육신의 부활과 영원한 삶을 믿으십니까?"

차례

히브리 신화

예수 신화

붉은 뱀의 춤

부록: 가톨릭 사제, 신부(神父)

서설

가톨릭에 구원은 있는가?

신화에 근거한 가톨릭 몽상가들의 망상(妄想)

* 아래 도입부의 내용은 가톨릭이 제시하는 종교 교의의 일부다.
  (   )부분은 가톨릭이 가르치는 교의에 대한 부연 설명이다.

* 가톨릭 종교 교의는 '신이 존재한다'는 가정적 전제 속에, '신화적 상상과 관념
  적 추정'으로 도출해 낸 비상식적이고 비합리적인 명제를 마치 실제 사실인 것
  처럼 제시하는 호교론적·작위적 논변이라는 것을 쉬 확인할 수 있을 것이다.

- 궁극적 초월자로서의 신은 '야훼'만이 존재하고, 나머지는 모두 미신이다. (야훼는 '성서'에 실재하는 신이라고 기록되어 있으니 실제로 존재하는 것이 분명하고 다른 신화의 신들은 인간이 상상으로 도출해 낸 가상의 존재다. 그런 것이 아니라면 야훼가 다른 신의 모습으로 변형되어 나타난 것이다. 야훼는 낳음 받지 않고, 스스로 존재하는 신이다. 그런 일은 신이기에 가능하다.)

- 우주 어딘가에 신이 사는 천국이 있고, 구원받은 사람의 영혼은 천국에서 신과 함께 영생(永生)을 누린다. 그들은 천국에서 영원히 신을 찬송하고 행복한 감정을 갖는다. 또한 죽은 사람의 영혼은 내세에서 자신이 평소 믿었던 예수, 성모 마리아, 천사들과 성인들, 자기보다 먼저 세상을 떠난 부모, 친지, 지인들을 만난다.
  (눈이나 입은 물론, 형체가 없는 영혼이 찬송가를 부르고 행복한 감정을 느낀다는 것은 상징적인 묘사일 뿐이다. 영적 세계인 천국의 실제 모습이 어떠한지는 인간의 이성으로 파악할 수 없다. 단지 그럴 것이라고 상상하는 것이다. 그런 의미에서 천국은 장소가 아니라 상태 개념이다. 그런데 천국은 만남의 장소 같은 곳이기도 한 것 같다. 영혼은 눈이 없지만 어디에선가 즉각 지인들은 서로를 알아보고, 뇌가 없지만 반가움을 느낀다. 하지만 어떻게 천국이 상태이면서 동시에 장소이고, 형체가 없는 영혼이 자기 부모나 친지들을 만나는 일이 가능한지는 아무도 모른다. 그렇다고 상상하고 믿으면 된다.)

- 천국에는 부활한 예수와, 인간의 형상에 날개가 달린 천사들이 있다.

 (그들도 영적인 존재이기 때문에, 날개가 있고 인간처럼 웃고 언어로 대화를 나눈다는 것은 상징적인 묘사·상상적 표현이다. 하지만 놀랍게도 예수 재림 때에는 그들 모두가 물질적인 존재가 되어 예수와 함께 지구로 내려올 것이다.)

- 우주 만물과 인간을 포함한 모든 생명체는 '야훼'라는 신의 창조물이며, 신은 지구와 인간을 중심으로 우주를 창조했다. 지구의 중심은 로마다.

 (우주에는 1,700억 개 이상의 은하가 있는데, 지구는 1,700억 개의 은하 중의 하나인 '은하수 은하', 그 은하의 서남쪽에 자리한 태양계의 8개의 항성 중 세 번째 항성이다. 눈에 띄지도 않는다. 하지만 지구가 거대한 우주의 중심인 것은 분명하다. 과거에는 지구를 중심축으로 천체와 태양이 회전했다.)

- 신은 모든 곳에 있으며(無所不在), 인간의 일거수일투족을 지켜본다.

 (상상으로 추론한 신의 속성이 참이라면, 신의 존재와 섭리는 있지 않은 곳이 없이 모든 곳에 있다. 하지만 확인된 것은 아니며 감각적으로 감지되지도 않는다. 그저 그렇다고 생각하는 사람에게는 그런 것처럼 느껴질 것이다.)

- 인간이 유인원에서 진화한 생물 종(種)이라는 것은 가설이며, 신은 인간을 단일의 독립된 종으로, 그리고 처음부터 지금의 형상으로 창조했다.

 (태초에 신이 그렇게 했다고 '성서'에 적혀 있으니 그것은 사실이다.)

- 인간은 그가 누구든 신의 계획으로 창조되어 태어난 존재다.

  (부모가 5분 전이나 5분 후에 관계를 맺어 수정된 생명은 나의 형제나 자매이지 내가 아니다. 따라서 내가 태어난 것은 우연이 아니라 신의 세밀한 계획에 의한 것이다. 혼외 관계나 강간, 인공수정으로 태어난 생명도 신의 계획에 의한 것이다. 즉 신이 그 시간에 그 사건이 발생하도록 의도적으로 간여한 것이다.)

- 인간에게는 신이 각 개인에게 부여한 비실체·비물질적인 영혼이 있다.

  (영혼이 언제 어떻게 주입되는지는 아무도 모른다. 물론 영혼은 그 실체가 확인되지도 않았다. 그 누구도 영혼을 본 적은 없다. 하지만 영혼은 존재한다.)

- 영혼이 육체에 생명을 부여하므로 육체가 살아 움직이는 것이며, 영혼이 육체를 떠나 육체가 생명을 상실하는 것을 죽음이라고 한다. 인간 외에 스스로 날고 뛰고 사냥하는 동물에게는 영혼이 없다.

  (영혼이 없는 동물이 어떻게 생명을 갖고 살아 움직이는 것인지는 알 수 없다.)

- 영혼은 형체가 없는 비물질적·영적 존재이지만 각 사람 전 생애의 기억, 추억, 경험, 죄, 감정, 인성 등이 저장된다.

  (영혼은 형체가 없지만, 눈에 보이지 않는 메모리칩이 내장되어 있는 것 같다.)

- 신은 인류 역사의 진행과 자연의 변화를 주관하며, 각 사건의 배후에는 신의

뜻과 의지가 깃들어 있다.

(세상의 모든 일[전쟁, 폭동, 혁명, 질병, 재앙, 고통, 범죄, 출생, 죽음, 장애, 이혼, 재혼, 입사, 퇴사, 사업실패, 사업성공, 동물의 멸종, 신생물의 출현 등]의 배후에는 신의 뜻과 의지가 깃들어 있다. 하지만 신의 뜻이 무엇인지는 누구도 알지 못한다. 그저 원대한 계획의 성취를 위한 어떤 의지가 있을 것으로 생각한다.)

- 신은 인간의 기도를 들으며, 인간의 염원을 성취시켜 준다.

(신의 의지나 생각과 다른 것을 기원하는 것은 신이 들어주지 않는다. 물론 신이 무엇을 생각하는지는 아무도 모른다. 들어주었다고 믿으면 들어준 것이다.)

- 생물의 죽음과 먹고사는 노동의 수고, 인간의 필멸(죽을 수밖에 없는 운명)은 아담이 범한 죄(원죄)의 결과로 세상에 들어오게 된 것이다.

(아담은 신화 속 가상의 인물이지만, 여하튼 죽음은 아담이 범한 죄의 결과다.)

- 구원받아 영생을 얻으려면 종교가 제시하는 신앙 신조를 믿고, 종교의 계율과 명령을 지키고 따라야 한다. 헌금은 신자의 마땅한 의무다.

(이치로는 합당하지 않는 것처럼 보여도, 교회가 말하는 것은 모두 진리다.)

- 신은 인간의 영혼을 심판하여 우주 어딘가에 있는 천국, 연옥, 지옥행을 결정한다. 죄 있는 사람의 영혼은 지옥에서 죄에 상응하는 벌을 받는다.

(심판이 어떤 형식으로 이루어지는지는 알지 못한다. 그리고 죄인은 과거에는 불타는 용광로의 고통을 겪어야 했지만, 지금은 영원히 신을 만날 수 없는 결별 상태의 아픔을 겪는다. 물론 지옥을 본 자나 체험을 증언한 자는 없다.)

- 신을 믿는 사람은 매주 일요일에 자신의 신앙을 공개적으로 고백하면서 신을 사랑한다는 의지를 표명해야 신에 대한 믿음을 인정받는다. 헌금은 신에 대한 사랑 표현의 가장 기본적이며 뚜렷한 표지다.
  (인간 부모는 자식이 연락이 없어도, 용돈을 보내지 못해도 자식이 자신을 변함없이 사랑하는 것을 안다. 하지만 신은 일주일에 한 번은 꼭 확인해야 사랑과 믿음에 대한 확신을 갖는 전지전능한 분이다. 신을 의심하는 것은 용서받을 수 없는 죄다. 그리고 화초에 물을 주는 사람만이 화초를 사랑하는 사람이다.)

- 신을 믿는 사람은 스스로 사랑하고자 하는 의지나 마음이 없어도 억지나 가식으로라도 이웃을 사랑해야 신의 사람으로 인정받는다(요한 13,35).
  (사회에서는 그런 사람을 위선자, 가식자, 이중인격자라고 지칭하지만, 신의 구원을 얻기 위해서는 억지로라도 이웃을 사랑해야 함이 마땅하다.)

- 신을 믿는 사람은 자기 자신의 인격과 인성, 품성의 완성이 아니라, 신에게 인정받기 위해서 선하고 착하게 살아야 한다.
  (본인의 인격적 품위가 아니라 구원이 우선이므로 슬기롭게 처신함이 타당하다.)

- 종교 계율을 지키고 금욕, 절제, 극기 생활을 하면 영혼이 정화된다.

  (형체가 없지만, 영혼도 죄의 오물로 더러워지므로 정화가 필요하다. 영혼
  이 깨끗한 자만이 천국에 들어갈 수 있다. 그래서 고해성사가 필요하다.)

- 죽음이 확인되어 돌무덤에 묻힌 예수는 썩지 않고 사흘 만에 되살아났다.

  (원자와 분자의 결합으로 이루어진 물질에는 절대 있을 수 없는 일이지
  만, 냉장 시설도 없던 시대에 그런 일이 일어났으니 참으로 기적이다.)

- 교회가 종교 계율로 정한 것들을 지키지 않거나 어기면 죄가 된다.

  (예를 들어, 먹지 말아야 할 음식으로 교회가 지정한 것을 먹거나, 육식
  을 금한 날에 고기를 먹거나, 인공피임법을 사용하거나, 정관수술을 받거
  나, 일요일마다 거행되는 종교 의례(미사)에 참석하지 않거나, 남에게 피
  해를 준 것은 물론, 실행에 옮기지는 않았지만 옳지 않은 나쁜 생각을 하
  는 것은 그 자체만으로도 죄를 짓는 것이다. 죄 있는 자는 지옥에서 영벌
  (永罰)을 면치 못한다.)

- 예수 외에 원죄 없이 태어난 유일한 인간은 성모 마리아이며, 성모 마리아는
  죽은 후 시신을 남기지 않고 육신으로 승천했다.

  (부모의 죄는 DNA로 자녀에게 전수되는 것이 아니므로 원죄가 인간에게
  어떻게 전수되는지는 알 수 없다. 승천한 성모의 육신이 우주 어디에, 어
  떤 형태로 있는지도 알지 못한다.)

- 성모 마리아는 처녀임에도 남자[精子]의 협력 없이 아이를 낳았다.

  (생물학적으로 절대 있을 수 없는 일이지만, 과거에는 처녀들의 능력이

뛰어나 그런 일이 흔했던 것 같다. 동정녀 · 처녀출산 신화 이야기는 수도 없이 많다.)

- **사제서품 예식을 통해서 평범한 사람이 신권(神權)을 부여받는다.**
(물론 천국에서 발급한 신의 신임장이나 임명장 같은 것은 없다.)

- **신권을 받았다는 사람[司祭, 神父]이 기도하면 밀떡(밀가루로 만든 빵)이 예수의 몸인 성체(聖體)로, 포도주가 예수의 피인 성혈(聖血)로 변한다.**
(형태의 변화 없이 실체가 질적으로 변한다는 것이 과학적으로 입증되지는 않지만, 고대 신비신앙(密教)의 사제들도 그런 능력을 발휘했다고 전해진다.)

- **고해성사에서는 사제의 사죄경으로 인간의 죄가 용서된다.**
(고해성사의 근거로 인용되는 '매고 푸는 권한'에 관한 이야기는 마르코복음이나 루카복음에는 없고 마태오복음(18, 18)에만 기록되어 있어 후대의 조작으로 의심된다. 하지만 복음서에 기록되어 있으니 예수의 말씀이 분명하다. 왜 마르코복음과 루카복음에는 그런 내용이 없는가에 대해서는 알지 못한다.)

- **성체와 성혈은 영적 생명의 양식이 된다.**
(성체와 성혈은 물질이지만 그 효력은 영적 존재에게 생명을 주는 영적 양식이 된다. 이 교의는 영적 존재에게도 생명 유지를 위한 어떤 에너지가 필요하다는 것을 말하는 것 같다. 하지만 생물학적으로 죽은 자(성체 성혈을 소화시킬 수 없는 자)의 영혼은 어디에서 생존 에너지를 얻는가에 대해

서는 알 수 없다.)

- **사제가 안수하거나 종교예식에 참여하는 자에게는 신의 은총이 내린다.**

  (신의 은총이 구체적으로 무엇을 의미하는지는 모호하다. 그것은 생명의
  연장(장수)일 수 있고, 좋은 운(행운이나 복)이나 영혼의 성장과 정화일 수
  도 있다. 하지만 그것이 실질적으로 주어지는 것인가에 대해서는 알 수
  없다. 사제의 안수를 받고 귀가하다가 교통사고로 숨진 사람도 있었기 때
  문이다.)

첨단 과학이 우주를 탐사하는 현시대에, '현대인들이 종교에 무관심하고 신에 대한 믿음이 없다'고 한탄하는 사람이 있다. 가톨릭 사제[司祭, 神父]라고 자신을 소개한 『그런 하느님은 원래 없다』[1]의 저자는, 항성과 행성을 비롯한 천체의 기원과 생명의 기원이 밝혀지고, 인간은 지구상에서 수억 년에 걸쳐 펼쳐진 생명체의 분기와 진화의 소용돌이 속에서 우연히 출현한 생물의 한 종(種, species)이라는 '진화론'이 정설로 인정되는 현 상황에서, 나아가 그 어떤 종교전통에서 신봉하는 신이건 신은 자신의 실체나 존재성을 드러낸 적이 없고,[2] 신이라고 명명된 존재는 무형의 초월적인 인격체가 아니라 초월적인 행위자를 무한히 상상할 수 있는 인간이 자기 자의식의 이상형(理想型) 개념을 투사하고 대상화한 것, 즉 신은 인간이 상상으로 빚어낸 관념의 산물에 불과하다는 것이 밝혀진 상황에서,[3]

1　『그런 하느님은 원래 없다』, 한광석 저, 가톨릭출판사, 2020.

2　가톨릭의 종교 경전인 「성서」는 마치 '야훼'라는 신이 존재하고 그가 인간 역사에 개입한 것처럼 기록하고 있지만, 그런 묘사는 그것을 직접 체험한 자의 경험을 기록한 것이 아니라 종교적 환상에 갇힌 자의 창작, 곧 신화에 불과하다. 자세한 내용은 본문에서 살펴보겠다.

3　『디오니소스의 귀환』(이동용 저, 이담출판사, 2018)에서 저자는 "무제한적인 인간 사유의 극점에서 이상형의 투사로 신이 만들어졌다."는 니체의 주장을 설명하고, 포이어바흐 역시 『그리스도교의 본질』(포이어바흐 저, 강대석 역, 한길사, 2008)에서 "신에 대한 의식은 무한성을 추구하는 인간 자의식의 투사에 불과하다."고 말한다. 즉 신에 대한 의식은 무한한 초월적 존재를 상상할 수 있는 인간의 자의식이며, 신에 대한 인식은 무한한 완전성을 상상하는 인간의 자기의식의 투사 또는 인간의 자기 대상화일 뿐이라고 일갈한다. 정신분석학자 프로이트(1856~1939)도 자연에 위협을 느낀 인류가 자연을 인간화하고 자연에 초인(超人)이나 신들을 채워 넣은 다음, 그들이 인간의 유익을 위해 자연을 직접 변경하도록 간청하거나 뇌물을 바치는 의식을 거행한 것이 종교의 기원이라고 말한다. 신은 관념적 투사의 산물이라는 것이다(『정신분석 입문』, 지그문트 프로이트 저, 김양순 역, 동서문화사, 2017. p. 543). 뇌 과학자

오늘날의 현대인들이 '성서의 기록대로' 우주 만물과 인간은 '야훼'라는 신의 창조물이라는 것(창세 1,1~2,3)과, 세상의 죄와 악과 죽음은 『히브리 신화(聖書)』에 등장하는 가상의 인물인 아담(Adam)이 범한 죄의 결과에서 비롯되었다는 것(창세 3,1~24), 실체가 없는 신이 사람의 모습으로 현실 세계에 나타났다는 것(루가 2,1~7), 처녀가 남자의 협력 없이 — 더 정확히는 정자와 난자의 수정 과정 없이 — 여자 혼자 스스로 아이를 잉태하고 출산했다는 것(마태 1,18~20), 의학 · 생리학적으로 죽은 사람이 돌무덤에 묻혔지만 부패하지 않고 3일 만에 다시 살아나 하늘로 올라갔다는 것 (마태 28,1~8; 사도 1,6~11), 죽은 사람이 영생(永生)의 행복을 누리는 천국이 하늘 저 멀리 어딘가에 있다는 것(마르 10,28~30) 등의 황당무계한 동화(童話) 같은 이야기를 '실제적 사실'로 믿지 않는다고 한탄하는 것이다. 그의 염려와 한탄은 과연 합리적이고 이성적인 사고에서 발현된 것일까?[4]

(필자는 그를 비롯한 가톨릭 주교나 신부라는 사람들이 신이 존재한다거나 자신들이 말하는 종교적 교의를 실제 진리로 믿고 있는지, 아니면 그렇게 믿는 척만 하는 것인지에 대해서는 관심이 없다. 물론 그들이 그렇게 믿는다고 해서 그것이 실제적 사실이 되는 것도 아니다. 다만 그들은 — 자신들이 비난하는 사이비종교의 교주들과 마찬가지로 — 가톨릭의 교의가 '참된 진리라고 믿을

들과 신경학자들도 '인간 사고에 의한 이상형의 투사로서의 신 관념 이론'에 대체적으로 동의한다(『종교는 왜 멸망하지 않는가』, 울리히 슈나벨 저, 이지혜 역, 열린세상, 2013, pp.175~187 참조).

4 현 실제를 부정하고 자신이 만들어 낸 관념적 허구를 진실이라고 믿으면서 거짓된 말과 행동을 일삼는 반사회적 장애를 '리플리증후군'(Ripley Syndrome, 공상허언증)이라고 한다. 가상현실이나 신화적 공상을 실제 사실로 인식하는 것도 이 정신병적 증상의 일환으로 볼 수 있다.

만한 타당한 이유'가 전혀 없을 뿐만 아니라, 상상적 가설과 모순투성이라는 강한 증거에도 불구하고 어떤 방식으로건 자신의 믿음을 합리화하고 자신의 그릇된 믿음을 고수할 수밖에 없을 것으로 생각한다. 가톨릭의 교의가 정당하다고 주장하는 것이 교회 안에서 차지하는 자신들의 기득권적인 신원을 유지하고, 종교 지도자라는 신분으로 향유하는 삶의 방편이 될 것이기 때문이다. 하지만 정작 그들이 믿는다는 신은, 신이 존재한다는 망상에서 자신의 머릿속에서 그려낸 상상적 그림에 불과할 것이다. 관념의 산물로서의 신은 — 머릿속으로 상상하는 과일을 실제 입으로 맛본다는 것이 있을 수 없는 일인 것처럼 — 인간과 통교 가능한 실제적인 실체로 자신의 실재성을 드러낼 수 없고, 어느 누구도 신이라는 존재와의 실제적인 통교를 나눈 일은 없었을 것이기 때문이다.)

　인간의 상상력은 무한하며, 상상 속에만 존재할 것 같은 것들을 구체화시키고 현실화하면서 문명과 역사의 틀을 바꾸어 왔다. '달에 사람을 보내면 어떻게 될까?'라는 상상은 우주 정거장을 만들고 화성에 탐사선을 보내는 등의 과학사를 새로 썼고, 전화기를 손에 들고 다니면서 사진도 찍고 주식거래도 할 수 있다는 상상은 스마트폰을 개발하는 동기가 되었다. 지금은 자동차가 스스로 운전을 한다면 인간에게 유익하리라는 상상이 자율 주행차를 현실화하는 단계에 와 있다.

　상상력의 가치는 상상 속 실체의 '작용'과 '작동'으로 판명된다. 아무리 훌륭하고 기발하고 탁월한 상상이라고 해도 그것의 실체가 구체적이며 현실적으로 작동하지 못하고 기대한 효과에 적합하게 작용하지 못한다면, 그런 상상은 쓸모없는 공상(空想)에 그치고 만다.

　우리는 우주와 자연과 인간을 넘어서는 어떤 초월적인 존재가 있을 것이라고 추정하고, 그가 살아 움직이면서 무언가 무한하고 초월적인 능력을 발휘할 것이라고 상상할 수 있다. 하지만 그 초월자가 실제적으로는 아무런 '작동'도 하지 않고 이렇다 할 '작용'도 하지 않는 존재라면 그는 상상 속 환영으로만 존재하는 허상(虛像)에 지나지 않는다. 인류의 다양한 문명권에서 신봉되던 수많은 신들이 역사 안에서 흔적도 없이 소멸된 것은, 작동하지 않고 작용하지 않는 허상의 신은 존재의 현실성을 가질 수 없고, 존재 가치가 없기 때문이다.

그 많던 고대 허상의 신들을 섬겼던 사람들의 믿음, 그 신앙은 무엇이었을까? 태양이 핵융합을 통해 수소가 헬륨으로 바뀌면서 켈빈 온도 [5] 1,000만 도가 넘는 열을 내뿜는 뜨거운 수소 덩어리에 불과하다는 것을 알았다면 고대인들은 태양을 신으로 숭배하지 않았을 것이다. [6] 또 인간의 생사나 태풍이나 지진의 발생이 자연법칙에 따른 자연 현상일 뿐이라는 것을 알았다면, '보이지 않는 곳에서 보이지 않는 힘으로 자연의 질서를 관장하는 보이지 않는 초월적인 행위자'가 있다는 상상도 하지 않았을 것이며, 혼자 있는데 신이 자신을 지켜보고 있다고 생각하는 것은 헛된 망

5 켈빈(K)온도는 국제단위계(SI)에서 정한 온도의 기본단위로 절대온도라고도 칭한다. 켈빈온도 단위에서 '절대영도(0°)'는 열에너지가 있을 수 없는 상태, 열역학적으로 생각할 수 있는 최저온도, 기체의 부피가 영(0)이 되는 온도를 뜻하는데, 우리가 흔히 사용하는 섭씨(C)온도로는 영하 273.15도(-273.15°)에 해당한다. '섭씨온도 영도(0°)'는 켈빈온도 273.15도다.

6 태양은 73.46%의 수소와 24.85%의 헬륨, 미소한 양의 산소(0.77%), 탄소(0.29%), 네온(0.12%), 철(0.16%) 등으로 구성되어있다. 태양은 중심핵에서 수소 원자 4개가 융합해 1개의 헬륨 원자가 만들어지는 핵융합 반응으로 열에너지와 빛을 생성하는데, 1초에 대략 6억 톤의 수소를 헬륨으로 바꾸는 과정에서 최고 섭씨 1,500만여 도의 열에너지를 발생시킨다. 태양의 핵 중심부의 온도는 켈빈온도 약 1,570만 도이며, 이 열에너지가 중심핵에서 70여만 Km 거리의 태양 표면까지 올라가는 데는 100~200만 년이 걸린다. 표면에 도착한 열에너지의 온도는 켈빈온도 약 5,778도(섭씨 약 5,500°)이고, 표면에서 대기로 방출된 열에너지가 지구까지 도달하는 데는 8분 정도 걸린다. 태양은 향후 50억 년 정도 핵융합 과정을 계속할 것으로 과학자들은 예측한다.

상일 뿐이라는 것을 깨달았다면 신 앞에 죄의식을 느끼거나, 신을 두려움의 대상으로 여기지도 않았을 것이다.

고대의 신들이 모두 허구의 산물이었기에 참으로 애석하고 안타깝게도 그 신들을 신봉했던 사람들의 삶과 열정은 허상을 좇는 우매한 일이었고, 거기에 바쳤던 인생의 소중한 시간과 재물 역시 무의미한 낭비이며, 그 신들에게 인신공희(人身供犧)로 목숨까지 바쳤던 사람들의 희생은 허망하기 그지없는 일이다.[7] 그렇다면 '야훼(Yahweh)'를 유일신으로 믿고 '예수(Jesus)'를 세상의 구원자·그리스도로 섬기는 종교전통은 참되고, 의미 있고, 가치 있는 일이며, 삶에 보람을 안겨주는 일이라고 말할 수 있을까?

오늘날에도 ─ 인간 본성의 불완전성과 나약함 때문에, 또는 무한한 능력자를 향한 기대심리 때문에 ─ 신 존재를 믿고, 그가 무언가 작동하기를 기대하고, 그를 초월자로 숭배하는 사람들이 있다. 가톨릭은 '야훼'만이 유일하게 존재하는 신이라고 주장하지만 그것은 가톨릭의 주장일 뿐, 세상에는 믿는 이들의 주장에 따라 신으로 숭배되는 존재들이 헤아릴 수 없이 많다. 이슬람은 알라(Allah)를 유일신으로 숭배하고, 불교 특히 대승불교는 붓다(Buddha)를 신으로 숭앙하며, 고대 아리아인들의 신앙과 접목된 힌두교를 신봉하는 인도에서는 그 수가 3만이 넘는 신들을 숭배한다. 신들이 산다는 다카마가하라(高天原)의 신인 아마테라스 오오미카미(天照大神), 이즈모의 스사노오·이나바 등이 일본(日本)이라는 나라를 세웠고, 그 신들의 후손인 천황(天皇)이 현세의 나라를 통치한다는 신화에 따

---

7   오늘날의 우리 눈에 기괴하고 터무니없어 보이기만 하는 지식과 행위가 그 당시에는 일관성과 합리성을 가진 지식의 맥락 속에 있는 것처럼 보였을 것이라는 점을 고려한다고 해도, 그 시대인들의 어리석은 사고는 정당화될 수 없다.

라 자국의 왕을 천자(天子)로 공경하고 예우를 갖추는 나라도 있고, 몽고인들은 천지의 창조주이자 지모신(地母神)인 에헤부르칸과 수렵신 마니한을 숭배하며, 타이완에는 바다의 수호여신 마조(媽祖)를 숭배하는 신앙이 있다. 아프리카의 오루바족은 하늘의 주인인 오로룬을 신봉하고, 한국의 어떤 이들은 단군 신화에 등장하는 환인(桓因)을 천신으로 숭배하며, 원불교는 박중빈이라는 인물이 천지개벽의 이치를 설파하여 부처의 길을 열었다는 믿음을 따른다.[8]

유신론자들의 주장처럼 신이 존재한다면 그는 속성상 단 하나여야만 한다. 우주 만물이 신의 창조물이라면 그 창조주 · 조물주가 둘 이상일 수 없고, 우주의 질서와 인류의 역사는 만물을 창조한 전지전능한 유일신(唯一神)이 관장하는 것이어야 하기 때문이다. 그런데 인류 역사 안에 이처럼 수많은 신들이 저마다 신이라는 명함을 내밀며 난립하는 촌극은 어떻게 이해되어야 하는가? 미신(迷信)의 숭배대상을 신으로 착각하는 인간의 우매함일 따름인가? 만일 전능한 최고신이 있다면, 그 신은 모든 불능의 신들을 제압하고 신적인 절대 권력으로 '유일신 체제'를 구축했을 것이며, 자신이 창조한 인간이 미신을 쫓는 우매함에 빠지지 않도록 측은한 마음으로 보살폈을 것이다.

각기 다른 문화권에서 각기 다른 신들을 숭배하는 현상은, 다수의 신이 존재할 수도 있다는 가능성이 아니라, 신은 없다는 반증으로 보는 것이 타당하다. 곧 신이 자신을 숭배하도록 인간을 이끎이 아니라, 신이라고 명명된 존재는 각각의 다양한 문화와 환경에서 '인간이 상상으로 빚어

8 　2023년 현재 가톨릭 등의 그리스도교 계열 종교, 이슬람교, 유대교, 불교, 힌두교 등과 각 국가의 전통종교나 민족종교를 포함한 종교의 수는 전 세계적으로 3,000여 개에 달하며, 각기 종교가 신봉하는 신의 수는 — 인도(33,000여 신)를 제외하고도 — 수천 여에 달한다.

낸 초월 개념의 산물', '상상적 이상형의 투사물'이라는 표지인 것이다. 그것이 아니라면 신이 존재한다고 해도 둘 이상 존립하는 것에 대한 설명이 불가능하다.

혹자는 신은 유일하지만 각기 다른 문화와 환경에서 신적 존재 현현(顯現) 방식의 차이를 드러낸다고 말하기도 한다[물론 그렇게 말하는 자는, 자신이 신봉하는 신의 존재 근거를 제시하지도 못하면서 타 종교의 신은 자신이 신봉하는 신의 다른 방식의 현현이라고 주장하는 언어도단(言語道斷)에 빠져 있는 것에 불과하다. 그리고 그는 자신이 신봉하는 신은 물론, 신이 다양한 방식으로 현현하는 모습을 단 한 번도 직접 본 일이 없을 것이다(만일 본 일이 있다고 말한다면 그는 신경외과나 정신의학과 의사의 도움을 받을 필요가 있다). 신의 변형된 현현은 실체가 확인된 사실이 없다. 따라서 그런 방식의 주장은 '허상을 실제의 실재로 상상하여 믿는' 자신의 신앙을 정당화하기 위한 억지 논변일 뿐이다. 가톨릭은 물론 각기 문화권의 종교전통들은 한결같이 자신들이 신봉하는 신만이 '참 신'이고 다른 신들은 자신들이 믿는 신의 다양한 현현에 불과하다고 주장한다. 누구의 주장이 참일까?].

만일 그들의 말처럼 각 문화권에서 숭배되는 신들이 유일신의 각기 다른 현현이라면, 신이 지역과 문화에 따라 서로 모순되거나 상충되는 것을 계시(啓示, revelation. 인간의 이성으로는 파악 불가능한 진리를 신이 깨우쳐 알게 한다는 신적 지혜, 신적 가르침)한다는 것은 있을 수 없는 일이다. 따라서 인간이 갖는 윤리 의식이나 보편 가치관은 동서고금을 넘어 동일할 것이며, 신의 속성이나 본질에 대해서도 동일한 신론(神論)을 가질 것이다. 하지만 현실은 전혀 그렇지 못하며, 신들의 이름으로 자행된 종교분쟁, 예를 들어 가톨릭과 이슬람이 종교전쟁을 벌인 것은 각기 다른 형태로 발현된 유일신이 자기 자신과 싸운 전쟁이라는 모순에 갇히게 된다.

오늘날 각각의 문화권에서 숭앙되는 신들이 이토록 많은 상황에서, '유일하게 존재하는 신은 야훼뿐'이라고 강조하는 가톨릭의 주장은 타당한가? 야훼는 정말 실재하는 신인가? 가톨릭에 구원은 있는가?

가톨릭은 '신은 존재한다'는 전제하에 ― 여타 문화권에서 숭배하는 신들의 비실재성(非實在性)이나 자신들이 신봉하는 야훼의 실재성(實在性)을 입증하는 근거는 그 어떤 것도 제시하지 못하면서도 ― 여타 종교전통과 신화에 등장하는 신들은 허구이고, 오직 『성서』에 기록된 야훼만이 실재하는 신이라고 주장하며 숭배한다.[9] 그리고 2,000여 년의 세월 동안 온갖 철학적 사변과 사유를 총동원하여 야훼라는 신의 존재성과 본질을 규정하려는 시도를 해 왔고, 그렇게 정립된 신의 본질과 속성에 대한 그들의 주장은 일견 설득력 있게 들린다.[10]

하지만 신의 실재성에 대한 근거가 없고, 사변적 환영에 불과한 신은

---

9   고대 히브리인들의 신화인 『구약성서』는 여타의 신화들처럼 상상적 초월자로서의 '신이 있다'고 전제하고, 그 신의 이름은 '야훼'라고 말한다. 훗날 아무런 비판의식 없이 고대 원시적 신화 사상을 그대로 수용하고 계승한 가톨릭은 '야훼만이 신'이라는 독선적 입장을 견지한다. 그런데 가톨릭의 주장처럼 『구약성서』가 실재하는 야훼의 말을 기록한 문건이라면, 야훼는 자신 외에 다른 신들이 존재한다는 것을 이미 알고 있고 또한 인정했다고 볼 수 있다. 야훼는 유대인들에게 "너희는 내 앞에서 다른 신을 모시지 못한다."(탈출 20,3), "너희는 히타이트족, 가나안족, 히위족들의 신들에게 경배해서도 안 되고, 그 신들을 섬겨서도 안 된다."(탈출 23,24)고 말하고 있기 때문이다. 야훼도 인정하는 다른 신들에 대한 숭배는 미신일 뿐이고, 신은 오직 야훼만이 유일하다는 가톨릭교회 주장의 정당성은 어디에서 찾을 수 있는가?

10   사실, 신이 실제로 살아 움직이는 인격체로 존재한다면 인간은 신에 대한 직접적인 체험이 가능했을 것이고, 신이 그에게 신의 본질과 속성에 대해 알려 주었을 것이므로 가톨릭이 부득이 신 존재를 유추하거나 현학적인 논리로 신의 본질을 탐구하려는 수고를 할 필요가 없었을 것이다. 가톨릭은 '형체는 없지만 전지전능한 속성을 지닌 신이 있다고 가정한 상태'에서, 세상의 모든 일은 물론 우주적 차원의 일에까지 신이 관여하는 것처럼 상상의 나래를 편다.

인간의 직접적인 관찰의 대상이 될 수 없으므로, 가톨릭이 아무리 화려한 미사여구와 형이상학적인 개념들을 동원하여 신에 대한 논리를 전개한다고 해도, 그것은 '신이 존재한다면?'이라는 가정과 상상으로부터 추론해 낸 추측성 논리, 신 가설(神假說)에 머물고 만다. 또 신이 실재한다고 해도 가톨릭이 추론으로 정립한 신의 속성이나 본질이 실제의 신의 속성이나 본질과 부합된다고 말할 수도 없다. 신이 살아 움직이는 실체적 존재로 실재한다면 신은 인간 사유의 범주 너머에 있는 존재일 것이므로, 신은 인간 이성의 탐구 대상이 될 수 없어 어느 누구도 신의 본질적인 속성이나 본질에 대해 명확한 이해를 가질 수 없기 때문이다.

그동안 가톨릭이 신의 본질이나 특성을 규정하려고 시도해 온 논리의 전개방식은 'A가 있다면(가정), A는 B다. A가 B인 이유는 C이기 때문이다.'라는 식의 '가정적 연역법'에 따른 것이다(예를 들어, '신이 있다면, 신은 전지(全知)하다. 그것은 신이 지능이 뛰어난 인간을 창조했기 때문이다.'라는 방식이다). 하지만 논리의 B('신은 전지하다')와 C('지능적인 인간을 창조했다')가 정설이 되기 위해서는 A('신이 있다')가 가정(假定)이 아닌 정언명제(定言命題)여야 한다. 곧 '신이 존재한다'는 명제가 가정이나 추측이 아니라 명확한 사실로 증명된 근거가 제시되고, 신이 무언가 작동적인 기능을 발휘하는 존재라는 것이 입증될 때, "신은 존재하며 전지의 속성을 지녔다. 그래서 그는 지능을 지닌 인간을 창조할 수 있었다."라는 명제가 정설로 인정될 수 있는 것이다. 이런 면에서 가톨릭이 가정을 전제로 도출해 낸 상상적 추론은 가설이나 허구적 논리일 뿐, 정설로 인정될 수 없다.

가톨릭은 자신들이 규정한 신의 본질이나 속성에 대한 논변은 '신의 실재를 가정한 추론일 따름'이라는 것을 스스로 인정하는 태도를 보이기도 한다. 곧 자신들이 믿는 신의 본질이나 속성은 신에 의해 직접 전달된 것이 아니라 자신들이 도출해 낸 추정이며, 그 추정을 진리로 간주하고 있다고 고백하는 것이다.

　가톨릭은 자신들이 신의 본질로 규정한 제1원칙 — 자신들이 존재한다고 주장하는 신에 대한 존재 증명의 요구에 납득 가능한 답을 제시하지 못하는 것을 정당화하기 위해 개발해 낸 논리 — , 즉 "신은 과학이나 논리를 초월하는 존재이므로 인간의 논리 안에서 한정적으로 표현될 수 있는 존재가 아니다. 그리고 신은 인간의 이성적인 논리로는 증명할 수 없는 궁극적인 실재이므로, 신은 인간의 사고나 논리로 설명되거나 증명될 수 없고, 다만 신앙으로 믿는 대상일 뿐이다."는 논리로, 신의 실재나 속성은 추론만 가능할 뿐 인간이 단적으로 규정할 수 없다는 입장을 취한다. 다시 말해서 가톨릭은 — 신의 실재성을 증명하는 것이 아니라 — '신이라는 존재가 있다면 그는 인간의 탐구 영역 너머에 존재하는 대상일 것'이라는 가정적 전제의 상태에서, '만일 신이 그런 존재라면 신은 증명의 대상이 아니라 인간이 이성으로 추론할 수 있는 속성을 지닌 그런 존재라고 믿을 수밖에 없는' 또는 '신은 그런 존재라고 믿는' 믿음의 대상이라는 결론을 이끌어 낸다.

　이 말은 곧, 'ⅰ) 신이 실제로 존재한다면, 그는 아마도 인간이 이성의 극점에서 추론할 수 있는 최고 이상형의 신성(神性)을 지닌 궁극적 실재로서의 초월적 존재일 것이다. ⅱ) 하지만 그는 직접 자신의 본질이나 실재성을 드러내지 않고 있으므로 인간의 논리나 한정적인 이성으로는 파악 불가능한 대상이 된다. ⅲ) 따라서 그는 인간이 추론하는 최고의 신성을 지닌 존재라고 믿는 믿음의 대상으로 남을 수밖에 없을 것'이라는 철학적 사유를 펼치는 것이다. 그리고 이런 논리 안에서 가톨릭은 "그런 추론적 신성을 지닌 믿음의 대상으로서의 신이 실제로 존재한다."고 주장하고,

자신들이 추론한 신의 속성과 본질에 대한 추론을 신학적인 진리인 것처럼 선포한다. 예를 들어, 가톨릭이 (신이 존재한다고 전제한 상태에서) '신은 인간의 유한성에 내포된 모든 문제에 대한 대답으로서의 초월적 능력이며 의미이다. 곧 신은 인간이 궁극적인 것들에 관심을 가지도록 이끄는 능력과 의미의 실재이다.'라는 신성을 추론한다면, 가톨릭이 말하는 신이 실제로 존재할 것이라고 상상하거나 그렇게 믿는 사람들은 정말로 신이 인간을 본질적이며 궁극적인 것들에 관심을 가지도록 이끌고 있는지, 나아가 신은 인간의 유한성에 내포된 문제에 대한 답을 가지고 있는지 증명하지 못하고 검증할 수도 없지만, 그저 신은 답을 가진 존재이며 궁극적인 관심으로 인간을 이끄는 존재라는 것을 진리로 받아들인다.

하나 더 보자. 만일 누군가가 '신은 모든 존재의 근원이다. 모든 피조물은 신에게서 존재를 받았고 지금도 신이 떠받치기에 존재한다.'(한스 큉)는 신성을 추론한다면, 인간은 자신이 어떻게 신으로부터 존재를 받았고 또 신이 어떻게 존재를 떠받치고 있는 것인지 증명하지 못한다. 하지만 이렇게 인간의 지적 사유에 의해 추론된 신성의 내용이 가톨릭 제도 교회 수뇌부의 판단에 따라 자신들이 (타당한 실재성의 입증 없이) 그저 존재한다고 전제하는 신 야훼에게 적용하기에 적합한 것으로 채택되고, 그들에 의해 '교회의 신자들이 믿어야 할 신성'으로 선포되면,— 신 실재의 사실성이나 인간에 의해 부여된 그러한 성격의 신성이 실제 신의 속성에 부합되는가의 성찰 여부와 관계없이 — 교회의 말을 진리로 받아들이는 사람들은 그저 그렇다고 믿을 수밖에 없게 된다. 신의 실재성을 체험하는 것이 아니라, '신은 그런 초월적인 속성을 지닌 초월자로 존재할 수 있다고 가정'하는 가톨릭의 추정 논리를 불변의 참 진리인 것처럼 받아들이는 것이다.

(하지만 가톨릭이 신 존재를 전제한 상태에서, '신은 그런 존재라고 믿는 믿

음의 대상'이라고 주장한다고 해서 그것이 신의 실재성을 입증하는 참 진술이 되는 것도 아니고, 가톨릭의 주장을 진리로 믿는다고 해서 신의 실재성이 보장되는 것도 아니다. 달리 말해서, '신은 그런 존재라고 믿는 믿음의 대상'이라는 인식을 갖는다고 해서, 그런 신이 실제로 존재한다는 결론에 이르지는 못한다.)

따라서 그동안 제시된 신 존재나 신의 속성에 대한 가톨릭의 설명이 일견 타당성이 있는 것처럼 보이지만, 가톨릭이 신의 본질을 규정하는 신론은 신으로부터 직접 주어진 신적 지혜가 아니라 신 존재를 가정한 상태에서 인간이 이성적인 가정과 유추로 도출해 낸 추론의 산물이라는 것을 확인할 수 있다.

'들어가는 말'에서 언급했듯이, 용(龍)은 실재하지 않는 상상의 동물이므로 관찰의 대상이 될 수 없고, 따라서 용의 속성에 대한 모든 설명은 가설이며 허구다. 또 용에 대한 온갖 추론을 전개한다고 해서 용이 실제로 존재하게 되는 것도 아니다. 마찬가지로 역사 안에서 스스로 존재성을 드러내거나 실체성이 확인된 신은 없으므로, 실재성이 없는 비존재의 속성과 본질에 대한 탐구는 그 자체로 가정적인 추론이자 공상일 수밖에 없고, '신은 존재하며 오직 야훼만이 초월적이며 궁극적인 존재로서의 유일한 신'이라고 말하는 가톨릭의 주장 역시 허구일 수밖에 없다. 더구나 실재성이 없는 가상의 존재로서의 신이 사람의 몸을 취해[허化. Incarnation] 세상에 강림하였다는 주장은, 용이 사람이 되어 옆집 아가씨의 형상으로 나타났다는 논리만큼이나 받아들여질 수 없는 허구이며 거짓이다. 관념속 상상의 존재가 스스로 실체성을 갖는 모습으로 현실 세계에 나타난다는 논리 자체가 성립될 수 없는 궤변이기 때문이다.

'신은 인간 사유의 산물이며, 신의 본질과 속성에 대한 규정 역시 상상적 추론'이라는 주장에 대해 가톨릭은, "신의 존재성과 본질에 관한 것들은 『성서』(聖書)를 통해 드러난 신의 계시를 검토한 결과로 도출된 것이다."라고 주장하기도 한다. 하지만 이 말은 표현만 달리했을 뿐, 신에 대한 본질과 속성에 대한 사유는 — 신으로부터 직접 전달받은 지식이나 지혜가 아니라 — 성서 내용을 검토하는 과정에서 '고대에 성서를 기록한 사람들은 왜 이런 신 관념을 갖게 되었는가?'를 고찰하고, '아마도 그들은 신에 대해 이러저러한 사유와 사상을 가졌을 것'이라고 추정하여 얻게 된 결과라는 말과 다르지 않다.

우리는 성서를 통해 드러난다는 신의 계시라는 것이 신으로부터 직접 주어진 것이라는 증거를 찾을 수 없고, 성서에 내포된 신 관념이 신에 대한 인간의 순수 사유에서 도출된 추론이 아니라는 근거 또한 발견할 수 없다.[11] 뿐만 아니라 구약성서가 보여주는 야훼의 본질(질투와 복수의 신, 인

---

11 가톨릭은, "성서는 신이 성서 저자의 이성에 간여하여 신의 감도(感導)로 기록하게 한 문건이므로 성서에 신의 계시가 들어있는 것은 분명하다. 성서가 신의 감도로 기록되었다는 것은 성서 자체, 즉 성서가 전하고자 하는 메시지의 일관성이 이를 증명한다."고 말한다. 하지만 신이 인간의 사고 작용에 직접 개입한다는 것은 확인되거나 증명된 예가 없고, 성서 기록에 대한 신(성령)의 감도성 역시 증명될 수 없다. 나아가 '성서가 그 자체로 신의 감도성을 증명한다'는 논리는 인정될 수 없는 '자기순환논증의 오류'에 해당된다.

성서가 말하는 메시지의 일관성은 특정한 의도를 가진 사람들에 의해 얼마든지 전개 가능하다. 그리고 신이 자신의 실재성과 인류 구원의 메시지를 모든 인간에게 전달하기 위해 성서를 기록하게 하였다면, 특정 시대 모든 문화권의 인류에게 동시에 동일한 계시를 전달하여 동일한 문건이 작성되도록 할 수 있었을 것임에도, "그런 민족도 존재하는가?"라고 되물을 만큼 존재성이 없는 변방의 소수 특정 민족에게만 신의 문서를 작성하게 한 까닭이 무엇인가에 대한 합당한 설명이 있어야 한다. "그것은 신이 한 일이므로 인간은 알 수 없다."고 답하는 것은, '신에 의한 모든 세대 모든 인류에 대한 구원의 보편성'을 주장하는 가톨릭의 입장과 배치된다. 야훼 신화가 히브리인들에 의해 쓰인 것은 — 우리 한(韓)민족만이 단군 신화를 가지고 있는 것처럼 — 단지 그들만이 야훼라는 신을 믿었기 때문이다.

종차별 · 신분차별 · 여성차별 · 여성혐오의 신)과 신약성서에서 예수의 입을 통해 말해지는 야훼의 본질(사랑과 자비의 신)의 커다란 모순과 차이, 신의 행적이나 가르침으로 제시된 내용의 앞뒤 상충된 모순(이교도 살상을 명하면서 동시에 살인을 금하는 규정을 제시하는 야훼)의 등장은 성서가 진리의 원천이라는 신의 인도로 기록된 것일 수 없다는 것을 단적으로 보여 주는 방증으로 볼 수 있다.

사실 가톨릭이 신에 대한 논리 전개의 토대로 삼는 '성서'는 신을 직접 체험한 이들이 신 존재를 증언한 증거 기록이거나, 신에 대한 경험을 바탕으로 신에 대해 사유(思惟)한 것을 표현한 기록물이 아니다. (본문에서 보다 상세히 고찰하겠지만) 고대 히브리인(유대인)들의 신화인 성서는 '존재할 것으로 상상되는 가상의 실재'나 '눈에 보이지 않는 어떤 행위자'를 마치 실체적으로 실존하는 초월적 존재인 것처럼 생각한 고대 유대인들이, 상상의 신 야훼를 유대 민족주의적인 모든 사고와 사유 판단의 정점이며 기준으로 설정하고, 그런 관점에서 시대를 넘어 기록해 온 신화적 창작물이다. 성서에 기록된 내용은 성서 저자들이 개인적으로 생각한 초월적 존재나 신 관념을 표현한 주관적인 묘사이지, 신의 감도(感導)를 받아 기록한 것이 아닌 것이다. 따라서 그렇게 기록된 성서에서 신에 관한 어떤 본질이나 속성을 추론하는 것은 신을 상정(想定)하고 신에 대한 사유를 펼쳤던 '고대 유대인들의 종교적 사유에 대한 확인'일 뿐, 그것이 신으로부터 전달되어 깨닫게 된 신의 계시라고 할 수 없다. 이런 점에서 가톨릭이 '계시'라는 멋진 단어를 사용해서 인간이 갖게 된 신의 속성에 대한 지혜가 마치 신으로부터 직접 주어진 것처럼 말하는 것은, 자신들이 자의적으로 규정한 신의 속성과 본질에 관한 것들이 성서 내용을 검증하는 과정에서 추론한 것이라는 사실을 가리고 은폐하기 위한 장막(帳幕)에 불과하고, 자신들이 추론한 신의 속성과 본질 규정에 정당성을 부여하기 위한 구실이자 변명에 지나지 않는다고 할 것이다.

결과적으로 가톨릭이 말하는 신 관념은 초월적인 가상의 실재를 상상한 고대 히브리인들의 신화(성서)에서 추론한 추측성 명제일 따름이고, 가톨릭이 제시하는 신론 역시 철학적 사유와 성서에서 추론한 추측과 가설의 범주를 넘지 못하므로, 신의 본질에 대해 가톨릭이 아무리 탄탄한 논리를 전개한다고 해도 그것은 '신이 존재한다'는 신 존재 증명의 근거나 확증적 자료가 될 수 없고 신의 속성과 본질에 대한 올바른 정의(定義)가 될 수 없다. 또 유대 종교전통과 가톨릭은 신화라는 허구적 창작물의 토대 위에 설립된 공중누각일 따름이므로, 그런 종교에 실제적이고 현실적인 영생이나 구원 같은 것은 있을 수 없다! (자세한 내용은 Ⅱ장 '성서 저술 동기' 항에서 다시 살펴볼 것이다)

가톨릭이 가정적 추론과 허구의 토대 위에 위태롭게 구축된 종교전통임에도 지금까지 살아 있는 종교로 남아 있는 것은, 그들이 형이상학적인 논리로 신의 실재성을 강조하는 야훼 — YHWH(?), YHVH(?), JHWH(?), JHVH(?). 정확한 네 글자나 칭호의 발음은 아무도 모른다. 모음 정보가 없는 까닭이다. 가톨릭은 신의 이름을 '야훼'로 부르기로 합의했지만, 신의 이름을 직접 언급하는 것은 신에 대한 모독(탈출 20,7 참조)이라는 판단에서 한국에서는 'YHWH'로 적고 '하느님', '주님'으로 부른다(2008.10.17. 한국천주교주교회의 결정). 그러다 보니 번역본 성서 내용에 인칭이 불합치하는 문구가 등장하기도 한다. 예를 들어 주교회의 『성경』은 탈출기 34장 6절을 "주님은, 주님은 자비하고 너그러운 하느님이다."라고 번역하는데, 야훼가 자신에 대해 이야기하면서 마치 제3자를 언급하는 듯한 인상을 풍긴다. 같은 구절을 『공동번역성서』는 "나는 야훼다. 야훼다. 자비와 은총의 신이다."(출애 34,6)로 번역한다. 말하는 자와 주체가 명확하다. 이름은 부르라고 주어진 것이니(탈출 3,13~14 참조) 본서에서는 가톨릭의 신을 '야훼'라고 칭하겠다 — 가 허상이나 관념에만 머무르는 존재가 아니라 실제로 살아 움직이는 신이라는 보장을 받아서라거나, 예수가 부활했다는 이야기가 정설로 인정되어서가 아니다. 그것은 역사적 우연성(고대 로마제국과 가톨릭과의 관련성)에 따른 것이며, 성직자라는 신분을 통해 기득권과 권력을 획책하는 기회주의자들이 끊임없이 '창작적 신화를 실제 사실에 대한 묘사로 구조화한 거짓 논리'로 인류를 속이고 기만해 왔기 때문이다.[12] 또 인류 역사 진행 과정 중에 가톨릭이 여타 종교 세력과의 투쟁에서 승리해 살아남았으며, 정치권력과의 결탁 속에 무려 2,000여 년이 넘는 세월 동안 국가종교[國敎]의 형식을 통해 유럽사회 국민 대다수의 의식과 사고를 가톨릭 종교 사상으로 고착화하는

---

12 신화는 인간의 눈에 보이는 땅과 천체가 전체 우주라는 인식을 가졌던 고대 사상가들이, 인간의 기원과 본질, 우주 안에서 인간이 차지하는 위치 등에 대한 답을 찾기 위해 제시한 은유적인 묘사다. 그래서 신화를 은유적 코노테이션(connotation. 내포된 의미)으로 이해하지 않고 쓰인 문자 그대로의 사실로 받아들이면 엉뚱한 결과를 야기하게 된다. 예를 들어 부활한 예수가 하늘로 올라갔다는 승천 이야기를 실제 역사적 사실로 이해하면 터무니없는 얘기가 되고 만다. 우리는 지구적 조건의 물리적인 육체를 지닌 인간이 생존을 지속할 수 있는 물리적인 하늘이 그 어디에도 없다는 것을 알고 있고, 예수가 광속(光速)의 속도로 승천했다고 하더라도 그는 아직 목적지 없이 은하계 안을 맴돌고 있을 것이다(우리는 예수가 우주의 어느 방향으로 승천했는지도 알지 못하고, 우주의 넓이는 광속으로 약 130억 광년인데 가톨릭이 말하는 예수의 승천 역사는 고작 2천 년밖에 되지 않았다). 따라서 "예수가 승천했다"는 말은 은유적 코노테이션 문맥에서 이해되어야 하며, 그 신화적 묘사의 의미는 예수가 실제로 하늘로 올라간 것이 아니라, 자신의 내적 본성으로 내면화했다는 뜻으로 해석되어야 한다. 가톨릭은 신화를 은유가 아닌 역사적 실제 사실에 대한 묘사로 왜곡하는 대표적인 조직이고, 그래서 그들의 주장은 논리적 합리성이 결여된 억측으로 일관된다. 예수의 승천에 대해 그들은 "예수가 육체적이며 동시에 영적인 실재로 승천했다"고 말한다. 무슨 뜻일까? 이런 논변은 증명될 수도, 설명될 수도, 성립될 수도 없는 궤변에 불과하다. 신화에 깃든 메타포(metaphor, 상징, 암시)에 대한 이해는 『신화의 힘』(조셉 캠벨, 빌 모이어스 저, 이윤기 역, 21세기북스, 2021)이 도움이 될 것이다.

체제를 구축하면서 존속해 올 수 있었다. 오늘날에도 천국과 영생이 하늘 어딘가에 존재한다는 허튼소리[虛說]를 실제 사실인 것처럼 호도하며 동료 인간을 기망하고, 그들의 농간에 현혹당한 이들이 믿음의 대가로 제공하는 복종과 헌금과 노동력을 자기 안위의 수단으로 삼는 비루한 사람들에 의해 유지되고 있다(가톨릭이 자신들이 주장하는 종교 교의가 사실이거나 진실이라는 것을 입증하는 객관적인 근거를 제시하지 못하는 한, 가톨릭의 논변은 허위나 추정적 가설을 실제 사실인 것처럼 호도하고 선동하는 기만이자 농간으로 이해함이 타당하다). 이제 가톨릭, 그 허구의 모래성에 대한 고찰을 시작해 보자.

사족이지만, 필자는 실체가 없는 허상의 신에 대한 헛된 믿음과, 신화적 가설 논변인 내세의 구원과 영생을 실제 사실로 여기는 '종교적 망상' 혹은 '신화적 공상'에 사로잡혀 살아가는 가톨릭 신앙인들과 주교를 포함한 교회의 사제들에게 연민을 느끼며, 그들이 현명한 사유와 결단으로 종교적 허구에서 벗어나 참된 자신의 인생을 찾을 수 있기를 바라는 마음이다.[13]

가톨릭교회의 대다수 성직자들은 — 한때 교회가 제시하는 검토 불가능한 추정적 종교 가설을 절대 참 진리로 착각한 상태에서 신 존재를 믿었던 필자가 그랬던 것처럼 — 아마 본인들이 야훼와 교회를 위해서 무언가 대단

---

13   가톨릭은, '신앙은 증명될 수 있거나 합리적으로 보장될 수 있는 것을 넘어서서, 불확실성의 모험에 뛰어드는 것'이라고 설명하기도 한다. 그렇다면 '숱한 종교 중에 어떤 신앙의 모험에 뛰어드는 것이 합당한가?'가 문제일 수 있고, '그 모험의 결과가 합리적으로 보장될 수 없다면 신앙에 뛰어드는 모험이 어떤 가치와 의미를 갖는가'가 문제일 수 있다. 우리가 신앙을 갖기 위해서는 그 신앙이 참되다고 믿을 만한 타당한 이유를 이성적으로 판단해야 한다. 그런 성찰 없이 불충분한 증거에 근거해서 어떤 것을 사실로 믿는 것은 잘못이다. 그것은 자신과 타인에게 심각한 결과를 초래할 수 있기 때문이다. 십자군전쟁과 마녀사냥, 9·11테러가 그런 면을 잘 보여준다.

한 일을 한다고 생각하고, 신자들의 영적인 성장을 돕고 구원의 은총을 누리도록 하는 일에 일생을 바쳐 헌신하는 것을 보람되고 의미 있는 삶으로 여기는 '자기암시·자기환상'에 갇혀 살아갈 것이다. 하지만 정의(正義)와 진실성(眞實性)의 측면에서 보면, 제도 교회가 날조와 거짓으로 교묘하게 구축해 놓은 종교적 허구로 본인 스스로를 기만(欺瞞)하고, 나아가 순박한 사람들을 기망(欺罔)하는 대가로 연명하고 있다는 것조차 의식하지 못하는 우매함에 사로잡혀 있는 것으로 보여 큰 안타까움을 느낀다. 나아가 가톨릭교회의 종교 교의나 논변은 논리적 타당성이나 객관적 합리성이 결여된 조작과 날조로 구축된 것이라는 사실을 익히 알면서도, 본인이 교회 안에서 누리는 특권을 내려놓지 못하는 욕망 때문에 위선과 가식의 행태를 고수하는 성직자들에게서는 야비한 인생의 비열함과 비애감을 느낀다.

교회 성직자들은 "신 같은 것은 없다. 신은 인간 지성이 도출해 낸 최고의 이상(理想), 가상의 초월 관념일 뿐이다. 그럼에도 사람들이 신을 믿는 것은 그것이 자신에게 유익할 것이라는 망상 때문이다."라는 사실을 인정하고 싶지 않을 것이다. 그것을 인정하는 것은 자신이 살아온 인생 전체가 무의미하고 무가치한 것임을 인정하는 뼈아픈 체험이 될 것이기 때문이다. 놓치는 것에 대한 두려움!

'자기 안위와 유익을 위해 거짓과 허구로 타인을 기망하거나 현혹하는 비열한 삶'이나, '손에 잡히지 않는 신기루나 동화 속 허상의 파랑새를 쫓아 헤매는 어리석은 삶의 행태'가 의미 있거나 가치 있는 인생일 수는 없다. 오늘도 얼굴빛 하나 변하지 않는 태연함으로 "신은 존재하고, 그 신인 야훼가 그대의 영혼을 구원하여 영원한 생명을 누리게 할 것이다."라고 천연덕스럽게 말하며 살고 있는 K신부에게 이렇게 말해 주고 싶다.

"K신부! 나는 그대의 종교적 신념이 막연한 추측이나 상상의 차원이 아니라, 검증과 확인을 통한 진실의 토대 위에 구축된 것이기를 바라네. 또한 직접적인 신 체험의 기반 위에 형성된 것이기를 바라는 마음이네. 그래서 그대의 강의나 강론이 허구적인 이론의 정당화를 위한 변명이나 추상적인 가정의 나열이 아닌, 사실적인 진리의 선포이기를 바라네.

실존의 완성으로서의 구원은 자신의 종교만이 부여한다고 주장하는 특정 종교의 신앙 신조를 진리로 믿는다고 해서 그 현실성이 보장된다고 어느 누구도 장담할 수 없네(우리나라 허 모 씨의 하늘궁 신앙이나 이 모 씨의 신천지 신앙, 문 모 씨의 통일교 신앙이 좋은 예가 될 것이네. 혹자는 그들 종교가 사이비일 뿐이라고 말하지만, 이단이나 사이비종교의 판단 기준은 무엇이며, 그 기준을 대체 누가 정할 수 있단 말인가?). 또 자신의 종교가 말하는 바가 실제로 성취된다고 확신한다고 해서 믿는 바대로 그것이 사실적으로 현실화된다는 보장도 없네. 자칫 헛춤 추는 광대의 몸짓으로 막을 내릴 수도 있지.

따라서 그대가 주장하는 바가 '실제적 사실로 증명되지 않은 허구에 바탕 한 추측성 주장'일 따름이라면, 그리고 '피상적인 유추와 의심스러운 추정에 기반 한 잘못된 주장'을 펼치는 것이라면 그대가 말하는 교의를 실제 사실로 믿고 인생의 가치관과 삶의 형태, 인생을 살아가는 삶의 방식을 송두리째 뒤바꾼 신자들의 인생은 허탈과 허무로 끝나버리는 어처구니없는 결과가 될 것이네. 뿐만 아니라 살아가는 내내 신기루 같은 허황된 구원의 약속에 속아 교회의 소모품이자 헌금 제공자로 살다가 결국 허무하게 죽어가는 비극의 주인공이 될 것이네. 이런 경우 그대나 교회가 말하는 신앙의 신조를 믿고 자신의 인생을 내건 사람들에 대해 누가 어떻게 책임을 질 수 있겠는가?

K신부! 그대가 동료 인간에 대한 예의가 있고, 자기 자신에 대해 보다

깊이 사유한다면, 가톨릭이 말하는 신이 실재하리라는 상상과 망상에 기대어 자신이 선택한 삶을 합리화해 왔거나, 그저 생계가 보장되는 현실에 안주하기 위해 신을 믿는 듯이 허세를 부렸거나, 나아가 다른 사람들을 날조된 거짓 교의로 현혹하여 미망에 빠지게 만드는 무가치하고 부질없는 일에 일조하다가 인생을 허비했다는 회한과 함께, 결국 허상을 좇아온 자신의 삶에서 남는 것은 교회 안에서 체험한 어쭙잖은 추억 외에 아무것도 없다는 것을 깨닫게 될 것이라고 생각하네.

말도 안 되는 소리처럼 들리겠지만 아집을 부린다고 해서 없는 신이 갑자기 존재하게 되는 것은 아닐지니, 자기 내면의 진솔함과 만나는 깊은 사유의 시간을 더 늦기 전에 가질 수 있기를 바라네. 그리고 셸리 케이건의 저서 『죽음이란 무엇인가』[14]를 꼭 한 번 읽어 보기를 권하네.

뭐 그럼에도 가톨릭 사제라는 망토 뒤에 숨어, 거짓 논리나 가설을 마치 심오하고 참된 종교적 진리인 양 호도하면서도 전혀 부끄러움을 느끼지 못하는 위선과 가식으로 허세를 부리며 살아가는 것에 만족한다면야 별수 없겠지만 말일세.”

증명이나 검토가 불가능한 추측성 가설을 참이라고 강변하는 것은 기만이다. 우리는 “그것이 믿을 만한 충분한 이유가 있는가?”라는 물음에 어떤 답도 제시하지 못하는 종교에 “참인가?”라고 되물어야 한다. “참인가?”라고 묻지 않는다면 고대 원시 종교전통의 신앙인들처럼 신화적 망상에 사로잡혀 인생의 소중한 시간과 재화, 나아가 인생 자체를 헛되이 낭비하는 어리석음의 수렁에서 결코 빠져나오지 못할 것이며, 현실과 괴리

---

14   『죽음이란 무엇인가』, 셸리 케이건 저, 박세연 역, 엘도라도, 2012.

된 비상식적인 가치관[15]과 굴절되고 편협된 사고[16]에 갇혀 스스로를 소외 (疏外)시키는 결과를 빚기도 할 것이기 때문이다.

되돌릴 수 없고 반복될 수 없는 단 한 번뿐인 소중한 인생을 실체도 실재성도 없는 허상의 신에게 스스로를 예속시켜, 왜곡된 사고와 가치관에 갇힌 부자유 속에 '종교의 노예'로 끌려 다니는 의타와 굴종의 삶을 살 것인가, 아니면 자신이 자기 삶의 주인이 되어 주체적이고 능동적인 자유인의 모습으로 살아갈 것인가 하는 것은 자기 선택의 문제다. 필자는 사람들이 '인간은 신에게 종속된 노예적 객체'라는 자기 비하적인 의식에서 탈피하고, 허구적 망상과 종교 권력에 자기 인생을 저당 잡히는 어리석음에서 벗어나기를 바라는 마음이다. 또 자신이 상상하는 허상의 신에게 자기의 생각과 의지를 스스로 묶고, 매이고, 갇히는 우를 범하지 않기를 바라는 마음이다.

(예를 들어, "신이 오늘은 비를 내리네요.", "신의 은총으로 대학에 합격했어요.", "신이 당신을 내게 보내주셨어요.", "신이 사고를 막아 주셨어요.", "인생 팔십까지 살게 해 주신 신께 감사드려요.", "심판의 날이 나에게는 기쁨이요, 당신에게는 고통이 될 것이에요." 비를 내리거나, 대학에 합격시켜 주거나, 두 사람이 만나기를 바라고 그런 기회를 제공하는 신 같은 것은 없다. 사람

---

15 실재가 증명되지도 않은 내세에서의 삶과 행복을 추구하면서, 현실의 삶과 현실적인 행복을 비본질적인 것으로 여겨 등한시하거나 외면하거나 무가치하게 여기고 — 가톨릭 사제나 수도자라는 사람들의 사고가 대부분 그렇다 — , 지진이나 전염병이 발생하면 그것이 '죄에 대한 신의 벌'이라고 말하고, 암으로 투병하는 환자에게 '신의 숨겨진 뜻이 있을 것'이라고 근거도 없고 책임질 수도 없는 말을 무책임하게 내뱉는 사람들과 같은 비상식적인 사고 등.

16 동남아 사람들은 야훼 신을 믿지 않아 가난의 굴레를 벗어나지 못한다거나, 자신이 교통사고에서 살아남으면 그것은 신의 은총과 돌보심이라고 말하고(사고로 목숨을 잃은 사람은 신의 저주를 받은 것인가?), 신을 믿지 않는 사람들은 인성이 의심스럽고 믿을 수 없다는 편견을 갖는 사고 등.

생명의 단명이나 장수는 신이 정하는 것도 아니고, 죽어서 살아온 날들에 대해 누군가에게 심판받는 일도 없다. 각자의 인생은 자신의 의지나 가치관에 따른 선택과 결단으로 살아가는 것이지 신이 이끄는 대로 끌려가거나 종속되는 것이 아니다. 그럼에도 그런 방식의 사고를 갖는 것은, 자신의 의식 속에 종교적 환상으로 신을 실재하는 존재로 각인시켜 놓은 상태에서 '자기가 상상한 신에게 자기 스스로를 예속시키는 망상'이다).

삶의 방식의 선택에서 충분히 고려되어야 할 점은, 상상적 허구를 진리로 믿는 것은 우매한 일이며, 허구를 진리로 호도하는 것은 비열한 일이라는 사실을 상기하는 것이다.

가톨릭이 말하는 신은 존재하는가? 영혼이라는 것과 사후의 영원한 삶은 있는가? 가톨릭은 '참'인가?

히브리 신화

인류의 기원 ◦ 신 관념의 태동 ◦ 신화창조

I

우주·인간의 기원과 神

■ 우주 탄생과 인류의 기원

고즈넉한 저녁, 풀밭에 누워 밤하늘에 보석처럼 박혀 영롱하게 빛나는 별
들을 바라보면서 우주와 대자연의 경이로움을 느껴보지 않은 사람은 별로
없을 것이다. '우주의 끝은 어디일까?', '우주의 끝에는 뭐가 있을까?', '우
리가 알고 있는 우주 밖에 또 다른 우주가 있는 것은 아닐까?'

　우주가 빅뱅(big-bang, 대폭발)으로 기원했다는 천문과학 이론은 이미
정설로 굳혀진 지 오래다. 과학자들에 따르면 우주는 200여 억 년을 주
기로 빅뱅, 팽창, 평형, 수축, 재빅뱅의 과정을 몇 차례 되풀이해 왔고,
지금의 우주는 137억 년(137억 9,800만±3,700만 년) 전에 있었던 빅뱅에
서 시작되었다. 우주에는 은하(銀河, galaxy. 천구 위에 구름 띠 모양으로 항
성·밀집성·성간물질·암흑물질 등이 중력에 의해 묶여 이루는 거대한 천
체의 무리)가 1,700억 개 이상 있고, 각 개별 은하는 크기에 따라 적게는
1,000만 개에서 많게는 100조 개의 항성(恒星, star, 별. 태양과 같이 스스

로 빛을 발하는 고온의 가스체)을 가지고 있으며, 관측 가능한 우주 영역 내에 항성은 적어도 700해[垓, 1해는 100억의 100억 배(10^{20}), 700해는 1,000억의 7,000억 배]개 이상이 존재한다고 추정한다. 그리고 각 항성은 몇 개씩의 행성(行星, planet. 항성과 달리 스스로 빛을 내지 못하고, 항성 주위를 공전하는 천체)을 거느리고 있는데 행성의 숫자는 대략 2,000해(1,000억의 2조 배) 개 정도로 추정한다.

우주의 넓이는 얼마나 될까? 보통 은하 하나의 지름은 수만 광년[光年. 빛이 초속 약 30만 km(2억 9,979만 2,458㎧)의 속도로 진공 상태에서 1년간 달리는 거리. 약 9.46×1012km]으로 측정되며 은하 간의 거리는 평균 100만~200만 광년이므로 우주의 끝은 사실상 측정 불가능하다. 과학자들은 우주의 지름을 대략 130억 광년 정도로 추정하고, 우주는 지금도 팽창 중이라고 말한다.

우주 만물 중 가장 위대한 존재[萬物의 靈長]라고 자칭하는 우리 인간은 이 광활한 우주 속 1,700억 개 이상의 은하 가운데 하나인 은하수(銀河水) 은하, 그리고 그 은하에 속한 수천만 개의 항성 중의 하나인 태양 항성 ─ 태양은 은하수 은하의 중심으로부터 약 27,000광년 떨어진 곳에 위치한다 ─ 을 중심으로 구성된 태양계 내의 8개 행성 중 지구라는 행성에 존재한다. 우주를 태평양에 비한다면 그 태평양에 뿌려진 2,000해 개의 먼지(dust) 중 지구라는 한 개의 먼지에 인구 80억 명이 살고 있는 셈이다.

우리 은하 속 태양 항성은 빅뱅 이후 약 90억 년이 지난 기원전 46억 년경에 중력으로 뭉친 우주의 가스와 먼지구름의 소용돌이 속에서 오늘과 같은 항성으로 성장했고, 내부에 축적된 가스에 의한 핵융합 과정을 거치면서 타오르고 있다. 태양은 앞으로 50억 년 정도 더 빛나다가 항성 진화의 후기 단계에 접어들면서 점점 팽창하여 적색거성이 된 후 소멸할 것으로 추정한다. 우리가 살고 있는 지구는 태양계에 속한 행성으로 45억 년 전경 생성되었고, 지구에 생명체가 출현한 것은 38억 년 전쯤으로 추정한다. 우주의 수명은 앞으로도 100조 년 이상 계속될 것이며, 모든 물질이 다 산산이 분해되고 사라지는 데는 10의 100제곱 년이 걸릴 것이라고 과학계는 예측한다.

생명체의 탄생은 신비처럼 여겨졌지만 과학자들의 연구에 의해, 그것은 초월적 능력을 지닌 어떤 존재에 의해 창조된 것이 아니라 자연선택이 우연히 빚어낸 유기화합물의 복합체라는 것이 밝혀졌다. 45억 년 전쯤 생성된 지구라는 행성에서 모종의 유기물 분자들이 7억여 년의 기나긴 진화 과정 중에 상호 결합하면서 생물이라는 특별히 크고 복잡한 구조를 만들어 낸 것이다. 이후 생명체는 다양한 분화와 진화를 통해 오늘날의 지구 생명 체계를 구축하였고, 계속되는 진화의 이행을 통해 새로운 변이 생명체들을 출현시키고 있다.

지구에 생명체가 존재할 수 있는 것은 지구가 갖는 특성이 생명을 배양하기에 적합한 여건이기 때문이다. 크게 보면 첫째, 태양을 공전하는 지구의 공전 궤도는 타원형이지만 골디락스 영역(Goldilocks zone. 높은 성장률을 기록하면서도 물가상승 압력이 거의 없는 이상적인 경제상황을 뜻하는 경제 용어. 물리학에서는 액체 상태의 물이 존재하기에 이상적일 정도로 뜨겁지도 차갑지도 않은 상태를 일컫는다. 항성에서 멀어지면 물이 얼고 항성에 가까우면 물이 끓어 증발하므로 액체 상태의 물이 존재하지 않게 된다)을 벗어나지 않는다. 너무 뜨겁지도 너무 차갑지도 않아 생명의 필수조건인 액체 상태의 물 존재가 가능한 것이다. 액체 상태의 물에서는 분자들의 움직임이 고체 상태에서보다 훨씬 자유로우며, 물의 높은 용해력은 다양한 물질을 용해하고 운반할 수 있어 분자들의 융합에 효과적이다. 뿐만 아니라 풍부한 자연 에너지원인 태양 광선을 받아들이는 물은 생명체 출현에 이상적인 여건을 제공한다.

다음으로는 지구 대기에 존재하는 산소다. 오늘날 우리의 대기는 질소가 공기의 78%, 산소가 21%를 차지하고 있으며, 나머지 1%는 아르곤으로 구성되어 있다. 생화학자 아이작 아시모프(미국 보스턴대 생화학교수)는 지구 대기의 형성 과정에 대해 다음과 같이 설명한다.

"우주에는 12대 원자[수소(H), 헬륨(He), 산소(O), 네온(Ne), 질소(N), 탄소(C), 규소(Si), 마그네슘(Mg), 철(Fe), 황(S), 아르곤(Ar), 알루미늄(Al)]가 존재하는데, 수소 원자가 우주에 존재하는 모든 원자의 90%를 구성하며, 헬륨 원자가 9%, 나머지 10개 원자들이 전체의 1%를 구성한다. 최초 우주에서는 수소가 수소, 산소, 질소, 탄소, 황과 결합하여 새로운 분자들을 형성했는데[수소+수소=수소 분자(H_2), 수소+산소=물 분자(H_2O), 수소+질소=암모니아 분자(NH_3), 수소+탄소=메탄 분자(CH_4), 수소+황=황화수소 분자(H_2S)], 태양과 가까워 따뜻한 행성인 지구는 수소분자를 제외한 나머지 4개 분자(물 분자, 암모니아 분자, 메탄 분자, 황화수소 분자)를 붙잡을 수 있었다(대기-1).

이후 지구에 붙잡힌 물 분자는 태양의 자외선에 의해 수소와 산소로 분해되었고, 분해로 증폭된 산소는 암모니아 분자(NH_3)와 메탄 분자(CH_4), 황화수소 분자(H_2S)에서 각각 수소 원자를 잡아떼고 결합하여 다시 물을 형성했으며, 남겨진 탄소(C)와 황(S) 원자와도 결합해 이산화탄소 분자(CO_2), 이산화황 분자(SO_2)를 형성했다(이산화황은 대기로부터 사라져 그 흔적만 남겼고, 더 흔한 이산화탄소는 상당량 대기에 남았다). 한편 암모니아 분자(NH_3)에서 남겨진 질소(N) 원자는 비활성적인 성질 탓에 자기들끼리 모여 질소 분자(N_2)를 형성했다. 이런 과정을 거쳐 초기에 지구에 붙들린 분자들(물 분자, 암모니아 분자, 메탄 분자, 황화수소 분자)은 모두 사라졌고 지구 대기는 산소, 질소, 이산화탄소, 물(수증기)로 된 대기로 전환되었다(대기-2).

지구에서 생명이 탄생된 때는 지구가 대기-1 또는 대기-2 상태였을 것으로 추정된다. 38억 년 전쯤에 지구의 대양은 유기물 분자로 가득 찬 유기물 풀(pool)이 되었고, 자연 발생적인 생화학 작용으로 유기화합물이 생성되면서 생명체가 출현하게 되었다. 그리고 모든 생명체는 산소를 필요로 했으므로 광분해보다 훨씬 더 빠르고 효율적으로 산소를 만드는 새로운 방식, 곧 이산화탄소를 사용해 산소를 생산하는 '광합성' 방식이 발전되었고, 이리하여 지구는 태양계에서 유일하게 질소-산소 대기를 갖는 행성이 되었다(대기-3)."[1]

과학계는 모든 생명체가 최초에 출현한 단순한 생명체 — 모든 생명체의 공동 조상(Last Universal Common Ancestor. 약칭 LUCA) — 를 동일한 기원으로 가지며, 첫 생명체의 분열과 분화, 수억 년에 걸친 진화 과정을 통해 오늘날과 같은 수백만 종의 생명체가 출현하였다는 '진화론'을 정설로 받아들인다. 만일 단일 단종 생물이 성서의 설명처럼 개별적으로 창조되었다면(창세 1,1~27) 종들 사이의 상호 연관성을 찾을 수 없을 것이다. 하지만 지구상의 모든 생물은 상호 연관성을 갖고 있으며, 동물이 어떤 동물문(動物門)에 속해 있든 조직 세포들끼리 유사하다는 사실은 모든 동물문이 본래 공통의 조상에서 나왔다는 강력한 증거다. 그리고 세포들의 화학적 구성까지 고려한다면 그 유사성은 훨씬 더 커진다.

1　『시작』, 아이작 아시모프 저, 서광태 · 천희상 역, 세계인, 1995, pp. 228~232.

우리는 생물을 분류할 때 '계문강목과속종(界門綱目科屬種)' 체계를 사용한다. 계문강목과속종 체계란 비슷한 종(種, species)들을 속(屬, genus)으로, 비슷한 속들을 과(科, family)로, 비슷한 과들을 목(目, order)으로, 비슷한 목들을 강(綱, class)으로, 비슷한 강들을 문(門, phylum)으로, 비슷한 문들을 계(界, kingdom)로 묶어 분류하는 생물 분류법이다. 예를 들어 호랑이는 동물계, (조강, 포유강, 파충강, 양서강 등이 포함된) 척추동물문, (영장목, 식육목, 참새목, 뱀목 등이 포함된) 포유강, (고양잇과, 갯과 등이 포함된) 식육목, (고양이속, 호랑이속 등이 포함된) 고양잇과, 호랑이속, 호랑이종으로 분류되고, 사람은 동물계(Animalia), 척추동물문(Chordata), 포유강(Mammalia), 영장목(Primates), 사람과(Hominidae), 사람속(Homo), 사람종(Homo-Sapiens)으로 분류된다. 이러한 분류의 기준은, '진화하여 각기 분류되기 이전에 같은 조상을 공유했는가' 하는 점이다. 같은 문, 같은 강, 같은 목, 같은 과, 같은 속, 같은 종에 속하는 모든 동물은 동일한 선조의 후손이다.

진화론의 선구자인 영국의 박물학자 찰스 다윈(Charles Darwin, 1809~1882)은 수년간의 연구 끝에 1859년 『자연 선택에 의한 종의 기원에 대하여』(On the Origin of Species by Means of Natural Selection, 약칭 『종의 기원』)를 발표했는데, 이 책에서 그는 자연에 의해 존속 가능성이 더 높은 변이들이 선택되었을 것이라는 '자연선택론'을 제시했다. 즉 종의 번식 과정에서 새로운 세대에는 크기, 힘, 모양, 행태, 지능, 참을성 등의 무수한 특질에서 미세한 변이(돌연변이)들이 나타났을 것이며, 환경에 더 적합한 변이들은 그 존속 가능성(살아남아 유전자를 후손에게 전달할 가능성)이 더욱 높았을 것이므로 그들이 자연에 의해 선택되었다는 것이다.

사람도 진화 과정에서 예외는 아니다. 사람(Homo)은 대략 6,000만여 년 전에 출현한 영장류(靈長類)에 속하는 유인원(類人猿)으로 분류된다. 영장류는 '물건을 잡을 수 있는 손과 발이 있는 포유류 척추동물'로, (여우원숭이, 안경원숭이 등이 포함된) 원원류와 (원숭이와 유인원으로 분류된) 진원류로 나뉘며, 유인원은 영장류 '사람상과'(Hominoidea)에 포함된 '긴팔원숭이과'(Pongidae. 소형 유인원류)와 '사람과'(Hominidae. 대형 유인원류)에 속하는 '꼬리 없는 종'을 통칭한다. 여기에는 긴팔원숭이류, 볏긴팔원숭이, 오랑우탄, 고릴라, 침팬지, 사람 등이 포함된다.

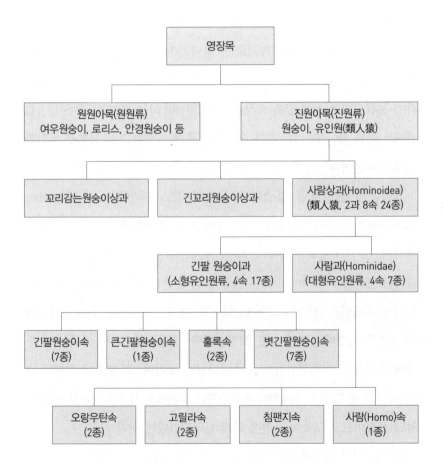

고대 인류 화석이 발견되기 전인 20세기 이전까지는 인간이 단일 단종으로 기원하여 오스트랄로피테쿠스에서 호모 하빌리스, 호모 에렉투스, 호모 사피엔스 등으로 점차 진화했다는 이론이 정설로 받아들여졌다. 하지만 오늘날에는 인류 기원의 초기에 인간종은 최소 6종 이상이 존재했고, 이후 점차 여타의 인간종들은 멸종하고 '후기 호모 사피엔스'(현생 호모 사피엔스)만이 현재 남아 있는 유일한 종이라는 이론을 정설로 인정하고 있다.

사람은 생명체의 진화와 분기 과정 중에 약 600만 년 전, 유인원에 속한 긴팔원숭이에서 갈라져 나온 '호미닌'(hominin, 생물종 분류학상 인간의 조상으로 분류되는 종족)으로부터 유래했다.[2] 하지만 호미닌이 지금 우리가 아는 침팬지로부터 진화하지 않았다는 데 주목해야 한다. 우리와 가장 가까운 집단인 대형유인원은 처음에 오랑우탄이, 그다음에는 고릴라가 독자적인 길을 걸으면서 1,800만 년 전쯤부터 분화되기 시작했다. 그리고 약 600만 년 전에 호미닌과 침팬지의 공통조상이 되는 유인원(아프리카유인원)이 딸을 둘 낳았는데 그중의 하나가 호미닌을 거쳐 우리 인간(homo)으로 진화했고, 하나는 우리가 아는 침팬지로 진화했다. 최초의 인간은 250만 년 전쯤 동부 아프리카에서 출현한 최초의 호미니드(Hominid, 사람科), '오스트랄로피테쿠스'다.

최초의 인류 출현 후 30여만 년이 흐른 220만여 년 전, 아프리카 동부의 초원지대에는 최소 6종의 인류가 살았는데, 초기 인류는 각기 사는 지

---

2   1974년, 아프리카 에티오피아에서 호미닌(hominin) 화석이 처음으로 발견되었는데, 학자들은 대략 320만 년 전의 호미닌으로 추정하고, 그에게 루시(Lucy)라는 이름과 '오스트랄로피테쿠스 아파렌시스'라는 종의 이름을 붙여 주었다(『인간의 흑역사』, 톰 필립스 저, 홍한결 역, 윌북, 2021, p. 10. 『지리의 힘, 2』, 팀 마샬 저, 김미선 역, 사이, 2022, p. 340 참조).

역의 서로 다른 생태학적인 환경의 영향에 따라 여러 유형의 종으로 분화되었다. 어떤 종은 온난 지역에서 채식을 했고, 어떤 종은 한냉 지역에서 고기를 먹었다. 이런 생태학적인 환경의 차이는 차츰 다른 집단과 교배할 기회를 잃게 만들어 상호 전혀 다른 특성을 갖게 하는 유전학적 차이를 심화시켰고, 서로 다른 종으로 분화하는 원인이 되었다.

약 200만 년 전, 분화된 오스트랄로피테쿠스는 고향을 떠나 북아프리카, 유럽, 아시아 방향으로 진출하고 정착하면서 지역의 특성에 따라 각기 다른 방향으로 진화했다. 그 결과 여러 새로운 종들이 생겨났는데, 유럽과 서아시아 인류는 '호모 네안데르탈렌시스', 곧 네안데르탈인으로 진화했고, 아시아의 좀 더 동쪽 지역에는 '호모 에렉투스'가 살았으며, 인도네시아 자바섬에는 '호모 솔로엔시스'가, 인도네시아 플로레스섬에는 '호모 플로레시엔시스'가, 시베리아 데니소바에는 '호모 데니소반스'가 살았다. 각 지역에 정착한 인간종들이 진화의 길을 걷는 동안 동아프리카에서의 진화도 계속되어 새로운 인간종들이 출현하였는데, '호모 루돌펜시스', '호모 에르가스터', '초기 호모 사피엔스'가 그들이다.[3]

초기 인류의 뒤를 이어 동부 아프리카에서 30만 년 전쯤 출현한 '초기 호모 사피엔스'[4]의 여러 종은 10만여 년 전부터 아프리카, 중동, 유럽 등지에 소규모 집단을 이루어 거주했는데, 외모는 현생 인류와 흡사했지만 행동 면에서는 놀라울 정도로 원시적이었고, 언어 구사 능력이 없었으며, 100만여 년에 걸쳐 살아왔던 선조들과 매우 유사한 방식으로 생활했다.

---

3 「사피엔스」, 유발 하라리 저, 조현욱 역, 김영사, 2015, p. 25.

4 16만 년 전에 출현하여 현생 인류가 된 호모 사피엔스(후기 호모 사피엔스)와의 구분을 위해, 처음에 출현한 사피엔스 종을 '초기 호모 사피엔스'라 칭한다.

초기 호모 사피엔스 중 일부는 해안선을 따라 오만, 이란, 파키스탄, 인도를 거쳐 5만 년 전에는 인도네시아에 도착했고, 바다를 건너 오스트레일리아까지 진입했다. 다른 집단은 북쪽으로 향해 러시아로 이동한 뒤 유럽을 거쳐 서쪽으로 가거나 혹은 시베리아를 거쳐 동쪽으로 갔다.

초기 호모 사피엔스 출현 이후, 16만 년 전쯤 아프리카 사하라사막 남쪽에서 초기 사피엔스보다 진화한 '후기 호모 사피엔스'(현생 호모 사피엔스)가 출현했는데, 그들은 상호 의사 전달 및 정보를 교환하는 언어 구사 능력이 있었고, 7만 년 전쯤부터는 아프리카를 떠나 전 세계로 확산되는 대탈출이 있었다. 후기 호모 사피엔스는 초기 호모 사피엔스의 노정을 따라 세계 각지로 확산되는 과정 중에 초기 호모 사피엔스와 섞이거나 동화되었다.

한편 아라비아반도와 유라시아 지역에 정착해 있던 다른 인간종들은 사피엔스 계열의 인간들과 접촉한 이후 정확하게 밝혀지지 않은 사유로 급작스럽게 멸종했는데, 솔로엔시스는 5만 년 전쯤 멸종했고, 네안데르탈인은 3만 년 전에, 플로레스인은 12,000년 전에 사라졌다. 사피엔스를 제외한 여타 인간종들의 급격한 멸종 사유에 대해 학자들은, 사피엔스 계열의 인간들이 이동하면서 질병을 옮기는 바람에 그 질병에 내성이 없던 여타 인간종들이 절멸되었을 것으로 추정하기도 하고,[5] 제한된 의사전달 수단만 갖고 있던 다른 인간종들과 달리 정보전달의 수단인 '언어'를 사용하는 사피엔스에게 다른 인간종들이 먹이 경쟁과 종족 간의 투쟁에서 밀려 멸종한 것으로 추정하기도 한다. 후기 호모 사피엔스는 언어를 통한 소통 능력과 상호 정보 교환 덕분에 협동 사냥과 채취 활동에 더 능숙했고 이를

---

5 『인간의 흑역사』. p. 22.

발판으로 사냥터를 점령할 수 있었을 뿐만 아니라, 자신들과 전혀 다른 인간종들과의 충돌에서도 우위를 점할 수 있었다는 것이다.[6]

이후 지구는 후기 호모 사피엔스에게 정복당했고, 모든 다른 인간종은 멸종했다. 후기 호모 사피엔스도 정착지의 기후나 환경적 요인에 따라 피부색, 체형, 얼굴 형태 등이 조금씩 다르게 진화해 왔지만 생물학적으로 현생 모든 인간은 호모 사피엔스 단일 종으로 분류된다. 우리는 모두 호모 사피엔스 종인 것이다. 하지만 사회 문화적 관점에서는 여러 범주로 인종을 분류하기도 한다. 피부색에 따라 백인, 흑인, 황인종으로 구분 짓기도 하고, 사는 나라에 따라 한국인, 미국인, 독일인으로 구분하기도 하며, 혈통 구분에 따라 셈족, 게르만족, 한족, 아이누족 등으로 구분하기도 한다. 각 인종 혹은 민족은 자신들의 정착지에서 고유한 문화를 창출하고 종교전통을 창조하며 삶을 이어오고 있다.

인간의 기원과 관련, 과학계는 포유류 척추동물에 속하는 인간의 출현이 공룡의 멸종과도 관련이 있다고도 말한다. 인간이 출현하기 이전 지구 생명계 최상의 포식자이자 최강자는 공룡이었다. 공룡은 기원전 약 2억 5,000만 년 전에 출현하여 무려 2억여 년 동안 생존하다가 중생대 백악기 말기인 기원전 6천 500만 년 경, 지구와 운석의 충돌로 야기된 '대멸종기'에 멸종했다.[7] 이때 지구 생물종의 60~75%가량이 절멸했다고 학자들은 추정한다. 최상위 포식자였던 공룡이 사라지면서 멸종 위기를 피해 살아

---

6 『쉽고 재미있는 인류 이야기』, 제임스 C. 데이비스 저, 이남규 역, 기파랑, 2009, p.12.

7 공룡의 멸종 원인에 대해서는 누구도 정확히는 알지 못한다. 다만 '운석 충돌설'과 '포유류 번식설' 등으로 추측해 볼 뿐이다. 이중 '운석 충돌설'이 설득력을 갖는다. 유카탄반도 근처에 추락한 운석과 지구의 충돌로 지구의 기후와 자연 생태 환경이 급격히 변하면서 생존 환경을 상실한 공룡이 멸종했다는 것이다.

남은 작은 체구 포유류들의 생존이 가능하게 되었고, 이 포유류의 진화와 분기 과정에서 우리가 스스로 '인간'(人間. homo)이라고 칭하는 생물종이 출현할 수 있었다. 공룡이 멸종하지 않았다면 영장류는 공룡의 먹이 사슬에 갇혀 멸종했을 것이며, 그와 함께 인간도 출현할 수 없었을 것이다.[8]

■ 인간 지능의 진화와 신 관념의 태동 · 신화창조

생태계 모든 생명체의 일차적인 주요 관심사는 '생존과 번식'이며, 각기 다른 동물들의 신체적 기능의 다양성은 생존과 번식에 최적화된 모습으로 진화해 왔다. 하지만 진화는 의지나 욕구로 성취되는 것이 아니다. 인간은 이백만 년이 넘는 기간 동안 존속해 왔지만 아직도 날개나 물갈퀴나 아가미를 갖지 못했다.

진화는 자연선택에 의해 수만 세대를 거치며 눈에 띄지 않게 진행된다. 다윈이 말했듯이 진화는 종의 번식 과정에서 나타나는 유전자의 미세한 돌연변이가 자연에 의해 선택됨으로써 이루어진다. 예를 들면, 사물을 더 잘 보는 눈을 가진 원숭이 개체는 생존 경쟁에서 살아남을 확률이 높았을 것이며 시력이 좋은 유전자를 후손에게 전했을 것이지만, 시력이 나쁜 원숭이 개체는 도태되었을 것이다. 공작 수컷은 화려한 꼬리 깃털을 뽐내는데 그것은 포식자에게 자신을 노출시켜 생존을 위협받는 어리석은 행동처

---

8 인간의 출현에 대해 가톨릭은 지구 생명체의 기원이나 진화 · 분기와 무관하게, '인간은 야훼라는 신에 의해 어느 날 갑자기 지금과 같은 형태의 인간으로 창조되었다'고 주장한다. 하지만 그런 주장의 정당성을 입증하는 과학적인 증거나 합리적인 근거는 제시하지 못하고 있다.

럼 보인다. 하지만 공작 수컷에게 화려한 꼬리 깃털은 암컷 공작에게 자기 유전자의 우수성을 증명하는 신용장 역할을 하는 것이고, 그로써 자신의 유전자를 후손에게 전달하는 기회를 더 많이 가질 수 있는 수단이 된다. 이렇게 해서 더 크고 화려한 빛깔을 지닌 꼬리 깃털 유전자를 갖고 있는 공작은 살아남게 되고 그렇지 못한 공작은 도태된다. 이것이 '자연선택'이다.

인간이 먹이 사슬의 최상위층을 점유하고, 지구의 주인 행세를 할 수 있는 원동력은 지능(知能)의 활용에 있다. 동물을 사냥하거나 과일을 찾아 배를 채우던 초기 인류는 다른 동물들에 비해 별반 뛰어난 능력이나 기능을 갖추지 못했다. 인간은 새처럼 날지도 못할 뿐만 아니라, 사자처럼 강력한 턱뼈를 지니지도 못했고, 치타처럼 빨리 달리지도 못한다. 거미처럼 끈끈한 실을 자아내지도 못하고, 물고기처럼 긴 시간 헤엄치거나 잠수를 하지도 못한다. 인간이 다른 동물들에 비해 유일하게 잘하는 기능이 있다면 손으로 물건을 멀리까지 던질 수 있다는 것뿐이다.

약육강식의 세계에서 허약하기 짝이 없는 수렵 채집 생활인이었던 인간은 생존을 위해 사냥에 사용할 수 있는 도구를 만드는 방법을 찾았을 것이고, 먹을 수 있는 과일이 어느 시기에 어느 장소에서 익어 가는지를 기억할 필요가 있었을 것이다. 또 혼자서 대형동물을 사냥하는 것은 위험한 일이므로 여럿이 협동해 사냥에 나섰을 것이다. 이때 필요한 것이 상호 의사소통이므로 정보 교환을 위한 언어 구사 능력이 발달했고, 상황을 판단하는 판단력과 지능이 향상되었을 것이다. 뇌 과학자들은 두뇌 용량과 지능 간의 연관성은 별로 없다고 말한다. 네안데르탈인의 두뇌 용량은 호모 사피엔스보다 컸지만 지능 지수는 훨씬 낮았고, 고래의 두뇌는 인간의 것보다 훨씬 크다. 뇌의 인지 능력과 지능 지수는 두뇌의 크기가 아니라 뉴런(neuron, 신경 세포)과 시냅스(synapse, 신경 세포의 연접부)의 활성화 정도에 영향을 받는다.[9]

인간의 지능은 각자가 살면서 체험한 것들과 스스로 습득한 정보를 기억하고, 나아가 다른 사람들과의 정보 교환을 통해서 획득한 새로운 정보를 기억하는 일련의 과정을 거치면서 점차 향상되었다. 약 30만 년 전부터 불을 사용하고 음식을 익혀 먹을 수 있게 됨에 따라 소화에 필요한 에너지의 대부분을 뇌 활동 에너지로 활용할 수 있게 된 것도 지능을 급격히 향상시키는 데 영향을 미쳤다.[10] 인간의 뇌는 신체 체중의 2% 정도에 해당하는 무게를 지녔을 뿐이지만(남자 1,250~1,450g, 여자 1,200~1,250g), 신체가 휴식 상태일 때 전체 에너지의 25%를 소비하는 기관이다. 인지 능력의 향상으로 인간은 자연을 지배할 수 있게 되었다.

상기의 인류 진화 과정에서 우리가 주목해서 살펴봐야 할 부분은 250만여 년이라는 긴 기간 동안, 인류가 어떤 경로를 통해 오늘에까지 이르게 되었는가를 살펴보는 것도 중요하지만, 최초 인간종의 출현부터 250여만 년이라는 기나긴 시간이 흐르는 동안 신[神, god]은 그 어디에도 등장하지 않고 있다는 점, 그리고 설령 문자가 개발되지 못한 시기였다고 하더라도

---

9 우리 뇌에는 서로 연결된 약 1,000억 개의 신경 세포(뉴런)가 있고, 신경 세포 하나는 1,000~10,000개 이상의 시냅스를 만들어 낸다. 뇌 전체에 시냅스는 10조~100조 개가 분포되어 있다(『1.4킬로그램의 우주, 뇌』, 정용 외, 사이언스북스, 2016, p. 21 참조).

10 최근 이스라엘 연구진이 기존의 사료를 60만 년이나 앞선 78만 년 전의 물고기 화석에서 요리의 흔적을 발견했다고 영국 일간지 가디언이 보도했다(2022.11.15.). 호모 에렉투스 시대에도 불을 효율적으로 이용했다는 것이다. 이스라엘 연구팀은 이스라엘 북부에서 발견된 물고기 화석을 토대로, 생선을 요리한 호모 에렉투스들이 흙으로 만든 오븐을 사용했다고 추측했다.

초기 인류가 남긴 동굴 그림이나 문양·조각품과 그 어떤 삶의 유적에서도 신과 관련되었다고 추정될 만한 것은 단 한 점도 발견되지 않았다는 점을 주목할 필요가 있다.[11]

인간이 '정령[精靈, spirit. 물질 자체와는 별도로 존재한다고 상상하는 비물질적인 영(靈)] 신앙'을 갖게 된 것은 대략 1만 2,000여 년 전이며, 자연현상 자체를 신화화(神話化)하여 '보이지 않는 힘(power)으로 작용하는 어떤 초월적 행위자', 곧 신으로 인식하고 숭배하는 '자연신 숭배 종교전통'을 갖기 시작한 것은 기원전 3,000년경이다(신뢰할 만한 근거를 찾을 수 없는 성서는 신이 계시(啓示)를 통해 신 자신의 존재를 드러내 보인 것은 기원전 2,000년경이라고 말한다).

인류 역사 안에서 자연 안에 존재하는 보이지 않는 힘을 의인화(擬人化)한 신 숭배 전통이 기원전 3,000년경에 생겨났다는 것은 시사하는 바가 매우 크다. 각 부족 또는 민족들의 도시국가나 왕국이 건설되던 시점과 일치하기 때문이다.[12]

신 관념의 태동 · 신화창조

―

다른 유인원과 크게 다를 바 없는 지능 수준이었던 고대 수렵채집인들은

---

11 독일 슈타델 동굴에서 32,000여 년 전에 제작된 것으로 보이는, 인간 몸통에 사자 머리를 조각한 공예품이 발견되었는데 이 작품은 신의 형상이 아니라 인간이 실제로 존재하지 않는 것을 상상할 능력을 갖추었다는 것을 보여주는 증거라고 학자들은 해석한다(『사피엔스』, p. 45).

12 『알기 쉬운 문화인류학』, 아야베 쓰네오·구와야마 다카미 저, 황달기 역, 계명대학교출판부, 2012, p. 227 참조.

어느 순간부터인가 자신이 타인과 구분된 존재라는 것을 아는 '자아 인식'(자의식)과 '공감 능력'(타인의 생각과 감정을 아는 능력)을 갖게 되면서, 모든 생물과 무생물·자연 현상에 눈에 보이지 않는 정령이 깃들어 있어 인간과 직접 소통할 수 있다는 '정령신앙'(animism)을 갖게 되었다. 아마 말 못하는 동물도 고통과 두려움을 느끼고 때로는 본능적인 행위이지만 사랑을 나누는 모습도 지켜보면서 동물을 관장하는 영(靈, spirit)이 있다고 생각했을 것이다. 그래서 그들은 동물과 대화를 나눌 수 있고, 사냥을 할 때는 죽여서 미안하다는 감정을 보이고 용서를 청할 수 있다고 생각했다. 이런 의식은 인간을 자연의 일부로 여겼다는 것이며, 대자연과 아무런 차등도 두지 않았다는 뜻이기도 하다. 곧 인간이 가장 위대한 존재라는 의식도 가지지 않았고, 동물이나 식물을 인간보다 천한 것 또는 낮은 것으로도 여기지 않았다는 의미이다.

또 고대 인류는 자연에서 동물들이 먹고 먹히는 광경과 태어나고 죽어가는 과정들을 목격하면서 살고 죽는 것을 지극히 자연스러운 현상으로 여겼다. 다만 다른 동물들과는 달리 동료 인간의 죽음을 슬퍼하며 장례를 치르는 문화를 발전시켰고(중기 구석기시대, 네안데르탈인), 자신도 언젠가는 죽을 것이라는 의식을 가졌다. 하지만 죽음 이후 하늘 저 멀리 어딘가에 내세(來世)가 있고 그곳에서 새로운 삶이 펼쳐질 것이라는 허황된 생각은 하지 않았다. 뿐만 아니라 번개가 치고 천둥이 울리는 일은 자연의 조화일 뿐, 그런 것들이 신들이 인간을 향해 불편한 감정을 드러내는 상징적인 행위라는 따위의 생각[자연 현상의 신화화]도 하지 않았다. 비가 내리거나 덥거나 춥거나 변화무상한 자연의 이치에 그저 순응하며 살았다.

인간이 자연 현상을 신화화하고, 우주와 세상 만물이 초월적인 능력을 가진 누군가[초월적 실재, 신]에 의해 의지적으로 창조되었을 것이라고 생각한 것은 인간의 지능이 고도로 발달한 이후, 곧 '픽션을 창작하는 능력'(없는 것을 상상할 줄 아는 능력, 허구를 지어내는 능력, 거짓말을 꾸며 내는 능력)을 보유하게 된 이후의 일이다.[13]

고대 인류는 자연과 자연 현상이 그저 있는 것이자 주어진 것이라는 사실을 의심하지 않고 있는 그대로 받아들였지만, 천문학과 물리학에 대한 지식이 없던 시대에 지능이 깨어난 인간은 천체와 자연 현상의 변화에 관심을 기울이기 시작했고, 인간 능력의 한계에 대한 인식과 함께 인간 능력의 한계를 넘어서는 것들에 대한 사유(思惟)를 갖게 되었다. 나아가 자기 존재의 기원과 세상의 기원 등 도대체 인간의 머리로는 이해할 수 없는 것들에 대해 의문을 갖기 시작했다. '우주는 어떻게 생겨났는가?', '인간은 어디서 왔는가?', '죽는다는 것은 무엇인가?', '때에 따라 비가 내리고 눈이 내리고, 해가 뜨고 달이 지고, 동물들이 번식하고 과일이 익는 규칙적이고 질서 있는 자연의 순환은 누가 관장하는가?', '가뭄이 들고 홍수가 지는 등 자연의 불규칙성은 왜 일어나는가?', '미움이나 사랑의 감정은 어디서 오는가?', '욕망과 욕정은 어떻게 생겨나는가?' 철학적 사유가 시작된 것이다.[14]

---

13   뇌 과학자들은 인간의 지능은 자신을 다른 대상과 구별된 존재로 인식하는 '자기 인식 능력'을 갖게 된 단계를 시작으로, '타인과 공감하는 능력' 보유의 단계, 과거를 기억하고 미래를 계획하는 '자기 성찰 능력' 보유의 단계, 없는 것을 상상할 수 있는 '픽션 창작 능력' 보유의 단계로 점진적으로 발달해 왔다고 말한다(『뇌의 진화, 신의 출현』, 풀러토리 저, 유나영 역, 갈마바람, 2019, pp. 196~200 참조).

14   모든 문화에는 모든 사람이 공유하는 공통적인 요소나 자질이 있다. 공통 요소에는 도구 사용, 신화, 性 역할, 사회 집단, 공격 행위, 정서, 문법, 음운 같은 것들과 동물과 물건의 의인화, 신이나 초자연적인 것에 대한 믿음, 행운과 불운에 대한 초자연적인 믿음, 예언, 민속, 마법, 종교 의례 등이 포함된다. 그리고 비록 그러한 요소가 하나의 유전자에 의해 완전히

최초의 철학적 사유는 세계 각지에 퍼져 있는 인간 문화권에서 거의 유사한 시기(BC 3,000~1,000년 사이)에 시작되었는데, 우주와 인간의 기원, 자연의 규칙적인 변화, 자연의 불규칙적인 재해, 인간의 삶과 죽음의 문제 등의 풀리지 않는 형이상학적·철학적 물음에 대한 답을 쉬 구할 수 없었던 초기 사유자들은, 현상세계의 문제를 신성의 세계에 위치시킴으로써 세상의 문제를 설명하고자 하는 '신화적 상상력'을 갖게 되었다. 그리고 현실과 공상의 경계를 무시로 넘나들면서 어떤 초인적·초월적인 존재, 곧 '어떤 목적을 위해 의도적으로 무언가를 하는 존재로서의 초월적인 행위자'가 실재한다는 신 관념(神觀念)을 갖게 되었다. 나아가 존재하는 모든 것은 그 행위자에 의해 비롯된 것이며, 세상만사 모든 것 또한 그가 관장하는 것이라고 생각하자 제반 문제 해결의 틈새가 메워지는 놀라운 경험을 하게 되었다.

초기 인류는 이제 눈이 닿는 모든 곳에서 초월적 행위자를 보았고, 종종 그것을 신(神, god, Great spirit)이라고 불렀다. 바람이 세차게 불거나 바다에 거친 파도가 일렁이는 것은 숨어 있는 행위자가 일으키는 일이고, 천둥이나 번개는 초월적 행위자가 자신의 존재를 드러내는 상징적인 행위로 이해되었다. 다른 한편에서는 자연 현상이나 자연 요소 자체를 신화화하고 의인화(擬人化)하는 자연 신관이 구축되었다. 이렇게 해서 세계 도처에 강의 신, 천둥의 신, 바다의 신, 달의 신, 불의 신, 태양의 신, 출산과 풍요의 신, 어두운 숲의 신 또는 악마가 존재하게 되었다. 그리고 기도와 제물로 신을 달래지 않으면 재앙이 닥칠 것을 두려워하여 제의(祭儀)를 거

통제되지는 않는다고 해도 우리는 그 자질들이 각각의 문화에서 유전적인 성향으로 나타난다고 가정할 수 있다. 그리고 문화는 다양성과 변화에도 불구하고 일관된 성향의 본질을 부양한다(『믿음의 탄생』, 마이클 셔머 저, 김소희 역, 지식갤러리, 2012, pp. 231~233 참조).

행했다. 혹독한 가뭄은 비의 신의 심기가 불편하기 때문에 발생한 일이니 비의 신을 달랠 필요가 있다고 생각한 것이다.

이후 점차 여러 종교전통들이 상호 습합되고 혼합되면서 모든 신들을 통제하고 조정하는 주신(主神, 父神, father-God)이 있고 그 하부에 자연현상을 통제하거나 인간지사를 관장하는 등의 특별한 직무를 담당하는 여러 작은 신들이 존재한다는 신관이 형성되었고, 이런 과정에서 각 문화권은 자신들에게 친숙한 대상을 그 상상의 존재, 가상의 실재의 주신으로 상정하여 '그가 우주와 세상과 인간의 창조주이며, 세상의 역사와 질서를 주관한다'는 신화(神話)를 만들어 냈다. 이집트에서는 그를 아툼(Atum, Aten) 또는 레(Re)라고 칭했고, 바빌로니아인들은 마르둑(Marduk), 후리족은 샤다이(Shaddai), 페르시아에서는 아후라마즈다, 북유럽의 게르만족과 켈트족은 토르(Thor)나 오딘(Odin), 슬라브인들은 페룬(Perun), 그리스에서는 제우스, 팔레스티나의 가나안에서는 엘(El), 중국에서는 반고(盤古) 또는 제(帝, 天), 한반도에서는 미륵(彌勒), 몽골은 에헤부르칸, 아프리카 잠비아의 로지족은 니얌베, 남미의 마야 문명에서는 꾸쿨칸(Cuculkan) 등으로 지칭했다. 가톨릭이 말하는 창조주로서의 야훼도 고대 히브리인들의 이런 사고에서 등장한 가상의 존재, 곧 부신 엘(El)의 아들 신들 중의 하나로 등장한 신이다.[15]

---

15 『세계의 신화 전설』, 요시다 아츠히코 저, 하선미 역, 혜원, 2010, p. 12, 69, 157 참조.
인간의 마음(정신 작용)은 뇌와 무관하게 별도로 존재하는 그 무엇이 아니라 뇌가 작용하는 것, 곧 뇌 안에서 이루어지는 화학적 신경전달물질과 뉴런의 발화현상이다. 정신 작용을 일으키는 제3자 혹은 초월자나 외부자 같은 것은 없다. 특정 대상에 대한 믿음 역시 뇌가 만들어내는 것이다. 인간은 상상력을 통해 초월자 개념을 형성하고, 연역적 방식으로 어떤 초월적 행위자가 있으리라고 가정한다. 그리고 그 행위자를 믿는 믿음을 구축한다(『믿음의 탄생』, pp. 85~89 참조).

눈에 보이지 않는 초월적 행위자[神, 창조주, 조물주]를 상상한 초기 사유자들은 그 누구도 지켜본 적이 없고 알지도 못하는 우주와 세상 만물의 생성 과정에 대해 최대한의 상상력을 발휘하여 '신에 의한 세상과 인간 창조의 이야기'를 지어냈고, 신화를 통해 '신은 인간의 눈에 보이지 않는 곳에서 우주와 자연의 질서를 관장하며, 세상의 질서 유지를 위해 여러 기능을 가진 하부 신들과 왕과 같은 특별한 인간, 그리고 자연을 도구로 이용한다'고 설명했다. 그리고 주신은 인간이 상상할 수 있는 최고 최상의 완전자, 가장 이상적인 절대적 존재라고 상상하여 그에 부합되는 신적 속성을 부여했다(이런 점에서 종교가 말하는 신의 속성은 인간의 자의식에서 도출해낸 이상형 개념을 투사하거나 대상화한 것에 불과하다는 것을 이해할 수 있다).

한편, 인간 두뇌의 발달과 사유 능력의 향상으로 '죽음'에 대한 사유가 시작되면서 인간은 '꿈'을 새롭게 바라보게 되었다. 이미 죽은 사람을 꿈에서 보았다면 그 사람이 자기를 만나러 찾아온 것으로 이해했고, 그런 체험 속에 죽은 사람의 넋 또는 영혼은 소멸하지 않는다는 사고를 갖게 되면서 '고인숭배', '조상숭배' 전통이 생겨났다. 즉, 꿈을 매개로 죽은 이가 언제나 곁에 함께 있다는 생각을 갖게 되었고, 이 과정에서 조상의 혼령 중에 훌륭한 농부였던 사람은 부족의 안전과 풍작을 안겨주는 추수 신령[農神]으로 존경받고, 큰 권력과 권위를 지녔던 인물이나 위대한 전사였던 사람은 군신(軍神)으로 이름을 떨치게 되었다. 그리고 씨족이나 부족의 조상신에게 제사를 드리면서 소원을 비는 제례가 정착되었다.[16]

---

16 인류학자 에드워드 타일러(Edward B. Tylor, 1832~1917)는 초경험적인 영(靈)이 존재한다고 믿는 신앙은 아마도 꿈(dream)에서 비롯되었으리라고 주장했다. 그는 "고대 인류는 최근에 죽은 친구를 꿈에서 보면 그 친구가 육체를 떠나 일종의 영으로 계속해서 존재하고 있기 때

이후 농경사회가 활성화되면서 인구가 증가하고 여러 씨족이나 부족이 한데 모여 사는 도시가 형성되게 되었는데, 이때 서로 다른 부족들 간에 상호 신봉하는 신들이나 혼령들의 위계를 확립할 필요가 대두되었고, 사람들의 합의로 최고 지위의 신 또는 혼령이 출현하게 되었다. 최고신, 지고신(至高神, 하느님)이 등장한 것이다. 그리고 지고신에게는 초자연적이며 초월적인 신성과 신적 권능이 부여되었고, 지고신을 통해 인간 이성의 범주를 넘어서는 현상세계의 문제를 설명하고자 하는 또 다른 형태의 신화들이 창작되었다. 이후 각 문화권에서 만들어진 고대의 신화들은 점차 실제적인 사실에 대한 이야기로 받아들여지면서 신화가 만들어낸 '상상의 산물'·'가상의 실재'를 살아있는 신으로 숭배하는 종교전통들이 등장하게 되었다. 물론 그리스 신화가 제우스신이 존재한다고 말한다고 해서 제우스라는 신이 실제로 존재하는 것은 아니며, 바빌로니아의 마르둑이나 몽골의 에헤부르칸이 우주 만물의 창조주라고 말한다고 해서 그것이 사실인 것은 아니다.

어떤 학자(리차드 컴스탁, 미국 유니온 신학대학 종교학과 교수)는 신화에 대해, "고대 사회의 신화는 한가한 호기심의 산물도 아니고 가상의 이야기도 아니다. 그렇다고 해서 신화가 있는 그대로의 사실을 말하고 있는 것도 아니다. 신화는 인간이 처한 현재의 특정 상황에 대한 그 궁극적인

문에 자기 꿈에 나타난 것이라고 믿었고, 그런 꿈의 경험을 통해서 영적 실재의 영역이 별도로 존재한다고 믿었다. 그리고 그것이 종교적 신앙의 기초가 되었다."고 말한다(『종교와 세계관』, 니니안 스마트 저, 김윤성 역, 이학사, 2017, p. 84 참조).

철학자 허버트 스펜서(Herbert Spencer, 1820~1903)는 종교의 기원을 조상숭배에서 찾았는데, — 그는 타일러의 주장을 받아들여 — 고대인들은 꿈의 경험에서 죽은 조상도 영혼으로 존재한다고 믿었고, 그 조상들을 신으로 섬긴 조상숭배가 모든 종교의 기원이라고 주장했다(『종교의 이해』, 리차드 컴스탁 저, 윤원철 역, 지식과교양, 2017, p.18 참조).

원인과 정당성의 근거를 태초의 어떤 성스러운 사건에서 찾음으로써 현재 상황에 의미를 부여하기 위한 의도에서 만들어진 것이다."라고 정의하기도 한다.[17] 다시 말해서 신화는 '지금 일어나는 일'은 태초의 위대한, 그리고 현재의 자신들과 매우 밀접한 관계를 맺고 있는 어떤 실재에 의해서 '과거에 일어났던 특정 사건(전설적인 '시초'의 시간에 발생한 '창조 사건')의 결과로 발생한 것'이라고 설명하면서, 현재의 사건에 의미를 부여하기 위해 만들어진 이야기라는 것이다.[18]

설령 신화에 대한 이 학자의 정의가 타당하다고 해도, 신화를 창작한 고대인들의 사고가 정당하거나 합리적이라고 할 수는 없다. 신화를 창작하던 당시의 고대인들은 인간이 처한 특정 상황의 배후에 '보이지 않는 어떤 초월자의 보이지 않는 힘'이 작용한다는 사고를 갖고 있었으므로, 그런 사고에 따라 특정 사건과 상황 속에서 어떤 의미를 찾고 초월자의 의지를 분별하는 시도를 한 것으로 볼 수 있다. 하지만 오늘날의 우리는 발생하는 사건이나 상황들은 자연 발생적이거나 우연, 또는 인간의 고의나 실수로 발생할 따름일 뿐, 초월적인 제3자의 개입으로 일어나는 현상이 아니라는 것을 잘 알고 있다. 또 발생하는 사건에 초월자의 어떤 의지나 목적, 의미가 내포되어 있지 않다는 것도 익히 알고 있다. 신화는 초월적인 어떤 능력을 발휘하는 초월자를 상상한 고대 인간의 사유에 따른 창작의 범주를 넘지 못한다.

인간을 제외한 어떤 동물도 신을 상상하거나 찬미하거나 찬양하지 않

---

17 『종교의 이해』. p. 79.

18 성서에도 그런 사상이 깃들어 있음을 확인할 수 있다. 곧 성서 속 히브리인들 역시 현재의 일을 과거에 일어난 특정 사건의 결과로 해석한다. 예를 들어, 그들은 '가나안 정복'을 야훼의 의지와 야훼에게 충실했던 선조들의 공덕의 결과로 이해한다.

는다. 만일 침팬지에게 자연을 관장하는 미지의 초월적 존재를 상상할 수 있는 지적 능력[知能]이 있다면, 그들도 자신들의 형상을 닮은 신을 상상하고 그를 위한 제단을 쌓았을 것이다. 자신과 닮은 형상, 곧 사람 형태로 의인화(擬人化)된 신 존재를 추정하고 상상할 수 있는 지능을 가진 존재는 현재로서는 인간뿐이다.

고대 종교전통의 특징
—

고대 수렵 채집사회의 종교전통에는 대개 정령이나 최고신, 또는 위대한 힘을 지닌 조상신의 개념이 있었다. 또 토템(totem, 특정 씨족과 동일시되어 신성하게 여기는 특정 동물이나 식물, 또는 그 밖의 사물)이 있는 경우도 있었다. 그리고 그런 사회에서는 의례와 신화를 통해 인간 세계와 자연 및 동물 세계 사이의 공존 관계를 설정하고 강화하는 데 주된 관심을 쏟았다. 이후 농경 정착 생활이 시작되면서 '수렵 채집사회의 자연과 인간의 공존'이라는 사고는, 인간은 자연을 지배할 권리를 지닌 존재라는 의식으로 변화되었다(훗날, 자연은 인간이 자신의 용도에 따라 활용하도록 신으로부터 주어진 선물이라는 가톨릭의 논리가 제시되면서 자연은 '정복될 대상'으로 전락했다).

농경사회의 종교전통에서는 농경문화의 특성상 계절의 순환, 즉 자연이 보여 주는 재생의 힘에 관심을 쏟는 경향이 있고, 하늘보다는 땅, 남성적인 것보다는 여성적인 것이 더 중요한 상징이 되어 남신보다 여신이 우세한 위치를 차지하는 경우가 많았다. 그리고 주로 출생, 풍요, 성장, 결실 등에 관심을 두었다. 농경문화 종교전통은 '출산의 어머니', '밀의 어머니' 등과 같이 여러 위대한 여신의 상징을 많이 낳았는데, 위대한 어머니의 상징은 수메르의 이난나(Inanna), 아시리아와 바빌로니아의 이쉬타르(Ishtar), 그리스의 페르세포네(Persephone), 헤카테(Hecate), 디아나(Diana), 데메테르(Demeter), 인도의 칼리(Kali), 로마의 사이벨레(Cybele) 등으로 나타난다.

유목민 사회의 종교전통은 이른바 '천계(天界) 중심적'인 경향을 보인다. 초원을 유랑하는 이들 사회는 하늘, 해, 달, 천둥, 폭풍우 등에서 신의 힘을 느끼고, 가장 중요한 상징인 하늘을 신의 거주지로 여긴다. 유목민 사회의 신은 대개 남성적이며 가부장적인 성격을 띤다. 고대 수메르의 아누(Anu), 바빌로니아의 마르둑(Marduk), 그리스의 제우스(Zeus), 로마의 주피터(Jupiter), 아리안족의 인드라(Indra), 가나안의 엘(El), 셈족의 야훼(Yahweh), 스칸디나비아인들의 토르(Thor) 등의 신은 유목 사회와 관련된 '하늘의 최고신'의 예다.[19]

■ 도시국가 건설과 신화의 정치적 통치 이데올로기화

상상적 가상의 존재인 신을 초월적인 인격체로 숭배하는 '제도적 종교전통'이 생성된 시점은 도시국가 또는 왕국이 건설되던 시기와 일치한다. 고대 국가들이 신을 논하면서 신화를 정치적 통치 이데올로기로 활용하던 기원전 3,000년경이다.[20]

---

19   『종교의 이해』, pp. 226~228 참조

20   『알기 쉬운 문화인류학』, p. 227 참조. 인간의 눈에 보이는 실체와 직접 온몸으로 체험되는

자연에서 스스로 번식하고 성장한 동물을 사냥하거나 제철 과실과 작물을 채집하며 250여만 년간 생존을 유지해 왔던 인류는, 대략 기원전 1만 년경부터는 농사를 짓고 가축을 기르며 정착 생활을 하기 시작했다. 생활의 변화에는 여러 가지 원인이 있었겠지만, 인구 증가가 주된 요인이었을 것이다. 씨족은 친족으로 확산되고, 친족은 부족 규모로 증대되면서 사냥감을 쫓아 대규모 단위로 이동하는 것은 점차 불가능한 일이 되었고, 부족 간의 경쟁에서 생존의 안전을 도모할 필요가 있었을 것이며, 오랜 채집 생활의 경험을 토대로 식물의 성장을 이해하게 되면서 작물을 직접 재배하는 기법을 개발했을 것이다.

　정착 생활은 인간 사회 환경에 커다란 변화를 가져왔다. 잉여 농산물 생산으로 인구가 급격히 증가했고,[21] 그에 따라 집단 내의 분쟁이나 갈등·범죄 등을 통제하고 조정하는 지배 조직의 필요성이 대두되었다. 또 사회 질서 유지와 외부의 침입으로부터 내집단 구성원들을 보호해 줄 무장 조직이 필요해졌다. 지배자와 엘리트가 출현하고 일정한 계급 구조가 형성된 것이다. 사회적으로는 잉여 농산물을 수단으로 필요 물품을 구하는 시장 경제가 활성화되고, 농사나 목축업 외 다른 전문 직종의 직업군도 등장하게 되었다. 이후 점차 정착민의 수가 증가하고 도시의 규모가

천체나 자연 현상에 대한 사유를 통해 도출해 낸 가상의 초월자를 신으로 숭배하는 종교전통을 국가 구성원 전체가 신봉하는 '제도적 종교전통'으로 고착화한 것은 기원전 3,000년경이지만, 인간 영혼(靈魂, soul)에 대한 사유 및 죽음 이후의 내세와 부활에 대한 사유는 종말론과 함께 기원전 6세기경에야 본격적으로 시작되었다. 구약성서에서 내세와 부활에 관한 관념은 기원전 170년경 기록된 것으로 추정되는 「다니엘서」에 처음 등장한다.

21　기원전 1만 년경 지구의 총 인구수는 200만 명 정도였을 것으로 추정한다. 농경 생활 이후 안정적으로 식량을 확보할 수 있게 되면서 인구는 폭발적으로 증가했다(『바보의 세계』, 장프랑수아 마르미옹 저, 박효은 역, 월북, 2021, pp. 32~33 참조).

커지면서 도시국가가 생겨나기 시작했고, 도시국가들을 병합하여 통일국가가 건립되는 방향으로 역사는 진행되었다.[22]

사회 규모가 점차 커지고 구성원들의 숫자가 증가함에 따라 사회질서를 유지하고 사회 구성원 전체의 안전과 안녕을 책임진 지배 집단에게는 사회 구성원의 결속과 집단 통제를 위한 보다 더 강력한 권위가 필요해졌다. 서로 잘 알지 못하는 수백 명 또는 수천 명의 사람들을 결속시키고 서로 협력할 수 있도록 하기 위해서, 나아가 그들을 보다 효율적으로 통제하기 위해서 취약한 사회질서 규범이나 위계에 초인적·초월적 정당성을 부여하는 존재가 요구된 것이다. 권위에 초월성을 부여하면 권위에 대한 도전을 차단할 수 있을 뿐만 아니라, 초월적 질서에 대한 믿음을 기반으로 절대성을 확보하는 규범과 가치체계를 구축할 수 있다. 그래서 활용된 것이 바로 '신화'(神話)다.

지배자들은 신화를 근거로 자신을 신의 현현(顯現)이나 신의 성자(聖子, 天子)로 신격화하여 지배의 정당성을 확보하고, 신의 이름으로 절대적 권한을 행사할 수 있었다. 또 자신을 신처럼 떠받들도록 요구할 수 있었고, 가뭄이 드는 것은 사회 구성원들의 잘못에 신이 분노한 때문이므로 신을 달래기 위해 제의를 거행하여야 한다는 명령을 아무런 고민 없이 내릴 수도 있었다. 그는 신이 내린 명령이라는 명분으로 법과 규정을 제정할 수도 있었다. 곧 신화를 토대로 초월적 가상 실재의 이름으로 '상상의 질서'

---

22 『고대 문명의 이해』, 브라이언 페이건·크리스토퍼 스카레 저, 이청규 역, 사회평론, 2015, pp. 86~106 참조. 족장(군장)사회 집단들이 정치적으로 병합되면서 세계 최초의 국가, 즉 정치적으로 중앙 집권화되고 사회적으로 계층화된 사회는 기원전 3,000년경 이집트와 메소포타미아에서 처음으로 출현했다. 그 외 지역은 순환하는 족장(군장)이 통제하는 부족사회 체제로 오랜 기간 머물러 있었다.

를 구축할 수 있었고, 상상의 질서를 구축하는 과정에서의 강요와 폭력도 정당화될 수 있었다. 예를 들어, 고대 바빌로니아인들은 마르둑이라는 신이 세상을 창조한 최고신이라는 신화를 믿었는데, 바빌로니아의 역대 왕들은 자신이 마르둑의 현현 또는 마르둑의 아들(天子)이라고 주장하며 권력의 정당성을 확보했고, 이를 바탕으로 절대 권한을 행사하며 구성원들을 결집시키고 통제할 수 있었으며, 폭력으로 신화를 신봉하도록 강요할 수 있었다. 함무라비 대왕(BC 1792~1750 재위)은 마르둑의 명을 받아 적었다는 방식으로 법률을 제정했다.

이집트의 파라오들도 프타나 아텐 또는 레를 우주의 창조주로 제시하는 신화를 통치 이데올로기로 활용하여 절대 권력을 행사했고, 유대 왕국의 다윗(BC 1010~970 재위) 역시 패권 다툼에서 승리한 후 자신의 권력 찬탈을 정당화하고 절대 권력을 행사하기 위한 수단으로 고대 히브리인들의 '야훼 신화'를 통치 수단으로 활용했다. 마케도니아의 알렉산더(BC 356~323) 대왕은 자신이 강림한 제우스이자 신의 아들이라는 신화를 창조하여 권력 강화를 위한 통치 이데올로기로 활용했는데, 그는 자기 모친의 태몽을 설명하면서 자신이 비록 모친의 육적 아들이지만 자신은 신의 빛이 모친의 배에 들어와 태어난 신의 아들이자 신이라고 주장했다. 그리고 전투에서의 계속된 승리는 자신이 신의 아들임을 증명하는 것이며, 정복전쟁 피지배자들도 자신이 신의 아들이기에 대항할 수 없었다는 명분으로 활용했다.

로마제국의 아우구스투스(옥타비아누스, BC 27~AD 14 재위)는 베르길리우스(BC 70~19)에게 '일리아드'와 '오디세이'를 참고하여 자신을 위한 신화를 창작하도록 의뢰했고, 이에 '아이네아스'라는 신화가 창작되었다. 이 신화는 트로이 전쟁에서 살아남은 아이네아스가 피난하여 카르타고에

도착했는데, 거기서 "로마를 건국하고, 후손이 로마를 부흥하리라."는 신명(神命)을 받았다는 내용을 기술하고 있다. 그리고 그 부흥을 일으킨 후손이 바로 아우구스투스라고 말한다. 이 신화를 근거로 아우구스투스는 신명을 받은 신성한 자, 거룩한 자로 행세했다.

지배자나 왕의 신격화를 이론적으로 정당화하고, 사후에 더 나은 세상이 기다리고 있다는 미명하에 백성들의 자발적인 순종과 인내를 종용한 것은 종교전통의 사제들이었다. 사제들의 중요 임무는 두 가지였는데, 달력을 만들어 지배자들이 더 많은 곡물을 떼어갈(납부 편성할) 수 있도록 추수 기간을 계산하는 것과, 세상의 불평등 — 계급적·신분적·성적 불평등 — 을 정당화하는 서사를 만들어내는 것이었다. 사제들은 왕이 신의 아들이며 신성한 존재이므로 왕을 공격하거나 왕의 명령을 어기면 신의 저주나 벌을 받게 된다고 사람들을 협박했다. 신의 사제들 역시 신성시되었고 이들을 모욕하는 것은 금기였다.[23]

자연과학과 천문학이 발전하지 못했던 시대의 사람들이 초월적인 존재를 상상하고 가정하여 그를 우주 만물의 창조주로 신봉하고, 그가 자연의 조화와 우주의 질서를 관장한다고 생각했다는 것은 쉬 이해할 수 있다. 그런 방법이 아니라면 살아가면서 체험하는 갖가지 의문점에 대한 답을 찾을 수 없었을 것이기 때문이다. 그래서 당시 사람들은 신화를 사실에 대한 기록으로 믿었고, 신화 속에 등장하는 신의 초월성에 복종하는 것이 유한하고 무력한 인간이 취해야 할 마땅한 자세라고 여겼을 것이다.

신화를 통해 '인간이 신을 창조'해낸 고대 메소포타미아 지역의 종교전

23　『바보의 세계』, p. 35.

통은 기원전 19세기에 바빌로니아에서 가나안(팔레스티나)으로 이주한 셈족 계열 히브리인들의 신 관념에 영향을 미쳤고, 히브리인들은 바빌로니아나 이집트 · 가나안 등지의 근동지역 신화를 자신들의 용도에 맞게 개작하여 '야훼 신화'를 창작했다.

■ **종교전통의 뿌리 – 신화**

상기에서 살펴보았듯이 인간은 철학적 사유가 가능할 정도로 지능이 향상된 시점에 이르러서야 비로소 인간의 힘으로는 통제가 불가능한 현실 상황과 죽음 · 자연현상 등을 관장하는 초인적 · 초월적인 능력자가 별도로 존재할 것이라는 상상을 하게 되었고, 그 상상의 존재는 자신의 의지대로 자연 질서와 인간의 삶을 통제하는 전지전능한 존재라는 '신 관념'을 갖게 되었다. 그리고 이러한 신 관념을 토대로 신화를 창출하고 자연환경을 신화화하면서 절대적 존재로서의 신에 대한 숭배와 종교 의례를 발전시켰다.

  우주와 자연에 대한 몰이해에서 시작된 신 존재에 대한 상상과 가상의 신에 대한 숭배로서의 원시 신앙은 고대 인류가 형성한 각기 다양한 문화와 문명 형성의 중심축이 되었고, 이러한 인류 문화의 발전 과정에서 신 존재는 인류가 부정할 수 없는 사실적 진리처럼 받아들여졌다. 하지만 자연의 신화화가 극복된 오늘의 시점에서 보면, 신은 스스로 존재하는 궁극적 실재로서의 절대자가 결코 아니며, 한계성을 극복하지 못하는 인간의 불완전성에서 창출된 '상상의 산물'이라는 것이 쉽게 이해된다. 고대 인류가 오늘과 같은 우주와 자연에 대한 이해와 지식을 가졌다면, 다시 말해서 우주와 자연에 대한 비신화화(非神話化)가 이루어졌다면 인간은 자연

환경을 신화화하거나 자연의 질서를 어떤 절대적 초월자가 주관한다는 식의 사고를 갖지 않았을 것이며, 신을 가정하지도 않았을 것이다.

역사학자들과 현대 사상가들은, 신은 순전히 인간 상상의 소산이자 인간 자의식의 이상형 개념의 투사 또는 대상화의 산물에 불과하며, 다양한 문명권에서 발견되는 신화와 전설 속에 등장하는 신의 현현(顯現)은 인간이 가진 종교 관념과 민중 통제를 위한 정치 공학적 통치 이데올로기의 결합에서 가공된 것이라는 사실에 대체로 동의한다. 사실 인류 역사 안에서 그리고 그 어떤 문명권에서도 신은 직접 자신의 모습을 드러낸 적이 없고, 자신이 스스로 존재하는 인격적 절대자라는 것을 인간에게 고지한 사실도 없다. 신은 인간 공상의 부산물로 인간의 상상과 종교적 믿음 속에 관념으로만 존재하는 대상이므로 역사 안에서의 신의 현현은 있을 수 없고, 일어날 수도 없는 일이다.[24]

(성서는 신이 아브라함에게 발현하여 명령을 내리고(창세 12,1), 모세에게도 나타나 자신의 존재를 계시했다고 기록하고 있지만(탈출 3,1~15), 아브라함이나 모세는 히브리 종교 설화에 등장하는 가공의 인물일 뿐 역사적으로 실재한 인물이 아니며, 또한 성서는 제3자가 이러한 사실들을 직접 목격하고 기록한 보도가 아니라 종교적 상상으로 후대에 기록한 창작물이므로 그것을 사실로 받아들일 수는 없다.)

고대의 다양한 문화권은 신 존재를 전제로 각기 나름의 신에 대한 신앙 체계를 갖추어 나갔고, 점차 민족 간의 교류나 문명의 교류를 통해 상호 습합되고 변형되는 과정을 겪으면서 보다 체계적인 종교의 틀을 구축해

24 『신의 발명』, 나카자와 신이치 저, 김옥희 역, 동아시아, 2005, p. 44.

나갔다. 그리고 이런 일련의 흐름 속에 인류 역사 안에는 헤아릴 수 없을 만큼 많은 수의 신과 종교가 생성과 소멸의 과정을 겪게 되었다. 그런데 대다수의 고대 종교전통의 신과 종교는, 숭배하는 신의 실존 유무와 상관없이 정치권력의 힘에 의해 흥망성쇠의 길을 걸었다는 특성을 지닌다. 바빌로니아나 페르시아가 그리스에 패망하지 않았다면 마르둑 신앙과 바알 신앙은 존속했을 것이며, 서로마가 이슬람의 오스만 투르크에 패망했다면 가톨릭은 소멸했을 것이다. 만일 인류 역사와 종교의 역사 안에서 각 민족들이 숭배하던 신들이 실제로 존재하는 초월적 존재자였다면, 또한 무한한 능력과 역량을 발휘하는 작용과 작동의 신이었다면, 종교전통의 생멸이 정치권력에 의해 좌우되는 현상은 있을 수 없는 일이다.

우리 한(韓)민족은 하늘의 신 환인(桓因)이 세상에 내려 보낸 그의 아들 환웅(桓雄)과 사람이 된 곰(웅녀)과의 사이에서 태어난 신인(神人) 단군(檀君)에 의해 나라가 개국 되고 민족의 역사가 시작되었다는 단군 신화를 갖고 있다. 하지만 오늘날 (극히 일부를 제외하고는) 그 누구도 환인을 한 민족의 시조신이나 초월적 인격신으로 숭앙하지 않는다. 마찬가지로 고대 바빌로니아는 절대신 바알과 마르둑을 우주의 주재자로 믿었고 이집트는 창조신 아툼과 태양신 레를 우주의 궁극적 실재로 믿어 왔지만, 지금은 그 어디에서도 그러한 신앙전통을 찾을 수 없고 그들이 믿었다는 바알이나 태양신을 절대신(God, 하느님)으로 생각하지도 않는다. 모두 사라진 신, 소멸한 종교가 되어 버린 것이다. 설령 오늘날까지 존속해 왔다고 하더라도 자연과학의 발전으로 자연의 비신화화가 이루어진 오늘의 시점에서는 그들 종교전통 또한 헛된 망상의 결과임이 드러나 소멸되었을 것이다.

그렇다면 동일 선상에서 여타 문화권의 신화(초월적 존재로서의 신을 상상한 인간의 신화적 창작물)와 크게 다를 것이 없는 성서[히브리 신화]를 근거로 유대교와 가톨릭이 말하는 신에 대해서는 어떻게 말할 수 있는가? 유대교와 가톨릭의 신을 하느님, 하나님, 천주, 야훼, 여호와 등 무엇이라고 부르든 호칭은 중요하지 않다. 문제는 '그들이 말하는 신은 참으로 궁극적 실재로서의 신이며, 그 신은 실제로 존재하는가?' 하는 점이다.

만일 그들의 주장처럼 유대교의 신 야훼가 자연환경의 신화화에서 만들어진 인간 상상의 부산물이 아니라 우주와 인간보다 먼저 존재한 인격적 실체로서의 신이라면, 무엇을 근거로 그렇게 주장할 수 있는지에 대한 합리적인 설명이 따라야 한다. 단지 "성서에 그렇게 기록되어 있다."는 설명만으로는 합당치 않다. 또 유대교와 가톨릭이 종교 문명의 충돌에서 살아남았다는 것이 그 자체로 타 문명의 다른 신들은 거짓이고 유대교와 가톨릭의 신만이 참 신으로 존재한다는 것의 증명이라고 주장하는 것도 합리적인 설명이 되지 못한다. 현재 인도에서는 무려 3만 3천의 신들이 신봉되고 있고, (인도를 제외하고도) 전 세계적으로 3,000여 신들이 건재하는 신으로 남아 있다.

가톨릭의 신 존재 증명 가설

—

참고로, '신은 인간 사유로 창조된 상상의 관념'이라는 논변을 부정하는 가톨릭은 여러 가지 사유와 논리로 신, 특히 야훼가 실재하는 신이라는 것을 입증하기 위한 시도를 해왔는데, 가톨릭의 교회학자 안셀무스(1033~1109)의 '존재론적 신 존재 증명'과 토마스 아퀴나스(1225~1274)의 '우주론적 신 존재 증명'이 그 대표적인 예다. 하지만 '신이 존재한다'는 명제는 신이 직접 자신의 실제적 존재성을 드러내지 않는 한, 정언성(定言性)을 확정 지을 수 없는 추론적 가설에 머물고 만다. 그런 면에서 안셀무스와 아퀴나스의 방대한 논증 전개도 신 존재에 대한 증명이 아니라, '신이 사유 가능한 극단의 속성을 부여할 수 있는 존재라면, 아마도 신은 그런 속성을 지닌 존재로 실재할 것'이라고 추정하는 또 다른 추론과 가설을 제시하는 것에 그치고 만다. 그뿐 아니라 그들이 제시하는 논변은 논리적인 타당성을 갖지 못한다. 안셀무스와 아퀴나스가 주장한 신 존재 증명의 내용을 간략히 살펴보자.

안셀무스는 '존재론적 신 존재 증명'에서 — 신이 존재하고 그 신이 곧 야훼라고 전제한 상태에서 — 야훼를 '그것보다 더 큰 것이 생각될 수 없는 어떤 것', '가장 완전한 존재 가능자'라는 개념으로 설명한다. 풀어 말하면, 어떤 것이 그것보다 더 큰 것이 생각될 수 없는 사유의 극점(極點)으로서의 '완전'(完全)이 아니라면 사유는 계속 연장(延長)되므로 그 무엇도 '그것보다 더 큰 것이 생각될 수 없는 어떤 것'이 될 수 없다. 그런 점에서 야훼는 그것보다 더 큰 어떤 것이 생각될 수 없는 극점, 완전(完全)이라는 설명이다. 그리고 '완전'이 없다면 완전에 견준 어떤 개념을 생각할 수 없고, 어떤 개념을 생각하기 위해서는 '완전'이 선재(先在)해야 하므로 — 예컨대 아름다움이라는 개념을 갖기 위해서는 완전한 원형으로서의 아름다움이 선재해야 아름다움에 대한 사유가 가능하게 되므로 — , 인간이 이성(理性)으로 어떤 개념을 끊임없이 생각하는 한 '완전'이자 모든 개념의 '원형'으로서의 신은 존재하지 않을 수 없다고 말한다.

신은 더 이상의 것을 생각할 수 없는 '완전'이라거나, 선의 '원형'이고, 진리의 '근본'이라는 등의 생각은 고대 사상가들도 상상한 개념이다. 고대 그리스 철학자 플라톤(BC 427~347)은 '이데아(Idea)론'을 통해 우리 눈에 보이는 현상을 넘어서는 차원에 모든 가치의 원형이자 본질이 숨어 있다는 논리를 전개했다. 플라톤은 우리가 눈으로 보는 현상과 오감으로 느끼는 육체는 이데아의 헛된 그림자일 뿐이며, 원형으로서의 이데아는 물질과 인간 이성(理性)의 저편에 영원히 존재한다고 말한다. 그리고 이데아 진리는 인간에게 주어진 영혼(靈魂)의 작용으로 작동하는 이성(理性)으로 탐구할 수 있다고 주장했다(뇌 과학의 발달로 인간의 사고나 이성 작용은 두뇌의 기능에 의해서 발현된다는 사실이 규명되기 전까지 고대 사상가들은 인간의 이성 작용이 뇌와는 무관하게 영혼의 조종으로 이루어진다는 생각을 갖고 있었다. 소크라테스도 뇌는 피를 식히는 기관이라고 생각했다).

플라톤과 유사한 사유의 안셀무스의 '존재론적 신 존재 증명'은 안셀무스와 같은 시대에 살았던 사상가 고닐로(Gaunilo)에 의해 부정되었다. 고닐로는 "관념적으로 생각할 수 있는 가장 완전한 것이 필연적으로 실재한다고 생각할 이유가 없으며, 관념으로 생각하는 완전자가 반드시 실재한다는 결론을 내릴 수도 없다. 또 '가장 완전한 존재 가능자'는 인간이 경험할 수 있는 다른 어떠한 실재와도 다르기 때문에 '가장 완전한 존재 가능자'라는 말이 의미하는 바가 무엇인지 인간은 알 수 없다."고 주장했다.[25] 안셀무스의 논변은 토마스 아퀴나스에 의해서도 거부되고 부정되었다.

25 『종교의 철학적 의미』, 마이클 피터슨 저, 하종호 역, 이화여대출판문화원, 2017, p.143.
안셀무스는 "관념 속에만 존재하는 위대한 존재보다 실재하는 존재자가 더 위대할 것이다. 따라서 완전자로서의 신은 실재해야 한다."고도 주장했다. 하지만 이는 논리의 비약이며, 관념 속 존재자가 꼭 실재한다는 결론을 내릴 수는 없다. 예를 들어, 관념 속의 가장 아름다운 섬(島)은 현실로 실재하는가? 실재하지 않는 것보다 실재하는 것이 더 완전하고 더 아름다울 것이므로, 가장 아름다운 섬은 실재해야 한다. 하지만 이런 논변은 논리적인 타당성은 지닐지 모르지만 역시 관념에 머물고 만다.

아퀴나스는 "인간은 자신이 사유한 신의 본질에서 신의 실존을 연역할 수 있을 만큼 신에 대해 알지 못한다. 따라서 인간은 이성적 사유의 극점이라는 속성 혹은 본질에서 신의 실존을 연역할 수 없다."고 잘라 말하며 신의 존재론적 증명을 거부했다. 그리고 "인간이 신의 속성이나 본질이라고 사유하는 것들이 신의 속성에 대한 올바른 사유라고 장담할 수 없고, 인간이 사유한 속성들을 적절하고 적합하게 신에게 적용할 수 있다고 어느 누구도 장담할 수 없다."고 말한다. '인간이 사유한 신의 속성이 곧 합당한 신의 속성이라고 말할 수 없다'는 것이다.[26] 그러면서 그는 자신의 저서『신학대전』에서 '신의 존재 방식'과 '신의 작용 방식'에 대한 원리를 탐구하는 형식을 통해 '우주론적 신 존재 증명'을 시도한다. 하지만 그의 이론은 무한 순환 논리와 자기 오류에 빠지고 결과적으로는 자기모순에 침몰하고 만다.

아퀴나스는 "무엇인가가 움직이기 위해서는 그것을 움직이게 하는 선행 원동자(原動子)가 있어야 하며, 최초의 움직임을 일으킨 그 무언가를 신이라 부른다."고 말한다(제1원동자 이론, 움직임 받음 없이 움직이게 하는 원동자). 선행 원동자에 의한 움직임은 무한 회귀로 이어진다. 어떤 것을 움직이게 하려면 선행 동자가 있어야 하고, 또 그것을 움직이게 하는 또 다른 동자가 선행되어야 한다. 아퀴나스는 이런 움직임에 대한 무한 회귀에서 벗어나 있는 최초의 원동자를 신으로 규정하고, 세상 만물의 가변성과 모든 물질과 본체의 움직임 및 생성 소멸은 신의 작용에서 비롯된 것이라고 설명한다. 하지만 그는 신은 어떻게 존재하게 되었고, 신 자신은 어떻게 해서 순환 회귀에서 벗어나 있는가에 대해서는 아무런 설명도 하지 않

26　『러셀 서양철학사』, 버트란드 러셀 저, 서상복 역, 을유문화사, 2020, p. 581.

으며, 또 최초의 원동자는 어떻게 움직임을 받지 않고도 다른 것을 움직이게 할 수 있는가에 대한 설명 없이 그저 최초의 원동자는 신이라고 결론지음으로써, 결국 '선결문제 요구의 허위', 즉 어떤 논점을 미리 옳은 것으로 가정해 놓고 논리를 펴 나가는 오류에 휩싸여 있음을 보여준다. 그리고 또 다른 무한 회귀 즉, "최초의 원동자를 움직이는 원인 원동자는 무엇인가? 신을 움직이는 또 다른 초(超)초월신 또는 원리는 무엇인가?"를 묻는 순환 오류에 빠지게 된다.

다음으로 아퀴나스는 "모든 결과에는 그보다 앞선 원인(原因)이 있으며, 원인과 결과의 무한 회귀는 최초의 원인을 통해 종식되어야 하는데, 그 최초의 원인인 그 무언가를 신이라 부른다."고 말한다(제1원인 이론, 원인 없는 원인). 모든 결과에는 그보다 앞선 원인이 있어야 하므로, 그 최초의 원인은 신이라는 설명이다. 그리고 이를 토대로 원인 없이 존재가 생성될 수 없고, 인류의 역사는 인간의 의지만으로 존속되는 것이 아니라 인간의 의지에 작용하여 그 의지를 일으키는 최종적인 원인, 곧 신에 의해 진행된다는 논리를 전개한다. 하지만 그는 원인과 결과라는 무한 회귀에서 벗어난 최초의 원인은 '원인 없는 원인인 신'이라고 말하면서도, 신이 원인 없는 원인이 되는 이유를 역시 설명하지 않음으로써 또다시 "원인 없는 원인이 되게 한 원인 또는 요인은 무엇인가?"라고 묻는 무한 회귀의 오류에 빠지게 된다. 따라서 아퀴나스는 결과적으로 신 존재를 증명하는 것이 아니라, 제1원동자와 제1원인이라고 이름을 붙인 신 존재를 가정적으로 전제한 상태에서 '신 존재 증명 가설 논리'를 전개함을 스스로 드러내고 있을 뿐이라고 할 수 있다.

가톨릭은 이러한 비논리적인 이론의 전개에도 불구하고, 안셀무스와 아퀴나스의 신 존재 가설 논리를 수용하여 신의 속성에 대해, "신은 낳음 받지 않은 존재이고, 원인 없는 원인이며, 가치의 원형이자 본질로써 스스로 존재한다."는 원칙론을 제시한다. 하지만 가톨릭의 이런 주장은 증명이나 검토 가능한 어떤 근거에 바탕 한 것이거나, 실재하는 신의 계시에 기인함이 아니다. 그것은 '(살아 움직이는 인격체로서의) 신이 존재한다면, 아마도 이런 속성을 지닐 것이다.'라는 상상적 추론을 참 명제인 것처럼 작위적으로 선언한 것에 불과하다. 다시 말해서, '신이 존재한다면, 신은 다른 우연유(偶然有)를 창조하는 필연유(必然有)일 수밖에 없으므로 신은 다른 것에 의해 존재성을 부여받지 않고 자기가 스스로 자신을 창조하여 존재할 수밖에 없는 존재이고(낳음 받지 않고 스스로 존재하는 필연유), 스스로 있게 된 그는 완전자이며 모든 것의 원형일 수밖에 없는 존재일 것'이라는 철학적 유추 사유의 결론을 제시하는 것일 따름인 것이다.

가톨릭이 말하는 '필연유로서의 신'에 대한 사유도 본래 아퀴나스가 제시한 것인데, 아퀴나스는 "존재하지 않았거나, 존재하거나, 존재하게 될 우연유들은 반드시 이미 존재하는 어떤 것, 즉 필연유에 의해서 존재하게 되며 이 필연유를 신이라고 부른다."고 말한다. 아퀴나스에게 있어서 필연유는 자신의 존재를 위해 다른 존재를 필요로 하지 않으면서 다른 존재들이 존재하게 하는 필연적인 존재를 의미한다.[27] 이 이론은 원인과 결과를 말하는 '제1작용인 이론'의 변형이다. 하지만 아퀴나스는 여기서도

---

27   가톨릭 신학자들은, "어떤 존재가 타자에 의존하지 않고 존재한다면 그는 필연적 존재자다. 필연적 존재자는 논리적으로 필연적으로 있는 자다. 따라서 그가 존재하지 않는다는 것은 논리적 모순이다"는 논변으로 신의 실재성을 주장한다. 그들의 주장처럼 필연자가 존재한다면 타당한 설명이다. 이에 대해 칸트(1724~1804)는 고닐로의 논변을 인용하여, "신이 논리적으로 필연적인 존재성을 갖는다고 생각하는 이유가 무엇인가?"를 묻고, "어떤 것이 필연적 존재자라고 하더라도 그것이 실제로 존재하는가에 대해서는 결론을 내릴 수 없다"고 말한다. 증명이나 입증이 불가능한 까닭이다(『종교의 철학적 의미』, p. 148, 161 참조).

어떤 존재(있는 것)에 필연유가 필요하다면 존재(있는 것)인 신에게도 선재하는 필연유가 있어야 한다고 추론하는 것이 타당한데 신이 필연유라고 선언적으로 말만 할 뿐, 신이 스스로 존재하는 절대 유일의 필연유라는 것을 입증하는 어떠한 설명도 제시하지 않는다. 아마도 그는 "신은 속성상 스스로 자신을 있게 할 수 있는 존재이다."라고 성급한 결론을 내린 듯하다.

모든 존재에 필연유가 필요하다면 논리적으로 신 존재에게도 필연유가 필요하고, 존재자 야훼는 다른 필연유의 신들이나 초(超)초월자에 의해 존재성을 부여받아 존재하게 된 우연유라는 결론이 될 수도 있다. 따라서 야훼가 어떻게 스스로 필연유가 될 수 있었는가에 대한 구체적인 설명 없이, 단지 "야훼는 신이므로 본성상 낳음 받지 않고 스스로 존재하는 필연유다."라고 규정짓는 추론은 신 존재 증명에 합리적인 논변이 될 수 없다. 또 가톨릭이 그렇게 말했다고 해서 신이 그런 속성을 지닌 존재로 실재하게 되는 것도 아니다.

가톨릭의 주장은 이치에 맞지도 않거니와, 가톨릭이 말하는 그런 속성을 지닌 신이 여러 문명권의 종교전통에서 존재성을 주장하는 숱한 신들 중에 오직 야훼에게만 적용된다는 근거가 될 수도 없다. 플라톤은 저서 『티마이오스』에서 완전한 필연유인 다이몬(Daimon)이 물질적인 신 데미우르고스(Demiurgos)를 창조하고 그로 하여금 우주 만물을 창조하게 했다고 말한다. 이집트의 '천지창조론'은 대기의 여신 슈가 딸 누트를 통해 세상을 창조했다거나, 우주 생명의 근원인 눈(Nun)에서 스스로 자신을 창조한 신 아툼이 세상 만물과 다른 신들도 창조했다고 말한다. 이들의 설명이 타당하다면 필연유는 야훼가 아니라 다이몬이나 슈, 눈이 된다. 가톨릭이나 플라톤, 이집트 신화의 설명 중 누구 말이 실제적 사실일까? 모두다 아니다. 가톨릭이나 플라톤이나 이집트 신화는 각기 자신들이 사유의 대상으로 설정한 관념의 산물로서의 '완전자 무형(無形)의 신'이 (인간의 상상이나 이성으로는 파악이 불가능한) 어떤 특별한 형체를 갖고 있으며 작동적인 기능을 발휘하는 실재라는 상상 속에, 입증 불가능한 사유적 공상을 전개하고 있는 것일 뿐이다.

　아퀴나스나 안셀무스의 신 존재 증명은 현대 천문학이나 물리학이 등장하기 이전인 13세기, '신은 야훼만이 존재한다'는 것을 절대 진리이며 실제 사실로 여기던 유럽 풍토 안에서 나온 이론이니 그 당시 유럽이라는 한정된 세계에서는 그것이 설득력 있는 논변처럼 받아들여졌을 것이다. 하지만 논변의 비논리성과 검증 불가능한 가정적 추론의 범주를 극복하지 못하는 그들의 신 존재 증명 논리는 더 이상 정설로 인정되지 못한다. 나아가 현대 사상계는 '신은 인간 사고의 이상향의 투사나 대상물로 만들어진 것'이라는 것에 대체로 동의하고, 현대 과학은 인간의 의지나 사고의 정신 작용은 외부의 제3자에 의한 조종이 아니라 두뇌 기능에 의해 발생한다는 것과 뇌의 작동 원리를 규명해냈다. 또 최초의 원자와 분자의 움직임, 더 나아가 원자와 분자들의 복합체인 물질의 움직임은 어떤 초월적 행위자의 의지가 아니라 자연 발생적이었다는 것을 명확히 밝혀냈고(빅뱅이론), 회귀 중에는 신이 아닌 자연적인 종식자에 도달하는 것도 있다는 것을 알아냈다. 금(金)을 원자(原子)보다 더 작게 자르면 그것은 금이 아니다. 원자는 회귀의 자연적인 종식자다.[28]

　신 존재 증명에 대한 학자들의 반론에 가톨릭은, 모든 존재의 근원인

28　『만들어진 신』, 리처드 도킨스 저, 이한음 역, 김영사, 2007, p. 124 참조.

빅뱅(big-bang)이 과학적인 사실이라면 그것은 저절로 일어나지 않았고 대폭발을 발생시킨 원 동기가 있을 것인데, 그가 신이라고 주장한다.[29] 하지만 빅뱅을 일으킨 동인이 꼭 신이어야 할 필요는 없으며, 신 그것도 야훼의 행업이라는 증거는 어디에도 없다. 타당한 근거의 제시 없이 빅뱅의 동인이 신이라는 가톨릭의 선언적인 주장은 현실 세계 내에서의 신의 역사성(役事性)을 호도하기 위한 억지이자 사실로 수용될 수 없는 기만적 논변에 불과하다. 만일 어떤 사람이 구체적인 근거의 제시 없이 입으로만, "전승된 문중의 족보(族譜)에 의하면 우리 문중의 시조(始祖)는 처음부터 자신이 스스로 자신을 창조하여 존재하는 신이었는데, 문중의 시조신은 문중의 후손들이 앞으로 지복을 누리며 살아갈 땅을 마련하기 위해 고대에 빅뱅을 일으켰고, 그 일을 기점으로 우주 만물과 우리 문중과 온갖 생명체를 창조하였다."라고 주장한다면 터무니없다고 비난할 것이다. 빅뱅은 물리현상이 빚어낸 우연적인 사건으로 보는 것이 타당하다.

히브리 신화의 神

—

유대교와 이를 승계한 가톨릭의 종교 경전인 『구약성서』는 인간보다 먼저 스스로 존재한 신이 인간과 세상을 창조했으며(창세 1장), 신은 직접 인간에게 자신의 모습을 드러내 보이면서 자신을 실재하는 절대자로 소개하였다고 기록하고 있다(창세 3장). 하지만 기원전 950년경부터 기록된 것으

---

29   가톨릭의 전임 교황 베데딕도 16세와 현 교황 프란치스코는 "빅뱅으로 인한 우주의 기원을 가톨릭도 인정한다."고 말하면서도, 그 빅뱅은 '야훼의 의지와 개입에 의해 일어난 일'이라고 언급한다(『평화신문』, 2011.8.21, 「평화방송TV 황창연 신부 강좌」, 2020.4.28. 참조).

로 추정되는 성서는, 고대 유대인들이 기원전 3,000년 이전부터 각기 다양한 문화권에서 전해 오던 신 숭배 전통과 원시 신화적 종교관을 모방하고 습합하는 과정에서, 우주의 기원이나 세상의 질서 등 신비에 싸여 해결 불가능한 것처럼 보이는 문제들을 신을 통해 설명하려고 시도한 '유대 방식의 창작 신화'이며, 유대인 자기 민족의 토속 신앙인 '야훼 신앙'의 고유성과 정당성을 강조하고 주장하기 위해 기록한 것일 뿐, 그 내용 그대로 역사적인 사실에 대한 기록이 아니다. 성서는 동시대를 살아가는 타 문명권을 향해 "너희는 너희들의 신을 믿지만, 우리는 야훼라는 신을 믿는다."라고 말하는 것, 그 이상도 이하도 아닌 것이다.

성서는 다른 종교전통의 경전이나 신화들과 마찬가지로 아무런 부연설명 없이 '신 존재를 부동의 사실로 전제'하고, 그것을 바탕으로 신과 인간에 관한 이야기를 펼쳐 나간다. 즉 고대 타민족의 원시 신앙처럼 무비판적으로 '눈에 보이지 않는 초월적 행위자로서의 신 존재를 전제'한 상태에서 초월자에 대한 창의력과 상상력을 동원하여 인간의 삶과 인류의 역사는 신의 작용과 작동으로, 또한 그의 의지와 통제에 의해 진행된다는 사고를 전개한다. 하지만 이것은 종교 신화적 상상일 뿐이다. 앞에서 고찰한 바와 같이 신 자체는 상상 속 관념으로만 존재하고, 상상 속 가상의 실재로서의 신이 어떤 실제적인 작동을 일으킨다는 것은 있을 수 없는 일이기 때문이다.

이에 대해 가톨릭은, "성서는 인류 역사 내(內) 체험을 후대에 신앙의 관점으로 뒤돌아보고 해석하는 과정에서 체득하게 된 야훼에 대한 인식을 기술한 것이므로 야훼가 신이며 창조주인 것은 분명하다."고 말하고, 성서는 단순한 신화가 아니라 문자 그대로의 진리를 담고 있는 권위 있는 문서라고 항변한다.[30] 하지만 이런 설명은 — 성서가 역사 사건 발생 이후 후대에 누군가가 지난 역사를 고찰한 것을 기록한 문건이라면 — 신을 직접 체험한 경험자가 없다는 것을 스스로 드러내는 고백이고, 야훼와 관련된 이야기는 타 문화권에서와 마찬가지로 유대인들 중에 종교 신화적 상상에 심취한 어느 사람 혹은 어느 집단의 추정과 가정에 의해 창작된 것이라는 자기 고백에 불과하므로, 성서를 신의 실제적이고 실체적인 존재를 증언하거나 증명하는 객관적인 자료로 볼 수 없다(이에 대한 자세한 내용은 Ⅱ장 '성서 저술' 항에서 살펴볼 것이다).

한편, 인류 역사 진행 과정에서 다양한 원시 문명에서 창출된 다채로운 신화와 종교전통들을 식민지 정복 전쟁을 통해 폐지하고 야훼 신앙으로 대체한 가톨릭은, "타 문화의 종교전통들은 그 시대 인간의 여건과 상황에서 나름의 방식으로 야훼를 찾아가는 과정을 보여주는 것이며, 그들의 소박한 종교 심성은 최종적으로 가톨릭의 야훼 신앙으로 귀속된다." 고 말한다.[31] 하지만 식민지 정복시대에 스페인 용병들이 중앙아메리카 마야 문명의 원주민들에게 패했어도 그렇게 말할 수 있었을까? 마야 원주민들이 용병들의 침략을 물리쳤다면 마야인들도 "스페인 사람들이 자기들의 삶의 여건에서 야훼 신앙을 가지고 있었던 것은 우리의 신인 꾸쿨칸을 찾아가는 과정을 보여주는 것이며, 그들의 소박한 가톨릭 종교 심성은 꾸쿨칸 신앙으로 귀속된다."고 말했을 것이다. 종교 사상 확산의 성과에 대한 가톨릭의 주장은 한마디로 종교권력을 장악한 자의 자기 합리화일 뿐이다.

30　『성서입문』(상권), 정태현 저, 일과놀이, 2000, pp. 26~27 참조.

31　『제2차 바티칸 공의회 문헌』, 한국천주교중앙협의회, 「비그리스도교에 관한 선언」 항 참조.

신은 세상과 인간의 범주를 넘어서는 초월적 존재를 추정할 수 있는 지적 능력('픽션 창작 능력')을 지닌 인간의 상상적 관념의 산물이며 가상의 존재이므로 실재성을 가질 수 없고, 그 어떤 작동이나 작용성도 가질 수 없다. 신은 인간의 상상 속 관념, 사변적 환영으로만 존재한다.

고대 아리아인들의 종교전통

유대교와 가톨릭은 고대 바빌로니아, 메소포타미아, 이집트 등지의 초월적 행위자 신봉 종교전통과 신화의 영향을 받아 기원하였고, 종교 사상적 측면에서 답습과 모방의 모습을 보인다. 또 유대교와 가톨릭은 고대 아리아인(Aryan)[32]의 종교전통에서 파생된 페르시아, 이란, 인도, 유럽 종교전통들의 영향도 받았는데, 가톨릭의 기원과 종교 교의 및 신앙 신조의 구축 과정에 대한 전 이해를 위해 아리아인에 의해 형성된 몇몇 고대 종교전통에 대해 살펴보겠다(메소포타미아와 시리아 지역의 고대 종교전통에 대해서는 Ⅱ장 '이스라엘 역사' 부분에서 살펴볼 것이다).

● 고대 아리아인 종교전통

유대교와 그리스도교가 기원하기 훨씬 이전, 고대 유럽 대륙과 아시아 대륙에서는 매우 호전적인 종족들이 광범위한 지역을 떠돌면서 각지의 원주민을 정복하고 거기에 자신들의 문화와 종교를 이식했다. 특히 유럽 종교 역사와 사상에 가장 강력한 영향력을 행사한 종교전통은 기원전 4,500년경에 기원한 아리아인 계열의 켈트족, 튜턴족, 슬라브족의 종교였고, 이들 종교의 영향력은 유럽뿐만 아니라 페르시아(이란)와 인도의 종교사, 유대교와 가톨릭의 기원에도 매우 크게 발휘되었다.

---

32 '아리안족' 또는 '아리아인'은 특정 종족이 아니라 러시아 남부 초원 지대에서 발원한 인도-유럽어족 계열의 여러 부족을 통칭하는 용어다. 'Arya'는 '고귀하다', '명예롭다'의 뜻으로, 아리안족 계열 인종의 인종적 자부심을 드러내는 표현이다.

기원전 4,500년경 흑해와 카스피해 사이 카프카스(코카서스) 초원 지대에서 발원한 아리아인은 기원전 4,000년에서 3,000년 사이에 서남쪽으로 이동했는데, 서쪽 방향의 그리스, 이태리, 스칸디나비아, 독일 등지로 이동한 사람들은 유럽 켈트족의 선조가 되었고, 초원에서 '아베스타어족'과 '산스크리트어족'으로 분리된 아리아인의 일부는 인도까지 내려가 인도인의 선조가 되었다. 또 남쪽으로 이동한 아리아인은 이란 고원을 지배하던 셈족 계열의 엘람 왕국을 정복한 후(BC 2000) 이란인의 선조가 되었고, 그 곳에 메디아 왕국을 세웠다(BC 8세기).[33]

아리아인은 수렵 채집인들과 마찬가지로 현실 세계에서 보고, 만지고, 듣고, 경험하는 모든 것(천둥, 폭풍, 바람, 나무, 강, 동물, 식물, 인간의 내면 등)에 '보이지 않는 힘'[정령(마이뉴, 마냐, 영혼)]이 깃들어 있다고 믿었고, 그들을 신성한 대상으로 숭배하는 '정령신앙'을 갖고 있었다. 이후 정령신앙은 점차 만신전(萬神殿) 형식을 취하면서 신(데바, Daevas)들로 대체되었는데, 그들은 세상의 창조주 '디아우스'(Dyaus. 天空의 신)를 만신전 최고신으로 숭배했고, 우주 질서(아샤, Asha)의 수호자인 '바루나'(Varuna, 폭풍과 천둥의 신), 정의와 지혜의 신이자 태양·별 등 천체와 연관된 신 '마즈다'(Mazda. 아후라마즈다), 생명을 주는 비의 신이자 생산의 신인 '미트라'(Mithra), 신성한 전투의 신이자 전사의 신인 '인드라'(Indra), 불(火)의 신이자 불의 신성한 보호자인 '아그니'(Agni), 영감을 불러일으키는 환각의 신이자 소 떼를 돌보는 신인 '소마'(Soma. 소마는 아리아인들의 종교 제의에 쓰이는 환각 음료를 만드는 데 사용되는 식물 이름이기도 하다) 등을

33 　BC 2000년경에 진출한 아리아인에 의해 BC 8세기경 건설된 메디아는 BC 559년 아리아-인도족의 고레스(키루스)에게 패망했고, 키루스는 이 땅에 페르시아를 건국했다. 후에 페르시아는 마케도니아의 알렉산더 대왕에 의해 멸망했다(BC 331).

주요 신으로 숭배했다.

아리아인의 신앙에서 신은 전능성이나 초월성을 지닌 존재가 아니라 우주를 지탱하는 '신성한 질서'(아샤, Asha)에 예속된 존재였다. 그리고 세상은 아샤의 질서 덕분에 때에 따라 비가 내리고 작물이 성장하며, 인간 사회 역시 신성한 질서에 의존한다고 생각했다. 그래서 신성한 질서가 지속적으로 유지되도록 우주 질서의 수호자인 바루나와 그를 돕는 미트라에게 정기적으로 소를 희생 제물로 바치는 제의를 거행했다. 아리아인의 초기 종교전통에는 내세 관념이 없었으므로 희생제의는 현세의 보호에 대한 갈망만으로 바쳐졌는데, 기원전 2000년대 말부터는 내세에 대한 관념과 현세적 기복신앙이 접목되어, 바루나 미트라에게 바치는 희생제의 외에 불의 신 아그니에게도 곡식이나 연료를 던져 넣는 불의 의식을 거행했다.[34]

아리아인들은 근본적으로 생명을 존중하고, 사람이나 동물의 생명을 빼앗는 일을 악으로 간주했다. 그래서 희생제의의 동물 희생에 갈등을 겪기도 했는데, 그들은 이러한 딜레마를 극복하기 위해 '신이 신성한 희생을 이용해 세상을 창조했다.'고 설명하는 창조신화를 엮었다. 그들의 창조신화에 따르면 태초에 신성한 질서(아샤)에 복종하여 일하던 신들이 '하늘, 땅, 물, 식물, 황소, 인간, 불'(최초 7가지 창조물)을 창조했다. 그런데 처음에는 모든 것이 생명도 없고 움직이지도 않았다. 후에 신들이 '식물'을 으깨고 '황소'와 '인간'을 죽여 희생제의를 거행한 뒤에야 비로소 세상은 생명을 얻게 되었다. 곧 죽은 식물에서 꽃, 농작물, 나무가 나왔고, 죽은 황소에서 각종 동물들이 튀어나왔으며, 첫 인간의 주검에서 인류가 나왔

34　『축의 시대』, 카렌 암스트롱 저, 정영목 역, 교양인, 2013, pp. 23~28 참조.

다. 아리아인들은 이렇게 최초의 식물과 황소와 인간의 신성한 희생을 창조적인 행위로 설명함으로써, 희생제의의 동물 희생을 악이 아닌, 희생을 통한 신성한 창조행위로 이해했다.

- 이란으로 이동한 아리아인 – 페르시아 종교[35]

'아베스타어'를 사용하는 아리아인이 기원전 2000년경 고대 이란에 유입되면서, 아리아인들은 이란의 기존 문화를 통째로 변화시켰고, 언어뿐만 아니라 아리아인의 다양한 세계관 · 종교관 등을 급속도로 이란 전 지역에 확산시켰다. 이란을 점령한 아리아인은 계급사회를 구성했는데, 각 사회 계층마다 특별히 숭배하는 신들이 달랐다. 지배계급인 사제들은 태양신이자 폭풍과 천둥 · 비의 신인 미트라와 우주 질서유지의 신 바루나를 섬겼고, 군인들은 신성한 전사(戰士)의 신인 인드라를 추종했으며, 일반 농민들은 윤택함과 풍요를 가져다주는 다른 여러 신들을 숭배했다.

이란으로 진출한 아리아인 종교관의 가장 큰 특징은 이 세상을 '진실과 질서의 영(아샤, Asha)과 거짓과 혼란의 영(드루그, Drug)의 끊임없는 투쟁의 장소'로 본다는 점이다. 이런 종교관 및 세계관은 고대 이란 종교에 그대로 반영되었고, 기원전 1500~1300년 사이에 발흥된 것으로 추정되는 '조로아스터교' 창설에 큰 영향을 미쳤다.

본래 고대 토속 인도-이란계 사람들은 바빌로니아나 가나안 등의 지역과 마찬가지로 자연 현상적 요소들을 의인화시켜 신으로 숭배했고, 마이뉴(Mainyus)라고 불리는 영적 존재들이 해, 달, 하늘, 불, 물, 바람에 깃

---

35 조로아스터교, 마니교, 미트라교 등 페르시아 종교전통에 대한 자세한 이해는 『페르시아의 종교』(유흥태 저, 살림, 2017)와 『축의 시대』가 도움이 될 것이다.

들어 있다고 생각했다. 그리고 사회, 군사, 경제적 기능을 발휘할 뿐만 아니라 도덕적 가치와 추상적 개념들을 상징하기도 하는 신들이 자연 현상과 인간의 삶에 큰 영향력을 행사한다고 믿었다. 그래서 그들은 신들을 숭배하기 위한 희생 제물을 바치고 신들의 축복과 보호를 간구하는 기도를 바쳤다. 특히 이란 사람들은 인도-이란계 신관에 따라, 세계가 '아후라(Ahuras) 신들로 구성된 세계'와 '데바(Daevas) 신들로 구성된 세계'로 나뉘어있다는 이원론적 세계관을 갖고 있었다. 이 두 그룹으로 나뉜 신들은 본디 사회적 문제와 자연적 힘을 통제하는 그룹으로 구분되었는데, 점차 '세계는 진실의 영(Asha)과 거짓의 영(Drug)의 투쟁 장소'라는 아리아인 종교관의 영향으로 신 그룹에 대한 인식은 '선신과 악신의 대결 구도'로 변형되었다. 이런 변형 과정은 이란과 인도 사회에서 동시에 일어났는데, 아후라는 이란에서는 선신이고 인도에서는 악신인 아수라(Asura)로 변화되어 받아들여졌다. 그리고 그 결과 이란에서는 조로아스터교라고 불리는 이원론적 유일신 신앙, 즉 아후라마즈다라는 유일신에게서 선한 영과 악한 영이라는 쌍둥이 영이 태어남으로 인해 세계가 선한 세력과 악한 세력으로 양분되어 전쟁을 치르게 되었다는 신앙이 형성되었다.

아리아인의 종교관은 이란인의 창조론에도 영향을 미쳤는데, 아리아인의 유입 이후 이란인들은 아리아인의 창조설화에 따라 세상이 일곱 단계, 즉 하늘, 땅, 물, 식물, 동물, 사람 그리고 마지막에 불이 창조되는 단계를 걸쳐서 창조되었다고 믿었고, 창조된 첫 식물과 첫 동물인 황소와 첫 사람이 창조되었을 때는 세상이 고요했지만, 첫 창조물인 식물, 황소, 사람이 제물로 바쳐진 이후에야 이들에게서 나온 씨앗들을 통해 죽음과 탄생이 순환하는 삶의 모델이 만들어졌다고 믿었다.

조로아스터교[36]

'조로아스터교'는 이란 최상위 사제 계급인 자오타르스(Zaotars) 가문에 속한 조로아스터[Zoroaster, 아베스타어 '자라투스투라'(Zarathustra). 조로아스터교의 경전 『가타스』(Gathas)에 의하면 조로아스터는 기원전 1,500~1,300년 사이의 사람으로 추정되지만, 기원전 660년에 출생했다는 설도 있다]에 의해 창설되었다. 조로아스터는 7살 때부터 사제 양성 교육을 받으며 종교 수행을 이어가다가, 30세 되던 해에 보후마나(Vohumana, '선한 생각')라고 불리는 신성한 영에 의해 '아후라마즈다'('지혜의 최고신'이라는 의미로, 신의 이름이 신의 속성을 그대로 반영한다)에게 안내된 후 영적 깨달음을 얻었다고 전해진다.

조로아스터는 아후라마즈다만이 전지전능한 유일신[唯一神]이라고 선포하고, 그의 능력 중에 가장 강력한 것은 지혜(마즈다)라고 강조했다('아후라마즈다 유일신 사상'은 훗날 바빌론 유배 시기의 유대인들에게 영향을 미친다). 하지만 상황에 따라 여러 신들을 숭배하는 이란의 다신교 사회에서 그가 강조하는 유일신 개념이나 정의와 진리에 대한 내용은 사람들에게 쉽게 받아들여지기 어려웠다. 그의 10여 년 간의 포교 활동 중에 조로아스터를 믿고 따른 사람은 그의 사촌 한 사람뿐이었다. 이런 상황에서 조로아스터교가 널리 확산되게 된 것은 이란 동부 박트리아 제국의 왕 비스타스파가 조로아스터교로 개종한 것에 기인한다. 비스타스파는 다신교 · 다민족 사회에서 조로아스터교라는 유일신 종교가 나라를 하나로 연합시키는 데 효과적이라는 정치적인 판단에서 개종했고(이는 로마제국의 황제들이 국교(國敎)를 통해 민족 규합을 도모한 정치 정략과 유사하다), 조로아스

36　『페르시아의 종교』, pp. 7~12, 『축의 시대』, pp. 30~35 참조.

터는 비스타스파의 후원으로 교세를 확장할 수 있었다. 조로아스터는 유일신 아후라마즈다로부터 직접 계시를 들은 '하늘의 계시자'라는 칭송을 들었고, 77세까지 살았다고 전해진다.

아리아인 종교의 영향을 받아 형성된 조로아스터교의 창조론에 의하면, 아후라마즈다는 태고부터 존재했고, 현존하고 있으며, 영존할 존재이고, 자비로운 창조자, 절대 선·밝음·생명·아름다움·기쁨·즐거움·건강 등 모든 선한 것의 근원이다. 그는 죽지 않는 신성한 존재인 천사장과 영적 존재 여섯을 만들었고, 일곱 단계에 걸쳐 하늘의 빛을 내는 모든 피조물(해, 달, 별)과 땅·하늘, 그리고 기타 창조물을 사람을 위해 만들었다["그는 태초에 성스러운 영과 함께 만물을 창조하였다"(야스나 44,7)]. 아후라마즈다의 일곱 단계에 걸친 창조는 하늘, 물, 땅, 식물, 동물, 사람, 불의 창조 순이다[이것은 태초에 신성한 질서(아샤)에 복종하던 신들이 '하늘, 땅, 물, 식물, 황소, 인간, 불'(최초 7가지 창조물)을 창조하였다는 아리아인의 창조설화를 그대로 반영한 것이며, 유대인들의 성서도 이 순서에 따라 창조가 이루어졌다고 기록한다(창세 1,1~27)].

조로아스터교의 핵심 교리는 선악의 투쟁을 다루는 이원론인데, 인간의 폭력을 거부한 조로아스터는 자비롭고 선한 것의 원천이 되는 신은 하나뿐이지만, 폭력과 잔혹한 행위를 부추기는 악한 신도 있다는 결론을 내렸다. 조로아스터의 교리에 따르면, 아후라마즈다가 악과 부정의 신 앙그라마이뉴(Angra Mainyu)와의 투쟁에서 승리하여 세상을 지배하게 되었는데, 아후라마즈다에게 굴복당한 앙그라마이뉴는 혼수상태에 빠졌다가 3,000년이 지난 후에 깨어나게 되었다. 이후 다시 이 두 신들의 투쟁이 시작되었고, 현재도 진행 중이다. 조로아스터는 '선신과 악신의 대결장인 세계'에서 선한 사람들은 아후라마즈다에게만 헌신해야 하고, 약탈

자나 폭력자들은 악의 신을 섬기고 추종하는 악의 신의 부하들이므로 그
들을 모두 실천적으로 무찌르고 없애야 한다고 강조한다. 그리고 "선신과
악신의 투쟁이 끝나면, 선의 최후 승리와 어둠의 세력의 절멸을 목격하게
될 것이다. 무시무시한 전투가 끝나면 큰 심판이 이루어진다. 이때 악한
자들은 지상에서 쓸려 나가 태워져 재가 될 것이며, 우주는 원래의 완벽
한 상태로 회복될 것이다. 그리고 선한 사람들은 아후라마즈다와 함께 영
원히 살 것이다. 이제 죽음은 없다. 인간은 신처럼 바뀌어 병, 노화, 죽음
으로부터 자유로워진다."고 말하면서 묵시론적 미래 전망을 제시했다. 조
로아스터의 이런 전망은 인간 사회의 폭력에 대한 거부와 정의를 향한 갈
망에서 나온 것으로, 그는 악한 자들이 벌을 받기를 원했고, 윤리적인 전
망 속에 펼쳐지는 새로운 시대를 고대했다고 볼 수 있다.

　조로아스터교의 종말론은 메시아의 도래와, 메시아에 의한 심판에 관
한 교리다. 조로아스터의 씨에서 나오는 메시아 사오쉬안트(Saoshyant)는
3,000년에 한 번씩 도래하는데, 조로아스터의 씨는 카사오야(Kasaoya)라
는 깊은 호수에 비밀스럽게 보존되어 있다가 때가 되어 동정녀가 그 호
수에서 목욕을 할 때 결합하여 수태된다. 그렇게 등장한 메시아는 마지
막 전투에서 앙그라마이뉴를 물리치고 악으로부터 세상을 구한다. 이 종
말론은 세월이 흐르면서 사오쉬안트보다 조로아스터에게 더 집중되어 조
로아스터를 더 신격화한 종말론이 정립되었다. 『작은 아베스타』라는 경전
은 조로아스터를 '이 세상의 첫 제사장, 첫 전사, 첫 켈크 족장, 첫 주인,
첫 재판관'으로 칭송하고, 『야쉬트』에서는 악신 앙그라마이뉴가 조로아스
터의 출생 때 이 세상에서 도망쳤다가 다시 돌아와 그를 유혹했다고 말한
다. 시간이 지날수록 조로아스터의 역할이 커지고 중요해진 것이다.

　조로아스터교는 모든 창조물에 신성한 영이 깃들어 있다고 생각했고,

창조물에 대해 경의와 감사의 태도를 가졌다. 그리고 항상 자연 그대로의 순수함을 유지하고, 특히 물과 흙의 신성함을 유지하려고 노력했다. 그들은 사람이 죽으면 땅이 오염되지 않도록 조장(鳥葬)으로 장례를 치렀는데, '침묵의 탑'이라고 불리는 조장터로 시신을 옮겨 독수리들이 살을 뜯어 먹어 정결케 하고 뼈는 태양 빛으로 깨끗해지도록 했다. 교인들은 죽은 사람의 영혼은 물질세계와 영적인 세계의 경계인 친바트(Chinvat) 다리를 건너 삶의 행태에 따라 미트라신에게 심판을 받고, 그 후 천국 혹은 지옥으로 가게 된다고 믿었다.

조로아스터교 교리 체계는 이집트에서 흑해 연안까지 퍼져 나갔고, 바빌로니아에 유배되었던(BC 587~538) 유대인들과 이슬람교 교리에도 많은 영향을 미쳤다. 유대교와 가톨릭의 유일신 사상, 메시아론, 구원론, 부활론, 천국, 지옥, 천사, 악마, 심판의 날 등의 교리와 이슬람교의 구원론은 조로아스터교의 교리와 매우 유사하다. 조로아스터교의 교리는 다음과 같이 정리할 수 있다.

조로아스터교에는 창조주로 불리는 유일신과 그에 대적하는 악마가 있다. 이들 외에도 천사와 같은 영적 존재들이 있고, 말세에는 심판을 수행하는 메시아가 등장한다. 천국과 지옥이 존재하며 모든 사람은 죽음과 함께 개인적인 심판을 받게 된다. 종말에는 죽은 자들이 모두 부활할 것이며 최후의 심판을 받게 된다. 이 심판은 사람들만으로 한정되지 않고, 모든 악한 존재들이 심판을 받고 멸망할 것이다. 그리고 영원한 창조주의 나라가 이 땅에 임할 것이며 모든 선한 자들은 이 영원한 나라, 즉 천국에 들어가서 영원한 행복을 누릴 것이다.

미트라교

'미트라'(Mithra, '메흐르'로도 불림)는 기원전 1,400년경부터 아리아인에게 태양과 광명의 신이자 선을 지키는 전쟁의 신·언약의 신·선악의 중재자·죽은 이들의 심판자로 숭배 받는 신이었다. 네 마리의 백마가 끄는 황금 마차를 타고 세상 어느 곳이든 돌아다니는 것으로 알려진 미트라는 인간을 보호하고 돌보기 위해 천 개의 귀와 만 개의 눈을 가진 얼굴과, 투구를 쓰고 갑옷을 입었으며 강력한 방패와 날카로운 창을 들고 있는 모습으로 묘사된다.

미트라교는 조로아스터교의 한편에서 인도-이란계 종교의 공통적인 특징인 이원론(선과 악의 대결)을 기초로 세워졌는데, 고대 페르시아에서 미트라는 선신 아후라마즈다와 악신 앙그라마이뉴를 감시하는 역할을 맡는 존재로 믿어졌고, 특히 인도-유럽계 민족들이 믿던 '바루나', '인드라', '나사티야'라는 신들과 짝을 이루어 등장하는 '메흐르-바루나'는 세상 질서를 책임지는 신으로 인식되었다(조로아스터교에서도 미트라는 아후라마즈다 다음으로 중요하게 다루어졌다. 조로아스터교의 경전 『아베스타』에는 미트라가 어둠과 악의 힘에 대항하여 하늘의 빛과 정의를 지키는 수호자로 기록되어 있고, 태양과 빛·진리와 정의·용맹·언약의 신으로, 진리를 위해 싸우는 자들을 돕고 거짓을 말하고 언약을 깨뜨리는 자들을 벌하는 신으로 묘사된다).

미트라교와 조로아스터교의 창조론과 종말론은 매우 유사하다. 조로아스터교에서는 유일신 아후라마즈라가 일곱 단계에 걸쳐 하늘, 물, 땅, 식물, 동물, 사람, 그리고 불을 창조했는데, 그중 첫 창조물인 황소의 씨에서 모든 식물과 동물이 생겨났고, 키유마르스의 등에서 모든 인간이 생겨났다고 말한다. 미트라교에서는 미트라가 황소를 죽임으로써 식물과 동물이 만들어졌다고 말한다. 미트라교의 창조론에 의하면, 유일한 창조물인 황소는 모든 식물과 동물을 임신한 상태였다. 하지만 악의 신 앙그라마이뉴에 의해 죽을 처지에 놓인다. 이에 선과 악의 중재자인 미트라가 황소가 잉태한 모든 식물과 동물을 살리기 위해 황소를 죽이게 되고, 이때 죽은 황소의 몸에서 모든 식물과 동물이 튀어나와 창조가 완성된다. 이로써 미트라는 창조주이면서 동시에 식물과 동물을 구한 구원자로 숭배되게 된다.

이란에서 기원한 미트라교는 조로아스터교로 인해 성장하지 못하고 기존의 종교에 흡수되었지만, 페르시아의 서부 소아시아를 거쳐 유럽으로 건너간 미트라교는 다른 요소들이 교리에 혼합되면서 선과 악의 대결이라는 이원론에 기초한 이란의 미트라교와는 사뭇 다른 모습으로 변화되었고, 미트라는 세상의 창조주이자 구원자 · 최고신으로 숭배되었다. 특히 로마로 건너간 미트라교는 미트라가 가진 속성 중 충성심, 상호 의무, 남성성, 용맹이라는 요소로 인해 로마 군인들을 중심으로 세가 확산되었고, 서기 3세기(AD 274)에는 로마제국의 공식 국교가 될 정도로 그 세가 커졌다. 이후 로마의 미트라교는 서기 2세기경 부상한 신흥 종교 가톨릭과 대립 관계에 놓이게 되는데, 서기 312년 미트라교를 신봉하는 '율리아누스' 세력과 그리스도교를 신봉하는 '콘스탄티누스' 세력 간에 펼쳐진 전투에서 콘스탄티누스가 승리하면서 미트라교는 쇠퇴의 길을 걷게 되고, 서기 392년 테오도시우스 황제에 의해[37] 그리스도교가 로마의 국교로 공인된 이후

---

[37] 테오도시우스는 병중에 자신이 지옥문 앞에 와 있는 것이 아닌지 당혹스러워했고, 두려운 마음에 가톨릭 세례를 받았다. 이후 가톨릭을 국교로 삼고 이교 사원들을 파괴했는데, 이때부터 예수가 로마에서 유명한 인물이 되었다고 역사가 로랑테스트는 말한다(『바보의 세계』, p. 62).

에는 세력을 잃고 급속히 사라졌다(대 미트라 세력 전에서 콘스탄티누스가 패했다면 가톨릭이 같은 운명에 처했을 것이다).

로마에서 가톨릭이 콘스탄티누스에 의해 제국민이 믿을 수 있는 '공인 종교'로 지정된 후(313년) 가톨릭의 여러 종교 의례가 새롭게 제정되었는데, 그 과정에서 미트라교의 종교 의례와 사상과 전승이 그리스도교에 그대로 습합되었다. 예를 들어, 예수의 탄생 때 동방박사와 목자들이 예수의 탄생을 경배하고 예물로 황금을 드렸다고 말하는 『복음서』 내용은 미트라의 탄생일에 목동이 황금을 예물로 바친 것과 유사하다. 예수의 탄생일을 서기 354년에 기존의 1월 6일에서 12월 25일로 변경한 것도 미트라의 탄생일(12월 25일)을 대체한 것이다. 가톨릭은 미트라의 탄생일을 예수의 탄생일로 대체함으로써 미트라교의 흔적을 지우고자 했다. 또 일요일(Sunday)은 태양신인 '미트라의 날'로 기념되었는데, 전통적으로 토요일을 안식일로 지낸 그리스도교가 안식일을 일요일로 옮겨 '주님의 날'로 기념하는 것도 미트라교의 영향에 의한 것이다.[38]

세례식은 고대 근동의 여러 지역에서 행해지던 의식이었고, 미트라교도 죄를 고백하고 용서를 받는 의미를 지닌 세례식을 거행했다. 특히 미트라교는 교인의 자격과 직분을 부여하는 7단계의 입교 예식을 치렀는데, 죽음에서 새로운 부활을 선포하는 일곱 번째 마지막 의식에서 행하던 '성수 뿌리는 예식'이 그리스도교에 수용되었다. 이 외에도 그리스도교의 가장 중요한 의식인 '성찬식', 즉 예수의 생명의 빵과 피의 잔도 미트라 의식 중 하나였다.

---

38 안식일의 변경에 대해 가톨릭은, 예수가 부활한 날이 일요일 아침이었기 때문에 일요일을 주님의 날, 곧 주일로 변경하였다고 설명한다.

마니교

페르시아(이란)가 마케도니아의 알렉산더 대왕에 멸망한 후(BC 331) 페르시아와 그리스 문화가 한데 섞이면서 신들도 혼합되었다. 그리스의 최고신 제우스와 페르시아의 최고신 아후라마즈다, 태양신 아폴로와 미트라, 미의 여신 아프로디테와 아나히타가 혼합된 것이 대표적인 예다.

알렉산더 대왕 휘하 장군인 셀루키드(Seleucid. 셀레우코스)가 세운 셀루키드 왕조(BC 305~64)가 파르티아(BC 247~AD 224)에게 무너지고, 아르다시르가 사산조 페르시아(AD 226~651)를 건국하면서 조로아스터교를 국교(國敎) 삼아 강성한 중앙집권국가 체계를 갖춰가고 있을 때, 페르시아에는 이미 미트라교, 가톨릭, 불교, 유대교 등이 뿌리를 내린 상태였다. 거기다가 사산조 시대에 조로아스터교 사제 계급에 속한 바빌로니아 출신 마니(AD 216~276)가 창시한 '마니교'가 세력을 확장하면서 조로아스터교의 종교적 위협 대상이 되었다

마니교는 '영지주의(Gnosticism) 그리스도교'[39]와 불교의 내세관을 혼합한 양상을 보이는데, 마니는 자신이 기존의 조로아스터교와 불교·그리스도교의 계시들을 하나로 통합하여 보편적 믿음과 계시를 만들어 냈다고 믿었고, 자신을 이전 종교들을 대체하는 세계적이고 보편적인 종교 사상의 새로운 전달자로 생각했다. 마니의 종교적 통합은 조로아스터교와 붓다 그리고 예수에 대한 깊은 통찰과 영지주의·그리스 플라톤 철학의 영향을 받아 비롯된 것인데, 그는 조로아스터교의 기본 사상인 '선과 악의

---

39 '영지주의 그리스도교'는 고대 신화적 신인(神人) 숭배 종교인 신비신앙(Mysteria)의 유대식 사상인데, 영지주의 그리스도교는 '예수 신인 신화'를 통해 '예수'를 신화적 신인으로 제시했다. 후에 이 예수가 역사적 실존 인물로 둔갑되어 '문자주의 그리스도교' 곧 가톨릭이 출현하게 된다. 자세한 내용은 'IV장 가톨릭 종교전통'에서 살펴보겠다.

대결'을 '물질적인 것과 영적인 것의 대결'로 간주하고, 영적인 것이 선한 것이고 물질적인 것이 악한 것이라고 주장했다. 마니교의 이원론적인 투쟁은 빛으로 대표되는 선한 영적 세력과 어둠으로 상징되는 악한 물질세계의 끊임없는 싸움이다. 훗날 마니교도에서 가톨릭으로 개종 한 가톨릭 교부 아우구스티누스(AD 354~430)는 마니교의 영향으로 물질인 인간의 육체를 악으로 규정했다.[40]

마니는 시대의 흐름을 세 영역으로 구분했다. 첫 번째 시대는 인간 세계가 창조되기 이전의 세계로 선과 악이 철저히 나뉘어 있던 시기이고, 두 번째 시대는 우리가 사는 지금의 현시대로 어둠이 빛을 침범하여 빛의 세계가 어둠에 오염된 시기다. 세 번째 시대는 진리와 빛이 최종 승리를 거두고 오염된 빛의 세계가 회복되어, 선과 악이 완전히 구별되던 초기의 시대로 변화하는 시기다. 마지막 때의 징조로는 큰 전쟁이 일어나고 환난이 닥칠 것이다. 그 뒤 세상의 유일한 빛인 예수가 재림하여 죄인들로부터 의인들을 구별해 내고, 구원자들을 천국으로 인도할 것이다. 그 후 선과 악의 싸움은 끝나고 세상은 그동안 볼 수 없었던 창조주 아버지의 얼굴을 보게 될 것이다.

마니교의 내세관은 불교와 같은 윤회 사상이다. 사람들은 완벽한 선을 통해서 구원을 받기 전까지 몇 번이고 다시 태어난다. 의인은 죽은 후에 천국으로 옮겨지지만, 죄인들은 거듭해서 육체로 태어나는 벌을 받는다. 다시 악한 물질세계에 육체를 입고 태어나는 것이 곧 형벌인 것이다. 마니교가 이런 사상에 기반 해 강조하는 최고의 덕은 세상과 완전히 단절된

---

40 니체는 "육체는 인간의 존재 조건이며 육체 없는 인간은 아무것도 아니다."라며, 육체 자체를 죄악시하는 가톨릭을 비판했다. 인간은 육체가 있음으로 고통과 아픔, 사랑과 행복을 경험한다(『디오니소스의 귀환』, pp. 146~148 참조).

삶이었다.

마니교는 마니의 처형[마니는 사산조 4대왕 바흐람 1세(AD 273~276 재위) 때 조로아스터교의 사제 카르디르(Kardir)에 의해 살해당했다] 이후 이란에서는 서서히 소멸되었고, 국외로 피난을 떠난 이들에 의해 주변 나라로 전파되었다.

• 인도로 이동한 아리아인 – 힌두교, 불교

'산스크리트어'를 사용하는 아리아인 일부는 기원전 2,000년경 남쪽으로 이동하여 인더스강 지류의 비옥한 땅인 모헨조다로와 하라파에 정착했다. 모헨조다로와 하라파는 고대 인더스문명(BC 2300~2000년경)의 전성지였지만 아리아인이 도착했을 때는 거의 폐허가 된 상태였다. 그런데 그들 중 정착 생활의 안전성을 경멸하며 계속해서 이동하는 것을 선호한 사람들은 새로운 지역에 정착하거나 고대 도시를 재건할 의사가 없었고, 이웃의 작물과 가축을 약탈하며 생계를 유지하는 방식을 택했다.

아리아인이 인도 지역에 정착할 무렵의 인도에는 이미 조로아스터교가 전파되어 있었다. 그런데 유랑민 아리아인은 조로아스터교가 숭배하는 아후라마즈다를 따분하고 수동적인 신이라고 생각했고, 보다 역동적인 종교를 원했다. 그래서 그들 사이에서는 거칠게 휘날리는 턱수염, 소마가 가득 찬 배, 전투를 하고자 하는 뜨거운 마음, 이런 특징을 지닌 전투의 신 '인드라'가 최고신이 되었다. 인드라야말로 모든 전사들이 열망하는 원형적인 아리아인으로 인식된 것이다. 인도에 들어온 아리아인들 사이에서 유행한 성스러운 찬가 또는 시를 수록한 『베다』에서도 법의 집행자, 진리 수호자, 범죄 징벌자 같은 바루나(우주 질서의 수호신)의 모든 속성이 인드라에게로 옮겨 간다.

유랑민 아리아인들의 생활은 마을과 밀림을 오갔다. 우기가 오면 임시로 지어 놓은 야영지에서 생활했고, 동지가 지나면 새로운 습격 주기를 맞아 말과 소를 묶어 두고 광야로 뛰어들어 공동체의 부를 보충했다. 아리아 전사들은 습격과 전투를 아수라(선의 신들)와 데바(악의 신들)가 벌이는 천상 전투의 재연으로 여겼다. 그래서 그들은 싸움할 때 자신이 자신을 넘어서서 인드라와 하나가 된 것처럼 느꼈고, 전투에 '영혼'을 부여했으며, 자신의 전투를 천상의 신성한 원형과 결합하는 성스러운 활동으로 생각했다. 아리아인들은 코카서스 초원 지대에서 생활한 이래 자신들 가운데 가장 훌륭하고 가장 부유한 자들이 하늘의 신들과 결합할 것이라고 믿어 왔는데, 이제 그들은 전투에서 고귀하게 죽은 전사는 즉시 신들의 세계로 간다고 확신했다.

'희생제의'는 인도 아리아 사회의 영적 핵심이었다. 라자(족장)는 미국 서부 인디언 원주민들의 포틀래치(potlatch)처럼 소, 말, 소마, 농작물 등의 노획물을 신들에게 희생물로 바친 뒤 잔치를 열어 구성원들과 함께 나누었다. 초대된 손님들은 호의를 갚아야 할 의무를 갖게 되고, 라자들은 더 멋진 희생제의를 펼치려고 서로 경쟁했다. 라자 같은 희생제의의 후원자들은 희생제의의 주체인 자신을 인드라와 동일시했고, 희생제의를 통해 신들의 비위를 맞추고 동시에 구성원들의 찬사와 존경도 얻고 싶어 했다. 하지만 희생제의 때문에 폭력은 더 증가했다. 희생제의가 끝나면 라자는 재산을 채우기 위해 다시 습격에 나서야 했다.

베다 시대 후기(BC 1,000년경)에 아리아인 일부가 꾸준히 동쪽으로 밀고 나가 야무나강과 갠지스강 사이의 '도아브'에 정착했고, 작은 왕국이 생겨나기 시작했다. 도아브는 평야인 하라파와는 달리 울창한 산림지역이었기에 도시와 야영지를 건설하기 위해서는 나무를 태우고 터를 닦아야 했다. 따라서 이런 새로운 식민 단계에서는 불(火)의 신 '아그니'가 중요한 역할을 했다.

정착은 단계적으로 느리게 진행되었다. 시원한 계절에는 밀림으로 깊이 파고들어 현지 주민들의 작물과 가축을 약탈했고, 우기가 시작되기 전에 집으로 돌아와 자신들의 땅을 경작했다. 이런 점진적인 동진(東進) 축성에서 새로운 의식이 고안되었는데, 희생제의의 터를 딱 한 번만 사용한 것이다. 제의 동안 전사들은 초가에서 가져온 불을 마당의 동쪽 끝으로 가져가 그곳에 새로 노(爐)를 만들었고, 다음날 동쪽으로 약간 더 떨어진 곳에 새로운 희생제의를 위한 마당을 만들고 똑같은 의식을 반복했다. 이 의식은 아그니가 새로운 영토로 승리를 거두며 전진하는 것을 재연하는 것이었다.

'아그니'는 정착자들의 보호자였고, 그들의 정착지는 새로운 시작이었으며, 혼돈으로부터 질서를 얻어 내는 곳이었다. 불은 환경을 장악하는 전사들의 능력을 상징했고, 전사들은 불과 자신을 완전히 동일시했다. 불은 전사들의 가장 훌륭하고 깊은 자아(아트만)를 대표했고, 불은 또한 아그니 자체이기 때문에 이 자아는 성스럽고 신성했다. 전사들은 죽어서 화장을 하면 자신이 희생 제물이 되며, 아그니가 그를 신들의 나라로 데리고 간다고 믿었다.

후기 베다 시대로 오면서 아리아인은 '브라만(Brahma)', 즉 '최고의 실재'라는 개념을 발전시켰다. 브라만은 데바가 아니라 신들보다 더 높고, 더 깊고, 더 기본적인 힘, 우주에 존재하는 서로 다른 모든 요소들을 한데 묶어 그것들이 파편이 되지 않도록 막아 주는 힘이었다. 또한 브라만은 만물이 강해지고 확장될 수 있게 해주는 근본 원리였고 생명 자체였다. 하지만 브라만은 정의되거나 묘사될 수 없었다. 모든 것을 포괄했기 때문이다. 인간은 브라만 밖으로 나와 그것을 객관적으로 볼 수 없다. 하지만 제의에서는 경험할 수 있었다. 왕이 전리품을 들고 습격에서 안전하게 돌아오면 그는 브라만과 하나가 되었다. 브라만은 침묵 속에서도 경험할 수 있었고, 브라만의 초월성은 대답할 수 없는 질문들의 신비로운 충돌 속에서도 느낄 수 있었다.

『리그베다』에서는 브라만이 인격화된 존재, 곧 '프라자파티'[만유(萬有)]로 등장한다. "프라자파티는 우주와 동일하다. 프라자파티는 우주를 지탱하는 생명력이며, 의식의 씨앗이고, 무의식적 물질로 이루어진 물에서 떠오르는 빛이다. 프라자파티는 자연의 법칙을 주관하고, 프라자파티만이 신들 가운데 신이며 그에 비길 신은 아무도 없다." 한편, 한 리시(시인)는 아리아인의 창조신화에 등장하는 최초 인간인 '푸루샤' 자신이 우주였다고 말한다. 그는 첫 인간이 희생물이 되어 인류가 태어났다는 아리아인의 창조신화에 따라, 푸루샤 자신이 우주였고, 모든 것이 그의 주검에서 나왔다고 말한다. "하늘, 땅, 해, 달, 새, 동물, 말, 소는 물론 아그니와 인드라도 그의 몸에서 나왔다. 프라자파티와 마찬가지로 푸루샤도 초월적이다."[41]

기원전 9세기에 이르러 아리아인의 생활은 점차 약탈보다 농업 생산물에 더 의존하게 되었다. 아마도 약탈과 대응 약탈이라는 파괴적 순환을 중단해야 한다는 합의가 점차 이루어진 것으로 보인다. 이런 환경의 변화에서 전사의 신 '인드라' 숭배는 줄어들었고, 희생제의에서 불, 열광, 재미 요소, 폭력 요소도 제거되었다. 그리고 기존의 희생제의에서 짐승의 죽음은 희생제의에 초대받은 사람들이 책임졌어야 했는데, 이제 희생제

41　　『축의 시대』, pp. 39~51 참조.

의는 희생제의를 바치는 사람의 내부로 받아들여져 희생제의를 바치는 사람 자신이 희생 제물과 하나 되는 것, '자기가 희생 동물의 모습으로 상징적으로 죽어 신들에게 자신을 바치고 불멸을 경험하게 되는 것'으로 전환되었다. 제의화 된 죽음을 우주 실재와 연결시킨 것이다. 이로써 제의의 주관자 또는 제사를 바치는 사람은 프라자파티가 되었다. "나는 신들을 없앴다. 불멸이 되었다."[42]

아리아인들의 브라만 사상은 점차 '힌두교'라는 이름으로 체계화되었는데, 힌두교는 우주가 두 개의 층으로 이루어져 있다고 여긴다. 1층에는 신적 존재의 몸인 우주가 있고, 2층에는 우주 전체에 생명을 부여하는 영혼, 즉 우주의 영혼인 신이 있다. 신은 우주의 모든 것을 완벽하게 조종한다. 힌두교인의 상상이나 실제 생활 속에는 수많은 신들이 존재하는 것처럼 보이지만, 이 신들은 모두 단일한 신적 존재가 특정한 방식으로 나타난 화신들일 뿐이다.

한편, 힌두교 경전 『아드바이타 베단타』(Advaita Vedanta. Advaita는 '없음'을 뜻하는 A와, '둘' 또는 '이원성'을 뜻하는 dvaita의 합성어로 '비이원론적'이라는 뜻이며, Vedanta는 힌두교 경전인 Veda와 '마지막'을 의미하는 anta의 합성어로 '마지막 경전'이라는 뜻)의 견해에 따르면, 우주의 영혼인 신은 지고의 실재가 아니다. 신이나 우주는 일종의 신기루, 환상에 불과하다. 그래서 『아드바이타 베단타』는 '신이나 우주라는 환상 너머에 있는 궁극적인 실재와의 합일'을 강조한다. 거룩한 구도자나 고행과 명상을 실천하는 사람은 먼저 자신의 영혼 안에서 '자신의 자아가 신적 존재와 하나'라는 지식을 깨닫게 된다. 이런 합일에 이른 순수 의식의 상태에서는 나와 신 사이의 모

---

42   『종교의 이해』, p.138.

든 차이가 없어진다. 그리고 점차 최상의 의식 단계에 들어서게 되는데, 이 지고의 의식 단계에서는 우주를 창조한 저 너머의 존재인 신은 물론 현존하는 이 우주 자체도 모두 환상에 불과하다는 것을 깨닫게 된다. 그리고 이 상태에서 명상자는 '신과 우주를 초월한 궁극적인 실재와 합일'하게 된다. 힌두교의 이런 신념 체계에서 보면 신이나 우주는 환상에 불과한 것이지만 일반적으로 우주는 신적 존재의 창조물이나 신의 몸으로 여겨지기도 한다.[43]

힌두교의 영향 속에 탄생한 '불교'에는 창조주란 개념이 없다. 또 유일하고 전능한 신이라는 개념도 없다. 물론 불교는 신들의 존재를 부정하지는 않는다. 불교는 신들이 민간 신앙의 반영이므로 이들을 없앨 수는 없다고 생각하지만, 신들이 모든 중생이 지향해야 할 궁극적인 목표는 아니라고 본다.

불교는 우주에 대해서도 전혀 다르게 생각한다. 우주는 신의 창조물도 아니며 신의 몸도 아니다. 우주는 '서로 밀접히 얽혀 있는 사건들의 연속'일 뿐이며, 이 모든 것은 다 덧없는 것들이다. 우주 안에는 그 어떤 것도 영원하거나 불변하는 것은 없고, 우주도 어떤 영원한 본질을 갖고 있지 않다. 우주의 핵심은 '공'(空)이다. 공은 열반에 이르렀을 때야 볼 수 있다. 따라서 아무리 윤회를 거듭하며 삶을 살아간다고 해도 — 내 안에도 역시 영원한 실체가 있는 것이 아니므로 — 명상 수행을 통해 내적인 통찰을 얻고 이로써 근본적으로 비어 있고 덧없는 사물의 진정한 본질을 이해해야만 해탈할 수 있다.

중국에서 불교는 우주의 진정한 본성 또는 우주를 지배하는 원리를 탐

---

43   『종교와 세계관』, p. 87.

구하는 도교(道敎. 道는 길, 원리, 방법 등의 의미)의 영향을 받았는데, 불교는 도교의 견해를 '무상한 만물 너머의 공'에 대한 견해와 결합했다. 그리하여 선불교(禪佛敎)라는 독특한 형태의 불교가 나타났는데, 선불교는 '우주의 진정한 본성과 자아와의 조화'를 강조한다.

- 유럽 대륙으로 이동한 아리아인 – 켈트 신앙

유럽으로 진출한 아리아인 계열 튜턴족의 『구(舊) 에다』(운문 에다, Poetic Edda)와 『신(新) 에다』(산문 에다, Prose Edda)에 수록된 신화에는 베다의 디아우스 피타르(Dyaus Pitar), 그리스의 제우스, 로마의 주피터 등 고대 문명의 중요한 신들의 조상격이라 할 수 있는 '지우'(Ziu)라는 신이 등장한다. 그 외 천둥의 신 토르(Thor), 전쟁의 신 오딘(Odin, Wodan. 오딘은 전투에서 죽은 전사들이 하늘 위의 전당인 발할라(Vahalla)에서 살도록 해주는 일을 한다고 믿어졌다), 여름과 풍요의 신 프레이르(Freyr), 프레이르의 누이이자 아내인 프레이야(Freyja) 등이 등장한다.[44]

아리아인 계열의 켈트족 신앙은 가톨릭의 유입 이전에 독일, 프랑스, 스페인, 이탈리아, 그리스, 영국 등 유럽 대륙 전역으로 확산되었는데, 그들의 신앙은 자연 자체를 신비롭고 매력 있는 신성한 공간으로 여긴 것에서 비롯되었다. 켈트족이 기원전 900년경부터 거주한 북프랑스 일드 지방은 원시림과 활엽수가 울창한 평지림 지대였다. 그런 지형적 환경에서 켈트족은 숲에서 길을 잃거나 방향감각을 상실하는 체험, 숲에서 직면하는 어둠과 음침함, 앞을 내다볼 수 없는 울창한 숲에 갇혔을 때의 두려움과 공포를 경험하면서도, 숲에서 느껴지는 자연의 경이와 숲이 지닌 동

---

44 『페르시아의 종교』, pp. 7~12 참조.

식물의 생명력(생명의 寶庫)에 압도되어 자연 자체를 신성한 공간으로 인식했다. 그리고 이런 체험 속에서 자연스럽게 대지에 생명력을 부여하는 '대지의 모신(地母神) 신앙'이 태동되었다.

켈트족 신앙의 특징은 자연의 재생과 부활에 인간의 삶과 죽음을 대비시키고, 자연과 인간의 재생과 부활을 관장하는 최고신으로 지모신 '다누'(Danu)를 숭배한 것이다. 켈트인들은 동지(冬至)인 12월 25일을 죽음에서 생명이 되살아나는 '자연계 생명 태동의 날'로 기념하고, 11월 1일은 '새해 시작일'로, 5월 1일은 '재생이 나타나는 날'(출산 축제일)로 기념했다.[45]

켈트 종교에는 드루이드(Druid)라 불리는 사제 계급이 있었는데 사제들은 자연, 특히 '나무와 인간'의 밀접한 관계를 중심으로 한 종교적 관행을 발달시켰다. 그들도 한때는 인신공희를 행했다는 증거도 있다.

로마제국 시대(서로마 BC 753~AD 476. 동로마는 AD 1453 멸망)에도 유럽 대륙에 널리 확산되고 유지되었던 켈트 신앙은 그리스도교가 유입되면서 가톨릭에 동화되고 변형되었는데, 켈트의 지모신 숭배 신앙은 그리스도교의 성모 마리아 신앙과 혼재되었고, 지모신을 통해 생명력을 부여받고 심리적 위안을 얻던 신앙은 가톨릭의 영향으로 현세의 구원과 현세의 복락을 추구하는 기복신앙으로 변질되었다.

오늘날 유럽에서 흔하게 볼 수 있는 고딕 양식의 성당 건물들은 켈트 신

---

45 켈트족이 로마의 라틴족에 통합되면서, 12월 25일 동지의 '생명태동의 날'은 로마의 최고신인 미트라(태양신)의 탄생일로 대체되었고, 후에 로마의 국교가 된 가톨릭은 1월 6일에 지내던 예수 성탄절을 12월 25일로 지정하여(AD 354년) 미트라교와 켈트 신앙 축제의 흔적을 지우려는 전략을 펼쳤다. 또 5월을 성모의 달로, 5월 2일을 '성모 원죄 없는 수태축일'로 지정하고, 11월 1일도 죽은 이들을 기리는 '위령의 날'로 지정하여 켈트 신앙의 이교적 기념일의 흔적을 지우고자 했다.

앙의 영향을 받아 건축된 것들이다. 서기 10세기 초반에 프랑스 지역은 남쪽의 이슬람 세력인 사라센, 북쪽의 노르만·바이킹족, 동쪽의 기마민족인 마자르인들의 침입으로 위협을 받았는데, 서기 11세기 초 외지인들의 침입이 중지되고 활기가 회복되면서 농지가 확장되고 인구가 증가했다. 그런데 11세기 내 73년간 48회에 걸쳐 밀려든 흉년으로 인구가 극감하고 생계를 찾아 도회지로 이동하는 인구가 급증했다. 말 그대로 도회지는 도시 군중 속 결속력 없는 이방인들의 집합소가 되었는데, 민간신앙(켈트의 지모신 숭배)을 간직한 이주 농민들은 대지의 모신에 대한 갈망과 숲에 대한 동경의 마음을 버리지 못하였고, 가톨릭에서 말하는 심판자 예수에 대한 위협과 속죄, 면죄를 얻기 위한 갈망에서 성전을 건립하게 되었다.

고딕 양식의 성당에는 그리스도교 신앙과 켈트 민간신앙의 요소가 혼재되어 있고(마술적 분위기, 괴물동상, 거목신앙, 지모신과 성모신앙 등), 성전은 울창한 숲과 하늘 높이 솟은 나무와 가지들을 형상화하여 건축한 것으로, 켈트인들에게 자연숭배와 숲 동경 정서의 의지처가 되었다. 이후 고딕의 상승은 죽음의 숙명을 지닌 인간의 비소함, 왜소함, 유한함을 극복하고자 하는 욕구를 표출하는 상징으로 해석되었고 대성당은 지상의 낮은 세계에서 천상의 세계로 상승하는 그 중간 지점, 신의 나라를 지향하는 운동체, 지상과 천상 사이의 사다리, 신의 나라를 만나는 유일한 공간으로 인식되어 첨탑과 지붕이 높을수록 구원 능력이 탁월한 것으로 믿어졌다.[46]

---

46 고딕 양식의 성당 건축에 관한 세부 내용은 『고딕, 불멸의 아름다움』(사카이 다케시 저, 이경덕 역, 다른세상, 2009)이 이해에 도움이 될 것이다.

켈트인의 지모신 신앙과, 12세기 초에 가톨릭에 도입된 '최후 심판의 중재자로서의 성모 마리아 신앙'이 연계되고 혼합되면서 성당 이름에 '노트르담[Notre Dame (Our Lady, 성모마리아)]' 용어가 사용되기 시작했는데, 가톨릭의 '심판의 중재자로서의 성모' 교리를 접한 초기 켈트인들은 교회의 성모는 야훼보다 하위자로 자연신인 지모신과 위격이 맞지 않다고 여겼다. 이에 외경이나 위경 신앙에 의존하여 막달라 마리아를 부활시켜 하늘에 올려놓으면, '최후의 심판'에 유력한 중재자가 되고, 막달라 마리아가 예수와 동등한 위치에서 인간의 위로자·중재자 역할을 한다고 생각했다(지모신과 성모, 신격 위상의 등치). 켈트인들은 성서 외경『야곱 원복음서』에 등장하는 '성모 마리아의 죽음과 승천, 대관'에 관한 이야기를 신봉했는데,『야곱 원복음서』에는 "하늘에 있는 예수를 사모한 마리아는 육체 부활 후 예수의 축복 속에 관(冠)을 받았다."는 내용이 들어 있다. 여기서 말하는 마리아는 예수의 모친인 성모 마리아가 아니라 '막달라 마리아'를 시사한다. 그래서 켈트인들은 막달라 마리아를 부활하고 승천하여 인간의 위로자·중재자 역할을 하는 성모로 숭배했다. 가톨릭은『야곱 원복음서』에 등장하는 마리아는 막달라 마리아가 아니라 성모 마리아를 지칭한 것이라고 주장한다.[47]

---

47   1945년에 이집트 나그 함마디에서 발견된 영지주의 문건『필립보 복음서』에는 "예수는 어느 제자들보다 그녀 — 막달라 마리아 — 를 사랑하셨으며, 종종 그녀의 입에 입을 맞추곤 하셨다."는 내용이 들어 있고,『마리아 복음서』에는 베드로가 "확실히 구세주께서는 그녀를 잘 아시오. 그래서 주께서는 우리보다 그 여자를 더 사랑했던 것이오."라면서 주가 제자들과 달리 막달라 마리아와 비밀리에 말씀을 나눈 것에 대해 불만을 토로하며 푸념하는 내용이 들어 있다(『성혈과 성배』, 마이클 베이전트 저, 이정임 역, 자음과 모음, 2005, p. 519). 유대 영지주의 그리스도교에서 언급하는 마리아는 '막달라 마리아'였다는 것을 보여 주는 기록이다.

이스라엘 역사와
유대 종교전통·성서

■ 개괄적인 초기 이스라엘 역사

메소포타미아 정치 상황

—

인류 문명의 발상지로 알려진 메소포타미아 지역(유프라테스강과 티그리스강 유역)은 최소 기원전 1만 년경부터 사람이 거주하기 시작했고, 식량과 정착지를 찾아 유랑하던 셈족 계열의 다양한 민족과 인도–유럽어 계열의 여러 민족이 영유권 분쟁을 벌이던 각축장이었다. 메소포타미아 지역으로 몰려든 각 민족은 우르크, 우르, 바빌론, 니네베 등의 거점 도시를 중심으로 도시국가를 건설했고, 메소포타미아 전역의 지배권을 두고 민족 간 사활을 건 혈투를 반복했다(다음 장의 지도는 포괄적인 역사의 흐름과 지형에 대한 이해를 돕기 위해 필자가 그린 약식 지도다).

메소포타미아 지역 최초의 지배 세력은 기원전 2900년경 도시국가를 수립한 수메르인이다(BC 2900~2360). 그들은 중앙아시아에서 카스피해

(海)를 거쳐 티그리스강과 유프라테스강 하류 우르크 지역에 정착한 것으로 보이며, 우랄-알타이어 계열의 언어를 사용했다. 수메르인들은 메소포타미아 문명 형성에 결정적인 역할을 했고, 쐐기 모양의 설형문자(楔形文字)를 사용해 최초의 문자 체계를 만들어 냈다.

수메르인들은 여타 민족들처럼 자연과 인간을 관장하는 '보이지 않는 힘'으로서의 초월적인 행위자를 상상했고, 천신(天神) 아누(Anu), 대기(大氣)의 신 엔릴(Enlil), 태양신 우투(Utu), 땅과 물의 신 엔키(Enki) 등을 신봉하는 종교전통을 갖고 있었다. 그들은 애가와 잠언과 그 밖의 지혜문학을 엮어 냈고(이러한 저작들은 이집트 문화 형성에 영향을 미쳤고, 성서의 코헬렛, 지혜서, 집회서 등의 저술은 이집트에서 편찬된 잠언과 지혜서 등을 차용하여 기술된 것이다), 특히

그들의 창조 이야기와 홍수 이야기는 고대 근동 지역 여기저기로 퍼져 나가 다른 창조와 홍수 신화의 원형이 되었다.[1]

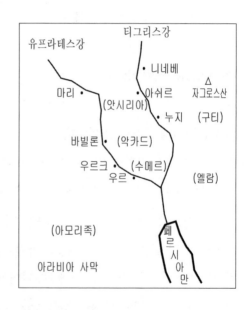

남쪽 우르크를 거점으로 메소포타미아 남부 지역을 장악했던 수메르는 북부 바빌론을 거점으로 세력을 확

---

1 고대 신화나 전승의 홍수 이야기는 현재 68개가 전해지고 있다(아시아 13개, 유럽 4개, 아프리카 5개, 호주·남양 9개, 남아메리카 37개). 대부분 기원전 1만년경의 마지막 빙하 해빙기의 체험을 신화적으로 해석하여 기술한 것들이다. 히브리 구약성서 창세기의 창조설화나 홍수 이야기는 수메르의 전승을 차용하여 기록된 것이다.

장하던 셈족 계열의 악카드에 패망했고(BC 2360년경), 남북 통일제국을 이룬 악카드는 기원전 2180년경 자그로스산맥에서 밀고 내려온 구티족에게 멸망했다. 구티족의 집권은 오래가지 못했다. 기원전 2360년경에 예전 악카드에게 밀려났던 수메르인들이 우르를 거점으로 세를 규합하여 기원전 2100년경 다시 구티족으로부터 메소포타미아에 대한 지배권을 환수했다. 수메르 새 왕조의 창건자 우르남무(Ur-nammu)는 우르를 상업의 중심지로 만들고 거대한 지구랏(Ziggurat, 계단식으로 쌓아 올린 탑, 신에게 제의를 바치는 용도로 사용된 것으로 추정)으로 도시를 꾸몄다. 이후 수메르는 기원전 1950년경 현재의 이란 산악 지대에서 평원으로 내려온 엘람족에게 패해 민족 자체가 역사의 무대에서 완전히 사라졌다.

수메르 우르 왕조 몰락 후(BC 1950년) 후리족[2]이 아르메니아 산악지대로부터 내려와 메소포타미아 북부 누지(Nuzi)에 정착했다. 후리족은 과거 악카드인들이 숭배하던 최고신 샷다이(Shaddai)와 다양한 수호신 신봉 종교전통을 계승했는데, 후리족의 종교 관습에 의하면 가문의 수호신을 차지하는 자가 집안의 주도권과 상속권을 이어받았고, 장자 상속권의 판매와 임종 시의 축복에 대한 관습도 있었다. 후리족의 도시 누지에서 발견된 법전에는 자식을 낳지 못하는 아내는 자손을 얻기 위해 자기 여종을 남편에게 바쳐야 한다는 내용이 수록되어 있다. 후리족의 법령과 관습은 후대 히브리인들에게 커다란 영향을 미쳤다.

2　흑해와 카스피해 사이에 있는 코카서스 남부 및 아르메니아 지역에서 기원한 후리족은 기원전 18세기경 메소포타미아 상부와 시리아 북부 지역으로 이주해 살면서 위세를 떨치기 시작했고, 기원전 15세기경에는 인도 아리아인들과 연합해 미탄니 왕국을 세워 상부 메소포타미아를 장악하기도 했다. 후리족은 기원전 12세기에 아시리아에 패망하면서 역사의 무대에서 사라졌다.

한편 수메르를 멸하고 메소포타미아 남부를 장악한 엘람은, 아라비아 사막으로부터 이주해 들어와 바빌론을 거점으로 바빌로니아를 건국한 아모리족에게 패망했고(BC 1830), 이후 아모리족의 바빌로니아는 인도-유럽어 계통의 카시트족에게 패망하여 메소포타미아 지역은 카시트 왕국(BC 1750~1300)이 지배하게 되었다. 카시트 왕국은 기원전 1830년경 아모리족에게 밀려났다가 새롭게 부흥하면서 바빌로니아를 재건한 엘람에 의해 기원전 1300년경 패망했고, 엘람족의 바빌로니아는 건국 이후 채 100년도 되지 않은 기원전 1200년에 아쉬르를 거점으로 일어선 셈족 계열의 아시리아에 패망하였다(BC 1200~612, 아시리아의 지배). 이후 니네베를 거점으로 기원전 612년에 건국된 신(新)바빌로니아가 아시리아를 멸하고 패권을 장악했지만(BC 612~539), 신(新)바빌로니아는 기원전 539년 페르시아에 멸망했다.[3]

메소포타미아 지역 종교전통 [4]

—

기원전 3,000년에서 페르시아가 메소포타미아를 장악한 기원전 539년 사이에 메소포타미아 지역에는 수메르 문명, 바빌로니아 문명, 아시리아 문명, 칼데아 문명 등 일련의 위대한 고대 문명들이 나타났고, 같은 시기에 나일강 유역에서는 이집트 문명이 기원전 3,000년경 시작하여 기원전

3　『이야기 세계사』, 김경묵 · 우종익 편저, 청아출판사, 1985. pp. 31~32, 66~69. 참조.

4　고대 근동의 종교전통에 대한 자세한 이해는 『고대 근동의 신화와 종교』(강성열 저, 살림, 2017)와 『세계의 신화 전설』(요시다 아츠히코 저, 하선미 역, 혜원. 2012)이 도움이 될 것이다.

525년 페르시아에 정복될 때까지 번성했다.

고대 문명들은 대개 공통된 종교 형태를 가지고 있었는데 그 주된 특징은 자기 사회의 정치적 구조와 신들이 지배하는 우주의 신성한 구조가 일치한다고 믿었다는 점이다. 그래서 고대인들은 인간 세계가 신성한 대우주의 축소판인 소우주라고 생각했고, 신들 세계인 대우주의 질서를 현세에 구현하는 것이 신의 대리자인 왕의 직무이며 신민(神民)의 본분이라고 생각했다. 고대 종교전통들의 또 다른 특징은 종교전통들이 대도시를 중심으로 한 사회생활을 바탕으로 하면서도, 예전부터 이어져 내려온 농경사회의 종교전통 형태에 기반하고 융합되었다는 점이다.

수메르인들은 일찍부터 자연계의 여러 요소들 안이나 배후에서 작용하는 어떤 힘(power)이나 의지(will)가 있다고 믿었고, 그 힘들을 우주 만물의 통제자이자 인간 삶의 안전과 평화·풍요를 보증해 주는 존재로 여겼다(이런 점에서 수메르의 신들은 자연계의 한 부분을 신격화한 자연신(nature gods)의 성격을 가지고 있었다고 볼 수 있다). 그리고 그 힘들과 올바른 관계를 맺지 않고서는 인간의 생존이 불가능하다고 생각했기 때문에, 만신전의 신들에게 짐승이나 곡물을 제물로 바치는 제의를 통해 신들을 경배하고 그들의 호의를 얻어 삶의 풍요와 안정을 보장받고자 했다.

수메르인들이 섬겼던 신들은 그 종류도 많을뿐더러(2~3천) 성격도 매우 다양했다. 또 그들은 신들 사이에 나름의 계층 질서가 있다고도 생각했는데, 그들이 숭배하던 신들 중에서 가장 상위에 속하는 신들은 하늘의 신(天神)이자 최고신(하느님)인 아누(Anu), 대기와 바람의 신이며 왕에게 권위를 부여해 주는 신 엔릴(Enlil), 물의 신이자 농지를 관장하는 신 엔키(Enki), 가축의 출산과 곡물의 성장을 관장하는 어머니신 닌후르삭(Ninhursak)이었다. 이들 네 신은 우주 만물 및 인간의 창조와 연관된 신으로 숭배되었다. 수메르인들은 도시마다 수호신을 두기도 했는데 아누는 우르크의 수호신으로 숭배되기도 했다.

수메르인들은 상위 계층의 신들 외에도 달(月)의 신 난나(Nanna. 우르의 수호신), 태양신 우투(Utu. 달신 난나의 아들로 세계의 질서를 조정하고 감독하는 정의의 신, 시피르의 수호신), 금성의 신이자 천체를 관장하는 신이며 전쟁과 풍요의 여신인 이난나(Inanna)를 숭배하기도 했고, 원래 우르의 왕이었던 두무지(Dumuzi)를 가축을 돌보는 목동의 신으로 신격화하여 숭배했다. 신화에 의하면 두무지는 사랑의 여신 이난나의 배우자인데, 이난나가 자기 대신에 그를 죽음의 나라로 보내 거기에서 살게 했다고 한다.

수메르의 신화 사료는 창조와 관련된 신화『엔키와 닌후르삭』, 홍수와 관련된 신화『지우수드라(Ziusudra) 홍수 이야기』, 거룩한 결혼 의식과 관련된『두무지와 이난나』신화가 전해지고 있다.『엔키와 닌후르삭』에는 인간 창조에 관한 신화가 담겨 있는데, 이 신화는 지혜의 신 엔키의 어머니 남무(Nammu)가 엔키에게 닌마흐 여신의 도움을 받아 원시 대양(大洋)인 압수(Apsu) 위의 진흙으로 인간을 만드는 방법을 가르쳐 주었고, 엔키가 그 가르침에 따라 흙을 빚어 인간을 창조했다는 이야기를 전해준다. 이 신화는 인간이 흙으로부터 생겨났다는 것과 인간은 신들의 양식을 조달하는 일을 하기 위해 만들어졌다고 말한다.

홍수신화인『지우수드라 홍수 이야기』는 첫 부분에서 인간과 곡물 및 동물의 창조, 왕권의 신적인 기원, 홍수 이전의 다섯 성읍의 건립 등의 내용을 서술한 후, 신들이 인간을 홍수로 멸절하려고 계획하는 이야기가 이어진다. 지혜의 신 엔키는 신들이 홍수로 인류를 멸하려 한다는 사실을 당시의 왕이요 제사장인 지우수드라에게 꿈을 통해 알린다. 엔키는 이 꿈에서 그에게 큰 배를 만들어 피신할 것을 명하고, 지우수드라는 이를 그대로 실행에 옮겨 7일 동안 계속된 홍수로부터 생명을 건진다. 홍수가 끝난 후 지우수드라는 태양신 우투에게 소와 양으로 제사를 드리고, 나중에는 아누와 엔릴에게서 영원한 생명을 선물로 받은 후 태양이 떠오르는 낙원 인 딜문(Dilmun)으로 이주한다. 창조신화인『엔키와 닌후르삭』에 의하면, 딜문은 '사자가 다른 짐승을 죽이지 않고 늑대가 양을 덮치지 않으며, 사 나운 개도 어린아이를 해치지 않는 곳이요, 질병과 고통이 없는 곳이요, 나이 든 사람들을 찾을 수 없는 낙원'이다.[5]

『두무지와 이난나 신화』는 목동의 신 두무지가 각종 음식물을 선물로 가 지고 전쟁과 풍요의 신 이난나의 집을 찾아가 그녀와 깊은 사랑의 관계 를 맺었다는 내용을 통해, 남신과 여신의 결혼으로 인간 세계에 풍요와 안정이 확보되었다고 이야기한다. 후에 이 신화는 왕의 제의적인 역할로 두 신의 결합이 재현되고 이를 통해 풍요를 기원하는 '거룩한 결혼 의식 (聖婚)' 제의가 만들어지는 토대가 된다. 곧 왕은 두무지와 상징적으로 동 일시되고, 왕이 풍요의 여신을 상징하는 여사제나 거룩한 창기(娼妓) 또 는 신전 창기와 성관계를 맺는 직접적인 행위를 수행함으로써 지상 세계 의 풍요와 안전을 확보할 수 있다는 믿음에서 '신들의 거룩한 결혼 의식'을 재현되게 된다. 왕의 제의적인 기능이 가능했던 것은 그 시대가 제정일치 (祭政一致)의 모습을 간직하고 있었기 때문이다. 왕권은 신으로부터 주어 지는 것이므로, 신에게서 왕권을 부여받은 왕은 신의 선택된 아들이며 신 의 대리자로서 그가 제의적인 기능을 담당하는 것은 전혀 이상한 일이 아 니었다.

5　성서 이사야 11,6~8절에도 유사한 내용이 수록되어 있다. "(새 시대가 열리면) 늑대가 새끼 양과 함께 살고, 표범이 새끼 염소와 함께 지내리라. … 어린아이가 그들을 몰고 다니고 … 젖먹이가 독사 굴 위에서 장난하며 젖 떨어진 아이가 살모사 굴에 손을 디밀리라."

수메르 신화에 의하면 인간은 신들을 섬기기 위해, 그리고 신들의 숙식 문제를 해결해 주기 위해 창조된 존재다. 따라서 여러 신전들에서 신들을 위해 제사를 드리는 일은 인간이 당연히 수행해야 할 가장 중요한 의무였다. 물론 그 일이 제대로 수행되기 위해서는 신들 앞에서 백성을 대표하는 왕의 책임이 절대적으로 요구되었다.

제사만이 신들을 섬기는 유일한 길은 아니었다. '신들의 뜻을 알고 그것을 실생활에 옮기는 일' 역시 신들을 섬기는 한 방법으로 매우 중요한 의미를 가지고 있었다. 신들의 뜻은 일반적으로 신비로운 것이요, 인간의 지혜와 지식으로 헤아리기 어려운 것으로 간주되었다. 그렇다고 신들의 뜻을 전혀 알 수 없는 것은 아니었다. 신들의 뜻은 신탁 선포나 각종 점술을 통해 세상에 알려졌다. 신탁 선포가 신들의 직접적인 개입에 의한 계시를 가리킨다면, 점술은 특별한 기술을 통해 신들의 뜻을 아는 방식이었다. 신탁 메시지는 보통 제사장을 통해서 선포되었고, 일반 평민들 중의 한 사람이 신탁 선포의 도구로 선택되기도 했다. 그들은 일종의 황홀경이나 꿈을 매개로 신탁 메시지를 받았던 것으로 알려져 있다. 신들의 뜻은 점술이나 주술처럼 전문적인 지식을 통해 간접적으로 전달되는 경우도 있다고 여겨졌고, 점술사들은 동물의 간을 살펴보거나 물에 기름을 띄워 기름의 모양이나 흐름을 살펴보는 방식으로 신의 뜻을 알고자 했다.

수메르의 문화와 종교는 메소포타미아 패권 국가들에 의해 계속해서 계승되고 발전했다. 바빌로니아와 아시리아는 신들의 이름만 바뀔 뿐, 이전 수메르 시대의 문화와 종교를 그대로 이어 받았다(수메르 만신전 최고 신인 아누와 대기의 신 엔릴의 자리는 마르둑과 아슈르(Ashur)로 바뀌었고, 땅과 물의 신 엔키의 이름은 에아(Ea)로, 닌후르삭은 딤키나(Damkina), 달신 난나는 신(Sin), 태양신 우투는 샤마쉬(Shamash), 전쟁과 풍요의 신 이난나는 이슈타르(Ishtar), 두무지는 탐무즈(Tammuz)로 바뀌었다). 이 외에도 바빌로니아와 아시리아에서는 자연 현상과 관련된 신들, 곧 뇌우의 신 아닷(Adad), 폭풍우와 전쟁과 사냥을 관장하는 신 닌우르타(Ninurta), 곡물 생산을 주관하는 풍요의 신 다간(Dagan), 질병과 지하 세계의 신 네르갈(Nergal) 등을 숭배했다.

제의에 있어서 왕의 제의적인 역할은 수메르의 방식이 그대로 답습되었고, 제의 또한 수메르의 종교제의와 동일한 형태와 목적, 즉 신들에게 음식을 제공하여 호의를 얻고 행복을 보장받기 위한 목적으로 거행되었다. 바빌로니아와 아시리아의 신들은 하루에 두 차례씩 음식 제공을 받았는데, 아침에는 주식을, 저녁에는 부식을 공급받았다. 제의에서 제물로 바쳐진 짐승은 인간에게 임할 신의 진노를 대신 받음으로써 속죄의 효과가 이루어진다고 여기기도 했다.

바빌로니아에는 창조설화인 『에누마 엘리쉬』(Enuma Elish)라는 문헌이 있는데, 여기에는 아프수(Apsu, 모든 신의 아버지)와 태초의 큰 물인 티아마트(Tiamat, 바다의 신) 사이에서 여러 신들이 생겨났다는 이야기가 들어 있다. 티아마트는 뒤에 괴물이 되며, 신들로부터 티아마트를 죽여 달라는 요청을 받은 마르둑은 그를 죽이고 그의 몸을 가지고 우주와 인간을 창조한다. 마르둑은 세계의 운명을 관장하는 신으로, 도시국가 바빌론을 세우고 그 나라의 신이 된다.

창조설화 『에누마 엘리쉬』는 우주 만물의 기원과 그 형성에 관한 우주론적인 관심사에서 생겨난 것이 아니라, 함무라비 대왕(BC 1792~1750 재위)의 정치적 부상으로 인한 새로운 세계 질서의 형성을 신화적인 용어로 해설하려는 시도에서 비롯된 신화다. 이 신화는 티그리스강과 유프라테스강의 범람으로 인한 세계 질서의 위기와 생존의 위협을 중심 소재로 삼는데, 일개 지방신에 불과하던 마르둑이 태초의 혼돈(Chaos)을 상징하는 원시 바다의 세력들을 정복하고 우주 만물의 창조신으로 부상하는 것을 우주론적인 차원에서 보여주는 것을 통해, 함무라비 정권의 창출과 새로운 세계 질서의 정당성을 호도한다[후대에 다윗은 이 신화를 모방하여 유대식 창조설화(창세기)를 창작했다].

홍수와 관련된 신화『길가메쉬 서사시』(길가메쉬는 BC 2750~2500 사이에 메소포타미아 우르크 지방을 통치한 실제 통치자로 추정되며, 길가메쉬 서사시는 BC 2150~2000년경 저술된 것으로 추정한다)는 친구인 엔키두의 죽음을 목격한 길가메쉬가 영생불사의 방법을 찾기 위해 방랑하는 이야기를 전해 주는데, 신화의 결말은 길가메쉬 같은 영웅도 결국은 영생을 얻지 못한다는 인간의 필멸성에 대해 말한다. 수메르인들은 인간의 필멸성과 사멸성을 넘어서고자 하는 욕망을『길가메쉬 서사시』등을 통해 표현하기는 하지만 죽음을 피할 수 없는 인간의 숙명으로 받아들였고, 영생은 신에게만 해당하는 일이라고 생각했다.

『아다파(Adapa) 신화』라는 작품도 전해지는데, 신화에서 땅과 물의 신 에아의 제사장인 아다파는 고기잡이를 나갔다가 남풍(南風)의 날개를 꺾어 최고신 아누의 심판을 받게 된다. 이에 에아는 아다파에게 아누 앞에서 지켜야 할 여러 가지 수칙들을 가르쳐 주고, 아누가 떡과 물을 주면 먹지도 마시지도 말되, 의복을 주면 입고 기름을 주면 몸에 바르라고 지시한다. 심판 자리에 선 아다파는 아누의 여러 가지 질문에 에아가 가르쳐 준 대로 대답을 한다. 아누는 에아가 아다파에게 그 모든 답을 가르쳐 준 것을 알고서 아다파에게 영원한 생명의 떡과 생명의 물을 준다. 하지만 아다파는 에아가 일러 준 대로 그것들을 먹기를 거부하여 결국 영생을 얻지 못하게 된다. 아다파 신화는 인간의 필멸성에 대해 설명하는 작품으로 보인다.

이집트 종교전통 [6]

—

고대 이집트인들은 자신들이 가진 문화가 최고라는 생각에 타민족을 개화되지 못한 야만인으로 취급했고, 때로는 국경을 넘어 주변 나라들을 침공함으로써 자기들의 문화적 우월감과 민족적 자부심을 과시했다.

종교사상 측면에서 이집트인들은 전해진 신화 전승에 따라, '타자로부터 낳음 받지 않고 스스로 존재하며 우주 만물을 창조한 최고신'이 있고 (그 신은 이집트 왕조에 따라 크눔(Khnoum), 아몬(Amon), 아툼(Atum), 레 (Re) 등으로 불렸다), 지상의 통치자 파라오는 강림한 최고신의 대리자 또는 신의 현현이라는 인식을 갖고 있었다. 그리고 인간 역시 신의 창조물로, 『아몬 신화』나 『크눔 신화』 등 의 여러 창조설화에 따라 신이 진흙을 반죽하고 입김을 불어 넣어 최초의 인간을 만들었다고 믿었다.

이집트인들이 최고의 가치로 여기는 에토스(ethos. 기상, 기풍, 규율)는 왕을 신과 동일시하는 태도나 우주적인 질서를 뜻하는 '마아트(maat)'였다. 그래서 이집트인들은 우주적인 질서와의 조화나 정의에 관심을 기울였고, 파라오는 자신이 신이며 동시에 백성과 여타 신들 사이의 중재자이기도 하지만 우주적인 질서 곧, 마아트를 지상에 실현해야 할 책임을 지

---

6   이집트 종교전통에 대한 자세한 이해는 『고대 근동의 신화와 종교』(강성열 저, 살림, 2017), 『이집트 신화』(베로니카 이온스 저, 심재훈 역, 범우사, 2020), 『세계의 신화 전설』(요시다 아츠히코 저, 하선미 역, 혜원, 2012)이 도움이 될 것이다.

고 있는 존재로 인식했고, 사회 안에서 삶의 질서를 유지하고 계속적인 세계 보전을 보증하는 역할을 수행했다.

이집트에서는 도시 간 거리상의 이유나 파라오 왕조의 변화에 따라 숭배하는 최고신이 변경되거나 통합되는 현상이 나타났다. 멤피스를 수도로 삼은 고왕국(BC 3100~2180) 시대에는 창조주 프타(Ptah)가 최고신으로 숭배되었지만, 테베를 수도로 삼은 중왕국(BC 2040~1785) 시대에는 태양신 아몬(Amon) 또는 아몬-레(Amon-Re)가, 힉소스족이 지배한 2중 간기(BC 1785~1560)에는 세트(Seth)가 최고신으로 숭배되었고, 아마르나를 수도로 삼은 신왕국(BC 1560~331)의 아케나텐[아멘호텝 4세, BC 1352~1336)]왕조는 태양을 아톤(Aton)으로 부르면서 아톤을 최고신이자 유일신으로 숭배했다. 국가의 최고신은 왕조나 상황의 변화에 따라 서로 다른 신들이 통합되거나 동일시되거나 대체되는 변화를 겪었지만, 국가의 최고신 숭배와 달리 각 도시는 왕조의 변화에도 대부분 기존에 숭배하던 최고신을 도시의 수호신으로 경배했다.

고대 근동 문명의 종교에서는 왕권의 개념이 핵심적인 중요성을 차지했다. 왕은 신의 세계와 인간 세계가 만나는 지점에 위치하고, 그 둘 사이를 매개하여 하나의 역동적인 상호관계를 맺게 하는 역할을 수행했다. 왕의 중개를 통해서 인간 사회는 신들의 명령과 모범에 의거한 규범 및 양식에 따라서 움직일 수 있었고, 인간 사회의 정치는 신들이 보여주는 권위 있는 전범(典範)에 따라서 행해졌다.

메소포타미아의 왕권 개념과 이집트의 왕권 개념 사이에는 중요한 차이점이 있는데, 메소포타미아의 경우 왕은 신의 대리자이며 신의 이름으로 통치하지만, 그 자신은 결국 '죽을 수밖에 없는 하나의 인간'에 불과했다. 반면 이집트에서는 파라오 자체가 인간 세계에 하강한 신, 즉 태양신 레의 아들이면서 동시에 정치적 권위를 상징하는 신 호루스(Horus, 머리는 매의 모습이고 몸은 사람으로 표현되는 신)가 지상에서 왕으로 화신한 존재로 여겨졌다. 그래서 그 자신이 신인 파라오는 지상에서 신들을 대표해서 국가의 기능을 떠맡아야 할 국가의 신임과 동시에 백성과 신들 사이의 중재자요 제사장이었고, 그의 말은 모든 백성들을 강제할 수 있는 신들의 법이요 국가의 법이었다.

하지만 파라오가 신적인 왕권을 가지고 있다고 해서 그 권력을 마음대로 행사할 수 있었던 것은 아니다. 그는 신과 인간의 합일을 구현하는 인물이면서, 동시에 자연계와 사회 안에 있는 삶의 질서를 유지하고 계속적인 세계 보전을 보증하는 역할을 수행해야 했다. 달리 말해서, 태양신 레가 세상을 창조할 때 확립시킨 우주적인 질서, 곧 마아트를 지상에 실현해야 할 책임을 지고 있었다. 왕의 이러한 책무는 그의 통치 기능이 선한 목자(牧者)의 역할에 해당하는 것임을 의미했다. 그는 백성을 먹이는 목자요, 외적에 맞서 이집트를 수호하는 보호자이고, 나일강물을 통제하고 필요에 따라 비를 내림으로써 백성에게 풍부한 양식을 제공하고 백성의 생명을 지탱하는 신으로서의 역할을 수행해야 했다.

파라오의 신적인 지위는 그가 죽은 후에도 적용되었다. 죽은 왕은 『오시리스(Osiris) 신화』의 전승에 따라 지하계를 주관하는 신 오시리스로 간주되고, 그를 이어 왕위에 오르는 후임 왕은 새로 강림한 오시리스의 아들 호루스로 간주되었다. 이집트『오시리스 신화』에 의하면, 지상의 통치자인 오시리스는 자신의 형 세트(Seth)에게 살해당한다. 그의 아내인 이시스(Isis)는 남편의 죽음을 애통해 하다가 주문을 외워 스스로 죽은 남편의 아이를 갖게 된다. 그녀가 낳은 아이가 바로 호루스이며, 여러 신들은 원래 오시리스가 가지고 있던 권력과 명예를 모두 호루스에게 준다. 오시리스는 후에 부활하여 저승 세계를 다스리게 된다. 이 신화를 중심으로 한 오시리스 숭배는 파라오 왕권과 연관돼, 죽음을 맞은 파라오는 오시리스의 역할을 맡게 되고, 그의 후계자는 호루스의 역할을 하게 된다고 여겨졌다.

이집트의 제의는 신들의 거주지인 신전에서 제사장들의 집례 하에 하루에 세 번(아침, 낮, 저녁) 드리는 것이 원칙이었다. 아침과 저녁 제사에서는 신상을 꺼내어 목욕시키고 신들에게 음식물을 제공했고, 낮 제사에서는 단지 물을 뿌리고 향을 피움으로써 신전을 정결케 하는 일을 행했다.

이집트의 제의 축제는 새 수확물의 복을 기원하는 '수확 축제', 파라오가 합법적인 통치자임을 널리 공포하는 '세드(Sed) 축제', 오시리스 신의 죽음과 부활을 극화하는 '오시리스 축제' 등이 있었다. 죽음을 정복 불가능한 것으로 수용하는 메소포타미아 사람들과는 달리 죽음을 넘어 영생을 누릴 수 있다고 생각한 이집트인들은, 오시리스 축제를 통해 오시리스의 죽음과 부활에 참여함으로써 죽음을 극복하고 지하계의 왕이 된 오시리스처럼 영원한 생명을 얻을 수 있기를 기대했다. 이집트 제의에서 메소포타미아 지역에서 널리 행해지던 '거룩한 결혼 의식'은 행해지지 않았다.

이집트인들은 인간의 삶은 죽음으로 끝나지 않고 변화된 모습으로 계속 이어진다고 믿었던 까닭에 아주 오랜 옛날부터 죽은 사람의 몸을 건조시켜 매장했는데, 어느 정도 문명이 발달하면서부터는 시신을 미라(mirra)로 만들어 보존하는 방식으로 바뀌었다. 이집트인들은 죽은 자는 지하계에 내려가 42명의 신들에게 재판을 받는다고 생각했다. 심판은 죽은 자의 심장('마음'을 상징)과 깃털('마아트'를 상징)을 나란히 저울에 매다는 방식으로 이루어지는데, 마음이 깃털보다 가벼운 사람의 영혼은 매장된 시신과 결합되어 영생을 누린다고 믿었다.

팔레스티나(가나안) 정치 상황 · 초기 이스라엘 역사

—

성서학자와 역사학자들은 메소포타미아 지역에 거주하던 셈족 계열의 일부 히브리인들이 팔레스티나로 이주한 시기는 기원전 1800년경이었을 것으로 추정한다. 메소포타미아 지역 영유권 분쟁의 혼란기에 훗날 '히브리인'이라고 불리고 '이스라엘'의 기원이 되는 일군의 소규모 셈족 계열 반유목민 일행이 새로운 정착지를 찾아 팔레스티나(가나안) 지역으로의 이동을 단행했다. 그 당시 가나안은 이집트에서 파견된 총독이 통치하고 관리하는 이집트의 식민지였고, 히브리인들은 가나안에 정착해 살고 있던 선주민 가나안족 — '가나안족'은 여부스족, 아모리족, 기르갓족, 히위족, 아르키족, 신족, 아르왓족, 스말족, 하맛족 등 시리아와 팔레스티나에 산재하던 소왕국 및 근린 동맹국을 통칭하는 표현이다[7] — 에 밀려 가나안 본토에 정착하지 못하고, 남부 헤브론 근처 산악 지역에 머물게 되었다.

히브리인들의 정착이 시작될 즈음 이집트 왕권은 지방 토호 세력들과의 패권 다툼으로 쇠약해진 상태였고, 급기야 이집트 북동쪽으로부터 밀고 내려온 아시아계 이민족 힉소스족의 지배(BC 1785~1580)를 받는 상황에 처하게 되었다. 그리고 이러한 혼란기를 틈타 기원전 1600~1500년에는 시리아와 팔레스티나, 메소포타미아 전역에서 생필품을 찾아 이집트로 이동하는 반유목민의 수가 급증했다. 이주자들은 아무런 제지 없이 이집트에 들어갈 수 있었다.[8]

가나안 남부 산악 지대에 정착한 초기 히브리인들도 간간이 식량을 구

---

7 『영웅들의 세계사』, p. 22. 참조.

8 『성경의 탄생』, 존 드레인 저, 서희연 역, 옥당, 2011, p. 114.

하기 위해 이집트를 왕래하기도 했고, 이집트의 파라오 세토스 1세(BC 1291~1278 재위)가 델타 지역에 대규모 토목공사 사업을 진행할 때에는 건축 현장 일을 하며 생계를 이어가기도 했으며, 그들 중 일부는 이집트 나일강 삼각주 고센 지역에 정착하기도 했다.

히브리인들이 팔레스티나 남부 헤브론을 거점으로 소규모 부족으로 머물던 기원전 13세기는 지중해 동부에 격동의 물결이 몰아친 시기였다. '해양 민족'이라 불리는 발원 미상의 해상 부족[필리스티아인(블레셋족) 외 몇몇 종족]이 바다를 통해 팔레스티나 연안으로 밀려 들어와 가나안 해변 지역을 중심으로 이집트의 정복지를 하나둘 점령하면서 가자, 아스글론, 아슈도드, 가드, 에그론 등에 도시국가를 건설했다.[9] 이런 상황에 생존의 위협을 느낀 히브리인들은 주변 산

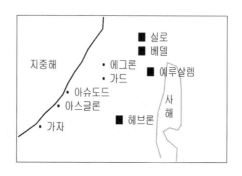

악 지대의 소수 부족들과 '이스라엘'(Israel)이라는 이름의 부족 연합 동맹체를 결성해 생존을 도모하게 되었다['이스라엘'은 히브리어 '이스라'(isra, sara의 3인칭. '주도하다, 다스리다, 다투어 이기다'라는 뜻)와 '엘'(El, 가나안 만신전 최고신의 이름)의 합성어로, 의역하자면 '엘이 주도하기를' 또는 '엘이 이기기를', '엘이 다스리기를'의 의미로 볼 수 있다. 부족 연맹이 결성되고 300여 년 후에 기록된 성서는 야훼가 야곱과 씨름을 한 후 야곱에게 이스라엘이라는 이름을 주었다고 기술한다(창세 32,28)].

동맹에 합류한 부족은 지중해 해안도시에서 해양 민족에 떠밀려 산악

9　위의 책, p. 153.

지대로 이주한 자들과 이집트 근처 해안 도시에서 이집트의 지배를 받다가 이주해 온 자들, 그리고 가나안 본토에서 생계의 위협을 받아 남쪽으로 내려온 가나안 선주민들이었다. 부족 동맹체인 이스라엘의 에토스(ethos)는 동맹체에 속한 부족의 다른 씨족 구성원을 자기 자신처럼 사랑(hesed, '친족 관계의 의리')할 것을 요구했고, 친족과 부족의 부당한 죽음에는 부족 동맹체가 연합하여 복수하는 것을 원칙으로 삼았다. 그리고 혈연 관계가 아닌 사람들도 혼인이나 계약으로 부족에 통합될 수 있었고, 부족의 일원이 된 이들은 같은 형제의 지위를 얻었다.

이스라엘의 경제는 곡물 재배와 가축 사육에 의존했고, 정착지의 번성으로 인구가 증가하면서 절정기에는 8만여 명에 육박했다.[10] 이후 점차 인구가 증가하고 세력이 확대되자 산악 지대에 머물던 그들은 기원전 1250년경 곡창지대인 가나안 본토에 대한 정복에 나섰고, 기원전 1200년경 가나안(팔레스티나) 전 지역을 점령했다.

가나안 정복 후 부족 연합 동맹체인 이스라엘은 부족별로 땅을 분배해[성서는 12지파로 분할했다고 기술한다(여호 12,1~19,51)] 각 부족장이 자기 부족을 통치하는 지방자치 체제를 구축했고(성서 '판관기' 참조), 이스라엘 전체와 관련된 정치 · 군사 · 종교 등의 문제는 부족장들의 회의에서 선출된 판관이 관장하고 집행하는 판관 제도를 시행했다. 판관 제도는 이스라엘이 통일 왕국을 이루어 왕정을 실시하기 전까지 200여 년간 시행되었는데, 판관 제도 체제에서 각 부족장은 판관이 전쟁을 결정할 경우 그의 결정에 따라 자기 부족의 군대를 중앙에 파견하고, 판관이 제사장으로 집전하는 종교의식에 부족민들을 참여시키는 등의 연대 의무를

10 『축의 시대』, p. 80.

졌다.

　가나안 정복 이후 신 숭배와 관련, 새로운 정착지에서 어떤 신을 섬길 것인가에 대한 논의가 이스라엘 부족장들의 모임인 스켐 회의에서 주 안건으로 다루어졌는데, 그 결과 가나안의 선주민이 숭배하던 바알[Baal 또는 하닷(Hadad)] 대신 야훼를 섬기기로 결정되었다(여호 24,15~25). 이 대목은 시사하는 무게가 가볍지 않다. 만일 스켐 회의에서 이제 농업이 주류를 이루는 가나안에 정착하게 되었으니 농산물의 생산과 풍요를 관장한다는 가나안 토속신 바알을 이스라엘 최고신으로 섬기자는 방향으로 논의가 결정되었다면 야훼 신앙은 소멸되었을 것이기 때문이다.

　여기서 한 가지 주목할 점은, 야훼가 실제로 존재하는 유일한 신이며 절대적 권한을 행사하는 신이라면 인간들이 회의를 통해 자신들이 섬길 신을 논의하는 자체를 용인하지 않았을 것이며, 인간들의 논의를 통해 숭배할 신을 결정한다는 것 자체가 있을 수 없는 일이라는 사실이다. 그럼에도 우여곡절 끝에 부족 회의의 결과로 야훼 신앙은 존속될 수 있었다. 이러한 상황 전개에 대해 가톨릭은 그 모든 것은 신의 섭리에 의한 것이었다고 말하고 싶어 할지도 모르겠다.

　여담이지만, 가톨릭은 종종 자신들의 주장을 반박하는 합리적이고 정당한 논변에 대응할 수 없을 때나 질문에 대한 명확한 답을 제시할 수 없을 때, 또는 답변하기 난처한 입장에 처할 때에는 주로 신적 신비(神秘)라거나 신의 섭리, 또는 인간은 알 수 없는 신의 뜻이라거나 신의 영역에 해당하는 문제라는 등의 말로 답을 대신하고, 이 '마법적인 주술'로 모든 것을 정당화하는 경향을 보인다.

　예를 들어 "가톨릭의 주장에 의하면 미사(Missa. Mass)를 거행할 때 제대 위에 마련된 제병과 포도주는 사제의 성찬 축성 기도로 예수의 몸인 성체와 성혈로 변화되는데 어째서 같은 공간에 있는 다른 제병과 포도주는 성체와 성혈로 변화되지 않는가?"라는 물음에 "그것은 신의 영역에 해당하는 것으로 인간은 알 수 없다."라고 답하는 식이다(물론 성찬식에서 밀로 만든 빵이 사람의 살(성체)로 변하는 질적인 변화가 실제로 발생한다는 객관적이고 과학적인 근거는 없다. 단지 사제 서품 의식을 통해 신권을 위임받은 — 이 또한 실제성과 사실성에 대한 근거가 없는 선언적인 주장일 뿐이지만 — 사제가 축성하면 그런 질적인 변화가 일어난다는 가톨릭의 입증 불가능한 주장만 있을 뿐이다. 가톨릭의 성찬례는 본시 신을 먹음으로써 신과 교섭하고 신과 합일하게 된다고 믿었던 고대 신비신앙(Mysteria)이나 미트라교에서 행하던 성찬례 의식을 모방하고 차용한 것이다).

또 "성체와 성혈은 어떻게 영혼의 양식이 되며[가톨릭 주장에 따르면 영혼은 영적 존재인데 그 영적인 존재에게도 성장을 위한 물질적인 양분이 필요할까? 그리고 만일 영적인 존재가 성장과 완숙의 변화를 갖는다면 그것은 영혼이 비물질적인 존재라는 논리와 합치될 수 없다. 더불어 가톨릭의 금요일 금육 규정(가톨릭은 예수가 십자가에 매달려 죽은 날이 금요일이었다는 이유에서 금요일에 육식을 금한다)과 관련, '성체는 예수의 살(몸)이므로 미사 때 이를 먹는 것도 육식으로 분류될 터인데 이것은 금요일 금육 규정에서 어떻게 예외가 되는가?'라는 물음에는 명확한 답을 제시하지 않는다], 사제가 두 손을 머리에 얹어 안수하면 신의 축복이 내린다고 말하는데 그런 것의 실제성은 어떻게 설명되는가?"라는 물음에도 "그것은 신의 영역에 해당하는 문제로 인간은 알 수 없다."고 답하고, "인간 개개인에게 영혼이 언제 부여되느냐?"는 물음에 "그 또한 신의 영역이므로 알 수 없다."고 말한다.

전북 완주군에 위치한 '가톨릭 초남이 성지(聖地)'라는 곳에서 2021년도에 성역화 작업을 진행하는 도중, 신해박해(1791)때 순교한 순교자들의 것으로 추정되는 유해가 발견되었다. 때마침 2021년은 한국인 최초의 가톨릭 신부인 김대건의 탄생 200주년이 되는 해였다. 이에 모 주교는 '뜻 깊은 해에 순교자들의 유해를 발견하게 된 것은 기념비적 사건이며 하느님의 크나큰 선물'이라고 말했다(조선일보 2021.9.2일 자). 유해 발견이 신의 섭리이자 은총이라는 의미의 발설일 것이다. 하지만 유해 발견은 공사 중에 우연히 발생한 사건일 뿐이고, 신의 섭리가 개입되었다는 어떤 근거도 없다. 주교라는 그가 신이 개입한 정황을 확인한 것도 아닐 것이다. 그럼에도 그 사건이 마치 신의 의지대로 이루어진 일인 것처럼 공식 석상에서 말하는 그의 발언은, '그 일은 분명히 신이 개입했기 때문에 일어날 수 있는 일이다.'라고 의미를 부여한 본인만의 종교적 공상이 실제 기정사실인 것처럼 호도하는 무책임한 발설에 불과하다. 3년쯤 후에 공사를 하다가 유해가 우연히 발견되었다면 그가 뭐라고 말했을지 궁금해지는 대목이다.

가톨릭이 '믿을 만한 타당한 이유가 없는 것'들도 진리라고 선포하고 실제 사실로 믿는 것이야 뭐라 할 바는 아니지만, 종교 교의의 비합리성을 제기하는 물음에 그들이 제시하는 비상식적이고 궁색한 답변들이 참으로 무책임하고 편리한 논리라는 생각이 든다. 그리고 우연한 사건을 무엇을 근거로 신의 은총이라고 단정 지어 말하고, 나아가 "그런 것들은 신의 영역에 속하는 것이다."라고 말할 때, 참으로 그런 것들이 신의 영역에 속하는 것인지 또는 그렇지 않은 것인지를 무엇을 기준으로 판단하고 어떻게 알아서 그토록 자신감 있게 '신의 영역에 속하는 것'이라고 단정 지어 말할 수 있는 것인가도 궁금하다. 그래서 그저 인간의 이성적인 사유의 범주를 넘어서는 추상적이고 이해 불가능한 사안들이나 설명하기 애매한 것들에 대해서는 교회가 제시하는 논리를 옹호하고자 하는 입장에서 무작정 신의 영역에 속한다고 말하는 것으로 질문에 대한 답변을 회피하는 것은 아닐까 하는 의구심이 든다.

판관 제도는 외부의 적과의 전쟁 때만 일시적으로 한 지도자 밑에서 부족장들이 동맹을 맺어 함께 전투를 치르고, 전쟁이 끝나면 다시 각 부족으로 흩어지는 시스템이다. 이렇게 미흡한 동맹 체제로는 강력한 왕권의 지휘 아래 일사불란하게 전쟁을 치르는 주변 강대국들을 대적해 나가기에 역부족이었다. 그래서 점차 1인 지배 통합 체제의 항구적인 통치력의 필요성이 부각되었고, 이런 시대적 요구에 따라 탁월한 장수였던 사울이 왕으로 추대되면서 왕정이 시작되었다(1사무 8,20; 13,1; 18,17~24). 하지만 사울(BC 1030~1010 재위) 왕정은 계속되는 필리스티아인(블레셋인)들과의 전쟁으로 왕정의 틀을 제대로 갖추지 못하였을 뿐만 아니라, 권좌를 노리는 다윗과의 갈등으로 진정한 의미에서의 임금의 권한을 행사하지 못했다. 결국 사울은 필리스티아인들과의 전투에서 아들 요나탄과 함께 전사했고(1사무 31,1~4), 사울 가문과의 권력 투쟁에서 승리한 다윗이 후임 왕권을 차지하면서 다윗 왕정이 들어서게 되었다(2사무 2,8~3,1; 5,1~5). 다윗은 '유대 왕국'을 건설하여 40년간(BC 1010~970 재위) 집권하면서 강력한 왕권을 확립했고, 이때부터의 이스라엘인들을 '유대인', 그들이 간직한 종교전통을 '유대교'라고 부른다.

■ 유대 토착 종교전통 · 야훼 신앙의 기원

팔레스티나(가나안)-시리아 종교전통
—

고대 메소포타미아와 페르시아 등 근동 지역 사람들은 우주 전체의 질서를 관장하는 최고 · 최상의 신[父神, 主神, 하느님]이 있으며, 최상신의 아들 신이나 신하격인 하위 신들이 각 나라나 도시의 수호신으로 파견되어 세상의 질서와 자연계의 질서를 관장한다고 생각했다.

그들은 최고신은 천상의 왕궁에 거처하면서(이사 6,1~3 참조) 우주의 질서만 관장할 뿐 인간의 역사에는 직접 개입하지 않는다고 보았는데, 그것은 넓은 측면에서 보면 전투에서 어느 나라가 승리를 하건 인류 전체 역사의 흐름에는 별반 상관이 없는 일이라고 여겼기 때문이다. 또 세상과 자연의 질서가 최상의 신으로부터 파견된 하위의 신들에 의해 다스려지는 것은 하위의 신들에게는 자신을 신으로 신봉하는 자들을 돌봐야 하는 책무가 주어져 있기 때문이며, 그래서 하위의 신들은 때로는 전쟁의 신으로, 때로는 풍요와 번성의 신으로 인간의 삶에 개입한다고 생각했다. 그리고 의인화적인 신관에 따라 신은 인간의 형상과 유사한 형태를 갖고 있고, 인간처럼 감정을 지닌다고 여겼으며(바빌로니아 신화, 그리스-로마 신화, 성서 「창세기」 참조. 힌두교 베다 신화에서도 '소마(Soma)신은 갈색이고, 여러 형체를 가졌고, 관대하고, 젊다. 그는 황금으로 온몸을 장식한다'라고 기록하고 있다), 신들이 인간 세계에 나타날 때는 전차를 탄 모습이거나 천사들을 거느린 모습으로 오는데 그 모습을 인간은 비록 눈으로 확인할 수는 없지만 느끼고 그려볼 수 있다고 생각했다(미트라 신화, 이집트 신화, 탈출 19,16~18 참조).

신들의 왕국이 하늘 어딘가에 별도로 존재하고, 하늘의 거처에서 생활하는 신들이 지상의 인간사에 개입한다고 생각하는 고대 근동의 신앙관은 훗날 그리스 헬레니즘 사상에 영향을 미치게 되고, 바울도 그런 사조에 영향을 받게 된다.

팔레스티나–시리아 지역의 가나안 사람들도 메소포타미아 등 여타 문명권과 마찬가지로 우주 전체를 관장하는 지고신과 자연계를 관장하는 신들이 있으며, 신들이 인간의 삶에 깊은 영향을 미친다고 믿었다. 또 그들은 타민족들처럼 자연계 안에 있는 다양한 힘들 앞에서 무력감을 느꼈고, 그래서 자연에 있는 여러 요소들을 신적인 숭배의 대상으로 상정해 놓고 그러한 힘들에 의존하는 태도야말로 안정된 삶을 가능케 한다고 믿었다. 특히 가나안 지역은 지형적인 특성상 사막과 바다 사이에 놓여 있어 비가 충분하지 않았던 데다가 큰 강을 끼고 있는 것도 아니었기 때문에 가나안 사람들은 비와 관련된 풍요와 다산에 깊은 관심을 가지지 않을 수 없었고, 그 결과 비와 관련된 신들이 그들의 종교와 신앙의 중심을 이룰 수밖에 없었다.

가나안 종교에서 가장 대표적인 신은 가나안 만신전 최고 신인 엘(El)과 엘의 배우자인 아세라(Asherah) 여신,[11] 그리고 엘의 70명의 아들 신들 중의 하나인 바알(Baal)이었다. 바알은 천둥과 번개의 신이면서 농사에 필요한 비를 내려주는 폭풍우의 신이자, 지상 세계의 기근과 가뭄(죽음), 풍요

---

[11] 전승에 의하면 시리아와 팔레스티나에서 모신으로 널리 숭배된 아세라 여신은 남편인 엘 신과의 사이에 바알과 야훼를 비롯한 70명의 아들 신들을 낳았다고 한다. 아세라 여신은 바알 신과 짝을 이루기도 하는데 바알이 실제 제의에서 엘을 대신하는 경우가 있었기 때문이다. 바알의 아내로서의 아세라는 보통 바알라트라는 이름으로 불린다.

와 번성(부활)을 대표하는 신이었다. 또 이집트의 오시리스처럼 죽었다가 살아나는 신으로 믿어졌다. 엘의 아들 신들 중의 하나인 야훼(Yahweh)는 전투·전사의 신이자 산악 지역의 수호자로, 팔레스티나 남부 산악 지대와 시리아 일부 지역에서 숭배되었다.

가나안 만신전의 우두머리인 엘은 우주 만물을 창조한 신으로 숭배되기는 했지만, 바알처럼 비를 내리는 신이 아니었으며 죽었다가 다시 살아나는 신도 아니었기에 폭넓게 숭배되지는 않았다. 엘의 배우자 아세라는 신들의 어머니로서 신들에게 젖을 물리는 자, 곧 신들의 양육자로 신봉되었다. 그 외에도 바알의 배우자인 아스타르테(Astarte)와 아낫(Anat)은 전쟁과 풍요와 사랑의 여신으로 숭배되었고, 아카드 왕국의 사르곤 이후 메소포타미아 지역과 마리·페니키아 등지에서 곡물의 신으로 숭배된 다간(Dagan) 역시 가나안에서 풍요의 신으로 숭배되었다.

가나안 사람들은 자기들이 믿는 신들에게 '동물 희생제사'를 바침으로써 삶에 풍요와 안정 및 번영이 약속된다고 믿어 주기적으로 만신전의 주요 신들에게 각종 희생제사를 드렸는데, 그들이 신들에게 드리는 희생 제물은 신들이 먹을 양식으로 이해되었다. 그들이 드린 희생제사는 때때로 어린아이들을 제물로 바치는 이른바 인신공희(人身供犧)의 형태로 나타나기도 했다. 하지만 희생제사가 풍요를 보장받는 유일한 수단은 아니었다. 가나안 지역은 수메르 등 메소포타마아 지역과 마찬가지로 '거룩한 결혼'(聖婚)이라는 종교의식을 통해 신들로부터 풍요를 약속받고자 했다.

거룩한 결혼 의식은 '바알이 성적인 결합을 통해 아낫에게 풍요의 힘을 제공하여 번영의 결실이 맺어졌다는 신화'에 근거한 것이었는데, 가나안 사람들은 신전에서 바알과 아낫을 상징하는 왕과 왕후가 맺는 성적인 결합을 신들의 성관계에 상응하는 것으로 보았고, 이들의 성관계가 지상에 풍요를 가져다준다고 믿었다. 거룩한 결혼 의식과 관련된 풍요의 보증은 왕과 왕후에게만 한정된 것은 아니었다. 바알 신전에는 신전 창기라는 일종의 성직 계급이 있었는데, 이들은 바알 신전에서 남신과 여신의 자격으로 일반 예배자들과 성관계를 가짐으로써 땅의 풍요와 다산을 보증하고자 했다. 가나안 사람들은 신전 창기들과의 관계를 통해서 자기들의 삶에 연속성이 확보된다고 믿었고, 그러한 주술적인 행동이 자연계의 질서를 유지시켜 줄 뿐만 아니라, 지상 세계의 삶 속에 있는 온갖 긴장들을 해소시킴과 동시에 풍요로운 현재와 미래를 보증해 준다고 생각했다.

가나안 사람들은 타 문화권의 사람들과 마찬가지로 자기들이 '신들의 종'이라는 생각을 기본적으로 갖고 있었다. 또 그들은 생명이나 재산, 건강 등을 포함하는 모든 좋은 것들이 신들로부터 주어지는 선물이라고 믿었다. 하지만 그런 복은 아무 조건 없이 사람들에게 거저 주어지는 것이 아니라 의로운 자, 곧 신들의 뜻에 순종하는 자에게만 주어지는 것이라고 믿었고, 그 복이 여러 세대에까지 영향을 미친다고 믿었다. 그 반대도 마찬가지다. 신들의 뜻에 불순종하거나 악을 행하는 자에게는 심판과 불행, 재앙 등의 벌이 주어진다는 것은 너무도 당연한 일이었다.

그들은 또 국가의 흥망성쇠가 전적으로 왕의 의로움과 선정(善政)에 좌우된다고 생각했다. 왕이 정의롭게 나라를 잘 다스린다면 나라가 신들의 복을 받아 융성할 것이지만, 그렇지 못할 경우에는 신들의 저주와 심판으로 인해 원수의 침략이나 땅의 황폐화가 초래된다고 믿었다. 개인이나 국가 차원에 적용되는 '행위-결과' 논리는 인과율의 신앙 내지는 보상의 교리에 기초한 것이라 할 수 있다. 후에 히브리인들의 유대교는 이런 사상을 그대로 수용했다.

죽음과 사후의 세계에 대해 가나안 사람들은 죽음을 생명의 연속으로 이해한 이집트인들과는 달리, 죽음은 싸워서 이길 수 없는 숙명이며 필연적인 것으로 받아들였다. 죽으면 그야말로 모든 것이 끝이었다. 죽은 사람이 다시 살아난다는 것은 인간 세계에서 도무지 있을 수 없는 일이었다. 하지만 신들의 세계에서는 그것이 가능하다고 생각했다. 죽었다가 살아나는 바알의 경우가 그 점을 잘 보여 준다.[12]

히브리인들의 종교전통 · 야훼 신앙의 기원

—

고대 바빌로니아에 거주하던 초기 히브리인들의 원시 신앙 안에서 최고 최상위의 신은 메소포타미아 지역의 토속 신이며 후리족의 주신인 '샷다이'(Shaddai. 山神 · 생산축복의 신, 아모리족과 아카드족에게서 기원한 최고 신)였다. 히브리인들은 팔레스티나로의 이주 전까지는 가나안의 주신인 '엘'이나 엘의 아들 신인 '야훼', '바알'도 알지 못했으므로 야훼 신앙은 갖고 있지 않았다. 따라서 그들이 고향을 떠나 팔레스티나로 이주한 것은 성서의 기록처럼(창세 12,1~5) 야훼의 인도로 이루어진 일이 아니며, 성서 기록은 가나안 정복 이후 야훼를 주신으로 숭배하기로 선언한 다윗 왕조에서 히브리인들을 인도한 신이 결국은 야훼였다는 식으로 소급 적용한 것으로 볼 수 있다.

히브리인들은 팔레스티나 남부 산악 지대로 이주하여 정착한 후에도 자신들이 믿는 '샷다이 신앙'과 기존의 자기네 종교적 믿음이나 관습을 그대로 보존하고 지켰다. 창세기에 기록된 '가축을 잡아 둘로 쪼개고 그 쪼갠

---

12 『고대 근동의 신화와 종교』, pp. 61~73. 참조.

것을 짝을 맞추어 마주 놓았는데, 해가 져서 주위가 캄캄해지자 연기 뿜는 가마와 활활 타는 횃불(신의 현존을 상징)이 쪼개 놓은 가축 사이를 지나갔다'는 이야기(창세 15,7~21)는 고대 메소포타미아의 계약 체결 의식을 반영한 것이고, 야곱의 처 라헬이 자기 아버지 집안의 수호신들을 훔쳐 도망쳤다는 이야기(창세 31,19)도 가문의 수호신상을 집에 모심으로써 장자권과 집안 주도권을 갖는다는 후리족의 종교전통을 반영한 것이다.

이후 히브리인들은 가나안 지역의 토속 신앙인 '엘(El) 신앙'을 수용하면서 점차 전혀 새로운 형태의 종교전통을 수립해 나갔다. 그들은 자신들의 신 샷다이는 산(山)이신 분, 우주적인 가장 높은 산에 거주하는 최상의 신을 의미했으므로 가나안 만신전 최고의 부신(父神, 主神, father-God)인 '엘'을 샷다이와 동일한 신으로 생각했고, 그러면서 점차 샷다이를 '엘-샷다이'로 칭하게 되었다['엘'은 아카드어 '엘루'(청결·찬란·광채의 의미), 히브리어 '엘로힘'(신들, 하느님들)과 연결된다].

한편, '야훼'는 팔레스티나의 최고신 엘과 여타 신들의 모임에 속한 '신성한 자들' 또는 '엘의 70명의 아들 신들' 가운데 하나로, 엘에 의해 팔레스티나 남쪽 산악 지대의 수호신으로 임명된 신이었으므로, 헤브론을 거점으로 한 남부 고지대로 이주한 히브리인들은 엘-샷다이와 함께 야훼를 섬기기도 했다[전승에 의하면 후에 야훼는 엘에 의해 '이스라엘의 신성한 자'와 '전사의 신'으로 임명된다(신명 32,8~9; 탈출 15,3 참조)].

고대 바빌로니아의 다신교(多神敎) 전통을 갖고 있던 초기 히브리인들은 초월적인 존재가 여럿이라고 생각했고, 기존부터 신봉하던 '샷다이' 외에 '엘'이나 '바알', '야훼' 같은 신을 하나 정도 더 추가하여 숭배하는 것은 그들에게 그리 대단한 일이 아니었다. 당시 종교전통의 중요한 관심사는 신의 궁극적 실재성이나 초월성 또는 거룩한 신성 같은 것들이 아니었으며,

인간의 능력을 넘어서는 범주에 속하는 현실적인 문제들을 해결할 능력이 있다고 여겨지는 기능신(技能神)을 필요로 했기 때문이다. 그래서 그들은 내일도 변함없이 태양을 떠오르게 하고, 때에 맞춰 비를 내리고, 풍랑을 가라앉히고, 전투에서 승리를 안겨 주고, 가축의 출산을 도와주는 정도의 능력을 발휘하는 신으로 만족했다. 그리고 인간의 능력 범주를 넘어서는 일들을 관장하는 것이 신의 역할이며 활동이라고 생각했다.

시간이 흐르면서 '샷다이'를 최고신으로 신봉하던 히브리인들의 종교전통이 '엘-샷다이' 숭배 신앙 전통으로 새롭게 구축되어 가는 과정에 지대한 영향을 미쳤던 가나안 토속의 최고신 '엘'과 '엘 신앙'은, 바빌로니아와 시리아의 '바알 신앙'으로 대치되고 통합되면서 기원전 14세기에 소멸했다. 그리고 이런 상황 변화 속에 이스라엘의 '엘-샷다이 신앙'은 점차 '야훼 신앙'과 혼재되어 합쳐졌고(창세 14,19; 탈출 6,3 참조. 엘-엘룐, '지극히 높으신 주', '전능하신 주'), 기원전 1200년경 팔레스티나(가나안)를 정복하고 정착한 초기 히브리인들의 야훼 신앙은 바알 신앙과도 매우 흡사했으며, 바알 찬가 중 일부가 예루살렘의 야훼 성전에서 개작되어 쓰이기도 했다. 또 야훼가 바알처럼 신성한 전사(戰士)로 묘사되기도 했다(탈출 15,3 참조).[13]

히브리인들의 가나안 정복 후(BC 1200년경) 야훼는 지배 권력에 의해 이스라엘인들이 숭배해야 할 '주신'으로 선포되었고(여호 24,15.22), 이후 바빌로니아와 페르시아 종교전통의 영향을 받아 차츰 '야훼 최고신'으로 발전하게 되었다. 그리고 기원전 6세기 말경[BC 538년, 페르시아 고레스(키루스)의 칙령에 따라 일부 유대인들이 바빌로니아 유배에서 귀환한 이후]에

---

13   『축의 시대』, p. 84.

는 아후라마즈다를 유일신으로 숭배하는 조로아스터교의 영향 속에, '야훼만이 유일신'으로 숭배되었다.[14]

히브리 종교전통의 특징

—

고대 종교전통 신관(神觀)의 중요한 특징은 통제 불가능한 자연의 힘(power)을 '보이지 않는 의인적 실체'로 인식하고, 그 힘이 (실제 살아 움직이는 인격적 실체인 것처럼) 직접 세상 질서를 주관하고 통제한다는 인식을 가졌다는 것이다. 그런 종교적 풍토에서 히브리인들이 신봉한 야훼는 가나안 토속 종교전통이 자연의 힘을 의인화하여 신봉하던 숱한 '가상의 초월자 중의 하나'일 따름이었다.

고대 종교전통의 또 다른 특징은, 각기 문화권의 고대 신화와 신화적

14   주신(主神)은 여러 신들 가운데 중심 신을 뜻하고, 최고신은 여타의 모든 신들을 지배하고 통솔하는 지고신의 의미다. 하지만 유일신 개념은 다른 신들을 신으로 인정하지 않는 독단성을 내포한다. 본시 샷다이를 최고신으로 숭배하던 히브리인들의 신관은 자체 모순을 안고 있다. 자신들의 편의에 따라 다신교적인 입장을 취하거나 야훼 유일신 신앙을 취사선택하는 이중성을 보이는 것이다. 샷다이를 신봉하던 히브리인들은 후에 '야훼만을 유일신으로' 인정하고 주변국의 여타 신들은 미신 취급했는데, 그들은 자신들이 믿는 신 야훼가 "나만을 신으로 섬기고, 다른 민족의 신들은 섬겨서는 안 된다"(탈출 23,24)고 말했다고 하면서도, 또 다른 쪽에서는 "나 말고 다른 신은 없다"(이사 44,6)고 말했다는 상호 모순된 진술을 하고 있다. 어느 말이 참으로 야훼가 한 말인가? 야훼는 자신 말고도 다른 신들이 있다는 것을 스스로 인정하고 있는 것인가, 아니면 자기 독단성에서 다른 신들을 철저하게 무시하라고 이르고 있는 것인가? 절대 진리의 원형이라는 신이 존재한다면 상충하는 가르침을 계시하는 자기모순에 스스로 빠질 수는 없다. 따라서 성서에서 야훼의 말이라고 기록된 것들은, 야훼를 신이라고 주장하는 기회주의자들이 야훼 신앙을 시대적 상황에 맞추어 적용시키기 위한 의도에서 '신이 있다면 이런 상황에서 이런 말을 했을 것이다.'라고 추정하여 인위적으로 꾸며 낸 것으로 보는 것이 타당하다.

숭배 대상으로서의 신은 사실성이 없는 상상의 산물로 여겨져 오래전에 인류 종교사에서 소멸했다는 것이다. 그런데 고대 원시 신앙에서 여러 기능신들 중의 하나로 숭배되던 야훼가 우주 만물의 창조주이자 이스라엘의 민족신으로 자리매김 되고 '야훼 신앙'이 소멸 없이 존속될 수 있었던 것은, 다윗 왕권이 유대 토속 종교전통에서 믿어 오던 야훼 신화를 '기록 문서화'[성서 저술]하고, 야훼 신화와 성서를 정치 이데올로기로 활용한 것에 기인한다.

유대 왕국을 건립한 다윗은 이스라엘 민족이 그 기원부터 야훼와 연관이 있는 민족이고 자신의 왕조가 신의 섭리에 의해 수립되었다는 정통성을 강조하기 위한 의도에서, 민족의 토속 신앙 안에서 구전되어 오던 이스라엘의 '출애굽 전승'을 토대 삼아 역사서(창세기, 탈출기)를 창작했다. 그리고 이 창작 신화에 따라 야훼를 이스라엘의 주신으로 섬길 것을 강요하고, 자신을 통한 신정 통치의 정당성을 주장했다.

이스라엘인들은 이런 일련의 과정을 거치면서 점차 문서의 내용에 따라 자기 민족이 신에게 선택받은 민족이라는 선민의식을 가졌고, 자기 선조들이 이집트에서 탈출한 '출애굽 사건'은 야훼라는 신이 실제 역사에 개입해서 자신의 계획과 의도에 따라 이루어 낸 사건이라는 역사 인식을 갖게 되었다. 또 출애굽 사건을 통해서 야훼는 자연계에 있는 어떤 힘(power)이 아니라, 도리어 자연을 포함한 우주 만물을 주관하고 지배하는 절대 권력과 능력의 신이면서 동시에 자연계에 대해서 독립성과 초월성을 가진 신이요, 역사 안에서 활동하면서 약한 자들을 구원하는 역사의 주재자임을 분명하게 보여 주었다고 믿었다. 그래서 이스라엘인들은 주변 세계의 종교전통이 자연에 신성을 부여하고 자연계에 있는 힘들을 신적인 존재로 숭배했던 것과는 판이하게 다른 신관, 곧 야훼는 '살아 움직이는 인격신'(人格神)이라는 관념을 갖게 되었다[하지만 본래 히브리인들이 최고신으로 숭배하던 신은 야훼가 아니라 샷다이(Shaddai)였고, 이스라엘인들의 신관 정립에 결정적인 영향을 미친 사건이라는 '출애굽 사건'은 정작 역사 안에서 발생하지 않았다. 출애굽 사건은 역사적 실제 사건이 아니라 쿠데타를 통해 왕좌에 오른 다윗이 집권의 정당성을 강조하기 위해 창작한 신화다. 따라서 실제가 아닌, 신화적 창작 작품을 통해 제시된 가상의 신과 그에 따라 형성된 신관을 토대로 정립된 '야훼 숭배 사상'은 신화적 공상에 불과하다고 할 것이다. '출애굽'은 다윗 왕조 시대에 '창작된 역사'라는 것에 대해서는 아래 166쪽, '성서 저술 동기' 항에서 자세히 살펴보겠다].

이스라엘인들은 실제로 출애굽 사건을 일으킨 신이라고 믿는 야훼에게 여러 가지 형태의 제의를 바쳤는데, 이스라엘의 제의 개념은 제의를 통해 신들의 호의를 얻고 그로 말미암아 안정되고 풍요로운 삶을 약속받기를 기대한 다른 지역의 제의 개념과 유사하면서도, 본질적인 부분에서는 상당한 차이를 보인다. 제의는 먼저 '출애굽을 통한 구원의 은총에 대한 응답'으로 행하는 것이며, 이스라엘인들로 하여금 구원과 해방의 신 야훼를 잘 섬기고 예배하게 하려는 목적을 가졌다. 그리고 제의의 중심은 동물을 제물로 바치는 희생제의였는데, 이때 제물로 바쳐진 동물은 제의를 바치는 사람의 죄를 대신하는 속죄의 제물로 상징되었다(이는 기원전 2000년경 아리아인에 의해 인도에서 발달한 '인드라 숭배 동물 희생제'와 유사하다). 그래서 희생제의는 제의를 통해 자신이 범한 죄에 대해 신의 용서를 받고, 죄에 상응하는 신의 재앙을 피하고자 하는 사람들의 기대로 바쳐졌다.

야훼 제의에서는 주변 세계의 종교전통들에서 보이는 것과 같은 '거룩한 결혼' 개념은 존재하지 않았다. 그것은 야훼 유일신 신앙 자체가 배우자 여신을 인정하지 않았기 때문이다. 또 야훼 제의에서는 야훼가 근동 종교전통의 신들처럼 — 근동 종교전통에는 오시리스나 바알처럼 신의 죽음으로 가뭄이나 흉작이 들고, 신의 부활로 봄날에 새 생명이 움트고 생물이 성장한다는 신앙관이 있었다 — 죽음의 세계인 지하계로 여행하거나 죽었다가 다시 살아난다는 식의 내용이 발견되지 않는다. 이것은 기근이나 가뭄, 인간 삶의 불안정성이 야훼의 죽음이나 지하계로의 여행의 결과가 아니라 그의 심판의 결과이거나 그의 역사 섭리의 한 방편에 속한 것으로 여겼기 때문이다.

고대 이스라엘인들에게는 영혼이나 내세에 대한 관념이 없었고, 단지 생명은 전적으로 야훼에게 속한 것이며, 생명의 끝인 죽음도 야훼의 뜻에 의해서 결정되는 것이라는 인식만 있었다. 죽음에 대한 그들의 이러한 태도는 그들이 죽음을 피할 수 없는 숙명, 즉 절대적인 당위와 필연으로 받아들였음을 의미한다. 죽은 사람은 누구나 지하세계인 음부(陰府)로 내려가고(창세 37,35; 42,38), 음부는 한 번 빠져 들어가면 다시 나올 수 없는 곳이다(민수 16,30.33; 2사무 12,23; 욥 7,9).

이스라엘 민족이 '영원한 생명'에 대한 관념을 갖게 된 것은 바빌로니아 포로기(BC 587~538)에 조로아스터교의 종말 사상을 접하면서다. 그때부터 그들은 지상 생활에서 누리는 야훼와의 교제는 죽음에 의해서도 단절될 수 없다는 생각을 하게 되었고(욥기 19,25~27; 시편 16,9~11; 49,14~15), 이러한 믿음은 후에 신의 심판과 부활 신앙으로 이어졌다. '부활에 의한 죽음의 극복'을 목표로 한 부활 신앙은 처음에는 민족 공동체의 부활(호세 6,1~2; 에스 39,1~14)에 관한 환상으로 구체화되고, 후에는 개개인의 부활에 관한 종말론적인 희망으로 발전했다(이사 26,19; 다니 12,1~2).

가톨릭의 야훼 인식에 대한 비판

—

유대 종교전통을 계승한 가톨릭이 유일신으로 선포하는 야훼는 상기에서 고찰한 바와 같이, 고대 근동 지방에 널리 퍼져 있던 샤머니즘적 신화와 전설 속에 등장하는 여러 신들, 곧 고대 여타 민족들이 자연 재앙에 대한 두려움과 인간의 나약성 및 한계성을 극복하고자 의지했던 원시 종교의 '상상의 신들' 중의 하나에 지나지 않았다. 객관적인 실재성이나 실체가 없는 상상의 산물, 허구적 존재인 것이다. 그리고 다신 숭배 종교전통을 가지고 있던 고대 히브리인들이 야훼를 자신들이 숭배할 또 하나의 신으로 선택하지 않았다면 그의 이름은 역사에 남지 못했을 것이며, 고대 히브리인들이 바알이나 다른 이름의 신을 유일신으로 믿었다면 그가 야훼 대신 가톨릭 신앙의 신으로 남았을 것이다. 고대 유대인들이 신 관념의 형성 동기나 신 존재 창출의 기원에 대한 어떠한 반성도 없이 야훼를 자신들의 신으로 선택하여 섬기는 '야훼 숭배 종교전통'을 확립해 왔다는 점에서, 유대 종교전통과 가톨릭은 원시 신앙 행태의 모방 및 답습에 지나지 않는다고 할 수 있다.

이에 대해 가톨릭은 성서를 대하는 원론적인 입장, 즉 "문자가 없던 시대에 히브리인들이 간직하고 구전한 야훼에 관한 신화적 전승을 후대의 사람들이 문헌으로 기록한 것이 성서이므로, 야훼가 실재하는 신인 것은 분명하고 그 야훼가 이스라엘의 역사를 이끌어 온 것도 사실이다."[15]고 말한다. 하지만 그런 방식의 설명이라면 가톨릭은 자기모순에 갇히게 된다.

가톨릭의 주장을 그대로 받아들인다면, 야훼 신화보다 훨씬 이전부터

15　『성서입문』(상권), pp. 26~27 참조.

존재했고 야훼 신화 창작에 토대를 제공한 후리족의 샷다이 숭배나 바빌로니아의 마르둑 신앙과 페르시아의 조로아스터교도 구전으로 전승된 신화가 종교전통으로 자리 잡은 것이므로, 그들이 신봉한 신들도 실재하는 신이어야 하고, 이집트의 종교전통도 태양신 아몬-레나 아텐, 호루스나 오시리스 등과 관련된 신화를 바탕으로 형성된 것이므로 이집트 신화에 등장하는 신들도 실제 존재하는 신이어야 한다. 또 아리아인들의 경전인 『리그베다』에 등장하는 바루나나 미트라, 인드라, 아그니 같은 신들도 실재하는 신이라는 결론이 된다. 결국 야훼만이 유일하게 실재하는 신이 아니게 되는 것이다.

만일, 인격적인 초월적 실체이며 무언가 작동성을 갖는 신이라는 것이 있다면, 신은 그 신이 존재한다고 믿는 사람이 있음으로써 존재한다거나, 믿는 사람이 없다고 해서 실재하지 않게 되는 그런 존재가 아닐 것이다. 가톨릭의 관점으로 바라보면, 마야의 창조주 꾸쿨칸에 대한 신앙은 대륙 정벌에 나선 유럽인들에 의해 소멸되었지만 꾸쿨칸이 신으로서의 존재성을 상실했다고는 누구도 장담할 수 없고, 대만의 신 마조(媽祖)는 가톨릭이 그 존재성을 인정하지 않는다고 해서 존재하지 않게 되는 신이라고 말할 수도 없다. 따라서 가톨릭이 히브리 신화 속 주인공인 야훼만이 신이고 더구나 그가 실재하는 유일한 신이라고 강변한다면, 어떤 이유에서 아후라마즈다나 아텐, 꾸쿨칸이나 마조는 신이 아니라고 할 것이며, 이집트나 바빌로니아의 종교전통은 신화적인 종교 관념에서 만들어진 것일 뿐이라고 할 수 있는 것인지에 대한 합당한 설명이 있어야 함이 마땅하다. 하지만 가톨릭은 그에 대한 그 어떤 설명도 제시하지 않는다. 고대 종교전통들이 신봉했던 신들은 그가 어떤 신이건, '신은 고대 원시 신앙인들이 상상한 초월적 행위자로, 관념 속에만 존재하는 실체가 없는 존재'라는 것을 인정하고 받아들이는 자세가 양식 있는 태도일 것이다.

나아가 — 우주 만물은 빅뱅으로 우연히 형성된 물리·화학적인 작용에 의해 형성된 것이라는 과학계의 견해가 정설로 인정되는 현 상황에 우주 만물을 신이 창조했다고 주장하는 자체가 터무니없는 일이지만 — 각 문화권의 신화나 종교전통들이 저마다 자신들이 신봉하는 신이 우주 만물의 창조주라고 주장하는 것은 일언지하에 무시해 버리고, '우주 만물은 신의 창조물이고 그 창조주는 오직 야훼'라는 비합리적인 주장을 21세기 현시점에서도 고수하는 가톨릭의 입장은 어디에 그리고 무엇에 근거한 것인지 묻지 않을 수 없게 된다. 단지 "성서에 그렇게 기록되어 있으니 우리는 그렇다고 믿을 따름이다."고 말하는 것은 합리적이지 못하고, 이성적인 사고로도 볼 수 없다.

상상적 신화에서 기원한 '야훼 신앙'이 실제적 실재에 대한 숭배로 고착화되고 고대 이스라엘 역사 안에서 유지될 수 있었던 것은 첫째, 이스라엘이 가나안 선주민과의 전투에서 승리하여 살아남았기 때문이다. 만일 이스라엘이 가나안을 점령하지 못하고 고대 수메르인들처럼 민족 자체가 소멸했다면 야훼 신앙은 역사에서 흔적도 없이 사라졌을 것이다. 야훼는 히브리인들만이 믿고 숭배하던 신이었기 때문이다.

다음으로 다윗 왕권이 야훼 신화를 기록 문서화하고, 야훼 신화와 성서를 정치 이데올로기로 활용함으로써 야훼 신앙은 존속될 수 있었다. 곧 다윗 왕조의 정치권력은 절대 권력 행사의 정당성을 신의 소명으로 포장하여 합리화하기 위해 야훼 신화를 기록 문서화하고 이를 통치 이데올로기로 활용했고, 야훼에 대한 숭배와 야훼 신화를 진리로 믿어야 될 진실로 강요하고 통제함으로써 야훼 신앙이 긴 세월 동안 이스라엘 민족의 집단의식 속에 각인되고 존속되었다.

■ 성서 저술

다윗 왕조의 정치권력이 통치 이데올로기로 활용하기 위해 주변 문화권의
신화들을 차용·모방하고 고대 히브리인들의 토속 전승과 신화를 변조·
각색하여 새롭게 창작한 '야훼 신화', 곧 성서의 저술 동기와 그 내용, 그
리고 야훼 유일신 숭배 사상의 구축 과정에 대해 살펴보자.

성서 창세기를 처음 접하는 사람들은 세상과 인간의 창조, 인간의 범
죄, 인간의 분열, 고통과 죽음의 의미 등 인간의 가장 기본적이고 본질적
인 물음에 대해 창세기가 본문에 수록된 이야기들을 통해 그 답을 제시하
고 있는 것 같은 인상을 받게 된다. 그리고 인간에 대한 야훼의 구원 역사
가 태초부터 펼쳐져 왔으며, 이스라엘 민족과 야훼와의 관계는 아브라함
으로부터 시작되었다고 이해하게 된다.

실제로 가톨릭은 창세기의 내용에 따라, "우주 만물의 창조주인 야훼라
는 신이 존재한다. 인간은 창조주 야훼에 의해 죽지 않는 불멸의 존재로
창조되었는데, 신을 거역한 아담의 오만함으로 죽을 운명에 처했다. 그렇
지만 인간의 죽음과 파멸을 원하지 않는 야훼의 뜻에 따라 구원자로 강림
한 예수에 의해서 인간은 부활을 통해 최초의 아담과 같은 완전함을 되찾
아 영생을 얻게 된다."는 구원 논리를 전개한다.[16] 하지만 창세기에 언급

---

16   가톨릭의 구원 논리는 허구이며 조작된 논변이다. 인간은 신의 창조물도 아니고, 역사에 실
존하지도 않았던 가상 인물인 아담이 범한 죄 때문에 불멸성을 상실하여 구원을 필요로 하
는 가련한 존재가 되어 버린 것도 아니다. 그런데 가톨릭은 허구적 가정을 역사적 사실인
것처럼 전제한 왜곡 상태에서, 인간의 구원을 위해 필연적으로 구원자가 도래해야 했다는
논리를 도출하고, 그 구원자가 예수이며, 예수가 가톨릭교회를 세웠다는 자기 합리화 논리
를 전개한다. 이 부분은 본서 470쪽, Ⅴ장 '인간 구원론' 항에서 다시 살펴보겠다.

된 야훼는 고대 신화적 신 관념 인식의 토대 위에 가나안 토속 신앙이 도출해 낸 가상의 존재이므로, 그가 실제로 존재하는 신이거나 우주 만물을 창조한 창조주일 수 없다. 그리고 메소포타미아에서 발원한 히브리인들의 기원에 관여한 신이 있다면 그는 바빌로니아의 토속신 샷다이(Shaddai)일 것이므로, 야훼가 이스라엘의 민족신일 수 없다. 또 창세기에 수록된 인간 창조나 인간의 범죄, 홍수 이야기 등은 메소포타미아 지역에 산재한 설화들을 모방하고 참조하여 기술된 것이며, 창조설화를 기록하던 당시(BC 950년경)의 사람들은 '영혼에 대한 관념이 없었고, 죽음은 신을 믿는 신앙을 통해서 극복될 수 있다는 사상이나 내세에 대한 관념 같은 것은 갖고 있지 않았으므로'[17] 가톨릭의 주장은 타당성을 가질 수 없다.

창세기는 단지, 이스라엘 민족의 가나안 정복이 '야훼'라고 명명된 신의 역사(役事)로 이루어진 것처럼 강조하여 정당성을 확보하고자 하는 의도에 따라, 그런 역사(歷史)를 주도한 야훼가 어떤 신인가를 소개하고, 그 신이 이스라엘 민족의 기원부터 이스라엘과 특별한 관계를 맺고 있었다는 점을 부각시키기 위한 의도로 기록한 정치 정략적 · 종교 신화적 창작품이다. 다시 말해서 다윗 왕조에서 기록한 역사서(창세기, 탈출기)는 인간의 본질이나 구원에 대한 탐구가 아니라, 이스라엘 민족의 역사에 역동성을 부여함과 함께, 이스라엘 민족과 야훼와의 연관성을 강조하기 위한 목적에서 의도적으로 창작한 종교 역사, 창작 신화다.

---

17 『죽음이란 무엇인가』, 한국종교학회 편, 창, 2009, p. 206 참조.
『고대 근동의 신화와 종교』, p. 73 참조.

성서 저술 이전 상황

—

다신교 종교전통을 갖고 있던 고대 히브리인들에게 야훼는 가나안의 숱한 기능신들 중의 하나로 인식되는 가상의 실재로, 그들이 섬기거나 섬기지 않아도 그만인 존재에 불과했고, '초월적 행위자'의 실재성을 상상하는 관념 속에만 존재하는 환영의 대상일 따름이었다. 그러던 야훼가 이스라엘의 주신으로 부상하게 된 것은 가나안 정복 사업이 성공리에 마무리된 것에 기인한다.

고대 사람들은 신은 인간의 상상 속 관념으로만 머무는 존재가 아니라 인간의 삶과 역사에 실제로 개입하고 작용한다는 인식을 갖고 있었고, 왕국이나 국가는 그 민족과 나라를 수호하는 신에 의해 건립되고 존속된다는 신화적인 믿음을 갖고 있었다. 이스라엘도 이런 이해 속에 자신들의 가나안 정복은 전사(戰士)의 신(탈출 15,3; 신명 32,8~9 참조)인 야훼의 뜻과 이끎에 의해 이루어진 일로 정당화하고, 가나안 정복 후에는 야훼 신앙을 민족 규합의 수단으로 활용했다.

기원전 1200년경 가나안을 정복한 이스라엘은 가나안 정복 전쟁 중에 가나안 선주민은 물론 가나안 주변국 주민들을 무참히 학살했고(민수 21,1~9. 21~24; 31,1~24; 신명 2,26~3,11; 여호 8,1~29), 가나안 정복 후에는 '이방인 신분으로 타민족의 땅을 침범하고 정복한 것'에 대한 정당성을 확보할 필요가 있었다. 이에 판관 시대(BC 1200~1000) 때, 자신들의 선조 중 일부가 이집트에서 살다가 귀환하였다는 전승(傳承)을 신의 인도에 따른 종교적 탈출 사건(출애굽)으로 각색하고, 이스라엘이 가나안 땅을 정복하게 된 것은 일찍이 야훼가 약속한 일의 성취라는 자기 합리화 논리를 개발했다. 즉 "태초부터 야훼는 가나안 땅을 떠돌이 민족인 히브리인들에게 주기로 약속했고, 때가 되자 히브리인들을 이집트에서 해방시켜 가나안 땅을 차지하도록 섭리했다."고 강조함으로써 자신들의 가나안 정복을 정당화했다. 그리고 이를 통해 부족연합동맹체인 이스라엘의 결속과 우월의식을 함양하고자 했다. 그들은 가나안 땅에 건립한 야훼 신전에서 첫 수확물을 바칠 때 다음과 같은 신앙고백을 했다.

"저희 조상은 떠돌아다니는 아람인이었습니다. 그는 몇 안 되는 사람들과 이집트로 내려가 이방인으로 살다가, 거기에서 크고 강하고 수가 많은 민족이 되었습니다. 그러자 이집트인들이 저희를 학대하고 괴롭히며 저희에게 심한 노역을 시켰습니다. 그래서 저희가 주 저희 조상들의 하느님께 부르짖자, 주님께서는 저희의 소리를 들으시고, 저희의 고통과 불행, 그리고 저희가 억압당하는 것을 보셨습니다. 주님께서는 강한 손과 뻗은 팔로, 큰 공포와 표징과 기적으로 저희를 이집트에서 이끌어 내셨습니다. 그리고 저희를 이곳으로 데리고 오시어 저희에게 이 땅, 곧 젖과 꿀이 흐르는 땅을 주셨습니다. 주님, 그래서 이제 저희가 주님께서 저희에게 주신 땅에서 거둔 수확의 맏물을 가져왔습니다."(신명 26,5~10).

판관시대 때 이스라엘은 중앙 성소(聖所) 실로(shiloh. 여호 18,1)를 중심으로 부족연합 공동의 신앙고백과 공동의 의무로 결속된 신앙 공동체를 형성하고 있었는데, 그들이 해마다 추수 후에 거행하는 감사 의식에서 이집트의 종살이에서 구출해 준 야훼의 업적을 기렸다는 사실은 괄목할 만한 일이다. 그런 논리가 아니라면 연합 부족의 통합과 이스라엘 민족 기원의 정당성을 확보할 수 없었을 것이기 때문이다.[18] 판관 시대의 이런 논리와 전승을 토대로, 이스라엘 초기 역사를 **'야훼와의 관계성 관점'**으로 해석하여 문헌으로 기록한 것은 다윗 왕조(BC 1010~970 재위) 시기다.

성서 저술 동기
—

유대 첫째 왕 사울의 전사 후 권력 투쟁에서 승리하고 왕위에 오른 다윗 왕조에서 구전 전승들을 문서로 기록하게 된 동기는 신이 존재한다는 객관적인 사실을 증명한다거나, 야훼 신앙의 진리를 문서 기록으로 남기고자 하는 의도가 결코 아니었다. 다윗 왕조 당시 메소포타미아 지역의 정치 상황적 조류는 신정 체제(神政體制)의 기반 위에 지배 세력이 토착민들의 종교전통 신화를 통치의 정당성 확보와 절대 권력 행사를 위한 정치 이데올로기로 활용하는 상황이었다. 이런 분위기에서 왕위에 오른 다윗도 '야훼 신앙과 종교 사상을 통치 이데올로기로 활용하여 왕권을 강화하고 동맹 부족의 통합을 도모'하고자 했다. 이에 다윗은 먼저 자신의 왕권 탈취의 정당성을 확보하고 권력의 절대성을 강화하기 위한 목적에서, 궁중 사가들을 동원하여 자신이 야훼로부터 성소(聖召)를 받아 뽑혀서 권좌에 올랐다는 것을 주 내용으로 하는 '왕조 실록'(2사무 9~20장;1열왕 1~2장에 나오는 '왕위계승 설화' 혹은 '조정 실록')을 저술하고, 다음으로, '이스라엘 민족의 기원과 역사는 야훼의 이끎에 따라 펼쳐져 왔다'는 이스라엘 민

---

18 『구약성서의 이해』, 버나드 W. 앤더슨 저, 재석봉 역, 바오로딸, 1983, pp. 70~102. '모세오경의 중심사상' 참조.

족의 신앙 고백적 구전 전승을 기록 문헌을 통해 정식화하여 이스라엘 민족의 민족적 자부심과 역사의식을 함양하고자 하는 의도에서 역사서(창세기, 탈출기)를 저술했다. 이렇게 해서 창작된 초기 성서가 '야휘스트 사료'라는 문건이다[J전승. 사료의 이름은 문건에서 신을 '야훼'라고 호칭한 것에서 붙여진 것이며 BC 950년경 저술된 것으로 추정한다. 그리고 성서는 이스라엘 민족이 유프라테스강 하류의 칼데아 우르에서 기원하여 가나안으로 이주였다고 기록하고 있으므로(창세 11,27~12,5) 이스라엘 민족의 기원과 가나안의 토속신 야훼는 아무런 연관이 없다고 볼 수 있고, 초기 히브리인들이 야훼 신앙을 갖기 전까지 숭배하던 신은 바빌로니아의 최고 신인 샷다이(Shaddai)였다는 사실만으로도 성서가 의도적인 목적으로 창작된 신화라는 것을 알 수 있다].

다윗 왕조에서 성서를 기록한 저자들이 역사서의 토대로 삼은 것은 '출애굽 전승'이다. 저자들은 구전으로 전해진 출애굽 전승을 가공의 인물인 모세[19]의 영도로 이루어진 히브리 민족 대탈출 사건이라는 종교적 서사시로 각색하고 변조하여[예를 들어, BC 1250년경 가나안 정복 당시 이스라엘의 인구는 성서의 보도(603,550명, 민수 1,46 참조)와는 달리 8만여 명에 불과했는데, 성서는 출애굽 사건이 마치 대규모의 사람들에 의해 계획적이며 조직적으로 이루어진 실제 사건처럼 기술한다], 이집트에서의 탈출과 가나안 정복을 (샷다이가 아닌) '야훼의 인도에 따라 이루어진 신앙의 역사'로

---

19 탈출기 2,10절은 파라오의 딸이 왕골 상자에 뉘어져 강 물살에 흘러온 아이를 '건져냈다'는 뜻에서 '모세'라고 이름 지었다고 말한다. 하지만 히브리민족의 아이를 이집트 공주가 입양하여 양육했다는 이집트의 역사 사료가 없을 뿐만 아니라, 모세 전승은 기원전 2300년경의 악카드 사르곤 대왕(BC 2334~2279 재위)의 탄생신화, 곧 여사제인 어머니가 남몰래 출산한 사르곤을 갈대 바구니에 담아 유프라테스강에 떠내려 보냈고, 이를 발견한 정원사 아키에 의해 사르곤이 양육되었는데, 사르곤은 후에 키시의 왕 우르자바바를 살해하고 왕권을 장악했다는 내용을 차용하여 꾸며 낸 이야기라는 점을 들어 모세가 가상의 설정 인물이라고 학자들은 말한다.

문헌화하였다. 그리고 여기에 당시 메소포타미아 문화권에 산재한 신화들을 차용해 야훼에 의한 세상 창조 이야기(창세 2,4~25), 카인과 아벨, 노아의 홍수, 바벨탑 이야기, 이스라엘 민족의 시조로 제시하는 아브라함·이사악·야곱·요셉의 이야기와 발람의 말하는 당나귀 이야기(민수 22,22~34) 등을 엮어, '세상의 참 창조주는 야훼이며, 야훼에게 선택받은 이스라엘은 민족의 정체성이 유지되는 한 야훼를 유일신으로 섬겨야 함'을 강조했다.

성서를 통해 전달되는 저자의 의도를 커다란 맥락에서 살펴보면, '세상의 창조주는 (여타 민족들의 신이 아니라) 야훼다. 그리고 인간은 생물학적인 죽음을 피할 수 없는 존재다(창세 2,4~3,24). 하지만 야훼는 선민 이스라엘의 현세적인 번성과 번영을 약속하며 땅의 정복과 민족부흥을 약속했고(창세 12,1~3; 13,15), 그 결과로 가나안 땅을 정복하게 되었다'는 것을 강조하는 것이다. 그리고 이런 이야기의 전개를 통해 다윗 왕권은 야훼의 뜻에 따라 설립된 정통 왕권임을 강조하고 이스라엘이 하나의 독립된 세력으로 집결하기를 촉구함으로써 국가적 응집력을 창출해 내고자 한다.[20]

단군 신화에 등장하는 환인(桓因)을 태초 이전부터 존재한 초월적 절대신이며 궁극적 실재라고 믿는 어떤 사람이, "우리 한(韓)민족은 우주 만물의 창조주인 환인의 선택에 의해 기원했고, 환인은 자신의 선민(選民)인 우리 민족을 만주에서 한반도로 이주하도록 이끌어 나라를 세우게 했다. 이후 환인은 우리 민족의 역사 안에서, 이민족 몽고의 침략에서 우리 민족을 구원했고, 우리 민족이 일제 강점에서 해방된 것 또한 환인이 미군을 구원의 도구로 이용하여 구원 역사를 이룩한 것이다. 따라서 우리 민

---

20 『성경의 탄생』, pp. 82~89 참조.

족의 역사는 언제나 환인이 이끌어 온 놀라운 신앙의 역사라 하지 않을 수 없다."라고 말한다면 당치도 않다며 일축할 것이다.

마찬가지로 다윗 왕조에서 기록된 성서는 '이스라엘 역사 안에서 일어난 역사적 사건들을 신앙의 안목으로 뒤돌아보고, 이스라엘 민족을 태초부터 선택하고 이스라엘의 역사를 주도적으로 이끌어 온 신은 야훼였다는 것을 깨달아 그것을 신앙 고백적으로 기록한 문건'이라고 주장하는 가톨릭적 관점(**야훼의 의도에 따른 이스라엘 역사 진행 관점**)에서 기록된 것이 아니다. 성서는 그와는 반대로 문자와 기록이 없던 시대에 구전되어 온 이스라엘의 토속 신화와 전승들을 참고하여, 마치 이스라엘 민족의 기원과 역사가 처음부터 가나안 종교전통의 숱한 신들 중의 하나인 야훼와 연관되어 있었던 것처럼 종교적 의미를 부여한 '창작적 역사'와 '야훼 신화'를 창출하고 문서화하여 '야훼 신앙'을 구축하고, 그 신에 의해 가나안 정복과 왕국 건설을 완수할 수 있었다는 정당성을 강조하기 위한 목적으로 기술되었다(**이스라엘 역사와 야훼와의 연관성 의도적 결부 관점**).

다윗 왕조를 물려받은 솔로몬(BC 972~933 재위) 사후에 유대 왕국은 남부 유대 왕국과 북부 이스라엘 왕국으로 분리되는데(BC 933), 북부 이스라엘 왕조도 자신들의 정권이 야훼로부터 기인한다는 정통성을 내세우기 위해 유대 전승과 야휘스트 사료를 참조하여 '엘로히스트 사료'(E사료. 사료의 이름은 문건에서 신을 '엘로힘'이라고 호칭한 것에서 붙여진 것이며, BC 850년경 저술된 것으로 추정)라는 또 다른 신화와 창작 역사를 기록하게 된다. 이 두 사료는 최종본이 아니었고, 후대에 두 사료가 상호 섞이고, 새로운 자료들이 첨부되고, 수정·보완·각색·윤색 등의 과정을 거치면서 오늘날의 모세오경으로 완성되었다.

창조설화

—

성서는 부연 설명 없이 '야훼라는 신이 존재한다'는 것을 기정사실로 '전제'한 상태에서, 이스라엘 민족이 태초부터 야훼와 연관되어 있었다는 논리를 이끌어 내기 위해 '창조설화'를 서두에 배치한다.

다윗 왕조 시대에 작성된 창조설화는 창세기 2,4~25까지의 내용이며 (BC 950년경 기록 추정), 창세기 1,1~2,3의 설화는 바빌로니아에서의 유배 생활(BC 587~538)을 마치고 귀환한 사람들에 의해 기원전 500년경 작성되어 첨부된 것이다[이 문건은 '제관계 사료'(P전승)로 불린다]. 여기서는 다윗 왕조 시대에 기록된 창조설화(창세 2,4~25)를 검토하겠다.

신화가 기록되던 당시의 사람들은 빅뱅에 의한 우주의 기원이나 진화론에 대한 이해가 없었으므로, 우주를 비롯한 모든 만물은 '눈에 보이지 않는 초월적 능력자'인 신에 의해 창조된 것이라는 관념을 갖고 있었다. 성서 저자 역시 고대 근동 지역의 창조설화들을 차용하고 모방하여 유대 방식의 '야훼에 의한 세상 창조 이야기'를 새롭게 창작하면서, 야훼가 우주 만물의 창조주이고, 인간과 세상은 그에게 속해 있으며, 그만이 절대 권능을 지닌 유일한 신이라고 선포한다(창세 2,4~2,25). 우주 만물의 창조주는 다윗 왕조보다 강력한 나라인 바빌로니아나 이집트의 신들, 또는 가나안 토속 신앙의 엘이나 바알 등 여타 문명의 신들이 아니라, 이스라엘 민족이 가나안 땅에 정착하면서 최고신으로 섬기게 된 야훼이며, 야훼가 '참' 창조주이기 때문에 이스라엘이 가나안 선주민을 물리치고 팔레스티나를 차지할 수 있게 되었다는 논리를 전개하는 단초로 삼는 것이다. 또 이런 주장으로 자기네 일부 선조들이 믿어 왔던 야훼 신앙이 결코 허황된 것이거나 헛된 것이 아니었다는 것을 부각시켜 민족적 자긍심을 강화한다.

이런 논리의 전개 방식은 위에서 언급한 고대인들의 신관, 즉 신은 인간의 삶과 역사에 관여하며, 국가 간의 전쟁은 정치 역학적인 수단에서 비롯된 것이 아니라 사람들의 전투를 통해 신들이 싸우는 것이라고 생각한 것에서 연유한다(민수 21,1~3; 여호 6,1~5 참조). 고대인들은 전투에서 승리하면 자신들이 숭배하는 신은 실제로 살아 움직이는 신이며 그렇기 때문에 신이 승리를 이끌었다고 여겼고, 패배하면 자신들이 신에게 무언가 잘못하여 패하게 되었거나 자신들이 숭배하는 신이 실재하지 않는 것으로 여겼다(2열왕 24,2~4. 13~14; 예레 5,15~19 참조). 이런 사조에서 가나안을 정복하게 된 것은 위대한 전사의 신인 야훼의 승리라고 강변한다. 그리고 이어서 야훼가 태초부터 이스라엘의 역사를 이끌어 왔다는 이야기를 덧붙여 나간다. 성서가 창조를 말하는 내용을 살펴보자.

창세기는 '야훼가 하늘과 땅을 만들 때 땅에 비가 내리지 않았는데(창세 2,5) 때마침 땅에서 물이 솟아 온 땅을 적셨고'(창세 2,6) — 두 번째 창조설화(창세 1,1~2,3)도 '어둠'과 '물'은 야훼의 창조 이전에 이미 있었다고 언급한다. "땅은 아직 꼴을 갖추지 못하고 비어 있었는데, 어둠이 깊은 물 위에 뒤덮여 있었고, 그 물 위에 야훼의 영이 휘돌고 있었다."(1,1~2). 이것은 메소포타미아 지역의 신관을 그대로 반영한 표현이다. 반면 가톨릭은 성서의 이런 묘사에도 불구하고 야훼가 '아무것도 없는' 무(無)로부터 세상을 창조했다고 주장한다[이집트 테베의『아몬 신화』도 스스로 자신을 창조한 아몬(Amon) 신이 무에서 우주와 세상의 모든 것을 창조했다고 기록하고, 플라톤(BC 427~347)도 일찍이 무의 상태에서 창조주 데미우르고스(Demiurgos)가 모든 것을 창조했다고 말한다]. 가톨릭이 무에서의 창조를 주장하는 이유는, '창조'란 물질적 · 정신적인 것의 본체(本體)가 없는 완전한 무의 상태에서 야훼에 의해 모든 것이 생성되었다는 것을 강조하기 위함이다. 즉, 창조는 아무것도 없는 상태에서 야훼가 비로소 존재를 부여하여 있게 되었고, 무형의 물질이 형체를 갖게 되었으며, 생명과 활동이 부여된 것이라고 말하고 싶은 것이다. 그리고 그들은 고대 사람들이 형이상학이나 철학적 사유가 빈곤해서 성서에 태초의 창조 장면을 그렇게 묘사하고 있지만, 신의 속성으로 판단해 본다면 야훼가 아무것도 없는 무에서 어떤 것을 있게(존재하게) 하는 창조자 · 형성자임이 분명하다고 말한다. 분명 신이 있다면 신의 속성은 그러할 것이며, 신이 세상을 창조했다면 타당한 설명이다. 하지만 가톨릭이 신앙의 원천으로 삼는 성서는 이집트나 바빌로니아 · 시리아 등의 타 종교전통에서 야훼 이전에 존재한 신들이 세상을 창조했다고 말하는 창조설화를 모방하고 또 신에 의한 만물의 창조 장면을 상상하여 기록한 것이므로, 세상을 창조한 신이 있다면 세상의 원 창조주는 야훼로 볼 수 없고, 신에 의한 만물의 창조를 역사적 사실로 받아들일 수도 없다. 무엇보다도 천체의 형성과 지구에 존재하는 모든 사물과 생명체는 빅뱅과 진화의 산물이므로 야훼가 물질적 · 정신적인 모든 본체의 형성자, 창조자라는 가톨릭의 주장은 합리성을 가질 수 없다 — '신은 땅의 흙과 물을 섞은 진흙에 입김을 불어넣어 사람을 창조했으며'(창세 2,7), 또 '진흙으로 온갖 들짐승과 새들을 창조했다'고 기록한다[창세 2,19. 이런 묘사는 이집트『크눔 신화』에서 테베의 신 크눔(Khnoum)이 인간을 포함한 만물을 진흙을 반죽하여 만들었다는 관념과, 수메르의『엔키와 닌후르삭』신화에서 엔키가 흙을 빚어 사람을 만들었다는 관념을 수용한 것이다]. 하지만 해나 달, 별 등 천체의 창조에 관한 언급은 없다[일부 학자들은 1,1~2,4의 창조설화에 이미 언급되었으므로 편집 과정에서 삭제되었을 것이라고 말한다. 하지만 2,4~25의 창조설화가 1,1~2,4의 창조설화보다 먼저 기록되었고, 인간 창조에 관한 언급은 번복 (2,21~23:1,27)되므로 이 설명은 설득력이 없다]. 또 '야훼가 창조 사업을 끝마치고 휴식을 취하였다'는 보도(두 번째 창조설화 2,2)도 없다. 창조주가 창조 사업을 끝낸 후 휴식을 취하였다는 관념은 기원전 6세기 이후에야 유대인들이 바빌로니아의 '태양신 창조설화'와 '안식일 개념'을 도입하면서 반영된 것이기 때문이다.

신이 창조 사업을 마치고 휴식을 취하였다는 사상은 고대 메소포타미아 수메르 문명의 7요일 사상에서 비롯된 것이다. 하늘의 신들이 인간의 운명을 지배한다는 믿음을 가진 수메르인들은, 각각의 신의 지배를 받는 7개의 주요 별[태양(日), 달(月), 수성, 금성, 화성, 목성, 토성]이 중요한 역할을 한다고 생각했고, 별들을 지배하는 신들에게는 등급이 있다고 믿었으며, 만물에 온기와 생명과 빛을 주는 태양을 관장하는 태양신을 그 중의 으뜸으로 여겼다. 그리고 이런 신념이 '최상의 신[父神, 하느님]이 만물을 창조한 후 하늘의 일들은 다른 신들에게, 세상의 일들은 인간에게 맡기고 휴식을 취하였다'는 창조신화 사상과 결부되면서, 태양신을 찬양하고 기리는 날을 안식일(공휴일)로 지정하는 7요일 체제가 구축되었다. 그들은 태양신의 탄신일인 12월 25일에 거행되는 동지제의(冬至祭儀)를 최고의 제의로 여겼다[태양신의 이름은 여러 형태로 달리 불렸지만, 태양신 숭배는 이집트(이시스), 페르시아(미트라), 그리스(헬리오스) 등에 영향을 미쳤고, 로마도 태양신 미트라를 최상의 신(Sol invictus, 정복되지 않는 태양)으로 수용하여 미트라교를 제국의 국교로 정하고(AD 274, 아우렐리우스 황제), 태양일인 일요일을 공휴일로 시행했다(공휴일은 AD 312에 콘스탄티누스 황제가 처음으로 지정했는데 이는 타 문화권에 안식일이 도입된 1,500년 후의 일이다)]. 히브리인들도 이러한 수메르인들의 신 관념을 수용하여 두 번째 창세기에서 야훼가 창조 사업을 마치고 일곱째 날에 쉬었다고 기록하면서 (창세 2,2), 안식일을 신성한 날로 여긴 유대인의 관념을 반영한다. 하지만 야훼가 엿새에 걸쳐 우주 만물을 창조하는 과정을 누가 지켜보았단 말인가?

창세기 창조설화에서 살펴볼 중요한 점은 — 가톨릭의 주장과는 달리 — 신이 '아무것도 없는 무(無)의 상태'에서 세상을 창조한 것이 아니라, 최초 성서가 창조신화를 창작할 시점에 '어둠과 물, 혼란의 상태'에서 신의 창조 사업이 이루어졌다고 기록하고 있다는 것이다. 이런 기록은 성서 저자들이 메소포타미아 지역의 신 관념을 그대로 받아들였고, 그들의 창조설화들을 모방하여 야훼 창조설화를 창작했다는 것을 드러내는 방증이다. 다시 말해서 성서 저자들은 가톨릭이 말하는 것처럼 '창조란 아무것도 없는 상태에서 신에 의해 어떤 것이 발생하고 생명과 활동이 부여된 것이며, 그런 면에서 야훼가 아무것도 없는 무에서 어떤 것이 있게(존재하게) 하는 창조자·형성자임이 분명하다'는 인식 같은 것은 갖고 있지 않았고, 그들은 단지 그저 눈에 보이는 모든 것들을 창조한 신은 타 문화권의 여타의 신들이 아니라 야훼라고 강조하기 위해서 메소포타미아 지역의 창조설화를 차용하여 자신들의 설화를 구성하고 있는 것이라는 사실을 보여준다.

고대 메소포타미아 지역 사람들은 일반적으로 우주가 혼돈(Chaos)에서 시작되었다고 생각했다. 아직 아무런 구별이나 분별이 생기지 않은 애매하고 모호한 것이 혼돈의 특징이다. 그리고 이 혼돈은 바다나 강으로 상징되고 동물로는 용, 의인화될 때는 여성으로 나타난다. 수메르 신화와 바빌로니아 신화를 비롯하여 인도나 중국 등의 창조설화들은 공통적으로 '혼돈 · 어둠 · 무질서'와 '밝음 · 빛 · 질서'의 투쟁에서 밝음과 질서가 승리하여 생명이 탄생하고 우주와 인간이 창조되었다고 말한다. 인도 설화는 밝음과 질서의 신 인드라(Indra)가 흑암과 무질서의 신 브리트라(Vritra)를 물리치고, 중국에서는 양(陽)이라는 밝은 빛이 혼돈의 어둠을 뚫고 나서 세상을 창조했다고 말한다.

성서의 창세기와 비견되는 것은 바빌로니아의 창조설화인 『에누마 엘리쉬』다. 『에누마 엘리쉬』는 바빌로니아의 민족신인 마르둑(Marduk)을 찬양하는 창조 서사시인데 앞에서도 살펴보았듯이, 이 시에서는 아무것도 없이 어둠에 묻혀 있던 세상에서 아프수(Apsu. 모든 신의 아버지)와 혼돈의 신 티아마트(Tiamat, 바다의 신)가 다른 신들을 낳는다. 라흐무(Lahmu, 땅의 신)와 라하무(Lahamu, 진흙의 신)가 생겨나고, 이들 사이에서 안샤르(Anshar, 하늘의 끝)와 키샤르(Kishar, 땅의 끝)가 태어난다. 그리고 안샤르와 키샤르는 아누(Anu, 하늘의 신)를, 아누는 에아(Ea, 물의 신)를 낳는다. 후에 젊고 용맹스러운 신들이 연합하여 혼돈의 신 아프수 · 티아마트와 대결을 벌이게 되는데, 아프수는 에아 신의 주문에 말려들어 잠이 든 채 목이 잘려 죽게 되고, 죽은 아프수의 몸에서 에아가 만들고 에아의 부인 담키아가 낳은 마르둑이 태어난다. 남편을 잃은 티아마트는 마르둑과 대결을 벌이다가 심장에 화살이 꽂혀 최후를 맞게 되는데, 마르둑은 그녀의 몸을 두 토막으로 나누어 하나로는 하늘을, 다른 하나로는 땅을 만든다. 그런 후 그녀의 남은 몸을 낭떠러지에 던지자 그녀의 피에서 강이, 그녀의 뼈에서 바위가, 그리고 그녀의 기운에서 바람이 만들어진다. 마르둑은 하늘과 땅, 별과 인간을 만들고 난 후, 다른 신들에게 별들을 다스리고 별

의 궤도를 운행하는 임무를 주어 인간 생활에 관여하게 하고, 자신은 휴식을 취한다.[21]

이 신화는 신들의 이름이 바뀌는 등의 각색을 거쳐 여러 형태로 전해졌는데, 등장하는 신의 이름은 달라지지만 혼돈뿐인 물에 빛이 비치고 뒤이어 하늘과 마른 땅, 해와 달, 별, 마지막으로 사람이 만들어진 뒤 창조주 혹은 창조자들이 휴식을 취한다는 이야기의 기본 골격은 변함이 없다. 신들이 휴식을 취하는 것은 인간이 신이 할 일을 대신해 주리라고 기대했기 때문이다. 인간 창조에 대해서 설화들은 씨앗에서 싹이 돋아나듯이 사람도 땅에서 조금씩 자라났다거나, 지상의 진흙과 신의 피나 타액이 섞여 도자기가 빚어지듯이 만들어졌다고 말한다(이집트 『크눔 신화』, 창세 2,7 참조).

다윗 왕조의 창세기 저자는 『에누마 엘리쉬』를 차용하고 모방하여 창조설화를 창작하면서도, 야훼가 마르둑보다 위대한 신이라는 것을 드러내기 위해 야훼는 질서의 상태에서 다른 신들과의 그 어떤 피 흘림의 대결이나 투쟁의 과정 없이 순조롭게 세상을 창조했다고 기술한다. 그리고 기원전 6세기 이후에 기록된 두 번째 창조설화 역시 메소포타미아의 여타 창조설화들을 모방하여 보다 더 구체적으로 야훼가 자신의 의지와 세밀한 계획에 의해 세상을 창조한 듯이 창조사를 기술한다(창세 1,1~2,4).

창세기 저자는 세상 창조 이야기에 이어, 수메르의 『아다파 신화』를 모방하여 '에덴동산 이야기'를 창작하고, 바빌로니아의 『길가메쉬 서사시』를 인용하여 '홍수설화'(창세 8,1~22)를 작성하며, 기원전 1800년경 기록

21　『세계의 신화 전설』, pp. 254~256 참조.

된 것으로 추정되는 『수메르 왕명부』에 수록된 '아담 계보'를 인용해 첫 인간 아담의 후손이 단절 없이 지속된 것처럼 아담의 족보를 작성한다(창세 5,1~31; 10,1~32).[22]

메소포타미아 지역의 신화들을 모방하여 창조설화를 창작한 저자의 의도는 명확하다. 우주 창조의 주역은 타 종교전통에 등장하는 여타의 신들이 아니라 이스라엘의 신인 '야훼'라는 점을 강조하고, 야훼는 질서와 자비의 위대한 신이라고 주장하는 것이다. 그리고 이스라엘은 이방 지역에서 이주해 온 이름 없는 떠돌이 소수 유목 부족에서 기원한 것이 아니라, 태초부터 위대한 신인 야훼의 선택을 받아 기원하여 야훼와의 연관성을 이어 온 위대하고 자랑스러운 민족이라는 민족의식을 고취하고자 하는 것이다.

창조설화에서 한 가지 주목할 점은, 설화가 야훼의 실제적 존재성을 증명하거나 증언하는 기록이 아니라는 것이며, 성서에 등장하는 아담이나 노아 등의 인물은 타민족의 신화(수메르의 왕명부와 홍수 설화)에서 끌어온 가상의 인물이므로 이스라엘 민족의 기원이나 역사와 직접적인 연관성이 있다고 볼 수 없고, 그들의 계보가 성서 보도(창세 5,1~31; 10,1~32)처럼 이어져 내려온다고 볼 수 없다는 것이다.

성서에서 아브라함은 아담의 셋째 아들인 셋(창세 4,4)의 계보로 이어지는 노아(아담의 9대손)의 아들 셈의 후손으로 소개된다(창세 11,10~26). 하지만 아담(Adam, '흙'. 고대 신화에서 신이 사람을 흙으로 빚어 창조하였다는 관념에서 유래. 창세 2,7 참조)은 창조설화를 기록하기 위해 설정한 가상의 인물이고, 노아도 수메르 홍수 설화에 등장하는 가상의 인물이므로

---

22   『성경의 탄생』, pp. 80~82 참조.

아담의 후손이 대를 이어 존속해 왔다는 것은 그 자체로 성립될 수 없는 이야기다. 아담은 이스라엘 민족의 기원일 수 없고, 아브라함은 대부분의 민족 기원사에서 시조(始祖)를 의미하는 '아버지'라는 뜻이므로, 성서 속에서 이스라엘 시조로 설정된 가상의 인물에게 임의로 붙여진 이름일 뿐인 것이다. 따라서 다윗 역시 아담이나 아브라함의 직계 혈통적 후손일 수 없다.

성서가 말하는 이스라엘 역사
—

성서가 말하는 이스라엘 시조(始祖)의 역사(창세 12,1~판관 2,23)는 유프라테스강 하류 '갈대아의 우르'에서 시작된다(창세 11,31). 아브라함의 아버지 테라는 가족과 함께 페르시아만(灣) 부근에서 북서 방향으로 500km 정도 떨어진 메소포타미아 하란으로 이주했고, 아브라함은 그곳에서 다시 가나안(팔레스티나)으로 이주한다. 아브라함은 이사악을 낳고 이사악은 야곱을 낳았으며, 야곱의 열두 아들은 나중에 이스라엘 12부족의 명칭이 된다. 야곱의 아들들은 요셉을 질투한 나머지 음모를 꾸며 그를 이집트에 팔아넘겼지만, 요셉은 이집트의 재상이 되어 파라오 다음가는 막강한 세력을 행사하게 된다. 그러던 중 기근이 들어 야곱의 가족은 이집트로 이주했고, 파라오의 수도에 인접한 델타 지역에 정착하여 요셉의 현명한 통치의 덕을 입는다. 그러다가 오랜 세월이 흐른 후 요셉을 모르는 이집트의 왕이 통치하게 되면서 히브리인들이 압제를 받게 되고(탈출 1,8), 이를 기점으로 출애굽 사건이 전개되었으며, 히브리인들은 시나이산에서 40년 동안의 방랑 기간을 보낸 후 가나안을 정복하고 그곳에 정착한다.

성서가 전하는 이스라엘의 기원에 관한 역사 서술에서 눈여겨볼 사항은, 성서에 등장하는 인물은 역사에 실존한 특정인을 지칭하는 것이 아니며, 구전으로 내려오는 역사 사건에 대한 전승을 참고했다고 하더라도 사건에 대한 묘사는 객관적인 역사적 사실에 대한 보고가 아니라는 점이다. 우리가 TV나 영화에서 접하는 역사극은 개략적인 사건에 작가의 상상력이 첨부되어 연출된 것이다. 실제 역사 기록에 등장하는 인물도 있지만, 극의 흥미를 위해 가상의 인물을 등장시키기도 한다. 또 등장인물들 간의 관계나 나누었다는 대화 내용에 대해서는 세세하게 알 수 없고 기록도 없지만, 특정 상황에 맞추어 대본이 작성된다.

이와 마찬가지로 이스라엘 민족의 전체적인 역사의 얼개는 '이름 없는 떠돌이 유목민이 다른 부족들과 세력을 규합하여 타민족의 땅인 가나안을 정복했다는 것'인데, 성서에 기록된 이스라엘의 역사 이야기는 **'야훼와의 연관성'** 안에서 야훼의 인도로 진행된 형식으로 각색되어 묘사되고 있다. 아브라함·이사악·야곱으로 이어지는 장대하고 장황한 이야기는 역사적 사실성이 없는, 이스라엘 민족의 역사가 야훼와 연관된 것처럼 묘사하기 위해 이스라엘 민족 사이에서 전승된 각종 신화나 전설들을 참조하여 창작해 낸 가공의 창작물이고, 이집트 탈출 사건 역시 역사적 사실에 대한 이야기가 아니라 야훼가 이스라엘에게 했다는 약속이 성취된 것처럼 묘사하는 창작이다. 시나이산에서의 40년 생활도 상징적인 묘사다(성서에서 숫자 40은 기다림, 시험, 고난의 시기, 오래 기다린 일의 성취 등을 상징하는 의미로 사용된다).

고고학자들과 역사학자들은 문자와 기록이 없던 시대에 몇 백 년 동안

(BC 1750~1000) 입에서 입으로 전해져 내려오던 히브리인들의 역사 이야기가 온전한 형태로 보존되어 왔다는 것은 담보될 수 없는 일이고, 생활과 문화의 변화에 따라 언어도 변하고 용어도 변화를 겪었을 것이므로 인명이나 지명이 원래의 칭호로 보존되고 전승되는 것은 불가능에 가깝다고 말한다. 성서에 등장하는 역사 사건들 역시, 히브리인들의 개괄적인 역사 과정을 바탕으로 정치적 의도와 종교적 시각에 따라 해석이 덧붙여져 각색되고 살을 붙여 과장되게 꾸며진 이야기이고, 인물들 또한 각 부족 집단에서 기억하고 있는 이름들을 차용하여 가상의 인물을 주인공으로 등장시키고 있다고 말한다. 다윗 왕 이전에 성서에 등장하는 모든 인물들은 가상의 존재이거나 전설 속의 인물이며, 언급된 사건들도 꾸며진 이야기라는 것이다. 삼손 이야기(판관 13,1~16,31)가 한 예다.

민족 시조 아브라함에 관한 이야기는 1940년경 유프라테스 강변의 고대 도시 마리의 왕궁 발굴에서 발견된 기원전 2000년경의 쐐기 문자 서판들(공문서, 편지, 종교 및 법률 문서 등)에 끼어 있던 어느 민족 기원 설화의 내용과 매우 유사하다. 이것은 성서가 기록되던 당시에 이런 류의 이야기가 산재해 있었음을 의미하며, 다윗 왕조의 사가들이 이를 참조했다는 방증이기도 하다.[23] 그리고 '이스라엘 민족의 어떤 사람에게 아들이 있었는데 두 부자는 야훼 신앙에 충실했고 다른 사람들과 더불어 이집트에서 생활했다. 그 후 그들의 후손들은 우연한 기회에 탈출 대열에 끼어 가나안으로 돌아왔다'는 류의 구전 전승을 종교적으로 해석하여 전승의 커다란 뼈대는 유지하면서, 아브라함과 이사악과 야곱이라는 가문의 이야기로 꾸며 살을 붙이고 여러 이야기들을 흥미롭게 각색하여 기록한 것이 초기

23   다음백과(http://100.daum.net), '아브라함' 항목 참조.

이스라엘 역사 이야기다.

성서 저자가 유대 민족의 역사를 부득이 야훼와의 연관성 속에 기록하고자 했던 것은 앞에서도 언급했듯이, 이러한 종교 소설적인 창작을 통해서 '이스라엘 민족의 기원과 국가 체계를 형성하게 된 과정은 신의 뜻에 의한 것이고, 이스라엘의 역사가 야훼의 보호와 이끎 속에 중단 없이 지속되어 이어져 내려왔다'는 역사의식을 이스라엘 민족에게 심어 주려는 의도에서다. 성서는 또 이스라엘 민족 기원부터 역사의 진행 과정 전체를 야훼와 연관시키는 종교적 시각으로 기록하면서도, 이야기를 전개하는 형식을 통해 다윗의 왕권 침탈의 정당성을 호도하여 '다윗 왕조의 정통성'을 내세우고, 다윗의 일련의 행위들을 옹호하고 변호하는 의도를 표출한다. 이와 관련된 세부 내용을 살펴보자.

성서는 먼저 이스라엘에 대한 야훼의 약속[땅의 정복과 민족 부흥에 대한 약속(창세 12,1~3; 13,15)]은 이스라엘의 위기 상황에도 불구하고 꾸준히 성취를 향하여 진행되었으며, 그 결과로 가나안 땅을 정복하게 되었다고 강조한다. '창작된 위기 상황적 이야기'는 다음과 같다.

1. 이집트에서 아브라함이 사라를 누이라고 속여 파라오의 비위를 맞춘 후, 파라오가 베푸는 풍요와 부를 누리는 생활에 젖게 됨으로써 야훼를 포기하는 위기에 처하게 되었다는 이야기(창세 12,1~20; 20,2~4).

2. 아브라함이 롯과의 대결에서 향후 멸망하게 될 소돔과 고모라 땅을 선택하게 될 수도 있었지만, 다행스럽게 살아남게 되었다는 이야기 (창세 13,9~14,16).

3. 사라가 아이를 낳지 못하는 여자여서 민족이 단절될 위기에 처할 뻔 했다는 이야기(창세 16,1.15~19; 21,1~4).

4. 아브라함을 시험하기 위해 이사악을 번제물로 바치는데, 이스라엘의 미래가 걸린 이사악이 희생될 수도 있었다는 이야기(창세 22,1~13).

5. 이사악이 힘겹게 아내를 선택함으로써 민족 혈통 보존의 위기를 극복했다는 이야기(창세 24장).

6. 이사악의 아내 레베카도 애를 낳지 못하는 여자라서 민족이 단절될 뻔했다는 이야기(창세 25,21~23).

7. 야곱과 에사오의 갈등으로 야곱이 죽음의 위기에 처해 이스라엘에 대한 야훼의 약속이 파기될 뻔했다는 이야기(창세 27,43; 32,2~33,4).

8. 포티파르 아내의 무고로 요셉이 죽을 위험에 처했다는 이야기(창세 39,7~20).

9. 이집트에서의 종살이로 민족의 운이 끝날 처지에 놓이게 되었다는 이야기 (탈출 1,8~14).[24]

이렇게 긴장감을 고조시키는 위기 상황 극복에 관한 이야기를 통해 성서 저자는 이스라엘 민족이 메소포타미아 지역에서 발원하였다는 민족의 형성 배경을 설명하고, 야훼의 약속과 인도로 팔레스티나 지역으로 이주했으며, 야훼의 돌봄으로 가나안 땅을 정복했다는 민족의 역사를 기록해 나간다. 이야기의 핵심은 — 야훼의 존재나 야훼에 관한 것이 아니라 — 자기 민족이 '야훼와의 연관성' 안에서 역사를 살아온 민족이라는 선민의식을 강화하는 것이다. 성서는 이어서, 야훼의 섭리에 이끌려 온 이스라엘의 놀라운 역사는 위대한 다윗 왕조의 출현을 이루어 냈다고 말한다. 즉 '다윗 왕권의 정통성을 강조'하는 이야기를 전개한다.

24　『구약성서의 이해』, pp. 26~45, '1장. 창세기 설화' 참조.

다윗 왕조 시대에 기록된 사료[야휘스트 사료(J전승)]는 전체적으로, 세상 창조에서부터 이스라엘이 가나안을 정복할 준비를 갖출 때까지 총 21세대(7세대씩 세 번)에 걸쳐 펼쳐지는 이야기이고, 과거와 단절되고 새롭게 펼쳐지는 새 시대의 시작을 상징하는 22세대 다윗 시대에 와서야 가나안 땅을 차지하게 된다는 내용으로 구성되어 있다.

성서에서 아브라함 이전의 첫 14대 동안 인간은 줄곧 야훼에게만 속한 권한을 스스로 행사하려 하고, 이에 야훼는 저주로써 인간에게 응답한다. 하지만 15대 아브라함 시대부터 21대까지 7대에 걸쳐 야훼는 다른 방법으로 인간에게 응답한다. 첫 14대 동안의 저주를 거슬러 올라가 축복을 내리는 것이다. 그리고 축복받은 이스라엘은 야훼의 손에서 번영하게 되고, 마침내 22대째인 다윗 시대에 이스라엘은 야훼가 아브라함에게 한 약속의 실현으로 가나안 땅을 차지하게 된다. 성서는 이런 이야기를 통해 다윗이 야훼가 친히 선택하여 뽑은 왕임을 강조하고, 다윗의 왕실과 함께하는 자는 야훼의 축복을 받는다는 것을 보여주고자 한다. 야휘스트 사료(J전승)에서 대칭 구도(창세 1~11장과 12장 이하 서술 부분과의 대칭 구도)에 의해 '저주'가 '축복'으로 역전되는 몇 장면을 살펴보자.

저주의 시대에 아담과 하와는 에덴동산에서 추방된다(창세 3,23). 이와 대조적으로 축복의 시대에 새 아담과 새 하와인 15대 아브라함과 사라는 축복이 될 땅을 약속받는다(창세 12,2). 아담과 하와는 야훼의 권한을 행사하려 했고(창세 3장) 다산(多産)과 경제적 부에 매달렸지만(창세 4,1), 아브라함과 사라는 후손도 보지 못하고 야훼의 명에 따라 집과 고향을 떠나게 된다(창세 12,1). 이것은 자신의 번영과 후손 문제를 야훼에게 전적으로 맡긴 것으로, 만일 아브라함이 성공하게 된다면 그것은 자신의 노력에 의해서가 아니라 야훼의 손에 의한 것이라는 의미다.

아담과 하와는 후손을 갖는 데 열중했고, 하와가 카인과 아벨을 낳지만 카인은 질투심에 아벨을 죽이고 야훼의 저주를 받는다(창세 4,1~16). 이와는 대조적으로 새 아담과 하와인 아브라함과 사라는 이집트로 옮겨가 남매처럼 지낸다(창세 12,10~20). 그 결과 그들은 아들 이사악을 얻고 재산으로 축복을 받는다(창세 21,2). 카인 이야기와 대조되는 부분은 아브라함이 형제인 롯에게 비옥하고 푸르른 분지를 나누어 주어 축복을 받는 장면이다(창세 13,1~18). 성서는 이런 이야기들의 전개를 통해 소돔의 왕은 카인의 계보에 속하는 사람이며, 다윗은 아브라함·이사악·야곱의 계보에 속하는 사람이라는 것을 강조한다. 그리고 전임 왕 사울 역시 카인의 계보에 속하는 사람으로 그려냄으로써 다윗이 사울로부터 왕위를 찬탈한 것을 정당화한다.

J사료는 다윗의 정통성을 강조하기 위해 '아들 문제'에도 대단한 관심을 기울인다. 사라가 늘그막에 출산한 이사악은 아브라함의 장남이 아니었음에도 야훼가 아브라함에게 베푼 축복을 계승하게 되고(창세 25,11), 야곱도 장남이 아니지만 에사우로부터 장자권을 넘겨받게 된다(창세 25,33; 27,28). 또 장남이 아닌 요셉도 이집트에서 형제들을 구한다(창세 46장 참조). 다윗은 자신이 이사이의 맏아들이 아니며(1사무 16,11) 사울 왕가의 후손도 아니었으므로 전통적 규범에 의해 왕권을 이어받기에 부적합한 인물이었다. 그래서 이런 이야기를 통해 인간적·전통적 질서는 그렇다 하더라도 자신이 신의 권한으로 신에게 선택된 자임을 은연중 강조하며 왕권 찬탈을 정당화한다.

다음은 '배우자 선택 권리'에 관한 내용이다. 다윗은 권력 구조 안에서 정략결혼을 통해 연합 부족 족장들과 동맹을 맺고, 힘 있는 경쟁자들을 없애고 그들의 부인들과 부당하게 혼인을 했다(2사무 11,27 참조). J사료는 다윗의 이러한 행위를 정당화할 필요성에 의해 저주받은 혼인과 축복받은 혼인에 관한 이야기를 구성해 낸다. 노아의 홍수 이전의 저주받은 시대에는 남자들이 자신들의 욕망에 따라 아내를 선택했다(창세 6,1~13). 이러한 결합으로 이기적이고 탐욕적인 사람들이 태어났고, 야훼는 이들을 쓸어버리기 위해 대홍수를 일으킨다. 이와는 대조적으로 축복의 시대에 이사악은 신붓감을 골라야 할 때가 되자 야훼에게 의탁하고, 야훼는 레베카를 선택하여 이사악과 맺어준다(창세 24장). J사료는 이 이야기를 통해 다윗의 혼인은 저주받은 왕들의 혼인과는 다르고, 이사악의 전승 안에서 야훼가 정해준 아내들로 축복을 받았다고 강조한다.

이어지는 '이집트 탈출 사건'에 관한 이야기는 야훼가 이스라엘 민족을 해방시키고 구원하였다는 것을 대표적으로 보여주는 사화인데, 이것 역시 다윗 왕조의 성서 저자들이 이스라엘의 역사를 야훼가 이끌어 왔다는 식으로 자신들의 역사를 표현하고, 야훼가 이스라엘 민족의 시발점부터 이스라엘 민족과 특별한 관계를 맺고 있었다는 점을 강조하기 위한 창작이다. 출애굽은 역사 안에서 실제로 있었던 사건이 아니다(자세한 내용은 아래 187쪽, '출애굽의 역사적 사실성' 항 참조).

J사료는 출애굽 이야기를 통해 야곱과 유다와 요셉 대에 걸친 이야기를 장황하게 전개시키는데, 이것은 다윗 왕권이 부족연맹동맹체 안에서 유대 부족에 뿌리를 두고 있기 때문이다. 출애굽 이야기에서 야훼는 모세를 통해 이스라엘을 구해 내는데, 그 과정에서 파라오[성서에 의하면 파라오는 카인의 후손인 노아의 아들 함으로 이어지는 저주받은 계보에 속한다(창세 10,6)]의 맏아들을 죽임으로써 아담의 맏아들 카인에 의한 아벨의 죽음에 대해 보복한다. 여기서도 J사료는 야훼가 맏아들을 싫어하는 것으로 묘사

하고, 이것을 맡아들이 아닌 다윗이 왕좌를 찬탈한 것을 정당화하는 도구로 사용한다. 그리고 모세의 이야기를 통해 다윗 왕실과 이스라엘의 번영은 혈족 관계나 상속의 권리에 의한 것이 아니라 야훼의 축복으로 말미암은 직접적인 결과임을 강조한다.[25]

창세기와 탈출기를 통해 전개되는 J사료의 이야기는 종합적으로, 이스라엘 민족은 가나안 만신전 신들 중의 하나인 야훼로부터 기원하였으며, 유대 왕국 또한 야훼의 의지와 인도로 건립되었음을 강조함으로써 민족 자긍심을 고취시킨다. 그리고 야훼는 이스라엘 조상들의 발자취를 따라 정통성 있게 설립된 다윗 왕조를 통해 새로 형성된 유대 왕국의 모든 백성에게 평화와 번영을 가져다줄 것이므로 이스라엘은 '야훼 신앙'을 기반으로 민족 규합을 이루어야 하고, 유대 왕국의 세력 있는 각 부족 족장들과 주민들은 다윗 왕조가 중앙 집권적인 권력을 성공적으로 형성하는 데 참여해야 한다고 촉구한다.

참고로 J사료는 아브라함을 중시하지만 기원전 850년경 북부 이스라엘 여로보암 왕조에서 별도로 기록된 '엘로히스트 사료(E전승)'는 모세를 강조한다. 그런데 J사료나 E사료는 둘 다 모세를 입법자로 제시하지 않으며, 시나이 산을 언급할 때도 십계명에 대해서는 언급조차 하지 않는다. J사료나 E사료가 쓰여질 당시에는 율법에 대한 관념이 없었던 것이다. 십계명과 율법에 관한 것은 기원전 600년경 요시아왕(BC 640~609 재위) 시대에 기록된 '신명기계 사료(D전승)'에서야 기록된다.[26] J전승은 신을 의인화한 표현으로 묘사하고, E전승은 신을 보다 초월적인 존재로

---

25   『구약성서의 이해』 7장, 「이스라엘의 국가적 서사시」 참조.

26   『축의 시대』, p. 167.

보아 신과 인간 사이에 천사가 중개자로 나서는 것으로 묘사하는 특성을 가진다.

후대에 다윗이 세웠던 군주 체제가 무너지자(BC 933) J사료의 이야기는 전체적으로 개정된다. 북부 이스라엘에서 작성된 E사료와 혼합되고 다른 전승들이 첨부되거나 본문이 수정·보완·개작 등의 과정을 거쳐 성서를 기록하던 처음 의도와는 다른 방향, 곧 **'이스라엘 역사와 야훼와의 연관성'**(이스라엘 역사와 야훼와의 연관성 의도적 결부 관점)을 부각시키고자 하는 방향이 아닌, **'야훼에 의한 이스라엘 역사 진행'**(야훼의 의도에 따른 이스라엘 역사 진행 관점)의 관점으로 성서가 개정되고 편집된다. 기원전 6세기에 바빌론 유배를 마치고 귀환한 유대인들과 이후의 가톨릭은, 후대에 '야훼의 의도에 따른 이스라엘 역사 진행' 관점으로 편집된 성서를 기반으로 성서를 해석하고, 야훼를 유일신으로 주장하며 숭배한다.

출애굽의 역사적 사실성

—

이집트 종살이에서의 해방을 말하는 출애굽 사건의 역사적 사실성에 대해 살펴보자. '이집트에서의 탈출'(출애굽)은 이스라엘인들의 구원역사 의식의 기원이며 이스라엘 민족 공동체의 기원으로 해석되는 사건이지만, 사건의 역사적 사실성이 의심되므로 고고학자와 역사학자들의 연구 결과를 살펴볼 필요가 있다.

성서에 묘사된 출애굽 전승은 다윗 왕정 시대부터 편집되고 기록되기 시작했고(BC 1000~587 사이), 탈출기를 포함한 모세오경(창세기, 탈출기,

레위기, 민수기, 신명기)은 바빌로니아 유배 이후(BC 550~400년경)에 종합 편집되었는데, 이 문헌들은 독립적으로 전해지던 다양한 전승 사료를 수집·편집하는 여러 단계를 거치면서 종합된 것이기에 많은 반복과 문체상의 불규칙과 모순이 있다. 한 예로 아브라함의 설화 중 아브라함은 두 번이나 거짓말을 하여 외국의 왕이 자기 아내를 범하게 할 위기를 자초한다(창세 12,10~17; 20,1~18). 더욱이 아브라함의 아들인 이사악도 같은 거짓말을 한다(창세 26,6~11). 또 출애굽의 설화에서 같은 산을 두고 시나이와 호렙이라는 두 가지 이름이 사용되고, 십계명도 두 가지 형태다(탈출 20장; 신명 5장).

모세의 소명과 지명에 관한 이야기도 두 번 언급되는데, 한 곳에서는 미디안 땅에서(탈출 3,1~4,17), 또 다른 곳에서는 이집트에서(탈출 6,2~7,7) 일어난 일로 기록하고 있다. 나아가 이 두 이야기에서는 모세와 그의 형 아론의 역할도 다르게 나타난다. 첫째 이야기에서는 아론이 모세를 돕도록 지명되어(탈출 4,14~17) 모세와 함께 파라오에게 가게 되고, 모세가 파라오에게 야훼의 명을 전하고 지팡이로 기적을 행한다(탈출 4,21). 둘째 이야기에서는 아론이 자기의 지팡이로 기적을 행한다(탈출 7,8~13). 탈출기에 나타나는 이러한 불규칙, 모순, 반복, 문체상의 차이는 시대가 변할 때마다 편집자나 저자가 자신의 의도에 따라 설화를 새롭게 손질하고 해설했다는 사실과 함께 모세오경이 여러 전승 사료가 섞인 복합적인 작품임을 말해 준다.

성서 기록에 의하면, 기근이 들어 야곱과 그의 열두 아들이 이집트로 이주했는데, 처음에는 그곳에서 번창했지만 결국 이집트인들의 노예가 되어 그곳에서 400년 동안 고달픈 포로 생활을 한다. 마침내 기원전 1290년경 그들의 신 야훼는 그들을 동정하여, 모세에게 영도를 맡겨 그들을 해방한다. 야훼는 홍해의 물을 가르는 기적으로 그들을 구원하고, 시나이 산에서 계약을 맺고, 그들을 신성하게 만들 '율법'을 준다. 그들은 광야에서 40년을 떠돌다가 기원전 1250년경부터 가나안 정복 사업을 단행했고, 기원전 1200년경 모세의 후계자인 여호수아의 지도로 가나안의 모든 도시를 파괴하고 그 땅을 자기들의 것으로 만들어 정착한다.

가톨릭은 이스라엘 민족 구원 역사의 진정한 시발점은 그들로 하여금 역사적 공동체로서의 자의식을 갖게 한 결정적인 역사적 체험인 '출애굽', 이집트에서의 탈출 사건이라고 말한다. 이스라엘 민족은 출애굽 사건의 체험을 통해 자기 민족의 초기 역사뿐만 아니라 후대의 사건들까지도 '야훼가 자신의 의도에 따라' 주도적으로 이끈 것이라는 역사 인식을 갖게 되었고, 오늘에 이르러서도 자신들의 민족 공동체를 이루게 한 출발점이며 또 불멸의 기억을 남겨준 이 계시 사건으로 자기들에게 주어진 소명과 자기 민족의 운명을 이해한다는 것이다.

사실 어떤 민족이건 자기네의 정체성과 운명을 자각하게 해 준 사건과 역사를 민족 공동체가 공유하면서 민족적 자의식을 갖게 된다. 과거부터 유대인들은 성서가 전해 주는 '이집트의 종살이로부터 해방된 사실'이 야훼를 섬겨야 할 동기이며 미래에 누릴 번영의 바탕이라고 생각했다. 그리고 과거의 사건을 통해 자기 민족이 야훼와 신성한 계약을 맺은 계약 민족이 되었으므로, 계약 민족의 구성원으로서의 개개인은 야훼가 준 법(율법)을 충실히 지키며 사는 것을 책무로 여겨야 한다고 생각한다. 또 자기 민족을 위한 소명에 충실을 기하는 것을 출애굽에 대한 감사의 응답으로 여긴다. 이런 인식 속에 이스라엘은 언제나 자기 민족의 역사적 사건 속에 야훼가 함께했다고 기억하고 그 기억을 계승하며 보존해 왔다. 만일 유대인의 역사적 기억이 계승되지 않았다면 유대 공동체는 와해되었을 것이다. 하지만 유대교와 가톨릭이 '야훼가 인류의 역사를 이끌어 왔다는 믿음을 갖게 된 근본 바탕'이 되었다고 말하는 출애굽 사건은 정작 역사 안에서 실제로 발생한 사건이 아니다. 그런 사건은 일어나지 않았다.

역사학자들은 헤브론 근처 산악 지대에서 유목 생활을 하던 히브리인들이 상품 교역을 위해 이집트를 자주 왕래했고, 이집트의 파라오 세토스 1세(BC 1291~1278 재위)의 델타 지역 대규모 토목공사 때는 유급 인부로 현장에서 일하며 생계를 이어가기도 했다고 말한다(이집트의 파라오들은 피라밋 건설에서도 현장 인부들에게 임금을 지불했었다). 하지만 고고학자들은 이집트 고센 지대에 히브리인들이 대규모로 거주한 흔적은 발견되지 않으며, 집단 탈출의 흔적도 발견할 수 없다고 말한다. 그리고 히브리인이 파라오의 궁전에서 고위 직위에 올라 업무를 수행했다는 이집트 역사 사료도 없고, 모세의 역사적 실재성을 입증하는 사료는 물론, 모세와 파라오가 민족 이동을 사유로 갈등을 빚었거나 군대를 출동시켰다는 역사 기록도 없다는 것을 확인했다. 그래서 홍해를 건넜다는 '출애굽 이야기'는 예리고 근처의 요르단강을 성공적으로 건넌 일을 기념하는 '길갈의 봄 축제'(pesach, '유월절')에 관한 이야기(여호 3,13~17), 곧 기원전 13세기가 아니라 기원전 7세기나 6세기의 상황을 반영한 것으로 추정한다. 탈출기는 약속의 땅을 통과하는 승리의 행진을 묘사하고 있는데 이때 출애굽을 목격한 사람들이 정작 이집트나 시나이 사람들이 아니라 가나안 거주자와 요르단강 동쪽 여러 왕국에 사는 사람들(탈출 15,14~16)이었다는 것이 이를 말해준다는 것이다.

이스라엘 사람들의 봄 축제인 페사크(pesach, '유월절') 축제는 예리고 공격 때 요르단강을 건넌 것을 기념하는 축제로, 이날 이스라엘 사람들은 요르단강 동쪽 제방에 모여 정화 의식을 거행한 뒤 둑으로 막은 물을 건너 서쪽 제방으로 가서 길갈의 신전으로 들어갔다. 그리고 이곳에서 야영하며 언약을 갱신하고, 승리를 거두어 이 땅에 들어온 뒤 처음으로 그 땅의 소출을 먹었던 선조들을 기억하여 누룩을 넣지 않은 빵(마조트)과 볶은 곡식을 먹었다(여호 5,10~12). 학자들은 탈출기 저자가 요르단강을 건넜던 사실을 모티브로 홍해를 통과하는 극적인 탈출 장면을 묘사함으로써 이스라엘이 야훼와 밀접하고 강력한 관계로 맺어져 있었음을 강조하고, 야훼가 자기 백성에게 구원을 베풀기 위해 인간 역사에 개입한다는 것을 강조하고 있다고 말한다.[27]

다른 학자들은 이야기의 모티브가 되는 다른 전승이 있었을 것으로 추정한다. 성서에서도 볼 수 있듯이 기원전 13세기 후반경 팔레스티나와 이집트를 포함한 근동의 정치 상황은 혼란 그 자체였다. 군사 전략적 요충지인 팔레스티나를 사이에 두고 이집트와 바빌로니아의 세력 경쟁은 우열을 가릴 수 없을 만큼 치열하게 전개되었다. 이런 혼란기에 팔레스티나 남부 산악 지대 헤브론을 근거지로 삼아 생활하던 이주민 히브리인들은 생필품을 찾아 이집트를 왕래하기도 하고, 북쪽의 가나안 농경 지역에서 물품 거래를 하기도 했다. 그러던 중 이집트의 세토스 1세(BC 1291~1278 재위)가 팔레스티나와 시리아를 침공하는 사건이 있었다. 이때 생존을 위해 이집트에 정착해 살던 일부 히브리인들의 피난 행렬이 있었고, 이때의 전승(傳承)이 탈출기의 모티브가 되었을 가능성이 있다. 그리고 기원전 1800년경부터 지중해를 건너 이주해 와 가나안 지역에 도

---

27 『축의 시대』, pp. 83~87 참조.

시국가를 건설하며 정착한 해양 부족 외에 또 다른 해양 부족이 기원전 1150년경 팔레스티나 남부 해변으로 밀려들었다. 그러던 중에 팔레스티나 남부를 장악하고 있던 이집트가 세력을 잃고 철수하면서 해당 지역 사람들은 살던 지역에서 이집트 지배로부터의 해방을 맞았고, 이집트 나일강 삼각주 지대에 머물던 소수의 히브리인들이나 이방 민족은 홍해를 건너 원 정착지로 귀향하는 사태가 발생했다. 이런 역사적 상황들이 혼합되고 섞여서 성서에 대탈출의 역사로 과장되어 묘사된 것으로 추정한다.[28] 어떻게 추정하든, 대규모 탈출 사건은 없었다는 것이 역사학자들의 공통된 의견이다.

성서가 기록하고 있는 출애굽 사건은 창세기와 마찬가지로 가나안 정복은 이스라엘 민족의 욕망이 아니라 신의 선택과 섭리로 이루어진 일이라는 정복의 정당성 ─ 신이 이스라엘 민족을 이집트에서 구출하여 가나안을 차지하게 하였다는 ─ 을 확보하고, '마치 야훼가 이스라엘 민족의 역사를 이끌어 온 것처럼' 설파할 의도로 작성된 창작물이다. 그런데 이러한 정치 공학적인 의도에서 이스라엘의 역사를 야훼와의 연관성으로 해석하여 창작된 야훼 신화가 이후 기원전 500년경까지 400여 년 동안 계속해서 새롭게 해석되고 각색 · 편집 · 수정 · 보완의 과정을 거치면서, 신화 속 상상과 가상의 존재에 불과했던 야훼는 더욱더 실재하는 신이며 세상의 일을 주관하는 신으로 사람들의 의식과 생활 속에 깊게 자리 잡게 되었다. 그리고 성서 기록의 **'이스라엘 역사와 야훼와의 연관성 의도적 결부 관점'**이 **'야훼의 의도에 따른 이스라엘 역사 진행 관점'**으로 전

28　『성경의 탄생』, p. 114.

환되었다.

다시 말해서, 성서는 '이스라엘의 역사를 야훼가 주도해 이끈 것처럼 꾸미기 위해 창작된 것'이라는 인식을 갖지 못한 후대 유대인들은, 가톨릭의 주장처럼 성서 저술가들이 이스라엘 민족의 과거 역사를 뒤돌아보는 과정에서 '야훼가 언제나 자기 민족과 함께하면서 역사를 주도적으로 이끌어 왔다는 것을 깨달아 성서를 기록한 것'이라고 생각하게 되었고, 이러한 이해 속에 야훼는 분명하게 인류의 역사에 개입하는 살아 있는 신으로 인식되었다. 의도된 창작 작품인 신화 속의 가상의 신을 실재하는 신으로 인식하게 된 것이다.

이후, 후대 유대교 학자들과 소위 예언자(預言者)라는 사람들은 자신들의 시대 상황을 어떤 형태로든 야훼와 연관시키고자 하는 자기중심적인 관점으로 역사 해석을 시도하면서 유대 종교전통을 존속시키는데 기여했고, 이런 일련의 과정을 거치면서 점차 야훼는 세상의 질서를 관장하는 최상의 신이며 유일하게 존재하는 신으로 유대인들의 의식과 사고에 더욱 확고하게 자리매김되었다. 그리고 이스라엘 민족의 역사는 야훼와 함께 그리고 야훼의 계획 속에 이끌려진다는 종교의식과 역사의식이 강화되었다. 이런 과정에서 급기야 인류의 구원을 위해 신이 직접 인간의 몸을 취해(肉化) 세상에 강림(降臨)하였다는 사상까지 등장하게 되었다.

우리에게도 만일 단군 신화를 모든 국민이 절대적인 신앙 진리로 믿어야 한다고 무력으로 강요하는 정권이 있었고 그 정치권력의 종교 이념 역사가 무려 1,000여 년이 넘는 세월 동안 지속되어 내려왔다면, 한민족의 역사는 환인이 자신의 의지로 이끌어 온 신앙의 역사로 인식되었을 것이고, 단군 신화가 제시하는 종교 사상은 우리 민족의 삶의 문화와 의식과 민족 정서에 깊숙이 뿌리를 내려 사상적 이념과 가치 판단의 기준이 되었을 것이다. 또한 수백 년간 믿어져 온 환인과 단군 숭배 종교전통의 신념은 어느 누구도 반박할 수 없는 절대 진리로 인식되고, 환인과 단군을 절대신 하느님으로 숭배하는 종교전통이 오롯이 계승되어 이어져 내려왔을 것이다.

출애굽은 역사적 실제 사건이 아니다. 설령 그런 사건이 있었다고 해도 그것은 신의 개입으로 발생한 일일 수 없다. 신은 실재성이 없는 관념의 산물로 어떤 작동이나 작용을 일으킬 수 없기 때문이다. 따라서 발생하지도 않았고 종교 문학적으로 창작된 사건에서 (가상의 신화적 산물인) 야훼의 구원 역사에 대한 어떤 의지와 의도를 파악한다는 것은 있을 수 없는 일이다(이런 점에서 출애굽을 신의 계획에 따라 발생한 역사적 실제 사건이자 인류의 구원을 위한 신의 의지가 표출된 사건이라고 호도하고, 이런 주장의 전개를 통해 야훼라는 신이 마치 인류 역사에 개입하는 실재적 존재인 것처럼 강변하는 가톨릭의 행태는 신화의 구조화를 통해 자기 종교전통의 존립 정당성을 강조하고 유지하기 위한 기만적 처사라 할 것이다).

율법과 모세오경의 완성

—

야훼 신앙에 십계명이나 안식일 준수 등의 율법이 도입된 것도, 성서의 기록처럼 기원전 13세기경에 시나이산에서 모세에게 율법이 주어졌다는 것에서 비롯된 것이 아니다(탈출 34,1~28 참조). 율법 규정이 마련된 것은 요시아(BC 640~609 재위) 임금 시대이며, 모세가 시나이산에서 야훼와 계약을 맺고 계명을 받았다는 이야기(탈출 19,1~민수 10,10)나 각종 율법 규정과 관련된 이야기들은 창세기와 탈출기가 기록된 시점(BC 950년경)보다 400여 년 후인 기원전 500년경, 페르시아 고레스(키루스)가 발한 칙령(BC 538)으로 바빌로니아에서의 유배 생활을 마치고 본국으로 귀환하게 된 유대인들이 요시아 왕의 종교 개혁 전후로 완성된 '신명기계 문서'(D전승. 신명기~열왕기 하권, 여호수아와 판관기 일부 포함, 룻기는 제외)를 참조하여 첨부한 것이다.

요시아 왕 이전에 기록된 성서에는 ― 율법 자체가 없었으므로 ― 율법과 관련된 내용이 들어 있지 않았고 율법 준수를 중시하는 사상도 없었다. 그리고 야훼 숭배 의식은 타 종교전통에서 받아들인 동물 희생제, 즉 살아 있는 동물을 제물로 바치는 희생제사 뿐이었다. 앞에서 살펴보았듯이 원성서라 할 수 있는 야휘스트 사료(J전승)나 엘로히스트 사료(E전승)는 모세를 입법자로 제시하지 않으며 시나이산의 계약을 언급할 때도 십계명은 언급조차 하지 않는다. 요시아 왕 시기에 재정리된 신명기계 전승(D사료)에는 다윗 시대부터 바빌로니아 유배 시대까지의 역사 기록이 들어 있고, 이 사료는 바빌로니아에서 귀환한 제관들에 의해 탈출기(19,1~끝), 레위기, 민수기(1,1~10,10) 등이 첨부되어 완성되었다.

요시아는 야훼 유일신 숭배 종교전통을 구축하기 위한 목적에서 여타 신들에 대한 신봉을 타파하고, 기존의 야훼 숭배 시스템을 '예루살렘 성전 중심 제의' 및 '율법을 준수하는 신앙생활'로 대체하고자 종교 개혁을 단행했던 왕이다.

요시아의 선대왕 므낫세(BC 687~642 재위)는 기원전 722년에 북부 이스라엘을 함락시킨 아시리아의 봉신 역할에 충실을 기해 국가의 안녕과 번영을 도모하고자 했고, 아시리아의 환심을 사기 위해 아시리아의 신 아슈르의 신전을 세우고 바알(전사·풍요의 신)의 제단을 쌓았으며, 바알의 부인인 아세라(다산·풍요의 신) 여신상을 예루살렘 성전에 갖다 두기도 했다. 이러한 일련의 행위는 사실상 야훼 신앙과 더불어 다양한 능력의 신들을 숭배하던 유대인들에게는 그리 놀랄 만한 일은 아니었다. 하지만 유대 민족주의자들의 반감을 샀고, 결국 므낫세 사망 후 쿠데타가 일어나 후임 왕 므낫세의 아들 아몬(BC 642~640 재위)이 암살당하고, 아몬의 아들 요시아가 8세의 어린 나이로 왕위에 앉혀졌다(BC 640).

아시리아는 이미 기원전 656년 레반트 전투에서 이집트의 파라오 프사메티코스 1세(BC 664~610 재위)에게 밀려나면서 쇠퇴하기 시작했는데, 유대의 요시아 왕은 쇠락하는 아시리아와의 관계를 단절하고 스스로 이집트의 봉신이 되어 정치적인 안정 속에서 자신의 왕국을 확장할 기회를 잡았다. 그리고 유대뿐만 아니라 팔레스티나 전역에 걸쳐 과거 다윗 왕조를 재건하고 솔로몬 왕국의 영광을 되찾기 위한 정책을 폈다.

요시아는 국가 부흥을 촉진하기 위한 일환으로 이교도 신전 파괴 등의 종교 개혁을 통해 종교 부흥을 일으키고, 예루살렘 성전에서 거행되는 제사를 중시하는 종교 정책을 펼쳤으며, 전해져 내려오던 신명기계 전승 사료(D전승)를 보다 복잡하고 정교하게 다시 손질하여 법률집들과 역사서들로 이루어진, 이른바 '신명기계 역사서'를 완성하기도 했다.

요시아 왕이 율법 체계를 확립하고 자신이 행하는 종교 개혁의 정당성을 확보하기 위한 수단으로 삼은 것은 솔로몬 성전 확장 공사 과정에서 발견하였다는 '율법서'라는 책이다(BC 621. 2열왕 22,8). 즉 요시아는 이 '율법서'를 근거로 율법 규정을 확립하고, 야훼가 아닌 바알이나 아세라 등의 이방신을 섬기는 제단과 산당, 신전을 파괴하는 종교 개혁을 단행했다(2열왕 23,4~20). 요시아 치하에서 첨부된 신명기 4,44~6,25의 십계명에 관련된 내용과, 같은 책 14,1~30,20의 각종 규정들은 '율법서'의 내용을 반영한 것이다.

문제는 이 '율법서'라는 책의 진위 여부다. 율법서는 성서에서 유일하게 이 대목에서만 등장한다. 만일 율법을 기록한 책이 기존부터 존재했다면 다윗 왕 때부터 집권한 모든 왕조가 이를 토대 삼아 율법을 규정하거나 세부적인 내용까지 관리하는 체제를 구축했을 것이다. 그리고 율법을 가르치는 교육기관을 설치하고 율법 교사를 양성했을 것이다. 하지만 성서 기록 어디에서도 그런 흔적은 찾을 수 없다. 이러한 사실로 미루어 본다면 율법서는 요시아 왕의 위작일 가능성이 크다.

학자들은 율법서가 고대에 쓰인 것이 아니라 완전히 새로운 경전인 것이 분명하다고 말한다. 실제로 당시 일반인들은 대부분 문맹이었고 값비싼 양피지나 파피루스에 글을 기록할 필요성을 느끼지도 않았으며 또 그렇게 할 수 있는 경제적인 여력도 갖지 못했다. 그리고 남부 유다와 북부 이스라엘 왕국에서 야휘스트 사료(J사료)나 엘로히스트 사료(E사료)가 기록되기(BC 950~850) 전까지 종교적 텍스트를 읽거나 쓰는 일은 거의 없었고, 야훼의 가르침을 적어 놓는 전통도 없었다. 예컨대, 모세가 '야훼의 말씀을 다 기록한 다음 백성들에게 읽어 들려주었다'는 탈출기(24,4~8)의 내용은 후대에 첨부된 것이다.

요시아의 율법서가 진짜라고 하여도 이 귀중한 문서는 수백 년 동안 사라진 상태였기 때문에 그 가르침은 한 번도 이행된 적이 없다. 요시아는 당시의 야훼 신앙이 위기에 처했다고 느꼈고, '만일 모세가 오늘날 율법을 전달한다면 하고자 하는 말은 바로 율법서에 기록된 그것일 것'이라고 생각하여, 율법서를 통해 새로운 종교전통을 수립하고 싶어 했다고 보아야

할 것이다.[29]

요시아 왕이 정리한 율법 규정에 관한 기록은 유배 후 귀환하여 '예루살
렘 성전 예배 전통'을 재건하고자 한 유대인들에 의해 다시 정리되고 손
질되었는데, 그렇게 해서 작성된 것이 '제관계 전승(P사료)'이라고 불리
는 문헌들이다. 바빌로니아에서 귀환한 유대인들은 페르시아의 후원으로
예루살렘 성전을 재건하게 되었고, 이 과정에서 '예루살렘 성전 예배 중
심' 신앙이 복원되고 사제 계급이 다시 부활되었다. 그리고 성전에 종사하
게 된 제관들은 신명기계 문헌들을 참조하여 성전에 대한 지침, 성막(聖
幕)과 제례(祭禮), 성물(聖物)에 관한 규정들, 제례에 따른 여러 가지 규정
과 지침들을 기록했고, 기존의 성서에 자신들의 신 관념이 담긴 내용들
을 첨부하여 성서를 편집했다. 창세기 일부(1,1~2,3; 5,1~6,4; 6,9~22;
9,1~10,32)·탈출기 일부(19,1~끝)·레위기·민수기 등의 사료가 그것
이다. 그중 창세기 1,1~2,4의 창조설화가 대표적이다. 성서 집필을 시기
별로 정리한다면, 창세기와 탈출기 전반부는 기원전 950~850년경 쓰였
고, 탈출기 후반부부터 열왕기 하권까지는 기원전 650~500년에 쓰여 정
리된 것이다.

이상에서 살펴보았듯이, 성서는 '야훼에 관한' 기록이 아니다. 성서는
상상의 산물인 야훼를 실재하는 신으로 전제한 상태에서, 이스라엘의 역
사가 마치 그 기원부터 '야훼와 관계가 있었다'는 것 — **이스라엘 역사와
야훼와의 연관성 의도적 결부 관점** — 으로 꾸며진 의도적인 기록이다. 야
훼는 실재하는 신인 것도 아니고, 신은 역사 안에서 활동하지도 않았으

29　『축의 시대』 pp. 167~272 참조.

J. 야휘스트 사료	E. 엘로히스트 사료	D. 신명기계 사료	P. 제관계 사료	현재의 성서
BC 950경	BC 850경	BC 650경	BC 500경	유배 이후 (BC 500~400경)
창세기 1~10장			창세기 1~10장 (J+P 혼합) P 부분(1.1~2.3, 5.1~6.4: 6.9~22: 9.1~10.32)	창세기
창세기 11장~끝 (J+E 혼합)				
탈출기 1~18장 (J+E 혼합)			탈출기 19장~끝	탈출기
			레위기	레위기
민수기 10,11~끝 (J+E 혼합)			민수기 1.1~10.10	민수기
		신명기		신명기
		여호수아기		여호수아기
		판관기		판관기
		사무엘기		사무엘기
		열왕기		열왕기

* J · E · D · P는 유배 이후(BC 500~400년경) 제관들에 의해 종합 편집되어 오늘의 형태로 고정됨.

며, 역사는 신의 의도가 실현되어 가는 과정도 아니다. 그럼에도 다윗 왕조는 역사란 신의 역사(役事)가 펼쳐지는 장(場)이라고 말하고자 했고, 자신의 왕조는 신과의 깊은 관계성 속에 이루어진 왕조라고 말하고 싶었던 것이다.

다윗 왕조 시기에 기록된 성서(J사료)와 북부 이스라엘 왕조에서 기록된 성서(E사료)는 후대에 '야훼에 관한' 기록으로 해석되고, 야훼를 중심으로 역사를 해석하는 방향으로 의식이 역전환되면서(D사료, P사료) 역사를 야훼 중심 관점으로 이해하는 것을 당연시하게 되었다.

그런데 다윗 왕조 이후의 유대교나 가톨릭처럼 성서를 '야훼가 자신의 뜻과 의지대로 역사를 이끌어 온 것을 기록한 문건'이라는 관점 — **야훼의 의도에 따른 이스라엘 역사 진행 관점** — 으로 바라보면 도리어 성서가 여타 신화와 다를 바 없는 인간 상상의 창작물이라는 것을 보다 쉽게 이해할 수 있게 된다. 실재하지도 않는 신이 자기 뜻대로 인간을 조종하여 역사를 이끌어 왔다는 것은 있을 수 없는 일이고(이는 주체 의식과 주인 의식을 갖고 살아가는 인간에 대한 모독이기도 하다), 신이 있다고 해도 신이 자신의 의지를 실현시키기 위함이거나 자신에 대한 불신을 보복할 목적에서 대량 학살을 자행하는 것은 상식적이지 않으며(창세 6,9~7,5; 탈출 12,29~30; 32,25~29), 인간이 자신이 처한 위험을 모면하기 위해 딸을 제물 삼는(창세 19,4~8; 판관 19,15~24) 여성 혐오·여성 비하 의식을 용인하는 것도 이해할 수 없고, 딸이 아버지의 자식을 낳는 것을 허용(창세 19,30~38)하는 비도덕적인 신이라는 것도 비상식적이다. 가톨릭의 주장처럼 신이 도덕·윤리의 절대적인 원천이라면 그 원칙과 기준은 시공을 초월하여 동일하게 적용되어야 한다. 그런데 성서 시대 사람들에게 그런 비상식적이고 반인륜적인 태도와 의식을 용인하고, 또한 성서가 그런 일을 아무런 문제 의식 없이 묘사하고 있는 것은 성서가 신의 기준이 아닌, 개화되지 않은 인간 이성과 인식의 수준에 머문 시대 환경 속 인간의 상상으로 기록되었다는 방증으로 볼 수 있다.

다윗 왕조에서 기록한 성서는 이스라엘 민족의 역사에 역동성을 부여함과 함께, 이스라엘 민족과 야훼와의 연관성을 강조하기 위한 목적에서 의도적으로 창작한 종교 역사, 창작 신화일 따름이다. 따라서 성서에 묘사된 이런 가상의 신을 실재하는 신이며 사랑과 자비의 신으로 숭배한다는 유대교와 가톨릭의 종교전통은 합리성을 가질 수 없고, 정권의 안정을 도모할 목적에서 있지도 않았던 사건들을 의도적으로 각색하여 실제 역사적 사건인 것처럼 기술한 묘사들에 대해, 그것은 '신의 섭리에 따라 성령의 인도로 기록된 것'이라는 논리를 전개하는 가톨릭의 주장 역시 정당성을 가질 수 없다고 할 것이다.

성서를 대하는 가톨릭의 시각

—

가톨릭은 성서가 '야훼가 직접 말한 것을 받아 적은 것은 아니지만, 역사를 전쟁, 인구 이동, 문화의 흥망성쇠 등에 대한 통상적인 이야기가 아니라 역사적 사건 안에서 신이 활동한 것이며 신의 의도가 실현되어가는 과정이라고 생각한 사람들이 이스라엘 민족의 과거 사건들을 신앙의 관점으로 뒤돌아보면서 그 안에 들어 있는 야훼의 어떤 계획과 의도를 포착했고, 그들 자신이 감지한 야훼의 현존과 의도를 밝히고 야훼를 소개하기 위해 인간의 언어로 기록한 신앙적·문학적 산물'이라고 말한다. 곧 성서는 단순히 세속의 역사나 문화를 다룬 책이 아니라 역사적인 체험을 신앙으로 해석해서 인생의 궁극적인 의미를 밝히려는 거룩한 역사서이자, 신과 인간의 만남에 대한 증언이며, 신이 해 온 일과 하는 일과 할 일에 대한 이야기라는 것이다.[30]

---

30 『성서입문』, pp. 26~27 참조. 누군가가 땅을 뒤흔드는 지진은 분노한 신이 불편한 심기를 드러내서 일어나는 현상이라는 망상에 사로잡히면 모든 자연 현상이나 제반 상황들이 신의 역사(役事)로 보일 것이고, 전쟁이나 전염병이 창궐하는 것도 신의 심판으로 이해될 것이다.

(이 말은 얼핏 그럴듯해 보이는 설명이지만 자세히 들여다보면, 과거의 역사를 되짚어 보다가 '역사에 신이 개입한 것 같다고 상상한 사람들이', 다른 말로 '역사에 신이 개입했다는 사실을 자신이 포착했다는 환상에 갇힌 몇몇 사람들이', 그런 주관적인 판단에 따라 '자신이 신봉하는 신인 야훼가 개입하여 이스라엘 역사를 이끌어 온 것처럼' 자의적이며 창작적으로 기술한 것이 성서라는 설명이다. 가톨릭의 이런 설명은 성서 내용의 실제성이나 객관성, 가치성을 담보할 수는 없다는 것을 스스로 드러내고 있다고 볼 수 있다. 하지만 가톨릭의 이런 설명조차 사실이 아니다. 성서는 몇몇 사적인 인사가 아니라, 정치적인 의도에 따라 다윗 왕조 시대에 공적 기관의 역사가와 서기관들이 야훼가 개입하여 이스라엘 역사를 이끌어 온 것처럼 창작한 문건이기 때문이다.)

성서에 대한 가톨릭의 이런 설명은, 성서가 말하는 세상 창조나 아담과 선악과 이야기, 아브라함 가문의 이야기나 이집트 탈출 사건 등의 이야기가 모종의 의도성(다윗 왕조에 의한 정치 정략적 의도)을 가진 사람들이 창작해 낸 신화나 가공의 창작물이라는 사실을 알지 못하는 사람들에게는 성서에 대한 명확한 가르침처럼 여겨질 것이다. 창세기나 탈출기를 읽어 보면 마치 이스라엘 역사 이야기의 전개 도식이 야훼가 예고한 방향대로 사건이 펼쳐지고 있는 것처럼 보이기 때문이다.

실제로 가톨릭의 어떤 학자는 가톨릭이 말하는 성서의 인식에 따라 마치 야훼가 실존하는 신이고, 이스라엘 성조들의 이야기는 야훼의 주도로 발생한 실제 역사적 사건이며, 소설 속 주인공도 역사적 실존 인물들

가톨릭은 비이성적이게도 이런 정신병적인 망상을 신에 대한 올바른 인식으로 해석한다. 발생하는 모든 현상을 근거도 없이 신의 섭리나 신의 은총으로 해석하는 것이 그 예다.

인 것처럼 성서 주석을 시도한다. 그는 자신의 저서에서[31] 창세기에 등장하는 야훼와 가상 인물 간의 대화를, 그것이 성서 저자의 창작임에도 불구하고 마치 소설 속 가상의 인물이 — 가상의 인물을 등장시켜 특정 이야기를 전개하는 저자의 의도와는 무관하게 — 독립적으로 실존하는 객체로서 스스로 고뇌하고 판단하고 사유하여 본인의 의지로 신과 대화를 나누고 있는 것처럼 분석한다. 이는 심청전이 작가의 상상력으로 창출한 문학 작품이라는 이해 없이, 소설에 등장하는 심청이를 역사적 실존 인물이자 독립적 실체로 인식하여 소설 속에서 그가 한 말을 분석하고, 심청이라는 인물은 어떤 인생관과 가치관을 지닌 존재이며 어떤 방식으로 효(孝) 사상을 표출하고 있는가를 평하는 것과 같은 어처구니없는 일이다. 분석의 대상은 작자의 의도이지 소설 속에 등장하는 인물이 아니다.

그가 출간한 서적을 접하는 가톨릭 신자들은 창세기에 등장하는 창작적 성조 설화를 실제 역사적 사실로 인식할 것이며, 성서에서 가상의 인물이 한 말들은 그들이 실제로 한 말들로 받아들일 것이다. "아담아, 너 있느냐?"(창세 3,9)는 성서의 기록은 성서 작가가 이야기의 전개상 한 말이지 실제로 야훼가 한 말이 아니다. 야곱이 이사악에게서 축복을 받아 냈지만 에사오와는 판이하게 고통스러운 삶을 산 것도 성서 저자의 창작이지 실제 사건이 아니다. 창세기는 아브라함이나 이사악과 야곱의 전기(傳記)가 아니다. 그럼에도 '야곱의 삶이 고난으로 점철된 것은 그가 받은 축복이 그 자신을 위한 것이 아니라 남을 위한 것이었기 때문'이라고 분석하는[32] 그 학자의 분석은 너무 자의적이고 인위적이다. 야곱의 삶은 그저 성

---

31   『야뽁강을 넘어서』, 송봉모 저, 바오로딸, 2002.

32   위의 책, p. 67.

서 저자가 그렇게 설정한 것일 따름이다.

혹자는 '성서 저자가 야곱 이야기를 기록한 것은 야훼의 의지가 놀라운 방식으로 실현되고 있다는 것을 상징적으로 표현한 것'이라고 말하면서 반론을 제기할지 모르겠다. 하지만 '성서 저술' 항에서 살펴본 바와 같이 성서의 창조설화, 아담의 타락 사화나 홍수 이야기, 바벨탑 이야기 등은 고대 근동의 설화들을 모방하고 개작하여 수록한 창작물이고, 이스라엘 신앙 선조들의 역사와 이집트 탈출에 관한 이야기도 이스라엘 민족의 기원을 설명하고 이스라엘 역사가 야훼의 의도에 따라 진행된 것처럼 꾸미기 위한 인위적인 창작일 뿐 실제 역사 사실에 대한 묘사가 아니다. 또 신은 초월 관념에서 창출된 상상의 산물이라는 사실을 상기한다면, 신의 의지에 따라 전개되는 역사란 실제일 수 없다는 것도 자명하다. 만일 (앞에서도 예로 든 바와 같이) 우리 주변에 '환인(桓因)은 역사적 사건들 안에서 활동하는 신이며, 역사는 환인의 의도가 실현되는 과정'이라는 사고를 가진 사람이 있고, 그 사람이 "임시정부의 수립이나 6.25 동란, 군부독재의 역사 등, 대한민국의 모든 역사 진행 과정은 환인이 우리 민족과 언제나 함께하고 있다는 것을 보여주는 구체적인 신앙의 역사였다."고 말한다면 독자는 이를 어떻게 받아들이겠는가? 따라서 성서가 없는 사실을 마치 실제인 것처럼 묘사한 신화적 창작물이라는 사실이 분명함에도, "이스라엘인들은 실제로 겪었던 과거의 역사적 사건들 안에 야훼의 어떤 계획이나 의도가 깃들어 있다고 생각했고, 그런 사고 속에 역사(歷史)는 신의 개입에 의한 신의 역사(役事)라는 인식을 가져 성서를 기록했다."고 주장하거나, "성서는 신의 개입에 따른 종교적 사건에 대한 기록이며 야훼의 현존과 의도를 밝히는 문헌이고, 신의 실재와 가르침이 담긴 진리의 보고이다."라고 강변하는 교회의 태도는 자신들이 존재성을 강조하며 신봉하는 야훼 신앙의 비정당성을 은폐하고, 그 뒷면에서 자신들 교회 설립의 정당성을 호도하기 위해 개발해 낸 의도적인 왜곡이자 궤변에 지나지 않는다고 할 것이다.

소결론 – 만들어진 신

—

고대 문화권의 창조신화 창작자들은 사람의 눈에 보이는 모든 형태의 사물들은 초월적 권능을 지녔다고 상상되는 어떤 행위자, 즉 신이 창조했다는 사고를 갖고 있었고, 유대 종교전통과 성서 저자들도 타 종교전통처럼 창조는 가나안 토속 신앙이 상상으로 창출해 낸 신들 중의 하나인 '야훼'의 행업이라고 주장했다.

유대 종교전통의 사고를 무비판적으로 수용한 가톨릭은 — 야훼는 타 문화권의 종교전통처럼 인간의 초월 관념에서 창출된 가상의 실재라는 것과 성서(창세기, 탈출기)는 이스라엘 지배 세력의 정치적 의도에서 창작된 신화라는 사실을 인정하지 않거나 의도적으로 은폐한 상태에서 — 성서의 내용을 문자 그대로의 역사적 사실로 호도하고, '야훼가 아무것도 없는 상태에서 어떤 것을 발생시켰고 존재하는 모든 것에게 존재와 생명과 활동을 부여했으므로, 야훼는 우주 만물의 창조주이자 궁극적 실재로서의 신'이라는 논리를 지금도 반복해서 주장한다. 곧 그들은 신 = 야훼 = 하느님이라는 등식을 갖고 있고, 이 등식 안에서 종교 사상적 이론을 전개해 나간다. 하지만 앞에서 보았듯이 이는 합리적이지 않으며 타당성이 없는 왜곡이다.

이성(理性)을 통해 무한한 것을 상상할 수 있는 존재인 인간에게 생각은 불가능한 것이 없다. 태초도 종말도 생각의 산물이다. 시간 여행을 하기도 하고 공간 이동을 생각하기도 한다. 인간은 이성을 통해 끊임없이 가치를 추구하고 진리를 추구하기도 한다. 또 최고의 선, 최고의 진리, 최고의 아름다움 등을 규명하고 싶어 한다. 무엇이 옳은지 알고 싶은 것이다. 그리고 그런 과정에서 우상(偶像)이 만들어진다. 이성은 늘 극단으로 치닫고, 생각은 이상화로 혹은 최고의 수준으로 나아갈 수밖에 없기 때문이다. 그래서 생각의 무제한성은 자기 자의식의 완성을 투사하고 대상화한 우상을 상상하고, 가장 옳고 좋음의 정점에서 신을 생각해 낸다. 신은 좋다는 인식의 정점에 있는 이상적 개념인 것이다. 그리고 그 정반대의 원리로서, 즉 그름과 나쁨의 정점에서 악을 생각해 낸다. 그리고 그렇게 생각해 낸 존재가 돌이나 물처럼 존재하는가에 대해서 고민한다.[33]

궁극적이며 초월적인 존재로서의 신은 인간의 이성이 만들어 낼 수 있는 최고의 사유이자, 생각이 도달할 수 있는 극단 바로 그곳에서 형성된 관념적 이상(理想)이다. 야훼 역시 가나안 원시 신앙이 상상해 낸 실체가 없는 가상의 존재, 관념의 산물['허상을 실제의 실재로 상상하여 믿는 믿음의 대상']일 뿐이므로 야훼는 실제적·실체적으로 존재하는 신일 수 없다. 나아가 성서는 유대 종교전통이 타 종교전통의 창조설화를 차용하여 신의 이름을 야훼로 바꾸고(탈출 3,14) 그가 신이며 창조주라고 주장하는 신화적 창작물일 따름이므로, 신 존재에 대한 증언이나 증명 자료로 볼 수 없다. 따라서 히브리 신화(구약성서)를 근거로, '야훼가 실재하는 유일한 신이며, 인류 역사의 관리자이자 주재자'라고 강변하는 가톨릭의 주장은 타당성을 가질 수 없다.

연장선상에서, 인간의 상상적 관념 속에만 존재하는 비실체·비작동의

33　『디오니소스의 귀환』, p. 121 참조.

가상 존재가 현실 세상에 실체적 모습으로 강림한다는 것은 있을 수 없는 일이다. 다시 말해서 인간 사유의 극점에서 도출해 낸 가상의 실재인 야훼가 실제 인간의 형상으로 세상에 강림하였다거나, 강림한 실체가 죽고 부활하여 영원한 생명을 주는 구원자가 되었다는 주장은 성립될 수 없는 비논리적인 궤변이며 실제성이 없는 허구이자 거짓이다. 따라서 사람이 되어 현실 세계에 나타난 신 예수가 십자가의 죽음으로 인류를 구원한 구원자(그리스도)가 되었다는 가톨릭의 주장 역시 종교적 상상으로 꾸며낸 또 다른 창작 신화에 불과하다고 할 것이다(이 부분은 Ⅳ장 '가톨릭 종교전통'에서 살펴보겠다).

만일, 가톨릭의 주장처럼 존재하는 모든 것의 창조주는 야훼이고 야훼만이 유일한 신이라면, 다음의 의문에 대한 납득 가능한 설명이 있어야 한다.

첫째, 신화가 창출되던 시대에 가나안 원시 신앙이 상상으로 빚어낸 무수한 신들 중의 하나인 야훼를 어떤 근거에서 유일하게 존재하는 초월적이며 궁극적인 실재라고 말할 수 있는가?

둘째, 실체가 없고 관념 속 상상으로만 존재하는 신이 자신의 의지로 어떤 행위를 하고 작동을 일으킨다는 것은 인간의 공상 속에서만 가능한 일이다. 따라서 신이 만물을 창조했다는 논리는 그 자체로 성립 불가능하다. 나아가 우주 만물은 물리적 현상인 빅뱅과 진화의 결과물이지 신의 창조물이 아니다. 그럼에도 불구하고 신이 우주 만물을 창조했다는 논리가 어떻게 전개 가능하며, 또 신이 우주 만물을 창조하였다면 신은 어떤 방법으로 없는 것을 있게 할 수 있었는가?

셋째, 야훼가 모든 존재의 근원이고 생명의 기원이라는 근거는 무엇이며, 왜 다른 종교전통의 신들은 존재의 근원이나 생명의 기원이 되지 못하는가?

　야훼가 신인 까닭은 단지 '성서에 그가 신이라고 기록되어 있기 때문이고 ― 이것이 가톨릭이 제시하는 유일한 근거다 ―, 신의 업적과 활동은 이해 불가능하고 논증의 대상이 될 수 없는 신비이므로 설명될 수 없다'고 말하는 것은 비합리적인 억지이며 자기 합리화일 뿐이다. 그런 설명은 그렇게 말하는 본인도 자세한 것은 알지 못하고, '그저 그렇다고 들었거나 배웠을 뿐이며, 그렇게 믿어 왔으니 또한 그렇게 믿는 것뿐'이라는 자기변명에 불과하다. 그리고 야훼에 대해 그 무엇을 설명한다고 해도 그 설명은 가상의 산물인 야훼를 실재하는 신으로 전제한 상태에서 인간 이성으로 추론해 낸 추정이나 추측성 논리일 따름이고, 설명의 타당성을 입증해 줄 그 어떤 증거도 제시하지 못할 것이므로 그런 설명은 낭설에 불과하다.

　고대 신화의 신들은 인간들이 믿거나 믿지 않거나 혹은 신에 대해 어떤 사고를 갖고 있는가에 관계없이 아무런 작동이나 작용을 하지 않는, 실체나 실재가 없는 가상의 존재였기에 인류 역사 안에서 소멸되고 사라졌다. 그럼에도 불구하고 지금까지 야훼가 살아 움직이는 실재의 신처럼 숭배되는 것은 정작 야훼는 아무런 작동도 하지 않는 상상의 부산물에 불과하지만, 인류 역사 속 종교권력 간의 투쟁에서 살아남은 가톨릭교회가 자신들 교회 설립의 정당성과 신앙 교의의 정통성을 강조하기 위해 야훼가 실재하는 신이고 무언가 능력을 발휘하는 신인 것처럼 호도해 왔고, 또 그들의 기만적인 거짓 선동을 진리로 믿는 사람들이 지속적으로 존속해 왔기 때문이다.

　가톨릭의 신 야훼는 그 이름에 대한 기록이 성서에 있다는 이유 하나만

으로 우주 만물의 창조주로 선포되고, 신이 있다면 야훼가 바로 그일 것
이라는 가정에서 야훼에게 온갖 추정적 신성과 의미를 부여하여 신론을
전개한 가톨릭에 의해, 마치 실체가 있고 실제로 작동하는 신인 것처럼
포장되어 종교적 숭배의 대상으로 남았다.

Ⅲ

'종교권력'으로서의
종교전통

■ 종교권력의 등장

세계사에 등장했다가 소멸한 정치권력들의 특징 중 하나는, 정치적 권력 행사에 정당성을 부여하고 절대적 통치 권한을 유지하기 위한 방편으로 신화와 종교전통을 민족 사상과 민족의식의 토대로 삼는 전략을 활용해 왔다는 점이다. 예를 들어 고대 이집트인들은 자신들의 나라 이집트가 우주의 중심이고 이집트의 중심은 왕이며, 왕은 신화에 등장하는 창조주 아툼이나 태양신 레의 화신(化身)이므로 왕을 신처럼 숭배하고 왕에게 절대 복종하는 것을 당연한 의무라고 생각했다. 하지만 이러한 민족의식은 민중 사이에서 자연스럽게 형성된 것이 아니라 통치자의 치밀한 전략으로 만들어진 것이다.

본시 국가 체계가 형성되기 훨씬 이전부터 나일강 주변에 흩어져 작은 촌락을 이루며 살던 고대 이집트인들은, 태양이 떠오르면서 밤사이에 잠들어 있던 대자연이 생기를 되찾고 활기를 띠는 모습에서 태양을 생명의 기원이며 생명력의 기운(氣運)으로 여겨 신으로 숭배했고, 태양신에게 제의를 올리는 원시 신앙을 갖고 있었다.[1] 이후 흩어진 촌락들을 통합하여 통일국가를 건립한 통치자가 나타났는데(나르메르 왕조. BC 3100~3050), 그는 자신의 통치력을 이집트 전 지역으로 확장하고 자신의 통치 권력의 정당성과 절대화를 강화하기 위한 전략으로, 자신이 태양신의 화신이며 신으로부터 지상에 파견되어 통일의 대과업을 이룬 존재라고 선언하면서 신정(神政)정치 체제를 태동시켰다.[2] 그리고 왕의 신격화 선언과 신적 권능 소유가 종교적으로 타당하다는 논리와 토대를 마련하여, 왕을 신으로 숭배하고 민중이 왕에게 복종하는 풍토를 조장하는 역할을 담당한 것은 종교 지도자들이었다. 초기 이집트 정치사의 이러한 일련의 과정에서 정치권력은 신화와 종교를 활용하여 초월적 권한을 갖는 지배 체제를 보다 세밀하게 구축해 나갔고, 종교는 정치권력의 비호 아래 점차 종교권력화 되었다.

신의 화신이 통치하는 신정 체제 밑에서 사람들은, '모든 인간은 신의 자녀로 태어났으며 신이 부여한 지위와 신분에 따라 맡겨진 직분을 충실히 수행하는 것이 신의 뜻을 따르는 삶'이라는 가르침을 받게 되고, 신의

---

1 보다 정확히는 태양 자체를 신으로 숭배하였다기보다는, 태양의 배후에서 보이지 않는 손으로 태양을 조종하는 것으로 인식되는 '보이지 않는 행위자(태양 정령)'를 태양신으로 숭배했다. 마야 문명에서도 유사한 패턴을 보인다. 이런 현상들은 우리나라 토속 신앙의 삼신할매[태(胎)를 보호하고 출산을 관장하는 신]나 몽달귀신(장가를 못 가고 총각으로 죽어, 여인들을 괴롭힌다는 귀신)에 대한 신앙과도 유사한 심리 현상이다. 즉 실체가 없지만 심리적으로 통교가 가능한 실체로 상상하고, 그 상상된 특정 존재와의 통교를 통해 현실의 한계를 극복하고자 하는 기대의 표출인 것이다. 하지만 관념적 상상의 존재나 죽은 이와의 상호 통교 · 쌍방의 대화는 있을 수 없는 일이다. 신은 관념의 산물이고, 물질로 구성된 존재는 해체되고 소멸되어 비존재가 되기 때문이다.

2 『이야기 세계사』, p. 36.

화신인 왕의 명령에 절대복종하는 것을 신에 대한 충성의 표지이자 신민의 마땅하고 당연한 본분으로 이해하게 된다. 그리고 이런 풍토 속에서 일반 민중은 철저하게 '정치와 종교에 예속된 노예'(니체)로 살게 된다. 구조화된 신화적 환경 속에서 인간은 신화적 망상에 사로잡힌 종교의 노예로 전락하게 되는 것이다. 이것이 신정정치의 특징이며 일반 민중은 종교를 떠나서 산다는 것은 생각조차 할 수 없는, 곧 삶 자체가 종교이고 종교가 삶인 인생을 살게 된다.

신정정치 체제는 이집트뿐만 아니라 메소포타미아 문화권에서도 공통적으로 시행되었고, 중남미의 마야나 아즈텍 문화권에서도 동일하게 시행되었다. 문화권에 따라서 왕이 대제사장의 지위를 동시에 갖고 종교적 의례를 거행하는 경우도 있었지만, 왕과 대제사장의 권한이 분리되어 각각의 고유 역할을 수행하기도 했다.

유대 종교권력

—

팔레스티나(가나안)를 점령한 히브리(유대인, 이스라엘) 정치권력도 신화와 종교전통을 통치 이데올로기로 활용해 민중을 통제하고 조종했으며, 이 과정에서 제사장직을 담당하는 종교 지도자 그룹은 정치권력과의 결탁을 통해 민중을 지배하는 또 다른 권력 집단이 되었다.

II장 '성서 저술 동기' 항에서 살펴보았듯이, 가나안 정복 이후 유대 왕국을 건립한 다윗 왕조는 이집트의 태양신 숭배 신앙이나 바빌로니아의 마르둑 숭배 신앙처럼 야훼 신화와 야훼 신앙을 자기 민족의 정체성 확립과 민족 규합의 수단으로 활용하였고, 이로써 원시 종교의 산악 수호신에 불과했던 야훼는 가나안의 토착 신인 엘과 샷다이, 바알과 마르둑을 제치고 이스라엘의 민족신으로 자리매김되고, 이스라엘 민족의 의식과 사상의 저변에 살아 있는 인격신으로 고착되었다. 그리고 유대 왕국 제사장직 수행의 임무를 부여받은 종교 지도자 계층은(민수 3,5) 신학적 논리의 개발을 통해 야훼 숭배의 정당성을 호도하고, 신의 이름으로 제정한 종교 계율로 백성들을 통제하는 새로운 권력이 되었다.

유대 종교권력이 내세운 종교 사조는 '신앙을 통해 주어지는 신의 현세적 축복에 대한 약속'(**현세축복**)이었다. 종교 지도자들은 '히브리인들이 이방 민족의 땅을 차지하고 국가를 세울 수 있었던 것은 순전히 야훼가 무상으로 베풀어 준 은총이며, 야훼의 축복으로 말미암아 젖과 꿀이 흐르는 땅에 정착해 대대손손 살게 되었으니, 이러한 혜택을 베풀어 준 야훼에게 감사하고 그를 숭배하며 그에게 충성을 다하는 것이 신민(神民)의 마땅한 도리'라고 가르쳤다(2사무 7,8~16 참조). 또 여타 신정 체제의 국가들처럼 이스라엘의 왕은 야훼의 사자(使者)이며 대리자이므로, 왕을 섬기고 왕명을 따르는 것이 곧 야훼에 대한 순명의 표지라고 선언하며 왕에 대한 충성을 호도했고, 이러한 가르침을 따르는 이들에게는 야훼가 현세적인 축복을 내려 준다고 강조했다(1열왕 8,57~61 참조).

실제 다윗 왕조에서 작성된 초기 성서는 야훼가 현세의 삶에만 간여하며, 야훼에게 충실할 때 현세의 축복을 얻는다고 기록하고 있다. 성서에 의하면, 아브라함은 야훼에게 충실하였으므로 175세까지 사는 장수를 누렸고(창세 25,7), 신으로부터 땅과 자손에 대한 약속을 받았으며 아들 이사악을 얻었다(창세 15,5~6; 17,16). 그리고 아브라함이 죽은 후 아브라함에게 내렸던 신의 복은 이사악에게 넘어간다(창세 25,11). 아브라함 못지않게 야훼에게 충실했던 이사악은 180세에 죽었고(창세 35,27), 야곱은

147세에 죽었다(창세 47,28).

신앙 선조들의 장수 이야기는 '신에게 충실하면 복 받는다'는 원시 기복 신앙의 사조를 시사한다. 성서에 묘사된 수명은 실제 그 나이까지 생존했다는 기록이 아니라 숫자 유희인데, 아브라함의 175년은 $7 \times (5 \times 5)$의 숫자이고, 이사악의 180년은 $5 \times (6 \times 6)$의 숫자이며, 야곱의 147년은 $3 \times (7 \times 7)$의 숫자다. 당시 히브리인들은 각 숫자에 의미가 있으며 3, 7, 10, 12 등의 숫자는 완전한 것을 지칭한다고 이해했는데, 아브라함과 이사악과 야곱의 나이 셈법을 덧셈으로 풀이하면 모두 17이 되고, 17은 10과 7의 합이므로, 아브라함과 이사악과 야곱의 나이는 야훼를 믿고 따라서 완전한 현세적 축복을 누렸다는 것을 상징적으로 보여주는 묘사다.

토빗의 유언도 현세에 내려지는 야훼의 축복에 의지하여 야훼를 섬기라는 당부로 묘사되고(토빗 14,5~9), 판관기나 열왕기에 기록된 이스라엘 왕조의 역사도 야훼에게 충실한 왕조는 안녕과 영화를 누렸지만, 야훼를 등지고 이방신을 숭배한 왕조는 고통과 파멸을 면하지 못하였다는 관점에서 기록되고 있음을 볼 수 있다(1열왕 17장 아합왕; 2열왕 10장 예후왕 참조). 따라서 민중은 야훼로부터 주어지는 현세의 축복을 얻어 누리기 위해 야훼에게 충실하고 현세의 왕에게 충성을 다해야 하는 복종의 노예로 양육되었고, 종교권력은 이를 빌미로 탄탄한 권력을 오랜 세월 유지할 수 있었다.

유대교 종교 사상에 괄목한 만한 변화가 일어난 것은 기원전 6세기, 바빌로니아 유배기에 접한 페르시아 종교 사상에 기인한다. 유배지에서 유대인들은 페르시아 조로아스터교의 '유일신 사상'과 '심판과 부활, 내세와 영생의 관념'에 영향을 받았고, 본국으로의 귀환 후에는 조로아스터교의 종교 사상 — 신은 유일신 아후라마즈다 외에는 없고, 아후라마즈다가 자신에게 협력한 사람에게 심판을 통해 영생을 부여한다는 신앙 — 을 야훼신앙에 접목시켜, '야훼 외에 다른 신은 없다'(이사 43,10; 44,6)는 야훼 유일신 신앙을 확립하고, 야훼가 현세의 축복뿐만 아니라 영원한 생명을 부여하는 신이라는 새로운 신관과 함께, '신에게 충실하면 불멸의 영원한 생명을 보장받는다'는 영생사상(**영생약속**)을 제시하였다. 그리고 이때부터 죽음 이후에도 삶이 계속된다는 '영생'의 관념은 민중을 종교권력에 종속시키는 구조적인 장치로 활용되었다. 이러한 사상의 변화 속에서 이스라엘은 야훼에게 선택된 특별한 민족이라는 선민의식이 더욱 강화되었고, 신앙 사조는 '예수가 인간을 죄와 죽음으로부터 구원하기 위해 사람의 모습으로 세상에 강림한 야훼이자 메시아이며, 영생을 주는 구원자'라는 신앙으로까지 이어지게 되었다.

유대 종교권력의 위기와 가톨릭의 출현

—

고대의 제반 신화와 종교전통들이 역사의 진행 과정에서 점차 소멸된 것은 그들의 신앙이 허구 위에 구축된 미신이라는 사실이 밝혀졌기 때문이거나, 인간이 종교에 대해 이성적이고 합리적인 사고를 갖게 되었기 때문이 아니다. 고대 정치권력과 종교권력의 결탁 혹은 신정일치 체제의 세계에서 이방 정치권력과의 대립은 곧 종교권력 간의 대립을 의미하는 것이었고, 상호 대결에서 패망한 국가의 종교전통은 정복 국가의 종교전통으로 대체되었다.

이집트의 창조신 아툼과 태양신 레 숭배 전통이 소멸된 것은 이집트가 그리스에 패망했기 때문이고, 바빌로니아가 페르시아에 패하지 않았다면 바알과 마르둑 숭배 신앙은 존속했을 것이다. 만일 인도가 알렉산더의 그리스에 패망했다면 힌두교나 불교는 흔적도 없이 사라졌을 것이며, 가톨릭을 국교로 삼은 로마제국이 이슬람에 패했다면 가톨릭 역시 역사에서 사라졌을 것이다. 중남미에서 일치와 번영을 누리며 찬란한 문명을 꽃피웠던 아즈텍 문화와 그들의 종교가 괴멸의 길을 걷게 된 것도 그들의 신앙이 미신이었다는 객관적인 판정에 의한 것이 아니라 가톨릭 신앙으로 무장한 침입 세력에 떠밀려 소멸된 것이다. 중남미의 아즈텍 문명과 마야 문명에서는 가톨릭 종교 세력이 침범하기 이전, 우주 만물의 창조주인 꾸쿨칸과 태양신 토나티우, 주식 곡물인 옥수수를 내려준 케살코아트, 옥수수의 여신 일라마테쿠, 옥수수를 익게 하는 쉴로넨(옥수수 이삭 신), 옥수수 재배에 필요한 비를 관장하는 착(Chaac) 신을 신봉하는 종교전통이 있었다.[3]

우리가 잘 알고 있는 고대 그리스의 그 많은 신들은 다 어디로 갔는가? 그리스는 제우스를 중심으로 각기 다른 직분과 권능을 지닌 여러 신들을 섬기는 나라였다. 제우스는 최대의 권력을 지닌 신들 중의 왕이었고, 포세이돈은 바다의 신, 아테나는 전쟁과 지혜의 여신이었다. 그 외에도 많은 신들이 자연을 지배하고 있다고 믿었기 때문에 그리스인들은 크고 작은 모든 사회적·윤리적인 문제들에 대해서 신탁을 통해 신들의 뜻을 묻고 결정을 내리는 전통을 고수해 왔다. 그리고 신은 죽지 않고 인간보다 뛰어난 능력을 가지기는 하지만, 인간과 비슷한 생각과 행동을 하고 서로 다투고 사랑과 미움의 감정에 싸여 고민도 한다는 생각에 신들을 기쁘게

3　『마야문명의 신비 – 아즈테카』, 정지성 저, 도서출판한백, 1999, 참조.

해 주기 위해 거창한 제사를 지내거나 올림피아제전 같은 각종 경기 대회를 열어 주기도 했다.[4]

하지만 그리스의 종교전통은 종교 발원의 동기에 별반 차이가 없고 여타 종교전통의 미신 숭배와 크게 다를 바 없는 로마제국의 가톨릭 정치권력과 종교권력에 제압됨으로써 소멸되고 그리스의 신들은 종적을 감추었다. 같은 방식으로 이슬람은 중동 지역에서 정복 국가의 토속 신앙을 이슬람으로 대체하며 세력을 탄탄히 구축했다. 반면 힌두교와 불교는 외세 종교 세력의 침해를 단 한 차례도 받지 않은 상태에서 종교 기반을 다지며 존속할 수 있었고, 역시 타 종교 세력의 침범을 받지 않은 섬나라 일본의 신도(神道)나 타이완의 마조 신앙도 자국민들의 의식과 생활을 지배하고 통제하는 절대 종교로 남아 있다.

유대 왕국이 해체 위기에 놓이고 야훼 신앙을 앞세운 종교권력이 소멸의 위기를 겪지 않았던 것은 아니다. 가나안 정복 후 팔레스티나에 건립된 다윗의 유대 왕국은 야훼 신앙을 기반으로 신정국가 체제를 확립하며 세력을 강화해 나갔고, 이스라엘 민족은 '야훼에게 뽑혀 건설된 신국(神國)인 다윗 왕국은 결코 패망을 겪지 않고 영원히 지속될 것'이라는 확고한 신념을 갖고 있었다(2사무 7,13; 1역대 17,11 참조). 정치권력과 종교권력이 전능의 신 야훼가 누구도 범접할 수 없는 막강한 힘으로 다윗 왕국의 안전을 보장해 주리라는 허황된 인식을 심어 주었기 때문이다. 하지만 다윗의 후임 왕 솔로몬의 사망 후 나라는 남부 유대 왕국과 북부 이스라엘 왕국으로 분열되었고(BC 933), 이후 북부 이스라엘은 아시리아에

4   『이야기 세계사』, p. 112.

(BC 722), 남부 유다는 바빌로니아의 침공에 무참히 패망하는 사태가 벌어졌다(BC 586). 나라를 잃고 국민이 도탄에 빠진 상황에서 정치권력과 종교 지도자들은 자신들의 정치적 역량 부족과 무능함에 대한 반성보다는 백성들이 야훼를 배반하고 야훼에게 죄를 범하여 신에게 심판을 받은 것이라고 호도하면서 국가 패망의 책임을 민중에게 떠넘겼고(이사 1,4~9. 21~28 참조), 백성이 회개하고 더 열심히 야훼를 섬기면 해방의 날이 오게 될 것이라는 헛된 망상을 심어주는 데 급급했다(예레 51,44~53 참조).

이런 상황에서 표출되는 유대 야훼 신앙의 특징 중 하나는 그들의 사고가 지극히 자기중심적이라는 것이다. 부모의 이혼을 자기의 잘못 때문이라고 생각하는 아이가 있다. 부모가 아무리 너의 잘못이 아니라고 타일러도 막무가내다. 자기 잘못 때문에 부모가 이혼하게 되었다는 것이다. 세상을 자기중심으로만 생각하고 판단하고 결정을 내리는 사고, 이것이 '유아병적 자기중심 사고'다. 나라의 패망은 자기 민족이 신에게 잘못한 일이 있어 심판받은 것이라는 사고도 그렇다.

고대 유대인들은 가뭄에 시달리거나 바빌로니아 왕 네부카드네자르(느부갓네살)가 유대 지역을 침입한 후 그들을 추방할 때 그것이 자신들의 죄에 대한 신의 처벌이라고 믿었고, 페르시아의 고레스(키루스) 대왕이 바빌로니아를 무찌르고 추방당한 유대인들을 고향으로 되돌려 보내 예루살렘을 재건하게 한 것은 신이 그들을 불쌍히 여겨 그들의 통한의 기도를 들어준 것이 틀림없다고 믿었다. 그들의 땅에 가뭄이 일어난 것은 필리핀 제도에서 일어난 화산 폭발 때문일 수도 있고, 네부카드네자르 왕은 바빌로니아의 상업적 이익 때문에 유대 지역에 침입했을 것이며, 키루스 대왕이 유대인들에게 호의를 베푼 데는 나름의 정치적인 이유가 있었을 가능성을 고려하지 않는다. 다시 말해 그들은 지구 생태계, 바빌로니아

의 경제, 페르시아의 정치 체제를 이해하는 데는 조금도 관심을 보이지 않는다.[5]

만일 고대 유대인들의 이러한 신앙관이 정당한 것이라면, "신에 대한 개개인의 잘못이 있다면 개개인이 처벌을 받으면 될 것을 왜 무고한 이들까지 희생을 당해야 하는가?", 또 "연대 책임을 물어 무고한 이들까지 책벌하는 신의 행태는 정상적인가?", 그리고 "그런 비상식적이고 비합리적인 신을 자비와 사랑의 신이라고 숭앙하는 믿음은 합당한가?"라는 의문이 생긴다.

유아병적인 자기중심적 사고는 정치적인 역학 관계가 아니라 야훼에게 심판받아 나라가 패망하였다고 성서를 기록하게 만든다. 우리나라에 대한 일제 강점이 한민족의 나태에 대한 야훼의 체벌이었다고 주장하는 국무총리 후보자가 있었다(문○○). 2017년 말에 포항에서 발생한 지진이 정권의 잘못에 대한 신의 심판이라고 말하는 정치인도 있었다(류○○). 신앙인이라는 탈을 쓰고 자연재해로 상처와 피해를 입은 사람들을 모독하는 언사를 아무렇지도 않게 내뱉는 비이성적이고 비인간적인 행위처럼, 유대인들은 신앙의 이름으로 인륜과 상식, 타인에 대한 배려나 존중 따위는 아랑곳하지 않고 '자기 생각이 절대 기준이며 진리'라는 오만함으로 무책임하게 내뱉는 아전인수적 막말을 되풀이해 왔다. 그런 사고는 성서 전반에 깔려 있다. 야훼만을 유일신으로 섬기지 않는다는 이유로 얼마나 많은 무고한 이들이 희생을 당했는가? 성서는 그런 일을 당연한 것으로 여긴다.

패망한 나라의 정치 지도자와 종교 지도자들의 호도에 현혹된 백성들

5　『호모 데우스』, 유발 하라리 저, 김명주 역, 김영사, 2017, p. 240 참조.

안에서는 다윗 왕국의 재건을 강하게 희구하는 민족 정서가 강화되었고, 이때부터 그들은 출처가 불분명한 — '야훼가 유대인들을 구원해 줄 구원자, 곧 메시아를 보내주기로 약속하였다'는 내용의[6] — 희망적인 메시지를 금지옥엽처럼 간직하면서 이민족의 지배기를 힘겹게 견뎌냈다. 하지만 역사는 유대인들의 희망처럼 이어지지는 않았다. 다윗 왕국의 재건과 이민족 지배에서의 해방을 가져다주고 경제적 풍요와 번영을 누리도록 보장해 줄 메시아의 파견에 대한 기대에도 불구하고, 유대인들은 이후 그리스의 지배 아래 헬레니즘(그리스 사상과 동양 문화가 혼합되어 형성된 문화 사조)의 수용과 지배국의 왕을 신으로 숭배하라는 강요에 시달려야 했고(BC 332~63), 기원전 63년부터는 로마제국의 지배를 받아야 했다.

여기서 유대교와 가톨릭이 믿고 있는 야훼라는 신이 실제로 존재한다면, 그리고 — 성서가 신화적 창작 이야기임에도 역사적 사실에 대한 기록이라고 강변하는 가톨릭의 주장처럼 — 성서에 기록된 내용 그대로 야훼가 자신이 선택한 백성이 이집트에서 종살이하는 모습이 애처로워서 그들을 몸소 구원한 전력을 가지고 있다면, 그는 어째서 타민족의 지배에서 고난의 기간을 보내는 자기 백성을 다시 또 구원하는 역사(役事)를 이루어 내지 않았는지 궁금해진다. 그리고 이런 의문도 든다. 유대교나 가톨릭

---

6   북부 이스라엘이 아시리아에 멸망하고(BC 722) 남부 유대 왕국이 국가 존립의 위기 상황에 처한 시기에 쓰인 것으로 추정되는(BC 742~700경) 이사야서에, "젊은 여인이 아들을 낳고 그 이름을 임마누엘이라 할 것이다."(7.14)는 내용이 기술되어 있다. 유대교와 가톨릭은 이 내용을 메시아 파견에 대한 예고로 해석하는데, 유대교는 아직까지도 메시아가 오지 않았다고 주장하는 반면, 가톨릭은 그 예고가 예수를 통해 성취되었다고 주장한다. 그런데 이사야서의 예언은 메시아의 파견을 예고한 것일까? 그것은 국가 존립의 위기 상황에서 나라를 구해줄 정치적 구원자의 출현을 염원하는 기대의 표현이었을 것이다.

은 야훼가 전지전능한 신이라고 말한다. 그 말이 진실이라면 야훼는 자신의 의지대로 가나안(팔레스티나)을 차지하게 한 선민 이스라엘이 결국에는 나라를 잃는 아픔을 겪고 타국에서 고난의 세월을 보내게 될 것을 미리 알고 있었을 것이다. 그럼에도 불구하고 그들을 가나안에 정착시켜 타민족의 칼날에 무고한 사람들이 부질없고 부당하게 목숨을 잃게 하는 역사를 전개시켰다면 야훼는 사랑의 신이 아니라 잔인하고 잔악한 신이라는 의미일 것이며, 이스라엘 역사가 그렇게 펼쳐지는 것을 몰랐다면 그는 전지전능한 신이 아니라는 의미가 된다. 그리고 야훼는 인간의 역사에 개입하지 않는다고 말한다면, 이는 야훼가 주도했다고 주장하는 이스라엘 성조의 역사와 출애굽 전승은 거짓이라는 고백이며, 바빌로니아에서 꿈꾸었던 메시아에 대한 약속도 부질없는 헛된 꿈에 불과하다는 결론에 이르게 된다.

잘못되고 왜곡된 가치관에 한번 현혹되어 몰입하게 되면 점차 가치 판단이 흐려지고 비판 의식이 소멸되어 여간해서는 바꿀 수 없게 된다. 그것이 조상 대대로 이어져 내려온 것이라면 더더욱 비판 의식 없이 당연한 가치로 받아들이게 되고, 자기 내면화 과정을 거쳐 자신의 후손에게도 있는 그대로 물려주어야 한다는 책임감까지 갖게 된다. 또 사람들은 자신의 선택에 대해서, 자기가 옳은 선택을 하였다는 자기 확신을 강화시키게 되고, 누군가가 기존의 자기 가치관을 비난하거나 잘못되었다고 비판하기라도 하면 자기방어 기제가 작동되어 어떤 이유를 들어서라도 선택의 정당성을 합리화하고 자신의 선택을 고수하려는 경향을 보인다('선택 지지 편향'). 그런 태도를 항구하게 견지한 것이 바로 유대 종교권력이었고, 이들에게 이성적 판단을 저당 잡힌 것도 모른 채 분별력 없이 그들이 하라는 대로 따랐던 사람들이 유대인이며 오늘날의 가톨릭(그리스도교) 신앙인들

이라고 할 수 있다.[7]

로마 치하의 유대인들 사이에서는 선조들로부터 물려받은 현실적이고 정치적인 메시아의 도래에 대한 기대는 점차 성취될 수 없는 희망에 불과하다는 인식이 확산되었고, 야훼가 파견을 약속한 메시아 상(像)은 현실 세계의 전복이나 개혁이 아니라, 인간을 죄와 죽음으로부터 구원하고 세상의 종말에 세워질 신왕국의 통치자가 되는 종말론적 구원자의 이미지로 변화되었다. 그리고 그렇게 믿었던 유대인들 중에 그 약속이 '예수'(영어 Jesus, 히브리어 Yeshu, 그리스어 Iesous)를 통해서 실현되었다고 말하는 부류가 나타났는데, 그들이 초기 그리스도교(가톨릭) 신앙인들이다.

이후 가톨릭은 2,000여 년의 세월 동안 '예수가 실제로 인간의 모습으로 지상에 내려온 신이며, 죄와 죽음으로부터 인간을 구원한 구원자'라고 말해 왔다. 그리고 그런 주장을 바탕으로 바티칸 교황국(바티칸 시국)을 건설하고, 종교적 권위와 권력을 행사해 왔다.

---

7 우리는 유사한 사례를 제반 종교와 개신교계 신흥종교, 종단의 교주가 이 시대에 강림한 메시아라고 주장하는 몇몇 종교/종단(예를 들어, 신천지예수교증거장막교(이O희), 통일교(문O명, 한O자), 돌나라한농복구회(박O호), 하늘궁(허O영) 등)의 신앙인들을 통해서도 확인할 수 있다. 어쩌면 종교 지도자들은 의도적으로 자신들이 제시하는 종교 교의나 사상의 오류를 신자들이 깨닫지 못하도록 교묘하게 방해하고 조장하는지도 모른다. 신자들의 이성적 판단이 깨어나면 허구적 논리의 진상이 드러나고, 종교적 통제력을 상실할 뿐만 아니라, 종교 체제의 정당성과 기득권을 상실할 수 있기 때문이다. 그래서 현명한 사고와 판단이 요구된다. 사실 순도 100%의 종교적 믿음이라는 것은 이성을 포기하고 합리성을 외면하는 데서만 나올 수 있는 것이다.

■ 종교권력 존속의 힘, 인간 불멸의 욕망

가톨릭이 자신들의 교회는 예수가 직접 설립했다고 주장하고, "예수는 가톨릭교회를 통해서 그를 구원자로 믿는다고 고백하는 이들에게 영원한 생명을 주기로 약속했다."(마태 16,18: 요한 3,16 참조)고 말하는 자기주장의 정당성 확보를 위해 활용하는 근거는 『복음서』다. 신약성서에 수록된 복음서는 예수를 메시아로 제시하는 문건인데, 본 항에서는 ─ 복음서에 대해 살펴보기 전에(복음서에 대해서는 Ⅳ장 '가톨릭 종교전통' 항에서 살펴볼 것이다), ─ 세계 모든 종교전통의 기원이 되는 동기이면서 동시에 모든 종교전통 존립에 정당성을 부여해 주는 유일한 기조인 **'인간 불멸의 욕망과 영생에 대한 약속'**에 대해 먼저 살펴보겠다. 인간은 죽음에 대한 공포와 두려움을 본능적으로 갖고 있고 인생의 유한성과 무상함의 체험 속에 죽음을 넘어서는 불멸에 대한 욕망을 갖게 되는데, 이에 대한 해결책을 제시하면서 이를 종교권력으로 활용한 것이 종교전통이기 때문이다.

인간 불멸의 욕망과 종교전통

─

삶과 죽음의 문제는 인간 본성의 본질적인 물음이고 이에 대한 답을 구하고자 하는 것은 근본적인 인간의 사유다. 이에 대해 역사 안에서 존멸(存滅)하였던 모든 종교전통들은 사후의 내세를 말하며 죽음 이후의 영원한 생명을 보장한다고 장담했다. 가톨릭도 신의 존재에 대해, 영혼의 존재와 불멸성에 대해, 사후의 심판과 부활에 대해 고대 토속 종교전통과 별반 다를 바 없는 교리를 말한다.

고대 이집트인들은 나일강의 신 오시리스(Osiris)가 죽음의 세계를 관장한다고 믿었고, 죽은 사람은 생전의 도덕적인 행위의 결과에 대해 심판을 받게 되며, 여기서 구원받은 자는 오시리스와 일치되어 영원한 생명을 누리게 된다는 신앙을 갖고 있었다. 페르시아의 조로아스터교는 선신(善神) 아후라마즈다가 완전한 상태로 인간을 창조하여 영원한 생명을 누리도록 하였는데, 악신(惡神) 앙그라마이뉴가 역사에 침입함으로써 죽음이 세상에 들어오게 되었고, 인간이 죽음을 극복하기 위해서는 선신을 도와 실천적으로 악을 물리치는 삶을 살아야만 사후에 심판을 받아 천상의 집으로 간다고 가르쳤다.

타 종교전통과는 달리 초기 유대교 종교전통에서는 영혼이나 내세, 부활에 대한 관념이 없었다. 그리고 그런 개념에 관심도 기울이지 않았다. 전쟁에서 승리를 안겨 주는 기능신으로 선택해서 숭배하기 시작한 야훼 신앙은 단지 신과 신의 대리자인 왕에 대한 충성만을 강요하는 신정 체제의 통치 수단에 불과했기 때문이다. 훗날 유대인들은 영생과 내세를 말하는 타 종교전통들을 접하면서 자신들의 야훼 신앙에 부활과 영생, 심판의 관념을 첨부하게 되었고, 이후 야훼도 다른 신들처럼 영원한 생명을 부여하는 신으로 새롭게 조명되었다.

유대교 종교 사상을 계승한 가톨릭은 "세상의 창조신 야훼가 원죄를 짊어지고 태어난 인간의 죄를 속량하기 위해 이 세상에 인간의 모습으로 나타났고, 십자가에 못 박혀 죽는 속죄 의식을 통해 인간을 죽음과 죄에서 해방시켰으며, 사람의 모습으로 나타나 죽고 부활한 신 예수를 인간의 구원자로 믿는 사람은 영원한 생명에 이르는 부활의 영광을 누리게 된다.”고 말한다.[8] 그리고 유대 종교권력이 현세의 축복을 얻기 위해서는 야훼를 숭배하고 야훼의 현현인 왕에게 충성을 다하라고 요구했듯이, 야훼가 주는 영생을 얻기 위해서는 야훼를 섬기고 야훼의 대리자인 교황과 교회의 지도자들에게 순명하여야 하며, 교회가 요구하는 계명을 충실히 지키고 따라야 한다고 강조한다. 교회와 교황에 대한 순명이 신자의 마땅한 도리이며, 야훼에 대한 믿음의 고백이자 야훼를 섬기는 표지라는 논리다.[9]

고대 이집트나 페르시아나 바빌로니아의 종교전통들, 그리고 오늘날에도 존속하는 이슬람교나 불교나 가톨릭이 제시하는 인간 불멸의 욕망에 대한 답과 영생에 대한 약속은, '영혼이 존재한다는 전제와 인간이 상상할 수 있는 신화적 요소에 기반한다'는 특성을 지니고 있다. 하지만 영혼의 존재는 증명되지 않은 가설일 따름이므로('영혼'에 대해서는 아래 237쪽, '영혼 가설' 항에서 살펴볼 것이다), 인간 불멸 사상은 '세상을 떠난 부모의 시신을 부패하기 전에 먹는 것이 영생에 이르는 길'이라고 믿는 아프리카 소수 원주민의 미신과 별반 다를 바가 없는 상상과 허구적 망상 이론에 머물고 만다.

---

8 본문 162쪽, 주)16에서도 언급했듯이, 가톨릭의 구원론은 허구의 명제에 기반하여 창출해 낸 거짓 논리다. 가톨릭은 '가상의 인물인 아담의 원죄로 인간이 죽음의 숙명을 지닌 존재가 되었다'는 허구적 가설을 전제하고, 그런 상태의 인간을 구원하는 유일한 방법은 원죄를 씻어 없애는 속죄 의식을 행하는 것이라는 논리를 이끌어 낸다. 그리고 인간의 모습으로 강림한 신이 직접 그 일을 해냈다는 논리를 전개한다. 이것은 성립될 수 없는 논리적 오류 또는 의도적 왜곡이다. 어떤 문제의 원인적 요인의 전제를 거짓으로 설정하고, 그 문제가 신의 개입으로 해결되었다고 말하는 것은 논리적 합리성을 가질 수 없다(본서 470쪽, '인간 구원론' 참조).

9 이런 논리가 2,000여 년 동안 가톨릭의 소위 성직자라는 사람들이 종교적 기득권과 특권을 유지하고 수호하기 위해 고수해 온 기만적 전략이라는 것은 'Ⅳ장 가톨릭 종교전통' 항에서 확인할 수 있을 것이다.

죽음 이후에 어떤 일이 일어나게 되는지는 그 누구도 알지 못한다. 상상으로 어떤 일이 일어날지 그려 볼 수는 있겠지만 그것은 모든 종교전통이 시도했던 망상일 뿐이다. 내세와 죽음 이후의 영생은 증명된 일이 없고, 어느 누구도 경험하지 못한 일이며, 생물학적인 죽음 이후 현세 세상으로 되돌아와 자신의 내세 경험을 들려준 사람이 지금까지 단 한 명도 없다는 사실은, '영혼은 실체가 없는 상상의 산물'일 뿐이라는 방증으로 보는 것이 타당하다. 가톨릭의 구원론에 따르면 영혼은 스스로 의지와 기억을 갖고, 살아있는 이들과도 통교한다는데 왜 현세의 인간을 찾아와 영생과 내세에 대해 말해 주지 않는가?[10] 간혹 임사 체험(臨死體驗)을 통해 내세를 봤다고 말하는 이들이 있지만 그들은 실제로 죽었다가 되살아난 것이 아니라, 목숨이 붙어 있는 혼수상태이거나 극도의 스트레스 상태에서 뇌 신경의 이상 현상을 체험한 것에 불과하다고 의료계는 말한다.[11]

'죽음 너머의 영원한 삶'이라는 영생의 실재성이 검증되거나 확인된 사실이 전혀 없음에도 불구하고, 가톨릭은 그리스도를 통해 영생이 주어진다는 주장이 부정될 수 없는 절대 진리인 것처럼 주장하면서 이를 조건으로 사람들을 통제하고 조종하는 종교권력을 행사한다. 한 예로, 가톨릭은 '주일을 거룩히 지내라'는 계명(요시아의 위작일 가능성이 높은 율법서에는

---

10 가톨릭이 주장하는 영혼의 작용과 관련, "형체가 없는 무형의 영혼이 어떻게 의지를 갖고 과거에 대한 기억과 정서적 감정의 기능을 갖는가? 영혼 자체가 그것들을 함유하는가? 아니면 영혼과 의식이 별개로 존재하는가? 영혼은 신이나 다른 영혼과 어떤 방식으로 통교하는가?" 등의 연속적 물음들에 가톨릭은 명확한 답을 제시하지 않는다. 단지 모호하고 추상적인 선언적 주장만 되풀이할 따름이다. 이 문제에 대해서는 본장 '영혼 가설'항에서 다시 살펴보겠다.

11 '임사 체험과 우뇌 측두엽과의 상관관계'에 대한 이해는 『종교는 왜 멸망하지 않는가』(pp. 190~198)가 도움이 될 것이다.

'안식일을 거룩히 지내라'는 내용이 들어 있고, 가톨릭은 예수가 부활한 날이 일요일이라는 이유에서 일요일을 거룩히 지내야 할 날로 규정하였다)을 이유로 일요일에 종교의식(미사)에 참여하는 것을 의무로 규정하고, 이를 어기는 것은 죄이며 고해성사의 대상이 된다고 가르친다(2018년, 한국천주교주교회의는 의도성이 없는 이유로 미사를 결할 경우에는 고해성사 대신 다른 보속으로 대신할 수 있다고 규정을 변경하였다). 그래서 주일 미사에 참여하지 못한 신자는 정서적으로 힘겨워한다. 신에 대한 사랑을 내보이지 못했다는 죄의식과 영생을 얻지 못하게 될지도 모른다는 염려와 두려움 때문일 것이다. 누군가는 "비 오는 일요일 오후에 무엇을 해야 할지도 모르는 사람들이 불멸을 소망하고 있다."[12]고 꼬집기도 하는데, 허상의 신과 종교권력에 예속되어 피동적으로 살아가는 신앙인들의 모습에 안타까움을 느낀다.

사실 우리는 영생이 어떤 것인지 알지 못한다. 그저 막연히 불멸과 영원한 생명[永生]을 가정하고 상상할 뿐이다.[13] 천국의 본질에 대해서도 알지 못한다. "영생을 누리는 천국이 어디 있느냐?"는 물음에 교황 베네딕도 16세는 "그것은 우주 공간에도, 우주 밖에도 존재하지 않으며, 성인들이 만나는 '그리스도의 몸'이라는 새로운 우주 속에 있다."고 말했다.[14] 본

---

12 『불멸에 관하여』, 스티븐 케이브 저, 박세연 역, 엘도라도, 2015, p. 217.

13 영생(永生)은 사전적으로 '끝이 없이 영원히 사는 것'을 뜻한다. 영원(永遠)은 100년의 100만 배, 100억 년의 100억 배보다 훨씬 긴 무한의 세월일 것이므로, 영생은 '멈출 수 없이 길게 사는 것'을 의미할 것이다. 셸리 케이건은 저서 『죽음이란 무엇인가』(박세연 역, 엘도라도, 2014)에서 영생이 끝이 없이 영원히 살아야만 하는 삶이라면 결국 살아있는 자체가 지루하고 고통스러운 것이 될 것이라는 점을 지적하면서, '끝이 없어 영원히 살아야만 하는 그런 삶이 과연 갈망할 만한 충분한 가치가 있는가'를 묻는다.

14 『불멸에 관하여』, p. 75.

인은 자신이 무슨 말을 하고 있는지 진정 알면서 한 말일지 궁금하다.

가톨릭은 '영원한 삶이란 신적 생명과의 합일이나 일치'라고 설명하기도 한다.[15] 하지만 그것의 속성과 성격에 대한 명확한 설명은 제시하지 않는다. 생명은 '유기체의 목숨' 또는 '유기체가 살아 있는 상태'를 뜻하고, 생명은 유기체와 분리되어 그 자체로 존재하는 무엇이 아니다(건전지의 전원이 건전지와 분리되어 단독으로 존재할 수 없는 이치와 같다). 따라서 가톨릭의 설명처럼 신의 목숨이나 살아 있음에 인간의 목숨이 융합되어 하나가 된다는 논리는 성립될 수 없다.

어떤 가톨릭 신학자는 '영원한 삶이란, 시간이라는 개념이 없는, 시간을 초월한 영원에서 하느님의 어좌에 앉아 성전에서 밤낮으로 그분을 섬기고(묵시 7,15~17), 지상의 모든 경험을 초월하는 사랑과 행복을 체험하는 세계'라고 설명한다. 너무 모호하고 추상적인 설명이다. 팔은 물론 입도 없는 무형의 존재가 역시 아무런 형체가 없는 무형의 신을 섬기는 방식은 상상이 불가능하고, 감각 기관이 없는 무형의 존재가 사랑이나 행복감을 체험한다는 것 역시 상상이 불가능하다. 그리고 시간의 정지 상태에서는 그 어떤 것도 일어날 수 없다. 변화가 있다는 것은 시작과 끝이 있다는 것이고 그것은 시간의 흐름을 의미한다. 내세에서 야훼를 섬기는 행위나 즐거움을 느끼는 감정이 실재한다면 그것은 변화의 연속 과정이므로 시간 안에서 이루어지는 일인데, 그런 것들이 시간을 초월한 영역 또는 시간이 정지된 상태에서 체험된다는 논리는 그 자체로 모순이다. 나아가 지상의 모든 경험을 초월하는 사랑과 행복을 인간이 갈망할 수는 없다. 경험이 없어 알지 못하는 것은 갈망의 대상이 될 수 없기 때문이다.

15　『죽음이란 무엇인가』, 한국종교학회, 2009, p. 214 참조.

영생에 대한 관념은 인간 상상과 추론의 산물이므로 누구도 영생의 속성에 대한 명확한 설명을 제시하지 못한다. 누군가가 "영생의 본질과 속성은 인간의 언어로 표현될 수 없는 범주에 속하는 것이므로 모호성을 지닐 수밖에 없다."고 말한다면 그 또한 변명에 불과하다. 영생이 신으로부터 부여받은 계시라면 신이 영생의 본질이나 성격에 대해서도 계시를 주었을 것이기 때문이다.

점(占)을 보는 것이 위험한 것은 점쟁이의 말이 맞기 때문이 아니라 점쟁이의 말에 의식이 갇히기 때문이다. 만일 '사업이 망할 것이다.'라는 말을 들었다면 사업이 잘되고 있어도 '언제 망하지 않을까?'라는 의심을 떨쳐 버리지 못하고 안절부절못하게 된다. 혹여 사업이 망하면 '역시 점쟁이 말이 맞았어!'라며 자신의 삶을 운명론에 맡긴다. 삶은 자신의 노력 여부와 주변 환경과의 역학 관계에 의해 전개되는 것이지 추상적인 운명론에 따라 진행되는 것이 아니다. 가톨릭이 말하는 것처럼 — 증명될 수도 없고 보장을 받을 수도 없는 — 영생을 얻느냐 멸절의 길을 가느냐는 것도 개인의 의식과 판단력을 가두고, 마치 얻을 수도 있는 것을 자신의 실수나 오판으로 잃게 되는 것은 아닐까 하는 두려움에 전전긍긍하게 만든다. 영생이라는 것은 과연 있는가?

성서에 첨부된 영혼 불멸과 부활 사상
—

초기 역사서(창세기, 탈출기)가 기록되던 당시의 유대인들은 — 영혼이나 내세나 부활, 영생에 대한 관념이 없던 상태에서 — 야훼도 여타의 다른 신들처럼 인간의 삶과 죽음의 통제권을 갖고 있다는 것을 말하기 위해 아담과 하와의 범죄 이야기를 창작했다. 만일 그들이 삶과 죽음의 문제와 관련해서 내세나 부활에 대한 관념을 가졌다면, 그들은 처음부터 일관되게 죽음에 대해, 그리고 내세와 부활에 대해 언급하며 야훼의 심판을 강조했을 것이다. 하지만 그들에게는 그런 관념이 없었고 또한 그런 것들을 필요로 하지도 않았다. 성서 저술의 목적은 정치적 의도에 따른 야훼 신앙의 구축에 있었기 때문이다.

창세기는 '아담과 하와의 죄로 죽음이 세상에 들어왔으며, 아담의 후손인 인간은 아담이 범한 원죄를 떠안고 세상에 태어나므로 죽을 수밖에 없는 운명을 타고나게 되는 것'이라고 말한다(창세 2,8~25). 하지만 이런 묘사는 고대 토속 종교전통들이 죽음을 겪는 인간 조건의 원인을 탐구하는 과정에서, 인간은 신에게 노여움을 안겨 주어 죽을 운명에 처했다거나(바빌론 신화), 신권에 도전하는 오만함 때문에 벌을 받아 죽게 되었다거나(그리스 신화), 본래부터 신에게 봉사하다가 죽는 운명을 타고났다(마야 신화)고 말하는 것들과 별반 다르지 않다.

성서가 쓰인 시대에 유대인들이 말하는 죽음은 무엇을 의미했을까? 구약성서 가운데 「다니엘서」[시리아 셀레우코스 왕조 안티오쿠스(BC 175~163 재위)의 유대인 박해 시기인 기원전 170년경, 또는 '마카베오 항쟁'(BC 166~165) 이후의 저술로 추정되는 문헌] 이전의 책들은 대체로 인간은 죽을 수밖에 없는 필멸의 존재이며, 육체가 죽으면 모든 것이 끝이고, 내세나 영생은 존재하지 않는다고 암시한다. 모세오경과 역사서에는 이스라엘 민족의 초기 역사만을 이야기할 뿐 사후 내세와 영생의 회복에 관한 내용은 전혀 등장하지 않는다. 신의 종이라는 아브라함이 죽지만 신은 내세에 대한 아무런 약속도 하지 않으며(탈출 25,7), 신의 영도로 이스라엘 민족을 이집트 종살이에서 구했다는 모세에게도 신은 내세의 영생을 약속하지 않는다(신명 34,5). 이것은 초창기 유대인의 신앙에 내세나 영생에 관한 관념이 없었으며, 오직 신에 대한 믿음은 정치권력과 종교권력에 의한 통치 이데올로기의 수단에 불과했음을 다시 한 번 확인시켜 준다.

유대 종교전통이 변화된 시대의 흐름에 부응하기 위해 내세와 심판, 부활의 개념을 야훼 신앙에 첨부한 것은 바빌로니아 유배 시기(BC 587~538)에 접한 삶과 죽음에 대한 이방 종교, 특히 페르시아의 조로아스터교 종교 사상을 수용한 이후이며, 유대 종교전통이 내세와 육체의 부활에 대해 처음으로 암시하는 내용은 바빌로니아 유배 시기(BC 6세기 말)에 완성된 '탈무드 판본'에 등장한다. 탈무드(Talmud, '가르침')는 구약성서 토라(Torah. 모세 오경)의 주석서로 여러 판본이 존재하는데 그중 바빌론 유배기에 완성된 판본이 유대인들의 내세 의식과 법의 바탕이 되었다(참고로 유대인들은 성서 외에 토라의 주석서인 탈무드와 탈무드의 주석서인 '미쉬나'(Mishnah)도 사용하는데, 탈무드와 미쉬나에는 성서에 대한 해석과 삶의 지혜나 교훈을 담은 이야기들이 들어 있다).

성서에서는 영생과 부활이라는 새로운 개념이 「다니엘서」에 처음으로 등장하는데(다니 12,2~13), 여기에서의 부활은 인간을 구원하는 동시에 신의 정의가 불의에 맞서 승리함으로써 신의 정당성을 입증할 수 있는 수단으로 묘사된다. 하지만 영생이나 상벌은 모든 사람이 아닌 일부에게만 적용된다. 또 신의 정의는 이 세상에서 완전히 실현되지 않기 때문에 인간의 현재 삶은 일부분일 수밖에 없고 나머지 부분은 신의 정의가 궁극적으로 실현되는 내세에 채워질 것으로 묘사된다.

다니엘서가 쓰일 당시 유대인들은 '영혼 관념이 없는 물질주의자'였으므로 부활은 육체의 부활을 의미했고 그것은 온전한 인간의 부활이기도 했다. 그 뒤 탈무드에 '육체의 부활은 영혼의 부활을 동반한다'는 내용이 소개되었다. 이러한 견해에 대한 반응은 분파별로 달랐다. 영혼 자체를 부정하거나 영혼은 사멸한다고 믿는 사두가이파는 내세가 없다는 관점을 지지하며 상벌은 오직 현생에서만 받는 것이라고 믿었고, 바리사이파는 영혼의 불멸성을 믿으며 영혼이 내세에 육체와 함께 부활하여 영원히 벌을 받거나 상을 받을 것이라고 믿었다.

영혼과 내세와 부활에 관한 명확한 관념이 없었던 유대교에, '영혼은 소멸되지 않으며 세상 종말의 날에 신이 의도한 완전한 세계가 이룩되고, 인간은 신으로부터 파견된 심판관에 의해 심판받아 영생을 얻게 된다'는 이론을 제시한 인물은 예수 등장 이전에 활동했던 이집트 알렉산드리아 출신의 유대인 필론(BC 30?~AD 45)이다.

이집트 '오시리스 신비신앙'(신비종교, Mysteria) 사상가였던 필론은 플라톤의 저서 『티마이오스』에서 구약성서의 천지 창조 설화와 비슷한 이야기를 찾아냈는데, 두 문서에는 양쪽 다 실체 없이 존재하며 세상을 창조한 조물주 신이 있고(야훼 / 데미우르고스), 그 신은 창조 이후에도 물질세계에 관여한다는 내용이 들어 있다. 플라톤은 신 외에도 진리나 아름다움과 같은 이상적인 형상[idea]이나 물질세계를 이루는 무형의 원형(原形) 등 영원한 것들이 존재한다고 본 반면, 필론은 오직 신만이 영원하다고 보았다. 그리고 필론은 플라톤이 말하는 이데아[idea, 형상]를 신의 생각·신의 의지로 이해하여 '로고스'(logos, '말, 이성, 계획')[16]라 부르고 우주를 '존

16　그리스에서 말하기, 구두 전달, 단어, 문장, 가치 평가 등의 의미를 지닌 'logos'라는 개념이 처음 등장한 것은 BC 6세기경이었는데, 처음에 logos는 자연 현상들을 신화적으로 설명하지 않고 합리적으로 설명하려는 구상에서 생겨난 개념이었다. 이후 logos는 신비신앙에서 최고신(Monad, Daimon)의 배우자이자 신의 여성성 본성인 소피아(Sophia, 지혜)로부터 유출

재의 대 사슬'(신-로고스-세상)로 보면서, 위에는 신이 있고 중간에는 로고스가 있으며 그 로고스는 '신의 장자'[天子, 神人]로서 신과 세상을 연결하는 다리 역할을 한다고 보았다. 필론의 로고스 사상은 사람의 모습으로 세상에 강림한 신, 곧 신인(神人, 신이면서 동시에 사람인 존재)을 신봉하는 신비신앙의 사상이 반영된 것이다. 필론의 로고스 사상은 훗날 가톨릭 사상에 영향을 미치게 된다.

필론은 플라톤처럼 영혼에는 두 종류가 있다고 생각했다. 하나는 세상 초기에 창조되어 육체 이전부터 존재하는 '이성적인 영혼'이고, 다른 하나는 인간의 육체와 함께 창조되는 '비이성적인 영혼'이다. 그런데 일부 이성적인 영혼은 육체 없이도 존재한다. 그 예로 천사를 들 수 있다. 다른 이성적인 영혼은 인간이 태어날 때 즉, 육체와 함께 창조된 비이성적인 영혼을 가진 인간에게 주어진다. 이성적인 영혼은 인간 사후에도 지속되며, 인간이 타고난 비이성적인 영혼은 육체와 함께 소멸한다. 이성적인 영혼이 소멸하지 않는 이유에 대해 플라톤은 영혼의 본질이 그렇기 때문이라고 생각했고, 필론은 신의 은혜 때문이라고 생각했다.

플라톤이나 필론처럼 존재 증명이 불가능한 신을 주제로 이론을 전개하는 사상가나 신학자들의 논변은 가설 명제에 자기 개인의 상상적 사유를 피력한 또 하나의 가설로 분류된다. '신은 존재한다'고 전제하는 명제가 증명되지 않고 검증되지 않은 '신 존재 가설 명제'에 머물러 있기 때문

된 신의 말씀이자 신의 아들, 신의 현현, 신인(神人)의 의미로 사용되었다. 후에 가톨릭은 단순히 Sophia를 신의 지혜로, logos를 신의 말씀, 신의 생각 중의 생각, 신의 의지, 신의 의식 등의 의미로 해석하여 Sophia와 logos를 등치 개념으로 이해했고, 예수는 logos 또는 Sophia가 사람의 형상을 취해 현실 세계에 나타난 신의 아들, 곧 성자라고 주장한다(『세상을 알라』, p.49, 『예수는 신화다』, pp. 134, 160 참조).

이다. 이집트 오시리스 신비신앙 신봉자였던 필론은, 인간은 신과 하나가 될 수 있으며, 그런 신비로운 합일(sober intoxication, 깨어 있는 도취)을 통해 인간은 물질세계에서 영원한 세계로 나아간다고 믿었다.[17] 가톨릭 사상에 종말론적인 세계관이나 플라톤주의가 스며들게 된 것도 필론의 영향이다.

불멸을 향한 욕망과 죽음

—

가톨릭은 "인간의 영혼은 불멸하며, 인간은 생물학적인 죽음 이후에도 예수 그리스도(메시아, 구원자)의 은총으로 영원한 생명을 얻어 누리게 된다."고 말한다. 가톨릭이 말하는 예수는 참으로 인간에게 영원한 생명을 부여하는 그리스도인가?

예수가 그리스도인가를 묻기 위해서는, 우리는 먼저 사람은 그리스도나 신 혹은 구원자를 필요로 하는지 그리고 구원자를 필요로 하는 이유가 무엇인가를 물어야 한다. 이에 대해 혹자는 "사람에게는 영혼이 있고, 영혼은 신만이 구원할 수 있기 때문에 구원자로서의 신을 필요로 한다."고 말한다. 그렇다면 '인간에게 영혼이 있다'는 명제는 참인가?

어떤 통계에 의하면, 미국인들 중 71%, 영국과 독일인은 60%, 인도인은 90%, 아프리카 국가들의 국민들은 거의 100%에 가깝게 영혼이 있다고 믿는다. 하지만 어느 누구도 영혼이 있다고 단정 지어 말할 수는 없다. 그렇게 말하기 위해서는 영혼의 존재를 증명하는 근거를 제시해야 하는

---

17 『영혼과 자아의 성장과 몰락』, 레이먼드 마틴 저, 마리 오 역, 영림카디널, 2008. 참조.

데 그 누구도 그런 근거를 제시할 수 없기 때문이다. 사실 오늘날까지 인간에게 영혼이 있다는 것을 입증하는 증거나 영혼이 존재한다고 믿을 만한 합당한 이유가 제시된 바는 없다. 그럼에도 불구하고 사람들이 영혼이 있다고 믿는 이유, 또는 영혼이 존재하기를 소망하는 까닭은 '영혼이 존재해야만 영생이 가능하다'고 생각하기 때문이다. 그리고 영혼이 있다고 믿기 때문에 영혼을 구원해 줄 신을 필요로 한다. 하지만 이를 역으로 말하면, 즉 영혼이 없다면 영생을 소망하지도 않고 신도 필요 없다는 의미가된다.

죽음의 문제에 대해 잠시 생각해 보자.

죽음은 나쁜 것인가? 죽음은 무섭기만 한 그 무엇인가? 사람들이 죽음을 두려워하는 이유 중에 가장 큰 비중을 차지하는 것은 '존재의 상실감'이다. 죽음이 일생 수고하며 희로애락 속에 살아온 삶의 전부와 존재의 주체인 자기 자신을 무(無)가 되게 만든다는 상실감이 죽음을 나쁜 것이며 무서운 것으로 인식하게 만든다.

어떤 이들은, '죽음을 숙명으로 받아들이고 죽음을 모든 것의 끝이라고 여기게 되면 삶을 비관하여 삶의 활기를 잃고, 힘들여 수고하고 애쓰며 살아야 할 삶의 동기 부여나 의미 부여의 필요성도 느끼지 못하며, 미래에 대한 계획을 세울 필요도 없이 되는 대로 살아도 된다는 무책임한 인생관을 갖게 된다.'고 말한다. 하지만 내세를 보장한다는 신앙을 갖지 않은 사람일지라도 자신의 인생을 그렇게 무책임하게 아무런 계획 없이, 의미 부여도 하지 않으며, 대충 되는 대로 사는 사람은 없다. 사람들은 자기에게 주어진 삶을 보다 행복하게 누리기 위해 노력하고, 자녀를 잘 양육하고 자녀의 미래를 열어 주기 위해 수고하는 것을 마다하지 않으며, 세상과 이웃이 자신의 도움을 필요로 할 때는 기꺼이 그들을 위해 수고하는 것을 기쁘게 생각하고, 매 순간 인간다운 모습으로 의미 있게 살려고 고뇌한다. 이런 면에서 보면 한 개인의 인생관과 신앙과의 연관 관계는 별로 크지 않은 것으로 보인다. 그리고 신이 없어도 인간은 충분히 선하고 아름답고 성실하게 생활한다. 또 신앙이 있다고 해서 죽음을 두려움의 대상으로 여기지 않거나, 천국에 대한 확신을 갖는 것도 아닌 것처럼 보인다.

과거 충북 제천에서 발생한 건물 화재(2017.12.21.) 사고로 어느 교회 목사가 사망하는 사건이 있었고, 교회 신도들이 목사의 죽음을 애석해하면서 통곡하는 모습이 TV를 통해 방영되었다. 인간적인 슬픔이야 충분히 이해하지만, 그들의 논리에 따르면 — 고인에게는 송구한 마음이지만 — 고대하고 힘주어 강조하던 천국에 들어가 영원히 사는 생명을 얻게 되었으니 축제를 벌이는 정도까지는 아니어도 서로 축하의 인사를 나누어야 하는 것이 아닐까? 하지만 어떤 이의 얼굴에서도 환한 미소를 띠거나 부러움을 드러내는 표정을 보지 못했다. 가톨릭 주교 장례 풍경도 유사하다. 입으로는 고인이 영신(靈身)으로 부활하여 영원한 신의 생명에 들어갔을 것이라고 말하지만, 표정에서는 그런 믿음에 대한 확신이 묻어나지 못함을 볼 수 있다. 그저 애석해 하고 애도하고 슬퍼하는 모습만 보일 뿐이다. 이는 부활에 대한 확신이 없거나 부활을 그저 막연한 그 어떤 것 정도로 여긴다는 반증일 것이다. 차라리 살고 죽는 것은 자연의 이치이니 한번 왔으면 언젠가 떠나는 것이 순리라는 초연한 자세를 갖는다면 담담하게 떠나보내는 슬기를 보였을 것이라는 생각이 든다.

"죽음 후에도 생명은 계속되는가?" 또는 "삶이 끝난 후에도 삶이 지속되는가?"라고 묻는 것은, 음식을 다 먹고 나서 아직 접시에 음식이 남았는지를 묻는 것과 같은 자기 모순적 물음이다. 삶(생명)이 끝난 상태에서는 더 이상 삶(생명)이 존재할 수 없기 때문이다.[18] 상기에서 언급했듯이 살아 있는 상태를 유지하던 유기체는 죽음으로 살아있는 상태가 정지되고 물질적인 해체 과정을 겪으면서 분해된다. 그런 상태에서 '생명'이라는 것은 독립적으로 존재할 수 없다.

인간은 죽음으로 인한 자신의 비존재 상태를 알 수 없고 상상조차 할 수 없다. 그런데 죽음이 가져올 존재의 상실감은 공포를 낳고, 죽음에 대한 기피증을 유발하며, 이를 벗어나 영원히 살고자 하는 인간의 욕망을 부추긴다. 그래서 이집트인들은 육체적 생존을 열망하여 미라를 만들었고, 진시황은 생명의 묘약을 찾아 방황했으며, 철학적 사유자들은 영혼이라는 관념을 상상했다.

영혼 가설[19]

—

지금까지 영혼을 보았다거나, 사람에게 영혼이 필요한 이유에 대해 납득 가능한 이론을 제시한 사람은 아무도 없다. 가톨릭을 포함한 모든 종교전통들이 영혼의 실재와 영혼의 성격·속성을 언급하지만, 그것은 영혼의 실체에 대한 입증 가능한 증거에 근거해서 제시하는 논변이 아니라 관념적 추측이나 상상을 실제인 것처럼 말하는 선언적인 주장일 뿐이다.

18　『죽음이란 무엇인가』, 셸리 케이건, 2012, p. 20.

19　이 부분은 『영혼과 자아의 성장과 몰락』, 『서양철학사』(스털링 P. 램프레히트 저, 김태길 역, 을유문화사, 2008), 『세상을 알라』(리하르트 다비트 프레히트 저, 박종대 역, 열린책들, 2022)를 참고하였다. 영혼 존재에 대한 주장은 근거 없는 가설일 뿐이라고 말하는 셸리 케이건의 저서 『죽음이란 무엇인가』(셸리 케이건, 2012, pp. 42~87)를 참고하면 영혼 가설 이해에 도움이 될 것이다.

영혼에 대한 사유는 그 역사가 오래되었으며 동시에 영혼은 직관적인 개념이다. 인류학자들은 인간의 두뇌 기능이 발달하면서 미래를 예측하는 능력이 향상되었고, 이후 죽음과 죽음 이후의 내세에 대해서도 사고하게 되었다고 말한다. 그리고 이런 사고의 연장에서 영혼 개념을 갖게 되었다고 말한다. 아프리카의 어떤 문명권에서 기원전 2만 년경부터 죽은 자에게 꽃가루를 뿌리는 등 장례 의식을 장엄하게 거행한 흔적이 발견되었는데, 무덤에서 발견된 시신은 동물의 이빨과 조개껍질로 만든 목걸이를 걸치고 있었고, 시신 옆에는 먹을 것과 생활 도구가 함께 놓여 있었다. 이것은 당시 사람들이 죽은 자는 사후세계로 떠난다고 믿었다는 것과 사후의 세계에서도 도구와 식량이 필요하리라고 여겼다는 것을 보여준다.

지능의 향상과 더불어 형성된 '죽음과 내세에 대한 사고'는 인간에게 존재 불멸의 욕망을 부추겼고, 다양한 문명들 속의 많은 사람들은 인간의 내부에 부패하거나 파괴되지 않은 어떤 영적인 또는 비물질적인 부분(혼, 넋, 영, spirit, soul)이 애초부터 존재한다고 생각했다. 고대 그리스 문화권에서는 호흡이나 의식, 지성, 욕망과 같은 비물질적인 작용이 영혼과 관련되어 있다고 생각했고, 영혼이 육체를 떠나 생명의 기운이 몸에서 빠져나가는 것을 죽는 것이라고 이해하기도 했다. 그리고 부패하지 않는 비물질적인 영혼은 신으로부터 주어지고, 육체가 죽으면 영혼은 다시 신에게로 돌아간다는 믿음이 생기면서 영생의 부여자로서의 신을 숭배하는 신앙이 형성되었다.

기원전 1,000여 년부터는 영혼 존재의 유무와 영혼의 속성에 대한 논의가 보다 활발히 이루어지면서 온갖 가설이 등장하였는데, 특히 그리스인들이 영혼이나 내세에 대한 깊은 사유를 가지고 있었다. 그들은 호메로스(BC 800~750)의 영향을 받아, 사람은 '프시케'(psyche, 처음에는 영혼으로 지칭되지 않았다)를 가지고 있으며, 프시케는 호흡(pneuma)에 관여한다고 생각했다. 그리고 몸이 죽으면 신체의 모든 기관들은 그 기능을 상실하지만 오직 숨결 모양의 프시케만이 육체를 떠나 저승에서 유령이나 망령의 형태로 존재한다고 믿었다. 이후 내세에 관심을 기울이면서 인간의 몸을 떠난 프시케의 운명은 이승에서의 삶의 질에 좌우된다는 도덕적인 관념을 갖게 되었다.

프시케라는 단어는 기원전 5세기 초부터 '인간' 또는 '생명'으로, 어떤 경우에는 '인격' 또는 '감각을 지닌 실체'로 해석되었다. 하지만 모두 프시케를 감정과 욕구를 가진 육체적인 기능으로만 보았다. 그러다가 오르페우스교(敎)(윤회나 응보를 믿는 신비신앙의 하나)와 그리스 샤머니즘의 영향을 받은 후기 사상가들이 등장하면서 프시케는 영적인 존재, 곧 '영혼' 또는 '자아(自我)'로 그려지기 시작했다. 자아에 관심을 기울인 최초의 철학자는 피타고라스(BC 569?~475?)와 엠페도클레스(BC 495~435)로 둘 다 샤머니즘과 신비신앙에 심취했던 것으로 추정된다.

피타고라스는 오르페우스교의 영혼 불멸설과 윤회 사상을 믿었다. 오르페우스교는 정결한 혼은 영원히 신들과 함께 거하는 복된 상태에 들어가지만, 불결한 혼은 영혼의 정화를 이룰 기회를 다시 얻기 위해 신들 곁에 머물면서 인간이나 짐승 또는 더 비참한 존재로 환생할 기회를 기다린다고 말한다. 환생의 굴레를 벗어나지 못하는 것이 고통인 것이다. 피타고라스와 엠페도클레스는 영혼 또는 자아는 무실체로 육체 이전부터 존재하며, 생전에 몸을 벗어날 수도 있고, 육체보다 더 지속된다고 주장했다. 이들의 사상은 후에 플라톤과 아우구스티누스를 비롯한 가톨릭 교부들, 가톨릭 신학에 영향을 미쳤다.

피타고라스에 이어 등장한 인물은 헤라클레이토스(BC 535~475)다. 그에 따르면 인간의 영혼은 물에서 떠올랐으며 바르게 살면 영혼은 점점 건조해진다. 영혼이 건조하면 건조할수록 그 인간은 더욱 생기가 넘치고 고결해진다. 욕망과 열정으로 채워진 인간의 영혼은 습한 상태에 머문다. 영혼은 몸이 죽으면 일단 그 몸에서 분리되며, 어리석은 사람의 습한 영혼은 물로 되돌아가고, 지혜로운 사람의 건조한 영혼은 우주의 불(火)과 결합된다.

소크라테스(BC 470~399)는 인간이 죽을 때 마지막으로 내쉬는 숨(pneuma)을 영혼이라고 생각한 것을 부정했다. 호흡은 영혼이 아니다. 그는 인간의 영혼은 실체가 없고 신에 가까우며 소멸하지 않는다고 생각했다. 내세에 대해 소크라테스는 말년에 죽은 자와 대화를 나눌 것이라는 생각에 기뻐했다는 점으로 미루어 보아, 영혼은 이승의 기억과 생각들을 간직하며 불멸한다고 생각했던 것 같다.[20]

플라톤(BC 427~347)은 서구 세계에서 영혼이 불멸의 존재이며, 인간의 본질적인 부분이자 진정한 자아라고 주장한 최초의 인물이다. 그는 영혼은 그 사람의 본질이며, 실체가 없고 물질도 호흡도 아니며 불변·불멸하는 존재라고 말한다. 이것은 '영혼은 육체를 벗어날 수 있는 무실체'라고 주장한 피타고라스와 '연장(延長)될 수 있는 것은 그 본질상 분해될 수 있고 소멸할 수 있으나 실체가 없는 것(무실체)은 분해되지 않고 소멸할 수도 없다'고 말하는 기하학에 바탕을 둔 주장이다. 영혼은 실체가 없는 무형의 무실체이므로 불멸하는 존재라는 것이다.

플라톤은 영혼의 성격에 대해, '영혼은 생명력의 원천이며 육체를 움직이는 기능이고, 인간의 인지, 욕구, 의사 결정, 고통, 쾌락 등 다양하

---

20 『플라톤의 대화편』, 플라톤 저, 최명관 역, 출판사 창, 2008, pp. 86~88 참조.

고 복잡한 정신 기능의 원천'이라고 말한다. 훗날 데카르트(1596~1650)도 "두뇌 한가운데에 있는 송과선(pineal gland) 위에 영혼이 앉아서 조이스틱처럼 생긴 뇌하수체를 움직여 정신을 만들고 행동을 조절한다."고 주장했다. 플라톤은 영혼이 오염된 육체를 벗어나는 순간 진리를 깨닫고 전생을 기억하는 상태에서 환생한다고 믿었다.

플라톤에게 불멸하는 영혼 사상이 필요했던 것은 당시의 시대 상황에서 인간이 어떻게 신 존재를 상상할 수 있고, 인간의 통합적인 사고(思考)가 어떻게 가능한가에 대한 답을 찾을 수 없었기 때문이다. 고대 이집트 인들도 인간의 이성적인 판단과 사고는 존재의 본질인 카(Ka. '생명의 에너지')가 일으키는 것으로 여겼고, 그래서 미라를 만들 때 환생하는 인간에게 뇌는 불필요한 장기라고 생각해 꼬챙이를 이용해서 코를 통해 뇌를 꺼낸 후 폐기했다. 소크라테스도 인간의 사고 작용은 영혼으로 이루어지는 것이며, 사람의 두뇌는 심장의 뜨거운 피를 식히는 기능을 한다고 생각했다.

오늘날 뇌 과학이 이성적 사고를 담당하는 뇌 기관의 작동 원리를 이해하고 설명하는 것처럼 뇌 기능에 대한 이해를 가졌다면, 플라톤을 비롯한 고대 사유자들은 인간의 사고 작용에 영혼 가설을 전제할 필요가 없었을 것이다. 하지만 당시로서는 인간의 놀라운 이성 작용에 대해 달리 설명할 방법이 없었으므로, 인간 내부에 선재한다고 믿는 영혼이 인간의 사고를 작동시키는 원리로 기능한다고 생각한 것은 자연스러운 일이었을 것이다. 물론 영혼이 실재한다거나 영혼이 그런 기능을 수행하는 것을 입증하는 근거는 없고, 인간의 뇌는 외부의 제3자나 초월자, 어떤 행위자의 조종을 받아 작동하는 기관이 아니다.

아리스토텔레스(BC 384~322)는 우주에서의 인간의 위치와 영혼과 육체와의 관계를 분석하는 것에 관심을 기울였고, 우주 만물은 물질과 형상의 조합으로 실체가 존재하게 된다고 믿었다. 그는 존재의 등급에서 가장 낮은 곳에는 무생물이 있고 그 위에 식물·동물·인간이 있으며, 가장 높은 곳에는 부동의 동자(不動子. 자신은 움직이지 않으면서 다른 것을 움직이게 하는 존재)가 있는데, 부동의 동자는 순수 형상이라고 말한다. 훗날 아퀴나스와 가톨릭은 그 존재를 신, 야훼로 해석했다.

아리스토텔레스는 플라톤의 영향을 받아 무생물을 제외한 만물은 영혼이라는 생명의 근원을 가지고 있는데, 영혼은 여러 부분들로 이루어져 있으며 각각 그 기능이 다르다면서 영혼에 등급을 부여했다(아리스토텔레스의 이러한 구분 역시 뇌 기능의 작동 원리를 영혼의 작동 원리로 이해한 것에서 비롯된 것이다). 그에 의하면 식물혼은 오직 식물에만 존재하고, 식물혼 위에 있는 감각혼은 상상, 기억, 욕구, 움직임을 유도하는 감각 능력을 지니며 동물에만 존재한다. 최고층에는 이성혼이 있는데, 이성혼은 열등한 혼들이 지닌 모든 능력에다가 누스(nuus. 이성 또는 지성)가 포함된다. 이성혼은 과학적 사고나 숙고, 심의, 판단 등을 담당하며 진리를 추구한다. 누스를 제외한 영혼은 육체와 동시에 형성되며 육체에서 분리될 수 없다. 그리고 영혼은 육체가 소멸할 때 함께 소멸하게 되고 누스만이 불멸한다. 누스는 내부에서 생성되는 것이 아니라 무(無)에서 오며, 신성을 띠고 있고, 스스로 행할 능력과 다른 행동을 수용할 능력이 있다. 아리스토텔레스는 불멸하는 것은 모든 인간이 공유하는 누스이지 영혼이나 각 인간을 구별하는 물질이 아니라고 하면서 개별 존재의 불멸과 내세를 부정하는 입장을 비친다. 물질로 이루어진 인간은 자신의 기억과 함께 사라지고 모든 인간이 공유하는 형상, 즉 누스만 남게 된다는 것이다.

놀랍게도 기원전 5세기에, 영혼이 존재한다는 전제 아래 영혼의 성격과 기능에 대해 전개하는 모든 논리는 쓸모없는 가설일 뿐이라고 치부해 버리고, '영혼이 아닌 뇌가 정신의 중심지이며 영혼이라는 것은 없다'고 주장하는 사람들도 있었다. 우주의 모든 것은 물질로 구성되어 있고, 물질은 원자들로 구성되어 있다고 주장하는 '물질주의 원자론자들'이다. 원자론의 창시자 레우키포스(BC 440년경 활동)와 데모크리토스(BC 460~370)는, "원자는 창조물이 아니고 원자로 구성된 물질에는 이데아나 정신이 스며들어 있는 것도 아니며, 영혼이라는 것은 없다."고 말한다.

원자론 신봉자인 에피쿠로스(BC 341~270)는 원자론을 생활 철학으로 끌어들여 "쾌락은 선이고 고통은 악이며 죽음에 대한 공포는 기우에 지나지 않는다."고 주장했다. "죽음에 대한 공포는 영생을 갈망하는 마음에서 비롯된다. 죽음은 육체의 원자 복합체가 분해·해체되면서 쾌락이나 고통을 느끼는 주체가 사라짐을 의미한다. 그러므로 죽음이 우리에게 아무런 의미가 없다는 사실을 깨달으면 인생이 즐거워진다."[21] 에피쿠로스의 이론을 따르는 에피쿠로스학파는 영혼의 존재와 사후 세계를 부정하고, 행복은 쾌락에 있다고 말한다. 그들이 말하는 쾌락은 타락이나 방종을 의미하는 것이 아니라 소박한 취향에의 몰입에서 얻게 되는 즐거움을 뜻한다. 그래서 그들은 세상의 번잡함과 소란스러움에서 벗어난 은둔 생활을 강조했고, 만물과 사회적 현상은 모두 물질적이며 소멸되는 것이 자연스러운 것이므로 신에 대한 경외나 죽음의 공포는 무의미하다고 말한다.

히포크라테스(BC 460~370)를 중심으로 한 '의학적 물질주의'는 모든 질병은 육체적 인간의 상태에서 기인하며, 정신 질환 또한 신이 아니라 뇌의 상태에서 기인한다고 말했다. 그들은 헤로필로스(BC 335~280)의 해

---

21 『불멸에 관하여』, p. 368.

부학 연구와 헤리시스트라토스(BC 330~250)의 연구 관찰을 통해 신경이 뇌와 나머지 몸을 연결한다는 사실을 밝혀냈고, 이를 통해 육체와 정신이 어떻게 상호 작용하는지 물리적으로 설명할 수 있는 수단을 제공했다. 그리고 뇌가 정신의 중심지이며 인체는 더 이상 실체가 없는 정신을 필요로 하지 않는다는 주장을 폈다.

영혼의 크기는 얼마만 한가? 깨알만 한가? 깨알만 했다가 우주만 한 크기로 커지기도 하고, 다시 깨알 크기로 작아지는 변화를 겪는가? 영혼은 몸의 어디에 위치하는가? 머리인가, 심장인가 아니면 팔이나 다리인가?

가톨릭은 "신은 형체가 없는 무형(無形)의 비물질적·영적 존재[22]이며, 인간에게는 형체가 없는 비물질적·영적 존재인 영혼이 있다"고 말한다 (여기서 '영적 존재'라는 표현은 물질적인 것과 대별되는, '형체가 없으나 무언가 신령하게 존재한다'고 상상되는 어떤 것을 지칭할 것이다. 하지만 '형체 없는 정신'이 뇌와 별도로 어딘가에 독립적으로 존재한다는 것을 상상할 수 없듯이, 형체 없이 독립적으로 존재하는 비물질적인 어떤 것을 상상하는 것은 불가능하다). 그러면서도 가톨릭은 '형체가 없다는 영혼'의 속성에 대해서 말할 때는 마치 영혼이 '어떤 형체를 지닌 물질인 것처럼' 상호 모순되고 상충되는 논리로 설명한다.

그들은 신이 영혼을 — 모종의 실체를 가진 독립된 물질을 인간 체내에 주입하는 것처럼 — 인간 내면에 '부여'한다고 말하고, 살아 있는 인간 안

---

22 '영적 존재'라는 용어는 신의 현존 양태(정체성)의 성격을 규정하는 '영적 존재'와 '신을 믿는 신앙인은 물질적인 존재이면서 동시에 내면적으로 신과 관계를 맺는 영적인 존재이다.'라는 의미로 사용될 때의 '영적 존재'로 구분할 필요가 있다. 본문에서의 '영적 존재'는 전자의 의미를 뜻한다.

에 존재하던 영혼은 사후에 육신을 벗어나 천국이나 지옥으로 '여행'을 떠난다고 말한다. 또 영혼이 마치 어떤 메모리 시스템을 장착한 물질인 것처럼 "그 영혼은 한 객체의 실존적 일생 전체의 경험과 기억과 감정을 간직하며 불멸한다."고 말하고, "부활한 영혼은 신을 직관하는 행복을 누리며, 세상을 떠난 다른 영혼들을 알아보고 그들과 통교한다."고 말한다.[23] 그래서 대부분의 신앙인들은 막연하게 어떤 형체를 지닌 영혼이 자신의 내면 어딘가에 깃들어 있다고 생각하고, 영혼이나 영적 존재는 '인간의 뇌 같은 어떤 기억 장치나 기관을 가지고 있는 모종의 덩어리로 이루어진 어떤 것' 정도로 상상한다(흔히 만화에서 묘사되는 유령 같은 모습이거나, 실리콘이나 고무 같은 몰랑한 물질로 이루어진 무엇으로 상상한다). 하지만 가톨릭의 이런 주장은 전개하는 논리의 앞뒤가 배치되는 모순이며 성립될 수 없는 궤변이다.

가톨릭이 "영혼(soul, spirit)과 영적 존재(spiritual being, incorporeal entity)는 형체가 없는, 즉 무형(無形)으로 존재(existence)한다."고 말할 때, '존재'(存在, being, entity)라는 용어가 '있는 어떤 실체' 또는 '어떤 실재'(actual being)를 의미하는 용어라면 '형체가 없는 영적 존재'라는 말은 '형체 없이 실재하는 어떤 실체'라는 의미가 되므로 그 말은 그 자체로 모순이다. 실체는 형체 없이 존재할 수 없기 때문이다. 따라서 '형체가 없는 영적 존재'라는 말은 언어나 글로 표현될 수는 있겠지만, 논리적으로는 성립될 수 없다. 그리고 '형체가 없는 실체'를 상상하는 것을 불가능하다. '형체가 없는(배제된) 어떤 것'은 인간 상상의 대상이 될 수 없기 때문이다.[24]

23　「죽음이란 무엇인가」, 한국종교학회편, p. 200 참조.

24　본서 10~11쪽, '들어가는 말' 참조.

가톨릭이 말하는 영적 존재나 영혼은 비물질적이기 때문에 어떤 형체도 지닐 수 없다. 만일 사물이 어떤 형체를 지닌다면 그것은 물질로 구성된 것이라는 의미가 된다. 고도 비율의 현미경으로만 관찰되는 바이러스는 자신과 외부 세계를 구분하는 경계(境界)를 가지고 있고, 그래서 물질로 구성된 고유의 독립 생명체로 분류된다. 만일 영적 존재가 '외부와 자신을 구별 짓는 특정 형태와 경계를 갖는 모종의 형체를 지닌다면' 그것은 물질로 구성된 것이며, 물질로 구성된 것은 연장되고, 연장되는 것은 불멸할 수 없다. 그것은 변화와 소멸을 겪는 유한한 물질적 존재라는 의미가 된다.

반대로 영적 존재나 영혼이 '형체가 없는 비물질적 · 비실체적 존재', 즉 무(無)이며 공(空)이라면,[25] 그것은 특정 공간에 위치하는 어떤 덩어리나 점이나 미립적 원자로 상상할 수 없고, 관찰되지 않으므로 크기나 성격을 규정할 수 없으며, 내포한 성질을 탐구할 수도 없다. '영적 존재나 영혼 속에 어떤 본질이나 본성이 함유되어 있다'는 추론이 불가능한 것이다. 이와 같이, 영적 존재나 영혼은 감각으로 경험되는 실체적 존재가 아니라 관념으로만 사유할 수 있는 비실체적 대상이므로, 영혼의 실재나 속성에 대해서는 어느 누구도 관념적인 상상 외에 그 어떤 본질적인 이해를 가질 수 없다. 이런 점에서 가톨릭의 영혼론은 관념의 산물, 상상적 허구라 할 것이다.[26]

---

25   힌두교와 불교는 신은 모든 존재의 근본 원리이며 생명 자체인 최고의 실재이지만 인간의 언어로 정의될 수 없는 특성을 가진 존재로 인식하여 신을 무(無)나 공(空)으로 묘사한다.

26   가톨릭이 "신이 부여하는 비실체 · 비물질적인 영적 존재로서의 영혼이 존재하는 것은 분명하다"고 주장한다면, 가톨릭은 어떤 형식으로든 영혼의 실체를 보았거나, 그들의 신인 야훼가 영혼을 인간에게 부여하는 것을 직접 목격한 경험이 있는 것이라고 추정할 수 있다. 하지만 영혼은 형체가 없으므로 영혼을 두 눈으로 본다거나 만져 보는 것은 불가능하다. 따라

그리고 원자나 분자로 구성된 어떤 형체를 지니는 존재가 아닌 어떤 것이 — 예를 들어 소리나 전자기파가 — 특정 경험이나 감정을 기억하고 보존하고, 생명을 지니고, 신을 직관하거나 다른 영혼을 알아보아 그와 통교하고, 어떤 작용이나 작동을 일으킨다는 것은 '네모난 동그라미가 존재한다'는 것과 같은 논리적 모순이며 성립될 수 없는 궤변이다. 다시 말해서 형체가 없는 비물질적·비실체인 영적 존재나 영혼이 어떤 작용이나 운동을 일으킬 수 있다는 생각은 현실성이 결여된 순수 관념적 상상으로만 가능한 일이다. 나아가 영혼이 불멸한다는 것은 영혼을 '어떤 형체를 지닌 독립 존재'로 가정할 때에만 도출될 수 있는 논리이므로 이 또한 참일 수 없다.

　역사 안에서 사람들이 '영혼에 관심을 기울인 근본적인 이유'는 죽음에 대한 공포에서 탈피하여 영원히 살고자 하는 불멸의 욕망 때문이었다. 그리고 여기에 생명의 기원과 생명의 본질에 대한 탐구, 또 인간 내면에서 인간의 의식과 사고 작용·감정의 변화 등이 어떻게 발동되는가에 대한 답을 찾고자 하는 과정이 더해져 영혼 가설이 등장했다. 플라톤의 경우에서 보았듯이 인간의 인지, 사고, 욕구, 의사결정, 고통, 쾌락 등 다양하고 복잡한 정신 기능의 원천은 두뇌의 작용이라는 것을 알지 못한 고대 사상가들은, 인간 내부에서 의식과 이성 작용 등을 일으키는 무형의 영혼이 있다고 생각했고, 그 영혼의 성격과 속성에 대한 사유가 이어지면서 영혼은 비물질적인 실재이며 불멸한다는 가설을 제시하게 되었다. 그리고 영

서 영혼에 대한 그 어떤 체험도 없는 상태에서 영혼의 실재와 성격에 관해 주장하는 논리는 정당성을 가질 수 없다. 그것은 단지 상상의 산물로 남을 수밖에 없다.

혼은 불멸하므로 죽음을 넘어서는 영생이 있다는 생각에까지 상상의 장이 확장되면서, 그 영혼은 신이 관장한다고 생각했다. 영혼에 대한 사상가나 철학자들의 사유와 가설들은 다른 이들의 가설에 자기 생각을 첨부하여 보완하거나, 타인의 가설을 배제하고 자신의 의견을 제시하는 형태로 이어지는 것을 볼 수 있다. 하지만 그 어떤 의견도 영혼의 속성에 대한 올바른 정의(定義)나 영혼이 존재한다는 증명이 될 수 없다.

플라톤과 아리스토텔레스의 가설을 받아들여 지금도 '영혼이 육신을 살아 움직이게 하는 생명력의 원천이며 생명의 기운이고, 정신과 사유 기능의 원천'이라고 말하는 사람들이 있다. 영혼이 존재하여야만 존립의 정당성이 확보되는 가톨릭도 그중 하나다. 이에 대해 과학자들은, 생명은 유기물의 화학 작용과 신체 기관들의 물리적인 상호 작용으로 이루어지는 것이고, 인간의 정신 작용은 뇌 기능에 의해 발동되는 것이며, 그런 것들을 영혼이 담당한다는 근거가 없다고 분명하게 말한다.[27]

인간의 생각이나 의식, 사고는 물질로 구성된 뇌와 분리되어 별도로 존재할 수 없고, 뇌와 분리되어 생성될 수도 없다. 마찬가지로 (영혼이라는 것이 존재한다고 해도) 의식과 사고 작용을 일으키는 물질적인 기관이 없을 뿐만 아니라 형체 자체가 없는 비실체 · 비물질적인 영적 존재는 의식이라는 것을 가질 수 없고 어떤 사고 작용도 할 수 없다. 따라서 무형의 영적 존재인 영혼이 의식과 사고 작용을 하고, 기억을 간직하고, 행복이나 기쁨 등 감정을 느끼고, 다른 영혼들과 통교를 나눈다는 주장은 정당성을 가질 수 없는 상상적 추론의 범주를 넘지 못한다.

---

27 『1.4킬로그램의 우주, 뇌』, pp. 40~45, 『죽음이란 무엇인가』 셸리 케이건, 2012, pp. 38~40 참조.

사실 뇌 과학이나 생물학, 생명 공학이 발달하여 뇌 기관의 기능과 작용에 대한 원리가 밝혀지기 전까지는, 영혼이 정신 기능의 원천이라는 가설이 인간의 이성과 지성 활동에 대한 그럴싸한 답처럼 보인 것이 사실이다. 하지만 까마귀가 나뭇가지를 이용하여 곤충을 잡고, 강아지가 주인의 발소리를 듣고 달려오는 것, 수달이 조개껍질을 깨기에 적당한 크기의 돌멩이를 찾는 것, 오랑우탄이 과일이 어떤 시점에 열리고 익는지를 기억하고 아는 것 등은 영혼이 지시하고 알려 주어 얻게 되는 지혜나 감각이 아니라 발달한 뇌 기능[知能]의 활용으로 이루어지는 일이다. 인간은 오랜 진화 과정에서 그보다 훨씬 더 발달한 뇌를 갖게 되었고, 인간의 모든 이성 작용은 뇌 기능에 기인한다. 그래서 뇌 신경에 이상이 생기거나 뇌 기능에 장애가 발생하면 기억이나 사고나 판단 등에 문제가 발생하게 된다.

영혼이 있다고 믿는 사람들의 다양한 가설을 종합하여 요약하면, '인간은 외부로부터 영혼을 부여받으며, 그 영혼의 조종으로 이성적인 사고와 의식이 작동하고, 죽은 후에는 영혼이 살아남아 내세에서 새로운 삶을 살게 된다'로 정리할 수 있다. 특히 불멸의 욕망에서 탐구된 영혼 개념은 죽음으로 인해 모든 것이 끝나고 목숨을 포함한 모든 소중한 것들을 박탈당하게 된다는 상실감에 휩싸인 사람들에게 '믿을 만한 근거가 전혀 없음'에도 불구하고 영혼의 존재 가능성에 대한 강력한 믿음에 매달리게 했고, 영혼의 관리자로 인식된 신에게 의탁하려는 마음을 불러일으켰다. 그리하여 다양한 문화권에서 다양한 형태의 종교가 존멸하는 역사가 펼쳐졌고, 인간의 영혼을 담보로 사람을 통제하고 조종하는 종교권력이 등장하는 동기로 작용했다. 하지만 지금까지 영혼의 실재와 본질에 대한 이론은 가정과 추측성 가설로만 남아 있다.

첨부하여 영혼에 대한 가톨릭의 이해를 하나 살펴보면, 가톨릭은 "이성 작용과 사고 활동의 주체로서의 영혼이 인간의 두뇌를 조종하여 사고 작용이 일어나게 하고, 만일 두뇌 기능에 이상이 생기면 영혼의 사고 작용이 장애를 받게 된다."고 말한다(TV 회로에 이상이 생기면 전파를 제대로 수신하지 못해 화면이 불안정해지는 것과 같은 이치). 이런 설명은 인간의 사고 작용에 '영혼과 두뇌 기능과의 협력'이 필수적이라는 의미가 된다. 그런데 가톨릭은 전혀 상반된 주장을 내세우기도 한다. "죽은 사람의 육체를 벗어난 영혼은 자체적으로 개인 일생의 경험과 기억과 감정을 스스로 간직하며 불멸한다."고 말하고, "부활한 개별 영혼은 신을 직관하는 행복을 누리며 세상을 떠난 다른 영혼들과 통교하게 된다."고 말한다. 하지만 가톨릭의 이런 주장은 전개하는 앞뒤 논리가 상충되는 모순이며 성립될 수 없는 논리다.

만일 영혼이 '두뇌와 관계없이' 스스로 이성 작용과 사고 활동을 일으키는 주체이며 생전의 기억과 경험을 간직하는 실재라면, 인간의 두뇌는 그 어떤 작용도 하지 않는 불필요하고 쓸모없는 기관이라는 의미가 된다. 즉 영혼이 원래 스스로 사고 작용을 갖는 것이라면 살아 있는 사람에게도 '두뇌와의 협력 없이' 영혼만으로 생각과 기억과 사고 작용을 일으킬 수 있다는 의미일 것이므로 인간의 두뇌는 필요 없는 기관이 되고 마는 것이다. 앞뒤 모순적인 논리의 어느 것이 참인가? 그리고 가톨릭의 주장대로라면, 영혼은 형체가 없는데 어떤 방식으로 사고 작용을 발하고 어디에 생각과 기억을 간직하는가?

다음으로, 가톨릭은 "신이 인간 각자에게 영혼을 부여한다."고 말하는데, 만일 가톨릭의 주장처럼 인간에게 신이 부여하는 영혼이 있다면 다음의 문제들이 제기될 수 있다. 먼저, '인간에게 영혼을 부여하는 신은 어떤 신인가?'하는 것이다. 가톨릭이야 당연히 야훼가 부여한다고 주장하겠지만, 고대 그리스 사상가들은 올림포스의 신들이나 그리스 신화에 등장하는 신들이라고 상상했고, 제반 종교들은 자신들이 신봉하는 신이 부여한다고 각기 주장한다. 어쩌면 (영혼이라는 것이 실제로 있다면) 영혼은 각각의 종교전통에서 숭배되는 신들이 각자 자신을 신으로 신봉하는 신자 개개인들을 별도로 선별하여 각기 부여하는 것인지도 모를 일이다.

영혼이라는 것이 존재하고 신이 영혼의 부여자라고 가정한다면, "각 개개의 인간에게 영혼이 언제 어떻게 부여되는가?"의 문제가 제기된다. 영혼이 부모를 통해 유전되는 것이 아님은 분명하다. 인류 중에 영혼을 최초로 지닌 아이가 있었다고 가정해 볼 때, 영혼이 없던 부모에게서 영혼을 지닌 아기가 탄생한 것을 생물학적으로는 설명이 불가능할 것이다. 그렇다면 영혼은 외부에서 아기에서 주입된 것이라는 결론이 된다. 가톨릭은 "인간이 수태되는 순간에 하느님이 인간 개개인에게만 해당되는 새로운 영혼을 창조하여 부여한다."고 말한다. 하지만 신이 영혼을 창조하는 과정이나 수태되는 순간에 영혼이 부여되는 것을 본 사람은 없고, 그것이 사실이라고 입증하는 과학적인 증거의 제시도 없다. 그런 주장은 1,600여 년 전에 교부(敎父. 변증가. 2세기 이후 그리스도교 주춧돌을 놓은 저술가들. 그리스도교를 보호하는 호교론적 저술을 남겼으며, 그리스-로마 문화를 비판했다) 아우구스티누스(354~430)가 상상으로 한 말을 아무런 타당성의 검토 없이 되풀이하는 것에 불과하다. 그런데 아우구스티누스는 후에 "영혼이 부여되는 시점은 알 수 없다"고 말한 바가 있다. 사실 영혼이라는 것이 존재한다는 근거도 없는데, 영혼이 인간의 출생 이전의 수태 기간 중에 각자에게 부여된다는 것은 상상이며 인정될 수 없는 궤변에 불과하다.

가톨릭이 영혼의 부여 시점에 대해 명확한 설명을 제시하지 못하면서도 영혼이 인간 수태의 순간에 부여된다고 계속해서 주장한다면 또 다른 문제가 발생한다. 인공 수정이 이루어지는 병원의 실험실에서는 8~10개의 배아 시험을 하고 그중에 성장 가능성이 있는 1~2개의 배아만 착상시키고 나머지는 쓰레기 처리한다고 한다. 그래서 그때 배아와 함께 버려지는 영혼과 그 영혼의 구원은 어떻게 이해되어야 하는지 모호해진다. 또 자연 유산되는 태아의 영혼 문제도 제기될 수 있다. 그 영혼은 어느 신이 부여한 것인지를 알 수 없고, 야훼나 예수는 물론 자기 부모의 영혼을 알아보지 못할 수도 있을 것이므로, 그 어떤 신이나 그 누구와도 통교가 불가능하다고 이해될 수 있다. 출생하지 못한 태아 영혼의 구원 문제에 대해 명확한 근거도 없이 그저 입버릇처럼 "그것은 신의 영역에 해당하는 문제이니 인간 이성으로는 파악할 수 없다"고 말만 하는 것은 무책임한 언사라 할 것이다. 또 일란성 쌍둥이의 영혼 문제도 해결되어야 할 과제를 안겨 준다. 이란성 쌍둥이와는 달리, 수태되어 세포 분열 중에는 한 생명이었는데 어느 순간에 두 생명으로 분화되었으니 그들은 영혼을 반반씩만 소유하게 되는 것일까?

'무형의 영적 존재'와 관련해서, 독자들은 가톨릭이 말하는 천사가 인간 형상에 날개가 달린 존재라거나, 천국의 성인들이 현세의 인간과 유사한 모습의 어떤 형체를 갖고 있고 바람결에 한들거리는 복장을 착용하고 있다고 생각하지는 않을 것이다. 성서에 기록된 것처럼 '예수가 하느님의 오른편에 앉아 있고'(로마 8,35), '야훼의 도성 안에는 하느님과 어린양의 어좌가 있고, 그분의 종들이 그분을 섬기며 그분의 얼굴을 보고 있다'(묵시 22,3~4)고 생각하거나, 복음서의 내용에 따라 종말에는 뿔 나팔을 부는 천사들의 호위를 받으며 영광에 싸여 예수가 재림한다(마태 16,37)는 것을 실제 물리적인 현상으로 펼쳐질 사실로 여기지도 않을 것이다[만일 성서에 기록된 것이 문자 그대로의 사실이라면 영적 존재들이 일정한 물질적인 형체를 가지고 실재한다는 의미가 되고, 성서 기록이 실제 현실로 이루어진다면 뿔나팔의 재료는 어디서 구해서 어떤 도구를 사용해 만들 것이며, 천사들이 입을 옷이나 예수가 착용하는 복장은 어디서 구할 수 있을 것인가를 생각해 보는 것도 재미있는 일이다. 신에게는 불가능한 일이 없으니(루가 1,37) 조금도 문제될 일이 없는 것일까?].

성서에 나타나는 신과 영적 세계에 대한 의인화적(擬人化的) 기록[예를 들어, '야훼께서 하던 일을 모두 마치고 이렛날에 쉬셨다'(창세 2,2), '그들은 야훼께서 저녁 산들바람 속에 동산을 거니시는 소리를 들었다'(창세 3,8) 등의 기술]이 실제적 사실에 대한 기록이 아니라 상징적인 묘사라고 한다면, 그것은 그리스-로마 신화를 비롯한 각기 문화권의 신화에서 인간이 상상으로 그려낸 신의 세계와 동일한 방식으로 추정한 '신과 영적 세계에 대한 상상적 묘사'일 따름이라는 고백일 것이다. 고대 신화가 신들이 황금 마차를 타고 다니거나 폭음을 하고 연인을 찾아 서성거리는 등의 의인화적인 묘사를 통해 신의 속성에 대한 사유를 전개하고 있는 것은 익히 알려져 있다. 하지만 그런 묘사는 신이나 영적 세계의 실체적인 모습에 대해 그 어떤 실제도 드러내 보여 주지 못한다. 단지 인간의 상상으로 그려 내는 그림일 뿐이다

비실체 · 비물질적인 영적 실재들이 존재한다면 그들은 어떤 형체도 가질 수 없으므로, 성서의 기록처럼 천상에서 실체가 있는 모습으로 존재하는 것은 불가능하고, 뿔 나팔을 부는 천사라거나 천상에서 어좌에 앉아 있는 신을 섬기는 종 같은 것은 있을 수 없다. 그래서 다음의 문제가 발생한다. 영적 존재는 형체가 없는데, 가톨릭이 주장하는 것처럼 육신으로 부활하고 승천한 예수나 성모 마리아는 어디에 어떤 모습으로 실재하고, 부

활한 형체 없는 영혼들은 어떤 상태로 존재하는지에 대해 가톨릭은 막연한 종교적 상상이나 추측이 아니라 구체적이고 명확한 답을 제시해야 한다는 것이다. 하지만 그들은 결코 답을 제시하지 못할 것이다. 그런 것들 역시 구체적 실제가 아니라 상상으로만 그려 볼 수 있는 것들이기 때문이다.

일찍이 그리스의 철학자 크세노파네스(BC 580~480)는 의인적 신관은 터무니없는 잘못이라고 지적하면서, 만일 소나 말이나 사자들이 그림을 그리고 말을 할 줄 안다면 그들도 각각 자기들의 모습대로 신을 표현할 것이라고 말한 바가 있다. 신이 존재한다고 가정하여도, 실제에 있어서 인간은 어느 누구도 신의 참모습이나 영적 존재에 대해 그 어느 것도 알 수 없다는 것이다. 상징적인 묘사라는 것들은 그저 인간 상상으로 그려 낸 그림에 불과하고, 상징적인 묘사·상상의 묘사는 실제의 모습에 대한 어떤 사실도 드러내 보여주지 못하고 표상하지 못한다. 따라서 신이나 영혼이 존재한다고 해도, 형체가 없는 영적 존재나 영적 세계의 본질에 대해서는 그 누구도 알 수 없다. 상황이 이러하므로, 가톨릭이 마치 영혼의 본질에 대해 모든 것을 알고 있는 것처럼 말하고, 영적 존재가 의식을 가진 실체로 실재하며 물리적인 작동도 일으킨다고 주장하는 것은 허구이자 비논리적 기만 논변에 지나지 않는다 할 것이다.

영혼과 죽음의 관련성

—

영혼에 대한 사유와 함께 '영혼과 죽음과의 관련성'에 대한 논의도 활발히 진행되어 온 것은 지극히 당연하다. 구약성서가 기록되기 전후의 고대 히브리 세계, 즉 유대 사회와 성서 전통은 인간 자체 안에는 그 어떤 불멸적인 신성한 본질도 들어 있지 않다고 생각했고, 죽음으로 인간의 삶은 종료되고 신은 현세의 삶에만 개입한다고 여겼다. 반면 그리스 헬레니즘은 인간에 대해 이원론적인 입장을 취했다. 인간은 각각 독립된 두 실체인 영혼과 육체의 결합체이며, 육체의 생명이 끝나도 불멸성을 지닌 영혼은 살아남아 신의 세계로 들어간다고 여겼다.

가톨릭은 영혼의 존재를 전제하면서도 헬레니즘과는 달리 통합론적인 입장을 취한다. 가톨릭에 의하면, 인간은 '영혼과 육체의 통일체'다. 따라서 영혼 없는 육체 또는 육체 없는 영혼은 인간으로 볼 수 없다. 영혼만 있다면 유령일 뿐이고, 육체만 있다면 그것은 시체에 불과하다. 영혼과 죽음의 관련성에 대해 가톨릭은, "영혼은 인간에게 부여된 신적인 생명의 현존, 신의 존재 양식, 신의 현존 행동이며(사도 17,25.28) 불멸성을 지니므로 육체의 죽음 이후에도 살아남게 되고, 이 불멸하는 인간의 영혼은 죽음의 순간에 신이 부여하는 신령한 육체(영적인 몸)와 결합된다(1코린 15,44 참조). 이로써 죽었던 인간은 새로운 영적 실체로 재창조된 완전한 인간으로서 새로운 삶, 영생으로 건너간다."고 말한다.[28] (하지만 가톨릭의 이런 주장은 실제적 사실로 증명된 진실이 아니며, 가톨릭은 이런 자신들 주장의 정당성을 입증하는 근거나, 그러한 존재 양태의 전환과 변화가 어떤 과정을 거쳐 어떻게 이루어지는가에 대한 납득 가능한 설명을 제시하지 않는다. 그들은 단지, 그들 특유의 '마법적인 주술', 곧 "그런 현상은 신의 개입으로 이루어지는 일이므로 인간은 이해할 수 없다."는 모호한 말로 설명을 대신한다. 이런 점에서 영혼과 죽음과의 관련성에 대한 그들의 주장은 종교적 가설과 추측성 논변을 마치 기정사실인 것처럼 선언적으로 내세우는 독선적 주장에 불과

28　「죽음이란 무엇인가」, 한국종교학회, 2009. p. 206.

한 것으로 볼 수 있다).

　가톨릭의 주장은 '영혼의 존재를 전제'한 추정적·상상적 가설에 불과할 뿐이지만, 가톨릭의 주장에 의하면 '인간은 죽음의 상태에서 인간의 생명을 받아들이는 신의 권능과 지배하에 놓이게 되고, 신의 생명으로 거두어져 신의 생명 안에서 새로운 존재 양식으로 살게 된다'(천국의 삶). 그리고 그들이 말하는 죽음이란 '신의 생명과의 사귐, 교통, 참여, 새로운 존재 양식으로의 전환, 신의 생명으로 덧입는 사건의 변화이고(루카 20,38; 2코린 5,15~17 참조), 영생이란 인간의 유한성과 사멸성으로부터의 구원 또는 신의 생명과의 완전한 합일이다.'[29]

　가톨릭의 이런 주장에 따른다면 다음의 문제가 발생한다. '예수와 그의 제자들은 영혼의 불멸성을 믿었는가?' 하는 것이다. 만일 죽음 후 천국으로 직행할 영혼이 있다는 확신을 갖는다면 현세의 생물학적인 죽음을 두려워할 이유가 전혀 없다.[30] 하지만 (복음서가 가톨릭의 주장처럼 역사적 사실에 대한 기록이라면) 예수는 라자로의 죽음에 눈물을 흘렸고(요한 11,35), 자신의 죽음을 앞두고는 공포와 번민에 휩싸였으며(마르 14,33), 십자가 위에서는 절규했다(마르 15,34). 그리고 그의 제자들은 자신들도 예수처럼 잡혀가 처형될 것을 두려워하며 피신했다.

29　위의 책, pp. 214~215 참조.

30　매일 건강상의 이유로 트레킹을 즐기는 어떤 주교에게 "인명은 제천, 곧 하느님의 뜻이라고 평소 강조하셨는데, 그렇다면 인간이 스스로의 생명 연장을 위해 무엇을 하든 신이 뜻한 날 인간은 생을 마감하지 않을까요?" 물으니 그는, "그래도 인간적으로 최선을 다해야 하지 않을까요?"라고 답한다. 인간의 노력으로 신의 의지가 변할 수 있다는 뜻일까? 그는 솔직히, 말로는 영생을 설파하면서도 내심 지금의 이승에서 좀 더 오래 살고 싶은 내적 욕망을 내려놓지 못하는 것일 게다. 본인이 영생을 진심으로 믿는다면 이승에 대한 미련이 추호도 없어야 그의 인생관 논리에 맞다. 그는 이율배반적인 자신의 인생관에 스스로 진실할까?

예수는 사람의 모습으로 지상 세상에 내려온 신(야훼) 자체이며, 자기 스스로도 사람의 아들(루카 9,22)이자 야훼의 아들(마태 11,27)임을 자처했고 — 부활 후에야 예수가 메시아의 지위를 갖게 되었다는 바울(바오로)의 주장[고양(高揚) 신학]을 고려한다고 하더라도 — 그는 스스로 자신이 죽었다가 부활하게 될 것이라고 선언한 메시아다(마태 16,21~23; 마르 8,31~33). 그럼에도 불구하고 예수나 그의 제자들이 죽음 앞에서 두려움을 느꼈다는 것은 영혼의 존재에 대한 이해가 없었다는 것을 보여 주는 것이며, 육체적 죽음이 영혼의 해방이라는 것을 믿지 않았다는 방증이다. 예수가 사후에도 살아남을 불멸의 영혼이 있다고 확신했다면, 그리고 사도들이 예수가 죽어서도 불멸의 영혼으로 다시 찾아온다는 의식이 있었다면 예수는 자신의 죽음 앞에서 번뇌하지 않았을 것이며 그의 제자들도 예수 처형의 현장에서 도망치지도 않았고, 자신들도 예수처럼 잡혀가 죽게 될지도 모른다는 두려움에 싸여 다락방에 숨어 있지도 않았을 것이다. 예수나 그의 제자들은 영혼의 불멸성이나 사후 신적인 생명과의 합일이라는 사상을 갖고 있지 않았고, 그래서 죽음에 대한 두려움과 죽음으로 인한 인간의 소멸에 대해 고뇌한 것으로 볼 수 있다. 그리고 가톨릭의 주장처럼 우주 만물과 인간과 인간의 영혼을 창조한 신 야훼가 육화(肉化)한 현현이 곧 예수라면, 신 자체인 예수가 영혼에 대한 관념을 갖고 있지 못했다는 것은 어떻게 이해되어야 하는가?

또 다른 질문이 대두된다. 영혼이라는 것이 있다면 영혼은 불멸의 존재이므로 신의 개입이 없어도 영원히 존속한다(고대 그리스 철학 사상). 그런데 가톨릭은 "생물학적으로 죽은 사람은 현세의 물질적인 육체를 벗어나 신령한 영적인 몸을 새로 입어 완전한 영적 실체의 인간으로 재창조되고 신의 생명과 일치된다."고 말한다. 이런 사유는 '인간은 영혼과 육체의 통일체'라는 인식에 기반한 것이다. 그런데 가톨릭의 설명처럼 부활 자체가 신의 생명과의 완전한 합일을 의미하는 것이라면, "왜 인간은 그 생명에 들어가기 위해 신령한 육체를 필요로 하는가? 영혼만으로는 자격이 안 되는가? 그 까닭은 무엇인가?"를 묻지 않을 수 없다. 그리고 "만일 신령한 육체가 형체가 없는 순수 영적 실체라면 역시 형체가 없는 영적 존재인 영혼과 신령한 육체는 어떻게 구별되고, 이 두 실체는 어떻게 상호 결합되는가? 나아가 영생은 영혼이 신의 생명으로 녹아들어 완전한 합일을 이루는 것이라면 각 개인의 개별성은 보존되는가, 소멸되는가? 개인의 개별성이 소멸되어 개체의 자아 인격 동일성이 사라진다면 영생은 각 개인에게 어떤 의미가 있는가? 영혼은 현세 삶의 어떤 부분을 간직하는가? 삶의 경험에 대한 기억인가? 육체적이고 감각적인 것들에 대한 느낌인가? 기쁨과 슬픔과 고통에 대한 감정인가? 단지 생명만 보존하는가?" 등의 연속적인 물음이 제기될 수 있다.

가톨릭은 온갖 철학적 사고와 형이상학적 사유를 동원하여 존재할 법한 신에 대한 논리를 체계적으로 다듬고 구체화해 왔지만, 꼬리를 물고 이어지는 연계 물음에는 정확한 답을 제시하지 못한다. 아니 명확한 답을 제시할 수 없을 것이다. 또한 그들이 제시하는 답이나 설명이 신학적으로 타당하다고 객관적으로 인정될 수도 없다. 가톨릭이 구축한 신앙 신조나 교의 자체는 검증 가능한 증거나 구체성이 결여된 허구적 가설 명제 — 상상으로 도출해 낸 신이나 영혼의 실재성을 가정한 상태에서 만들어 낸 허구적 논리 — 를 토대로 구축된 것이며, 추정적 가정은 참 명제가 될 수

없기 때문이다.[31]

　가톨릭은 자신들이 전개하는 사상적 한계에 대한 인식을 갖고 있다. 그래서 그들은 명확한 답을 구할 수 없는 물음에는 답변 대신 선언적인 구호나 궤변, 자신들이 선호하는 '마법적인 주술'로 질문을 외면하거나 회피하는 경향을 보인다. 교부 아우구스티누스는 "믿기 위해서 아는 것이 필요한가, 알기 위해서 믿는가?"라고 물었지만, 신은 인간이 신화적으로 추정한 상상의 산물이므로, 상상의 산물인 신이나 내세나 영생은 '믿는다'고 해서 그 실체가 존재하게 되는 것도 아니고, 알기 위해 노력한다고 해서 없는 것이 생겨나는 것도 아니며, 실제적이며 본질적인 속성에 대한 이해가 도출되는 것도 아니다.

　우리는 누구라도 요정이 있다면 귀여운 소녀의 모습일 것이라고 상상할 수 있고, 신이 있고 영혼이 있다면 신의 속성은 어떠할 것이며, 영혼은 어떤 본질을 지닐 것이고, 내세가 어떤 모습일 것이라는 '상상'쯤은 충분히 할 수 있다. 우주 어딘가 영적 세계에서 로마 시대의 카이사르와 조선 시대의 이순신 장군이 근엄한 자태로 옥좌에 앉아 있는 신 앞에서 활쏘기를 겨룬다는 상상도 할 수 있다. 하지만 그런 상상은 명시적인 근거를 제시하지 못할 때, 단지 재미있는 관념적 '상상놀이'에 그치고 만다. 단테(1265~1321)는 저서 『신곡』에서 천국과 지옥의 모습을 구체적으로 묘사하고 있지만, 그가 보여주는 천국과 지옥의 모습은 그가 살던 시대 상

31 　신이 있다고 가정하면 신이 역사를 주관한다는 사유가 도출되고, 영혼이 실재한다고 가정하면 영혼이 사고 기능을 갖는다는 상상이 가능하다. 또 생명이 개별 독립적으로 존재하는 그 무엇이라고 상상하면 인간의 '생명'과 신의 '생명'이 합일을 이룰 것이라는 상상이 가능하다. 그리고 그에 맞추어 납득 불가능한 가정적 추론과 명제를 진리인 것처럼 전개할 수 있다. 하지만 그 모든 것은 상상적 추론이나 추측, 가정에 그치고 만다. 사유의 합리성과 정당성을 인정받을 수 있는 필요충분조건, 즉 입증 가능한 증거가 없기 때문이다.

황 — 철저한 신분 질서가 신의 의지에 따라 구축된 것이라는 사고와 가톨릭 종교 이념이 개인의 사상과 사회를 통제하던 신정 체제 사회, 종교 성직자와 귀족들의 만연한 부패, 개인의 인권이라는 개념 자체가 없던 시대적 상황 등 — 아래서 그의 상상력으로 그려낸 묘사일 따름이므로, 그의 작품은 천국이나 지옥의 본질이나 실체에 대해 그 무엇도 설명해 주지 못한다. 단테뿐만 아니라, 만일 천국이나 지옥이라는 것이 있다면 그곳은 물질적인 형태가 없는 영적 세계로서 관찰과 탐구가 불가능한 대상일 것이므로 어느 누구도 그 본질적인 실체에 관해 설명하는 것은 불가능하다. 그것은 단지 '상상놀이'로만 그려볼 수 있는 대상에 머물고 만다.

영혼이라는 개념은 영혼이 존재하기를 희망하는 사람들의 상상의 산물일 뿐이고, 설령 영혼이 있다고 해도 그 영혼을 관장하는 신이 꼭 야훼여야 할 이유 또한 없으며, 그가 야훼라는 타당한 근거도 없다. 그리고 영혼이 부활 후 신이나 성인들과 통교를 나눈다고 말하면서도, 현세에서는 각 개개인이 영혼을 관장하는 신과 개별적으로 관계를 맺고 통교하는 것은 불가능하고, 교회를 통하고 교회가 정한 의식을 통해서만 통교할 수 있다는 가톨릭의 비합리적인 주장은 또 무엇에 근거한 것인지 묻지 않을 수 없다.[32]

가톨릭은 교회의 존립성을 보존하고 유지하기 위해서 그에 합목적적인 근거를 제시할 필요가 있는데, 죽음 이후의 내세가 없다거나 영혼이란 것

---

32 교회 없이도 인간 개개인이 신과 통교할 수 있다는 것을 인정하면 교회도, 성직자도, 전체를 관리하고 관할하는 교황청도 그 존재 근거를 상실하게 된다. 또한 신과의 개인적인 통교를 인정하면 고해성사의 정당성은 사라지고, 종교 제의인 미사나 사제를 통한 은총의 중개도 설 자리를 잃게 된다. 교회는 신과의 직접적인 통교를 인정하지 않으면서도, 신과의 대화라는 기도를 권장하는 모순적이고 이중적인 모습을 보이기도 한다.

은 인간 상상의 산물일 뿐이라는 사실을 인정하면 종교 자체가 정당성을 상실하게 되므로 합리성이 결여된 논리로라도 영혼의 존재에 대해, 천국의 존재에 대해 강조해야만 할 것이다.

결과적으로 인간 개개인에게 영혼을 부여한다는 신이나 영혼 존재에 대한 사유는 상상의 가설이며, 인간에게 영혼이 있다거나 영혼이 필요하다는 것을 인정할 만한 타당한 이론이나 합리적인 근거는 제시된 바가 없다. 따라서 영혼의 존재를 전제로, 자신의 종교만이 그 영혼을 구원하여 영생을 부여한다는 주장을 수단 삼아 종교적 권위와 기득권을 유지해 온 종교전통들의 주장은 모두 허구이며 거짓일 수밖에 없고, 영생(永生)이라는 것도 상상적 가공의 산물에 불과하다고 할 것이다.

예수 신화

이교 신비신앙(Mysteria)과 창작된 예수 신화 ○ 가톨릭교

IV

가톨릭 종교전통

가톨릭은 예수를 메시아로 제시하는 『복음서』 내용을 근거로 '예수가 인간의 모습으로 지상에 내려온 신이며, 죄와 죽음으로부터 인간을 구원한 구원자'라고 말한다. 그런데 가톨릭이 '예수가 구원자'라는 자신들 주장의 정당성을 입증하는 필요 요건은 '예수의 역사적 실재성'이며, 만일 가톨릭이 예수가 실제 역사적 실존 인물이었다는 사실을 입증하지 못한다면 그들의 주장은 거짓과 허위에 머물고 만다.

본 장에서는 가톨릭이 교회 설립과 종교 교의의 정당성 확보의 근거로 삼는 『복음서』의 저술과정 및 복음서 내용의 실제성(實際性)', '가톨릭교회의 설립 배경', '제도교회 구축 과정', '예수의 역사적 실재성(實在性)' 등에 대해 살펴볼 것이다. 그 전에 Ⅲ장에서 언급한 '유대 종교권력의 소멸과 가톨릭 종교권력 출현 과정'(그리스도교 출현 이전의 유대 상황)의 세부 내용에 대해 살펴보자.

■ 가톨릭(그리스도교) 이전의 유대 상황

가나안을 정복한 유대 정치권력과 종교권력이 신정(神政) 체제의 정치적 통치 이데올로기로 활용하려는 의도에서 인위적으로 창작한 '야훼 신화'[히브리 신화, 구약성서]와 그 신화를 토대로 구축한 '야훼 신앙'은, 생활 환경과 문화가 변화하는 상황에 대처하기 위해 이방 민족의 토속 종교전통들을 습합하거나 그리스 철학자들의 사상을 종교 교의의 합리성 강화를 위한 수단으로 활용하면서 그 정형성과 정당성을 더욱 공고히 구축해 나갔고, 종교권력은 더욱 강력한 통제력으로 민중을 조종할 수 있었다. 하지만 이스라엘은 강대국의 지배에서 자유로울 수 없었는데, 기원전 538년부터는 페르시아의 속국이 되어 통제를 받았고, 기원전 332년에는 페르시아를 멸하고 신흥 강국으로 떠오른 마케도니아의 알렉산더 대왕(BC 332~320)과 이집트의 그리스계 프톨레마이오스 왕조(BC 320~200), 이어서 시리아의 그리스계 셀레우코스 왕조(BC 200~142)의 지배를 받았다. 이 시기 중 기원전 167년에는 마카베오 항쟁으로 잠시 독립을 쟁취하기도 하고, 기원전 142년에는 마카베오 형제들 중 유일한 생존자인 시몬(유다)이 '하스몬 왕조'(BC 142~63까지 시리아 셀레우코스 왕조에게서 자치권을 부여받아 유지된 유대 독립 왕조)를 세우기도 했지만, 기원전 63년부터는 로마제국에서 파견된 총독의 통치를 받게 되었다.

이스라엘의 야훼 신앙 종교전통은 페르시아와 그리스의 지배를 받는 시기에는 이방 종교전통과 헬레니즘의 영향으로 위기를 겪기도 했지만, 통치자들의 유대 종교전통에 대한 관용 정책 덕분에 유대는 민족 정통성을 지키며 야훼 신앙을 유지할 수 있었다. 그리스에 이어 이스라엘을 정복한 로마도 초기에는 유대교를 핍박하고 로마제국의 황제 숭배를 강요함으로써 유대 민족과 갈등을 빚기도 했지만, 피정복국의 안녕과 질서를 목적으로 점차 유대교 신봉에 대한 자율권을 보장했다.

정치 제도보다 훨씬 세련되고 복잡하게 다듬어진 이스라엘의 종교전통은 이스라엘 역사 안에서 중단됨이 없이 이스라엘인들의 일상생활을 주도해 왔다. 이스라엘 종교전통인 유대교의 외적 제도는 성전과 사제직, 제사/제물이고, 내적 제도는 계약과 율법이다.

성전(聖殿)의 원형은 '만남의 장막[帳幕]'인데, 만남의 장막은 이스라엘인들이 사실이라고 믿는 고대 전승의 내용에 따라 만들어 들고 다니던 천막 성소다. 전승에 따르면 만남의 장막은 이스라엘이 시나이 광야를 떠돌때 신이 그들과 함께 머물고자 마련하라고 명한 처소(處所)다. 만남의 장막 중앙에는 신의 현존을 상징하는 '계약의 궤'를 두었고, 이곳에서 제사장이 제사를 바쳤다[유대 전승은 계약의 궤에 모세의 십계명 석판 두 개가 들어 있었다고 전한다. 이 계약의 궤는 후에 블레셋 군과의 싸움에서 빼앗긴다(1사무 4,10~11). 하지만 이것은 역사적 사실이 아니다. 십계명을 포함한 율법은 요시아(BC 640~609 재위) 시대에 제정되었기 때문에 그 이전에는 율법이나 계약의 궤 같은 것은 존재하지 않았다].[1]

가나안을 정복하고 나라가 안정되면서 다윗의 뒤를 이어 왕위에 오른 솔로몬(BC 972~933 재위)은 예루살렘에 성전(聖殿)을 건축했다. 성전은

---

1 '계약의 궤'와 관련된 또 다른 전승이 전해진다. 서기 14세기에 쓰인 아프리카 에티오피아의 역사서 『왕들의 영광(Kebra Nagast)』에 따르면, 유대의 솔로몬 왕과 에티오피아의 시바 여왕 사이에서 태어난 아들 메넬리크가 아버지 솔로몬에게서 '계약의 궤'를 선물로 받아 에티오피아로 가져왔다. 그리고 현재 그 계약의 궤는 악숨(에티오피아 고대 도시 유적지)에 세워진 '시온의 성모 마리아 교회'에 보관되고 있다고 에티오피아 가톨릭은 주장한다. 물론 그 궤의 존재나 진위 여부를 밝히려는 어떠한 시도도 허용되지 않고 있다(『지리의 힘 2』, 팀 마샬 저, 김미선 역, 사이, 2022, p. 349 참조).

신자들이 모임을 갖는 곳이 아니라 만남의 장막처럼 신이 머무는 처소다. 이스라엘인들은 이교도들과의 싸움을 성전(聖戰)으로 보았고, 이때 거두어들인 전리품은 모두 신에게 속하는 것으로 여겨 그 가운데 값진 것들을 성전에 바치고, 성전을 화려하게 장식하기도 했다. 이방신을 숭배하는 왕들은 이방 신들의 형상을 성전에 세워 놓기도 했다.

솔로몬이 건축한 성전은 기원전 622년에 요시아 왕이 개축·보수하였지만 바빌로니아 침공으로 파괴되었고(BC 587), 기원전 538년에 바빌로니아 유배지에서 돌아온 유대인들이 다시 제단을 쌓고 성전의 기초를 놓기 시작하여 기원전 516년에 완공하였다. 이 새로 지은 성전은 이후에도 오랜 세월 동안 증·개축되었고, 특히 헤로데는 기원전 20년경부터 전면적인 보수·증축 공사를 시작했는데, 이 공사는 80년 가까이 지난 서기 64년에야 마무리되었다. 하지만 공들여 건축한 성전은 안타깝게도 6년 뒤인 서기 70년에 예루살렘을 침공한 로마군에 의해 파괴되고 만다. 오늘날 유일하게 남아 '통곡의 벽'으로 불리는 서쪽 벽은 기원전 538년에 건축한 것이다.

이스라엘에게 있어 성전은 하늘과 땅을 잇는 가교 구실을 했다. 성전은 전례적으로 제사를 바치는 장소이고 사제직이 수행되는 곳이었으며, 경제적으로는 유대 국가의 금고였고, 정치적으로는 로마의 통치에 맞서 신의 통치를 추구하는 유대인의 안식처요 유일한 희망이었다. 서기 70년에 로마군에 의해 성전이 파괴된 후에도 그곳은 유대 정신세계의 중심이었다. 예루살렘 성전이 파괴되자 유대인들은 그리스어로 시나고게(synagoge, '한데 모임'이라는 뜻)라 불리는 회당(會堂)에 모여 성전에서 하던 기도와 전례를 계속했다. 회당은 바빌로니아 유배 시기에 유대인들이 기도와 전례 거행을 위해 회당에 모인 것에서 기원한다. 하지만 회당은 성전과 구별된다. 성전은 제사와 순례의 장소이지만 회당은 성서를 읽고 해석하는 집회와 연구의 장소다. 따라서 성전은 예루살렘 한 곳이지만 회당은 어디에나 세울 수 있었다. 회당에서 히브리어로 쓰인 성서를 당시의 일상 언어인 아람어로 통역하고 해석하는 사람은 율법학자들이었다.

고대 근동에는 신에게 제사를 바치고 신의 뜻을 알려 주며 신의 거처인 성소를 지키는 사제 계층의 사람들이 있었는데, 유대 종교전통에서는 사제가 아닌 사람이 제사를 바치기도 했다[사무엘, 사울(1사무 13장), 다윗(2사무 6,13), 솔로몬(1열왕 8,62~64) 등]. 이런 관행은 바빌로니아 유배 이후 잘못된 것으로 판명되어, 제사는 아론 가문과 레위 지파에서 배출되는 사제들의 고유 직분이 되었다. 아론 가문이 제사를 바치는 사제를 배출하는 가문이라면, 레위 지파는 계약의 궤를 멜 특권과 성소에서 성물을 관리하고 성물을 옮기는 등의 봉사 직분을 맡은 가문이다. 아론 가문은 아론→엘르아잘→사독→알키모스 계보로 이어진다.

유대 사회에는 종교와 관습에 관한 사항들을 결정하는 최고 의결 기구인 산헤드린이 있었다. 산헤드린은 예루살렘 성전에서 열렸고, 이 의결 기구의 의장은 대제사장(대사제)이며 70명으로 구성된 의원들은 사두가이파와 바리사이파의 원로들로 구성되었다. 로마 통치 시대 산헤드린은 율법의 규정들을 농사와 장사에 적용하는 일은 물론, 로마의 권위와 지방 행정관과 협력하면서 질서와 평화를 유지하는 일에도 앞장섰다.

유대 종교 분파

—

앞에서도 살펴보았듯이, 로마의 지배로 정치·경제적 혼란과 민족 정체성에 대한 위기의식을 갖게 된 이스라엘은 구약성서에서 언급하는 메시아의 도래를 고대하며 현실의 어려움을 극복하고자 했다. 메시아가 오면 자신들을 정치적인 예속으로부터 구하고 다윗 왕조를 재건하여 잃어버린 영광을 되찾아 주리라는 희망을 가졌던 것이다. 하지만 역사적 현실 상황에서 정치적 인물로서의 메시아의 도래는 불가능하다는 인식이 확산되고 점차 부활과 영생에 대한 관념이 도입되고 심화되면서, 도래할 메시아는 다윗 왕국의 회복자라는 현실적이고 정치적인 인물이 아닌, '인간을 죽음으로부터 구원하고 세상의 종말에 세워질 종말 왕국을 다스릴 왕'이라는 종교적 메시아사상으로 변화되었다. 그리고 메시아사상과 부활 및 내세에 대한 인식 정도에 따라 여러 종교적 분파가 형성되었다.

유대의 파당들은 바리사이파, 사두가이파, 에쎄네파, 젤롯파, 헤로데파(왕정파) 다섯으로 분류할 수 있다. 헤로데파를 제외한 나머지 파당은 기원전 167년의 마카베오 독립 항쟁과 기원전 142년에 마카베오의 형제 시몬이 세운 하스몬 왕조와 관련이 있다. 유대의 파당들은 서기 30년경, 복음서에서 말하는 예수 당대의 팔레스티나 유대인들에게 그다지 큰 영향을 미치지는 못했다. 예수 당시 유대 전체의 인구는 350만 명 정도였는데, 제일 큰 파당인 바리사이들은 6,000여 명, 에쎄네인들은 4,000여 명 정도였고, 다른 파당들은 이들보다 훨씬 수가 적었다.

• 바리사이파

바리사이파는 율법주의 경건주의자들의 동아리인 '하시딤'(hasidim, '경건')에서 기원한 파당이다. 기원전 167년에 일어난 마카베오 항쟁 이후 문서로 기록된 율법과 함께 구전으로 전해지는 율법도 중시하는 일부 세력이 새로운 파당을 형성하였는데, 그들은 유대교 율법의 철저한 준수를 위해 일반 유대인이나 이방인들과 떨어진 별도의 구역에서 새로운 생활 문화를 형성하며 지냈다. 그들은 자신들을 온갖 부정함과 분리하고 율법을 모르는 일반 서민 대중과 구별한다는 의미에서 '분리하다' '구별하다'라는 뜻의 '바리사이'라고 칭했다.

바리사이파는 하스몬 왕조와 갈등을 빚어 대형 참사를 겪기도 했다. 요한 힐카누스 1세 치세(BC 134~104 재위) 때 바리사이들은 정부의 하급 공무원으로 일하면서 힐카누스를 지지하고 지원했는데, 힐카누스의 아들이자 후계자인 알렉산더 얀네우스(BC 103~76 재위)가 왕직과 사제직을 통합하는 조치를 취하자 이에 항거하여 왕정과 갈등을 빚었다. 이때 때마침 영토 확장을 위해 6년간이나 전쟁을 지속한 왕정에 반발하는 민중 봉기가 일어나 봉기 참가자와 상당수의 바리사이파를 포함한 800여 명이 십자가형을 당하게 되었다. 이후 바리사이파는 얀네우스의 아내 살로메(BC 76~67 재위) 여왕 치세 때 정치적으로 득세하여 민중 봉기를 진압했던 세력을 숙청하는 등 막대한 영향력을 행사하기도 했지만 여왕이 죽은 후 세력은 급격히 약화되었고, 예수 당시에는 별다른 정치적 영향력을 발휘하지 못했다.

바리사이들은 영혼의 불멸과 부활을 믿었고, 야훼의 절대 주권과 신의 섭리, 인간의 자유의지를 믿었다. 그들은 세상의 모든 피조물이 야훼의 법 아래에 있어야 한다는 기본 원칙에 따라 율법을 거스르는 모든 체제에 반대했고, 하스몬 왕조가 율법을 거슬러 왕직과 사제직을 통합하자 이에 항거했으며, 로마 권력이 야훼의 주권을 대신하자 이를 배척했다. 바리사이파는 철저한 율법 준수를 요구하고, 사제 계급에게만 적용되는 정결 규정을 이스라엘 민족 공동체 전체에 확대 적용하여 이스라엘을 하나의 사제 왕국, 사제 민족을 이룩하려는 목표를 가지고 있었다.

바리사이파를 다른 파당들과 비교하면, 종교적으로는 에쎄네파보다 덜 엄격하고 율법을 모르는 일반인들보다는 더 엄격했으며, 정치적으로는 로마의 권력에 항거한 젤롯파보다는 덜 적극적이고 에쎄네파보다는 더 적극적이었다고 할 수 있다. 율법과 관련된 면에서는 구전 율법을 배척하고 모세 오경에 쓰인 율법만을 고집하는 사두가이파보다 덜 보수적이고 덜 원칙적이지만 율법의 시행 세칙까지 철저하게 실천한다는 점에서는 사두가이파보다 더 보수적이고 엄격했다.

- 사두가이파

사두가이파는 자신들이 솔로몬 시대의 대사제 사독 가문과 관련이 있다고 주장했지만, 직접적인 연관성은 희박하다. 사두가이파는 요한 힐카누스 치세 때 하스몬 왕가의 사제 계급과 귀족 지배 계층을 주축으로 구성된 종교적·정치적 파당으로, 막강한 정치적 영향력을 행사하고 성전 예배와 전승 보존에도 종사했다. 기원전 63년부터 로마 지배 시대로 접어들 때는 곧바로 로마 정치권력과 결탁해 일반 서민 대중과 동떨어진 특권 계층의 기득권을 유지하고 부를 누렸으며, 예수 시대에는 예루살렘 성전과 유대 최고 회의인 산헤드린을 휘어잡고 막강한 부와 세력을 과시했다. 그들은 서기 70년에 예루살렘 성전이 파괴되고 제사와 사제직이 없어지자 역사의 무대에서 사라졌다.

사두가이파가 현세의 기득권에 매달렸던 것은 그들의 교리와 믿음에 근거한다. 그들은 바리사이파와는 달리 문서로 기록된 율법만을 받아들였고, 기록된 율법은 모세 오경에 담겨 있으므로 모세 오경 외에 유대교 후기에 쓰인 구약성서의 다른 책들은 인정하지 않았다. 따라서 그들은 후대에 기록된 책들이 전하는 천사의 존재나 영혼의 불사불멸, 죽은 자의 부활을 당연히 믿지 않았다.

사두가이파는 세상이 신의 영역과 인간의 영역으로 나뉘어 있고, 신은 인간의 역사에 관여하지 않는다고 주장하면서 신의 섭리를 부인했다. 그들은 인간의 자유의지만이 행복과 불행을 결정하며 영혼은 사멸한다고 믿었고, 인간의 잘잘못에 대한 응보는 사후에 이루어지는 것이 아니라 현세에서 이루어지는 것이며, 따라서 부와 영화를 누리며 잘사는 자신들은 모두 신의 축복을 받은 자라는 세속주의적 신앙관을 가졌다.

• 에쎄네파

에쎄네파의 기원은 명확하지 않다. 그들은 신구약 중간 시대의 유대교 안에서 일종의 수덕적 또는 청교도적인 생활을 추구하던 무리로, 성읍이나 마을에 집단 거주지를 형성하여 살았고, 일부는 쿰란 공동체처럼 광야에 거주지를 정하여 생활하기도 했다. 그들은 재산과 소유지, 금전과 품삯을 공동 재산으로 하고 모든 것을 함께 나누었으며, 그들의 공동생활은 엄격한 규칙에 의해 유지되었다.

에쎄네파는 묵시적 신앙관에서 세상을 선과 악, 빛과 어둠으로 나누고 최후 결전의 날에 빛의 자녀로 인정받기 위한 목적에서 정결과 수덕의 생활을 했다. 특히 그들은 청빈과 정결에 세심함을 기울였고 독신제를 지키기도 했다. 에쎄네파에 입단하기 위해서는 최소 1년간 공동체 밖에서 살면서 공동체 생활 규칙을 따라야 했고, 이어서 입회 승인이 있을 때까지 공동체 내에서 적어도 2년간의 시험기 또는 수련기를 거쳐야 했으며, 정식 입회 때는 서약을 했다. 에쎄네인들은 율법 전수자 모세를 경외했고, 율법의 철저한 준수에 역점을 두었으며, 영혼 불멸과 육신의 부활을 믿었다. 에쎄네파는 순수 종교 공동체였지만 서기 67년 제1차 유대 항쟁이 일어났을 때 이를 성전(聖戰)으로 보고 로마에 저항하다가 로마의 공격으로 완전히 소멸되었다.

• 젤롯파

젤롯(열심·열성)파의 기원도 명확하지 않다. 하지만 이스라엘 역사 안에서 야훼의 율법에 열성적인 태도를 보이는 사람들, 서기 6년에 실시된 시리아 총독 퀴리니우스의 인구 조사 때 반란에 참가한 사람들, 서기 66~70년에 로마의 통치에 반대하여 일어난 유대 항쟁의 투사들을 젤롯파로 본다.

젤롯파는 야훼의 주권을 회복하고 율법의 수호를 위해 항쟁하던 무장 투쟁 세력이었다. 젤롯파의 기본 교리는 야훼 외에는 아무도 자신들의 주인이 될 수 없다는 믿음에 바탕을 둔다. 그들은 야훼가 이스라엘의 후손들에게 넘겨준 땅은 어떤 외국 세력의 지배로부터도 지켜야 하고, 그들에게 하사된 신의 율법은 어떠한 경우에도 준수해야 한다고 믿었다. 이러한 그들의 교리는 로마의 통치에 정면으로 대치된다. 젤롯파는 유대 독립 항쟁에서 주도적인 역할을 했다.

새로운 분파의 등장 – 그리스도교

—

유대의 파당들은 각기 다른 신관과 구원관을 가졌지만 '종말론적 구원자로서의 메시아 도래 사상'에 대해서는 공통의 인식을 가졌다. 그런데 이스라엘의 독립 항쟁이 서기 70년에 로마에 의해 제압되면서(예루살렘은 70년에 함락되었지만, 사해 남쪽의 마사다(Masada) 요새에서의 항쟁은 73년까지 계속되었다.) 난민과 노예 신분[2]으로 고국을 떠나 타지에 디아스포라 (Diaspora. 팔레스티나 밖 유대인 거주지)를 형성하고 생활하던 유대인들 중의 일부가, 역사적 실존성이나 신원이 불분명한 '예수'라는 자가 유대 민족과 유대 종교 사상이 고대하던 메시아(그리스도)라고 주장하면서 유대교와는 다른 새로운 종교, 곧 그리스도교를 창설하고, '신이 통치하는 종말의 왕국이 조만간 도래할 것'이라고 선포하고 나섰다. 그들이 초기 가톨릭(그리스도교) 신앙인들이다.

초기 그리스도교인들은 예수의 행적과 그가 했다는 말들에 대한 기록물을 제시하면서('교회 복음서'), '예수가 죽고 묻혔지만 죽음을 이기고 부활한 그리스도이며, 구약성서에 예시(豫示)된 메시아'라는 자신들 주장의 정당성을 강조했다. 하지만 그들이 제시한 복음서는 유대 영지주의[3] 신비신앙에서 예수(Iesous)라는 이름을 부여하여 창작한 『예수 신인(神人) 신화』[4], 곧 비유와 상징으로 신인을 신화화한 '유대 영지주의 복음서'를 예수에 대한 실제 역사적 사실에 대한 기록으로 개작하고 날조한 '문자주의 (Literalism) 복음서'였다.[5] 이 같은 사실은 일부 모사꾼들이 새로운 종교를

---

2 유대 독립 항쟁을 제압한 로마는 유대에 종교 의례 금지와 예루살렘 성전의 봉쇄, 각종 집회를 금지하는 칙령을 내렸다. 이에 따라 유대 종교 지도자들과 율법학자들, 대다수 민중들이 대거 외국으로 피난하였고, 항쟁을 제압한 로마의 장수 티투스는 이스라엘인 3만 명을 로마로 끌고 가 콜로세움 건설 현장의 노동자로 부렸다.

3 영지주의(Gnosticism)는 신에게 선택받은 자에게만 주어진다는 영적인 지식에 대한 믿음체계, 또는 그 지식 위에 형성된 종교 체계의 종교 사상을 말한다.

4 신비신앙에서의 신인(神人)은 신(Daimon)에 대한 비밀스러운 앎(그노시스, Gnosis)을 전수해주는 신화적인 인물을 지칭하는데, 신인은 지역 문화에 따라 여러 가지 이름으로 불렸다. '예수(Iesous)'는 유대 영지주의 현자들이 자신들의 신인에게 부여한 그리스어 이름이다.

5 '문자주의'는 기록된 텍스트의 내용을 문자 그대로 사실로 받아들이는 근본주의적 입장을 지칭하는데, 초대 교회의 복음서는 가상의 신화로 창작된 유대 영지주의 복음서('예수 신인 신화')를 차용·개작하여 새롭게 편찬한 신화('예수 신화')에 불과함에도, 그 문건을 '기록된

창설할 목적에서 영지주의 복음서를 의도적으로 조작하고 날조하여 임의의 문건을 만들었고, 이 문건을 근거로 '그리스도교'를 창설했다는 것을 보여준다.[6]

상황이 이러하므로 가톨릭(그리스도교)의 기원과 문자주의자들의 복음서('교회 복음서')에 대한 전 이해를 위해, 교회 복음서의 원형이라 할 수 있는 '유대 영지주의 복음서'와 '이교 신비신앙(Mysteria)',[7] '유대 영지주의자들의 사상'을 먼저 살펴볼 필요가 있다.

문자 그대로의 역사적 사실에 대한 기록 문서로 받아들이고, 또 복음서에 기록된 예수의 행적이나 말도 문자 그대로의 역사적 사실로 받아들이는 자들의 복음서'라는 의미에서, 초대교회의 복음서를 '문자주의 복음서'라고 칭한다. 그리고 그런 입장을 취하는 가톨릭을 '영지주의 그리스도교'와 구분하여 '문자주의 그리스도교'라고 칭한다.

(본서에서는 영지주의 복음서와 문자주의 복음서와의 구분을 위해 문자주의 복음서를 '교회 복음서'와 '예수 신화'라는 용어와 병기하겠다. '문자주의 그리스도교(가톨릭)'가 정착한 서기 2세기 후의 상황에서는 문자주의 복음서를 간략히 '복음서'로 표기할 것이다).

6 가톨릭은 지난 2,000여 년 동안 초기 교회 설립자들이 기록한 복음서(교회 복음서)를 근거로, 자신들의 종교와 교회가 서기 30년경에 예수에 의해 예루살렘에서 기원하였고 예수가 구원자 그리스도라고 강변해 왔다. 그런데 1945년 이집트 나그 함마디에서 '고대 유대 영지주의 그리스도교 문건'들이 대거 발견되면서 기존 가톨릭의 주장이 조작과 날조라는 사실이 밝혀졌다. 곧 가톨릭은 역사적 실존 인물인 예수에 의해 설립된 종교가 아니라, 유대 영지주의 신인 신화에서 말하는 가상의 신화적 인물인 예수를 역사적 실존 인물로 날조한 자들이, 자신들의 창작물인 '예수 신화'를 근거로 서기 2세기 초경 이스라엘 밖에서 설립한 종교라는 것이 밝혀진 것이다. 필자는 본 장에서 이 부분에 대해 살펴볼 것이다. 신비신학자 티모스 프리크의 저서 『예수는 신화다』(송영조 역, 미지북스, 2017)와 『이것이 영지주의다』(스티븐 횔러 저, 이재길 역, 샨티출판사, 2019), 『초기 그리스도교와 영지주의』(조재형 저, 동연출판사, 2020) 등의 저서가 '영지주의와 가톨릭의 관계', '가톨릭의 기원', '신화적 가공 인물로서의 예수'에 대한 이해에 도움이 될 것이다.

7 '신비종교(Mystery religion)'는 신비신앙·밀교(密敎) 또는 비교(秘敎)라고도 칭하고, 신비종교의 사상은 신비사상 또는 영지사상이라 칭하는데, 본서에서는 『예수는 신화다』 역자의 표기에 따라 '신비종교' 또는 '신비신앙'을 신비한 사상이나 비밀 가르침을 가리키는 고유명사 '미스테리아'(영어 Mysteries, 그리스어 Mysteria)로 표기하겠다.

■ 이교 신비신앙 · 신비종교(密敎, 秘敎, Mysteria)

유다 왕국의 요시아(BC 640~609 재위) 왕이 종교 개혁을 단행하고 있을 무렵, 지중해를 중심으로 기원전 2,000년경에 이집트에서 발현된 '오시리스 신비종교(신비신앙, Mysteria)'가 여러 형태로 변형되어 널리 확산되고 있었다.

기원전 2,700년경부터 고대 이집트에는 『오시리스 신화』에 따라 '인간의 육체를 지닌 신' 오시리스(Osiris)를 지하 세계를 다스리는 신이자 죽은 자를 심판하는 신으로 믿고 숭배하는 국가적 공식 신앙이 있었다. 그런데 신은 초월 세계에 거처하는 인격적인 존재가 아니라 인간의 언어로 규정할 수 없는 보편 자아 · 보편 영혼[다이몬(Daimon), 유일자, 최고신]이라는 인식을 가진 신비주의 현자(영지주의자, 영지사상가, Gnostics)들은 고대 이집트의 오시리스 신화를 재해석하여, "오시리스 신화에서 말하는 오시리스는 오시리스라는 이름으로 명명된 '신인'(神人, 신이며 동시에 인간인 신화적 존재)이며, 신인은 다이몬의 상징적 존재이자 신비적 가르침에 대한 비밀의 전수자이다. 따라서 오시리스 신화의 근본적인 의미는 신인인 오시리스 자체를 신으로 믿기보다는, 수난을 당해 죽고 부활한 신인이 전해주는 그노시스(Gnosis, 靈知, 신에 대한 앎, 신적 지식)를 통해 인간 각자가 보편 영혼인 다이몬과의 완전한 합일을 이루는 것이 구원이라는 사실을 전해주는 것이다."라고 주장하면서, 국가의 공식적인 오시리스 신앙과는 다른 '오시리스 신비종교(Osiris Mystery religion, Osiris Mysteria)'를 창출했다.

이집트 영지주의자들이 설립한 미스테리아는 인간의 모습으로 세상에 내려와 죽고 부활한 신인(神人)을 숭배하고, 그 신인이 전해준 가르침인 그노시스에 따라 신(Daimon)과의 신비로운 합일을 모색하는 종교로, 교의(敎義)의 핵심은 '현세적이고 육체적인 욕망에 사로잡혀 있는 인간은 자신의 내면에 신의 불꽃(신적 본성 또는 영적 본성, 보편 자아·보편 영혼 (Daimon)의 조각)이 깃들어 있음을 깨닫고, 이후 신인이 전해주는 그노시스를 통해 동물적인 자아·수준 낮은 자아(Eidolon)를 벗어나 보편 자아와 영적으로 합일을 이루어 수준 높은 완전한 자아(daimon)로 거듭나는 것(재생 또는 부활)이 곧 구원'이라는 가르침이었다.

미스테리아 사제들은 이런 신앙 신조에 따라 신전에서 신인을 숭배하고 찬양하는 의식을 거행하고, 미스테리아 입문자들에게 자신들이 깨달은 그노시스의 신비한 가르침을 비밀리에 전수했으며, 신(Daimon, Monad)[8]과의 신비적 합일을 기원하는 성찬례[9]를 거행했다. 미스테리아가 신봉하는 신인은 동지(冬至)인 12월 25일에 태어났고, 만물이 태동하는 새 봄(3월 25일, 춘분)에 죽고 부활하여 하늘로 올라갔으며, 종말의 날에 산 자와 죽은 자를 심판하기 위해 다시 지상에 내려오기로 약속된 존재로 믿어졌다.

이집트에서 발현된 오시리스 미스테리아는 지중해 주변 타 지역으로 급속도로 전파되었는데, 이집트 외의 타 지역에서는 자기 지역의 이름난 토착신 가운데 하나를 '죽고 부활한 신인(神人)'으로 만들고, 그 신인을 그노시스를 전하는 비밀 전수자이자 다이몬(Daimon)의 상징적인 존재로 제시

---

8   Monad는 단일자, 만물의 원천, 최고신, 하느님을 뜻하는 그리스의 철학 용어로, 우주의 보편 자아 또는 보편 영혼인 Daimon과 같은 의미로 사용된다.

9   신비신앙 밀교(密敎)의 신앙 비문에 다음의 내용이 적혀 있다. "네가 나와 더불어 하나가 되고, 나 또한 너와 더불어 하나가 되도록, 내 몸을 먹고 내 피를 마셔라. 그러하지 않는 자는 구원을 받지 못할 것이다."(『예수는 신화다』, p.10.).

하면서 유사한 형태의 미스테리아를 창출했다. 예를 들어, 22년간 이집트에서 생활하면서 오시리스 미스테리아에 입문한 그리스 철학자 파타고라스(BC 569?~475?)는 그리스로 귀국 후 그리스의 토착 주신(酒神)인 디오니소스를 이집트의 오시리스에 필적하는 신인으로 탈바꿈시켜 '디오니소스 미스테리아'를 창출했다. 이후 이탈리아로 옮겨 간 피타고라스학파는 디오니소스의 이름을 바쿠스로 대체하고 '바쿠스 미스테리아'을 창출했으며, 후대에 바쿠스 미스테리아는 태양신 '미트라스 미스테리아'로 변형되었다.

　이런 과정을 거치면서 미스테리아 신인은 고대 이집트에서는 오시리스, 그리스에서는 디오니소스, 소아시아에서는 아티스, 시리아에서는 아도니스, 이탈리아에서는 바쿠스, 페르시아에서는 미트라스 등으로 불리게 되었다. 하지만 미스테리아에서는 각기 다른 이름으로 불리는 신인들이 이름과 형태는 다르지만 모두 동일한 존재이며, 근본적으로 하나의 위대한 힘(Power)의 서로 다른 형태로 이해되었다. 그리고 지역의 문화에 따라 미스테리아 신인 신화가 변형된 형태로 나타나는 경우도 있었지만, 미스테리아의 신화가 말하고자 하는 핵심 내용은 본질적으로 같다고 이해되었다.

미스테리아 신화

—

전통적으로 미스테리아는 '공개적인 신비사상'과 '은밀한 신비사상' 두 가지 형태가 있었는데, '공개적인 신비사상'은 사람들이 미스테리아에 관심을 갖도록 유도하고 미스테리아 초심자들이 '은밀한 신비사상'의 입문식에 참여하도록 독려하기 위해, 모든 사람에게 개방된 의식(儀式)과 신인에 대한 신화(미스테리아 神話)로 구성되어 있었다. '공개적인 신비사상'의 미스테리아 신화는 문자 그대로 기록된 사실이거나 그저 흥미로운 창작 이야기가 아니며, 신화가 제시하는 신인을 신으로 숭배하고 믿을 것을 제시하는 것도 아니었다. 미스테리아 신화는 신비신앙의 신비로운 가르침을 암호화하여 상징적으로 표현한 이야기이며, 그래서 '감춰지고 암호화된 비밀과 의미'를 담고 있는 신화 내용의 실제적인 이야기는 강력한 입문 절차를 거쳐 '은밀한 신비사상'에 입문한 사람들에게만 비밀리에 전수되었다. 그리고 은밀한 신비사상을 전수받는 과정을 통해 입문자들은 영적인 깨달음을 얻을 수 있었다. 미스테리아 신화의 다양한 변형들에서 공통으로 발견되는 신인의 특성은 다음과 같이 요약할 수 있다.

- 미스테리아의 신인은 육체를 가진 신이며 구세주이고, 신의 아들이다.
- 그의 아버지는 불멸의 영혼을 부여하는 최고신(하느님)이며 어머니는 대지(大地)를 상징하는 동정녀다. 물질인 동정녀는 홀로 생명을 낳을 수 없지만 보이지 않는 영혼에 의해 신비스럽게 생명을 잉태하여, 신인의 어머니는 영원한 처녀로 묘사된다.
- 신인은 태양의 힘이 되살아나면서 왕성해지는 동지(冬至)[10]에 대지(땅)의 자궁을 상징하는 동굴(혹은 누추한 외양간)에서 태어났다.
- 신인은 결혼식장에서 물을 술로 바꾸는 기적을 행하고, 인간 본성에 깃든

---

10 고대 월력에서 동지는 1월 6일이었는데 지구 자전축의 주기적인 세차 운동으로 황도상 춘분과 추분점이 이동하면서(분점 세차) 12월 25일로 바뀌게 되었다. 이에 따라 초기 그리스도교는 미스테리아 전통에 따라 예수 성탄일을 1월 6일로 정하였다가 후에 12월 25일로 변경하였다(AD 354). 오늘날 동지는 12월 22일경이다.

영적 본질을 깨달아 신과의 합일을 이루라고 가르쳤으며, 신도들에게 세례
의식을 통해 영적으로 다시 태어날 기회를 주었다.

- 신인은 '신을 먹음으로써 신과의 합일을 이루는 상징'으로 빵과 포도주를
  자신의 몸과 피로 변화시켜 신도들에게 먹이는 성찬례를 행했다.
- 신인은 동물적 본성을 상징하는 동물인 나귀를 타고 다녔는데, 그것은 신
  인이 동물적 본성의 지배자임을 보여 주는 행위였으며, 나귀를 탄 모습을
  본 사람들은 종려나무 가지를 흔들고 찬송하며 그를 맞이했다.
- 신인은 황도 12궁의 중심을 상징하는 존재였고, 황도 12궁을 상징하는 12
  명의 제자를 동반하고 다녔다.
- 신인은 수준 낮은 자아를 상징하는 악인들에게 세상을 어지럽힌다는 죄로
  체포되어 나무에 매달리는 형을 받았고, 십자가 위에서 면류관을 쓰고,
  자주색 옷을 입고, 쓸개즙을 마셨다. 신인은 자신의 희생을 '대속물의 죽
  음의 대가와 대속물의 피로 씻겨 죄인들을 재생시키는' 희생제의[대속죽음
  (pharmakos)]로 여겼다.
  - 그는 3월 25일(만물이 소생하는 춘분)경에 죽게 된다. 하지만 그는 사흘
    후에 부활하였고, 살아 있는 사람과 죽은 사람을 심판하기 위해 다시 돌
    아온다는 약속을 남기고 하늘로 올라갔다.
- 신도들은 최후의 날 심판자로 그가 다시 돌아오기를 기다린다.
- 신도들은 그의 몸과 피를 상징하는 빵과 포도주로 그의 죽음과 부활을 기
  리는 의식을 치른다.[11]

상기의 내용은 후대에 문자주의자들에 의해 기록된 예수의 전기(傳記)

---

11   『예수는 신화다』, pp. 15, 96~99 참조.

이야기('교회 복음서')와 매우 흡사하다(아래 293쪽 '표' 참조). 이것은 교회 복음서가 신비신앙의 신인 신화를 모방하거나 차용하여 꾸며 낸 문건이라는 방증으로 볼 수 있다.[12]

신비종교의 의식은 신인의 죽음과 부활을 연극으로 재현하고, 의식에 참석한 모든 사람이 성찬례를 통해 신을 상징하는 빵과 포도주를 나누어 먹고 마시는 것을 통해 신과의 신비로운 합일을 체험하는 것이 핵심이었다. 연극은 신인의 갈등과 고통, 신인의 삶이 죽음을 이기고 승리하는 것, 고통 속에 기쁨이 탄생하는 것 등을 주제로 연출되었는데 이것은 '영적 재생'의 상징을 드라마틱하게 재현하는 것이었고, 참석자들은 구경하는 사람이 아니라 신인의 죽음과 부활에 동참함으로써 신과의 합일을 체험하고 카타르시스(catharsis, 정화·정신적 안정)를 경험하는 것을 목적으로 삼았다. 신비종교의 의식과 유사한 형태의 수난극은 각지에서 연출되고 공연되었는데, 형태는 조금씩 다르지만 근본적으로 동일한 내용, 동일한 메시지를 담고 있었다.

---

12 사실 초기 교회는 이러한 유사성을 숨기기 위해 영지주의 문건들을 철저하게 폐기하였다. 자신들의 종교가 날조된 문서를 토대로 설립되었다는 사실이 드러나는 것이 두려웠던 것이다.

■ 유대 미스테리아 · '예수(Iesous) 신인 신화'

예수 시대의 유대 상황 - 헬레니즘과 이교 미스테리아의 확산

—

서기 1세기 초의 유대 지방은 다른 여러 지방과 마찬가지로 상당 부분 그리스 문명에 물들어 '헬레니즘화'되어 있었다. 특히 갈릴래아 호수 북쪽의 가파르나움에는 중요한 이교도 철학파가 있었고, 갈릴래아 호수 남쪽의 세포리스와 티베리아스는 로마풍으로 건설된 도시로 헬레니즘 문화가 확산되어 있었다. 유대 역사 안에서 유대인 문화와 이교도 문화의 통합은 수 세기 동안 진행되었다. 유대는 여러 민족에게 끊임없이 정복을 당하는 역사 속에서 — BC 922년 이집트, BC 722년 아시리아, BC 586년 바빌로니아, BC 332년 그리스 알렉산더 대왕, BC 198년 시리아, BC 63년 로마에 정복된 — 불가피하게 정복자들의 문화를 흡수하게 되었을 뿐만 아니라, 노예가 되어 지중해 전역으로 흩어졌고, 이들은 유대인 공동 거주지인 디아스포라를 형성하여 생활했다.

디아스포라의 유대인들은 종교 측면에서 자신들의 유대 종교전통과 이교 신앙을 통합했고, 이교 신비신앙도 거부감 없이 받아들였다. 바빌로니아의 디아스포라 유대인들은 바빌론의 신인인 탐무즈[13]의 미스테리아 의식을 거행했고, 안티오키아의 유대인들은 안티오키아의 미스테리아인 아도니스 신비신앙을, 고린토에서는 고린토의 미스테리아인 디오니소스 신비신앙을, 타르수스에서는 타르수스의 미스테리아인 미트라스 신비신앙

---

13 탐무즈는 수메르 바드티비라의 양치기의 신 두무지에 근원한다. 탐무즈는 BC 1,550년경 페르시아에서 오시리스 신앙과 융화되어 아도니스로 변형되었다.

을 받아들였다. 타르수스 출신의 사도 바울 역시 미트라스 신비신앙의 영향을 받았는데, 그는 유대의 '예수 미스테리아'를 신봉한 영지주의자로 분류된다.[14]

유대 영지주의 사상

—

이집트 알렉산드리아의 '헬레니즘화된 유대 영지주의자들'은 신화적인 존재로서의 신(神)을 믿는 것이 아니라, '진정한 앎(Gnosis)을 깨달아 신으로 표현된 최고 수준의 자아인 보편 자아 또는 보편 정신(Daimon, 유일자, 최고신)과의 합일을 통해 완벽한 영원성을 얻는 것'을 목표로 하는 사람들이었다. 그래서 그들은 유대교와 이교 신비신앙을 근본적으로 동일한 종교 전통의 일부로 이해했고, 유대교 경전(구약성서)을 문자 그대로의 역사로 보는 근본주의적인 견해에 의문을 제기하면서, 경전을 은밀한 영적 가르침을 암호화한 신비한 비유로 해석하기도 했다. 그리고 유대교 근본주의자들이 야훼를 유일신이며 유대민족의 신으로 보는 것과는 달리, 야훼를 보편 자아나 보편 영혼으로 보았고, 지고의 일자(一者, Monad)인 플라톤의 신과 동일시하기도 했다.

한편, 일부 다른 영지주의자들은 이교 신비신앙과 플라톤이 저서 『티마이오스』를 통해 전개한 신관과 우주관에 따라 구약성서를 새롭게 해석하면서, 야훼를 영적 실재로서의 보편 자아나 보편 영혼이 아니라 물질적인 신으로 이해하기도 했다. 플라톤에 의하면 단일자(一者, 최고신, 완전자,

---

14 『예수는 신화다』, p. 278.

Monad)로서의 신은 모든 특성을 초월한 하나(Oneness)이며 인간의 언어로 형언할 수 없는 존재다. 즉 최고신은 하늘 어딘가에 있는 초월적이며 인격적인 존재가 아니라 만물을 통해 스스로를 드러내는 보편 정신(Mind of the universe, Daimon)이다. 그리고 영적인 존재인 최고신은 물질세계를 만들 수 없으므로 물질적인 신인 조물주 데미우르고스(Demiurgos)를 통해 세상을 창조하게 했는데, 물질적인 신은 물질적인 특성상 불완전하므로 그가 창조한 세상과 인간은 불완전하며 결함이 있을 수밖에 없다.[15] 이에 따라 그들은 만물에 내재하는 영적인 보편 정신(보편 영혼)을 최고신으로 이해했고, 구약성서에 등장하는 복수와 질투의 신 야훼를 최고신이 아니라 플라톤이 말하는 물질적인 신 조물주 데미우르고스와 동일시했다. 최고신은 열망의 지배를 받지 않으므로 성서에 묘사된 것과 같은 질투나 환희의 감정을 가질 수 없다는 이유에서였다. 그리고 세상의 악과 불완전성은 아담의 죄에서 비롯된 것이라는 유대교 사상을 거부했다. 비록 유대 영지주의자들 간에 야훼에 대한 이해가 서로 다르게 나타나기는 했지만, 영적인 실재로서의 최고 신인 보편 자아 · 보편 영혼과의 통합을 통한 자아 완성의 교의는 동일했다.

'로고스'(logos)에 대한 이해에서, 유대 영지주의자들은 로고스를 최고신(Daimon, Monad)의 배우자이자 신의 여성성 본성인 소피아(Sophia, 지혜)로부터 유출된 신의 말씀이자 신의 아들, 신의 현현, 신인(神人)으로 인식했고, "로고스는 우주의 한 영혼(One Soul, 보편 영혼)이며 스스로를 의식하는 신이다. 로고스는 만물을 통해 자신을 의식한다. 따라서 로고스는 인간을 포함한 만물에 공유되어 있으며, 인간 각자가 공유한 정체성이 바

---

15 『티마이오스』, 플라톤 저, 김유석 역, 아카넷, 2019, pp. 50~74 참조.

로 그 로고스다."라고 주장한 헤라클레이토스(BC 540~480)의 해석을 받아들여, 모두가 공유하는 로고스가 단 하나의 신인을 통해서만 나타난다는 것을 부정했다. 곧 '로고스의 화신(化身)인 신인은 인간 각자의 내면에 이미 깃들어 있는 로고스(보편 자아 · 보편 영혼의 조각. 로고스는 신의 현현이므로 여기서 로고스는 다이몬과 동일시된다)를 깨닫게 하는 신적인 앎(그노시스)를 전해주는 전수자'이며, 신으로부터 파견된 로고스가 전해주는 지혜의 획득만이 영혼을 본래의 하늘로 되돌아가게 이끌 수 있다고 가르쳤다.[16]

　알렉산드리아의 유대인 영지주의자들 중에서 이교 신비신앙을 유대 본토에 도입하고자 했던 일부 현자들은, 일반 유대인들이 미스테리아를 쉽게 받아들일 수 있게 하려면 '유대인 신인'으로 탈바꿈시킬 수 있는 토착의 신화적 인물이 필요하다는 것을 인식했다. 그런데 유대인들은 오직 유일신 야훼만을 숭배하고 야훼 외에 다른 남신이나 여신 같은 다른 신격을 숭배하지 않았기 때문에, 야훼는 하나(One)라는 플라톤의 최고신과 동일시될 수는 있었지만 이교의 신들처럼 신인(神人) 신화로 탈바꿈시킬 수 있는 다른 신화적 이야기를 지니고 있지 않다는 것이 문제가 되었다. 이런 독특한 종교적 풍토에서 유대 영지주의 현자들의 판단에 오시리스나 디오니소스 같은 신인으로 탈바꿈시킬 수 있는 유대의 신화적 존재는 오직 하나밖에 없었다. 바로 '메시아'가 그것이었다.[17]

16　『이것이 영지주의다』, pp.76~80, 『예수는 신화다』, pp.160~163 참조.

17　『예수는 신화다』, pp. 293~295 참조.

유대의 전투적 메시아니즘

—

메시아(Messiah)에 해당하는 그리스어는 'Christ' 또는 'Christos'인데 이 단어는 유대 사회에서 '기름 부어진 자'를 의미하고, 일반적으로 왕이나 대제사장을 지칭하는 용어로 사용되었다. 왕이나 제사장은 기름 부음을 받는 의식을 통해 신분이 주어졌기 때문이다. 그래서 왕은 메시아/그리스도로 불렸고, 대제사장도 Priest Messiah/Christ로 불렸다. 유대 사회 안에서 메시아라는 말은 기름 부음을 받은 왕이나 대제사장을 의미하는 것에 지나지 않았고, 어떤 식으로든 신적인 의미나 세상을 구원하는 구세주의 의미는 내포되어 있지 않았다. 그런데 유대인들이 아시리아(BC 722)나 바빌로니아(BC 587) 등의 강대국에 정복당한 민족이 되었을 때부터 메시아라는 용어는 '민족을 해방시키기 위해 도래할 미래의 구원자'를 상징하는 의미로 쓰이게 되었다. 곧, 피정복민 처지의 유대인들은 야훼 하느님이 구약에서 약속한 대로 머지않은 미래에 다윗 왕의 혈통을 지닌 후손 중의 하나를 왕위에 앉히고, 그 메시아를 통해 민족에게 해방과 구원을 가져다줄 것이라고 믿었다(이사 7,14; 42,1~9; 예레 33,15 참조). 이런 메시아사상은 구약 시대 예언자들에게 의해 형성되고 강화되었다.

구약의 예언자인 이사야, 예레미야, 에제키엘, 미가, 즈가리야 등은 지배국에 의한 유대 민족의 역경과 고난은 유대인들이 하느님과의 약속을 저버리고 율법을 범하거나 음란한 종교를 믿었기 때문에 벌로써 주어진 것이라고 강조했다. 하지만 야훼는 용서하는 신이고, "다윗 왕조가 결단코 멸망하지 않도록 하겠다(2사무 7,12~16)."고 약속한 분이시니, 유대인들이 자신의 잘못을 깨닫고 후회하고 용서를 빌면 하느님이 용서하고 구원하여 이전보다 더욱 위대한 민족이 되게 할 것이라고 가르쳤다.[18] 또 그들은 야훼가 다윗과 같은 전투적인 왕자(王者), 즉 '전사로서의 메시아'를 보내어 적대적인 민족을 쳐부술 것이라는 '전투적 메시아니즘 구원'을 예언했다. 하지만 예언은 성취되지 않았고, 기원전 63년에 로마가 유대 지방을 점령한 후 유대인들의 상황은 더욱더 절망적이 되었다. 이에 유대 민족주의자들은 로마 지배로부터의 독립을 쟁취하기 위한 무력 투쟁에 나섰고, 메시아의 도래를 기대하는 유대인의 염원은 보다 넓게 확산되었다.

'전투적 메시아 숭배'는 정치·경제적 식민주의의 착취 체계를 전복하려는 투쟁 속에서 끊임없이 재창조되었다. 골리앗을 물리친 다윗의 승리 전설(1사무 17,48~51)과 전투적 메시아니즘 구원을 예언한 예언자들에게서 영감을 얻은 유대인 민병(게릴라)들은 로마의 관리와 군대에 대항해 끊임없이 투쟁했고, 로마의 원로원이 헤로데를 유대의 왕으로 임명하기 직전에는 대(對)로마 독립 전쟁을 일으키기도 했다(BC 37).

유대 게릴라 투사들을 지칭했던 또 다른 용어는 위에서 살펴본 '젤롯당'(열심당)이었는데, 이 말은 그들이 유대교 율법을 열렬히 준수하려고 했고, 야훼의 계약을 완성하려고 열성을 다했기 때문에 붙여진 것이었다. 젤롯파 투사들은 자기들이 메시아의 도움을 받아 결국에는 로마제국을 전복시킬 수 있다고 확신했고, 그들의 신앙은 내적인 것이나 정신적인 것이

---

18 "신은 지금 여기서의 변화로 예정된 미래를 바꿀 수 있는가?" 신은 미래를 바꿀 수 없다. 신이나 예언자가 바라보는 미래는 미래 시점에서 '이미 완결된 현실'이다. 따라서 과거로 돌아가서 수정하는 것은 불가능하다. 예를 들어 2023년에 투사된 2123년은, 신의 관점에서 이미 완결된 현실이다. 따라서 2023년에 수정할 수 없고, 수정한다고 해도 완결된 미래는 변화가 불가능하다. 그러므로 신학적인 측면에서 구약성서의 예언자들이 '예언'이라는 방식을 통해 미래의 변화를 목적으로 현실에서의 변화를 촉구하는 것은 아무런 의미가 없다.(『종교의 철학적 의미』, pp. 276~281 참조).

아니라 도전과 자극, 강탈과 테러, 암살 등 죽음을 두려워하지 않는 실천적 행위였다. 젤롯파 외에 다른 소규모 전투 집단들도 존재했는데, 그들은 시골이나 동굴, 산기슭의 은신처에 칩거하면서 농민들에게서 식량 원조를 받고 보호받았다.

유대왕 헤로데는 자신의 지배 권력을 강화하기 위해 게릴라들과 많은 투쟁을 해야 했다. 그는 갈릴래아 전 지역을 휩쓴 민병 지도자 헤제키아(Hezekiah)를 진압하여 처형했고, 프톨레마이오스라는 로마 장군을 살해한 게릴라와 전투를 벌였다. 기원전 4년에 헤로데가 죽자 유다 전역에서 폭동이 일어났는데, 갈릴래아 헤제키아의 아들인 유다(Judas)가 왕의 지휘권을 차지했다. 이와 때를 같이해 요르단강 건너 페레아에서는 시몬(Simon)이라는 노예가 예리고 궁전을 불태우고 화려한 시골 저택들을 모두 불살랐다. 아스론게스(Athrongaeus)라는 전직 목동이었던 제3의 반란자가 자신을 왕으로 칭하면서 반란을 일으켰을 때는 시리아의 로마인 총독 바루스(Publius Varus)가 진압하고 가담자 2,000여 명을 십자가형으로 처형했다. 한편 갈릴래아 지역을 장악한 유다는 서기 6년에 실시된 인구 조사에 저항하며 투쟁했고, 이때 그의 아들 가운데 두 명이 십자가형으로 처형되었다. 유다의 아들 가운데 한 명은 서기 68~73년 유대 혁명이 시작되자 메시아라고 자칭하며 투쟁에 나섰고, 다른 아들 한 명은 유대 전쟁에서 최후의 저항이었던 마사다 요새의 투쟁을 이끌었다. 플라비우스 요세푸스는 『유대 고대사』에서 톨로마이오스(Tholomaios)라는 게릴라 지도자가 서기 44년에 체포된 사실과, 서기 52년에 발생한 데이나이오스(Eleazaur ben Deinaios)의 폭동에 대해 기록하고 있다.[19]

19　『문화의 수수께끼』, 마빈 해리스 저, 박종철 역, 한길사, 2020, pp. 213~229 참조.

전투적 메시아니즘이 팽배해지고 독립을 위한 투쟁이 가속화되던 시점에, 자신이 유대인의 왕이라고 한 아스론게스(Athrongaeus)뿐만 아니라, 자신이 예언자나 성서에서 약속된 메시아라고 주장하는 사람들이 주기적으로 나타나곤 했다. 튜다(Theudas)라는 인물은 자기가 명령 한마디로 요르단 강물을 갈라 모든 사람을 건너가게 할 수 있는 예언자라고 주장했고, 이집트 출신의 어느 유대인은 스스로 예언자라고 자처하면서 예루살렘 성벽이 무너질 것이라고 예고하기도 했다.[20] 한편에서는 유대교에 널리 퍼져 있는 메시아사상에 의거, 특별한 단체나 조직에 들어가는 입교식 차원이 아닌, 야훼가 통치하는 하늘나라에 들어가기 위한 전제 조건으로서의 세례식을 거행하는 사람들이 등장하기도 했는데 신약 복음서에 등장하는 세례자 요한도 그중 한 명이었다. 유대인들은 진짜 메시아가 언젠가는 올 것이라고 확신하며 투쟁을 계속했는데, 서기 66년에 이르러서는 이스라엘 전역에서 게릴라가 출몰하지 않는 곳이 거의 없을 정도였다. 유대 민병(게릴라)은 대제사장 아나니아스(Ananias)의 아들인 엘르아잘과 위장 동맹을 맺었는데, 엘르아잘은 일종의 독립 선언을 하기도 했다.[21]

영지주의 복음서('예수 신인 신화')와 예수 미스테리아의 기원
—

서기 1세기 초 예루살렘에는 '스스로 메시아라고 주장하다가 다른 사람의 죄를 대신 짊어지고 십자가에 못 박혀 죽은 인물이 있었다'는 출처 불명의

20　『예수와 역사』, 샤를를 뻬로 저, 박상래 역, 가톨릭출판사, 1987, p. 187.
21　『문화의 수수께끼』, p. 229.

풍문과, '메시아의 죽음은 유대인들이 야훼와의 계약을 이행할 수 있는 백성인지를 증명해 보이도록 유대인들에게 다시 한 번 기회를 주기 위한 것이며, 사람들이 그를 거짓 예언자라고 의심했던 것을 회개하고 하느님께 용서를 빌면 죽었던 메시아가 다시 돌아올 것'이라고 믿는 사람들의 무리가 있었다. 어떤 이들은 십자가 위에서 죽어 매장된 그가 부활했다고 주장하기도 했다.[22]

사실 전통적 사고관을 가진 유대인들의 입장에서는 유대의 모든 적을 무찌르고 승리를 거둘 것으로 기대되는 메시아가 범죄자처럼 십자가형으로 처형되어 죽는다는 것은 상상도 할 수 없는 일이었다. 십자가에 매달려 죽는 것은 신에게 저주받은 자의 죽음으로 인식되었기 때문이다(신명 21,23). 또 유대교에는 스스로 희생양으로 죽음으로써 죄인들을 구원하는 자가 메시아라는 관념도 없었다.[23] 그것은 이교 미스테리아 신인(神人)의 역할이었다. 그래서 전통적 유대인들은 메시아가 죽고 부활했다는 풍문에 별반 관심을 두지 않았다.

22　명확한 근거도 없이 유대교 예언자라는 사람들이 '메시아가 도래할 것'이라고 했던 말을 미래에 성취될 사실적인 일로 믿었던 사람들은, 자칭 메시아라고 주장하다가 십자가형으로 처형된 사람들 중의 누군가는 진짜 메시아일 수 있다는 기대를 갖는 시대적 상황이었다. 반면 통치국 로마는 로마제국에 저항하는 폭동 가담자를 십자가에 처형하면서 처형자 신원에 대한 기록을 남기지 않았고, 시신 또한 처형자의 가족이 인계하지 못하도록 단속하였기 때문에 개개 처형자의 구체적인 신원은 누구도 알 수 없는 상황이었다. 따라서 십자가형 처형자와 메시아니즘이 결부된 여러 확인되지 않은 소문들이 난무했을 것이다.

23　바빌로니아 유배에서의 귀환(BC 538) 이후에 기록된 것으로 추정되는 제2이사야 42~53장에는 '고난받는 야훼의 종'에 관한 내용이 수록되어 있다. 가톨릭은 자신들 논리의 정당성을 주장하기에 적절하다고 생각되면 편의에 따라 성서의 구절들을 자신들의 논리에 꿰맞추어 해석하는 경향이 있는데, 이 내용 또한 '고난받는 예수에 대한 예언'으로 해석한다. 성서의 실제 내용은 유대인을 해방시킨 페르시아의 키루스를 찬양하는 내용과, 유배지에서 귀양살이하는 이스라엘을 '야훼의 종'으로 유비하여 격려하는 내용으로, 수난을 받아 죽는 메시아와는 아무런 관련이 없다. 특히 유대교에는 '희생양으로서의 메시아' 관념이 없었다.

이방 디아스포라에서 예루살렘으로 돌아온 유대 영지주의 현자들 역시
전통적인 유대인들처럼 죽고 부활하였다는 풍문 속 인물의 생애나 역사적
사실성에는 관심이 없었다. 다만 메시아가 죽고 부활했다는 세간의 이야
기에서 이교 미스테리아 신인과의 유사성을 발견하였고, 유대의 '상상적
메시아'를 영적 지혜와 깨달음을 전해주는 다이몬의 신인으로 해석해, 메
시아 이야기를 '유대 방식의 변형된 미스테리아 신화'로 창출하는 복음서
와 관련 문건들을 저술했다.[24] 곧 세간에 떠돌던 메시아 이야기를 '이교 미
스테리아 신인 신화의 변형된 유대 판본'으로 만들었다. 새로 창작된 신인
신화('예수 신인 신화')에서 신인(神人)은 '메시아(그리스도) 예수'로 명명되
었다.

현자들이 유대 신인에게 부여한 '예수'(그리스어 'Iesous')라는 이름은 탈
출기에 등장하는 '여호수아'(Joshua)의 이름을 그리스어로 번역하면서 의
도적으로 만들어 낸 이름이다. 현자들이 여호수아를 선택한 것은 탈출기
에서 약속된 땅에 이르지 못한 모세를 대신해서 선민을 최종 목적지로 이
끈 여호수아가(여호 1,2), '신화적 재생'이라는 약속된 땅으로 선택된 사
람들을 이끌어 갈 유대인 미스테리아 신인에 가장 적합한 모델로 이해되
었기 때문이다. 현자들이 여호수아(Joshua)의 이름을 활용하여 만든 이름

---

24 1945년 이집트 나그 함마디에서 발견된 영지주의 문서에는 베드로복음서, 토마복음서, 필
립복음서, 야고보복음서, 유다복음서, 막달레나복음서, 마르코의 비밀복음서, 요한의 비밀
서, 요한행전, 베드로계시록, 바울계시록, 야고보계시록, 바룩서, 바울행전, 사도 바울의 기
도, 바울의 승천, 구원자의 대화, 피스티스 소피아, 위대한 로고스의 책, 사도들의 편지 등
13권 52개 문서가 포함되어 있다. AD 1세기 말에서 4세기 초까지의 초대 가톨릭교회에 의
한 집요한 영지주의에 대한 박해와 영지주의 문서에 대한 대대적인 소각과 폐기가 없었다
면 더 많은 영지주의 복음서와 문서들이 남아 있었을 것이다. AD 70년 로마의 칙령에 의해
예루살렘에서 지중해 각 지역으로 분산된 영지주의 예수 미스테리 신봉 공동체가 저술한
복음서는 수백 권에 이를 것으로 추정된다(『초기 그리스도교와 영지주의』, p. 27 참조).

'Iesous'는 그리스 알파벳 24개 문자가 각각 나타내는 수(gematria)로 셈하여 그 값이, 고대인들이 가장 신성하면서도 마법적인 수로 인식하던 숫자 '888'[I(10), E(8), S(200), O(70), U(400), S(200)]이 되도록 계산하여 의도적으로 만든 것이다.[25]

『예수 신인 신화』를 바탕으로 '예수 미스테리아'를 창출한 유대 영지주의 현자들은 기본적으로, '미스테리아에서 말하는 신인은 다이몬의 아들이자 신적 지혜를 전하는 로고스(logos)이지만 인간의 몸으로 태어난 자이며, 신적 능력으로 기적을 행하고 인간 내면의 본성을 깨우치는 가르침을 전하다가 신인의 참 신원을 파악하지 못한 사람들에 의해 억울하게 죽임을 당한다. 하지만 신인은 자신의 죽음을 모두의 구원을 위한 희생으로 받아들이고 부활을 통해 참 신인의 신원을 드러낸 존재'라는 인식이 있었다. 그리고 '신인의 죽음과 부활에 영적으로 참여하는 사람은 영적인 죽음을 상징하는 세례를 통해 동물적 자아에서 죽고, 영적인 부활을 통해 완전한 자아를 얻을 수 있다'고 여겼다. 따라서 그들이 '메시아 예수'라는 가상의 인물을 죽고 부활한 유대 미스테리아의 신인으로 제시하기 위해 창작한 '예수 신인 신화'는 여타 신비신앙의 신인 신화의 내용과 매우 유사했다.[26]

---

25   『예수는 신화다』, p. 301.

26   아래 표 참조. 표는 위의 책, pp. 50〜141 내용을 참고하여 작성하였다.

* 이교 미스테리아 신화와 유대 예수 미스테리아 신화 내용의 유사성

	미스테리아 신화 (BC 7세기경)	예수 신인 신화 (AD 1세기 말~3세기경)
신인의 신원	• 미스테리아 신인들은 하느님의 아들로 찬양됨. – 제우스의 아들, 최고 신의 현현으로 묘사. – 날 때부터 신 가운데 주인인 신. – 죽어야 할 육체에 신성을 감춘 신으로 제시. • 이집트의 파라오, 로마의 황제들도 신의 화신, 하느님의 아들로 찬양됨. 폭군 네로조차도 '영원한 구원자 하느님'으로 불림.	• 예수는 하느님의 독생자, 육신에 신성을 감추고 강생한 하느님으로 제시됨. – 하느님 자체이며, 하느님의 아들.
처녀 탄생	• 신인은 신으로부터 불멸의 영혼을 받아 동정녀를 통해 탄생. 신인과 동정녀 모친의 예. – 소아시아 아티스의 어머니 동정녀 키벨레. – 시리아 아도니스의 어머니 동정녀 스미르나. – 알렉산드리아 아이온의 어머니 동정녀 코레. – 그리스 디오니소스의 어머니 동정녀 세멜레.	• 예수, 동정녀 마리아에게서 탄생. – 가톨릭은 동정녀 잉태설에 맞추기 위해 이사야서 7,14에 등장하는 '젊은 여인'을 뜻하는 히브리어 알마(alma)에 상응하는 그리스어 'neanis' 대신, '처녀'를 뜻하는 'parthenos'로 의도적으로 오역.
탄생일	• 신인, 태양의 힘이 왕성해지면서 되살아나는 동지(12월 25일)에 탄생. – 동지는 처음에는 1월 6일이었으나 지구 자전축의 주기적인 세차 운동으로 황도상 춘분과 추분점이 이동하면서(분점 세차) 12월 25일로 바뀌게 됨. 오늘날 동지는 12월 22일경에 해당.	• 태양신 미트라스의 탄생일 12월 25일을 예수 탄생일로 지정(AD 354년). – 가톨릭은 초기에 창세기의 6일 창조와 과거 동지 날짜에 맞추어 예수 탄생을 1월 6일로 지정. – 이후 이교의 흔적을 지우기 위해 예수의 탄생일을 고대 미스테리아 신인의 탄일인 12월 25일로 변경하고, 1월 6일은 공현축일로 기념함.
탄생지	• 미스테리아 신인들은 대지(땅)의 자궁을 상징하는 동굴 또는 마구간(katalemna)에서 출생. – katalemna는 원래 움막이나 동굴 뜻하는 말.	• 예수도 마구간에서 출생한 것으로 묘사. – katalemna를 stable(마구간)로 번역.

동방 박사 목동 별빛	• 페르시아의 신인인 미트라스 탄생 시 세 명의 목동이 신인의 탄생을 목격 했다고 묘사. • 동방박사는 마기(Magi)로 불렸는데, 마기는 페르시아 미트라스 신인을 섬 기는 사제 지칭. • 안티오키아의 아도니스 미스테리아 의식은, "구원의 빛이 동녘에 나타났 다"는 외침과 더불어 시작. 이때의 구 원의 별은 베누스(Venus, 금성) 지칭. – 베누스는 고대 이집트에서 이시스로 불리던 오시리스-디오니소스의 배 우자 여신의 이름 가운데 하나. 오시 리스를 상징하는 오리온자리의 별 시리우스와 동일시됨. (시리우스는 '주의 출현을 예고하는 별'로 인식됨)	• 목동(양치기)들이 예수 탄생 목격. • 동방박사(Magi)가 동방에서 '별'의 안 내를 받아 아기 예수 찾아와 경배하 였다고 기록. – '별의 탄생', '별의 인도' 등은 미스테 리아 신화에서 신인 탄생의 전조나, 신인 탄생 사실에 대한 묘사로 활용. – 메시아의 탄생 고지와 경배를 야훼 의 천사나 사자가 아니라, 동방의 점술가가 찾아와 했다는 묘사가 미 스테리아 신화의 모방이라는 방증.
황금 유향 몰약	• 동물희생제를 반대한 피타고라스는 그 대안으로 미스테리아 의식 때 황 금, 유향, 몰약을 봉헌. • 다수의 미스테리아 신인 경배 의식에 서 몰약과 유향을 드리고, 황금빛 꿀 음료를 땅에 뿌리는 의식 거행. – 몰약은 신인 아도니스가 몰약나무 에서 태어났다는 전승에 따라 아도 니스 축제일에 신성한 방향제로도 사용됨.	• 동방박사들이 아기 예수에게 황금, 유향, 몰약 선물.
베들레 헴 (빵집)	• 미스테리아 신인 아도니스는 곡물의 신으로 여겨졌고, 아도니스를 상징하 는 것이 빵. – AD 4세기경 성 예로니모는 아도니스 가 신성시한 작은 숲속에 베들레헴 (빵집)이 감춰져 있었다고 언급하기 도 함.	• 예수 베들레헴에서 탄생했다고 기술.
세례 (물, 불, 공기에 의한 의식)	• 세례는 미스테리아의 핵심적 상징 의 식, 의례 거행 때마다 매번 반복해서 세례식 거행. – 물에 잠기는 것은 동물적 자아의 죽 음과 매장, 정화(淨化)를 상징하고, 물에서 나오는 것은 부활과 영적 재 생을 의미.	• 예수가 세례를 받을 때 성령이 비둘 기 모양으로 내려와 예수가 하느님의 아들 임을 드러내 보여 줌. – 이후 예수는 물과 성령으로 거듭나 야 한다고 강조.

세례 (물, 불, 공기에 의한 의식)	– 물의 세례를 받은 자는 유황 연기 복도를 통과하는 불의 정화 의식을 거치고, 다음으로 키로 일으키는 바람의 정화를 거치면서 재생을 체험하게 됨. – 이런 세례 의식을 통해 신도는 자신이 '육체에 갇힌 신'이라는 자의식을 갖게 됨. – 세례를 받은 자는 흰옷을 입고, 머리에 관을 쓰고, 새로운 이름을 받고, 꿀을 먹고, 손에 횃불을 들고 미스테리아의 내밀한 의식(성찬례)이 거행되는 장소로 이동함. • 고대 이집트의 파라오가 오시리스의 화신으로 탄생하는 의식을 거행하기 전에 먼저 세례를 받았다는 기록이 있음.	– 가톨릭은 죄를 씻어 정결해지고, 하느님의 자녀로 새롭게 탄생한다는 의미로 세례를 거행하고, 성령이 임하는것을 상징하는 견진 예식을 거행.(동물적 자아의 죽음을 상징하는 의식이 죄의 용서 의식으로 변모) – 세례를 받은 자는 흰옷을 입고, 새로운 이름을 받고, 성찬식이 거행되는 곳으로 이동, 영성체 의식에 참여. • 미스테리아 의식의 '바람'은 pneuma나 spirit를 암시하는데, 가톨릭은 이를 성령 (breath, holy spirit)로 해석하고, 성령으로 거듭나야 한다고 강조함.
기적	• 이집트 미스테리아는 '오시리스의 날'인 1월 6일(고대의 동지) 전날, 즉 1월 5일에 오시리스가 물을 포도주로 변화시킨 것을 기념함. • 그리스 미스테리아에서는 디오니소스와 아리아드네의 결혼식 때 디오니소스가 물을 포도주로 변화시키는 기적을 행했다고 전승. • 오시리스–디오니소스의 예언자들 대다수는 떠돌이 생활하며 기적을 일으키는 것으로 유명. • 그리스 히포크라테스가 신봉한 '약의 아버지' 아스클레피오스는 병든 자를 고치고 죽은 자를 살려 낸 신화의 주인공. • 그리스 디오니소스 미스테리아 창시자인 피타고라스도 병자를 치유하고 물결을 잠재우는 기적을 행했다고 전승됨. • 엠페도클레스도 죽은 지 30일이 된 여자를 살려 냈다고 전승.	• 예수가 가나의 혼인 잔치에서 물을 포도주로 변화시키는 기적을 행함. • 예수도 병자를 치유하고, 죽은 나자로를 살리고, 물위를 걸었으며, 성난 물결을 잠재웠다고 기록.

돼지	• 미스테리아에서 돼지는 지하 세계를 상징. • 아테네 엘레시우스에서 행한 미스테리아 의식에 서는 입문자들이 자기 내면의 악마나 귀신이 돼지에게 들어가도록 어린 돼지를 안고 바다에서 목욕하는 의식 거행.	• 예수, 귀신들이 쫓겨나 돼지 떼 속으로 들어가서 바다에 빠져 몰살하도록 함.
12사도	• 신인은 천구에서 태양이 지나는 길인 황도의 중심적 존재로 인식되었고, 신인은 황도상 12궁을 상징하는 12사도를 제자로 거느림. • 미트라스 미스테리아 입문식에서는, 미트라스 신인으로 분장한 사제 둘레에 12사도가 자리를 잡는 전통이 계승됨.	• 예수, 12사도를 제자로 두었음. – 유대인들이 황도 12궁 개념을 받아들인 것은 바빌로니아 유수 때. – 복음에 등장하는 제자들의 이름은 서로 다르게 기록되고 있음.
거룩한 변모	• 디오니소스는 유랑하는 현자였지만 나중에 성스럽게 변모, 이 모습에 사도들은 그를 구원자로 알아보고 환호함.	• 예수, 사도들에게 하느님의 아들로 인정받지 못했지만, 타볼산에서 변화된 모습을 보여 신으로 인정받음.
가르침	• 신인들, 인간 본성에 깃든 영적 본질을 깨달아 신과의 합일을 이루어 완전한 자아를 성취하라고 가르치고, 신도들에게 세례 의식을 통해 영적으로 다시 태어날 기회를 줌. – 기타 가르침은 여타 종교들이 제시하는 것들과 대동소이.	• 예수는 자신이 메시아, 그리스도라고 주장하고, 영생을 얻기 위해서는 자신을 구원자로 믿고 세례를 받으라고 강조. – 기타 가르침은 상선벌악 등 여타 종교들이 제시하는 것들과 대동소이.
먹보 술꾼	• 디오니소스의 술잔치는 악명이 높았음. 그는 신성한 도취의 신이었고, 올림포스 신들을 숭배하는 종교 권력자들과 속세의 권력자들에게 걸핏하면 능욕당하고 위협당한 '사람들의 신'이었으며, 먹고 마신다고 비난받음.	• 예수도 먹보요 술꾼이라고 비난받음.
성찬례	• 신을 먹음으로써 신과 교섭한다는 아이디어는 고대 이집트의 「사자(死者)의 서」에서도 발견되는 오래된 의식. • 오시리스–디오니소스 미스테리아에서 신인은 '신과의 신성한 합일을 이루는 상징'으로 빵과 포도주를 자신의 몸과 피로 변화시켜 신도들에게 먹이는 영성체 예식을 행함.	• 예수는 자신의 살과 피를 먹고 마셔야 영원한 생명을 얻는다고 말하고, 빵과 포도주가 자신의 살과 피로 변하는 성찬례 예식을 제정함. – 신자들은 영성체 예식을 통해 신과의 합일을 체험하고, 예수의 재림을 기다림.

성찬례	• 미스테리아 신도들은 최후의 날 심판자로 신인이 다시 돌아오기를 기대하면서, 신인의 몸과 피를 상징하는 빵과 포도주로 그의 죽음과 부활을 기리는 의식을 치름.	– 성찬기도문은 미스테리아 공식 양식(樣式)과 동일함. "이것은 내 몸이다. 너희는 모두 이것을 받아 먹어라. 이것은 생명을 주는 내 피다. 모두 이것을 받아 마셔라."
나귀	• 고대에 나귀는 육욕과 잔혹함과 사악함의 상징. – 디오니소스 미스테리아에서는 디오니소스가 나귀를 타고 다니는 신인으로 그려지는데, 그것은 디오니소스가 동물적 본성, 동물적 자아의 지배자임을 상징함.	• 예수, 예루살렘 입성할 때 나귀 타고 등장.
종려나무	• 종려나무는 미스테리아에서 승리와 지혜 상징. – 플라톤은 '디오니소스의 지혜의 종려나무'라는 표현을 사용했고, 신인 아티스의 대향연에서는 승리자·구원자의 상징으로 종려나무를 들고 입장하는 의식이 거행됨.	• 복음서도 예수가 예루살렘 성전에 입성할 때 군중이 종려나무 가지를 흔들며 환호했다고 기록.
의로운자 폭군 십자가형	• 신인 디오니소스는 펜테우스왕에게 수난 받음 – 펜테우스는 디오니소스를 세상을 어지럽히는 자로 체포. – 디오니소스는 펜테우스의 심문에 "네가 무슨 짓을 하고 있는지, 무슨 말을 하고 있는 지, 네가 정작 무엇인지도 너는 알지 못한다."라고 답함.	• 예수, 의로운 자이지만 희생양으로 체포되고 처형됨. – 예수는 "아버지, 저들을 용서해 주십시오. 저들은 자기들이 무슨 일을 하는지 모릅니다."고 말함.
자색옷 면류관 쓴 포도주	• 신인 디오니소스도 십자가에 매달릴 때 면류관을 쓰고, 자색 옷을 입었으며, 쓸개즙을 마셨다고 전해짐.	• 예수, 가시관을 쓰고, 자색 옷을 입었으며, 신포도주 또는 쓸개즙을 마심.
희생양	• 고대 그리스는 의로운 자의 죽음을 대속죽음으로 이해하는 전통이 계승됨. 소크라테스의 죽음도 대속죽음으로 해석. • 미스테리아에서 신인들의 죽음은 사람들을 '대속물의 죽음의 대가와 피로 씻겨 재생시키는' 희생제의, 대속죽음으로 이해됨.	• 후대에 예수의 죽음도 인간과 세상의 죄를 씻는 대속죽음으로 이해됨. – 유대 사회에는 의인의 희생을 대속죽음으로 이해하는 사상이 없었음. – 동물이 인간의 죄를 대신 짊어지고 희생당한다는 희생제의만 거행.

부활	• 십자가에 처형된 신인들은 만물의 소생을 의미하는 춘분(3월 25일)을 며칠 앞둔 날 죽고, 춘분날에 부활. – 아티스 미스테리아, 디오니소스 미스테리아의 봄축제(3월 25일). 봄철 소생을 신인의 부활로 경축하고 기념.	• 고대 가톨릭 전승에 의하면 예수도 3월 23일에 처형되고, 3월 25일에 부활. – 현대학자들은 4월 3일 혹은 7일에 처형되었다고 주장함.
재림 약속 승천	• 오시리스는 생명을 되찾아 하늘로 올라갔고, • 미트라스는 종말의 날에 지상으로 다시 내려와 죽은 자들을 깨워서 심판할 것이라고 말하고 하늘로 올라감. • 피타고라스도 지혜를 찾아 하데스로 내려갔고, 죽은 후 사도들에게 다시 나타난 뒤 하늘로 올라갔다고 전해짐.	• 부활한 예수, 제자들에게 나타난 후 재림을 약속하고 승천. – 우주의 어느 방향으로 승천하였는가에 대한 기록은 없음. – 미스테리아 신인의 승천은 로고스의 재림을 상징. 반면 예수의 승천은 육신의 승천과 육신적 재림으로 이해.

유대 영지주의자들은 고대 이교 신비신앙과 마찬가지로 '공개적인 신비사상'에 초심자들이 관심을 갖도록 유도하고, 그들이 '은밀한 신비사상' 입문식에 참여하도록 하기 위한 수단으로 '예수 신인 신화'를 활용했다. 그리고 창작 신화를 통해 메시아(그리스도)이며 신인인 예수의 가르침을 따르는 사람들은 '신인인 예수처럼 그리스도가 된다'고 가르쳤다(이런 점에서 영지주의의 예수 미스테리아를 '영주주의 그리스도교'라 칭한다).[27] 영지주의자들이 사용하는 '메시아(그리스도)'라는 용어는 예수를 지칭하는 고유명사가 아니라, 미스테리아를 통해 완전성을 이룬 입문자들이 신과 온전히

---

27 오시리스 미스테리아의 목표는 오시리시의 죽음과 부활에 영적으로 동참하여 오시리스가 되는 것이고, 디오니소스 미스테리아의 목표는 디오니소스가 되는 것이며, 미트라스 미스테리아의 목표는 미트라스가 되는 것이다. 이런 가르침은 싯다르타가 해탈하여 부처(붓다)가 되었듯이 싯다르타의 가르침을 따르는 자는 해탈하여 부처가 된다는 불교의 가르침과 유사하다. 앞서 보았듯이, 미스테리아에서 언급하는 신의 이름은 각기 다르지만 그 신들은 본질적으로 동일한 존재로 이해되었으며, 유대 영지주의에서 말하는 메시아(그리스도)는 오시리스 미스테리아에서 말하는 오시리스의 유대식 이름이다.

합일을 이루어 변화된 상태(daimon)를 지칭하는 의미로 쓰였다. 또 '부활'은 생물학적으로 죽은 육신이 되살아나는 의미로서의 부활이 아니라 영적인 재생, 영적으로 신과 일치하는 것 — 보편 자아와 영적으로 합일을 이루어 '수준 높은 완전한 자아'로 거듭나는 것 — 을 상징하는 용어로 사용되었다.

영지주의 현자들이 기록한 복음서들('예수 신인 신화') 중에는 현재 정경으로 인정되어 신약성서에 수록된 마르코 복음의 저자가 참고한 것으로 추정되는 『원마르코 복음』[28]도 포함되어 있을 수 있다. 현재 가톨릭이 정경으로 받아들인 네 복음서(마르코복음, 마태오복음, 루카복음, 요한복음)와 사도 바울의 서신들[29]도 영지주의 문건들과 관련성이 깊다. 교회의 공관복음서(마르코, 마태오, 루카복음서)는 영지주의의 '예수 신인 신화'를 개작하여 편집한 것이고, 요한복음서는 영지주의의 로고스(logos) 사상에 입각해 기록된 문건이다. 바울은 여러 편의 서신에서 예수의 출생이나 생

---

28 '원마르코복음'의 원본은 발견되지 않았고, 후에 원마르코복음을 개작·수정·첨삭한 필사본인 '마르코복음'만이 전해졌기 때문에 원마르코복음의 내용에 대해서는 정확하게 알 수 없다. 다만 현재 가지고 있는 마르코복음을 신비사상의 관점으로 분석함으로써 어느 정도 원마르코복음의 내용을 유추해 볼 수 있을 따름이다. 학자들은 마르코복음은 익명의 저자에 의해 로마에서 AD 70~100년경에 기록된 것으로 추정한다. 하지만 현재 남아 있는 가장 빠른 마르코복음의 사본은 서기 4세기에 필사된 것이다. 다른 복음서들도 마찬가지다.

29 현대의 신약성서에는 바울의 서신 13개가 수록되어 있는데(히브리서는 별개 문서다), 바울의 친서로 인정되는 7개(로마서, 1고린토서, 2고린토서, 갈라디아서, 필립보서, 1데살로니카서, 필레몬서)에는 바울의 영지주의 사상과 영지주의적 가르침이 들어있다. 나머지 서신(에페소서, 콜로새서, 2데살로니카서, 1디모테오서, 2디모테오서, 티토서)들은 후대 가톨릭교회에서 바울이 영지주의자가 아니었다고 반박하기 위해, AD 190년 이후 반(反)영지주의적 형태로 위조하여 첨부한 것이다. 위조된 서신에서는 바울이 교회의 조직자, 교회의 버팀목, 이단 사상의 적대자로 제시되고 있다. 베드로서, 야고보서, 요한의 서신도 영지주의를 반박하기 위해 후대에 위조된 것들이다.(『예수는 신화다』. p. 251 참조). 바울 서신은 48~60년경에 처음 기록되었다고 학자들은 추정하지만, 남아 있는 사본 중 가장 빠른 것은 200년경에 필사된 사본이며, 대부분은 4세기에 필사된 것이다(『초기 그리스도교와 영지주의』. p. 42 참조).

애, 행적에 대해서는 전혀 언급하지 않는다. 예수의 역사적 실재성에 대해서는 관심이 없었다는 방증이다. 그리고 자신이 예수를 직접 본 일이 없다고 말하면서도 예수를 미스테리아 신인으로 해석하고, 그의 죽음과 부활에 동참함으로써 영적 재생을 성취할 수 있다는 영지주의 가르침을 전한다.

영지주의 복음서('예수 신인 신화')의 특징

—

'공개적인 신비사상'에 입문하는 초급자를 위한 영지주의 복음서에서 말하는 신인의 출생이나 생애에 관한 이야기는 이방 미스테리아 신화와 유사하게 '예수가 신비적 신인(神人)임을 묘사하기 위해 창작한 신화적 이야기'였고, 이 복음서들은 예수(Iesous)를 메시아(그리스도)로 믿으라고 강조하는 것이 아니라 이교 미스테리아 신인의 유대 형식 등치 이름으로 명명된 그리스도(다이몬)가 되는 것 자체가 중요하다는 가르침임을 시사하는 것이었다. 반면, '은밀한 신비사상'의 입문자에게 신비적 가르침을 전하는 것을 목적으로 쓰인 영지주의 복음서에는 예수의 생애나 죽음, 부활 자체에 대한 언급이 없다. 이런 복음서들은 '부활한' 그리스도의 비밀 가르침만을 기술하고 있다.[30] 영지주의자들은 '부활한' 그리스도의 이야기는 영적 재생을 상징하는 비유라는 것을 비밀 가르침을 통해 사람들에게 알려

---

30 이집트 나그 함마디에서 발견된 『토마복음』, 『필립복음』, 『진리의 복음』, 『이집트인들의 복음』은 예수의 죽음과 부활을 포함한 이야기를 기록하지 않는다. 단지 '부활한' 그리스도가 전하는 가르침만 수록되어 있다(『이것이 영지주의다』, pp. 84~88, 『초기 그리스도교와 영지주의』, p. 75 참조).

주었고, 이런 가르침을 통해 미스테리아 입문자들은 예수 이야기를 문자 그대로 믿는 단계에서 참된 미스테리아 신비를 깨닫는 단계로 넘어갔다. 그리고 입문자들은 미스테리아 의식을 통해 자신의 죽음과 부활을 체험하는 신비한 단계로 넘어가면서 점차 그리스도, 곧 영원히 사는 보편적 다이몬이 자신의 참된 정체성이라는 것을 깨달았다.

유대 영지주의 현자들이 창작한 '예수 신인 신화'는, 유대의 정치적 상황과 시대 분위기로 인해 이방 신인 신화와는 사뭇 다른 특성을 지니는 방식으로 작성되었다.

유대 영지주의 현자들은 먼저 자신들이 작명한 '예수'를 신인(神人) 메시아(그리스도)로 신격화하기 위해 타 문화권 미스테리아 신화의 신인처럼 예수가 동정녀 잉태로 태어났고, 기적을 행하고, 죽고 부활하였다는 신화를 기술했다. 그리고 이교도의 현자들이 이미 앞서 말한 가르침들을 마치 예수의 독창적인 가르침인 것처럼 꾸몄다. 현자들은 이런 이야기들을 통해 예수가 사실상의 신인인 디오니소스이며 다이몬과 동정녀 어머니 사이에서 태어난 신의 아들이라고 설명하고자 했다. 곧 예수는 메시아이지만, 메시아라는 신원이 예수의 참된 정체성이 아니라는 것을 명백히 하고자 했던 것이다.[31]

한편, 유대 현자들은 신인 예수 미스테리아 신화를 창작하면서도, 현실적인 메시아의 도래에 대한 유대인들의 기대를 도외시할 수가 없었다. 유대인들은 메시아가 문자 그대로 도래하는 '역사적 인물'이기를 바랐고, 전투적 메시아니즘 구원의 예언에 따라 민족 해방자로서의 메시아 도래를

---

31   『이것이 영지주의다』, pp. 89~91 참조.

희망하며 독립 투쟁에 나섰다. 하지만 그들의 노력은 늘 실패로 막을 내렸다. 그럼에도 불구하고 유대인들은 메시아 도래 희망을 포기하지 않았는데, 그들이 필요로 하는 메시아는 영지주의 미스테리아 신인이나 바울이 말하는 신비한 그리스도와는 다른, '실제로 도래해서 약속대로 그들을 구해줄 정치적·전투적 메시아'였다. 이런 시대적 상황에서 예수 신인 신화는 '준역사적 기록'으로 개작되지 않을 수 없었다. 신화적 신비의 메시아는 유대인들의 관심을 이끌 수 없었기 때문이다.

예수 신인 신화에서 예수는 도래한 실제 메시아인 것처럼 제시되어야 했기 때문에 예수의 삶과 죽음을 위한 무대로 선택된 '시간과 공간'이 상징으로 활용되었다. 예수의 탄생은 고대 점성술에서 황궁 12궁의 마지막 궁인 '물고기자리'의 시대가 시작된다고 말하는 기원전 7년에 맞춰졌다. 물고기자리 시대는 이교도 신화에서 새 시대를 여는 신인의 탄생을 알리는 시기로 여겨졌다(가톨릭은 유대 왕 헤로데(BC 37~4 재위)가 두 살 이하의 사내아이들을 학살했다는 복음서 내용을 근거로(마태 2,16~18) 예수의 탄생을 기원전 6~4년으로 추정한다).

예수가 태어났다는 시대는 상징적으로 다른 정보를 전달할 수 있는 장치로도 이용되었다. 한 예로, 헤로데와 아기 예수의 갈등을 묘사함으로써 예수를 부당하게 고소된 의로운 인간의 상으로 제시하는데, 그것은 유대인들을 지켜주기 위해 도래한 메시아에게 잘 어울리는 설정이다. 루카복음은 로마제국이 유대 지방을 합병하고 세금을 거두기 위해 호구 조사를 실시한 서기 6년에 예수가 탄생한 것으로 설정함으로써, 로마 총독의 지배를 받는 유대인들을 보호하기 위해 메시아가 도래했다는 것을 상징적으로 암시한다. 서기 6년은 갈릴래아인 헤제키아의 아들 유다(Judas)가 호구 조사에 저항하며 투쟁했고, 그의 아들 가운데 두 명이 십자가형으로 처형당한 해이기도 하다. 따라서 루카복음에서의 예수는 유다를 대신해서 정치적인 해방자로 온 인물로 묘사된다.[32]

예수가 빌라도 치하에서 죽었다는 설정도 신인 신화에 적합하게 활용된다. 미스테리아 신화에서는 아무런 죄가 없는 신인이 악인에 의해 무고하게 살해되는데, 빌라도는 잔인함과 포악함에서 악한 통치자의 역으로 안성맞춤이었다. 예수 이야기의 배경으로 다윗의 고향 베들레헴과 이방인의 도시 갈릴래아가 설정된 것도 지극히 의도적이다. 전승에 따라 메시아는 다윗의 후손으로 태어나야 했고, 이교 그리스의 문화에 매료되어 있던 갈릴래아는 유대인 미스테리아 신인의 고향으로서 이상적인 곳이었기 때문이다. 하지만 메시아 예수는 이교 미스테리아의 신인처럼 아득한 과거에 존재한 것처럼 그려질 수는 없었다. 그런 메시아는 현재의 백성을 현실적으로 구원할 수 없기 때문이다. 따라서 메시아는 가까운 과거에 도래한 것으로 그려져야 했고, '메시아가 도래했다는 것을 왜 아무도 들어보지 못했는가'를 설명하기 위해서는 메시아의 정체가 비밀에 부쳐지도록 그려져야 했다. 사실 '마르코복음'은 예수의 가장 가까운 제자들조차 예수가 죽은 후까지도 메시아라는 사실을 알아보지 못하는 것으로 그려져 있다.[33] 유대 영지주의자들에 의해 창작적 준역사성이 첨부된 신인 예수 이야기는, 메시아를 자처하며 혁명가로 등장했던 사람들이 단지 사태를 더욱 악화시켜 재앙만 초래하게 된 것에 대한 대안으로, 전투적 메시아가

---

32 예수의 탄생 연도는. 예수의 탄생이 헤로데의 사망(BC 4년) 이전이라는 주장과 루카의 예수 탄생(AD 6년)에 관한 보도를 비교하면 상호 간 10여 년의 차이가 난다. 이것은 어떻게 해석되어야 하는가? 예수가 역사적 실존 인물이었고, 그를 직접 체험한 제자들의 증언이 있었다면 이것은 있을 수 없는 오류다. 예수의 탄생은 신인 신화의 '신화 이야기'로 해석되어야 한다.

33 『예수는 신화다』. pp. 306~310 참조.

아닌 영적 메시아를 대안으로 제시하는 것이기도 했다.

영지주의자들이 창작해 낸 예수 이야기는 예수가 구약성서에서 예시한
바로 그 메시아라고 주장하기 위한 기록이 아니며, 예수의 역사적 사실에
대한 기록도 아니다. 예수 이야기는 예수를 신비신앙의 신화적 신인(神人)
인 오시리스나 디오니소스와 같은 신인으로 제시하기 위해 의도적으로 교
묘히 꾸며 낸 미스테리아 신화이며, 낮은 수준의 자아에 머무는 인간이
신인이 전해 주는 영지주의적 가르침을 통해 완전한 자아, 완벽한 영원성
을 얻을 수 있다는 신비신앙에의 초대를 위한 비유의 이야기다. 다시 말
해서, 예수는 역사적 실존 인물이 아니라 유대 영지주의 현자들이 만들어
낸 가상의 존재이고,[34] 예수 신인 신화를 믿는 것은 예수를 신으로 믿는
것이 아니라 영지주의자들이 제시하는 예수 미스테리아라는 영적 신앙,
곧 '공개적 신비사상'을 받아들이는 첫 단계였다.

초기에 유대인들은 예수의 준역사적 이야기로 꾸며진 '예수 신인 신화'
를 듣고 예수 미스테리아에 일단 마음이 끌렸을 것이다. 그 후 차츰 이해
가 깊어짐에 따라 '은밀한 신비사상'에 입문해서 예수 이야기가 현실 세계
가 아니라 영적인 것들에 대한 신비한 비유라는 것을 알아가게 되었을 것
이다. 그리고 재산도 모두 잃고 현실적인 절망감에 사로잡힌 유대인들은

---

34 예수는 역사적 실존 인물이 아니라 유대 영지주의 현자들이 만들어 낸 가상의 존재라는 것
은, 인간 예수의 역사적 실재성에 대한 역사 사료나 유적·유품 등의 증거가 없고, 예수의
일가나 친가로 이어지는 족보나 후손이 존재하지 않는다는 점에 비추어 보더라도 쉬 이해
된다. 뿐만 아니라 존재하지도 않은 가상의 인물(아담)이 상징적으로 지은 죄에 대해, 누군가
가 대신 처벌받겠다고 자발적으로 나서서 고문당하고 처형당한다는 것은 비상식적이며 터
무니없는 논리의 전개이다. 예수의 역사적 실재성에 대해서는 332쪽, '예수의 역사적 실재
성' 항에서 세부적으로 다시 살펴볼 것이다.

미스테리아를 통한 영적 자아의 완성에 소망을 갖게 되었을 것이다. 이렇게 해서 유대 백성을 자유롭게 해줄 것으로 기대했던 '정치적 구원자'는 신비한 그노시스를 통해 개인적 자유를 얻게 해줄 '영적 구원자'로 탈바꿈하게 되었다.

그런데 유대 영지주의자들이 이교 신비신앙(미스테리아)을 유대 본토인들이 쉽게 받아들일 수 있도록 유대 판본으로 변형시킨 미스테리아 신인 신화('예수 신인 신화')는 유대인 공동체에 제대로 뿌리를 내리지 못했다. 도리어 100년도 지나지 않아 정반대로 작용했다. 이교 전통의 변형인 '예수 미스테리아 신화'가 전혀 다른 모습으로 변형되어 다른 이교도들에게 전파된 것이다. 그것은 '예수 신인 신화' 속의 신화적 주인공인 예수를 역사적 실존 인물로 조작하여 설립된 새로운 종교, 곧 문자주의 그리스도교(가톨릭)에 의해 이루어진 일이다.

문자주의 그리스도교인들은 '예수 신인 신화를 문자 그대로의 역사적 사실로 날조'[35]하여 예수의 역사성을 강조하기 위한 새로운 예수 신화, 곧 '교회 복음서'를 기술하고 그것을 근거로, 예수가 역사 속에 실제로 강림한 신의 현현이며 메시아라고 주장하는 종교를 창설하고 전파했다.

■ **가톨릭(문자주의 그리스도교)의 설립과 문자주의 복음서(교회 복음서)**

신약성서에 수록된 가톨릭교회의 복음서를 보면, 복음서의 내용이 표면

---

35 '날조'라는 단어를 사용한 것은, 초대 그리스도교 창설자들이 사실이 아닌 것을 사실인 것처럼 의도적으로 조작하였기 때문이다.

적으로는 '역사적 실존 인물로서의 예수'에 대한 기술인 것처럼 보이고, 예수를 야훼가 실제로 파견한 메시아로 소개하는 것처럼 보인다. 하지만 상기에서 살펴보았듯이, 본래의 유대 영지주의 복음서는 유대 영지주의 현자들이 신화적 가상의 인물인 예수가 신비적 신인(神人)임을 묘사하기 위해 창작한 신화였다.

이후 영지주의자들의 복음서는 사람들의 이해관계에 따라 수정되거나 변조되면서 전혀 다른 형태로 점차 변모되었다. 여전히 정치적인 메시아의 도래를 기대한 사람들은 신인 예수를 칼을 든 정치적 혁명가의 모습으로 그리기도 했고, 영지주의 복음서에서 말하는 예수를 다윗 혈통의 후예이며 역사적 인물이라고 믿는 사람들은 — 예수가 비록 다윗 왕조의 재건에는 실패했지만 그의 후손들은 살아남아 왕조 재건의 기회를 엿보고 있다고 생각하면서 — 복음서를 제사장이면서 왕으로서의 예수에 대한 역사 이야기로 해석하기도 했다.[36] 유대 영지주의 복음서를 비유나 상징이 아니라, 메시아의 도래에 대한 '실제 역사적 사실에 대한 기록'으로 수정, 위조, 조작한 것은 문자주의 그리스도교인들이다.

문자주의 복음서(교회 복음서)와 가톨릭(그리스도교)의 기원
—

서기 70년에 로마에 의해 예루살렘 성전이 파괴된 후, 로마제국의 지배에서 벗어나 탈출을 감행한 '예수 미스테리아'(영지주의 그리스도교) 신봉자

---

36 『성혈과 성배』(마이클 베이전트 외 2명 저, 이정임 역, 자음과 모음출판사, 2005)는 다윗의 혈통에서 태어난 역사적 인물이자 사제이며 왕으로서의 예수를 추적한다.

들은 영지주의 복음서에서 메시아 예수의 생애라고 말하는 것은 신화이자 비유라는 이해를 갖고 지중해 지역 곳곳으로 흩어졌다. 특히 예수 미스테리아는 헬레니즘화된 도시이자 이교 신비신앙의 근거지인 이집트 알렉산드리아로 이주한 유대인들에 의해 계속 번성했다. 그리고 서기 2~3세기의 위대한 영지주의 그리스도교 스승인 카르포크라테스(AD 2세기 전반기), 발렌티누스(AD 100~180), 바실리데스(AD 117~138년경 활동), 클레멘스(AD 150~215), 오리게네스(AD 185~254) 등을 배출했다.[37]

한편, 로마제국의 서부 지역으로 이주해 간 유대인들은 예수 미스테리아의 중심지인 이집트의 알렉산드리아나 시리아의 안티오키아 등, 로마제국의 동부와 연결이 끊기게 되고 의사소통도 드물었으며 종교적 환경도 열악했다. 더구나 미스테리아 그노시스를 전수해 줄 스승이 없었기 때문에 예수 미스테리아는 혼란스러운 형태로 전개될 수밖에 없었다. 또 문자주의 교회의 복음서는 아직 쓰이지 않았고, 그들을 하나로 묶어 줄 명문화된 교리나 신앙 신조도 없었으므로 많은 것에서 의견이 일치하지 않았다. 그 결과 각기 나름대로의 해석에 따라 형태를 달리하는 여러 종교 분파들이 생겨났다.[38]

고대 로마제국은 5%의 왕족과 귀족, 95%의 농노로 구성된 신분 질서 사회였다. 고국을 떠나 제국의 중심지 로마[39]에 정착한 유대인들은 이방

---

37 초기 영지주의 분파들의 특징에 대해서는 『초기 그리스도교와 영지주의』(조재형 저, 동연출판사, 2020), pp. 89~125를 참고하면 도움이 될 것이다.

38 가톨릭교회가 하나로 통합되고 조직 구성과 교리의 정립이 이루어진 것은 서기 4세기, 콘스탄티누스 황제(AD 307~337 재위)의 명령에 의해서였다. 다종교사회인 로마제국에서 콘스탄티누스는 정치 정략적인 이유로 종교의 통합을 모색했고, 그에 따라 가톨릭은 켈트교나 미트라교 등 로마의 기존 종교들과 유사한 교리 체계 및 구조를 갖추게 되었다

39 문자주의자들의 교회가 로마에 설립되기 이전에 로마에 존재했던 그리스도교 공동체는 '영

인 신분에 천민 신분으로 힘겹게 살아갈 수밖에 없었을 것이다. 이런 상황에서 종교를 통한 현실 탈피와 신분 상승을 모색한 이들이 등장했다.

현대 세계에서도 종교는 사실로 입증되지도 않았고 증명도 불가능하지만 반론할 수 없는 교묘한 논리를 진리로 제시하면서 정당성을 강조하고,[40] 그 논리에 찬동하는 사람들을 규합하여 세력화한다. 그리고 규모가 확장된 종교 집단의 지도자는 어느 누구도 침범할 수 없는 특권적 지위와 권위를 가진다. 그는 종교 집단 내에서 종교 진리에 대한 전문 지식과 정보를 소유하고 있다는 점에서 독보적인 지위를 얻게 되고, 종교 집단에 속한 다수의 신도들을 조종하고 통제하는 신적 권한을 부여받은 자로서의 절대 권위를 갖는다. 종교 집단 내에서 입법 · 사법 · 행정권을 독점하는 절대 권한을 갖게 되는 것이다.

로마에 형성된 디아스포라 유대인들 중에 바로 이런 종교 지도자가 되는 방법을 모색한 이들이 나타났는데, 그들은 유대 영지주의자들의 '신인 신화'에 불과한 예수 이야기를 실제 사실에 대한 역사 기록인 것처럼 위조하고, '예수는 문자 그대로 죽고 부활한 하느님의 아들이며, 신이 통치하

지주의 그리스도교' 공동체였다. 바울이 로마에 보낸 서신의 수신자는 영지주의 공동체였다는 의미이다. 로마서는 영지주의 관점으로 읽어야 의미를 올곧게 파악할 수 있다.

40 서설에서도 살펴보았듯이 종교가 제시하는 논리는 가정과 추측성 추론에 기반하여 형성된 것이므로 논리를 제시하는 자나 논리를 반박하는 자나 자신들 논리의 정당성을 입증할 증거를 제시하지 못한다. '신은 전지하다'는 명제가 있다면, 신이 전지하다고 말하는 자도 신이 어떤 것을 알고 있다는 사실을 증명하지 못한다. 신이 무언가를 알고 있다는 것을 증명하는 것은 사실 불가능하다. 신은 직접 관찰의 대상이 될 수 없기 때문이다. 종교는 인간 지성으로 도출해 낸, 증명 불가능한 극단의 명제들을 사실적인 진리로 믿는 행위로 볼 수 있다. 하지만 그것을 사실로 믿는다고 해서 그것이 곧 진리가 되는 것은 아니다. '위령미사(예배)를 청하며 예물(돈)을 바치고 미사(예배)를 거행하면 죽은 영혼이 죄의 사면을 받는다'는 주장의 사실성은 누가 증명할 수 있는가? 그것은 단지 돈벌이의 수단으로 악용되는 것일 뿐이다.

는 종말의 왕국이 조만간 도래할 것'이라는 믿음을 핵심 교리로 삼는 새로운 종교('문자주의 그리스도교', '가톨릭')를 서기 2세기 초경 만들어 냈다. 이후 가톨릭은 위조된 복음서를 반복해서 개작 · 수정 · 교정 · 재편집하는 과정을 통해 보다 세밀하고 정교하게 예수가 구약성서에 예고된 메시아가 분명한 것처럼 조작하고, 복음서의 내용을 역사적 사실에 대한 기록으로 고착화하였다(복음서 개작 작업은 서기 4세기 말경 완결되었다). 그리고 그 날조된 문서의 토대 위에 종교권력과 기득권을 구축해 왔다.

문자주의 복음서의 특징 – 구역성서 속편으로서의 '예수 신화'

—

문자주의자들이 예수의 이야기가 구약성서에서 말하는 예언의 성취이며 실제 사실인 것처럼 '구약성서의 속편으로서의 예수 신화' 판본을 만들어 낼 때 가장 먼저 차용한 문건은, 영지주의 그리스도교에서 신화적 인물인 예수에게 '준역사성'을 부여하여 창작한 신인 신화인 '원마르코 복음서'라는 사실은 현재의 마르코복음을 신비사상의 관점에서 분석함으로써 확인 가능하다. 문자주의자들은 『원마르코복음』 개작을 통해 예수가 야훼로부터 파견된 실제 메시아라고 주장했다.

　(가톨릭은 최초의 교회 복음서인 마르코복음이 예수의 가르침과 행적을 전하는 구두 전승을 후대에 문서화한 것이라고 주장하는데 이에 대해 『예수는 신화다』의 저자는, 마태오복음이나 루카복음이 마르코복음을 기초로 한 것이라면 예수의 생애에 대한 목격담일 가능성이 있는 것은 마르코복음 밖에 없는데, 마르코복음은 저자가 예수를 직접 본 적이 있다고 주장하지 않으며 초대 교회에서는 마르코복음을 정경으로 채택하는 것을 반대했다는 역사적인 사실을 이

유로, 마르코복음 역시 영지주의가 작성한 원마르코복음을 각색하고 개작하여 기록한 조작적 문서라고 반박한다).[41]

문자주의자들이 위조한 또 다른 대표적인 문건은 『마태오복음서』와 『루카복음서』인데, 이 두 복음서는 마치 예수가 구약성서에서 예고된 내용이 성취되는 방식으로 강림하여 출생한 것처럼 예수의 탄생예고와 탄생 과정을 묘사하고, 여기에 예수의 족보, 예수의 세례, 광야에서의 유혹, 예수가 행한 각종 기적, 예수의 죽음과 부활 등의 이야기를 새롭게 꾸며 첨부하는 방식으로 예수를 역사적 실존 인물인 것처럼 묘사한다. 한 가지 예로, 마태오복음과 루카복음은 메시아는 반드시 다윗의 혈통을 이어받아야 하므로(예레 33,15) 예수가 그러했다고 기록한다. 하지만 복음은 모순되게도 예수가 다윗의 후손이면서 동시에 다윗의 혈통인 요셉의 친아들이 아니라고도 말한다. 예수는 다만 하느님의 아들인 것이다. 마태오복음과 루카복음에 수록된 두 가지의 족보는 내용이 상당 부분 불일치하지만[고작 한 세대를 거슬러 올라갔을 뿐인 요셉의 아버지 이름도 서로 다르다. 마태오복음에서는 요셉의 아버지를 야곱이라고 기술하고(1,16), 루카복음은 엘리라고 기술한다(3,23)], 이를 통해 예수의 역사적 실재성을 말하고자 한다.

초기 문자주의 복음서는 구약성서에 정통하고, 유대교 종말 사상에서 말하는 '메시아 도래'에 관한 내용에 이해가 깊은 사람들에 의해 손질되고 변형되었을 것이다. 유대인들은 야훼가 예레미야의 예언대로 다윗 가문에 이상적인 통치자를 보내주어 그가 세상에 공정과 정의를 이룰 것이며(예레 33,15), 에제키엘의 예언에 따라 옛 다윗 왕조의 영광을 재건해 줄 것(에제 37,24~28)이라는 희망을 가졌다. 그리고 메시아는 홀연히(말라

---

41 『예수는 신화다』, p. 229.

3,1) 젊은 여인이 잉태한 어린아이의 모습으로(이사 7,14) 베들레헴에서 탄생해(미카 5,1) 야훼의 통치권과 영광으로 세상과 우주를 다스리는 초자연적인 야훼 왕국을 이룰 것이고(다니 7,13~14), 사람들에게 야훼의 영을 부어 주며(요엘 3,1), 소경들의 눈을 열어 주고 감옥에 갇힌 이들을 풀어 줄 것(이사 42,6)으로 여겼다. 하지만 그는 수염이 뽑히고 욕설과 침 뱉음을 받는 치욕 속에 죽을 것(이사 50,4~7)인데, 야훼는 그의 죄 없음을 알아 그를 다시 일으킬 것(이사 50,8~9)이라는 종말 사상을 믿었다. 문자주의자들은 이런 내용을 뼈대 삼아 유대 미스테리아의 '신인 예수 신화'를 개작한, 새로운 '예수 신화'를 만들어 냈을 것이다.

그리스도교 창설자들과 그 후계자들은 이후 시대 상황에 따라 플라톤과 필론의 종교 · 철학 사상과 바빌로니아 종교 체계 및 미스테리아 신비사상을 혼합하여 로마화한 세계에 적합한 새 종교의 기본적인 교의들을 만들어 냈고, 그런 사상에 비추어 성서를 임의로 수정, 첨삭, 교정, 개작하는 작업을 이어갔다.

새 종교는 먼저 로마 사회에 적합한 모습으로 예수도 새롭게 신격화해야 했고, 새로운 종교가 소아시아(흑해와 지중해 사이의 지역), 그리스, 이집트, 서유럽 등지로 성공적으로 확산되게 하기 위해서는 그런 지역의 사람들이 호응하고 받아들일 수 있는 형태('신인 신화')의 종교문건이 되도록 형태를 달리해야 했다. 또 새로운 종교는 이미 확립된 이교 신앙의 신조들에 대항하여 고유의 신조를 고수할 수도 있어야 했다. 한마디로 말해서 그리스도교의 새로운 신은 권능과 권위, 기적을 행할 수 있는 항목 등에서 오시리스나 미트라 등 다른 신들에 필적해야만 했던 것이다. 그래서 예수는 이교 미스테리아 신앙의 신인처럼 동정녀 잉태로 출산한 신의 화신이 되어야 했고, 이집트나 시리아, 서유럽의 켈트 신앙의 고전적인 신들처럼 저승과 지옥의 고통을 겪고서 봄과 함께 나타나 다시 원기를 되찾는 신이 되어야 했다. '부활'의 개념이 결정적인 중요성을 띠게 된 것도 바로 이 시점이었는데, 그것은 예수를 탐무즈나 아도니스, 아티스, 오시리스, 그리고 그들 시대의 현실 세계와 의식 세계를 지배할 뿐만 아니라 죽었다가 부활하는 모든 신들과 동등한 위치에 올려놓으려는 필요성 때문이었다. 그리고 그리스도의 죽음과 부활을 기념하는 부활절 축제도 당시의 다른 종교나 신비주의 유파들의 봄맞이 의식과 일치하게 되었다.[42]

로마의 그리스도교 추종자들의 마음에 맞도록 예수를 신격화하고 그리스도교의 전통적 신앙 교의를 확립하는 일은 서기 180년경 프랑스 리옹의 주교 이레네오(AD 130~202)에 의해 주로 이루어졌다. 이레네오는 그리스도교의 어떤 교부(教父)보다도 더 그리스도교 신학에 견고하고 일관된 형태를 부여하는 데 힘쓴 인물이며, 자신의 상상과 추정, 출처가 불분명한 전설 등을 활용하여 그리스도교 역사를 기록하고 교의를 만들어 낸 인물이기도 하다. 특히 그는 신과의 개인적인 합일에 기초하는 영지주의자들이 주교들의 권위를 손상시키는 것은 물론, 그리스도교 교리의 동일성을 강제하는 데 방해가 된다고 여겨 그들을 억압하는 데 전념했다. 이레네오는 개인에 의한 어떤 해석도 허용되지 않는 성문화한 교의 체계가 필요하다는 인식과 함께 신학적 체계 정립의 필요성도 인식했고, 문자주의 신앙의 정당성을 강조하기 위해서는 확고한 교의를 통한 무조건적인 신앙을 장려할 필요가 있다고 느꼈다. 그래서 그는 『이단들을 반박함』(Librous Quinque Adversus Haereses)이라는 대작을 통해 문자주의의 신앙 교의에서

----

42   『성혈과 성배』, p. 491.

벗어나는 것들을 — 특히 영지주의의 신앙 신조의 내용들을 — 모두 열거하면서 맹렬하게 비난하고, 오로지 합법적인 하나의 교회만이 있으며 그 외에는 구원의 수단이 될 수 없다고 단언했다. 그리고 자신의 주장에 이의를 제기하는 자는 누구든 이단이며 그러한 사람들은 제명되어야 하고 가능하다면 멸해야 한다고까지 주장했다.

초기 문자주의 교회는 일치된 교리의 정립을 위해 바울의 친필 서신을 수정하거나 바울 이름의 위작을 성서에 첨부하여, 바울이 마치 자신의 신학적인 견해를 그리스도교 신앙의 정수인 것처럼 피력한 사람으로 묘사하고, 바울 이름의 서신들을 근거로 교회 신앙의 지침과 교의를 창출했다. 하지만 복음서 등장 이전에 예수에 대해 설교하고 그리스도 신앙을 선포했다는 바울은 문자주의자들이 주장하는 실존 인물로서의 예수를 직접 본 일이 없으며 알지도 못했던 인물이다.

성서에 따르면, 바울(AD 10?~67?)은 로마 시민권을 가진 유대인으로, 그리스 신비종교인 미트라스 미스테리아의 본거지인 실리시아(지금의 튀르키예)의 타르수스(Tarsus) 태생이며(사도 22,3), 유대교 율법과 유대 종교전통에 대한 이해뿐만 아니라 그리스 아테네와 에페소에서 에피쿠로스파 학자들이나 스토아학파 사람들과 설전을 벌일 만큼(사도 17,18~32; 19,2~10) 헬레니즘에 대한 이해도 깊었던 사람으로 추정된다. 그는 또 신비신앙에서 말하는 '죽고 부활한 신인(神人) 신화'에 대한 이해를 가지고 있던 영지주의자로, 자신의 친서로 인정되는 신약성서 '바울의 서간들'에서 영지주의적 가르침을 전개한다. 즉, 그는 유대 미스테리아 '예수 신인 신화'에서 말하는 예수를 그노시스를 전하는 신인(神人)으로 선포하고, 예수를 따라 그리스도 곧, 다이몬과 일치를 이루어 자아의 완성을 이루는

것을 선포한다.[43]

바울은 자신의 친필 서간에서 영지적 깨달음은 예수 발현 체험에서 비롯된 것으로 묘사한다. 그는 부활한 예수가 자기를 찾아왔기에 만났다고 말하고(1코린 15,8), 자기가 전하는 내용은 모두 예수에게서 계시를 받은 것임을 강조한다(1갈라 1,12). 그리고 사도행전은 바울의 체험 내용을 상세하게 전한다(9,1~22; 22,6~11). 하지만 바울의 체험은 지극히 사적인 체험이고, 객관적인 증거가 없다는 데 문제가 있다. 또 바울이 진짜 예수를 체험한 것인지 아니면 그의 환상인지, 그것도 아니면 바울이 의도적으로 꾸며 낸 이야기인지를 판별할 만한 근거는 아무것도 없다. 바울 자신의 주장만 있을 뿐이다. 그는 무엇 때문에 그런 체험담을 이야기했을까?

바울이 말하고자 했던 것은 영지적 신비로 깨달음을 얻게 된 것을 그런 방식으로 묘사한 것일 수 있다. 개인의 영지적 깨달음은 일반적인 인간의 언어로 묘사할 수 없기 때문이다. 그래서 그는 단 한 차례의 현현 체험으로 그 많은 신학적 사안들에 대한 이해하게 되었다고 말한다. 그런데 문자주의자들은 바울의 체험은 실존자인 예수에 대한 직접적인 체험이며 그가 체험을 통해 터득한 신학적 이치는 그리스도교적 계시에 의한 것이 확실하다고 말한다. 또 바울의 가르침을 메시아 예수에 대한 증언이자 그리스도교의 핵심 진리인 것처럼 제시하여 그리스도교 설립의 정당성을 강화하고, 자신들이 제시하는 신앙 지침과 교의의 정통성을 정당

---

43   바울은 로마서에서 예수를 신인이자 로고스로 소개하는데, 가톨릭은 번역 과정에서 바울의 영지주의적 용어를 모두 그리스도교적 용어로 대체했다. 예를 들어 1,1절의 '시종'으로 번역된 용어의 원문은 세라피스 미스테리아의 사제 — 미스테리아 비밀 전수자 — 를 지칭하는 표현이었고, 1,11절의 '성령의 은사'라는 번역의 원문은 '영적 카리스마'이고, 6,6절의 '옛 인간'은 '옛 자아'의 의미다(『예수는 신화다』, pp. 254~258 참조).

화한다. 하지만 이 모든 것은 서신을 통해 영지주의적 가르침을 제시한 바울의 논변들을 자신들이 의도하고 원하는 방식으로 개작하여 바울의 가르침을 반(反)영지주의적이며 그리스도교적인 가르침으로 변조시켜 이루어 낸 조작이다.[44]

문자주의 복음서의 지속적인 개편

—

조작한 문서를 기반으로 새로운 종교를 창립한 그리스도교 초기 지도자들은 "예수 이야기를 문자 그대로 참이라고 믿기만 하면 누구나 세계 저편의 내세(來世)에서 영원한 생명과 구원을 보장받는다."고 가르쳤다. 영지주의자들은 미스테리아 입문자에게 그노시스를 제공했는데 문자주의자들은 복음서 이야기의 역사성을 믿기만 하면 영생을 얻을 수 있다는 소망을 제공한 것이다.[45]

문자주의 그리스도교의 이런 모습은 성격상 영지주의 그리스도교에서 말하는 '공개적인 신비사상'만을 기초로 한 제한적인 형태의 그리스도교였으므로, 동시대의 영지주의자들은 문자주의자들을 영적 입문식을 치러야 하는 '낮은 심적 수준의 그리스도교인'일 뿐이라고 비난했다. 하지만 초기 교회의 문자주의자들은 자신들을 비난하는 영지주의자들을 전혀 달가워하지 않았고, 자신들이 구축한 신흥종교가 미스테리아 신화를 차용하고 위조한 허구와 거짓의 문건 위에 서 있다는 사실이 드러나는 것이 두

---

44 『예수는 신화다』, p. 251 참조.

45 위의 책, p. 315.

려워, 창작된 예수의 준역사적 이야기를 담고 있는 '원마르코복음서' 외에 신인 예수를 상징적으로 묘사하는 여타 문건들과 예수의 준역사적 이야기가 전혀 담겨 있지 않은 문헌들 — 토마복음, 베드로계시록, 헤르마스의 목자, 히브리 사람들의 복음서 등의 영지주의 문헌 — 을 불살라 폐기하고, 영지주의를 말살하기 위해 끊임없이 노력했다.[46] (그런데 1945년에 이집트 나그 함마디에서 발견된 영지주의 문서 사본들이 문자주의 그리스도교가 인위적으로 조작된 문서 위에 설립된 종교라는 사실을 여실히 증명해 준다. 발견된 문서들은 2세기 초경에 기존의 그리스어 원문을 이집트 곱트어로 번역한 사본이므로, 영지주의의 원 문서들은 문자주의 그리스도교 설립 이전이나 문자주의 복음서가 작성되기 훨씬 이전부터 존재했다고 추정할 수 있다. 이 문서들은 예수 이야기가 신비한 영적 가르침을 암호화한 하나의 비유, 즉 미스테리아 신화임을 말하고, 하느님에 대한 앎(영지)을 통해 그리스도가 되는 것을 목표로 작성된 것임을 보여준다).[47]

문자주의자들은 자신들의 교회 설립의 정통성과 정당성을 확보하려는 의도에서, 예수가 역사적 실재 인물인 것처럼 묘사하는 복음서의 수정과 바울이 작성한 서간의 재편집 작업을 지속적으로 시도했는데, 그들의 성서 조작 작업은 서기 2~3세기경 로마 교회를 중심으로 집중적으로 이루어졌고, 4세기 콘스탄티누스 황제 시대에 완결되었다. 이때의 편집 과정에서 기존의 복음서들이 대폭 수정·첨삭되고, 원복음서들은 폐기되었다. 이것은 교회의 구미에 맞지 않는 성서는 교회에 의해 의도적으로 폐

---

46 『신, 만들어진 위험』, 리처드 도킨스 저, 김명주 역, 김영사, 2021, p 41.
    『초기 그리스도교와 영지주의』, p. 12, 『예수는 신화다』, p. 315 참조.
47 『성혈과 성배』, p. 517, 본서 p. 291, 주) 24 참조.

기되었다는 것과, 성서가 교회의 구미에 맞게 변조되고 수정되고 위조되었다는 것을 보여준다.[48] 현존하는 신약성서 복음서 사본 5천여 종 중에 4세기 이전에 필사된 것은 하나도 남아 있지 않고, 바울 서간의 필사본도 가장 빠른 사본이 2세기경 필사된 것이며 대부분은 4세기에 필사된 문서라는 사실도 문자주의자들이 필요에 따라 그 이전의 성서 사본들은 모두 폐기하고 성서를 새롭게 개작·수정했다는 사실을 확인해 준다.[49]

구약성서는 물론 신약성서의 네 복음서에 수록된 신의 말씀이라는 것은 신이 직접 발설한 신의 말씀이 아니며, 신의 말씀이라는 것들은 인간의 손에 의해 매우 자유롭게 꾸며지고, 취사선택되고, 편집, 첨삭, 수정된 것에 해당된다. 성서는(구약성서, 신약성서 모두) 인간들의 판단과 선택에 따라 임의로 선정된 글들만 수록된 것이며, 따라서 많은 점에서 어느 정도 독단적이다. 그리고 성서에는 — 영지주의 문서나 위경 등의 저서들이 몇몇 이해 당사자에 의해 고의적으로 제외되지 않았다면 — 지금보다 더 많은 저서나 글들이 실렸을 수도 있었다.

위에서 언급한 이레네오(AD 130~202) 주교는 영지주의에서 소중히 여기는 개인적인 체험과 영적 지식에 반대해, 사도적인 토대와 계승에 기초하는 단 하나의 '보편적인' 교회를 역설했고, 그러한 교회를 구축하기 위해서는 명확한 정전, 즉 권위 있는 저작들을 정리한 성서 목록이 필요하다는 것을 인식했다. 그래서 그는 당시에 통용되고 있던 저작들을 면밀히 조사한 후, 임의적으로 어떤 것은 포함하고 어떤 것은 제외해서 정전 목록을 작성하고 정전을 편집했다. 이레네오는 오늘날의 정전과 본질적으

48　『성혈과 성배』, pp. 431~433 참조.

49　『초기 그리스도교와 영지주의』, p. 42 참조.

로 일치하는 신약성서의 정전을 만든 최초의 인물이다.[50] 이후 서기 367년에 알렉산드리아의 아타나시오(AD 296~373) 주교도 신약성서에 수록될 저서들의 목록을 작성한 바 있다. 그리고 이 목록은 393년 피로 공의회에서 재가 되었고, 4년 후에 카르타고 공의회에서도 다시 재가를 얻었다. 이 두 공의회에서는 일종의 선정 작업을 벌이자는 데 합의가 이루어졌고, 그리하여 어떤 저서들은 오늘날 우리가 아는 신약성서의 일부에 속하게 되고, 또 어떤 저서들은 단호히 무시되었다. 물론 상식적인 범주에서 생각할 때 이러한 정경 선정 절차는 결정적이며 합리적인 것으로 여길 수 없고, 몇몇 관계자들의 이해관계에 따라 임의로 선정한 저서들을 비밀회의를 통해 정경 목록으로 확정한 것은 결코 타당한 처사라 할 수 없다.

문자주의 복음서 날조의 사실성

―

교회 복음서의 구체적인 저술 과정은 ― 가톨릭은 예수에 관한 말을 전하는 사람들(예수의 직제자들)의 말을 전해 들은 제3자 가운데 누군가가 구전 자료들을 수집하여 복음서를 기록하였다고 설명하지만 그와는 달리 ― 그 과정을 직접 목격한 자의 증언 자료가 없기 때문에 확인이 불가능하지만, 교회 복음서는 새로운 종교 설립을 도모한 기회주의자들이 의도적으로 영지주

---

50 『성혈과 성배』, p. 494. 복음서가 네 개만 선택된 것은 정경 목록을 정한 이레네오의 사적 상상에서 연유된 것이다. 이레네오는 딱 네 권의 복음서가 있어야 한다고 확신했는데, 그는 땅에는 네 귀퉁이가 있고, 바람도 4개가 있으며, 요한 묵시록에 신의 왕좌 곁에 각기 4개의 얼굴을 가진 네 생물이 나온다고 지적했다. 그래서 복음서도 네 개면 충분하다고 강조했다(『신, 만들어진 위험』, pp. 42~43 참조).

의의 복음서('예수 신인 신화')를 차용하고, 여기에 종교적 상상력을 가미하여 구원자로서의 메시아에 관한 문건으로 창작한 것이 분명하다는 것은 다음의 사유로도 확인할 수 있다.

먼저, 고대 히브리 신화(구약성서)에 등장하는 신화적 상상의 산물에 불과한 신 야훼가 1,000여 년이 넘는 세월의 간극을 뛰어넘어 실체성을 지닌 사람의 모습으로 현실 세계에 강림하였다는 논리는 그 자체로 성립 불가능하다. 관념 속 허구적 존재는 실존재일 수 없다.[51] 뿐만 아니라 유대교와 가톨릭이 신봉하는 신 야훼는 종교 지도자들의 정형화된 종교적 언설과 선언적인 주장을 통해서만 2,000여 년이 넘는 세월 동안 실존과 실재성이 강조되었을 뿐, 자신의 존재성을 단 한 번도 직접 드러낸 사실이 없고, 어떤 작용성이나 작동성을 보여준 사례도 없다. 이는 야훼라는 신이 실체적 존재로 실재하지 않는다는 방증이며, 따라서 그는 인간의 모습으로 현실 세계에 나타날 수 없다.

다음으로, 교회 복음서('예수 신화')가 신비신앙(미스테리아)에서 말하는 신인(神人)의 모티브를 그대로 반영하고 있으며, 많은 부분에서 신비신앙 신화의 내용과 흡사하다는 사실이 복음서가 미스테리아 신인 신화의 모방과 차용의 흔적임을 그대로 보여 준다(특히 그리스-로마 신화 속 '디오니소스 신화'와 유대 미스테리아의 '예수 신인 신화' 그리고 초대 교회의 '예수 신화'를 비교해 보면, 예수 신화가 디오니소스 신화의 판박이이자 변형임을 쉬 확인할 수 있다. 그것은 교회 복음서가 미스테리아 신화의 유대판본인 '예수 신인 신화'를 개작하여 작성된 것임을 말해 준다). 또 각기 다른 신화적 인물로서

---

51 "본 적은 없지만, 번개를 일으키는 보이지 않는 손이 있다"는 말과, "번개를 일으키는 보이지 않는 손 같은 것은 없다."는 말은 어떻게 다를까? 둘 다 '실체가 없다'는 말의 다른 표현일 뿐이다. 전자는 단지 '그런 존재가 있다고 믿고 싶어한다'는 기대를 표명할 따름이다.

의 오시리스와 디오니소스, 바쿠스, 오르페우스와 예수의 생애가 거의 동일하다는 것은 결코 우연일 수 없다.

　나아가 가톨릭은 메시아와 연관된 것으로 추정되는 구약성서의 해당 구절들을 인용하여, 예수의 강림이 신의 의지와 계획대로 펼쳐진 사건이며 예수가 실제로 강림한 메시아인 것처럼 묘사하고 있지만, 이는 없는 사실을 실제 사실인 것처럼 꾸미고 정당화하기 위한 수단에 불과하다. 복음서가 메시아라는 인물에게 부여하여 사용하는 '예수'라는 이름이 이를 단적으로 말해 준다. 교회 복음서는 메시아의 이름을 왜 '예수'라고 명명하는가? 예수(히브리어 Yeshu, Yeshua)라는 이름은 여호수아(Josuah)와 같은 이름으로, '구원자' 또는 '야훼는 구원자다'라는 뜻인데, 가톨릭은 예수 당시에 만연한 메시아사상에서 예수라는 이름이 흔하게 사용되었다고 말한다. 그리고 '구원자'라는 의미의 예수라는 이름은 그리스도의 신성에 결합된 이름으로, 추후 십자가상의 죽음으로 인류를 구원할 메시아(구세주)로서의 그의 신원을 미리 암시하는 이름이라고 설명한다.[52] 허위며 조작된 논변이다.

　먼저, 어느 부모가 아무런 확증도 없고 책임감도 없이 자기 자녀에게 '구원자'라는 이름을 부여할 수 있었겠는가를 고려하면, 이 이름은 통상적으로 붙여 줄 수 있는 성격의 이름이 될 수 없다. 그리고 구약성서 어디에도 미래에 도래할 메시아의 이름이 '예수'가 될 것이라는 언급이 없다.[53] 다음으로 "예수가 인류의 죄를 대신 짊어지고 십자가 위에서 죽음으로써

52　『그리스도의 생애』, 풀톤 J. 쉰 저, 강연중 역, 성요셉출판사, 1993, p. 41 참조.

53　이사야 7.14절과 마태오 1.23에서 언급하는 '임마누엘'은 '하느님께서 우리와 함께 계시다'라는 의미일 뿐, 예수라는 이름과 직접적인 관련이 없다.

인류를 구원한 그리스도가 되었다."는 가톨릭의 설명은 예수를 인류의 구원자로 제시하기 위해, '예수 신인 신화'에서 말하는 예수의 죽음을 동물 희생제의의 대속희생(제물로 바쳐지는 동물은 제의를 바치는 사람이 범한 죄의 사함을 위해 그의 죄를 대신 짊어지고 희생한다는)의 의미로 조작하여 개발해 낸 논리에 불과하다.[54] 그런 면에서 예수라는 이름이 그리스도의 신성과 결합되어 부여된 이름이라는 설명은 수용될 수 없다. 무엇보다도 우리는 예수(그리스어 Iesous)라는 이름이 문자주의 그리스도교가 설립되기 훨씬 이전에, 영지주의 그리스도교에서 여호수아의 이름을 빌려 고도의 사유를 통해 창작해 낸 전혀 새로운 이름이라는 것을 이미 살펴보았다.

---

54 가톨릭은 '구원론'을 통해, "원죄로 타락한 인류의 구원은 인류가 지은 죄를 누군가가 대신 짊어지고 죽는 희생제의를 통해 신으로부터 죄의 사함을 받아 성취되는 것인데, 그러한 역할을 수행하기 위해 신(神) 자신이 인간이 되어 세상에 내려왔고(예수), 그가 십자가에 못 박혀 죽는 희생제의를 바침으로써 구원의 역사가 완수되었다."고 말한다. 하지만 이것은 영지주의 신인 신화를 개작하여 편찬한 '예수 신화'를 역사적 실제 사실에 대한 이야기로 호도하고, 개작된 복음서의 주인공인 예수를 인류의 구원자로 부각시키기 위해 개발해 낸 억지 논변이다.

미스테리아 '신인 신화'는 신인의 죽음을 다른 이의 구원을 위한 '대속희생'으로 해석한다(본서 280쪽(신인 특성), 297쪽 표(희생양) 참조). 그런데 영지주의 '신인 신화'의 개작물인 교회 복음서에서 예수는 여타 신인들처럼 십자가형으로 죽지만 그의 죽음이 누군가의 죄를 대신하는 대속희생이라는 언급이 없다. 예수는 단지 '유대인의 왕'이라는 누명을 쓰고 십자가형에 처해진다. 후에 가톨릭은 영지주의에서 말하는 신인의 대속희생 사상을 차용하여, 예수가 역사적 실존 인물이며 그의 죽음 또한 영지주의에서 말하는 신인의 대속희생인 것처럼 꾸미고, 대속희생을 통한 보혈(寶血)로 예수가 인류의 구원 역사를 성취한 구원자인 것처럼 호도하기 위한 논리를 개발해 냈다. 즉 가톨릭은 예수가 생전에 자신의 수난과 부활을 예고했다는 내용(마르 9,30~32 및 병행구)을 복음서에 첨부하고, 대사제의 희생을 말하는 위서(히브리서)를 성서에 끼워 넣어 — 히브리서는 편지도, 바울이 쓴 것도, 히브리인에게 보낸 것도 아닌, 출처가 불분명한 문건인데, 학자들은 '예수의 죽음은 예수가 대사제 신분으로 십자가상의 죽음을 대속 희생제의로 거행한 것'이라는 논리의 근거로 삼기 위해 교회가 위작한 것으로 본다 — 그것을 근거로 예수의 죽음이 대속희생인 것처럼 조작해 냈다. 가톨릭이 말하는 예수의 '대속희생론'은 예수를 '실제 구원자'라고 호도하기 위해 의도적으로 개발해 낸 조작된 논변인 것이다. 보다 자세한 내용은 본서 470쪽, '인간 구원론'에서 확인할 수 있을 것이다.

이와 같은 상황을 고려할 때, 가톨릭 초기의 문자주의자들이 예수라는 이름을 '예수 신인 신화'에서 창작한 이름을 그대로 차용했다는 사실을 알 수 있다. 또 그들은 이 같은 사실을 감추기 위해, 그 이름은 천사가 지으라고 명해서 붙여진 이름인 것처럼 조작하고 있다는 것을 확인할 수 있다. 즉, '천사가 요셉의 꿈에 나타나 아이에게 예수라는 이름을 지으라고 명했다'(마태 1,21)거나, '천사가 마리아의 꿈에서 명했다'(루카 1,31)는 기록을 통해 마치 그 이름이 신으로부터 직접 받은 이름인 것처럼 꾸미고 있는 것이다. 만일 복음서의 기록이 사실이라면, 교회 복음서 이전에 등장한 영지주의 복음서가 가상의 신화적 존재인 신인에게 '예수'라는 이름을 부여하여 이미 사용하고 있었던 것에 대한 설명이 불가능하다. 이상의 사유로 복음서의 예수라는 이름은 실제 실존한 인물에게 붙여진 이름으로 볼 수 없다.

문자주의자들이 예수(구원자)라는 이름이 천사를 통해 주어진 것이라는 기술을 통해 의도한 또 다른 목적이 있는데, 그것은 예수가 구약성서에서 도래가 예고된 메시아인 것처럼 조작하여 강조하기 위함이다. 즉 문자주의자들은 메시아 도래 사상을 담고 있는 구약성서 내용들과, 특히 이사야서의 '고난받는 야훼의 종'(이사 42,1~9; 50,4~9; 53,4~10)에서 언급하는 메시아 도래에 대한 예고가 예수의 출생을 통해 실제로 성취되었다고 말하고자 했고, 이런 내용으로 자신들 주장의 정당성을 확보하고자 한 것으로 이해할 수 있다.

그런데 메시아로서의 예수가 인간의 모습으로 강림(탄생)했다는 문자주의 복음서의 묘사는 도리어 자가당착의 모순에 갇히게 된다. 신이 파견한 메시아로서의 예수는 신생아의 모습으로 강림할 필요가 있었는가? 미스테리아 신인 신화는 신인의 정체를 소개하기 위해 신인의 탄생과 죽음과 부활을 이야기하지만, 예수가 신이 파견한 실제의 메시아라면 부득이 출생과 성장의 과정을 거쳐야 할 이유가 없다. 만일 신의 용서가 필요한 인류의 죄가 있다면 신이 직접 "내가 죄를 용서한다."고 선언하면 그만일 터이고, 신이 인류의 구원을 원한다면 (우주 만물과 인간을 창조하고, 홍해의 물도 가르고, 사람의 의식과 사고를 조종하여 성경도 기록하게 한다는) 신적 능력으로 인간에게 인류 구원에 필요한 메시지를 명확하게 전달하면 그만이었을 것이다.[55] 그럼에도 복음서가 예수의 출생과 성장의 이야기를 묘사하는 까닭은 — 예수의 출생과 성장의 이야기를 통해 메시아 도래에 대한 구약성서의 내용이 실제로 성취되었다는 것을 말함과 함께 — 그렇게 강림해서 죽고 부활한 그리스도에 의해 자신들의 교회가 설립되었다는, 곧 교회 설립의 정당성을 강구하고자 한 의도로 볼 수 있다.

복음서가 창작 문건이라는 사실은 복음서가 기록되던 당시의 상황적 배경으로도 확인된다. 신약성서에 수록된 네 개의 복음서는 모두 팔레스티나 밖에서, 팔레스티나 지형이나 유대의 관습·풍습에 대한 이해가 부족한 사람들에 의해 서기 100년 전후에 저술된 것으로 추정되는데, 이 시기는 (예수에게 제자들이 있었다면) 예수가 했다는 말을 전한 예수의 제자들도 이미 세상을 떠난 이후일 것이고, 팔레스티나 밖에 거주하는 사람들이 — 교통도 열악한 환경에서 — 팔레스티나, 특히 반세기도 훨씬 전에 예

---

55 『그리스도의 생애』의 저자인 가톨릭 주교 쉰(Sheen)은 교회가 제시하는 구원론에 따라, 예수가 죽기 위해 세상에 왔고, 죽음은 그의 인생의 목표였다고 말한다. 그리고 야훼는 세상을 창조할 때는 아무것도 필요치 않았으나 죄에서 세상을 구할 때는 그리스도의 생명의 피가 필요했다고 말한다(7~10쪽). 이는 개작된 복음서를 토대로 개발해 낸 교회 구원론을 호도하기 위한 논리의 전개로 볼 수 있는데, 그의 설명에 따른다면 신은 자신이 은총을 베푸는 대가로 피(희생)를 요구하는 잔인하고 잔악한 존재라는 의미가 되어 버린다. 결국 쉰은 교회 교의를 옹호하기 위한 논리를 전개하다가 스스로 자승자박에 갇히고 있음을 보여 준다.

루살렘에서 일어난 사건에 대한 사료나 메모를 구한다는 것은 거의 불가능에 가까운 일이었을 것이다. 또 누군가가 팔레스티나 밖으로 나와서 예수에 관한 이야기를 전해 주었다고 해도 그 내용의 진실성이나 사실성을 검증할 수도 없는 상황이었을 것이다. 이런 정황상 복음서는 영지주의 그리스도교의 복음서인 '예수 신인 신화'를 차용하여 창작한 가상의 문건으로 이해해야 함이 타당하다. 다시 말해서, 교회 복음서는 유대 미스테리아 '예수 신인 신화' 속에 등장하는 신화적인 이야기 — 예수는 자신이 메시아라고 주장하다가 십자가에 못 박혀 죽었는데 놀랍게도 그가 부활하였다는 내용 — 를 '실제 역사적 사실'인 것처럼 변조하여 엮어 낸 것이다. 이것은 1830년에 조셉 스미스 주니어(Joseph Smith, Jr)라는 사람이 이집트어로 쓰인 금서판을 경전(몰몬경)으로 삼아 몰몬교를 창시하고 사람들을 기만한 것과 유사하다.

출처가 불분명한 몰몬경은 기원전 600년경에 예루살렘을 떠난 유대인들이 아메리카로 이주하여 정착하였고, 서기 1세기경에 부활한 예수가 아메리카에 나타나 설교하면서 그리스도 교회가 설립되었다는 내용을 담고 있다. 스미스는 객관성을 담보할 수 없는 이 문건을 근거로 몰몬교를 설립하고, 자신의 교회가 그 교회를 계승했다고 주장했다. 마찬가지로 로마의 '바쿠스 신인 신화'를 역사적 실존 인물에 대한 사실적인 기록인 것처럼 누군가 변조 · 조작하여 '바쿠스 교회'를 설립하였다면, 그것이 거짓 주장이라는 것을 뻔히 알면서도 그 교회를 통해 기득권을 얻고자 하는 기회주의자들은 마치 그것이 실제 사실인 것처럼 온갖 궤변으로 호도하면서 사람들을 기만했을 것이다.

문자주의 복음서 내용의 사실성

—

가톨릭은 각기 다른 시대에 각기 다른 지역에 살던 복음서 저자들이 공통으로 사용한 자료('원마르코복음'과 '예수어록'이라고 불리는 사료)[56]가 있었다고 말하고, 그것을 근거로 복음서가 역사 안에 실재한 예수를 증언하고 예수의 언행을 보도하는 객관적인 자료라고 말한다. 또 복음서가 갖는 필사본의 전승 가치를 인정한다면 복음서가 위작이나 창작이 아닌, 사실에 기초한 문헌이라는 것을 이해할 수 있다고도 말한다.[57] 즉, 지중해 연안의 각기 다른 지역에 복음서의 필사본이 보급되었고, 그 내용들이 오랜 세월 동안 충실하게 재필사가 되면서 전해질 수 있었던 것은 문헌의 기초가 되는 내용들이 사실에 바탕을 둔 객관적인 가치를 담고 있기 때문이라는 것이다.

하지만 복음서 외에 예수가 역사적 실존 인물이라는 것을 밝히는 다른 객관적인 사료나 증거가 없고, 복음서 저자들이 복음서 작성의 기초 문건으로 사용하였다고 추정하는 '원마르코복음'이나 '예수어록'이라는 문건은 실체가 발견되지 않았으므로 그 문건의 존재 사실 자체 여부가 불분명하다. 설령 그러한 문건이 실제로 있었다고 하더라도 그것이 예수가 한 말이나 예수의 제자들이 한 말을 누군가가 받아 적었거나 메모한 것이라고 장담할 수 있는 근거도 없다. 또 그 문건들이 전하는 예수와 관련된 사건

---

56 가톨릭이 말하는 '원마르코복음'이나 '예수어록'이라는 문건을 발견되지 않았다. 다만 '원마르코복음'은 영지주의 그리스도교의 '예수 신인 신화'로 볼 수 있고, 예수의 말을 모아 놓은 사료라고 판단하는 '예수어록'이라는 문건은 나그 함마디에서 발견된 영지주의의 『토마복음』으로 보아도 무방할 것이다. 『토마복음』은 114개의 예수의 말들을 모아 놓은 문건인데, 그중 반 정도가 교회 공관복음과 병행하는 내용이다.(『초기 그리스도교와 영지주의』, p. 77 참조)

57 『예수와 역사』, p. 29.

보도도 실제 있었던 역사적 사실에 대한 보도를 전하고 있다는 객관성을 확증할 수도 없다. 사실성을 입증해 줄 수 있는 관련 자료나 교차 비교 문건이 전혀 없는 까닭이다. 따라서 필사본이 재생산되고 확장되어 왔다는 사실 자체만으로 복음서가 위작이 아니라는 증거가 될 수는 없다. 무엇보다도 (상기에서 고찰한 바와 같이) 최초의 교회 복음서인 마르코복음은 영지주의 그리스도교의 창작 신화인 '예수 신인 신화'('원마르코복음'으로 추정)를 개작하고 수정·개정·편집을 거쳐 서기 2세기 초에, 신화적 가상 인물인 예수를 '실제로 죽고 부활한 메시아'로 변형시켜 완성한 문건이고, 이후 예수를 메시아로 제시할 목적으로 작성된 유사한 문건들 — 마태오복음, 루카복음, 요한복음 — 역시 교회의 의도에 따라 예수를 실존 인물로 제시하기 위해 조작된 문건이므로, 복음서 내용의 사실성에 대한 가톨릭 교회 주장의 정당성은 담보될 수 없다.

복음서에 수록된 내용들도 복음서가 역사적 사실에 대한 보도일 수 없다는 것을 스스로 드러내고 있다. 예를 들어, 위대한 신의 강림 탄생을 야훼가 파견한 천사나 사자(使者)가 아니라 미신을 신봉하는 동방의 점성술가들이 별점으로 알아냈다는 묘사(마태 2,1~2. 예수의 강림이 신이 주체적으로 자신의 치밀하고 심오한 의지와 계획에 따라 이루어 낸 역사가 아니라 미신의 주술에 편승하여 역사했다는 의미로 오해될 여지가 있는 묘사. 사실 '별의 탄생'이나 '별이 나타남', '별점으로 어떤 기이한 일의 발생을 알게 됨' 등의 묘사는 미스테리아에서 신인의 탄생이나 신인 탄생의 전조를 나타내는 묘사로 활용되었다), 구약성서에 등장하는 모세의 전설에 의도적으로 맞추어 이집트로의 탈출 사화를 꾸며 낸 이야기(마태 2,14~23. 예수를 신격화하고 메시아로 부상시키기 위한 인위적 가공 이야기), 예수가 사탄의 유혹을 받았다는 작가의 창작 이야기(마태 4,1~11 및 병행구), (현실 세계에서는 물리적·

생화학적으로 발생 불가능한) 죽은 지 사흘이나 지난 시신이 부패하지 않았다는 상황 묘사(마르 16,1~8; 병행구), 육신의 부활이면서 동시에 영적 육신의 부활이 일어났다는 신화적인 묘사(루카 24,16~31), 육신이 없어 두뇌나 구강 구조를 활용할 수 없는 영적인 존재와 인간이 대화를 나누는 3차원적인 광경 묘사(마태 28,16~20; 병행구), 영적 존재가 순간적으로 소화 기능을 갖춘 육신의 모습으로 변화하여 물고기를 굽고 식사를 하였다는 마법적인 이야기(요한 21,9~13), 예수가 승천하여 성부의 오른편에 앉았다는 초현실적인 상황 묘사(마르 16,19), 형체가 없는 영적 존재로 승천한 예수가 물질적·물리적 심판주로 지구에 재림한다는 추상적인 묘사(마태 25,31) 등, 복음서에 등장하는 이러한 신화적이고 상징적인 묘사들이 뜻하는 바는 무엇인가?

복음서가 말하는 이런 이해 불가능한 일련의 상황들은 '예수가 신이므로 가능한 것'이라고 가톨릭은 말하지만, 복음서의 모호성을 띤 묘사들은 복음서가 예수를 직접 체험했다는 제자들이 전한 말을 수집하여 작성한 문건이거나 역사적 실제 사실에 대한 보도가 아니라, '신적 지혜를 전하는 로고스(logos)로서 사람의 모습으로 태어난 신인은 억울한 죽음을 당하지만 부활을 통해 자신의 숨겨진 영적인 정체성을 드러냈다'는 신인 신화의 상징적이고 신화적인 이야기를 마치 실제 발생한 역사적 사건에 대한 이야기인 것처럼 가공하는 과정에서 발생하는 무리수이자 자충수로 볼 수 있다. 복음서에 보도된 내용 그대로의 맥락으로는 전혀 이해 불가능한 예수의 생애와 언행에 대한 묘사들의 의미는 미스테리아 '예수 신인 신화'와 대비하면 명료하게 해석되고, 복음서를 창작된 신화 그 자체로 이해하면 복음서의 모든 모호성은 자연 해소된다.

복음서에 기록된 상징적·신화적인 묘사 외에도 복음서가 전하는 예수의 행적들 — 물 위를 걷거나 말 한마디로 병자를 치유하고 빵 두 개로 대규모 군중을 먹였다는 기적 사화, 나귀를 타고 예루살렘에 입성했다는 이야기, 환전상의 테이블을 뒤엎으며 소란을 피웠다는 성전 정화 사화, 율법학자들과의 논쟁 사화나 십자가상의 죽음 사화 등 — 에 대한 보도의 역사적 사실성도 비교 검토하거나 사실 관계를 확인할 수 있는 당시 로마나 유대의 역사 사료가 전무하다는 점에서 복음서의 기록이 역사적 사실이 아니거나 역사적 사실과 부합되지 않는다는 것을 보여준다. 이런 점에서 복음서에서 말하는 예수의 활동상 역시 '예수 신인 신화'에서 말하는 미스테리아 신인의 상징적인 활동을 각색한 묘사로 이해될 수 있다(이 부분에 대해서는 아래 332쪽, '예수의 역사적 실재성' 항에서 예수의 실재성과 병행하여 다시 살펴보겠다).

첨언하자면, 가톨릭은 '복음서 내용은 사실에 대한 보도라기보다는 신학적 해석의 관점에서 예수가 육화한 신이며 메시아 · 구원자라는 사실을 선포하기 위한 상징적인 묘사'라고 말하기도 한다. 하지만 (복음서가 아무리 다양한 상징성을 지닌 내용이라고 할지라도) 다음의 의문들이 해소되지 않는 까닭에 복음서 내용을 역사적 실존 인물로서의 예수에 대한 실제 이야기로 받아들이기는 더욱 어렵다.

남자의 협력 없는 처녀(동정녀) 잉태는 생물학적으로 가능한가? 그것이 신의 영역에서는 가능한 일이라고 믿는다고 해서 실제가 될 수 있는가? '그리스—로마신화'에서처럼 제우스가 남자 인간으로 변하여 자녀를 출산했다고 말하는 것이 더 사실적이지 않은가? 박혁거세나 김알지가 알에서 태어났다는 한국의 신화는 위대한 인물의 출생을 상징적으로 묘사하는 것이라고 이해하고 미네르바가 쥬피터의 뇌에서 탄생했다는 이야기도 우화의 범주에 속하는 이야기라고 말하면서도, 예수가 생물학적인 남녀의 결합 없이 인간 여인의 몸에서 야훼의 영과 결합하여 사람으로 태어났다는 동정녀 잉태설은 창작이 아니라 실제로 발생한 역사적 사실에 대한 보도라는 주장을 고수하는 까닭은 무엇인가? 가톨릭은 동정녀 잉태설에 대해 언제나 그렇듯이 마술적인 주술로 설명한다. "신은 무엇이든 할 수 있는 권능을 지니신 분이시므로 신에게는 불가능한 일이 없다(루카 1,37 참조). 처녀 잉태도 그중 하나이며, 신의 영역에 속하는 처녀 잉태의 신비를 인간은 완전히 이해할 수 없다."

가톨릭의 동정녀 잉태설 주장의 의도는 명확하다. 신은 인간 이해의 범주를 넘어서는 사건을 창출할 수 있는 존재라는 사실을 부각하고, 또 그렇게 초인적인 상황을 강조해야 예수가 곧 세상에 강림한 신이라는 논리를 전개할 수 있을 것이며, 자신들만이 예수를 통해 야훼의 신권을 위임받아 행사하는 유일한 종교 기관이라는 위상을 강화하고 유지할 수 있을 것이기 때문이다. 하지만 ― 가톨릭이 동정녀 잉태설을 신앙의 진리로 호도하고 역사적 실제 사실로 믿는 것이야 뭐라 할 수는 없지만 ― 상식적이고 온건한 사람들에게 그것을 있는 그대로의 사실로 믿으라고 요구하는 것은 무리이지 않을까?

가톨릭의 동정녀 잉태설은 신비신앙에서 말하는 '동정녀에 의한 신인 탄생' 개념을 수용한 흔적이며, 구약에서 예시하는 신의 현현이자 메시아로서의 예수는 구약의 예언에 따라 '하느님의 아들이며, 동정녀로부터 잉태되어 탄생한 성자'로 묘사되어야 했기 때문에, 구약의 예언과 복음서의 동정녀 출산 내용을 일치시키기 위한 의도적인 성서번역의 왜곡에서 등장한 개념이라고 학자들은 말한다. 즉 '임마누엘의 출현'을 예고하는 히브리어로 쓰인 이사야서 7장 14절에 사용된 '알마(almah)'는 혼인 여부와 관계없이 젊어 보이는 여성, '젊은 여성'을 뜻하는 말인데, 교회는 성서를 그리스어로 번역하면서 의도적으로 히브리어 알마(alma)에 상응하는 그리스어 'neanis' 대신, '결혼하지 않은 처녀'를 뜻하는 '파르테노스(parthenos)'로 번역했고, 이 성서 구절에 따라 예수의 생모를 처녀, 즉 동정녀로 제시하면서 '동정녀 잉태설' 개념이 등장하게 되었다는 것이다.[58]

그런데 엉뚱하게도 동정녀 잉태설은 예수가 다윗의 혈통이 아니라는 결론에 이르게 된다. 유대교 전통 사상에서 메시아는 다윗의 후손에서 나오는 것으로 믿어졌다(예레 33,15). 그런데 마태오복음에 의하면 요셉은 다윗 혈통의 후손이지만 예수는 요셉과 아무런 관련 없이 마리아를 통해 태어났으니, 엄밀하게 말해 예수는 다윗 혈통의 후손이 아니다. 따라서 그는 성서가 말하는 메시아의 요건을 갖추지 못했다고 볼 수 있다. 그럼에도 그가 구약에서 예언된 메시아라고 주장하는 근거는 무엇인가? 예수의 탄생은 다윗보다 위대한 신의 개입으로 이루어진 일이니 그냥 다윗의 후손이라고 생각하자는 것일까?

다음으로 제기되는 물음은, 예수가 실존 인물이라면 "신이 왜 신생아의 모습으로 육화해야 했는가?" 하는 것이다. (가톨릭은 인간적인 상황을 예수가 몸소 체험하기 위함이었다고도 설명하고, 대속희생물로 죽는 것이 그의 탄생의 목적이었다고 말하는데) 예수가 인간을 창조한 신의 현현이라면 그는 인간의 본질이나 삶의 애환, 고통 등을 익히 알고 있을 터이므로, 신이 인

---

58   풀어 말하면, 문자주의자들은 영지주의 복음서의 '동정녀에 의한 신인 탄생' 신화 이야기를 '메시아의 탄생 이야기'와 결부시키면서, 구약의 전승에 따라 신의 아들이자 메시아로서의 예수는 인간의 혈통을 통해 탄생해서는 안 되는 존재이므로 '그는 동정녀를 통해 태어났고, 동정녀에 의한 그의 탄생은 구약성서의 예언에 따라 이루어진 일'인 것처럼 꾸미기 위해 구약성서의 '젊은 여인 출산 예고'를 의도적으로 '동정녀 출산 예고'로 오역했다는 설명이다.

간 상황을 몸소 체험하기 위해 신생아의 모습으로 태어나 성장 과정을 겪었다는 설명은 설득력을 가질 수 없다. 그리고 앞에서도 언급했듯이, 인류가 신에게 용서받을 수 없는 죄를 지었다고 해도, 야훼가 용서와 자비의 신이라면 굳이 자신이 육화하여 십자가에 매달려 죽는 수고를 하지 않고 말 한마디로 '내가 세상의 죄를 사한다'고 말하지 못하는 사유는 무엇인가를 묻지 않을 수 없다.

(이에 대해 가톨릭은, 예수의 십자가의 죽음을 통한 인류 구원 행업은 그런 방식을 선택한 신의 의지에 따른 것이라고 말하고, 신의 의지는 인간의 이성으로 파악 불가능하다는 입장을 취한다. 하지만 예수가 신의 의지에 따라 대속죽음·희생제의를 통해 인류를 구원하였다는 가톨릭의 논변은 가톨릭이 그런 행업을 이룬 신의 의지를 직접 확인하고 전개하는 논리가 아니라, 신인 죽음의 신화적인 내용을 신의 계획에 따라 이루어진 실제 사건처럼 호도하고, 복음서에 기록된 예수의 육신 강림과 십자가상 죽음의 보도에 사실성과 정당성을 부여하려는 의도에서 창출해 낸 작위적인 논변에 불과하다).[59]

또 맨몸으로 물 위를 걷거나(마태 14,22~33) 말 한마디로 죽은 사람도 살려 냈다(요한 11,43)는 예수가 자신의 십자가를 지고 골고타 언덕을 오르는 길에는 체력이 고갈되어 세 번씩이나 넘어졌고, 그래서 다른 사람이 그의 십자가를 대신 지고 올라갔다(마태 27,32)는 복음서의 내용은 어떻게 이해되어야 하며, 육신을 가지고 승천(루카 24,50; 사도 1,9~11)한 예수는 우주의 어느 방향으로 승천했고, 지금은 어떤 모습으로 존재하는가에 대한 물음을 제기할 수 있다. 하지만 가톨릭은 이에 대한 답을 제시하지 못할 것이다. 상기에서 고찰했듯이, 복음서는 역사적 사실에 대한 기록이

---

59   본서 321쪽 주) 54 및 470쪽 '인간 구원론' 항 참조.

아니라 영지주의의 '예수 신인 신화'에서 말하는 신인 예수의 출생과 죽음에 대한 신화적인 이야기를 개작한 창작물이고, 가톨릭이 메시아(그리스도, 구원자)라고 주장하는 예수 역시 교회가 영지주의에서 말하는 신인 예수를 교회 복음서('예수 신화')의 주인공으로 등장시킨 가상의 인물에 불과하기 때문이다.

예수의 역사적 실재성
—

'예수의 역사적 실재성'은 복음서 내용과 가톨릭이 제시하는 종교 교의의 진실성을 판별하는 가장 중요한 기준이 되는 요건이므로 이에 대해 살펴보자.

교회 복음서에서 말하는 예수는 역사 속에 실재했던 실존 인물이며, 그는 정말로 복음서에 기록된 말들을 했고 십자가에 못 박혀 죽었는가? 예수가 실제 역사적 인물이 아니라면 가톨릭이 전개하는 그리스도론과 구원론은 물론, 가톨릭이 주장하는 모든 종교 교의는 그 자체로 허구적 날조와 거짓에 머물고 만다.

가톨릭은 복음서가 역사 안에 실재한 예수를 증언하고 예수의 언행을 보도하는 객관적인 자료라고 강변한다. 또 어떤 학자는 "양식 있고 성실한 현대인이라면 예수가 '희미한 그림자'에 지나지 않는다거나 '인간적으로 미화된 신화'에 지나지 않는다고 주장할 사람은 아무도 없을 것이다."(죠셉 도레, 파리대학 교수)[60]라고 말하기도 한다. 하지만 예수가 역사

60　『예수와 역사』, p. 28.

적 실존 인물이라고 묘사하는 문헌은 복음서가 유일하므로 복음서만의 기록으로 예수가 역사 안에 실제로 존재한 인물이라고 단정 지어 말할 수는 없고, 예수는 자필 문서 기록을 단 한 줄도 남기지 않았으므로 복음서가 예수의 말이라고 전하는 내용들 또한 예수가 직접 한 말이라고 확정할 수도 없다.

예수는 역사적 실존 인물인가? 안타깝게도 예수의 역사적 실존성을 언급하는 자료는 복음서 외에 그 어디에도 없다. 역사 기록을 꼼꼼하게 남기기로 유명한 로마인들의 기록 어디에서도 예수에 대한 기록은 전혀 찾아볼 수 없고, 예수가 살았다는 동시대에 글을 남긴 30여 명의 역사 작가들의 저서에도 예수에 대한 언급은 전혀 없다. 예수와 동시대에 활동한 것으로 알려진 유대인 작가 필론(BC 15~AD 45)이나 티베리아의 유스투스 역시 예수에 대해 단 한마디도 언급하지 않는다.

가톨릭교회는 플라비우스 요세푸스(AD 37~100)의 저서『유대 고대사』에 수록된 〈플라비우스의 증언〉이라는 기록이 예수의 역사적 실재성을 증명하고 있다고 주장하지만, 그 기록은 후대에 조작되어 첨부된 것으로 밝혀졌다. 상황이 이러하므로 복음서만의 기록으로 예수가 역사 안에 실제로 존재한 인물이라고 단정 지어 말할 수는 없다. 성서 외에서 예수의 존재에 대해 간접적으로나마 언급하고 있는 몇몇 사료는 다음의 것들이 있다. 하지만 '그 사료가 역사적인 가치를 지니는가?'라는 질문 앞에서는 대부분 회의적이다.

소아시아 비티니아의 총독이었던 플리니우스(AD 61~113)가 서기 112년에 트라야누스(AD 53~117) 황제에게 보낸 서신에, '말썽 많은 그리스도교인들에 대한 처리를 지시해 달라'고 요구하는 내용이 들어있다. 하지만 그것은 소수의 그리스도교인들이 그 당시에 존재했다는 것에 대한 증거일 수는 있어도 예수의 실재성을 증언하는 기록은 아니다. 또 로마의 역사가 타키투스(AD 56~117)가 저서 『연대기』(109년 저술)에서 서기 64년에 발생한 로마 대화재 사건을 기록하면서, '그리스도교인들의 시조는 티베리우스(BC 42~AD 37) 황제 치하에서 유대 총독 본시오 빌라도(AD 26~36 재위)에 의해 처형되었다'(15권 44장 2절)고 적고 있지만, 타키투스가 활용한 자료는 예수 처형 당대에 수집된 것이 아니라 로마 대화재가 일어난 지 50년쯤 후에 수집된 것이므로, 타키투스의 기록은 그리스도교인들이 실제 사실이라고 믿고 있었던 것을 단지 옮겨 쓴 것으로 보는 것이 타당하다.

혹자는, '로마의 열두 황제의 전기를 쓴 수에토니우스(AD 69~122)는 그의 시대보다 약 200년 앞선 율리우스 카이사르(BC 100~44)에 관한 기록과 120년 전의 인물인 아우구스투스(BC 27~AD 14)에 대해 기록하고 있는데 그 기록들은 오늘날에도 중요한 역사 자료로 인정받고 있다'는 이유를 들어, 고대 로마 황제들보다 훨씬 더 짧은 기간에 기록된 예수와 그 제자들에 관한 기록은 더욱더 믿을 만하다고 평가할 수 있다고 주장하기도 한다. 하지만 이 주장의 맹점은 교차 검토 가능한 역사 사료와, 전승 또는 소문으로만 남아 있는 사료의 평가는 같을 수 없다는 점이다. 고대 로마 황제들에 관한 사료는 황제들 재임 기간의 사료나 사후에 기록된 관련 사료들이 다양하게 분포되어 있어 교차 검토가 가능하지만, ― 예수가 역사적 실존 인물이었다고 해도 ― 생전의 예수에 관한 사료는 전무하고, 후대에 예수에 관해 떠도는 전승을 기록한 몇몇 사료만이 있을 따름이어서 예수에 관한 기록들은 교차 검증이 불가능하다. 따라서 성춘향과 이몽룡이 남원에서 살았다는 이야기가 소설에 기록되어 있다는 것을 근거로 그들이 실제로 남원에 살았던 실존 인물이라고 주장하는 것이 터무니없는 일인 것처럼, 구두로 전해지던 몇몇 전승의 기록을 근거로 예수가 역사적 실존 인물이었다고 주장하는 것은 합리성이 결여된 억지 주장이라 할 것이다.

교회가 복음서 외에 예수의 역사적 실재성을 증명하는 사료로 대부분 제시하는 것은, 플라비우스 요세푸스(본 이름은 Joseph ben Matthias, '마티아스의 아들 요셉')가 서기 93년경에 기록한 『유대 고대사』다. 서기 37년경 예루살렘에서 태어난 요세푸스는 유대교 사제이자 유대 해방군 사령관으로 활동하다가, 요타파타 요새 함락으로 그의 군대가 전멸하자(AD 68) 로마에 투항해 목숨을 구한 후 이름을 로마식으로 바꾸고, 로마에서 서기 66~70년에 일어난 유대인 독립 항쟁과 고대 유대교의 역사에 관한 중요한 글을 썼다. 그의 중요 저서는 『유대 전쟁사』(75~79년 저술), 『유대 고대사』(93년 저술), 『아피온을 반박함』 등이며 그는 서기 100년경 로마에서 생을 마쳤다.

요세푸스의 『유대 고대사』 기록에 예수의 생애, 기적, 죽음 그리고 부활에 대한 언급이 있는 것은 사실이다. 유대 고대사 18권 〈플라비우스의 증언〉이라는 항에서 요세푸스는 이렇게 썼다.

'이즈음에 예수라고 하는 한 지혜로운 사람(현자)이 있었다. 만일 그를 한 인간이라고 부를 수 있다면 말이다. 그는 놀라운 일들(기적)을 행한 일꾼이었고, 진리를 기쁨으로 받아들이는 자들의 스승이었다. 그는 다수의 유대인뿐만이 아니라, 헬라인들 중 많은 이들 또한 끌어들였다. 그자는 그리스도였다.'(ant 18.63f)

'우리 지도층에 있는 사람들의 고소에 따라 빌라도가 그를 십자가에 처형하였지만, 처음부터 그를 사랑했던 사람들은 그에 대한 사랑을 멈추지 않았다. 그는 삼 일째 되는 날 다시 살아서 그들 앞에 나타났다. 이는 신의 예언자들이 이러한 일과 다른 많은 놀라운 사건들을 예언했기 때문이다. 그를 따라 그리스도인들이라고 불리는 부족들이 오늘날에 이르기까지 아직 사라지지 않고 있다.'(64f)

　　하지만 이런 기록들의 신빙성에 문제가 있다. 인쇄술이 발명되지 않은 시기에 문서는 여러 사람들이 손으로 옮겨 쓰는 필사를 통해 보급되었는데, 지금까지 남아 있는 요세푸스의 『유대 고대사』 필사본 중에 가장 오래된 것은 가톨릭교회가 보관해 온 서기 10세기경의 필사본이다. 그리고 이 필사본에 〈플라비우스의 증언〉이라는 항목의 내용이 들어 있다. 그런데 비록 사본이 살아남지는 못했지만, 서기 5~6세기경의 것으로 추정되는 유대 고대사 라틴어 사본 목록에는 〈플라비우스의 증언〉이라는 항목이 없다. 또 가톨릭교회의 손을 거치지 않은 라틴어 사본과 슬라브어 사본에도 〈플라비우스의 증언〉의 내용은 포함되어 있지 않다. 이런 사실에 비추어 본다면, 유대 고대사의 원문에는 들어 있지 않은 〈플라비우스의 증언〉이라는 항목과 그 항목에 기록된 내용은 후대에 '가톨릭교회 안에서 누군가에 의해 첨부되었다'고 합리적으로 추정할 수 있다. 곧 누군가가 유대 고대사를 필사하는 과정에서 필요에 의해 의도적으로 목차를 만들고 위조된 내용을 첨부한 것으로 볼 수 있다.

　　만일 그런 것이 아니라면, 가톨릭은 『유대 고대사』가 출간된 서기 1세기부터 예수의 역사적 실재성을 주장하기 위해 요세푸스의 저서를 인용하였을 것이지만 그렇게 하지 않았다는 것은 이해가 불가능하다. 예수의 역사적 실재성을 주장하기에 이보다 좋은 사료가 없었을 것이기 때문이다. 이런 사유로 학자들은 요세푸스의 〈플라비우스의 증언〉은 후대에 '교회에 의해서 조작되어 첨부된 위서'라는 것에 대체로 동의한다. 따라서 예수의 역사적 실재성을 〈플라비우스의 증언〉을 근거로 주장하는 논리는 타당성을 가질 수 없다고 할 것이다.[61]

학자들은 보다 세부적으로 『유대 고대사』 문단의 다른 부분과 〈플라비우스의 증언〉 기록에 나타나는 언어적 특성이나 문체나 문법의 차이가 발생하는 것, 나아가 그리스도교인이 아니라면 사용하지 않는 용어들, 예를 들어 '현자', '놀라운 일꾼', '그의 진리', '부활에 관한 확언' 같은 단어나 문맥은 그리스도교인 누군가가 손을 대었다는 증거라고 말하기도 한다.

요세푸스는 그리스도교인이 아니다. 요세푸스는 친로마파 유대인이었고, 야훼가 메시아를 보내 유대 민족을 해방시킬 것이라는 오랜 믿음을 신봉하는 유대교인이었다. 하지만 그는 이 세계의 왕으로 도래할 것이라고 예언된 자는 로마제국의 황제 베스파시아누스(AD 69~79 재위, 유대 독립 항쟁을 진압한 후 황제 직위에 오름)라고 해석하여 베스파시아누스를 메시아라고 칭하였는데, 그런 요세푸스가 자신의 신념을 뒤엎고 느닷없이 예수를 메시아로 숭배하는 글을 썼다는 것은 있을 수 없는 일이다.

또 하나의 사실은, 요세푸스는 서기 37년에 태어나 유대교 사제이자 유대 혁명군 사령관을 지낸 인물이다. 만일 예수가 역사적으로 실재한 인물이었거나 요세푸스 생전에 예루살렘에 예수를 메시아로 신봉하는 그리스도교 신앙 공동체가 있었다면, 요세푸스가 (그리스도교인은 아니었을지라도) 유대 지도층 인사로써 생전의 예수에 관한 얘기를 들었거나 그리스도교 신앙 공동체에 대해 알고 있었을 것이라고 충분히 추정할 수 있다. 그리고 그런 사실을 알고 있었다면 자신의 저서 『유대 고대사』에서 서기

---

61 『성혈과 성배』, p. 513, 『예수는 신화다』, pp. 208~214 참조.

30~60년경의 유대 상황을 묘사할 때, 예수와 그리스도교 신앙 공동체에 대해 단 한 줄이라도 언급하였을 것으로 생각할 수 있다. 그런데 그의 저서에는 그와 관련된 내용이 전혀 없다. 이것은 요세푸스가 유대에서 활동하던 시기(AD 37~68년)에는 예수에 관한 이야기나 예수 신앙 공동체가 없었다는 것을 방증하는 것으로 볼 수 있다.

요세푸스의 『유대 고대사』에 수록된 〈플라비우스의 증언〉은 후대에 첨부된 것이라는 연구 결과에 대해 대부분의 학자들이 동의하는 상황임에도, 아무런 근거의 제시 없이 학자들의 연구 결과를 부정하면서 〈플라비우의 증언〉은 요세푸스가 친히 작성한 것이 사실이라고 주장하고, 글 말미에 "마음이 굳은 사람은 눈앞에서 홍해의 기적이 일어나도 믿지 않는다."고 말하며 〈플라비우스의 증언〉을 위서나 조작으로 인정하는 사람들을 비하하는 모습을 보이는 개신교 인사가 있다(박○○, 서울 큰나무교회 목사). www.kehcnews.co.hr/news). 그는 신도들의 헌금으로 생계를 꾸려 가는 개신교 목사이니 〈플라비우스의 증언〉 문서가 요세푸스의 친필 문서이기를 바라고, 그 문건이 예수의 역사적 실재성을 증명하는 사료라고 주장해야 예수 신앙의 정당성이 확보된다고 여길 것이다. 나아가 신자들이 자기의 말을 믿고 예수에 대한 확고한 신앙을 가져야 헌금을 할 것이라고 판단할 것이니, 그가 왜곡된 사실을 진리인 듯이 주장하는 심정은 이해가 간다. 하지만 필자는 그가 자신의 무지(無知)와 근거 없는 억지를 부끄러워할 줄 아는 정상적인 사고의 소유자이기를 바라는 마음이다(그를 포함해서 남성[精子]의 생리학적인 협력 없이 처녀가 혼자서 아이를 잉태하고 출산하였다는 신화적인 이야기를 실제 사실로 믿고, 노천(露天) 돌무덤에 묻힌 죽은 사람의 시신(屍身)이 사흘 동안이나 부패하지도 않고 온전히 보존되었다는 이야기, 더구나 그 시신이 되살아나 육신 그대로의 모습으로 우주 어딘가로 승천하였다는 이야기를 실제 역사적인 사실로 믿는 사람들은 비이성적이고 비상식적인 사고의 소유자임이 분명하다. 따라서 건전하고 정상적인 이성을 가진 사람으로 볼 수 없는 그들이 자신의 무지에 부끄러움을 느끼지 못하는 것은 어쩌면 당연할지도 모른다. 하지만 그렇다고 해도 거짓을 진리로 호도하며 선량한 사람들을 현혹하고, 그것을 수단 삼아 개인적인 이득을 취하며 살아가는 그들의 비열한 삶의 작태는 비난받아 마땅하다).

복음서의 기록도 예수의 역사적 실재성을 보여주지 못한다. 복음서에 등장하는 세례자 요한은 익명의 실재 인물로 추정된다. 그리고 그의 이름 요한은 복음서 저자들이 요르단강에서 세례 의식을 거행하던 사람들 중의 누군가에게 붙여준 이름일 것이다.[62]

세례 의식은 메시아 도래를 희망하던 유대인 사회에서 다른 일반 속세 죄인들과 자신을 구분 짓는 특별한 의식으로 다양하게 행해졌다. 에쎄네파와 바리사이파는 자기 파당에 들어오는 사람들을 대상으로 입교 의식 차원에서 세례식을 거행했는데, 속세에서 죽고 새로운 사람으로 태어났다는 상징으로 물속에 잠갔다가 꺼내는 침수 형식의 예식을 행했다. 그리고 세례 받은 자에게는 죄가 씻겨 정결해졌다는 의미에서 흰색 옷을 착용시켰다.

요한이 요르단강에서 세례를 베풀던 즈음에 유대 사회에서는 자신이 예언자라거나 메시아라고 주장하는 사람들이 주기적으로 나타나곤 했다. 그리고 한편에서는 유대교에 널리 퍼져 있는 메시아사상에 의거, 특별한

---

62 수메르 문화권에서의 세례는 '물의 신' 에아(Ea)에게 바치는 하나의 의식이었다. Ea는 헬레니즘 시대에 오아네스(Oannes)라 불리고, 라틴어로 요한네스(Johannes), 히브리어로 요하난(Yohanan)으로 불렸다. 복음서의 '요한'은 Ea신의 히브리어 남성형 명칭이다.

단체나 조직에 들어가는 입교식 차원이 아닌, 야훼가 통치하는 하늘나라에 들어가기 위한 전제 조건으로서의 세례식을 거행하는 사람들이 등장하기도 했는데 요한도 그중 한 명이다. 요한은 세례를 베풀면서도, 죄를 사하는 권한은 신만이 갖는 것이라고 여겼기 때문에 그가 베푸는 세례는 신의 죄사함을 받기 위해 먼저 정결성을 회복하여야 한다는 취지의 세례였다(마르 1,4 참조). 구약성서에는 신의 죄사함을 받기 위해 세례를 받아야 한다는 내용은 없다. 단지 종교의식 체계에서 물로 씻는 정결 의식이 중요한 부분을 차지한다. 성전에 들어가는 사람은 손발을 씻어야 안뜰에 들어갈 수 있었고, 사제들은 희생제사를 바치기 전에 몸을 씻어야 했다(탈출 29,4; 30,17~21; 레위 8,6; 11,25; 민수 8,7; 19,17~21; 신명 21,6; 23,12 참조). 유대교 할례식에서는 정결을 위해 몸을 물에 담그는 의식도 함께 거행했다.

이처럼 구약에서 몸을 씻는 것은 정결과 경건성 의미의 의식이었는데, 몸을 씻는 의식에 회개와 죄의 용서 같은 내적 · 윤리적 변화를 연계시킨 것은 요르단강의 세례자들이었다. 복음서는 예수가 그런 성격의 세례의 필요성을 언급했고(요한 3,5), 본인도 세례를 받았으며(마태 3,13~17; 마르 1,9~10) 직접 세례를 거행했다고도 전한다(요한 3,22. 그런데 예수의 세례 집전에 대해 요한 4,2은 신학적인 의도에서 '예수가 세례를 베푼 것이 아니라 제자들이 베푼 것'이라는 내용을 첨부한다). 그리고 부활 후에는 제자들에게 세례를 베풀라고 명했다고 기록한다(마태 28,19; 마르 16,16. 이 대목은 후대에 첨부된 것으로, 예수 친발설의 사실성이 의심된다).

복음서가 세례자 요한을 언급하는 이유는, 구약성서에서 말하는 것과 차별된 전혀 새로운 세례 의식을 선보이면서 유대교와는 다른 새로운 차원의 종교전통을 수립할 메시아가 왔다는 이야기를 끌어내기 위한 전제로 보인다. 이제는 물로 베푸는 세례가 아니라 불과 성령으로 세례를 베풀게 될 것이라는 선언이 그것을 뒷받침한다(마태 1,10; 마르 1,8). 또 하나는 '죽지 않고 승천한 선지자 엘리야가 땅 위로 돌아올 때가 마지막 때일 것'이라는 전승(2열왕 2,1~18)에 따라, 요한을 엘리야와 동일시하고 요한을 메시아의 길을 마련하는 사자(使者)로 설정하여(말라 3,1 참조), 심판과 우주 대변혁기의 시작을 알리는 메시아가 도래한 것을 시사하기 위한 의도적인 설정으로 볼 수 있다.

복음서가 기록되기 이전에 바울은 영지주의 관점에서 세례를 설명했다.[63] 바울에 의하면, 세례는 낮은 수준의 자아와 욕망으로 점철된 이전 삶에서 죽는 것(이전 삶의 방식과의 단절)을 의미하고, 그 죽음은 신인인 예수의 죽음에 영적으로 동참하고 그와 함께 묻히는 것이다. 그리고 세례를 통해 예수의 부활이 가져온 생명, 곧 신(Daimon)과의 완전한 합일을 이루어 내적으로 완전한 자아를 성취하는 것이다(갈라 3,27; 에페 4,5 참조). 그런데 가톨릭은 바울이 말하는 세례는 물리적·영적·심리적인 죄와 이전의 삶에서 죽는 것을 의미하고, 그 죽음은 예수의 실제적인 죽음과 부활에 동참하는 것이며, 그로써 그리스도와 일치하여 되살아난다는 의미로 해석한다. 세례를 받은 사람은 '죄를 용서받고 새 생명을 얻어 새로운 생명(목숨)을 살게 된다'는 설명이다(이 부분은 376쪽, '복음 보도와 바울의 부활 사상' 항에서 다시 살펴보겠다). 세례에 대한 가톨릭의 이런 설명은 예수가 신화적인 신인이 아니라 실제로 구원을 베푸는 구원자 그리

---

63 앞에서도 살펴보았듯이, 가톨릭은 바울이 영지주의자였다는 사실을 감추기 위해 바울 서신을 왜곡 번역하기도 했고, 반영지주의자로 묘사하는 위서를 작성하기도 했다(티모테오서, 티토서 등). 바울의 친필 서간은 신인(神人) 예수에 의해 유대교의 율법이 폐기되었다는 바울의 영지주의적 사상과 관점에서 읽어야 본 의미를 제대로 파악할 수 있다.

스도라는 사실을 강조하고, 교회가 그런 의미를 갖는 세례를 베푸는 기관이라는 것을 호도하기 위한 의도에서 인위적으로 개발한 논리로 볼 수 있다.

복음서의 다른 내용들도 ('복음서 내용의 사실성'과 더불어) 예수의 실존성에 대한 설명이 될 수 없다. 복음서는 예수 탄생 즈음, 유대의 왕 헤로데가 두 살 이하의 사내아이들을 집단 학살했다고 기록한다(마태 2,16~18). 하지만 그 시대에 사형 집행권은 로마 총독만이 갖는 고유 권한이었고, 유대 왕에게는 사형을 판결하거나 집행할 권한이 없었다. 그럼에도 복음서의 기록처럼 헤로데가 집단 학살을 자행했다면 그 사건은 로마의 역사에 기록으로 남겨졌을 것이다. 하지만 관련 자료는 발견되지 않았다(사실이 대목은 본래 영지주의 그리스도교에서 '박해받는 신인으로서의 메시아의 도래'를 설명하기 위해 의도적으로 꾸며 설정한 묘사다).

복음서는 또 예수가 예루살렘 성전에서 소동을 일으킨 사건을 보도한다(마태 21,12~14 및 병행구). 이런 사건이 실제로 발생했다면 성전 경비를 담당하는 로마 병사들에게 예수는 즉시 체포되었을 것이고, 로마의 역사에 어떤 형식으로든 기록이 남겨졌을 것이다. 또 예수가 4천 명을 먹인 기적(마르 8,1~10 및 병행구)이나 5천 명을 먹인 기적(마태 14,13~21)을 행한 것이 실제로 있었던 사건이라면(복음서가 현장에 참가한 사람의 숫자를 과장하여 묘사하고 있다는 점을 고려하더라도), 피지배국 민중들의 대규모 군중집회가 지배와 압제에서의 해방을 요구하는 소요 사태로 번지는 것을 예방하는 차원에서라도 로마 당국은 병사들을 출동시키지 않을 수 없었을 것이다. 하지만 학자들은 로마 역사에서 관련 기록을 찾지 못했다.

본시오 빌라도가 총독으로 재임(AD 26~36)할 때 발생했다는 예수의 십자가 처형에 대한 역사적인 기록도 찾을 수 없다. 복음서에 의하면 예수는 종교 사범으로 고발된 후 정치 사범으로 재판에 넘겨져 빌라도로부터 사형 선고를 받는다. 예수 당시 이스라엘의 사법 체계상 종교와 윤리에 관한 문제는 유대교 대사제가 의장으로 있는 산헤드린에서 판결했고, 정치 사범에 대한 재판과 사형 판결권은 로마에서 파견된 총독의 권한이었다. 복음서에 의하면, 예수가 고발된 것은 가짜 메시아 행세를 하면서 야훼를 모독했다는 신성 모독죄였다(마태 26,61~65 및 병행구). 그런데 종교 권위자로서의 기득권 상실에 위협을 느낀 대사제와 의회가 예수를 제거할 목적으로 사형 판결 권한을 가진 총독 빌라도에게 예수를 넘기는데, 이 대목에서 예수는 정치 사범으로 바뀐다. 예수가 자신을 '유대의 왕'이라고 주장했다는 것이다(마태 27,1~13 및 병행구). 빌라도는 정치적인 판단에서 예수에 대한 사형집행을 승인하고, 예수는 '유대인의 왕'이라는 죄명의 정치 사범으로 십자가형에 처해진다(마태 27,35~37 및 병행구). 하지만 당시의 로마법 규정에 따르면, 십자가형 처벌은 로마에 직접적으로 대항한 반역자에게만 내려지는 형벌이었다. 로마를 상대로 그 어떤 폭력적인 행위도 행하지 않은 예수는 십자가형의 처벌 대상이 될 수 없는 것이다. 그리고 학자들은 산헤드린의 회의록이나 빌라도 법정의 재판 기록에서 예수와 관련된 기록을 찾지 못했다(이교 신비신앙에서 신인의 죽음은 신인의 정체를 알지 못하는 사람들에 의한 무고한 희생으로 그려진다. '오르페우스 미스테리아'는 신인인 오르페우스가 십자가형으로 죽음을 맞이했다고 묘사하고, '디오니소스 미스테리아'의 신인인 디오니소스도 십자가형으로 죽음에 처해진다).

예수가 당시에 많은 도시와 많은 사람들에게 주목받는 인물이었다면 그는 충분히 로마 당국의 요주의 관리 대상이었을 것이며, 그와 관련된 기록이 단 한 줄이라도 남아 있을 것이라는 생각이 자연스럽다. 하지만 그 어디에도 예수와 관련된 기록은 없다. 로마의 문서에 예수와 관련된 그 어떤 기록도 남아 있지 않다는 것은 예수가 역사적 인물이 아니었거나, 예수가 실존하였다고 하더라도 로마인에게 전혀 중요치 않아서 언급할 가치조차 없는 인물이었다는 의미일 것이다. 또 예수가 실존했다면 유대인들에게는 오래 기다려온 메시아였거나, 그게 아니라면 대중을 자극하고 신성을 모독한 사기꾼이었을 것인데 당시의 유대 역사가들의 기록에도 예수에 대한 언급은 전혀 없다. 이런 사실들에 비추어 볼 때, 예수는 역사에 실존한 인물이라고 볼 수 없고 복음서 내용도 실제 사건에 대한 사실적인 기록이 아니라 창작된 또 다른 신화나 문학 작품으로 보는 것이 타당하다. 참고로, 사도행전은 예수를 그리스도로 믿었던 사람들의 이후 행적을 기록한 문건이므로 예수의 실재성을 증명하는 사료가 될 수 없다.

예수의 역사적 실재성에 덧붙여, 예수가 역사적 실존 인물이었고 구약성서가 예시한 메시아였다면, 메시아를 배출한 요셉 가문과 예수의 형제들은 가문의 영광을 후손들이 대대손손 간직하고 보존하도록 했을 것이다 [복음서는 예수에게 야고보, 요셉, 유다, 시몬이라는 형제와 2명의 누이가 있었다고 전한다(마르 6,3 및 병행구)]. 하지만 그런 경향은 보이지 않으며, 가문의 계보도 전해지고 있지 않다. 그리고 이스라엘에서 예수와 관련된 사적지는 대부분 후대에 복음서의 내용에 따라 인위적으로 만들어진 것들이다. 오늘날 예루살렘에 예수 탄생 성당이 있는 자리는 고대 이교 신비 신앙의 신전 터였고, 신생아 예수를 뉘였다는 자리는 신비신앙에서 숭배하는 신인의 출생 장소로 경배하던 곳이었다. 예수가 십자가 처형을 당했다는 위치도 이교 신전이 서 있던 자리였다는 것이 고고학계의 설명이다. 따라서 복음서 외에 예수의 역사적 실재성을 입증하는 사료나 유적, 관계인들의 증언 등이 전무한 상황에서, 복음서 내용만을 근거로 예수가 역사

적 실존 인물이었다고 주장하는 것은 합리성과 정당성이 결여된 사고라 아니할 수 없다.[64]

가톨릭의 복음서 이해에 대한 비판

—

가톨릭은, 그리스도교는 신성하고 유일무이하며 이교 신앙은 원시적이고 악마적인 미신이라고 호도한다. 그리고 성서는 한 치의 오류도 없는 절대 진리의 보고(寶庫)이며, 오직 신은 야훼뿐이고, 복음서에서 말하는 예수 는 인류의 구원을 위해 강림한 신의 현현이라고 강조해 왔다. 그래서 그 리스도교 신자들은 성서가 반박의 여지가 없는 진리의 문건이며, 예수가 실제로 심판주로 재림할 것이라고 믿고 있다. 하지만 구약성서는 타 문 화 종교전통의 신화를 차용하여 유대 방식으로 꾸며 낸 종교적 창작 신화

---

64 예루살렘에서 '예수의 최후의 만찬'이 펼쳐진 장소라고 소개되는 건물은 과연 2,000년 전에 있었던 바로 그 건물일까? 예수가 처형 후 묻혔다는 돌무덤도 2,000년 전의 그 자리일까? 그리고 콘스탄티누스 황제의 모친인 헬레나가 발견하였다고 전해지는 '예수의 십자가'는 진 품일까? 1세기 초에 형틀로 사용된 십자가가 300여 년이 지난 4세기 중기에 오롯한 형태 로 발견되었다는 것, 더구나 그 십자가가 예수가 매달린 바로 그 십자가라는 것을 어디까지 수긍할 수 있을까? 또한 그 십자가가 예루살렘에 보관되다가 페르시아에 빼앗겼고(614년) 그 이후 분실되어 소재 파악이 되지 않다가 어느 날 갑자기 예루살렘으로 돌아왔다는데(628 년), 이 수수께끼 같은 이야기는 어디까지가 진실일까? 로마의 '성 십자가 계단 성당'의 계단 은 예수가 걸어 올라갔다는 예루살렘 로마 총독 관저 건물에 있던 그 계단이 맞을까?
가톨릭은 예수의 모친 마리아가 튀르키예의 에페소에서 말년을 보냈다고 말한다. 그리고 1961년에 교황 요한 23세는 숱한 논쟁에도 불구하고 이곳을 성지로 공식 선포했다. 하지만 성서에는 성모가 예수 사후 에페소로 갔다는 관련 기록이 없고, 영지주의 전승에 '마리아는 에페소에 머물다가 마르세유로 망명했다'는 얘기가 전해지는데(『성혈과 성배』, p. 465 참조), 이는 분명 영지주의 그리스도교의 사상에 비추어 볼 때 '막달라 마리아'의 말년에 관한 전승 으로 볼 수 있다. 에페소의 마리아는 성모 마리아가 아니라 '막달라 마리아'인 것이다.

에 불과하고, 교회 복음서 역시 영지주의 신비신앙에서 신인으로 신화화한 '예수'를 실제의 메시아로 신격화하기 위해 의도적으로 조작하여 창작해 낸 문서라는 사실에 비추어 볼 때, 가톨릭의 주장은 선포하는 바대로의 사실이 아니며, 그들이 제시하는 교의는 믿는 바대로 현실화·현재화될 수 없는 허구에 불과하다.

현재의 신약성서에 수록된 네 복음서가 허구로 조작된 문건이라는 지적, 곧 복음서의 사실성에 대해 가톨릭은, (복음서의 조작성을 숨기고 복음서가 절대 진리를 담고 있다고 호도하는 입장에서) 성서는 예수를 메시아로 소개하는 목적으로 저술된 것이므로, 구체적인 내용의 오류나 모순은 크게 문제 될 것이 없다는 식으로 응수한다. 곧, "복음서 이야기는 기자가 사건을 보도하듯이 있는 그대로의 사실을 기록한 것이 아니라, 예수가 곧 메시아라는 사실을 소개하기 위한 목적으로 기록한 것이므로 기록 내용의 '사실성보다는' 신앙의 눈으로 읽어야 하고, '종교의 시각'으로 바라보면 복음서에 담겨 있는 의미를 충분히 찾을 수 있다."고 말한다. 이 말은, 복음서에 등장하는 예수와 관련된 이야기들이 어떤 것은 사실적 전승을 토대로 작성된 것이기도 하고, 어떤 것은 임의의 창작이며 상징적인 내용일 수 있지만, 복음서를 통해 예수가 실제로 강림한 메시아라는 것을 알 수 있다고 주장하는 것이다.

이런 기초 인식 속에 성서를 대하고 해석하는 가톨릭은 자신들의 신앙을 옹호하거나 자신들의 주장을 진리인 것처럼 호도하는 데 도움이 된다면, 편의에 따라 성서를 어떤 형태로든 자기 합리화 논리에 적용시켜 신앙의 정당성을 확보하는 수단으로 이용하는 모습을 보인다. 그래서 가톨릭의 설명에 따른다면, 예수에 관한 이야기 중 어떤 것을 사실의 전달로 볼 것이며, 어떤 것을 상징적 창작으로 볼 것인가 하는 문제가 발생한다.

예수가 사탄의 유혹을 받았다는 이야기(마르 1,12~13)는 상징인가, 창작인가? 성찬례를 제정하였다는 내용(마태 26,26~30 및 병행구)은 사실적 보도인가, 상징적 묘사인가? "나는 아들이 아버지와 갈라서게 하려고 왔다."(마태 10,35)는 말은 비유인가, 사실인가? "손이나 발이 죄를 짓게 하거든 그것을 잘라 버려라."(마태 18,6~9)는 가르침은 명령인가, 상징인가? "누가 오른뺨을 치거든 다른 뺨마저 돌려 대라"(마태 5,39)는 말은 은유인가 명령인가? "영원한 생명을 얻기 위해 완전한 사람이 되려거든 가진 재산을 팔아 가난한 이들에게 나누어 주어라."(마태 19,21)는 말은 명령인가, 그냥 해본 말인가?

'물 위를 걸은 예수'(마태 14,22~33) 이야기에 대한 해석을 보면, 일부 가톨릭 학자는 "예수가 물 위를 걸었다는 이야기는 예수가 실제로 물 위를 걸어가는 기적을 보인 것을 말하는 것이 아니다. 베드로는 예수와 눈을 마주치고 있을 때는 물속에 가라앉지 않았는데, 예수에게서 눈을 돌리는 순간 물에 빠지고 만다. 즉 물 위를 걸은 예수 이야기는, 신앙은 예수와 끊임없는 친교와 교감의 상태에 머물러야만 결실을 얻게 된다는 가르침을 위해 창작된 내용이다."라고 해석한다. 같은 내용에 대해 또 다른 학자는 "물 위를 걸은 기적을 보인 것은 실제로 있었던 사실에 대한 보도이며, 그것을 통해 예수는 자신이 신적 권능을 지니고 있다는 것을 보여준 것이다."라고 해석한다.

2,000년이 넘는 세월 동안 동일한 내용에 대해 통일된 해석을 마련하지 못하는 가톨릭의 모습이 안쓰럽기도 하지만, 복음서에 기록된 내용의 사실성과 창작성 또는 상징성에 대한 구분적 사실을 명백히 밝혀 드러내 보이지 못하고, 신화를 개작한 복음서의 내용을 실제적 사실에 대한 기록으로 정당화하기 위해 타당성이 없는 자기 합리화 논리를 개발하기 위해 애

쓰는 모습에 더 큰 안타까움을 느낀다.

예수를 역사적 실존 인물로 묘사하는 기록은 복음서가 유일하고, 예수의 실재성과 복음서 내용의 사실성을 입증해 주는 다른 사료는 전혀 찾아볼 수 없는데, 복음서를 역사적 사실에 대한 보도로 호도하기 위해 가톨릭은 교회 복음서가 등장하기 이전에 예수에 관한 기록 문헌이 존재하지 않는 까닭과, 예수 사후 40여 년이 지난 이후에야 복음서가 등장하게 된 배경 및 과정에 대해 다음과 같이 설명한다.

예수는 자필 문서 기록을 한 줄도 남기지 않았으며, 복음서에 예수의 제자로 등장하는 인물들도 대부분 문맹이었으므로(사도 4,13 참조), 예수의 언행을 기록하거나 문서화할 능력의 소유자가 되지 못했다. 또 예수도 자기가 한 말을 가르치고 선포하라고 하였지(마태 28,20; 마르 16,15) 기록이나 문헌으로 남기라고 하지 않았으므로 기록 문서 사료가 없는 것이 당연할지도 모른다. 뿐만 아니라 예수를 그리스도로 믿는 초기 공동체는 예수가 "이 세대가 지나가기 전에 이 모든 일이 일어날 것이다."(마태 24,34; 마르 13,30)라며 종말의 시급성을 말했기 때문에, 종말이 곧장 지체 없이 현실화될 것이라고 생각했고(필리 4,4~5), 따라서 종말에 불에 타서 없어져 버릴 기록을 남겨야 할 필요성을 느끼지 않았을 수도 있었다. 하지만 예수의 약속과는 달리 재림이 지체되고, 재림에 대한 기대가 점차 소멸되면서 지상에서의 교회와 교권에 대한 신념이 생겨나기 시작했으며, 예수 생전에 예수와 함께 지내며 예수의 가르침을 받았던 제자들이 전해 준 예수의 행적과 가르침을 기록으로 남기고 문서화할 필요성이 대두되어 복음서가 기록되었다.

기록된 복음서는 예수가 한 말을 누군가가 직접 받아 적은 것이거나 예수의 말을 직접 들었다는 예수의 직제자들의 말을 기록한 것도 아니다. 제자들이 생전에 예수가 한 말이라고 전해 준 내용들이 구전(口傳)이나 메모 형식으로 기록되어 전해졌고, 후대에 이런 사료들을 누군가가 취합하여 기록한 것이 복음서다. 최초의 복음서는 마르코복음인데 복음서의 이름이 마르코라고 해서 예수의 제자 중 하나인 마르코가 기록하였다는 뜻은 아니다. 복음서 저자가 마르코의 이름을 차용하여 그렇게 이름을 붙인 것이다. 마태오복음이나 루카복음, 요한복음도 마찬가지다. 실제 저자의 이름은 아무도 모른다. 마르코복음 이후 마태오복음은 80년경, 루카복음은 90년경, 요한복음은 100년경 쓰였을 것으로 추정한다. 복음서의 내용과 형식이 유사한 세 복음서(마태오, 마르코, 루카)는 많은 부분에서 공통의 자료를 참고한 것으로 보이는 유사한 내용을 언급하고 있어 공관복음(共觀福音)이라고 불린다.

예수 사후 40여 년 이상 시간이 흐른 다음에서야 복음서가 쓰인 까닭에 대해 가톨릭은 제자들이 문맹이었고, 예수가 자기의 가르침을 기록하라고 명하지 않았으며, 종말의 시급성 때문에 기록의 필요성을 느끼지 못해 복음서가 뒤늦게 쓰이게 되었다고 설명한다. 변명이며 거짓이다.

만일 예수가 실존 인물이고 그의 가르침을 실제로 직접 전해 받은 제자들이 있었다면, 예수 사후에 스승의 말과 가르침을 보다 정확히 전달하고 보존하기 위해서 기록의 필요성을 느끼지 않을 수 없었을 것이다. 구두로 전달하는 과정에서 오류가 발생할 수 있고, 본 의도와 다르게 해석되어 전달될 수도 있는 위험이 있을 것이기 때문이다.

기록되지 않은 사람의 말이 40여 년 이상의 세월이 지나는 동안 형태의 변화나 내용의 왜곡 없이 전해진다는 것은 불가능에 가깝고, 설령 그 말을 들은 누군가가, 자신이 들은 말을 기억해 내고 메모하여 후에 문서로 기록했다고 해도 그 내용이 처음의 발설과 같은 내용이라는 것은 담보할 수 없게 된다. 한 예로, 예수가 십자가 위에 매달려 했다는 말은 복음서마다 다르다. 마태오복음과 마르코복음은 예수가 십자가 위에서 단지 "나의 하느님, 어찌하여 나를 버리셨습니까?"(마태 27,46: 마르 15,34)라고만 말했다고 기록한다. 하지만 루카복음은 십자가 위에서 예수가 "아버지 저들을 용서해 주십시오."라고 말했고(23,34), 같이 매달린 다른 죄수에게는 "너는 오늘 나와 함께 낙원에 있을 것이다."라고 하고(23,43), 마지막으로 "아버지, 제 영을 아버지 손에 맡깁니다."라고 했다고 기록한다(23,46). 요한복음은 예수가 십자가 위에서 제자에게 모친 보호를 부탁한 후(19,27), "목마르다.", "다 이루었다."(19,28.30) 단 두 마디만 한 것으로 기록한다. 이런 기록의 차이는 어디에서 오는 것인가? 이런 차이는 예수가 십자가 위에서 했다는 말 자체가 없다는 방증이며, 복음 저자들이 각자 창작한 것으로 볼 수 있다. 그렇지 않다면 십자가상의 죽음과 같은 중대한 순간에 예수가 했다는 말이 복음서마다 중복도 없이 각각 다르고, 정확한 내용으로 기록되지 못하고 있는 것에 대한 설명이 불가능하다.

가톨릭 성서학자들은 복음서가 등장하게 된 배경에는 관심을 기울이지 않거나 간과하고, 현존하는 복음서에 대한 연구 결과만 제시한다. 그들은 마르코복음(총 660구절)과 예수어록[Q사료, (독일어 Quelle, '원천')]은 상호 연관 구절 없이 독립적으로 기술되었고, 마태오복음과 루카복음은 마르코복음과 예수어록을 참고삼아 기술한 것이라고 설명한다. 즉 마태오복음은(총 1100구절) 마르코복음의 총 660구절 중 600구절을 공통으로 하고 있고, Q사료의 200구절을 공통으로 하며, 나머지 300구절은 마태오복음 저자가 수집한 독립 자료로 구성되어 있다고 말하고, 루카복음은(총 1130

구절) 마르코복음에서 330구절, Q사료에서 200구절을 공통으로 활용하며 나머지 600구절은 루카복음 저자가 수집한 독립 자료로 구성되어 있다고 말한다.

가톨릭 사제 정태현도 저서 『성서입문』에서 최초의 복음서들은 예수의 가르침과 행적을 전하는 구두 전승을 문서화한 것이라는 가톨릭의 기본 입장을 그대로 제시하고,[65] 복음서 저자들은 각자가 구두 전승으로 내려오던 자료들을 수집하고 문서화하는 동시에 그 전승들을 특정한 상황에 맞추어 해석하는 기능도 수행하면서 복음서를 기록하였으므로, 복음서는 예수에 대한 객관적인 증언이자 불변의 진리를 간직하는 거룩한 책, 곧 '성서'라고 주장한다.

하지만 이런 견해는 단지 복음서라는 문서가 현실적으로 존재하는 것이 사실이니, 복음서는 누군가 예수와 관련된 구두 전승을 수집하여 편집하였을 것이라는 가정과 추론의 범주 안에서 갖게 되는 가설적 견해로 보는 것이 합당하다. 인간 예수는 역사적 실재성이 입증되지 않은 가상의 존재라는 것이 학계의 공통된 인식이고, 복음서는 영지주의의 '예수 신인 신화'를 개작한 것이라는 사실이 밝혀진 상태에서, 존재하지도 않은 가상의 인물의 가르침이나 행적이 전승되어 내려왔다거나, 누군가 이를 수집하여 편집하였다는 것은 논리적 타당성을 가질 수 없는 궤변일 뿐이기 때문이다.

또 각기의 복음서가 예수와 관련된 구두 전승을 각각의 저자들이 수집하여 편집한 것이라면 수집된 자료의 내용이 대동소이하면서도 상호 모순되거나 일관성이 결여되는 일은 없어야 한다. 그런데 우리는 복음서에서

65　『성서입문』(하권), p. 181 참조.

상호 일치되지 않는 진술들이나 동일한 사건에 대한 기술이나 내용에 각 복음서마다 차이가 있다는 것을 쉽게 발견할 수 있다(상기에서 살펴본 '십자가상 죽음 사화' 외에, 예수의 사망일 보도를 한 예로 들 수 있다. 유대 종교 전통의 유월절(출애굽해방기념절) 축제일은 유대력 니산월 14일 저녁부터 다음날 일몰 전까지이고, 무교절(추수감사절)축제는 니산월 15일 저녁부터 시작되어 7일간 이어진다. 유월절을 무교절의 첫날이라고도 하였다. 예수의 최후의 만찬 날짜에 대해 마태오복음과 마르코복음 및 루카복음은 '무교절 첫날'(즉 니산월 14일, 유월절 당일 저녁 목요일, 마태 26,17; 마르 14,12; 루카 22,8)이라고 기록하고, 예수가 십자가상에서 죽은 날은 그 다음날인 무교절 당일(즉 유월절 다음날, 니산월 15일 금요일)이라고 기록한다. 그런데 요한복음은 유월절 전날(니산월 13일 저녁 수요일, 13;1)에 최후의 만찬식을 갖고 다음 날인 니산월 14일, 즉 유월절이 시작되는 날 낮 시간(무교절 전날인 목요일, 19;31)에 처형되었다고 기록한다).[66]

복음서 '내용의 차이들'에 대해 가톨릭은, "복음서는 복음서 저자들이 각자가 들은 이야기나 수집한 자료의 내용을 그대로 옮겨 적은 것이 아니라 나름의 해석을 가하고 자기 의도에 따라 편집, 개작, 수정, 첨부, 축소, 과장하였다."고 설명한다. 즉 복음서 저자들이 자기가 저술하는 복음서를 읽거나 들을 청중을 염두에 두고 자기 나름의 방식으로 예수는 메

---

66 예수 당시의 유대력에 유월절이 목요일인 해는 서기 30년이었다. 이런 유대력을 근거로 학자들은 예수의 사망 연도를 서기 30년으로 추정하고, 기원전 6~4년경 출생한 것으로 추정되는 예수의 사망 시기의 나이는 35~33세 정도였을 것으로 셈한다. 그런데 루카복음을 근거로 한다면[루카복음은 예수가 서기 6년에 출생했다고 기록하고 있으므로(2;1)] 사망 시기인 서기 30년에 예수의 나이는 고작 25세 정도에 불과했다는 결론이 된다. 루카복음의 다른 구절, 곧 예수가 공적 활동을 시작한 나이가 서른 살쯤이라고 말하는 기록(3,23)을 대입하면, 3년간의 공적 활동 기간을 포함해 예수의 사망 시기는 서기 38년경으로 추정할 수 있다. 예수가 역사적 실존 인물이었다면 이런 차이는 어떻게 이해되어야 하는가?

시아라는 것을 알리기 위해 원 사료에 수정을 가하였다는 것이다. 하지만 이 말은 복음서 저자들이 영지주의 복음서인 '예수 신인 신화'를 차용하여 새로운 복음서를 작성하는 과정에서 신화 속 가상 인물인 예수를 역사적 실존 인물이며 메시아로 제시하고, 마치 신화 속에 등장하는 예수의 말을 자기 나름의 방식으로 실제 예수가 한 말처럼 조작한 사실에 대한 변명에 불과하다. 따라서 복음서에서 예수가 했다는 말들은 예수가 직접 자신의 입으로 한 말이 아니라 예수의 입에 올려진 복음 저자 자신의 말로 보는 것이 타당하다.

가톨릭은 '복음서 내용의 이해'에 대해, "복음서는 예수를 메시아로 소개하고 그에 대한 신앙을 촉구하며, 그의 가르침에 따라 살아가도록 독려하기 위한 목적으로 쓴 책이므로, 보도된 사건 자체에 대한 이해보다 이야기의 전개를 통해 저자가 전하고자 하는 메시지의 의미가 무엇인지를 아는 것이 더 중요하다."고도 말한다. 하지만 복음서가 없는 것을 창작하거나 조작하여 편집된 문건이라는 사실에 비추어 볼 때, 가톨릭의 이런 설명은 자신들이 가지고 있는 메시아로서의 예수에 대한 숭배 신앙을 호도하고 정당화하기 위한 자기 합리화 논변에 지나지 않는다. 한 예로, 마태오복음에 등장하는 예수의 탄생과 관련된 기록(마태 2,13~23)은 모세의 출생 신화에 대유해서 예수의 출생과 이집트 피난, 나자렛으로의 이주를 기록한 은유이며 상징적인 묘사라고 가톨릭은 말하지만, 그런 묘사는 예수를 신격화하기 위해 허구를 바탕으로 창작해 낸 인위적인 기술일 따름이다.

가톨릭의 복음서 이해에 대한 고찰을 통해 우리는, '예수 신인 신화'를 개작한 새로운 신화('예수 신화')의 토대 위에 설립된 가톨릭은 자신들 종교 설립 기원의 실제적 사실을 철저히 은폐한 상태에서 자신들 종교 실체의 정당성을 내세우기 위한 자기 합리화 논리를 끊임없이 개발해 왔고, 궤변과 날조로 가상적 신화인 교회 복음서를 실제 역사적 사실에 대한 보도인 것처럼 호도하고 있다는 것을 확인할 수 있었다. 가톨릭의 이런 행태는 가톨릭이 교회 설립 초기부터 '조작으로 정형화한 신앙 신조'를 종교적 진리로 둔갑시켜 종교권력과 기득권을 유지해온 허구의 거짓 종교라는 것을 보여주는 방증이라 할 것이다.

참고로, 각 복음서의 특징에 대해 가톨릭은 다음과 같이 설명한다.

『마르코복음』의 저자는 불분명하고 저술 장소도 팔레스티나 밖 어떤 곳(로마나 시리아 등)으로 추정할 뿐이라고 교회는 말한다[문자주의 복음서들의 저작 추정 지역은 '예수 미스테리아' 신봉과 확장의 중심지인 이집트의 알렉산드리아에서 멀리 떨어진 팔레스티나 밖 서북부, 즉 이교 미스테리아가 신봉되던 시리아의 안티오키아(아도니스 미스테리아 중심지), 에페소(아티스 미스테리아 중심지), 고린토(디오니소스 미스테리아 중심지), 로마(미트라 미스테리아 중심지) 등지의 유대인 디아스포라 지역이라는 점에 주목할 필요가 있다].

마르코 복음의 특징은 '메시아의 비밀'이다. 마르코복음에는 예수가 다윗의 혈통을 이어받은 후손이라거나, 동정녀 잉태, 베들레헴에서의 탄생 등에 대한 언급이 없다. 마르코복음에서는 예수의 신분뿐만 아니라 예수가 선포한 하늘나라의 속성도 일반 사람들에게 감추어져 있다. 하늘나라의 비밀과 메시아 비밀은 예수의 함구령과 제자들의 몰이해를 동반한다. 예수는 제자들에게 자신의 신분을 폭로하지 말라고 함구령을 내렸고, 하늘나라의 비밀을 제자들에게 따로 알려 주지만 제자들은 예수의 가르침을 이해하지 못한다.

마르코복음의 이런 '메시아 비밀 사상'에 대해 가톨릭은, 복음서가 쓰인 시기인 제1차 유대 항쟁(AD 66~70년) 전후에 자신이 메시아라고 주장하면서 사람들을 현혹하고 로마 권력에 대항하다가 처형되는 사람들이 있었는데, 이런 상황에서 그리스도교 공동체를 보호하기 위한 목적이었을 것이라고 설명한다. 하지만 마르코복음의 저자가 참고하였을 것으로 추정되는 영지주의자들의 '원마르코복음'은 메시아 예수를 미스테리아 신인으로 제시하기 위해서 창작한 신화와 비유이고 신비한 가르침을 암호화한 문건이므로 당연히 신인 메시아의 정체는 숨겨져 있다.[67] 문자주의 그리스도교는 이 문건의 이야기를 신화가 아닌, '실제의 메시아 비밀'에 대한 이야기로 간주하거나 호도하는 입장에서 본의가 오도되고 왜곡된 설명을 제시하고 있다고 볼 수 있다.

『마태오복음』에 대해서 가톨릭은, 익명의 저자가 시리아 지방 안티오키아에서 서기 80년경에 저술하였다고 말한다. 마태오복음은 예수의 족보와 탄생 과정의 묘사를 통해 예수를 신의 아들이자 메시아로 제시하면서 유대교 및 영지주의와의 단절을 명시하고, 예수 이야기를 이스라엘 역사에 연결시키고 있다. 야훼가 이스라엘 민족에게 심어 놓은 희망과 꿈이 예수의 삶과 가르침을 통해 실현되었고, 교회를 통해서 그 결과가 온 세상의 구원으로 이어진다고 말하고 있는 것이다.

마태오복음의 고유한 특징은 교회론을 전개하고 있다는 점인데, 마태오복음은 교회가 무엇이며 무엇이어야 하는가를 밝히고, 이스라엘은 야

---

67 본서 303쪽 참고. 유대 현자들은 신인 예수 미스테리아 신화를 창작하면서도, 현실적인 메시아의 도래에 대한 유대인들의 기대를 도외시할 수가 없었다. 또 메시아 예수는 이교도 미스테리아의 신인처럼 아득한 과거에 존재한 것처럼 그려질 수도 없었다. 그런 메시아는 현재의 백성을 현실적으로 구원할 수 없기 때문이다. 따라서 메시아는 가까운 과거에 도래한 것으로 그려져야 했고, 메시아가 도래했다는 것을 왜 아무도 들어 보지 못했는가를 설명하기 위해서는 메시아의 정체가 비밀에 부쳐지도록 그려내야 했다.

훼의 백성이었지만 메시아를 배척하고 처형하였기 때문에 야훼의 백성이 될 자격을 상실하였으므로, 이제는 그리스도 공동체가 이스라엘 백성을 대신하여 야훼의 새 백성이 되었다고 말한다. 그리고 교회의 지도자는 베드로를 수장으로 하는 열두 사도단의 후계자들이며, 베드로에게는 하늘나라의 열쇠가 주어져 매고 푸는 권한이 있다고 주장한다. 이어서 교회 교직자의 윤리와 교회 공동체의 신자들이 지켜야 할 규정을 제시한다.

교회 교직자의 권한에 대한 설명과 교회 권위에 대한 신도들의 순명에 대한 내용은 마태오복음에만 기록되어 있다. 이것은 문자주의 그리스도교 지도자들이 교회를 장악하고, 자신들의 종교적 권위에 신자들이 순종해야 할 명분을 제시하기 위해 의도적으로 마태오복음서에 첨부한 것으로 볼 수 있다. 예수가 직접 그런 권한을 부여했고, 교회의 권위에 복종할 것을 명령했다면 다른 복음서에도 유사한 내용이 기록되어 있어야 함이 당연하다고 할 수 있을 것인데, 다른 복음서에는 그런 내용이 전혀 없기 때문이다. 또 마태오복음은 영지주의에서 예수를 처녀 출생으로 태어난 신의 아들이자 신인(神人)으로 제시하기 위해 창작한 신화를 참조하면서도, 거짓 족보를 첨부하여 예수를 다윗 혈통의 실존 인물처럼 묘사하고 있으며, 구약성서의 필요한 구절들을 인용하는 것을 통해 예수가 마치 구약에서 예언된 대로 세상에 파견된 실제의 메시아인 듯이 묘사한다. 이런 것들은 문자주의 그리스도교가 예수에 의해 설립된 교회라는 정당성을 확보하기 위한 목적에서 문서를 의도적으로 조작한 것의 방증으로 볼 수 있다.

『루카복음』은 초대 교회의 역사를 다룬 사도행전과 연결된 문서라고 정태현은 말한다. 두 문건의 문체와 주제, 비슷한 서문, 매끄러운 연결 등 한 저자가 처음부터 치밀하게 계획한 연속 작품이라는 것이 분명하게 드러난다는 것이다.[68] 하지만 루카복음의 저술 시기는 대략 서기 80년경으로 추정하고, 사도행전은 교회에서 서기 177년 이전에는 인용된 적이 없기 때문에 서기 177년 이후에 쓰였을 것으로 추정되는 문서다. 게다가 사도행전은 한 명의 저자가 쓴 것이 아니다. 사도행전 16장과 27장, 28장에서는 느닷없이 이야기가 3인칭 진술에서 1인칭 진술로 바뀐다. 따라서 사도행전은 복음서들과 마찬가지로 누군가가 후대에 편집하여 첨부한 작품으로 볼 수 있다.

루카복음 역시 팔레스티나 밖, 알 수 없는 장소에서 작성된 것으로 추정하는데, 루카복음서의 특징은 구원의 길이 모든 이들에게 열려 있다는 '구원의 보편성'의 제시다. 루카복음은 메시아인 예수는 사람을 차별하지 않는 자비의 메시아라고 말하고 예수가 인간과 인간, 집단과 집단 사이를 가로막는 갖가지 차별의 장벽을 자유로이 넘나들며 하늘나라의 기쁜 소식을 전했다고 기록한다. 루카복음의 의도는 다분히, 신설된 신흥종교는 타 사상이나 종교적 이념과의 갈등이나 반목을 불러일으키기 위한 것이 아니라는 것을 드러내고, 교회는 교회의 창설자의 정신에 따라 차별 없이 누구에게나 전파되어야 하는 진리를 갖고 있다는 것을 강조하기 위한 목적에서 후대에 꾸민 것으로 볼 수 있다. 여타 복음서에 등장하는 예수는 준수해야 할 윤리적인 지침과 하늘나라의 도래에 대해서만 선포할 뿐, 교회를 통한 보편적인 구원 사상 같은 것은 설파하지 않고 있으며, 루카복음은 — 예수가 실재했다면 — 예수 사후 50년쯤 지나 작성되었는데(AD 80~100년경), 예수가 했다는 말이나 행적을 실제 목격자처럼 기록한다는 것은 있을 수 없는 일이고, 구두로 전해졌을 예수의 행적에 관한 이야기

---

68 『성서입문』(하권), p. 538.

도 진실성을 담보할 수 없기 때문이다.

『요한복음』은 예수의 지상 생애나 가르침을 전하는 다른 복음서들과 달리, 영지주의적 관점에서 예수의 정체와 구원 활동과 가르침에 대해 전한다. 요한복음의 저자에 대해서 리옹의 주교 이레네오는, 요한복음이 저자의 이름을 명시하지는 않지만 예수가 사랑하던 제자(19,26), 이른바 애제자(愛弟子)가 스승에 관한 일들을 "증언하고 또 기록한 사람"(21,24)이라고 밝히고 있는 점에서 저자는 요한 사도라고 주장했다. 하지만 복음서 저술 연대가 서기 100년경으로 추정됨에 따라 요한복음의 저자는 사도 요한의 사상과 표현과 영감을 이어받은 요한의 제자 공동체로 추정된다고 가톨릭은 말한다. 이에 대해『성혈과 성배』의 저자는 예수와 특별한 관계였고 '십자가 처형 때 모친의 보호를 부탁받은 사람'은(요한 19,26~27) 예루살렘 인근의 베타니아에 집을 소유하고 있던 예수가 사랑한 제자 '라자로'(요한 11,36. 라자로는 마르코복음, 마태오복음, 루카복음에는 등장하지 않고, 요한복음에만 등장한다)였다고 말하면서, 요한복음의 저자를 라자로로 추정하기도 한다.[69]

요한복음은 로고스(logos) 개념을 활용해 예수의 정체와 가르침을 전하는 점에서 영지주의적 문건으로 분류되는데, 영지주의에서 사용하는 소피아(sophia)는 신의 여성성 본성을 상징하는 용어였고, 로고스는 보편 자아 또는 보편 영혼으로부터 발현된 신의 아들, 신인을 상징하는 용어였다. 그런데 문자주의자들은 요한복음에서 사용하는 용어 '소피아'를 단순히 신의 지혜로, '로고스'는 신의 말씀이나 의지 또는 생각으로 해석하여 소피아와 로고스를 등치 개념으로 이해했고, 이에 따라 소피아나 로고스

69　『성혈과 성배』. p. 465.

를 육화한 예수 자체를 지칭하는 의미로 이해하여 요한복음을 정경으로 인정하고 신약 성서에 첨부시켰다.

요한복음은 예수 사후 70여 년이 지난 서기 100년경에 기록된 문서이며, 복음서의 저자는 ─ 예수가 실존 인물이었다고 하더라도 ─ 예수를 만난 적이 없는 인물이다. 따라서 그런 인물이 예수가 행한 일과 예수가 한 말을 본인이 직접 목격한 것처럼 복음서에 기록하고 있는 것(특히 요한 6,22~59; 14,1~17,26)은 작가의 상상적 창작이거나 영지주의의 신인 신화를 모방·차용하여 편찬한 문건으로 이해된다. 저자가 미스테리아에서 신인의 특징을 설명할 때 사용되는 용어들(생명, 영원한 생명, 생명의 빵, 세상의 빛, 부활이요 생명, 영원 전부터의 선재, 나를 보는 것이 곧 신을 보는 것 등)을 활용하여 예수의 메시아성을 설명하고, 예수가 구원자라고 소개하는 것이 그런 단면을 보여준다. 이런 정황상 요한복음은 복음서 저자들이 영지주의자들이 작성한 복음서('예수 신인 신화')를 참고하여 문자주의 그리스도교의 요구에 적합한 형태로 조작해 낸 결과물로 보는 것이 타당하다. 특히 요한복음에 수록된 '생명의 빵'(6,22~59. "나는 생명의 빵이다 … 내 살을 먹는 사람은 영원한 생명을 얻을 것이다.")에 관한 내용이나, '죄의 용서'(20,23. "너희가 죄를 용서해 주면 그가 용서를 받을 것이다.")에 관한 내용은 요한복음에만 등장하는데, 이것은 초대 교회가 자체로 제정한 성찬례(미사)나 고해 의식 설정의 근거로 삼고, 이런 의식을 집행하는 교회 성직자의 권위에 정당성을 부여하려는 의도에서 후대에 첨부한 것으로 볼 수 있다.

결론적으로 가톨릭교회는 근거가 희박한 논리와 궤변으로 복음서의 내용이 역사적 실존 인물에 대한 기록이라고 강조하고, 이를 토대로 교회 설립의 정당성을 옹호하고 호도하고 있다고 할 수 있다. 교회의 주장은 사실이 아니다. 복음서는 개작된 '예수 신화'일 따름이며, 교회가 주장하는 그런 인물과 메시아는 역사에 실재하지 않았다.

대부분의 사람들은 단군 신화를 역사적 사실에 대한 기록으로 받아들이지 않지만, 그럼에도 극소수의 사람들은 환인을 천신으로 섬기고 천자 환웅이 낳은 신인인 단군이 세상을 구하러 다시 세상에 강림한다는 신앙을 갖고 있다. 알타이의 야쿠트(Yakut)인은 하늘의 제9층에 군림하는 최고신 '하얀 조물주(urun ajy tojon)'가 세상의 질서와 출산을 관장하고 죽은 이의 혼을 거둬들여 영생을 부여한다고 믿는다. 가톨릭은 이런 종교전통들에 대해서, 그런 것들은 미신이나 우상숭배일 뿐이며 그저 원시 신앙의 한 형태라고 폄하하고 배격한다. 상대편의 입장에서 보면 가톨릭도 우상숭배나 원시 신앙의 답습이기는 마찬가지이지 않을까? 신의 존재 가능성에 대해 합리적인 증거를 제시하지 못하면서도 신은 존재한다고 선언적으로 주장하는 것이나, 신화 속에만 존재하는 가상 또는 공상의 신이 실제로 존재하는 듯이 여기고 섬기는 형태에서 어떤 차이점도 발견되지 않기 때문이다.

가톨릭이 날조되고 개작된 복음서의 내용에 따라 예수를 구세주나 신으로 믿는 것을 뭐라 할 수는 없다. 그리고 대부분의 가톨릭(그리스도교) 신자들은 예수의 역사적 실재성에 대해 관심이 없을 뿐더러, 예수의 생애나 신원에 대해 제대로 알지도 못하고 알고 싶어 하지도 않는다. 그저 '교회가 말하는 것을 사실로 믿고, 믿는 바대로 구원을 얻어 영원한 생명을 누리게 될 것'이라는 막연한 기대만 안고 살아가는 것처럼 보인다. 문제는 신자들의 이런 무지몽매를 이용, 성서가 고의성을 가지고 의도적으로 꾸며 낸 거짓 문서라는 사실을 은폐하고 이를 진리의 말씀인 것처럼 호도하여 이득을 추구하는 개인과 집단이 건재한다는 사실이다. 그런 자들은 스스로 입술에 연자 맷돌을 매달고 바다에 빠지는 편이 낫다(마태 18,6 참조).[70] 그들은 사람들을 허구로 현혹하여 미몽에 빠지게 하고 모종의 이득을 취하는 사악한 협잡꾼들과 전혀 다를 바가 없기 때문이다.

문서 날조로 구축된 교계제도
—

사실상 서기 첫 몇 세기에는 '교회'라는 것이 없었고, 정립된 교의도 없었으며, '정통'이라고 생각하는 그 어떤 것도 존재하지 않았다. 문자주의 그리스도교 공동체는 각양각색으로 나뉘어 서로 경쟁하는 종파만 있었다. 발렌티누스(AD 100~180)파, 마르키온(AD 85~160)파, 유스티누스(AD 100~165)파, 바실리데스(AD 117~138년경 활동)파, 이레네우스(AD 140~200)파 등이 그것이다. 로마교회는 다양한 그리스도교 분파들 중에 하나일 뿐이었고, 전체 그리스도 교회를 대표하는 교회도 아니었다. 로마의 주교가 사도 베드로의 직분을 이어받은 후계자라는 관념은 로마교회가 다른 분파들을 제압하고 교회의 주도권을 장악한 서기 4세기 말(384~399년 사이)에야 등장하고,[71] 그때부터 로마 주교를 교황이라고 칭하게 된다. 그리고 로마교회의 문자주의자들이 훗날 스스로를 자칭 '정통'이라고 주장하게 된 것도 그들 세력이 교회를 장악한 데서 기인한다.

---

70 마태 18,6 "나를 믿는 작은이들 가운데 하나라도 죄짓게 하는 자는, 연자 맷돌을 목에 달고 바다 깊은 곳에 빠지는 편이 낫다."

71 영지주의자들은 자신들의 교회가 바울에게서 이어졌다고 주장했고, 문자주의자들은 요한과 베드로에게서 이어졌다고 주장했다.

2세기 초에 영지주의의 신화적 복음서를 역사적 사실에 대한 기록으로 조작하고, 그 복음서를 기반으로 새로 설립한 종교를 자신들의 입신양명과 출세의 도구로 활용하고자 한 기회주의자들,[72] 곧 문자주의 주교[73]들은 교회 교계제도의 정당성과 주교직의 권위를 내세우기 위한 방편으로 2세기 초에 새로운 복음서를 편집하면서, 바울의 친서로 인정되는 '갈라디아서'에서 언급되는 베드로 · 야고보 · 요한의 명단(갈라 2,9)과 영지주의의 원마르코복음에서 예수에게 12명의 제자가 있었다는 내용을 활용하여, '예수가 제자들의 수장 격인 베드로를 통해 교회를 세웠고 자신들은 베드로를 비롯한 예수 제자들의 후계자'라고 주장했다. 즉 그들은 마태오 복음에 예수가 '반석 위에 교회를 세우겠다'고 말하는 내용(마태 16,18)과, '땅에서 매면 하늘에서도 매이고, 땅에서 풀면 하늘에서도 풀린다'고 말하는

---

72 종교 지도자들은 종교에 관한 지식과 정보를 독점하여 사람들을 호도하고, 죽음과 신의 저주를 두려워하는 사람들을 종교의 권위 아래 복종시킬 수 있었다. 그리고 이를 통해 신도들이 수고로 얻은 재화를 봉헌의 이름으로 각출하여 부를 향유할 수 있었다. 오늘날에도 신이 존재한다는 증거를 제시하지도 못하면서 신화를 구조화하여 "신이 존재하고, 신을 믿는 자에게 신이 영생과 은총을 부여한다"는 근거 없는 허무맹랑한 이야기로 사람들을 현혹하여 헌금을 유도하고, 그것으로 무위도식하며 호사를 누리는 기회주의자들이 존재한다.

73 초기 가톨릭교회에서는 교회 지도자를 장로(elder) 또는 감독(episcopoi)이라 칭했는데, 2세기 이후에 주교 · 사제 · 부제로 이어지는 삼중 직무가 도입되면서 장로 직무가 없어지고 장로나 감독의 직분이 주교로 대체되었다. 초기 교회에서 주교는 일정 지역을 담당하는 주교가 자신의 신자들 중에서 임의로 선발하여 주교 신분을 부여하는 것으로 성립했다(예를 들어 아우구스티누스는 마니교에서 개종 후 가톨릭 세례를 받았고, 4년 뒤에 자신에게 세례를 베푼 주교에게 선발되어 부주교 직위와 주교 직위에 올랐다). 중세 시대에는 교황이나 주교 외에 황제나 왕도 주교를 선임할 수 있었다(왕의 주교 서임권으로 발발한 사건이 하인리히 4세의 카노사 굴욕 사건이다). 교황은 성직자와 평신도로 구성된 회의에서 선발되었는데, 서기 1059년에 그레고리오 7세가 '교황 선거권'을 개정하면서 추기경단에 의한 선출로 변경되었다. 성직 매매가 횡행하던 시절에는 갓 7세에 사제로 서품되고, 37세에 교황이 된 사람도 있었고(레오10세), 25세에 추기경이 되거나(알렉산데르 6세), 혼외자가 교황이 되기도 했다(클레멘스 7세).(『교황들』, 한스크리스티안 후프 저, 김수은 역, 동화출판사. 2009. 참조).

내용(18,18)을 첨부하여, 교회가 예수에 의해서 직접 설립되었다는 것과 주교는 베드로의 합법적인 후계자라는 주장의 정당성을 확보하고, 그리스도의 추종자들은 교회의 권위에 순종하여야 함을 강조했다(앞에서도 살펴보았듯이, 학자들은 위 내용들이 다른 복음서에는 없고 오직 마태오복음에만 기록되어 있다는 이유에서 예수의 친발설이 의심되는 인위적 조작 · 가필로 본다). 마태오복음은 교회가 권위와 규칙, 가르침, 의식으로 조직화되어야 존속 가능하다는 이해를 갖은 사람에 의해 작성된 특성을 갖는다.[74]

주교들은 또 교회 지도자의 권위를 강조하기 위해 바울의 이름을 차용하여 소위 사목 서간이라고 불리는『티모테오 1,2서』와『티토서』라는 서간을 위조했다. 이 세 서간에서는 본시 영지주의자였던 바울이 교회의 조직자이자, 교회 기강의 버팀목이며, 영지주의를 비롯한 모든 이단자에 대한 확고한 적대자로 나타나고(1티모 4,7에서 바울은 영지주의 신화를 "저속하고 망령된 신화"라고 비난한다), 예수로부터 진리와 권한을 위임받은 제자들의 가르침을 선입견 없이 따르고 교회 지도자들에게 절대 순명할 것을 강조하는 모습으로 제시된다. 주교의 권위를 지나치게 강조한 로마의 클레멘스(AD 150~215)는 하느님이 주교들에게 권능을 부여했기 때문에 주교에게 '고개 숙이기'를 거부하는 자는 누구나 그리스도에게 불복종하는 죄를 짓는 자라고 단언했고, 또 신성하게 부여받은 권위에 도전하는 자는 누구나 "사망의 형벌을 받는다."고 주장하면서까지 위계적 권력을 구축하려고 애썼다.[75] 오늘날에도 가톨릭은 예수의 부활을 처음 목격한 베드로의 권위를 교황이 계승했다고 주장한다. 만들어지고 조작된 신화에 등장

74 『교황들』, p. 39 참조.

75 『예수는 신화다』, p. 327.

하는 가상 인물들의 권위가 실제로 계승되고 있다는 터무니없는 주장을 계속해서 되풀이하고 있는 것이다.

문자주의 주교들은 자신들의 우월한 지위(계급)을 나타내는 징표로 '순결'을 제시하기도 했다. 2세기경 로마에서 통용되는 가장 귀한 도덕적 가치는 왕족이나 기사 계급의 도덕 가치인 '용기'와 '고귀함'이었다. 그리고 이러한 도덕 가치에 따라 고귀함, 기품, 패기, 용기 등은 '좋은 것'이고 그와 반대되는 낙담, 겁, 비속함 등은 '나쁜 것'이라는, 곧 '좋음'과 '나쁨'이 도덕적 평가 기준으로 작용하는 사회였다. 이런 풍토에서 사회 귀족 계급으로의 편입을 모색한 문자주의 주교들은 스스로 자신들이 순결하다고, 경건할 뿐만 아니라 흠결이 없다고 주장했고, 순결한 자는 왕이나 기사들과 달리 피를 멀리하고 평화를 사랑하는 자라고 강조했다. 그리고 '선과 악'(옳고 그름)이라는 도덕적 가치를 내세워 사람들이 선에 모든 것을 걸게 하고 그와 함께 악을 혐오해 저주하도록 했다. 그들이 말하는 선이란 세상의 질서가 아니라 성서에 기록된 신의 가르침을 문자 그대로 철저하게 지키고 따르는 것이며, 신의 가르침에 순종하는 사람이 곧 선하며 순결한 사람이라고 강조했다. 이로써 그리스도교 안에서는 '좋음과 나쁨'이라는 도덕 기준이 '순결과 불순', '선과 악'(옳고 그름)이라는 개념으로 대체되어 발전하게 되었다. 그리고 주교들은 선악의 결과에 따라 하늘로부터 축복과 저주가 뒤따르게 된다고 주장하고, 자신들만이 저주로부터 사람들을 구원할 권한이 있다는 주장을 통해 기득권과 종교적 권위를 구축해 나갔다.[76]

덧붙여, 초기 문자주의 교회 주교들이 예수가 베드로를 통해 예루살렘

---

76 『니체』, 정동호 저, 책세상, 2017. pp. 157~163 참조.

에 세웠다고 말하는 초기 그리스도교 공동체, 즉 '예루살렘 교회'가 존재
했다는 증거는 아무것도 없다. 사도행전은 마치 예루살렘에 초기 신앙 공
동체가 존재한 것처럼 묘사하고 있지만(사도 2,42~47; 4,32. 첫 신자 공동
체 생활), 서기 177년 이전까지 사도행전은 교회에서 인용된 적이 없고,
순교자 유스티누스(AD 100~165)도 사도행전의 존재에 대해 알고 있다는
흔적을 남기지 않았으며, 서기 2세기 말에야 이레네오(AD 140~200)와 테
르툴리아누스(AD 155~220)가 사도행전을 성서로 인정했다는 사실에 비
추어 볼 때, 사도행전은 서기 177년 이후에 문자주의자들의 의도에 맞춰
작성된 위조문서로 볼 수 있다.[77] 따라서 첫 신자 공동체가 존재했다는 사
도행전의 내용은 신뢰성을 가질 수 없다. 또 만일 예루살렘에 예수를 강
림한 실제의 메시아로 믿는 그리스도교 교회가 존재했다면, 서기 70년 이
후 그들 집단은 타 지역으로 이주하여 신앙 공동체를 형성하고 신앙생활
을 계속 유지했을 것이지만 예수 사후 100년이 다 되어가는 서기 2세기
초까지 그런 공동체는 등장하지 않았다.[78]

사도행전과 갈라디아서(갈라 2,9)에는 바울이 예루살렘 교회를 방문했

---

77 『예수는 신화다』, pp. 231~235 참조. '사도행전' 이전에 영지주의 그리스도교에서 작성된
'베드로와 열두 사도의 행전', '요한행전', '바울행전' 등의 문건이 있었지만, 이 문건들은 문
자주의자들에 의해 폐기되었다. 사도행전은 서기 2세기 말경에 베드로를 제자들의 수장
으로 제시하기 위해 조잡하게 조작된 문건으로 판단되며, 베드로가 불구자를 고치는 기적을
행했다거나(3,7~8), 베드로가 천사의 도움으로 감옥에서 풀려났고(12,6~10), 바오로의 몸에
닿았던 수건이나 앞치마를 병자들에게 대기만 해도 병자들이 나았다(19,12)는 등의 비상식
적이고 황당한 이야기를 기술한다.

78 문자주의 그리스도교가 말하는, 예수를 역사적 실존 인물이자 그리스도로 믿는 '예루살렘
공동체'라는 것은 존재하지 않았다. 설령 있었다고 해도 서기 70년 로마제국의 종교나 혁명
을 목적 삼는 모든 공동체의 해체 정책에 따라 괴멸되었을 것이다. 따라서 훗날 예루살렘에
서 살아남았다는 그리스도교인들의 이야기는 모두 허구다(『노동, 성, 권력』, 윌리톰슨 저, 우진
하 역, 문화사상, 2017. p. 113 참조).

다는 기록이 등장하는데, 바울이 활동하던 당시에 예루살렘에는 야고보라는 사람을 중심으로, '예수는 비록 실패한 정치적 메시아였지만 다시 세상에 강림(재림)하여 기필코 정치적 목적을 성취할 것'이라고 기대하면서 정치적 메시아를 기다리는 분파가 있었다(야고보분파).[79] 따라서 만일 바울이 예루살렘을 방문했다면 그는 야고보 분파의 지도자인 야고보와 베드로와 요한을 만났을 것이다. 문자주의자들이 말하는 그리스도교 공동체가 아니었던 것이다. 그럼에도 문자주의 문건인 사도행전에서 바울의 예루살렘 방문을 묘사하는 근본적인 이유는, 자신들의 교회가 어느 날 갑자기 생긴 것이 아니라 예루살렘 교회로부터 이어져 오는 교회라고 주장하기 위함일 것이다.

시간이 흐르면서 문자주의자들은 제국의 중심지인 로마가 교회의 중심지가 되어야 한다는 것을 강조하고, 베드로를 교황 권력의 신화적인 설립자로 내세우기 위해 '12사도의 수장 격인 베드로가 로마에서 순교했고 묻혔다'는 전설을 조작해 냈다. 곧 베드로가 로마로 와서 그리스도교 공동체를 이끌었으며, 바울과 함께 네로 황제(AD 37~68)의 박해의 제물이 되어 서기 64년 무렵에 십자가에 거꾸로 매달려 순교했다는 전설을 만들어 낸 것이다. 물론 이 전설의 통일된 출처는 존재하지 않으며, 베드로의 무

---

79 『문화의 수수께끼』, pp. 262~269 참조. 교회 복음서에서 예수는 제자들에게 '칼을 사라'고 말하고(루가 21,37), 예수가 체포되는 상황에서 베드로가 칼을 뽑아 들고 대항하자 예수는 아무렇지도 않은 듯이 '칼을 칼집에 꽂으라'고 명한다(요한 18,10~11). 예수는 자신이 '평화가 아니라 칼을 주러 왔다'고 말하기도 한다(마태 10,34. 교회는 이 대목을 거짓 평화에 대한 경고라고 해석한다). 이런 보도들은 예수를 전투적인 메시아로 인식하는 사람들이 있었다는 것을 시사하는 것으로 볼 수 있다. 헤게시푸스의 기록(AD 180년경)에 의하면, 야고보는 로마의 베스파시아누스가 유대인들의 독립 항쟁을 진압하는 과정에서 예루살렘을 정복하기 직전인 서기 70년에 로마의 서기관들과 바리사이인들에 의해 예루살렘 성전 탑에서 떨어뜨려졌고, 돌에 맞고 몽둥이에 맞아 숨을 거두었다고 전한다.

덤 위치를 아는 사람도 없다. 그럼에도 문자주의자들은 자신들 주장의 정당성 확보를 위해 베드로의 시신이 네로 황제의 원형경기장 바로 옆에 위치한 공동묘지에서 발견되었다는 허위 정보를 발표했다. 공동묘지의 지하 납골당에서 유골들이 발견되었는데, 그중에 베드로의 유골이 있었다는 것이다. 물론 그것이 베드로의 것이라는 확증은 없다.[80] 이후 베드로를 기념하여 그 무덤 위에 건축된 성당이 성 베드로 성당이다.[81]

가톨릭과 콘스탄티누스 황제

—

초기 문자주의 그리스도교 발전사에서 로마제국의 황제 콘스탄티누스의 역할은 빼놓을 수 없다. 콘스탄티누스는 가톨릭이 종교 역사 안에서 살아남을 수 있는 기반을 놓은 사람이자, 교회 복음서의 편찬과 교의의 정립에 간여하여 가톨릭 사상의 틀을 구축하는 데 지대한 영향을 미친 인물이기 때문이다.

밀비우스 다리 전투에서의 승리로 막센티우스를 물리치고 황제의 자리에 오른 콘스탄티누스는,[82] 자신은 시리아에서 기원한 '무적의 태양(Sol

---

80 1940년, 교황 비오 12세의 의뢰로 베드로 무덤에 대한 고고학적 조사가 이루어졌는데, 이 과정에서 베드로를 기념하는 기념비가 성당의 지하 납골당에서 발견되었다. 그리고 10년 후 교황청은 이 기념비를 근거로 베드로의 무덤이 발견되었다는 것을 공식적으로 발표했다. 하지만 기념비는 서기 160년에 아니세투스 주교의 지시에 따라 인위적으로 만들어진 것이었고, 따라서 기념비가 그 자체로 베드로의 무덤을 증명하는 근거라고 볼 수는 없다. (『교황들』, pp. 39~41 참조).

81 오늘날 성 베드로 광장과 성 베드로 성당이 서 있는 자리는 한때 이교도 신전이 있던 자리이고, 후대에 공동묘지로 활용된 곳이다.

82 막센티우스의 누이 파우스타(Fausta)가 콘스탄티누스의 아내이니, 밀비우스 전투는 처남과

Invictus)신' ─ '무적의 태양신' 신앙은 페르시아의 '미트라 태양신' 신앙과 공통점이 많다 ─ 신봉자이면서도, 순전히 정치적인 이유에서 스스로를 '그리스도 교회의 수호자요 교회 밖의 주교'라고 자처하면서 그리스도교의 로마 정착과 발전에 관심을 기울였다.

로마제국의 황제들은 사람에 따라 선호하는 이교 신앙이나 미스테리아가 달랐고, 선호하는 정도도 달랐다. 황제 마르쿠스 안토니우스(BC 83~AD 30)는 스스로를 디오니소스라고 칭했고, 클라우디우스(BC 10~AD 54)는 아티스를 숭배했다. 베스파시아누스(AD 9~79)는 세라피스 미스테리아 신봉자였고, 도미티아누스(AD 51~96)는 오시리스 미스테리아를 받들었다. 이교와 신비신앙에 대한 분열이 점점 격화되고 있는 와중에 "하나의 제국, 하나의 황제"를 강조하는 로마 황제들은 통치력 강화를 위해 "하나의 신앙"을 필요로 했다. 제국의 보편적인 종교, 곧 '가톨릭'을 필요로 한 것이다[여기서의 가톨릭(Catholic)은 특정 종교를 지칭하는 것이 아니라 로마제국민 모두가 믿는 '보편적인 종교'(國敎)라는 의미로 사용되는 용어다. 후에 그리스도교가 국교로 선정된 이후부터 가톨릭이라는 용어는 그리스도교를 지칭하는 고유명사로 정착되었다]. 하지만 황제들은 온갖 종교를 제국의 가톨릭(보편 종교, 국교)으로 만들기 위한 시도를 멈추지 않았지만 이렇다 할 성과를 거두지는 못했다.

황제 직위에 오른 콘스탄티누스 역시 정권의 안정과 통치권의 확보를 위해 제국의 보편 종교를 필요로 했는데, 때마침 허약한 존립 기반의 강화를 위한 방안을 모색하던 로마교회 중심의 그리스도교는 콘스탄티누스

매부 간의 전투였다. 콘스탄티누스에 대해서는 본서 412쪽, '가톨릭 종교전통의 존속 요인 ─ 정치적 종교권력의 구축' 항에서 다시 살펴볼 것이다.

와 상호 정종(政宗) 유착의 기회를 갖게 되었고, 이에 제국의 통일성을 강조한 콘스탄티누스는 그리스도교를 제국의 가톨릭으로 삼고자 시도했다. 하지만 타 종교의 반발이 너무도 극렬해 그리스도교를 정작 서로마의 국교로 선포하지는 못했다(콘스탄티누스는 황제로 즉위한 다음 해인 서기 313년에 밀라노칙령을 통해 그리스도교를 미트라교, 바쿠스교, 켈트 신앙 등 여타 종교들과 더불어 제국민들이 선택하여 믿을 수 있는 '공인 종교'로 선포하고, 서기 326년에는 동로마의 국교를 그리스도교로 선포했다. 그리스도교, 곧 가톨릭이 서로마제국의 국교로 선포된 것은 서기 392년 테오도시우스 황제에 의해서이다. 그리스도교가 로마제국이 채택한 유일한 국교는 아니다. 그리스도교가 로마의 국교로 선포되기 전인 서기 274년에는 페르시아에서 기원한 '미트라 미스테리아'가 국교로 선포되고, 12월 25일에 기적적으로 태어났으며 신도들이 상징적인 빵과 포도주 의식으로 죽음을 기린 신비신앙의 신인 미트라가 '제국의 보호자'로 선포되었었다).

그리스도교를 제국민들이 여타 종교들과 더불어 믿을 수 있는 공인 종교로 선포한 콘스탄티누스는, 정작 그리스도교 공동체가 심하게 분열되어 있었다는 것을 알지 못했다. 확정된 교의가 없던 까닭에 그리스도교는 영지주의 그리스도교를 포함, 각자가 생각하는 방식에 따라 여러 형태와 여러 분파로 갈라져 있었던 것이다. 이에 콘스탄티누스는 그리스도교를 하나로 통합시키기 위해 서기 325년에 각 분파의 주교들 — 아리우스파, 아타나시우스파 등 — 로 구성된 니케아 종교 회의를 소집하여 하나의 신앙 신조('니케아 신조')를 만들도록 했고, 예수가 신성을 지닌 인물인지의 여부를 투표를 통해 결정했으며(찬성 218표, 반대 2표), 기존에 1월 6일에 기념하던 예수의 탄생일을 미트라의 탄생일인 12월 25일로 조정하도록 제시했다[후에 예수 성탄일을 12월 25일로 확정한 자는 리베리우스 교황이다

(AD 354)]. 콘스탄티누스는 '니케아 신조'에 동의하기를 거부하는 각 분파의 주교들을 직접 재판하여 범죄자로 몰아 제국에서 추방하기도 했다.

콘스탄티누스는 제국 내에서 신봉되던 미트라교, 무적의 태양 숭배교, 켈트교, 그리스도교 등의 차이점이 드러나지 않도록 조정하려고 했고, 그것들 사이의 어떤 모순도 묵인하지 않으려고 했다. 그래서 그는 그리스도교에서 말하는 신격화된 예수를 '무적의 태양'의 현세적 현시로 생각하여 묵인했고, 그리스도교 교회는 콘스탄티누스의 의중에 따라 현세의 정권과 조화를 이루는 방향, 즉 미트라교 신앙 신조와 유사한 형태로 교의를 수정했다. 그리고 교회는 콘스탄티누스의 지원을 받아 성서를 재편집하였는데, 이 과정에서 콘스탄티누스의 뜻과 교회의 구미에 맞지 않는 기존의 문서들은 모두 폐기되고, 새로운 복음서와 문건들이 교회의 의도에 맞게 개작, 수정, 편집되어 만들어졌다. 콘스탄티누스는 '무적의 태양의 날'에는 법정이 쉬도록 명하고 법령으로 이날을 휴일로 정하기도 했는데, 이때부터 유대인의 안식일인 토요일을 성스러운 날로 지키던 그리스도교는 콘스탄티누스 칙령에 따라 성스러운 날을 일요일로 바꾸었다.

'니케아 신조'에도 불구하고 그리스도교 교회는 여러 분파로 분열된 상태에서 성서 논쟁으로 위장된 정치적 내부 투쟁을 끊임없이 계속했다. 이런 권위적인 분위기 속에서 패배자들은 파문이 되었고, 파문된 그들과 같은 견해를 갖는 것은 금지되었다. 하지만 아무도 안전하지 못했다. 오늘의 '정통'이 내일은 '이단'일 수 있었다.[83] 이후 로마교회를 중심으로 한 '로마 가톨릭'은 점차 콘스탄티누스 황제와 후임 황제들의 후원과 지원에 힘입어 정치권력과 종교권력을 구축할 수 있었고, 분열된 여타 그리스도 분

---

83 『교회사』, 광주가톨릭대학편집부, 1985, '로마역사', 『예수는 역사다』, pp. 350~362 참조.

파들을 제압하고 통합할 수 있었다.

날조된 초기 교회 역사

—

이런 상황에서 로마교회는 자체 신앙에 어울리는 역사를 필요로 했다. 적을 비방하고, 가톨릭교회 설립의 정당성 호도와 야훼가 허락한 승리를 자축하는 역사가 필요했던 것이다. 따라서 그리스도교의 기원에 대한 진실은 엄격히 억압되었고, 좀 더 수용 가능한 역사가 날조되었다.

그리스도교의 모든 허구 역사를 최종적으로 조작하고 종합한 것은 4세기의 유세비우스(AD 263~339) 주교다. 그의 임무는 로마 그리스도교의 적합한 역사를 만들어 내는 것이었기에 진실과 전혀 관계없는, 피상적이고 자의적이며 고의로 날조한 역사를 만들었다. 현대 학자들의 연구에 의해 그의 역사 기록은 상상과 추측으로 기록된 것이며, 예루살렘과 로마 주교들의 명단도 가상으로 만들어진 허위임이 밝혀졌다. 한 예로, 유세비우스는 저서 『교회사』에서 처음 1세기부터 로마교회를 주교들이 이끌어 왔다고 기술하고 있는데, 로마에서 그리스도교 공동체의 공식적인 지도자가 단 한 명이라도 나타난 것은 훨씬 후대의 일이고, 로마 주교를 교황으로 부르게 된 것도 서기 4세기 후반(AD 384~399 사이)의 일이다. 날조된 것임에도 그리스도교 역사에 관한 유세비우스의 말은 오랫동안 권위 있는 것으로 인용되었는데, 그 이유는 첫 3세기 동안 교회 역사로 살아남은 글이 그의 글밖에 없기 때문이고, 그의 거짓말이 항구화된 나머지 그리스도교의 전통 역사가 되기에 이른 것이다.

그리스도교 성자(聖者)들에 대한 허구의 전기도 만들어졌는데, 흔히 그런 허구는 죽은 이교 성자들의 생애와 전설을 그대로 베낀 것이었다. 위에서도 언급했듯이, 그리스도교 권력의 핵심인 로마교회를 신임하기 위해 베드로가 로마에 와서 십자가에 거꾸로 매달려 못 박혔다는 이야기를 꾸며 내기도 했고, 바울이 로마에서 죽었다는 전설과, 바울이 칼에 맞아 죽었는데 바울의 머리가 땅에 떨어진 곳에서 샘물이 솟았다는 황당한 이야기를 꾸며 내기도 했다. 유대인 피타고라스학파인 필론이 사도 요한과 율법 논쟁을 했다거나 로마에서 베드로를 만났다는 전설을 만들기도 했고, 신약에 나오는 아리마테아 출신 요셉(마르 15,43)과 역사가 요세푸스를 동일시하기까지 했다.

2세기에 테르툴리아누스(AD 155~220)는 빌라도가 예수를 처형케 한 후 손을 씻은 것은 그가 은밀한 심중으로는 그리스도교인이었기 때문이라고 주장했는데, 이후 테르툴리아누스의 허구를 기초로 해서 『빌라도행전』과 『니고데모 복음서』라는 문서가 위조되었고, 빌라도는 콥트 교회의 성자로 추앙되고 빌라도의 아내 프로클라도 그리스 정교회의 성녀로 추앙되게 되었다.

문자주의 그리스도교는 로마제국의 국교로 채택되면서 황제 권력을 등에 업고 이교도들에게 잔혹한 테러를 가하면서 입지를 굳혀 나갔다. 이교의 신들은 어수룩한 사람들을 속이고 기만하기 위해 마법을 부리는 악마로 간주되었는데, 서기 392년에 테오도시우스 황제가 그리스도교를 국교로 선포하고 이교 신전을 폐쇄하라는 칙령을 내리자, 그리스도교인 폭도들은 기회를 놓치지 않고 이교도들을 학살하고 신전을 파괴했으며, 수천 년 동안 축적되어 온 지혜와 과학 지식을 이교의 미신으로 취급해서 닥치

는 대로 말살해 버렸다.[84]

로마 주교는 서기 384~399년 사이부터 교황이라는 칭호를 사용했는데, 그렇다고 그의 공식적인 지위가 다른 주교나 그리스도의 신성을 부인하는 아리우스파의 주교들보다 더 높아진 것은 아니었고, 전체 교회의 수장으로 인정되지도 않았다. 그는 단지 그리스도교의 여러 형태들 가운데한 단체의 기득권을 대표하는 인물일 뿐이었다. 다시 말해 그는 서로 다투는 수많은 분파와 신학적인 입장 차이로 인한 갈등에 맞서 살아남기 위해 필사적으로 투쟁하는 한 단체의 대표자에 지나지 않았다.[85] 당시 가톨릭교회는 가톨릭교회의 권위를 인정하지 않는 켈트 교회보다 권위가 높지도 않았다.[86]

사실상 문자주의 그리스도교(가톨릭)는 역사적 거짓말이라는 불안정한토대 위에 세워져 있다. 신은 인간 지성으로 빚어낸 이상형을 투사하여만들어 낸 관념의 산물이고, 예수는 역사적 실존 인물이 아니며, 천국이나 영생, 지옥이라는 것도 가톨릭교회 존립의 정당성과 합리화 구축을 위해 조작해 낸 개념에 불과하다. 그리고 '히브리 신화'는 창작 신화이고 '예수 신화'는 날조와 조작의 문건이며, 문자주의 교회의 사상이 허구라는 것은 나그 함마디 문서를 통해 결정적으로 확인되었으므로, 야훼를 신으로

---

84   『예수는 역사다』, pp. 370~373.

85   로마의 주교인 교황이 전체 교회의 수장이 되어야 한다는 것은 1059년에 교회 개혁가들이
      교황 선거권을 개정하면서부터다. 교황 그레고리오 7세는 1075년에 로마가 전 세계의 중심
      이며 로마 주교가 전체 교회의 수장이라는 것을 모두에게 알리고, 전 세계가 교황에게 복종
      해야 한다는 교령을 선포했다. 교황은 황제와 주교를 파면할 수도 있었다. 교황이 의심할 바
      없는 신성한 존재가 된 것이다.

86   『성혈과 성배』, p. 332, 『교황들』, p. 17 참조.

전제한 상태에서 상상과 추론으로 전개하는 종교 교의들, 예수를 메시아나 예언자·강림한 신이며 신의 아들이라고 소개하는 모든 종교 책자들, 예수의 사상을 연구한 서적들, 예수의 역사 인식과 인간관에 대해 논하는 책자들 등, 모든 야훼나 예수와 관련된 문헌들은 실체가 없는 가상의 존재에 대한 탐구이며 상상과 추론적 논리의 전개인 허구에 불과하다고 할 것이다.

대부분의 사람들은 제우스가 인간이나 동물 등 여러 형상으로 인간 세상에 드나들었다는 신화를 사실적 기록으로 믿지 않는다. 자칭 한국에 강림한 메시아라고 주장하는 일부 사이비 교주들도 믿지 않는다. 이집트의 파라오가 아텐의 현현이라는 것도 믿지 않는다. 우리나라의 단군 신화를 사실로 받아들이지도 않으며, 환인을 천신으로 섬기지도 않고 환웅을 천자, 곧 신의 아들로 받아들이지도 않는다. 그저 재미있는 신화일 뿐이라고 생각한다. 그러면서도 가톨릭이 2,000여 년 전에 창출한 신화 속 예수는 육화한 신이며 구원자 그리스도라는 믿음을 쉬 버리지 못하는 까닭은 무엇인가? 그것은 가톨릭이 치밀하고 교묘하게 복음서의 조작성을 2,000년이 넘는 세월 동안 은폐하고 숨겨왔기 때문이다.

■ 예수는 그리스도인가?

가톨릭은 교회 복음서에 수록된 '예수 부활 사화'를 근거로, "사람의 형상으로 인간 세계에 강림한 예수는 유대 종교전통 안에서 야훼가 유대인들을 구원하기 위해 보내주기로 약속했던 바로 그 메시아이며, 예수에 의해 인류 구원을 위한 야훼의 약속은 비로소 성취되었다."고 주장한다. 그리고 예수의 부활에 대해 "죽은 사람의 부활이라는 것은 신의 개입 없이는 불가능한 일이므로 예수가 부활했다는 것은 그의 죽음에 야훼의 개입이 있었다는 것을 의미하고, 야훼가 예수의 죽음과 부활에 개입한 것은 예수가 메시아(그리스도)이기 때문이다."고 말한다. 그리고 "신만이 죽지 않고 영원히 사는 존재인데 예수는 죽음을 이기고 부활하여 영원히 사는 존재가 되었고, 이제 신이 된 예수는 현세에서 목숨이 끊겨 죽은 사람도 되살려 내어 영원한 생명을 부여할 수 있는 권한을 갖게 되었으므로, 영생을 얻기 위해서는 죽고 부활한 예수를 메시아로 믿어야 하고, 그 믿음을 예수가 세운 가톨릭교회에서 고백하고 세례를 받아야 한다."고 주장한다. 거짓이다.

우리는 상기의 고찰을 통해 가톨릭은 가상의 신인(神人) 예수를 역사적 실존 인물로 개작하고 날조한 문서의 토대 위에 구축된 거짓 종교라는 것을 확인하였다. 따라서 당연히 예수는 — 만들어진 신화 속 가상의 존재일 따름이므로 — 죽은 사람을 살려내고, 되살아난 사람이 두 번 다시 죽지 않고 영원히 사는 생명을 부여하는 구원자, 그리스도, 메시아일 수 없다. 예수가 살아있는 그리스도라는 논리는 성립될 수 없는 허구인 것이다. 그럼에도 불구하고 가톨릭은 2,000여 년이 넘는 세월 동안 이런 사실을 은폐한 상태에서, 개작된 복음서가 전하는 예수의 부활을 실제 역사적 사실로 호도하고 그가 구원자 그리스도라고 주장하는데, 가톨릭이 '그리스도론' 전개의 근거로 삼는 복음서가 전하는 부활 사건과 부활한 예수의 현현 사건에 대한 보도 내용의 실제성과 사실성에 대해 살펴보자.

복음 보도와 바울의 부활 사상

예수를 전하는 교회 복음서에 의하면, 예수는 세례자 요한에게 세례를 받았고, 요한처럼 "천국이 가까웠으니 회개하라."는 회두촉구 일을 했다. 그리고 자신만의 독특한 메시지를 전하기도 했는데, 그 내용은 이사야 예언서에 등장하는 '고난받는 야훼의 종'(이사 42,1~9; 50,4~9; 53,4~10)의 길을 가기 위해 자신이 세상에 왔다는 주장이었다. 이후 그는 십자가형으로 죽었고, 돌무덤에 묻혔으며, 부활했다.

가톨릭은 교회 복음서가 쓰이기 이전에 부활 교리를 그리스도교의 핵심 사상으로 끌어올리면서 예수가 부활한 그리스도라고 주장한 대표적인 인물이 바울이라고(1코린 15,17;32) 말한다. 하지만 이것은 사실이 아니다.[87] 헬레니즘 문화와 신비신앙의 영향을 받으며 성장한 바울은 신비신앙에서 말하는 '죽고 부활한 신인(神人) 신화'에 대한 이해를 가지고 있었고, 그의 본래적 의미의 부활 사상은 미스테리아 신인(神人)의 부활 사상을 반영한다. 바울은 영지주의 '예수 신인 신화'의 주인공인 예수(Iesous)의 부활을 세상의 종말과 신의 심판이 이루어지는 징후와 신호탄으로 해석했고, 신인인 예수에게 신이 신적 지위를 부여했다는 논리를 개발했다. '고양(高揚) 신학'이 그것이다. 고양 신학은 아버지 신(Daimon)이 부활을 통해 신인(神人) 예수를 주(主)이자 메시아, 신의 아들로 삼았다는 사상이다.

바울이 말하는 예수는 그노시스를 전해주는 신인(神人)으로 세상에 왔

---

[87] 서기 177년 이후에 쓰인 것으로 추정되는 사도행전은 바울의 개종과(9장) 선교사로 파견된 일을 기록하고 있지만(13장), 이는 훗날 조작으로 첨부된 기록이다. 영지주의자였던 바울을 초기 문자주의 그리스도교인으로 제시하기 위한 위조는 성서 여러 곳에서 발견된다.

지만, 반대자들에 의해 억울하게 죽임을 당한다(로마 1,3~4 참조). 하지만 예수는 신에 의해 죽음에서 일으켜졌고, 높이 올려졌으며(高揚. 콜로 2,12; 1코린 6,14), 신으로부터 능력과 영광을 부여받았다('신인이 신이 되었다'. 로마 1,4). 그는 신의 오른편에 앉았고(로마 8,34; 마르 16,19 참조. 바울의 영지주의적 사상에 따른 상징적인 묘사일 뿐, 그가 직접 눈으로 보고 확인한 사실은 아니다), 믿음으로 응답하는 이들과 영을 나눌 수 있게 되었으며, 영광에 둘러싸여 재림할 것이다(사도 2,33~36. 5,31: 1코린 15,23). 그리고 이렇게 자신의 죽음과 부활을 통해 메시아 지위에 오른 예수는 신적 권능으로 사람들에게 영적 심판과 구원과 부활을 줄 것(로마 15,7; 1코린 15,20~23 참조)이라고 바울은 말한다. 영지주의자 바울에 의하면, 인류의 타락은 인류가 하층 우주를 지배하는 사탄의 노예가 된 데서 유래한 것이며, 예수의 죽음도 로마인들이 아니라 사탄의 세력이 죽인 것이나 다름없다(로마 1,18~25 참조). 하지만 예수는 인류를 영적 타락에서 구원하기 위해 신으로부터 파견된 신성한 존재[神人, logos]이므로 자신의 죽음과 부활을 통해 인류를 구원하게 된다.

바울의 부활 사상은 영지주의 관점에서는 지극히 타당하다. '미스테리아 신인 신화'는 신화를 통해 전해 주고자 하는 메시지가 암호화된 신화적인 이야기로 구성되어 있으므로, 바울은 신인의 부활 이야기를 통해 '인간의 영적인 변화, 자아의 완성'을 향한 도정의 구체적인 실현 가능성을 제시하고 있는 것이다. 그런데 가톨릭은 영지주의의 신인인 예수를 실존 인물로 변조하고, 바울의 고양 사상을 신화적 인물에 대한 영지적 해석이 아니라 '역사적 실존 인물에 대한 육신 부활의 묘사'로 변환시켜 '예수 신화'를 새롭게 창작하였기에, 교회의 부활 사상은 이해 불가능한 추상적인 추측과 가설의 나열로 변질된다.

부활 사건을 보도하는 교회 복음서의 내용을 보면, 금요일 오후에 예루살렘에서 십자가형으로 죽은 예수는 돌무덤에 묻혔다(마태 27,60 및 병행구). 그런데 안식일(토요일)이 지나고 주간 첫날(일요일) 마리아 막달레나와 다른 여인 마리아가 무덤을 보러 갔는데 예수의 무덤은 비어 있었고, 천사가 "예수가 되살아났고, 여기에 없다."고 고지한다(마태 28,1~8 및 병행구). 이후 사라진 예수는 빈 무덤을 발견한 마리아 막달레나에게 나타났고(마르 16,9 및 병행구), 갈릴래아에서는 잠긴 문을 유령처럼 통과해 들어와 제자들과 만났는데, 그 모습을 보고 놀란 제자들에게 "유령은 뼈와 살이 없지만 나는 뼈와 살이 있다."고 말하고 구운 생선을 먹기도 한다(루카 24,39~42). 또 고기잡이를 나간 제자들을 위해 숯불에 물고기를 구워 주기도 한다(요한 21,9). 예수는 제자들에게 선교 사명을 명한 후 육신을 취한 모습으로 베타니아에서 승천했다(루카 24,46~51; 마르 16,15~19; 사도 1,9).

  교회 복음서는 영지주의가 말하는 신인 부활의 신화적이고 상징적인 이야기를 실제 역사적 실존 인물이 죽고 부활한 사건인 것처럼 꾸며 기술하려는 시도에서, 부활 이후의 예수 행적에 대한 보도 ― 시신을 남기지 않고 생전의 육신을 그대로 지닌 모습으로 부활한 예수가 유령처럼 문을 통과하고 음식을 먹기도 했다는 상호 모순적인 상황 묘사 ― 가 이해가 불가능하거나 설명될 수 없는 모호성을 갖는 문장으로 변질되었다는 것을 확인할 수 있다.

  성서 비평학이 발달하면서 역사학자들은 신약성서에 묘사된 사건들의 상당수가 허구이며, 예수의 말로 기록된 내용도 대부분 예수가 직접 한 말이 아니라는 데 동의한다. 그런데 가톨릭은 예수의 생애를 역사적 사실로 개작하려는 무리수를 두다가 이해될 수 없는 수많은 허점을 스스로 드러내 보이는 복음서를 옹호하고 복음서 내용의 정당성을 강조하기 위해 다음의 논리를 전개한다. 즉, "복음서는 예수를 역사적으로 정확하게 묘사했다기보다는 그를 잘 알지 못했던 저자들이 예수 사후에 그의 인생과 죽음의 의미에 대해 나름대로 해석한 기록이며, 따라서 복음서에서 예수가 '실제로' 어떤 말을 하고 어떤 행동을 했는가는 그리 중요하지 않다. 중요한 것은 신약성서 저자들이 그것들을 '어떻게 바라보고 해석했는가' 하는 점이다."라고 말한다. 그리고 "예수 부활과 현현(顯現) 사건은 인간의 이성으로는 파악할 수 없는 범주에 해당하는 것이므로, 일반 상식적인 차원에서는 이해가 불가능하고 신앙으로 믿고 받아들을 수 있는 것일 뿐, 논증과 검증이 불가능하다."고 말한다. 변명이다. 예수의 부활은 '보편 자아와의 합일에 대한 상징적인 묘사'로 해석하면 쉬 이해될 개념임에도, 굳이 예수 부활은 '인간 예수가 육신으로 죽었다가 다시 살아난 사건'이라고 설명하려는 시도에서, 그것은 인간의 이성으로 파악할 수 없는 신비로운 사건이라는 모호성을 띤 논변을 전개하고 있는 것이다.

예수 부활에 덧붙여 가톨릭은 다음과 같이 말하기도 한다. "예수의 부활은 죽기 전의 상태로 소생한 것이거나 시간이 경과하고 나서 다시 죽어야 하는 유한한 삶으로 되살아난 것이 아니라, 인간 조건을 벗어나 인간의 언어로 적절히 표현할 수 없는 '새로운 차원'의 '새로운 생명'의 형태로 살아난 것이다. 그래서 제자들의 예수 현현 체험은 이전에는 전혀 겪어보지 못한 전혀 낯선 체험이었다."[88] 이어서 가톨릭은, "교회는 예수 부활

---

[88] 『가톨릭 교회 교리서』, 한국천주교중앙협의회, 2008. 998~1004항. 하지만 가톨릭은 '인간의 조건을 벗어난 새로운 차원'이라는 것이 어떤 상태를 의미하는 것인가에 대한 설명은 제시하지 않는다. 아마도 그것은 물리적이고 현상적인 현실의 제약을 받지 않는 초현실적, 초자연적인 어떤 상태를 의미할 것이다. 문제는 '새로운 차원'이라거나 '새로운 생명'이 어떤 성

이 객관적이며 중립적으로 단정할 수 있는 역사 내(內) 사실이라고 주장하지 않는다. 예수 부활은 십자가 죽음과 달리 역사 내 사실이 아니라 역사적 삶으로부터 필설 할 수 없는 영원(永遠) 차원의 초극적 사건으로 이해되어야 하기 때문이다. 성서 어디에도 부활의 경위가 사실적으로 묘사되지 않는다. 사실 부활 자체를 눈으로 목격한 증인은 아무도 없다. 어느 복음사가도 그것을 묘사하지 않는다. 누구도 부활이 물리적으로 어떻게 이루어졌는지 말할 수 없다. 더구나 다른 생명으로 넘어간다고 하는 부활 사건의 핵심은 감각 기관으로 지각할 수 없는 것이다."[89]고 말한다.

실제 생물학적으로 죽은 사람의 부활이라는 것이 있다면, 그것은 현실적이고 구체적인 인간 삶의 차원을 넘어서는 것이므로 일견 타당한 설명이다. 하지만 그런 일이 예수 안에서 실제로 일어났다고 말할 수 있는 근거는 어디에도 없다. 그들의 말처럼 목격자도 없고 부활 사건에 대한 증언도 없다(부활했다는 예수는 2천 년이 지나도록 그 어디서도 부활한 자신의 모습을 드러내 보이지 않고 있으며, 부활한 그가 무언가 능력을 발휘해서 어떤 일을 발생시켰다는 입증 가능한 사건도 일어나지 않았다).

그리고 부활 사건이 있었다면, 부활한 존재는 가톨릭이 말하는 것처럼 인간 조건의 차원을 넘어서는 전혀 새로운 차원의 새로운 생명의 형태로 살아난 존재일 것이므로, 현세의 3차원적인 삶의 여건과 인간 조건에 묶여 있는 인간 이성의 범주에서는 부활한 그의 실체를 이해하거나 파악하는 것이 불가능할 것이다.

격이나 속성을 지니고 있는지 전혀 알지도 못하고 규정하지도 못하면서, 예수가 그런 상태로 살아났다고 단정 지어 말하는 가톨릭의 오만이다. 자세한 내막을 알지 못하거나 전혀 모르는 것을 마치 사실인 듯이 호도하는 것은 거짓이자 기만이다.

89　위의 책, 647항.

그럼에도 불구하고 부활 사건이 "역사적 삶으로부터 필설 할 수 없는 영원 차원의 초극적 사건으로 이해되어야 한다."거나, "그런 일은 신의 능력 범주에 속하는 일이므로 인간 이성으로 파악하는 것은 불가능하다."고 말하기 위해서는 부활 사건의 실제성에 대한 증거가 제시되어야 하고, 야훼가 초극적 사건을 일으키는 능력을 지닌 신으로 실재한다는 증거가 제시되어야 한다. 그런데 그와 관련된 구체적인 그 어떤 근거의 제시도 없이 단순히 "부활은 신의 영역에 해당하는 신적 차원의 일이므로 인간은 이해할 수 없다."고만 말하는 것은 사건을 대하는 합리적인 자세로 볼 수 없다. 그런 설명은 부활 사건이 일어났을 것이라는 가정적 전제를 실제 사실인 것처럼 기정사실화 하고, 그것을 실제 사건으로 이해하라고 강변하는 억지 논리에 불과하다. 증거가 없고 증명이나 검토 불가능한 논변은 사실일 수 없다.

그리고 부활이나 현현이 '인간의 언어로 표현될 수 없는 성격의 사건'이라면, 가톨릭이 부활에 대한 증언이라고 받아들이는 복음서를 기술한 복음서 저자들은 '어떻게 예수가 부활하였다고 확정적으로 말할 수 있었으며, 제자들의 예수 현현 체험을 보도할 수 있었는가?'에 대한 납득 가능한 설명이 제시되어야 한다. 부활은 인간의 감각 기관으로 체험하는 것이 불가능하다는 전제와 모순되기 때문이다.

부활의 허구성

—

가톨릭이 말하는 것처럼 예수 부활 사건과 제자들의 부활한 예수 현현 체험이 인간 이해의 범주를 넘어서는 사건이라면, — 설령 제자들이 부활이 일어난 사건 현장을 목격하지는 못했다고 하더라도 — 부활한 예수의 현현이라는 놀라운 체험을 전달할 때 "그것은 말로는 표현할 수 없는 체험이다. 하지만 예수는 부활했고 우리는 그를 만났다."는 정도로만 말했을 것이다. 하지만 복음서 저자들은 구체적인 상황을 묘사하며 제자들의 현현 체험을 '물리적이며 감각적인 사건'으로 기록하고 있다. 이것은 무엇을 의미하는가? 부활한 예수가 자기 입으로 "뼈와 살이 있다."(루카 24,39)고 말하고 '구운 물고기를 먹었고'(루카 24,43), '제자들에게 물고기를 구워 주었다'(요한 21,9)는 것은 상상으로 꾸며 낸 창작이라는 것인가? 부활한 예수에 대한 육체적이고 물리적인 실체 체험이 가능하다면 예수의 영적 부활의 실제성은 담보될 수 없고, 반대로 영적 실체로 부활한 예수를 물리적으로 체험한다는 것은 불가능한 일임에도 예수 현현 체험을 물리적인 체험으로 기록하는 복음서의 보도는 복음서 저자의 창의적이고 상상적인 묘사라는 의미가 된다.

만일 복음서의 기술이 '실제 사건에 대한 사실적인 기록'이라면, 복음서 저자들은 예수가 부활했으며, 부활한 예수가 뼈와 살을 지녔고, 음식을 섭취했고, 제자들과 얼굴을 맞대고 이야기를 나눴다는 제자들의 직접적인 체험에 대한 증언을 실제 사실로 믿어 기록으로 남겼다고 볼 수 있다. 하지만 그런 체험자들의 증언이 없었다면, 예수 부활 사건에 대한 묘사는 저자의 상상에 의한 창작이 되고 만다. 나아가 복음서를 '사실에 바탕 한 보도'라고 인정한다면, 복음의 보도는 예수가 순수 영적 실체로 부활한 것이 아니라는 설명으로 이해된다. 뼈와 살을 지녔으며 소화 기능이 있다는 것은 실체가 물질로 구성되었다는 의미이며, 물질은 시공간에서 변화의 과정을 겪게 될 것이고 또다시 소멸의 상태를 맞게 될 것이므로 그것은 불멸하는 영적 실체로 부활했다는 설명과 부합될 수 없는 것이다.

성서학자들은 복음이 쓰이던 당시 영지주의의 가현설(假現說. 예수가 유령 같은 존재였을 뿐 처음부터 인간 육체를 지니지 않았다는 주장. 이 주장에 따르면 예수의 십자가상의 죽음은 실제의 죽음이 아닌, 죽음을 흉내 낸 것에 불과한 것이 되고, 육체의 부활은 부정된다)에 대응하기 위해 예수가 실제 완전한 육체를 지녔다는 것을 강조하려는 의도에서 그렇게 묘사하고 있을 뿐, 부활한 예수는 실제로 영적 존재였다고 말하지만 이 또한 설득력이 없는 궤변에 불과하다. 제자들이 부활한 예수를 만났고 그와 함께 식사한 경험이 없다면 그런 체험담을 말했을 리가 없고, 반대로 부활한 예수가 영적 존재였다면 숯불을 피우고 생선을 굽는 일은 불가능하기 때문이다.

'예수가 육체를 지닌 모습으로 승천하는 모습을 제자들이 두 눈으로 지켜보았다'(루카 24,46~51; 사도 1,9)는 기록에 대해서도 가톨릭은, 예수의 승천 사실을 설명하기 위한 신앙적 차원의 상징적인 묘사일 뿐, 보도된 사실 그대로 사건이 일어난 것은 아니라고 말한다. 하지만 복음서가 '복음 저자가 승천 사건 현장을 직접 목격한 사람들의 증언을 바탕으로 기록한 것'이라는 사실을 인정한다면 이 설명도 설득력이 없다. 목격자들의 증언 없이 승천 사건을 기록했다면 이 또한 작가의 상상적 창작이라는 의미가 되어 버리고, 빈 무덤 사화를 통해 '예수가 분명히 생전에 지녔던 육체를 그대로 지닌 상태로 부활하였다'(마르 16,6; 루카 24,3)는 주장과 합치되지 않기 때문이다. 그래서 이런 물음이 제기될 수 있다. "대체 예수는 육신을 취한 형태로 승천하였는가, 아니면 영적 실체로만 승천했는가? 영적 실체로만 승천했다면 인간 예수의 시신(屍身)은 어디에 남아 있는가?"

복음서 보도에 따르면 예수는 자신의 시신을 남기지 않은 상태로, 물질로 구성된 생전에 취했던 육신의 모습으로 부활했다. 그래서 그는 숯불도 피우고 고기도 굽고 식사도 했을 것이다. 그런데 놀랍게도 그는 유령처럼 잠긴 문을 그대로 통과했고(요한 20,19), 직접 손으로 빵을 떼어 사람들에게 나누어 주다가 갑자기 홀연히 사라지기도 했다(루카 24,30~31). 가톨릭은 예수가 영적 실체로 승천하였다고 말하기도 한다. 만일 이러한 복음서의 보도와 가톨릭의 주장이 사실이라면, 부활한 예수의 물질적인 육신이 어느 순간에 그리고 어떻게 영적 실체로 변화한 것인가에 대한 납득 가능한 설명이 따라야 한다. 하지만 가톨릭은 그에 대해 그 어떤 설명도 없이, "그것은 신의 영역이므로 인간의 이성으로는 파악할 수 없다."는 지루한 주장만 되풀이한다. '그것은 과학적으로 분석하거나 설명할 수 없는 것이므로 그저 믿어야 할 것'이라는 말만 한다고 해서 그것이 진리가 되고 사실적인 사건이 되는 것은 아니다. 그런 방식이라면 고양이가 죽어서 사람으로 환생한다는 가설도 진리가 되고, 사람들에게 전생이 있어서 이웃집 학생은 세종대왕의 환생이라는 윤회설 주장도 진리가 된다.

부활한 예수의 현현을 직접 체험했다는 자들의 증언을 토대로 기술되었다는 복음서의 내용을 있는 그대로의 사실로 인정한다면(예수는 시신을 남기지 않고 생전에 취했던 육신을 지닌 상태로 부활했으므로), 복음의 보도는 가톨릭이 말하는 부활의 속성, 곧 예수가 순수 영적 실체로 부활한 것이라는 주장과 합치되지 못한다. 예수 부활에 대한 증언 사료가 될 수 없는 것이다. 역으로, 예수 부활 사건과 현현 체험 사건은 인간의 조건에서는 이해 불가능한 초극적 사건이므로 복음서 내용은 복음서 저자가 제자들의 체험을 토대로 기술한 것이 아니라 신앙적 차원에서 상징과 표징으로 기술한 것이라고 한다면, 제자들의 예수 현현 체험 보도 자체는 작가의 상상적 창작이라는 의미가 된다. 따라서 그 어떤 설명도 예수 부활의 속성을 드러내지 못하며 부활한 예수 현현 자체의 실제성을 보여주지 못한다. 결국 제자들의 부활 현현 체험 사화는 상상력이 빈약한 작가의 창작이라는 결론이 된다.

다음으로, 누군가 타인이 했다는 말을 전할 때는, 자신이 직접 그 사람이 한 말을 듣고 전하거나, 제3자가 그 사람의 말이라고 전한 것을 듣고 다시 전하거나, 또는 전하는 사람 자신이 마치 그 사람이 말한 것처럼 거짓으로 꾸며서 한 말이거나 셋 중의 하나다. 자신이 어떤 의도를 가지고 꾸민 것이 아니라면, 자신이 전하는 상대방의 말은 자신이나 제3자가 그 사람을 만났다는 사실에 입각한 것이어야 한다.

복음서 저자들은 예수의 제자들이 부활한 예수를 직접 만났고, 그들이 예수와 나눴다는 대화 내용을 전한다. 만일 제자들과 예수와의 대화를 저자가 꾸며 낸 것이라면 복음서는 그 자체로 거짓이다. 하지만 실제 제자들이 부활한 예수를 직접 만나서 나눈 대화의 내용을 복음서 저자가 보도한 것이라면 다음의 문제가 발생한다. '예수가 영적 실체로 부활하였다면 어떻게 상호 대화가 가능했는가?' 하는 점이다.

사람이 상대방과 대화를 나누기 위해서는 언어를 구사할 수 있는 입이 필요하고, 상대방의 말을 들을 수 있는 귀와 이에 대한 정보를 분석하는 뇌가 필요하다. 만일 부활한 예수가 영적 실체였다면 그는 물질로 구성된 입과 귀와 뇌가 없으므로 자신의 의사를 인간에게 전할 수 없었을 것이며, 영적 실체만이 갖는 특별한 방식으로 자신의 의사를 전하였다고 해도 인간은 그 영적 실체가 전하는 메시지를 듣고 분석할 수 있는 구조를 갖고 있지 않다. 또 인간이 무엇인가를 생각할 때 뇌에서 발생하는 파장을 이용해서 기계를 움직일 수 있다는 연구가 시행되고 있기는 하지만, 사람이 기계적인 도구의 도움 없이 다른 사람의 뇌파만으로 그가 하고 있는 생각을 읽어 낸다는 것은 불가능하다. 감각 채널이나 육체적인 상호 작용을 통하지 않고도 한 사람의 생각, 말, 행동 따위가 다른 사람에게 전이된다는 텔레파시라는 심령현상도 과학적으로 입증되지 않은 가설이다. 따라서 제자들과 부활한 예수가 대화를 나눴다는 것은 누군가의 상상이나 창작으로 이해되어야 한다.

가톨릭은 이에 대해, '인간이 꿈에서 누군가를 만나서 대화를 나누는 것처럼 신만이 할 수 있는 방식으로 메시지를 주고받을 수 있었을 것'이라고 말하지만, 그런 방식이라면 그것이 꿈꾸는 자의 생각이나 환상이나 무의식에서 나온 것인지, 아니면 신에게서 나온 것인지를 판별할 수 있는 기준이 모호해진다. 그리고 그런 설명은 설명 자체가 상식적으로 있을 수 없는 일을 있을 수 있는 일로 이해시키려는 무리한 시도일 뿐이다. 따라서 부활한 예수가 제자들을 만나서 대화를 나눴고 선교 사명을 주었다(마태 28,19~20)는 보도 역시 저자의 상상의 산물일 가능성이 있고, 교회가 후대에 교회 존립과 선교의 정당성을 내세우기 위한 목적에서 의도적으로 첨부한 것으로 볼 수 있다.

'예수의 죽음에 대한 복음서의 보도'도 부활의 허구성을 그대로 드러낸다. 복음서는 예수가 사법적으로 사형에 처해질 정도의 죄를 범한 일이 없음에도 불구하고, 다른 사람들의 모함에 의해서 십자가에 못 박혀 죽었다고 보도한다. 앞서 살펴보았듯이, 이는 당시의 로마법 체제에서는 결코 있을 수 없는 일이며(십자가처형은 대체로 로마 체제나 군에 직접 무력 저항한 사람들에게만 적용되었다), 그런 사건에 대한 사실을 입증하는 역사적 사료도 없다. 따라서 복음서가 전하는 예수의 죽음 보도는 영지주의 신인신화에서 말하는 신인의 억울한 죽음 이야기를 각색한 것으로 보는 것이 타당하다.

가톨릭은 복음서가 전하는 예수의 죽음에 대해, "아담이 지은 죄로 세상에 죽음이 들어왔으니, 그 죄를 속량하고 인류를 구원하기 위해 예수가 자발적으로 속죄의 희생 제물이 되어 죽었다."고 말한다. 이는 (앞에서도 언급했지만) 두 가지 측면에서 납득하기 어려운 설명이다. 첫째, 당시 유대 종교전통에는 '의인의 대속희생'이라는 개념이 없었고, 타인의 속죄를 위한 대속희생은 신인(神人)의 죽음을 이해하는 영지주의의 사상이었다. 다음으로, (예수가 실존 인물이었다고 하더라도) 아담은 히브리 신화에 등장하는 가상의 인물인데, 그가 지은 상징적인 죄에 대해 신이 자발적으로 그를 대신해서 처벌을 받겠다고 직접 나섰다는 것은 상식적으로 이해될 수 없고, 있을 수도 없는 일이다. 만일, 스탕달의 소설『적과 흑』에서 쥘리앵 소렐이 레날 부인을 총으로 쏜 대목을 우연히 읽은 신(神)이, 쥘리앵의 죄를 대신해서 자신이 직접 그 죄에 대한 처벌을 받겠다고 현실 세계의 법정을 찾아간다면 우리는 그런 행위를 어떻게 이해해야 할까? 그리고 인간의 구원을 위한 목적이라고는 하지만, 아무런 죄가 없는 자기 자식[聖子]을 십자가 위에서 처절한 모습으로 죽게 만드는 잔악무도한 아버지[聖父]를 어떻게 이해해야 하는가? 신의 속성이 사랑 자체라면 신은 자신의 아들이 잔혹하게 죽도록 방치하고 또한 그것을 물끄러미 지켜만 보는 잔인한 방법을 통해 인류의 죄를 사하고 세상을 구한다는 발상 자체를 가질 수 없고, 그런 사태를 용인하지도 않았을 것이다.

가톨릭의 설명대로 신이 인간이 신에게 범한 죄를 속죄하는 대가로 어떤 희생을 요구하거나 바란다면, 그는 공정과 공평의 신일 수는 있지만 사랑이나 관용이나 자애와는 거리가 먼 지극히 계산적이고 이기적인 존재일 수밖에 없다. 따라서 '예수의 십자가상의 대속죽음을 통해서 신이 인류를 구원하였다'는 구원 논리는 신의 계획과 의지에 따른 결과로 볼 수 없고, 예수의 십자가상의 희생을 가엾이 여겨 야훼가 그 희생의 대가로 세상을 구하였다는 조건부식(give and take)의 구원 논리도 신의 속성과 합치될 수 없는 논리이므로, 이는 실제 사실이거나 신의 역사로 볼 수 없다.

신인(神人) 신화에서 신인의 죽음은 단순히 차원이 낮은 자아 상태에 머무는 자들의 오판으로 빚어진 일이고, 신인은 부활을 통해 영적 지식을 전하는 로고스가 된다. 가톨릭은 이런 신인의 상징적인 죽음과 부활을, '인간이 신을 대상으로 범한 죄를 대신 갚는 대속죽음과 부활'로 설명하려는 시도에서 스스로 이해 불가능한 자충수를 두고 있다고 할 수 있다.

참고로, '예수의 죽음을 통한 인간 구원'이라는 교리는 가톨릭 신앙의 중심 진리이기는 하지만 가톨릭에 의해 직접적이고 명시적인 교의로 결정된 바는 없다. 이를테면 이 구원 교리는 아직 교의화된 교리가 아니다.[90] 그럴 수밖에 없는 것은 그의 죽음에도 불구하고 세상은 비구원의 상태(전쟁, 학살, 난민 소외, 각종 범죄 등)로 남아 있으므로, 십자가 죽음으로 구원이 성취되었다는 것에 의구심을 가질 수밖에 없다. 복음서 저자도 가톨릭이 말하는 그런 거창한 의미를 염두에 두고 십자가 죽음을 묘사하지는 않았을 것이다. 그는 단지 구약성서에 등장하는 '고난 받는 야훼의 종'의 이야기와 신인 신화에서의 '신인의 죽음'을 모티브로, 현실 세계에 강림한 메시아의 십자가 죽음이 역사적 실제 사건인 듯이 묘사하고자 했을 것이다.

이런 일련의 상황을 고려할 때, 결국 예수 부활에 관한 이야기는 그 이야기의 모티브나 구성과 전개 과정이 신인 신화의 신화적인 이야기를 실제 사건으로 둔갑시키려는 과정에서 파생되는 비합리성과 모순을 담고 있고, 부활은 예수가 현세의 3차원적인 삶의 방식을 벗어나 전혀 새로운 존

90　『그리스도와 구원』, 심상태 저, 성바오로출판사, 1981. p. 58.

재 형태를 갖는 사건이라는 가톨릭의 설명 역시 예수 부활의 사실성을 호도하고자 개발한 억지 논변에 불과하다고 할 수 있다.

'실재하지도 않은 가상의 인물이 십자가에 못 박혀 죽고 부활하여 세상을 구원하였다'는 논리는 성립될 수 없다. 신인 신화에서 말하는 신인의 부활은 죽은 사람이 다시 살아나 생명(목숨)을 얻는 것을 의미하는 것이 아니라, 내적이며 영적인 재생(자아에 대한 내면적 깨우침의 성찰)을 상징하는 신화적 비유 이야기[은유적 코노테이션(connotation. 내포된 암시적 의미)]로 이해하면 모든 문제가 해소된다.

육신 부활과 인격 동일성 문제
—

우리는 바울의 또 다른 주장에 대한 가톨릭의 해석에서도 육신의 부활이 허구에 바탕 한 상상적 추론이거나 의도적인 조작적 논변이라는 사실을 발견할 수 있다. 인간이 부활한 예수에 의해 죽음으로부터 부활을 얻게 된다는 '인간의 죽음과 부활'에 대해 바울은, "마지막 나팔이 울리면 죽은 이들은 썩어 없어질 물질적인 몸으로 묻히지만 썩지 않는 영적인 몸으로 되살아난다."(1코린 15,42~44)고 말한다. 그리고 씨앗의 비유(1코린 15,35~39)를 통해 "씨가 죽지 않고서는 살아나지 못하는 것처럼 야훼가 썩은 육신 안에서 전혀 새로운 영적인 몸을 준다."고 설명한다.

바울이 활동하던 서기 1세기에는 인간이 '영혼과 육체의 통일체'라는 관념이 없었고(이런 관념은 4세기 이후에야 등장한다), 플라톤의 사상에 따라 '인간은 각각 독립된 실체인 육체와 영혼으로 구성된 존재이며, 죽음으로 육체는 사라지지만 영혼은 신에게로 돌아가 불멸한다'는 사고를 갖고 있었다. 따라서 바울의 사고는 인간은 각각 독립된 실체인 육체와 영혼으로 구성된 존재라는 헬레니즘적 사고에서 비롯된 것이며, 그의 가르침은 영지주의적 관점에서 제시된 것이라는 차원에서 이해되어야 한다. 즉 바울이 말하는 부활은 육체와는 무관하게 '영적 재생을 통한 신과의 합일', '영적인 상태로의 변화'를 말하는 것이며(1코린 15,51), 그것을 '영적인 몸으로 되살아나는 것'으로 표현한 것으로 해석되어야 한다.

그런데 가톨릭은 이런 내용을 문자 그대로 받아들여 실제 물리적인 육신의 부활로 해석했기 때문에, '죽어서 썩어 없어지는 육체가 어떻게 부활할 수 있는가'를 고민했고, 4세기부터는 "인간은 영혼일 수만도 또는 육체일 수만도 없는, 영혼과 육체가 완전히 결합된 전인(全人) 상태에 있을 때만 비로소 인간이라고 할 수 있다."는 아우구스티누스(AD 354~430)의 견해를 받아들여, 죽은 사람이 온전한 인간이 되기 위해서는 현실의 육체를 벗어난 영혼이 어떤 형태로든 육체를 입어야 하고, 그렇다 보니 '신령한 영적인 육체'라는 추상적이고 그 본질이나 속성이 불분명한 개념을 도입하여, 영혼이 그것을 입어 부활한 완전한 인간이 된다는 비실재적이고 비현실적인 가설 논리를 전개하게 되었다. 그리고 영혼은 물질이 아니며 육체와는 별도로 존재하는 불멸의 존재이므로, 부활은 인간의 부활이 아닌 '육체의 부활'을 의미한다고 말한다(사도신경, "육신의 부활과 영원한 삶을 믿나이다." 참조).

일찍이 플라톤은 인간은 본질적으로 물질이 아니며 불변하는 존재라고 생각했기 때문에 육체의 부활은 설명할 필요가 없었다. 그의 경우 물질로 이루어지지 않은 영혼이 존재하며, 인간은 본질적으로 영혼이라는 점만 강조하면 그만이었다. 하지만 가톨릭은 영혼과 육체의 통합체로서의 인간론에 입각해서 육체의 부활을 주장했기 때문에 어떤 형태건 육체의 부활에 대해 설명해야 했다.

바울의 '씨앗 비유'와 가톨릭의 '신령한 영적인 육체 부여를 통한 인간 부활 이론'에는 다음의 문제가 따른다. 씨의 비유에서 새로 나온 식물은 원래 씨를 남기고 죽은 생물의 후손이지 원식물과 동일한 생물이 아니다. 그리고 영혼에게 부여되는 신령한 영적인 육체가 있다는 근거는 없으며, 설령 영적인 육체가 있다고 해도 그것이 죽은 이의 육체와 본질적으로 동일한 것이라고 볼 수 있다는 근거도 없다. 따라서 이것이 부활의 진상이라면 죽은 사람과 부활한 사람이 동일한 인물인지 의심스러워진다. 이전에 죽은 육신과 새로 부여받은 영적인 몸은 같은 사람의 것인가? 영혼만 같고 육체가 다른 사람을 동일한 인물로 볼 수 있는가? 만일 죽은 사람의 몸과 머리를 분리하여 다른 사람의 몸에 머리를 이식한다면 그 사람은 이전 머리의 사람이라고 봐야 할지, 몸의 사람이라고 봐야 할지 규정할 수 없게 된다. '인격 동일성의 문제'가 제기되는 것이다. 지상의 육체와 부활한 육체의 성질이 같지 않다면 죽은 사람과 부활한 사람이 같은 인물이라는 것을 증명하기는 더욱 힘들어진다.

초기, 부활을 '영적 상태로의 변화'가 아니라 '실제 육신의 부활'로 조작한 가톨릭의 부활 사상에서 제기된 최고의 난제는 '부패한 육체가 어떻게 되살아날 수 있는가'와, '죽은 이후에 새롭게 부활한 육체는 생존 어느 시점의 육신으로 부활하느냐'는 것이었다.[91]

가톨릭에 의해서 개작된 성서는 '종말의 심판 날에 죽은 육체가 부활할 것'이라고 말한다(마르 12,25; 요한 11,24; 1코린 15,42 참조). 초기 가톨릭교회 신앙인들과 비(非)그리스도교인들은 생전의 육체가 그대로 부활한

---

91 보다 자세한 내용은 『영혼과 자아의 성장과 몰락』을 참고하면 도움이 될 것이다.

다는 주장에 대해 의아해 하면서, 그것이 사실이라고 해도 바람직한 일은 아닐 것이라고 생각했다. 가톨릭 교부들의 생각에도 썩은 육체가 살아난 다는 것은 불가능해 보였다. 그래서 육체의 부활을 설득력 있게 설명하는 것은 쉬운 일이 아니었다.

초기 교부들은 부활한 생전의 육체는 영적 실체이거나 이전의 육체보다 나을 것이라고 믿었다. 하지만 첫째, "죽어 부패한 육체를 어떻게 새 육체 로 짜 맞출 수 있는가? 특히 시체가 동물에게 먹혔거나 불타서 재로 변해 버렸다면?", 둘째, "새 육체와 죽은 육체는 어떻게 같을 수 있는가?"의 고 민에, (부패한 죽은 육신의 부활 문제와 함께) "영혼과 부활한 육체가 어떻 게 결합되어 인격 동일성이 유지될 수 있는가?"하는 인격 동일성 문제가 추가로 제기되면서 이에 대한 논의는 추상적인 가설만 난무하는 결과를 가져오게 되었다.

육체의 부활과 인격 동일성에 관한 신학적 입장을 최초로 제시한 인물 은 가톨릭 교부 유스티누스(AD 100~165?)다. 그는 죽은 육체의 부분들은 분해되지만 사멸하지는 않으므로 추후 재구성할 수 있고, 그 부분들을 모 아서 이전의 육체와 질적으로 같은 것을 만든다면 두 육체는 동일한 존재 이며, 인격 동일성은 유지될 것이라고 말했다.

아테나고라스(AD 180년경 활동, 가톨릭 철학자·변증가)는 부활은 이전 의 육체가 회복되어 이전의 영혼과 결합되는 것이며, 동물에게 먹힌 육체 에 대해서 그는 인간의 육체는 적합한 음식이 아니기 때문에 소화되지도, 새 살로 바뀌지도 않고 먹은 동물의 몸 밖으로 빠져나간다고 말한다. 놀 라운 상상력이다.

유물론자였던 이레네오 주교(AD 130~203)는 죽은 육체 전체가 분해되 었다가 동일한 육체로 재구성되므로 죽은 몸과 다시 살아난 몸이 동일하다고 주장했다. 하지만 분해된 육체가 어떻게 동일한 육체로 재구성될 수 있는가에 대해서는 설명하지 않았다.

스토아학파는 우주가 화염으로 인해 완전히 흩어졌다가 다시 모이면서 새 우주가 만들어질 때 거기에 과거의 인간들과 비슷한 인간들이 살게 된다는 일종의 '영구 순환설'을 주장했고, 테르툴리아누스는 죄를 지은 바로 그 육체가 벌을 받아야 하므로 부활은 죽어 부패하고 흩어진 그 육체가 재결합하는 것이라고 주장했다. 또 지옥에 고통이 존재한다면 인간의 영혼이 고통을 느껴야 하므로 영혼은 물질적인 요소를 가지고 있어야 한다고 말했다.

알렉산드리아의 가톨릭 신학자 오리게네스(AD 185~254)는 천국에서 가질 육체는 지상의 육체를 구성했던 물질과는 다른 물질로 이루어진 영적인 것이라고 말하면서도, 그 육체는 죽은 자가 생전에 가졌던 육체라는 추상적인 주장을 제시했다. 그는 육체의 동일성을 유지시켜 주는 것은 '에이도스'(eidos, 형상 또는 이데아)라고 주장했는데, 그에 따르면 육체는 변하지만 에이도스는 변하지 않으며, 변하지 않는 에이도스로 인해 인격 동일성은 유지된다. 오리게네스의 영적인 육체의 부활 주장을 반대한 에로니무스(AD 345~419)는 영혼은 육체와 동시에 창조되는 것이며, 예수를 포함한 부활한 인간의 육체는 생전의 육체와 동일하다고 주장했다. 그리고 내세에도 성별이 존재하고 관습이 유지되고 감각기능이 유지된다고 말하고, 아기와 노인과 병자는 생전의 육체와 다른 육체 곧, 아기는 성년의 육체로, 노인과 병자는 절정기의 육체로 부활할 것이라고 주장했다.

플라톤의 영향을 받은 가톨릭 교부 아우구스티누스(AD 354~430)는 이원론적인 관점에서 영혼과 육체를 바라보았지만, 그 둘을 분리되고 독립된 존재로 보지는 않았다. "인간은 육체만도 영혼만도 아닌, 그 두 가지 모두라고 할 수 있다. 인간은 그 둘이 하나를 이룰 때 비로소 인간이 되는 것이다." 그는 영혼이 인간의 이성과 의지를 포함하고 있고, 신이 인간의 영혼을 창조했다고 보았지만 인간에게 영혼이 부여되는 그 시기나 방법에 대해서는 뚜렷한 견해를 밝히지 않았다(앞에서도 언급했듯이, 그는 초기에는 개개인의 영혼은 수태되는 순간에 신으로부터 부여된다고 주장했지만, 후에는 영혼이 언제 부여되는지 알 수 없다고 말했다). 부활에 대해 그는 천국의 육체는 지상의 육체와 동일한 물질로 이루어지되, 그 구성 방법에는 차이가 있을 수 있다고 말했다. 예를 들면 생전에 팔이었던 물질이 내세에서는 다리가 될 수도 있다는 것이다. 또 부활한 육체는 생전의 육체와는 달리 변하지 않기 때문에 부패하는 일도 없을 것이고, 신체적인 결함을 지녔던 사람들은 결함들이 모두 제거된 육체로 부활한다고 생각했다. 하지만 순교자들은 예외인데 그들의 상처는 명예의 상징으로 영원히 남게 될 것으로 보았다. 태어나지 못한 아기나 성장은 했으나 기형인 상태로 살았던 사람들은 내세에서 성숙한 육체 또는 회복된 육체를 가지게 될 것이며, 천국에도 성별은 존재하리라고 여겼다. 하지만 정욕은 존재하지 않을 것으로 보았다.

보나벤뚜라(1217~1274, 가톨릭 신학자)에 의하면, 영혼은 육체가 사멸한 뒤에도 홀로 존재할 수 있지만, 오직 육체와 하나인 상태에서만 완전한 존재가 된다. 육체와의 연합으로만 영혼은 참된 실체가 되는 것이다. 부활할 때 사멸해야 하는 육체는 불멸의 영혼과 초자연적으로 결합함으로써 그 또한 불멸의 존재가 된다. 그는 초자연적으로 부활한 육체는 생전의 육체와 동일할 것이라고 보았다.

토마스 아퀴나스(1225~1274)는 아리스토텔레스의 이론을 받아들여 인간의 영혼은 다양한 기능(식물적, 감각적, 이성적 기능)을 지닌 통합체라는 결론을 내렸다. 그는 인간은 이성적 영혼을 통해 개별적인 지식을 습득하고 보존하는데, 그 능력은 영혼이 육체와 연합해 있을 때에만 가능하기 때문에 육체가 죽어 이성적 영혼이 떨어져 나오면 영혼은 습득했던 지식과 자신의 과거를 기억하지 못하게 된다. 하지만 사라진 지식과 기억들은 부활할 때 영혼이 육체와 다시 연합하게 되면 또렷이 되살아나고 이로써 인격 동일성은 유지된다고 말한다.

'부활한 육신'에 대한 초기 사유자들의 사상은, 부활한 천국의 육체는 지상에서 지녔던 육체와 동일한 물질과 동일한 성질로 이루어진다고 보았다는 공통점이 있음을 확인할 수 있다. 복음서가 죽은 육체 그 자체의 부활을 말하고 있는 까닭이다(마르 12,25; 요한 11,24). 하지만 부활한 육신의 성격과 인격 동일성 문제에 대한 사상가들의 주장은 증명될 수 없는 각 개개인의 주관적인 주장, 곧 입증 불가능한 각자의 '관념적 상상놀이'의 현란한 전개에 불과하다는 것을 확인할 수 있다. 그리고 각기의 방식으로 전개하는 사유자들의 주장은 ─ 영혼이라는 것도 인간 상상의 산물이므로 그 영혼의 본질이나 속성이 어떤 한 사람의 주장으로 규정될 수 있는 성격의 것이 아니듯이 ─ 각자가 추측성 사유의 결과로 제시하는 하나의 의견일 따름이므로 그 어떤 것도 절대 진리로 수용될 수 없다.

가톨릭은 근래까지도 '육체의 부활'과 '부활한 육체'에 대한 명확한 규정을 내리지 못하여 화장(火葬)을 금한 바 있다. 죽은 육체가 썩어 없어지면 인격 동일성과 부활에 영향을 줄 수 있다고 생각한 것이다. 그래서 현세적 인간과 부활한 인간의 동일성과 지속성을 보존하기 위한 차원에서 현세적 육신 안에서의 부활을 가르쳤고(11차 톨레도 공의회. 675년), 4차 라테란 공의회(AD 1251년)에서도 모든 인간이 현세에서의 육신을 지니고 종말에 부활하게 될 것이라고 선언했다.

오늘날에는 그 누구도 종말에 유골이 소생하여 영혼과 재결합하게 된다고 생각하지 않는다. 원자와 분자의 결합체인 물질로서의 육체는 죽음과 함께 분해되고 해체되어 다른 원자로 대치된다는 것을 알기 때문이다. 그러자 가톨릭은 '육체의 부활'에 대한 새로운 교리를 제시했다. 부활 사상의 원천으로 고수해 왔던 '죽은 사람의 육신은 종말에 영적인 몸으로 되살아난다'(1코린 15,42~44)는 바울의 교리를 새롭게 해석하여 — 요약 정리하자면 — "영혼과 육체의 합일체인 인간은 생물학적인 죽음 속에서 신에게 구원되어 현실 육체의 옷을 벗고, '현세적 육신과 동일성과 비동일성을 동시에 지니는 새로운 육신'을 입어 현세의 삶과 질적으로 구별되는 새로운 생명으로, 그러면서도 현세의 성품과 삶의 흔적을 온전히 간직한 전인(全人, 영육의 완전한 합일체) 상태에서 현세 3차원의 존재 방식과는 다른 차원의 존재 방식으로 부활하게 된다."고 말한다. 종말까지 기다릴 필요도 없이 죽는 바로 그 순간에 영혼은 현세 물질적인 육체의 본질과 성질을 그대로 간직하는 영적 육체와 결합되어 온전한 인간으로 부활한다는 논리다.

이는 충분히 상상 가능한 추론이다. 하지만 '육신의 부활'이 생물학적 죽음의 순간에 이루어진다는 논리에 대한 근거는 없으며[성서는 종말의 심판 날에 그런 일이 발생한다고 말한다(마르 12,25; 요한 11,24)], 불멸하는 영혼과 영적 육신이 결합하는 일이 실제로 가능하다면 그 시기가 3일 뒤나 3년 뒤, 혹은 종말에 가서야 이루어질 가능성도 있을 수 있다는 반박 이론에 대한 설득력 있는 설명을 제시하지 않는다. 뿐만 아니라 '현세적 육신과의 동일성과 비동일성을 동시에 지닌다는 것은 어떤 의미이며, 그런 현상이 어떻게 발생 가능한가'에 대한 설명도 제시하지 않는다. 가톨릭이 말하는 것처럼 영적 육신이 형체가 없는 영적 실체라면, 인간의 언어로는 규정할 수 없는 그런 존재가 현세적 육신과의 질적인 동일성을 지닌다는 것은, 무형의 실체가 그 한 편에 원자와 분자로 구성된 물질적인 육신의 특성을 그대로 간직한다는 의미인가? 나아가 현세의 존재 방식과는 다른 차원의 존재 방식이라는 것은 어떤 의미이며, 그런 존재 방식은 우주 어디에서 가능한가?

영혼이 존재한다는 근거를 제시하지 못하면서도 영혼의 존재를 전제하고, '그 영혼에게 새로운 존재 방식의 영적 육체가 주어진다는 주장'은 신의 계시도 아니고 예수가 말한 것도 아니며 바울이 전개한 사상도 아니다. 가톨릭이 제시하는 '육신의 부활'에 대한 새로운 이론은, 죽은 육신의 부활은 현실적으로 불가능한 일이므로, 그동안 주장해 온 육체의 부활에 관한 논리가 타당성이 없다고 판단하여 현실 세계의 논리에 맞게 수정한 것으로 볼 수 있다. 다시 말해, 자신들의 신앙 교조의 정당성을 확보하기 위한 차원에서 최대한의 상상력을 발휘해 새롭게 개발한 모호하고 추상적인 주장인 것이다. 또한 죽은 사람과 부활한 사람과의 인격 동일성에 대한 다양한 주장들 중에서 그럴듯한 논거들을 수용하여, '죽은 사람의 육체는 썩어 분해되지만 생물학적 죽음의 순간에 영혼은 인격 동일성을 보유한 상태에서 영적인 육체를 덧입어 새로운 존재성을 부여받게 된다'고 말하는 것도 결국 하나의 상상적 추론 사유에 불과한 것이라고 할 수 있다.

가톨릭을 포함하여 어느 누구도 '생물학적 죽음 이후에 육신은 썩어 없어지지만, 인간이 새로운 차원의 육신을 얻어 영혼과 합치된 상태로 부활한다는 것'을 알지 못하고 본 일도 없다. '우리는 죽음 이후에 어떤 일이 일어나는지 알지 못한다. 그래서 아마도 그럴 것이라고 상상한다'고 말하는 것이 정직한 태도일 것이다. 하지만 가톨릭은 그런 일이 발생하는 과정에 대해, 그리고 새로운 차원에서 얻게 되는 육신의 속성에 대한 그 어떤 부연 설명도 없이 자신들이 선언한 교의를 진리인 것처럼 주장한다. 물론 가톨릭이 새로운 교리를 선포한다고 해서 그것이 진리가 되는 것은 아니며, 또한 선포된 내용 그대로가 현실로 이루어지게 된다는 보장도 없다. 특정 사항에 대한 납득 가능한 구체적인 설명 없이 선언적으로만 제시된 추상적인 이론은 참일 수 없다.[92]

가톨릭이 수정하여 선언한 새로운 육체의 부활 교의에 따르면 이런 물음도 제기될 수 있다. 가톨릭의 부활 교리가 '참'이라면, 예수 부활 이전에 세상에 떠난 이들과 새 교리 발표 이전에 세상을 떠난 이들에 대한 부활은 어떻게 되는가?

성서는 종말, 즉 '예수 재림에 가서야 모든 죽은 이들의 부활이 이루어질 것'이라고 말한다(요한 11,24; 1코린 15,24 참조). 그래서 가톨릭의 이전 교리는 죽은 이들의 영혼은 예수 재림에 가서야 불멸의 옷, 영적인 몸을 다시 얻어 영원한 생명에 들게 될 것이라고 말하고, 생물학적으로 죽은 육신은 부활 때까지 매장으로 보존되어야 한다고 가르쳤다. 그런 주장에 의하면 죽은 사람의 육신과 분리된 영혼은 예수 재림 때까지 어디에선가 '대기'하고 있었어야 한다는 의미가 된다. 가톨릭의 인간관에 의하면

---

92 가톨릭이 신앙의 진리라고 주장하는 논변들은 일정한 패턴을 보인다. 먼저 이성적 상상으로 추론 가능한 가설을 도출한다(상기 죽은 육신의 예를 들면, '생물학적으로 죽은 육신은 영적 육신으로 변화하여 부활하지 않을까?'라는 사유). 그리고 마치 그것이 확인된 사실인 것처럼 확정적 진리로 선포한다("죽은 육신은 부활한다!"). 혹자가 그런 주장의 정당성을 입증하는 증거나 근거를 요구하면 아무런 부연 설명 없이 "그저 신앙으로 믿을 따름이다."고 일축해 버린다. '참'으로 확인되지 않은 어떤 명제를 합당한 근거의 제시 없이 진리로 호도하는 행태는 합리적인 처사로 볼 수 없다.

인간은 영혼과 육체의 완전한 결합체이고 따라서 육체가 없는 영혼은 유령에 불과하므로 인간이라 할 수 없고, 인간이 아니므로 신이 부여한다는 영원한 생명을 얻을 수 없기 때문이다. 따라서 예수 부활 이전에 죽은 이들과 새 교리 선포 이전에 죽은 이들의 영혼은 예수 재림 때에야 얻게 될 부활한 육체와의 결합이 이루어질 때까지 어딘가에서 대기 상태로 있어야 했던 것이다. 이제 새롭게 발표된 육체 부활에 대한 교의의 선언으로 이런 문제는 자동으로 해소된 것인가?

바울의 부활 사상은 신 존재와 인간 영혼의 존재를 가상하여 전개하는 것이므로 (그것이 근본적으로는 신과의 합일을 통한 완전한 자아의 성취를 의미한다고 해도) 그것은 가설에 불과하다. 바울 사상을 수용하여 부활과 영생을 강조하는 가톨릭의 설명 — 인간은 생물학적인 죽음 속에서 영적인 육신을 입은 전인(全人)으로서 새로운 생명 안에 탄생하게 되며, 현세의 삶과 질적으로 구별되는 다른 차원의 존재 방식을 부여받는다는 설명 — 도 검증 불가능하고 증거가 없는 선언적인 주장에 불과하며, '영혼의 존재를 전제한 상상적 가설'일 뿐이다. 철학사나 사상사의 역사 안에서 살펴보면, 영혼 존재에 대한 가설이나 육체의 부활에 대한 현재 가톨릭의 주장은 다양한 상상적 가설 이론 중의 하나에 불과한 것이라는 것을 확인할 수 있다. 고릴라도 지능이 발달하여 자신의 불멸과 영생을 희구하는 욕망을 갖게 된다면 그도 의당 신을 상정하고 육체의 부활을 추론하게 될 것이다. 신이나 영혼은 지능이 발달한 인간 상상의 산물이며 그 실체가 없다. 따라서 인간이 생물학적인 죽음의 순간에 현세의 삶과 질적으로 구별되는 새로운 생명으로 탄생하게 된다는 생각 역시 관념적 공상에 불과하다.

결과적으로 고대 히브리 신화(구약성서)와 신화적 메시아 도래에 관한 문헌('예수 신인 신화')을 '역사적 실제 사실에 대한 기록'으로 날조하여 설립된 가톨릭은, 교회 존립과 집단 기득권 구축의 정당성을 강조하기 위해 영지주의 복음서의 개작판인 문자주의 복음서를 실제 사실에 대한 기록으로 호도하고, 바울이 영지주의적 관점에서 고양(高揚)신학 전개를 통해 부활한 예수를 미스테리아 신인(神人) 그리스도로 소개하는 것을(콜로 2,12; 1코린 6,14 참조) 실제 역사적 실존 인물에 대한 설명으로 변환시켜 주장하는 것을 볼 수 있다. 또 창작된 '예수 신인 신화' 이야기의 상징적인 묘사들 — 예수의 생애나 부활, 동정녀 출생, 영혼의 불멸, 신과의 합일, 영원한 생명 등 — 을 마치 현실로 실재한 역사적 사실이며 실현 가능한 현실태인 것처럼 호도하기 위해 가정과 추측·궤변·상상의 토대 위에 터무니없고 추상적인 논리를 전개하는 무리수를 두고 있는 것을 볼 수 있다.

야훼는 비존재·상상의 부산물일 따름이므로, 비실체적 존재가 인간의 모습으로 세상에 강림하였다는 논리는 그 자체로 성립 불가능하고 현실성을 가질 수 없는 공상이다. 나아가 예수가 인간의 모습으로 세상에 온 야훼라는 주장 역시 허구이며, 역사 안에 실재하지도 않았던 인물이 죽은 다음에 부활하였다거나, 그가 죽은 인간을 다시 살리고 그에게 영원한 생명을 부여하는 그리스도라는 주장도 성립될 수 없는 허구다.

사실이 이러함에도 '예수가 죽고 부활한 구원자'라는 주장을 2,000여 년이 넘도록 철회하지 못하는 가톨릭의 입장은 지극히 당연하다. 예수가 인간이 되어 세상에 내려온 신(神)이어야만 그가 죽음을 이기고 부활하였다는 새로운 신화(神話)가 성립되고, 그 신화에 따라 예수가 세웠다고 주장하는 가톨릭교회만이 신적 권한을 갖고 있으며, 예수의 권위를 위임받은 교회에서 가르치는 대로 종교적 계율을 실천하고 따라야만 예수의 부활에 참여할 자격을 얻어 영원한 생명을 누리게 된다는 자신들의 신앙 교의와 교회 존립의 정당성을 고수할 수 있을 것이기 때문이다. 그리고 이런 논리를 통해 구축한 종교권력과 기득권을 지속적으로 유지해 나갈 수 있을 것이기 때문이다.

■ 가톨릭 종교전통의 존속 요인

인간의 발달된 지능은 우주에 탐사선을 보내고 인공지능 로봇을 만들어 냈다. 우리는 성서가 이런 인간의 놀라운 지능이 상상해 낸 '초인적 · 초월적 궁극의 실재'로 상정한 신에 대한 신화라는 것을 살펴보았고, 메시아 예수에 관한 이야기도 그 연장선상에서 구약성서 야훼 신화의 속편으로 등장한 허구적 이야기['예수 신화']라는 것도 살펴보았다. 그 결과 신이라는 것도, 구원도, 내세도, 영생이라는 것도 모두 인간의 상상력과 조작으로 창출해 낸 공상 소설 같은 허구이며 허상이라는 것을 확인했다. 물론 가톨릭이 실재하는 신이라고 주장하는 야훼는 인류 역사에 단 한 번도 그 존재성을 드러낸 사실이 없고, 부활했다고 주장하는 예수도 2천여 년 동안 단 한 차례도 자신의 존재를 드러낸 적이 없다. 그럼에도 불구하고 허구의 토대 위에 위태롭게 서 있는 가톨릭교회가 어떻게 2,000년이 넘는 긴 기간 동안 존속해 올 수 있었는가에 대해 살펴봐야 할 것 같다. 허구에 바탕 한다면 이미 역사 안에서 소멸했을 것이 당연한데 존속 가능했던 이유가 궁금해지기 때문이다.

'구조화한 신화'(조작된 복음서)에 등장하는 가상의 인물을 실재적 메시아로 제시하고, '날조로 정형화한 신앙 신조'를 진리로 호도하며 설립된 가톨릭은 점차 교세를 확장하면서[93] 로마제국의 수도인 로마를 핵심 근거지로 삼게 되었고, 제자들의 수장으로 제시한 베드로와 사도 바울이 로마에서 포교하다가 순교를 당하였다는 전승(口頭傳承. 사실을 입증할 증거나 문헌 사료는 없다)을 조작하여 로마교회가 예수의 직제자의 계보로 이어지는 근본 교회라는 입지를 강화하였다. 또 로마제국의 왕정 체계를 모델 삼아 교회 체계와 교회의 지배구조인 교계제도를 확립시켜 종교적 제도 기구를 구축해 나갔다. 곧 지금의 교황청이라는 기구와 교황 제도, 주교와 사제 제도를 정착시킨 것이다.

유대 종교전통을 계승했다고 강조하는 초기 로마 그리스도교는 정통 유대교와의 차별화를 위한 정책을 수립하면서 유대인 및 유대교와 갈등을 빚기도 했다. 우선적인 갈등 요인은 예루살렘 성전에서 거행되는 희생제사의 참여 여부였다. 유대인들, 특히 남성 유대인은 구약 율법 규정에 따라 유월절에 예루살렘 성전을 순례할 의무가 주어졌고, 성전세를 납부하고, 살아 있는 동물을 제물로 바치는 희생제의에 참석해야 했다. 그런데 초기 그리스도교는 성전 순례를 당연한 의무로 여기지 않았고, 동물 희생제를 반대했으며(사도 15,20), 성전세 납부도 거부했다. 뿐만 아니라 남성 할례는 첨예한 갈등을 야기했다. 할례는 유대인들에게는 중요한 의미를 갖는 민족적·종교적 의식으로, 유대 민족주의와 이방인 분리주의를

---

[93] 특정 종교가 존속되는 근본 동인은, 종교가 제시하는 신조나 사상에 동조하는 사람들이 지속적으로 존재한다는 것이다. 자기 존재의 소멸에 대한 두려움과 함께 불멸에 대한 염원을 본능적으로 갖고 있는 인간은, 삶과 죽음의 본질적인 문제에 대한 답을 제공한다는 것들에 관심을 기울이고, 그런 면에서 — 종교가 제시하는 인간관, 윤리관 등의 가치 이전에 — 신앙을 통해 영생과 구원을 제공한다는 특정 종교의 언설을 사실로 믿고 불멸을 기대하며 종교에 귀의하는 경향을 보인다. 하지만 사람들이 영생은 상상의 산물, 허구적 망상일 뿐이고, 그 어떤 종교도 영생을 제공하지 못한다는 것을 깨닫는다면 종교는 설 자리를 잃게 될 것이다.

표방한 유대 종교전통은 유대 혈통이 아닌 이방인의 할례를 금했다. 반면 그리스도교는 포괄주의와 보편주의를 표방하면서 이방인의 할례를 허용하여 유대교와 갈등을 빚었다(사도 11,3.26; 15,1~10 참조). 유대교가 이방인 분리주의를 표방한 이유는 야훼가 사심과 편견을 지니며, 그의 주된 관심은 이스라엘에게만 한정된다고 생각하였기 때문이다(창세 18,18 참조). 따라서 유대교는 이방인들에게 자신들의 믿음을 권하지 않았고, 대부분의 존속 기간 동안 선교를 하지도 않았다. 반면에 그리스도교는 야훼가 사심과 편견이 없다고 주장했고, 자신들이 개발한 구원 논리 즉, '야훼는 만인의 구원을 위해 육화하여 십자가에서 죽었다'는 논리를 앞세워, 그것은 유대인뿐만 아니라 만민에게 전파할 필요가 있다고 강조했다.

성찬례를 통해 빵과 포도주가 예수의 살아 있는 살과 피가 된다는 교의도 유대인들의 거부감을 불러일으켰고(요한 6,51~53 참조), 종교관 외에 결혼과 성교(性交)에 대한 입장에서도 차이가 있다. 유대교는 "자식을 낳고 번성하여라."(창세 1,28)는 야훼의 명에 따라 출산을 중시한다. 하지만 복음서에 등장하는 예수는 출산에 큰 의미를 두지 않았고 독신 생활을 장려했으며(마태 19,10~12), 천국을 위해 가족에 대한 의무를 버리라고 말하기도 한다(마태 10,35.37~38; 루카 14,26). 바울은 독신과 금욕 생활을 강력히 주장했는데(1코린 7,32.34), 이런 급진적인 주장을 받아들인 가톨릭은 설화 속에 등장하는 아담과 하와의 죄(창세 2장)가 성교와 관련이 있다고 해석하며 금욕주의로 나아갔다.

부언하면, 후에 가톨릭의 금욕주의적인 메시지가 그리스도교의 대중화에 장애 요소로 작용하자 교회는 마태오복음이나 티모테오서를 개작하면서 결혼을 옹호하고 금욕주의를 비판하는 입장으로의 변화를 모색했다. 그리고 초기 가톨릭 교부들은 결혼이 독신보다는 못하지만 순결한 결혼은 성스러운 것이라며 결혼을 옹호하고, 성교는 출산을 위한 행위로만 한정한다는 타협안을 발하였다. 중세부터 근대 초까지는 어처구니없게도 남녀 성교 체위까지 규정하여 회임(懷妊)에 가장 적합하다는 소위 정상 체위만을 허용하고, 나머지 자세들은 쾌락만을 쫓는 사악한 방식이라고 비난하며 고해의 대상이라고 선포하기도 했다.[94]

최상의 신으로 숭배되는 태양신 미트라 외에도 다양한 능력과 기능을 가진 여타 신들을 믿는 다신교 로마 사회에서 초기 가톨릭은 미트라 신전에 제물을 바치지 않고 제국의 황제를 신으로 섬기지 않는다는 이유로 박해를 받기도 했고, 로마 종교전통에 편승되지도 못했으며, 네로 황제에 의해 로마 시내 방화의 주범이라는 음해를 받는 등 존속의 위기를 겪기도 했다. 그럼에도 불구하고 이후 가톨릭이 로마의 국교로 지정되고 유럽 전역에 산재한 기존의 토속 종교전통들을 폐기하거나 야훼 신앙으로 대체하여 가톨릭만이 유일한 종교전통으로 신봉되도록 권력을 행사할 수 있었던 것은, 가톨릭이 종교로서의 정통성이나 진정성을 인정받았기 때문이 아니다. 그것은 요행히 정치권력에 편승하고 종교 사상으로 정치권력을 조종할 수 있는 처세술 덕분이었다. 또 다른 요소는 가톨릭이 스스로는 오직 삼위일체의 신 야훼만을 섬기는 유일신(唯一神) 신봉 종교전통이라고 강조하지만, 가톨릭 종교전통에는 이신교(二神敎)와 다신교(多神敎)의 종교전통들이 변형된 형태로 통합되어 있어서 여타 이신론자나 범신론자 누구라도 쉽게 거부감 없이 받아들일 수 있었다는 측면이 있다. 가톨릭은 유일신 숭배 종교가 아닌 것이다. 가톨릭 존속의 가장 큰 요소로 작용한 정치적 종교권력의 확장 부분에 앞서 가톨릭의 이신교성과 다신교성에 대해 살펴보자.

---

94 『역사적인 민족 유대인』, 안진태 저, 새문사, 2011. pp. 130~131.

이신교적이면서 다신교적인 신앙

—

가톨릭의 삼위일체 교리는 아버지 신인 야훼(성부), 야훼 자신이면서 동시에 야훼의 아들인 예수(성자), 야훼의 영인 성령, 이 삼위가 각각 개별적이며 독립적으로 존재하지만 그렇다고 해서 신이 셋이라는 의미가 아니라, 예수는 사람의 모습으로 강림한 야훼이고, 성령은 야훼와 성자에게서 발해지는 야훼이므로, 성부·성자·성령 이 셋은 결국 유일신 야훼의 각기 다른 방식의 존재의 현현이라고 설명한다. 어떻게 야훼가 하나이면서 동시에 셋으로 발할 수 있는 것인가는 인간의 이성으로는 파악되지 않는다.[95] 이에 대해 가톨릭은 납득 가능한 부연 설명 없이 '그냥 그렇다고 믿으라.'고만 말한다. 그런데 이렇게 유일신 신앙을 표방하는 가톨릭은 자신들의 주장과는 다르게 선신과 악신, 두 신의 존재를 인정하는 이신교

---

95 예를 들어, 가톨릭의 주장에 의하면 인간의 모습으로 강생한 신 야훼가 예수다. 그런데 그 예수가 자기 자신인 야훼를 '아버지'라고 부르면서 기도를 바치고(요한 17,1~19), 십자가에 못 박혀 죽을 때는 "하느님은 왜 저를 버리셨습니까?"라고 절규하며 자기 자신(야훼)에게 푸념한다(마태 27, 46~50). 그리고 예수가 십자가 위에서 죽어가는 처참한 그 모습을 침묵 속에 지켜보는 신도 야훼다. 곧 야훼 자신이 죽어가는 모습을 제3자적 입장에서 야훼 자신이 지켜보고 있는 것이다. 이런 상황들은 어떻게 이해되어야 하는가? 그리고 지금도 가톨릭은 성령과 함께 야훼가 예수이고 예수가 야훼라는 삼위일체 교리가 정설인 것처럼 설파하면서도, 야훼와 예수가 각기 별개의 독립된 존재로 실존하는 것처럼 설명하고, 그리스도(예수)를 통하여 야훼에게 기도를 드린다고 말하기도 한다. 야훼에게 드리는 기도를 야훼(예수)를 통하여 드린다는 논리의 전개는 어떻게 가능한가?

미스테리아 신화('예수 신인 신화')의 측면에서 보면 이런 상황은 쉬 이해된다. 신인(神人, logos)은 신에게서 발현된 신의 아들이므로 신과 동일체가 아니다. 그래서 신인이 자신의 아버지인 신(Daimon)을 향해 기도하고, 자신의 처지를 한탄하며 절규하고, 신은 아버지의 입장에서 아들의 죽음을 애처로운 마음으로 지켜본다는 것이 이해 가능하다. 그런데 가톨릭은 '예수 신인 신화'를 새롭게 개작하면서, 세상의 창조주인 신 야훼가 인간의 구원을 위해 스스로 직접 인간의 모습으로 강림했다는 억지 논변을 제시하는 무리수를 두다가 이해 불가능한 궤변을 늘어놓는 자충수의 늪에 스스로 빠져들고 있는 모습을 보인다.

(二神敎)적인 위치에 서 있다. '선과 악의 문제'에서 그것은 명확하게 드러난다.

대표적인 이신교는 페르시아의 조로아스터교다. 고대 종교전통의 이해에서 살펴보았듯이, 조로아스터교에 의하면 세계는 '선신과 악신' 두 신의 투쟁 현장이며 최종적으로는 선신이 승리하면서 투쟁은 끝나게 되고, 그때가 바로 세상의 종말이다. 종말에는 심판이 이루어질 것인데, 그 기준은 선신이 승리하도록 일상에서 악을 거스르며 물리치는 삶을 살았느냐의 여부다. 바빌로니아는 대표적인 다신교 문화로 만신전의 수많은 신들을 섬겼지만, 그들의 신관을 넓게 보면 조로아스터교와 별반 다르지 않게 신들을 선신 집단과 악신 집단으로 구분하여 섬기는 형태를 보인다. 풍요와 생산의 신 바알을 예로 보면, 바알은 곡물의 성장과 풍요, 동물들의 출산과 생장을 위해 끊임없이 가뭄과 불임의 신인 모트와 결투를 벌인다. 이 결투에서 바알이 승리하면 인간 사회에 풍년과 생성이 주어지고, 모트가 승리하면 기근과 가뭄이 닥친다. 그래서 바알 신전에서는 성전에 종사하는 여제사장과의 성교를 통해 바알에게 생장과 풍요를 기원하는 의식이 거행되었다.

"세상에 왜 악(惡)이 존재하는가?"라는 물음에 가톨릭은, 악이 존재하는 근본 원인은 아담이 죄를 지었기 때문이라고 설명하고, 악의 상태가 유지되는 것은 인간에게 자유의지를 허락한 신의 방식이라고 답한다(창세 2,16~17; 3,6 참조). 곧 세상에 악이 없다면 인간은 선과 악 사이에서 선택할 필요가 없으므로 자유의지도 필요 없겠지만, 신은 인간을 종이나 로봇처럼 다루지 않을 만큼 사랑하는 까닭에 인간에게 자유의지를 선물로 주었고, 또 인간이 자유의지로 악을 선택하는 것을 허락하였기 때문에 악을 선택한 자들에 의해 악의 상태가 계속 유지된다고 말한다. 그리고 악을 선택하는 것은 결국 신의 벌을 부르므로 늘 선을 선택하는 노력이 요청된다고 말한다. 하지만 이런 설명은 '창조의 정당성'이라는 문제의 딜레마에 봉착하게 된다.

가톨릭의 설명에 이런 물음이 제기될 수 있다. "신이 창조한 어떤 사람이 자유의지로 악을 선택한다면 그 결과로 신의 심판을 받아 지옥에서 영원한 고통을 받게 된다는 것(미래의 확정된 현실)을 전지전능하다는 신은 이미 알고 있을 것인데, 사랑의 신이라는 야훼는 그가 지옥에서 고통을 받는 것을 결코 원하지 않을 것이 분명한데도 왜 그를 창조하였는가?"를 물을 수 있다. 이에 대해 가톨릭은, "신은 인간이 자유의지로 어느 쪽을 선택할지 알지만 인간의 선택을 존중하여 관여하지 않는다. 다만 그 사람이 회개하여 돌아서기를 자비로운 마음으로 기다린다."고 답한다. 하지만 가톨릭의 답은 앞뒤가 불일치하는 모순이며 답이 되지 못한다. 신은 전지하므로 자신이 창조한 어떤 인간이 회개를 할지 거부할지 그 결과를 이미 알고 있을 것이므로 신이 기다린다고 해서 결과가 바뀌는 것은 아닐 것이며, 결과에 변화가 있다면 신은 전지하지 않다는 자기 고백일 뿐이다. 그리고 신이 창조한 인간이 결과적으로 지옥 벌에 처해진다면, '신은 인간의 파멸을 원하지 않으며, 자유의지라는 선물을 안겨 스스로 선과 악을 선택하는 것을 허락하여 창조할 만큼 인간을 사랑한다'는 창조의 정당성이 소멸되어 버린다. 결국 스스로 선택해서 강조하는 자유의지라는 개념의 딜레마에서 가톨릭은 헤어나지 못한다.[96]

악의 실체에 대한 문제도 마찬가지다. 가톨릭은 야훼만이 유일한 신이

---

96   『사피엔스』, pp. 313~314 참조.

라고 강조하면서도, "세상에는 사탄(Satan)으로 대표되는 악의 세력이 있으며, 이 악의 세력에 종속된 이들에 의해 올곧은 이들과 의로운 이들이 고통을 받는다."고 말한다. 가톨릭에서 주장하는 것처럼 선의 원천이고 선 자체라는 유일신 야훼가 세상을 창조했다면, 세상은 질서가 잘 잡히고 모든 것이 선을 향한 법칙을 따르게 될 것이다. 하지만 우리는 가톨릭이 말하는 것처럼 우리 앞에 펼쳐진 현실에서 악을 체험한다.

가톨릭은 야훼는 세상을 선하게 창조하였지만 '최초 인간인 아담의 오만으로 악이 세상에 들어왔다'는 논리로 악의 기원을 설명한다(창세 3,1~24). 야훼가 세상을 창조하였다는 논리도 빈약하고 터무니없지만, 신화 속에 등장하는 가상 인물인 아담의 잘못으로 신이 창조한 완벽한 세상에 악이 개입하게 되었다는 비논리적이고 이해 불가능한 설명은 악의 기원에 대한 본질적인 답이 되지 못한다. 아담은 최초 인간도 아니고 존재하지도 않은 가상 인물이므로, 그의 잘못으로 세상에 악이 들어왔다는 논리는 성립될 수 없다. 성서가 상징적으로 악의 기원에 대한 설명을 제시한다고 해도, 성서의 설명대로라면 악을 불러들인 것은 아담이 아니다. 아담의 오만은 자발적인 것이 아니라 '뱀'의 유혹(창세 3,4)에 의해 발현된 것이기 때문이다. 그런데 만일 뱀도 야훼의 창조물(창세 1,24)이라면 뱀이 가진 간악함도 창조의 산물일 것이며, 그렇게 되면 악 또한 야훼의 창조물이라는 의미가 된다. 가톨릭의 주장에 의하면, 야훼는 무(無)에서 유형·무형의 모든 것을 창조한 신이기 때문이다. 하지만 선신 야훼는 악을 창조할 수 없다. 따라서 ― 악이 실체가 있는 실재적 존재라고 한다면 ―, 악은 야훼와 무관하게 독립적으로 존재하는 무엇이다.

비록 가톨릭이 '신'이라는 표현을 사용하지는 않지만, (일반적 종교전통의 관점에서 보면) 분명 선신과 구별된 별개의 영적인 실체로 존재하는 악은 타 종교전통에서 말하는 '악신'과 동일한 개념이다. 가톨릭이 전지전능하다고 말하는 신 야훼는 왜 악의 세력을 제거하지 못하는가? 신학적인 관점에서 악의 세력은 야훼가 제거할 수 없는 또 다른 '신'으로서 신적 권능을 행사하기 때문일 것이다. 그가 야훼와 대척점에 서 있는 신이 아니라면 악은 세상에 개입할 수 없다. 하지만 가톨릭이 악의 존재를 인정함이 분명하니, 가톨릭의 논리에 따른다면 악의 세력을 지배하는 악신이 있다는 것을 가톨릭이 암묵적으로 인정하고 있다고 볼 수 있다.

가톨릭은 악의 세력은 최후에 메시아의 재림으로 제압되고 야훼의 통치가 완성된다고 주장한다. 이러한 가톨릭의 설명과 그들이 인정하는 사탄이 존재하는 한, 가톨릭은 부르는 신의 이름만 다를 뿐 조로아스터교와 동일하게 세상은 선신과 악신의 대결장이며, 선신과 악신의 대결에서 선신 야훼가 승리하리라는 신앙을 가진 이신교다.

신이 둘(선신, 악신)이라면 여기서 '둘 사이의 투쟁을 관장하는 법칙을 정하는 존재는 누구인가'라는 문제가 제기될 수 있다. 『사피엔스』의 저자 유발 하라리가 지적하는 것처럼 '두 나라가 싸울 수 있는 것은 둘 다 동일한 물리법칙의 지배를 받기 때문이다. 파키스탄에서 발사된 미사일이 인도의 목표물을 정확히 명중할 수 있는 것은 양 국가에 동일한 물리법칙이 적용되기 때문이다. 만일 선신과 악신이 싸운다면, 이들이 따르는 공통의 법칙은 무엇이며, 그 법칙은 누가 정하는가?'[97]

(가톨릭이 악의 기원과 악의 세력의 존재를 논하고, 세상은 선신 야훼와 악의 세력 간의 대결장이라는 이신교적인 논리를 참 진리인 것처럼 전개하고 있지만, 그들의 논변은 추상적 가설이자 상상에 머물고 만다. 신은 지성이 도출

97 위의 책, p. 315.

해 낸 최고 이상(理想)의 투사물·실체가 없는 관념의 산물일 따름이고, 악 또한 실체적 실재로 존재하면서 인간의 가치관 판단에 간여하는 어떤 힘이나 독립적 주체자가 아니라, 인간 지능의 진화 과정에서 구축된 옳고 그름의 선택적 성향에서 파생된 도덕적 가치 판단 기준의 분류에 불과한 것이기 때문이다).

한편, 가톨릭은 성인품에 오른 성인(聖人) 공경 전통을 가지고 있다. 성인 공경은 신앙의 모범을 보인 사람에 대한 공경 사상처럼 보인다. 하지만 성인 공경 전통은 고대 만신전에 등장하는 기능신들을 숭배하던 다신교 종교전통의 유산을 그대로 물려받은 흔적이다.

가톨릭은 야훼 외의 여타의 모든 신을 부정하며 잡신 숭배를 금한다. 만일 최고 권력을 지닌 전능한 최상의 신이 있다면 하위 신들이나 하위 협력자가 불필요할 것이다. 그런데 가톨릭은 성인들로 구성된 새로운 형태의 만신전을 구축했다. 성인품에 오른 성인들은 '수호성인'이라는 칭호를 받으며, 그들에게는 각 국가를 수호하고, 각 직능과 기능을 수호하는 임무가 부여된다. 한국의 국가 수호성인은 성모 마리아이고, 프랑스의 수호성인은 성 마르티노이며, 스코틀랜드의 수호성인은 성 안드레아다. 요셉은 목수들의 수호자이고 루카는 의사들의 수호자다. 성인들이 결국 고대 만신전의 신들이 담당했던 직무를 이양 받아 대행하고 있는 셈이다.

사람뿐만 아니라 타 종교전통의 신이 성인으로 추대되어 수호자의 임무를 담당하기도 한다. 프리아포스는 그리스 신화에 등장하는 바쿠스와 비너스 사이에서 태어난 신인데, 로마는 물론 켈트족, 게르만족, 색슨족 등 유럽 전역에서 생식과 관련된 성기 숭배의 신으로 신봉되고 있었다. 프리아포스에 대한 신앙은 초대 가톨릭과 첨예하게 대립했고, 결국 교회는 그 신앙의 기세를 제압할 수 없어 타협안을 찾았다. 그것은 프리아포스를 교회의 성인으로 추대하여 생식과 관련된 일을 담당하는 수호자로 삼는 것이었고, 교회 안에 그를 상징하는 성상이나 상징물을 모시는 것도 허락하는 것이었다.[98] 태생적으로는 야훼도 가나안 최상의 신 엘의 아들로 이스라엘 남부 산악 지대를 수호하는 하위 신이었으며 전사의 신이었다. 성인 공경과 수호성인 개념은 다신 숭배의 변형이며, 가톨릭은 유일신교가 아닌 것이다. 참고로, 가톨릭이 말하는 수호성인들이 의미 있는 수호 활동을 수행했다는 것을 보여주는 연구 보고서는 지금까지 단 한 번도 제시된 적이 없다.

표면상으로는 유일신 숭배라고 강조하지만, 가톨릭의 이런 이신교적이며 범신교적인 형태는 다른 다신교 종교전통 문화권의 사람들에게도 쉽게 수용되었다. 부르는 신의 이름만 다를 뿐, 자신들이 믿던 종교전통과 별반 다를 것이 없다고 인식했기 때문이다. 산림의 풍성함과 삶의 안정을 지켜준다는 '대지의 어머니, 숲의 어머니신(地母神)'신봉 신앙(켈트교)을 가지고 있던 고트족은 가톨릭의 성모 마리아 공경 사상에 자신들의 신앙을 습합하여 가톨릭을 수용했다. 자신들이 믿는 지모신과 마리아가 별반 다를 것이 없다고 생각했던 것이다.[99] 그리고 그들의 생활 풍습과 문화 의식에 의해 고딕 양식의 성전들이 건축되었다. 우리나라에서 조선 시대에 야훼 신앙이 거부감 없이 쉽게 수용된 것도 동양 문화권에 깊이 뿌리를 내리고 있던 도교의 천(天) 사상, 유교의 상제(上帝) 사상과의 유사성이 커다란 작용을 했다.[100] 지금의 페루나 멕시코 등 남미 지역에서도 토속 신앙

98　『역사를 바꾼 성 이야기』, 리수충 저, 주은주 역, 시그마북스, 2010. p. 62.
　　　『사피엔스』, pp. 312~317 참조.

99　『고딕, 불멸의 아름다움』, pp. 30~49 참조.

100　『한국 종교사상사』, 이대근 저, 가톨릭출판사, 2014. pp. 270~290 참조.

과 융합되어 변형된 형태의 가톨릭 모습을 볼 수 있다.[101]

정치적 종교권력의 구축

—

가톨릭이 존립할 수 있었던 근간이 된 가장 커다란 요인은 정치권력과의 결탁이다. 로마에 어렵게 정착한 초기 가톨릭이 존속의 기반을 마련하게 된 것은 콘스탄티누스 황제의 모친 헬레나가 가톨릭을 신봉한 것에 연유한다.

다신교 사회인 로마제국에서 최상의 신은 '정복되지 않는 태양신(Sol invictus) 미트라'였다(본래 페르시아의 '미트라'와 로마의 '정복되지 않는 태양신'은 별개로 숭배되던 신이었는데 상호 동화되었다). 서기 274년에 로마황제 아우렐리우스는 미트라 태양신 숭배를 제국의 국교로 선포하면서 다른 여타의 신들도 자유로이 섬길 수 있다고 선언했지만, 그리스도교는 태양신 제단에 제물을 바치는 것을 거부하고 인육(성찬례 의식에서의 聖體)을 먹는 악행을 자행한다는 이유로 금지하고 박해했으며, 교회의 재산을 몰수했다. 그런 상황에서도 헬레나는 '태양은 창조물에 불과하고 태양을 창조한 신 야훼는 태양보다 위대하다'는 그리스도교 교리를 받아들여 가톨릭으로 개종했고, 태양신 숭배자인 아들 콘스탄티누스에게 개종을 권유했지만 그는 죽기 전까지 개종하지 않았다.[102] 콘스탄티누스는 막센티우

---

101 『라틴아메리카 역사』, 이강혁 저, 가람기획, 2008. pp. 121~123 참조.

102 콘스탄티누스는 서기 337년 5월 22일에 생을 마감했는데, 그는 죽기 바로 전(337년 봄)에 요양차 헬레노폴리스 소재 온천에 다녀오는 도중에 니코메데이아에서 죽음이 다가왔음을 느끼고 니코메데이아의 주교 유세비우스(카이사리아의 유세비우스와는 다른 사람)에게 세례를 받았다.

스와의 패권 싸움에서 승리한 이후부터는 정작 자신은 태양신 숭배자이면서도, 자신이 가톨릭의 수호자임을 자처하게 된다.

로마제국은 넓은 영토를 관리하기 위해 서로마의 수도 로마와 동로마의 수도 비잔티움에 각각의 황제를 두었고, 황제 밑에 부황제를 두는 4인 지배 체제를 갖추고 있었다. 그런데 서기 305년에 서로마 황제 막시미아누스와 동로마 황제 디오클레티아누스가 동시에 사퇴하면서 서로마 부황제로 있던 콘스탄티누스의 부친 콘스탄티누스(플라비우스 발레리우스 콘스탄티누스)가 황제 직위에 올랐고, 동로마에서는 부황제 갈레리우스가 직위를 승계했다. 하지만 서로마의 세베루스(플라비우스 발레리우스 세베루스)가 콘스탄티누스를 무시하고 황제에 즉위하면서 패권 다툼이 시작되었는데, 세베루스는 곧바로 리키니우스의 쿠데타에 의해 쫓겨났고 리키니우스는 전 황제 막시미아누스의 아들 막센티우스에 의해 권좌에서 끌려 내려졌다. 그러나 막센티우스는 310년 10월 27일, 콘스탄티누스(플라비우스 발레리우스 콘스탄티누스)의 아들 콘스탄티누스와의 결투에서 패하였고 승자 콘스탄티누스가 312년에 황제 직위에 올랐다. 한편 동로마에서는 막시미누스(갈레리우스 발레리우스 막시미누스)가 황제 갈레리우스를 밀어내고 황제에 즉위하였지만, 리키니우스(발레리우스 리키리아누스 리키니우스)가 막시미누스를 제압하고 308년에 황제 직위에 오르면서 패권 다툼이 종료되었다.

콘스탄티누스가 막센티우스(전 황제 막시미아누스의 아들)와의 결투에서 승리하게 된 것은, '꿈에 십자가 군기를 들고 전투에 임하면 승리하리라'는 계시를 받고 그 지시에 따라 십자가 군기를 앞세웠기 때문이라는 전승이 있다. 하지만 그것은 꿈의 계시가 아니라 가톨릭 신자인 모친 헬레나가 야훼에게 의지하라는 권고를 했고 이를 따른 것일 가능성이 높다.

콘스탄티누스는 비록 십자가 군기를 앞세워 전투에서 승리했지만 태양신 숭배 신앙을 버리지는 않았고, 로마 화폐에 자신의 얼굴과 함께 'Sol invictus'(정복되지 않는 태양)라는 문구를 새겨 넣기도 했다. 그러면서도 그는 가톨릭의 신 야훼가 자신을 선택하여 교회의 수호자로 세웠으며, 그에 따라 그리스도교를 전파하는 것이 자기에게 주어진 의무이며 황제의 지위를 바르게 이용하는 것이라고 말하는가 하면, 스스로를 '교회 밖에 있는 주교'라고 자처하고 자신이 교회의 수장이라고 선언하기도 했다.

그는 황제 직위에 오른 서기 312년에 미트라 신앙의 태양일인 일요일을 공휴일로 지정하여 그리스도교인들도 휴일에 종교 집회에 참여할 수 있도록 배려했고, 313년에는 동로마 황제 리키니우스와 함께 공동으로 '밀라노 칙령'을 발령하여 가톨릭을 제국민이 믿어도 되는 공인 종교 목록에 포함시켰다. 뿐만 아니라 박해 시절에 몰수한 교회 건축물과 공유 재산을 교회에 되돌려주는 조치를 취하고, 로마의 주교(교황)에게 라테라노 궁전을 하사하여 교황청 시설로 활용하게 했으며, 교회의 유산 상속을 허용하는 것과 교회 성직자의 재정적·법률적 특권, 즉 면세와 부역 면제의 특권을 부여하는 법률을 공표했다.

콘스탄티누스가 정작 본인은 죽기 전까지 세례를 받지 않았으면서도 가톨릭에 대한 관용 정책을 확대한 것은 두 가지 측면, 즉 부친과의 이혼 후(콘스탄티누스의 부친은 서로마 부황제 재임 시, 황제 막시미아누스의 의붓딸과의 정략결혼을 위해 헬레나와 이혼했다) 홀로 자신을 돌본 모친에 대한 효심의 표현이면서, 동시에 황제좌를 차지하기 위한 패권 다툼으로 분열된 민심을 그리스도교를 매개로 통합하고자 의도한 정치 정략이었을 것이라고 학자들은 평한다. 서로마 지역이 자신이 의도했던 바와는 달리 그리스도교 신앙으로 통합되지 못하자, 후에 동로마 지역의 국교를 가톨릭으로 선포하고(AD 326) 제국의 수도를 비잔티움으로 옮긴 것이(AD 330) 그런 면모를 보여준다는 것이다. 문자주의 그리스도교의 기원에서도 살펴보았듯이, 가톨릭은 콘스탄티누스의 보호와 후원 아래 점차 교세를 확장해 나갔고, 황제의 권력에 종교적 정당성을 부여해 주는 역할에 충실하면서 정치적 권세를 얻어 누릴 수 있었다.[103]

콘스탄티누스는 324년, 밀라노 칙령의 협약을 위반하고 그리스도교를 박해했다는 명분으로 동로마 황제 리키니우스를 제거하면서 '동서 로마제국의 통합'을 이루었고, 325년에는 자신은 태양신 숭배자이면서도 '황제는 교회의 수장'이라는 명분을 내세워 니케아공의회를 소집하였는데, 이 회의에서는 아리우스파와 논쟁이 되었던 그리스도의 본질에 관한 문제(아리우스파는 예수가 야훼와 유사하지만 신은 아니라고 주장했고, 로마가톨릭과 아타나시우스파는 예수가 야훼와 본질이 같다고 주장했다)를 다수결로 의결시켜(찬성 218표, 반대 2표) 종식시켰다. 이 회의에서 '예수는 야훼와 본질이 같은 완전한 신이며 완전한 인간'이라는 교의가 확립되었고, 아리우스파는 이단으로 단죄되었다. 이후 326년에는 자신이 정복한 동로마 지역에 가톨릭을 국교로 선포하고, 330년에는 가톨릭 국가를 건설하고자 하는 목적에서 제국의 수도를 동로마의 수도 비잔티움으로 옮기기도 했다(이후 비잔티움은 콘스탄티노풀로 불렸고, 동로마가 이슬람의 오스만 투르크에 멸망한 이후부터는 이스탄불로 불린다).

서기 392년, 로마 황제 테오도시우스(AD 346~395)는 가톨릭을 서로마 지역의 국교로 선포했고, 이로써 가톨릭은 종교권력으로서의 세력을 더

---

103 『교회사』, 광주가톨릭대학편집부, 1985. '로마역사',
   『살아남은 로마, 비잔틴제국』, 이노우에 고이치 저, 이경덕 역, 다른세상, 2010. pp. 27~56 참조.

욱 강화할 수 있게 되었다. 나아가 교회의 재산 소유가 국가법으로 허용되면서 신자들이 기증한 토지와 건축물 및 재물은 점차 증가했고, 민중의 지지를 받는 교회는 황제의 권한까지 견제할 수 있는 종교권력을 보유하게 되었다. 로마교회 교황이 행사하는 가장 큰 권한은 가톨릭 신자 신분을 박탈하고 교회에서 추방하는 '파면권'이었다. 황제를 포함해 누구라도 교회로부터 파면 선고를 받은 사람은 신자 자격을 박탈당함은 물론(이것은 '영생'의 은총에서 제외된다는 것을 의미했으므로, 사후 내세에서의 영생을 인생 최고의 가치이자 목표로 삼던 당시의 신앙인들에게는 가장 큰 두려움의 선고였다), 지역 공동체에서 추방되었고, 교회에 대적한 악인으로 낙인찍혔다. 파면 선고를 받은 황제는 폐위되거나 그리스도교 신자인 민중의 복종과 지지를 잃어 무능한 황제로 전락하기도 했다. 이렇게 교황은 세속의 통치권을 갖지는 않았지만 황제를 파면할 수 있는 절대 권한을 가졌던 것이다. 그런데 서기 5세기에 들어서면서 상황이 급변했다.

테오도시우스 황제가 서기 395년에 사망한 후, 서로마는 북방에서 밀려드는 이방 민족의 대이동에 따라 격랑기를 맞게 되었고, 결국 476년 우크라이나 지역에서 내려온 동고트의 '오도아케르'에 의해 천여 년 동안(BC 753~AD 476) 유지해 온 제국이 패망했다. 고트족은 고대 스칸디나비아에서 발원한 민족으로 서기 3세기경 로마제국의 소아시아 지방과 발칸반도를 침입하여 도나우강(서고트족)과 우크라이나 지역(동고트족)에 정착했는데, 4세기경부터는 로마와 긴밀한 관계를 유지했고, 4세기 중엽에는 로마 가톨릭의 영향으로 모든 고트족이 가톨릭 계열의 한 분파인 아리우스파 그리스도교 신자가 되었다.

로마제국의 패망으로 거대한 보호막을 잃은 가톨릭교회는 존망의 위기에 처하게 되었다. 그런데 로마를 패망시킨 동고트의 오도아케르(이탈리아 왕, 480~493 재임)가 행정, 관리, 통치 등의 통합적인 통치력을 발휘할 능력이 부족해 자기들이 정복한 로마의 피지배 민중을 장악하지 못하자, 로마 주교인 교황은 오도아케르에게 민중이 새 정권에 복종하도록 돕겠다는 것을 제안했고, 오도아케르는 교황에게 협력하고 신앙 안에서는 그의 지배에 복종할 것을 맹세하면서 교황은 영적 수위권과 더불어 세속적 주권을 주장하는 발판을 확보했다.

오도아케르의 고트족은 488년에는 이탈리아 전역을 장악했다. 이에 동로마 황제 제논은 이탈리아를 탈환하기 위해 489년 동고트족 출신 '테오도리쿠스'를 수장으로 군대를 파병했으며, 테오도리쿠스는 493년에 오도아케르를 살해하고 이탈리아 대부분의 지역을 장악하면서 '동고트 왕국'을 건설했다. 하지만 그의 왕국은 동로마 황제의 승인을 받지 못했고, 동고트 왕국은 552년 동로마에 패망했다. 이탈리아를 장악한 동로마는 로마제국의 재건을 모색했지만, 스칸디나비아에서 내려온 롬바르드족에게 이탈리아를 다시 내주어야 했고(568년), 이후 이탈리아는 가톨릭의 수호자로 나선 프랑크 왕국에 의해 롬바르드가 멸망한 774년까지 롬바르드족의 지배를 받았다.

프랑크가 교회의 수호자로 나서게 된 것은, 로마제국 패망 후 교회의 생존을 모색한 교황이 프랑크 메로빙거 왕조의 '클로비스'(AD 481~511 재위)와 496년에 체결한 협정문에 연유한다. 이 협정문에는, "교회는 클로비스를 신성로마제국의 황제로 인정하고 그에게 '새로운 콘스탄티누스 대제'라는 칭호를 부여한다. 그리고 클로비스는 교회를 수호할 의무를 갖는다."는 내용이 담겨있다.[104] 이 협정에 따라 교회는 프랑크의 군사적 지

---

104 「성혈과 성배」, p. 320.

원으로 보호 받을 수 있었다. 훗날 메로빙거 왕조가 가톨릭 수뇌들과 공모한 메로빙거 왕조의 재상(宰相)들에 의해 붕괴되고 카롤링거 왕조(AD 750~887)로 교체되었을 때, 교회는 『콘스탄티누스 기증서』(Donation of Constantine)라는 문서를 활용해 '교회에 의한 황제 서임권'을 주장하고, 로마황제의 유산을 상속할 권한이 교회에 있다고 주장하면서 권력과 지위를 유지했다. 그리고 이탈리아 반도에서 교황이 관장하는 교황령을 확보했다(AD 756). 그런데 서기 312년에 작성된 것으로 꾸며진 『콘스탄티누스 기증서』는 서기 8세기경 교황 바오로 1세(751~768 재위) 시기에 허위로 작성된 문서라는 사실이 1440년경 이탈리아 인문주의자 로렌초 발라(1407~1457)에 의해 밝혀졌다.[105]

『콘스탄티누스 기증서』에는 "콘스탄티누스가 로마의 주교를 '그리스도의 대리자'로 선언했으며, 로마의 주교에게 공식적으로 황제의 상징과 황위의 표장(標章)을 수여하여 그에게 황제의 지위를 부여했다."는 내용이 적혀 있다. 이어 "로마의 주교는 콘스탄티누스에게 황제의 표장을 되돌려 주었고, 황제는 교회의 인가와 허가를 받은 뒤에 황제의 표장을 착용했다."고 적고 있다. 이 말은 로마의 공식적인 황제 직위는 콘스탄티누스로부터 황제 직위를 이양 받은 로마 주교(교황)가 갖고 있지만, 교황은 영적 세계의 지도자이므로 세속 권한을 행사할 수 없어서 콘스탄티누스에게 황제 직분을 위임하였다는 것이다.

이 위조된 문서가 내포하고 있는 의미는 아주 명백하다. 교회는 문서를 통해, 로마의 주교(교황)가 전체 그리스도교 세계에서 종교적인 면뿐 아니라 세속적인 면에까지 최고의 권력을 갖는 통치자라고 주장하고 있는 것이

---

105 『신성로마제국』, 기쿠치 요시오 저, 이경덕 역, 다른세상, 2010. p. 40 참조.

다. 이 문서가 위조된 거짓이라는 것이 밝혀진 후에도 교황은 그리스도교 계 군주를 제거하거나 임명하는 무제한적인 권력을 행사했고, 가톨릭교회 와 견해를 달리하는 분파를 제거하는 수단으로 이 문서를 활용했다. 문서 의 효용성이 유지될 수 있었던 것은 황제들이 교황에게 굴복하여, 교황의 명을 받아 이교도나 이단 세력의 제거에 뛰어들어야만 했기 때문이다.[106]

상기에서 주목해서 봐야 할 부분은, 이러한 정치적 격변에도 불구하고 가톨릭 종교전통은 해체되거나 타 종교전통으로 대체되지 않고 존속했다 는 점이다. 만일 동고트족이나 롬바르드족이 아리우스파 그리스도교(후대 에는 모두 로마가톨릭으로 개종했다)가 아닌, 자신들의 토속 종교전통을 간 직한 민족이었다면 가톨릭은 소멸하고 그들의 종교전통이 숭배되도록 강 요되었을 것이다. '오스만 투르크'가 동로마를 패망시켰을 때(AD 1453년) 그들이 이슬람교를 앞세워 가톨릭 종교전통을 해체하였던 것에서도 볼 수 있듯이, 종교를 기반으로 하는 정치권력은 정복지의 고유문화와 종교전 통을 보다 우월하다고 자부하는 자신들의 것으로 대체하는 행태를 보인 다. 일제 강점기에 우리 민족도 일본의 신사참배를 강요받고 그들의 언어 를 사용하도록 압박을 받았었다. 이탈리아를 정복한 타민족들은 지배자 가 그리스도교 신자 신분이므로 로마 주교를 신앙의 지도자로 존중하는 자세를 견지했고, 이러한 정치권력을 등에 업은 교회는 종교권력을 보전 하고 그리스도교의 전파와 유지를 위해 정치권력을 현명하고 효과적으로 활용했다.

서로마 패망(AD 476) 이후 유럽 전역에 새롭게 등장하는 민족들, 즉 에 스파냐를 정복한 서고트족, 프랑스의 기원이 되는 프랑크족, 독일과 오스

---

106 『성혈과 성배』. p. 347 참조.

트리아 지역에 정착한 게르만족, 섬나라 영국을 정복한 앵글로색슨족 등, 과거 로마제국의 영토에 신흥 왕국을 설립한 민족들은 자신들의 왕국을 통해 과거 로마의 영광을 재현하겠다는 포부를 가졌다. 그리고 이의 실현을 위해서는 '로마 주교와 가톨릭교회를 수호한 로마제국의 전통을 이어받아야 한다는 인식'에서 자신들이 가톨릭 왕국의 수호자임을 자처하며 국가의 종교를 가톨릭으로 선언하고 전 국민의 그리스도교 신자화를 꾀했다. 이런 전통은 지속해서 계승 유지되었고, 15세기에 이들 종교 국가들이 아메리카나 아프리카 정복에 나설 때도 '정복국의 그리스도교화 정책'이 시행되어, 그들의 군함에는 언제나 가톨릭 성직자가 동승했다. 성직자들은 군대가 장악한 영토의 선주민에게 야훼 신앙을 강요했고, 정복자들의 억압에 항거하거나 가톨릭교 수용을 거부하는 자들을 잔악하게 학살하는 폭력에 정당성을 부여했다. 야훼를 거부하는 자체가 죄악이라는 이유에서였다.[107] 심한 경우 정복자들이 선주민의 갓난아이를 악의 씨앗이라는 명분으로 살해할 때, 죽어서라도 구원에 들 수 있는 은총을 베푼다는 자부심으로 그 아이가 죽기 전에 세례를 주는 것이 성직자들의 역할이기도 했다. 가톨릭 종교권력은 이처럼 '모든 인간의 그리스도교 신자화'를 지향하는 정치권력을 등에 업고 전 세계로 확산되어 나갔고, 신앙을 종용하는 강요와 협박으로 교세를 확장했다.[108]

가톨릭 종교권력이 총포를 앞세워 정복한 나라는 가톨릭을 국교로 삼아 전 국민이 의무적으로 가톨릭 신앙을 갖도록 하는 정책을 유지함으로

---

107 『라틴아메리카 역사』, 이강혁 저, 가람기획, 2008. pp. 119~122 참조.

108 가톨릭이 제시하는 '날조로 정형화한 신앙 신조'를 참 진리로 믿었던 정치 세력들은, 자신들이 야훼와 교회의 확산에 기여했다는 자부심을 가졌고 교황과 교회로부터 칭송과 찬사를 받았을 것이다. 그리고 교회는 정치 세력과의 야합으로 막대한 부를 축적할 수 있었을 것이다.

써 신앙인을 양성했지만, 총포의 협박을 앞세우지 않고 순수 선교사만의 파견으로 가톨릭이 전파된 나라에서는 교세가 크게 확산되지 못했다. 우리나라의 경우 가톨릭이 들어온 지 240여 년이 되어 가지만 — 한국 교회는 1784년을 공식 도입 년도로 본다 — 가톨릭 신자 비율은 전체 인구의 10% 정도에 그치며, 일본의 경우 가톨릭 역사가 500여 년이 되었지만 전교율은 전체 인구의 1% 미만이다. 전교 기간 대비 신앙인 비율로 본다면 한국이나 일본은 사실상 전교 실패국으로 분류될 수 있는 것이다.

"가톨릭이 절대 진리를 갖고 있고 신이 모든 인간의 구원을 원한다면, 우주 만물을 창조하고 성령의 감도로 성서도 기록하게 하는 능력을 발휘했다는 야훼는 왜 성령을 통해 인간 영혼에 깃든 이성과 감성을 자극하여 모든 인류가 가톨릭을 수용하도록 하지 않는가?" 인간의 자유의지를 존중하기 때문이라는 설명은 상기에서 살펴본 바와 같이 신의 전지전능성과 배치되는 논리이므로 답이 되지 못한다. 그것은 성령을 보내서 영감을 일으킨다는 신 자체가 없다는 방증으로 이해함이 타당하다.

종교 사상적 인간 의식 및 가치관 고착화

—

조작된 종교 경전('교회 복음서')과 허구적 교의의 토대 위에 설립된 가톨릭이 건재할 수 있었던 또 다른 요인은, 2,000여 년에 가까운 세월 동안 허위의 신앙 신조를 사실적 진리로 둔갑시켜 고착화하고, 전체 유럽 사회의 문화적 환경을 가톨릭의 가치관과 의식으로 통제하는 사상적 전략을 통해 사람들의 사고와 심성을 종교에 예속시켜 왔기 때문이다. 사실 가톨릭은 자신들 종교 설립 기원의 조작성과 신앙 신조의 날조성을 인정하는 그 순간 붕괴되고 해체될 것이므로, 온갖 수단과 방법을 동원해 자기 합리화를 구축해 나갈 필요가 있을 것이다.

사람은 누구나 태어나는 순간, 본인은 전혀 의도하지 않았다고 하더라도 자기가 태어나 구성원으로 속하게 된 사회에서 요구하는 규범과 문화적 상황을 받아들이고 그것을 준수하고 따를 것을 요구받는다. 즉 사회라는 문화적 복합체 안에서 자신의 위치에 대한 의식을 제공하는 사회적 질서와 이념적 토대의 틀을 통해 자기를 인식한다. 민주주의 사회에서는 민주시민의 의무와 권리 안에서 자신을 규정하고, 종교가 지배하는 사회에서는 신에게 귀속된 신원으로서의 자신을 규정한다.

가톨릭 종교전통이 지배하는 로마제국의 모든 시민은 누구나 태어나면서부터 가톨릭 교리 — 니체는 이것을 '노예의 도덕'이라고 비난했다 — 를 절대 진리로 신봉하도록 강요받았고, 이를 거부하면 신이 내려 주는 영생에서 배제되거나 지옥 벌을 면치 못하게 된다는 위협을 받았다. 또 사회적인 규약에 따라 시민으로서의 권리를 박탈당했다.

중세 시대에 가톨릭은, '인간은 아담의 죄로 유전되는 원죄를 안고 태어난 죄인이며, 죽어 지옥으로 가야 하는 운명을 짊어진 존재에 불과하다. 그리고 세상은 각자의 신분과 처지에 따라 봉사하며 살아가야 하는 속죄의 장소일 뿐이다. 따라서 인간은 신이 내려준 자신의 신분에 만족해야 하며, 자신의 처지에서 오직 신을 위해 헌신하고 야훼의 교회에 몸 바쳐 희생하면 그나마 천국에 들어갈 수 있는 자격이라도 얻을 수 있을 것이니, 교회의 법과 가르침을 따르고 지키라'고 가르쳤다. 그리고 신의 뜻을 대행하는 국가와 교회의 요구에 순응하는 것을 신자의 당연한 의무로 이해시키고, '왜 그렇게 살아야 하는가'를 묻는 것은 신에 대한 모독이므로, 선포되어 준수가 강요되는 종교적 교의와 계명에 대해서는 의문

없이 따르는 것이 구원에 이르는 길이며 종교적 미덕이라고 교육했다. 따라서 1,000여년의 세월에 걸쳐 조상 대대로 이어져 온 이런 문화권에서 태어나고 자란 사람들은 종교 사상으로 고착된 사고방식 안에서 — 인간 중심 사상의 발흥과 종교의 자유시대가 도래하기 전까지 — 교회가 제시하는 교리를 절대 진리로 받아들였고, 자신이 영생을 얻지 못하고 구원에서 소외될 수 있다는 두려움에 노심초사하며 신앙인으로 사는 삶의 방식을 당연하고도 올바른 삶의 형태로 받아들였다. 또 자신의 후손에게도 그런 문화권에서의 삶을 준비시키고 가르쳤다. 그리고 이러한 사조를 바탕으로 가톨릭 종교권력은 인간을 통제하고, 종교 사상으로 유럽을 장악할 수 있었다.

제반 학문에 대한 이해가 부족했던 시대에 가톨릭은, '세상의 물음에 대한 모든 답은 성서에 있으며 교회는 그것을 해석하는 절대 권한을 갖고 있다'고 주장했다. 그리고 교회의 가르침은 진리이며, 순종으로 받아들여야 할 권위 있는 가르침으로 인식되었다. 지구를 중심으로 천체가 돌고 있으며, 로마가 지구의 중심이라는 주장도 의심 없이 받아들여졌고, 페스트 같은 감염 질병은 마녀들의 소행이므로 색출하여 화형에 처해야 한다는 주장도 거부감 없이 받아들여졌다.

교회의 논리가 대중에게 그대로 받아들여질 수 있었던 것은 당시 대부분의 사람들이 문맹이었고, 가톨릭이 제시하는 사상적 이론을 검토하거나 비판할 능력을 갖지 못했으며(혹여 교회 교의의 비합리성을 비판하거나 비난하는 사람들은 자신의 사회적 지위나, 경우에 따라서는 목숨을 잃는 위험을 감수해야 했다. 당시 사회 사법 권한은 교회법을 생활 규범과 범죄 처벌의 기준으로 제시하는 교회 기관이 행사했기 때문이다), 종교가 말하는 것은 신이 내려 준 절대 진리이니 무조건 믿고 따라야 한다고 선대로부터 가르침을 받았고, 또한 그렇게 순응하는 모습으로 살아가는 선조들의 모습을 보아왔기 때문이다. 이런 상황 속에서 교회의 논리는 정치 지배자의 통치 이데올로기를 정당화시켜주는 수단이 되었고, 통치자는 종교 신조를 기반으로 절대 권력을 행사할 수 있었다. 물론 그에 대한 대가로 교회와 교회 성직자들은 부와 영예를 보전 받을 수 있었다.

가톨릭의 종교 사상적 인간 의식 및 가치관 구축은 현재도 진행형이다. 가톨릭은 지금도 '날조로 정형화한 신앙 신조'를 절대 진리인 듯이 호도하는 입장을 견지하면서, 그 어떤 부연 설명도 없이 '신은 존재하며 인간에게는 영혼이 있다'고 주장하고, 자신들의 신인 '야훼만이 그 영혼을 구원하여 영생을 주는 유일한 신'이고, '신을 믿지 않으면 구원과 영생을 얻을 수 없다'고 강변한다. 또 제도 교회로서의 가톨릭은 자신들의 교회가 예수가 친히 세운 정통 교회라는 자부심을 갖고 있고, 세상의 모든 종교는 궁극적으로 야훼 신앙을 지향하며 언젠가는 가톨릭으로 통합되어 한마음으로 야훼를 숭배하게 될 것이라는 전망을 갖고 있다(물론 그들의 자부심이나 전망은 근거 없이 만들어진 자기 확신에 불과하다). 그리고 바라보는 시각의 차이일 수도 있겠지만, 모든 인간은 인간이라는 이유 하나만으로 존중되어야 한다는 원론을 강조하면서도 종교에 따라 인간을 구분 짓고 차등하는 듯한 행태를 보인다. 그들은 ― 공식적으로 표명한 입장은 아니지만 ― 가톨릭에 속한 사람들은 이성적이고 합리적인 사고를 가진 일등 인류라는 인식을 갖고 있고, 이슬람교는 왜곡되고 변조된 유사(類似) 야훼 신앙이라고 폄하하며, 여러 분파로 갈라져 나간 개신교계 신앙인들을 천시하거나 무시하는 경향이 있는 것처럼 보인다. 나아가 힌두교도나 불교도, 제3세계의 토속 신앙을 가진 사람들은 미신을 숭배하는 미개 상태를 벗어나지 못한 천한 부류의 사람으로 인식하여 개종의 대상으로 파악하고, 비신앙인 또는 무신론자들은 가련하고 이해할 수 없는 무지의 사람으로 취급하는 경향이 강하다는 인상을 받는다. 가톨릭의 이러한 모종의 차별성 강조 및 인간 분류 의식이 지속된다면 인류 평화와 공존은 요원한 일이 될 것이다. 언제든지 과거 십자군 원정처럼 가톨릭 세력이 주도하는 민족 분쟁과 종교전쟁의 발발 가능성이 상존해 있는 까닭이다. 몇 해 전 필리핀에서의 이슬람과 가톨릭의 분쟁, 수단의 민족 분쟁, 러시아의 세르비아 침공 사건도 가톨릭 종교전통과 무관하지 않다고 볼 수 없다.

가톨릭이 자신들이 합리적인 종교 진리를 보유하고 있는 것처럼 호도하고, 자신의 종교전통과 타 종교와의 차별성을 강조함은 물론, 인간 의식과 사고의 기준을 자신들이 주장하는 종교 신조에 일치시키도록 강화하는 교육은 '유아 신앙 교육'에서부터 시작된다.

가톨릭에 입교한 어린이들은 야훼에게 선택된 소중한 신원이므로 타 종교 신앙인들과 질적으로 다르다는 인식을 주입하고, 가톨릭 신앙인으로서의 자부심과 긍지를 함양함과 아울러, 타 종교 신자들과 차별되는 고결한 생활 자세를 가져야 한다고 가르친다. 가톨릭이 말하는 고결한 삶이란 일반 사회적 규범 이전에, 신과 교회의 가르침에 충실히 따르는 삶을 의미한다. 뿐만 아니라 신이 제시하는 기준에 따라 사는 삶이 곧 올바른 인생이며, 신은 언제 어디서나 모든 것을 지켜보고 있으므로 신의 계명을 충실히 따르는 정직한 모습으로 살아야 한다고 강조한다. 교회는 성인이 된 신자에게는 신앙의 순수성을 보존하기 위해 원칙적으로 가톨릭 신자와만 결혼해야 함을 강조하고, 야훼가 인정하는 합법적인 혼인이 되기 위한 조건을 사유로, 자녀를 가톨릭 신앙으로 교육시키겠다는 서약서에 서명하도록 요구한다.

자라나는 세대의 아이들에게 종교가 거짓을 말하지 않고 또 아이들이 종교의 거짓말에 속지 않도록 지도한다면, 나아가 신은 가상의 관념일 뿐이며 종교는 추측과 추론의 허위 위에 세워진 모래성임을 깨닫게 하고, 인간은 신에게 얽매인 노예적 객체라는 의식을 갖지 않도록 지도하여 스스로 종교의 노예로 살아가는 삶을 거부하도록 가르친다면, 그들은 맹목적으로 허상의 신을 숭배하는 종교적 환상을 갖지 않을 것이며, 종교를 이유로 사람을 구분짓거나 차별하지도 않을 것이고, 종교를 수호한다는 명분으로 폭탄 재킷을 입거나 신의 이름으로 비행기를 고층 빌딩에 충돌시키는 무모한 일 같은 것도 하지 않을 것이다.

인류에게는 전체 인류의 생존과 번영을 위한 연대책임과 상호 존중감이 요구된다. 그리고 존중감 의식의 근본이 되는 것은 '동료 인간에 대한 예의와 인간 존엄 의식'이다. 인간이 존엄한 존재인 까닭은 가톨릭이 주장하는 것처럼 인간이 신의 모상을 닮아 창조되었기 때문이 아니다. 인간만이 다른 동물들과는 달리 상호 동료 인간을 존중할 줄 아는 존중감을 갖고 있기 때문이다. 따라서 우리 인간은 스스로 위대하며 존귀한 존재라는 긍지와 자의식을 가지고 주체적으로 자유 안에서 살아가는 고결한 삶을 추구하도록 아이들을 지도해야 한다. 인류가 종교라는 허상의 허울을 벗어 던지는 용기를 갖는다면, 인류는 동시대를 살아가는 모든 인간에 대한 보다 더 깊은 이해 속에 한층 넓게 서로를 존중하며 공존하는 아름다운 삶의 길을 모색하게 될 것이다.

제도적 기관으로서의 교회 권력

—

하나의 사회적 제도 기관으로 구축된 조직력도 가톨릭 종교전통이 존속되어 온 커다란 요인이다. 학교를 하나 설립해도 여러 시행착오를 겪으면서 체제를 실효적이며 구체적인 방안으로 정비한다. 학생과 교사 및 직원들 관리·운영 체계 확립은 물론 세부적인 교칙 제정, 교가, 교복의 선택, 교육에 필요한 부설 건물 신축 및 협력 기관과의 연계성 등도 세밀하게 구축해 나간다. 종교 기관이 점차 사회적 제도기관으로서의 틀을 갖추어 가는 모습은 개신교계 모 교단(A라고 칭하자)의 사례가 좋은 예가 될 수 있다.

60여 년 전 처음 단칸방에서 출발한 A교단은 개신교계 내에서 이단으로 지목되어 비난의 대상이 되었지만 지금은 범접할 수 없는 굴지의 교단이 되었고, 교계 내에서도 대단한 영향력을 행사한다. 신도수가 증가하고 경제력이 바탕이 되자 A교단은 교단의 목회자를 자체 양성하는 교육기관(신학교)을 설립했고, 이를 통해 배출되는 교단 내 목회자를 국내 각 지역은 물론 해외에도 파송하여 지점 체제의 교회를 건립하기 시작했다. 개별 교회의 목회자들은 A교단 창립자의 지도와 관리를 받으며, 교단의 사업에 일정 부분 재정적 지원을 하고, 교단은 이 자금을 모아 자체 교단의 연수원, 사회복지시설, 의료 기관, 학교법인을 통한 유치원 및 초중고와 일반 대학교 교육 사업을 시행하고, 기타 수익성이 있는 사업을 운영하기도 한다. 한국에서는 성공한 종교 기관이자 종교 기업이 된 것이다. 만일 A교단이 중세 시대처럼 우리나라에서 선교를 위해 무장한 군사력을 활용할 수 있는 권한을 인정받을 수 있는 여건이었다면, 그들은 막강한 재력으로 무장 조직인 템플기사단 또는 선교 선봉 군대를 창건하여 타 교파나 종교전통을 대상으로 종교전쟁을 감행했을 것이고, 혹여나 그들이 종교전쟁에서 승리했다면 대다수의 국민들은 목숨을 부지하는 조건으로 A종교를 신봉하는 신자가 되었을 것이다. 신 숭배는 교조의 정당성이 아니라 삶의 환경과 여건에 따라 변화되는 것임을 보여주는 좋은 예라 하겠다. 가톨릭도 신앙 신조의 정당성보다는 정치권력에 편승한 군사력으로 일정 부분 선교에 성공을 거둔 측면이 있었다는 것을 부정할 수 없을 것이다.

 가톨릭은 기관의 조직적인 측면에서, 단일 교단으로 전 세계를 아우르는 가장 큰 규모를 갖고 있고, 무려 2천여 년이 넘는 기간 동안 체제 구축 작업을 진행해 왔으니 그 조직력이나 세부 요소들이 상상 그 이상으로 세밀하고 치밀하게 구성된 것이 당연하다고 할 것이다. 가톨릭은 바티칸에 위치한 교황청을 중심으로 중앙 집권적 운영체제를 구축하고 있다. 교황은 — 상상적 허구로 창출해 낸 신 야훼를 실재하는 신으로 신봉하는 일개 가톨릭 몽상가들 중의 한 명일 뿐이며, 정치적 · 군사적 · 세속적 통치 권한을 갖지는 않지만 — 전 세계에 분포된 전체 가톨릭 종교 기관을 다스리고 관리하는 수장으로서의 권한과 역할을 행사한다. 세계 모든 국가의 주교들은 교황에게 충성 서약을 발하고, 신부들은 자신의 소속 교구의 주교에게 또한 충성 서약을 발함으로써 단일 체제의 유지에 참여하고 기여한다. 가톨릭은 일반 대학은 물론 사제를 양성하는 교육기관을 보유하고 있으며, 정치를 제외하고(가톨릭은 성직자가 정치적 직위를 갖는 것을 교회법으로 금한다) 우리가 상상할 수 있는 모든 분야에 진출해 있다.

 2021년도 말에 발표된 가톨릭 교황청 연감 통계에 따르면 2019년 12월 31일 기준, 전 세계 인구는 대략 77억 명 정도인데 그중 13억 4천만 명쯤(전체 인구의 17.7%)이 가톨릭 신자이고, 그 외 정교회 신자는 약 3억, 개신교 4억, 이슬람교 12억, 힌두교 7억, 불교 신자는 4억 정도라고 보고한다. 가톨릭은 교황이 집무하는 교황청을 중심으로 전 세계 각 지역 가톨릭교회와 실그물 같은 연결망을 조직하여 교회 행정 및 법률의 통일성을 이루고 있고, 강력한 중앙 집권체제 구조로 신앙 교의의 단일화를 구축하고 있다. 이러한 저력은 교회 설립 이후 2,000년 넘게 이어온 역사 안에서 다양한 시행착오를 겪으며 다듬어 온 지혜와 경험과 역사의 산물일 것이다.

　중요한 것은, 행정기관으로서의 제도 교회 시스템이 치밀하게 잘 구축되어 있다고 해서, 또 종교 기원의 역사가 길게 이어져 왔다고 해서 가톨릭이 주장하는 신앙 교의나 신조들에 정당성이 자동적으로 부여되거나 그것들이 정설로 인정되는 것이 아니며, 없는 것이 있게 되고, 거짓이 진실이 되는 것이 아니라는 사실이다. 사이비 종교전통도 인력과 재정이 바탕이 되면 얼마든지 교세를 확장할 수 있고, 종교적 진리와 구원의 약속이 자신들에게만 위임되어 있는 것처럼 호도할 수 있으며, 정통성을 강조할 수 있다. 하지만 그것은 거짓과 허위에 바탕 한 근거 없는 주장으로 사람들을 현혹하는 것이기에, 인간에 대한 기망이며 유사 사기와 크게 다르지 않은 작태라 할 수 있다.

　신이나 영혼은 그 실체가 있다는 증거가 없고 그 존재성을 규정할 수도 없다. 따라서 '참된 진리라고 믿을 만한 타당한 이유가 전혀 없음'에도 불구하고 신이나 영혼의 존재를 믿는 것은 개인의 주관적인 판단에 따라 선택될 사안이지, 신이나 영혼의 존재를 입증하는 객관적인 근거의 제시 없이 그저 '신이 있다'거나 '영혼이 있다'는 것을 선언적으로 기정사실화하고, 그것을 전제로 '영생과 구원을 보장한다'고 설파하는 것을 강령으로 정하여 결성된 조직이나 단체가 신이나 영혼을 믿으라고 권장하거나 호도하는 것은, 비판과 제재의 대상이 되어야 하는 것이지 선망이나 추종의 대상이 될 수는 없다. 타당성 있는 근거의 제시가 없는 가설 명제를 참으로 주장하는 것은 온당한 처사가 될 수 없는 거짓이기 때문이다.

같은 선상에서 가톨릭 종교전통은 외형상 기품이 있어 보이고 세련된 감각을 보유한 것처럼 보이지만, '신이나 영혼이 실재한다는 가정적 추론'과 '신인 신화 속 예수가 역사적 실존 인물이라고 주장하는 허위' 위에 세워진 종교전통이라는 점에서 허구의 거짓 종교일 수밖에 없다. 그래서 가톨릭이 표면적으로는 구축된 종교 세력과 권력을 활용하여 사회적 이슈 중 하나인 인권 수호에 기여하고, 종교적 신념에 따라 신자들에게 올바르고 건전한 가치관을 심어주어 건실한 삶을 살아가도록 영향을 미치며, 국가 정치권력을 감시하고 견책하여 정의를 구현하는 정책을 펼쳐나가도록 하는 견인차 역할을 한다고 하더라도 이는 부차적일 뿐, 본질적인 측면에서는 종교의 근본 존립 목적인 '구원과 영생'을 보장하지도 못하고 그 사실성을 입증하지도 담보하지도 못하면서, 종교 진리로 날조한 허설을 특정 집단의 경제적 이득과 조직의 기득권 유지를 위한 수단으로 악용한다는 차원에서, 가톨릭의 행태 또한 인간에 대한 기망이며 여타 그리스도교계 사이비 종교들이나 세속의 사기 조직의 행태와 별반 다를 바가 없다고 할 수 있다. 또 가톨릭의 주교나 신부들 역시 교회 내에서는 인성과 인품이 출중한 성직자다운 면모를 보이고, 종교 지도자로서의 책임과 성소(聖召)에 충실을 기하는 모습으로 소속 신자들의 존경을 받는 신분이라고 하더라도, 근본적으로는 검증 불가능한 허설이나 거짓을 진리로 호도하는 것을 수단 삼아 자기 안위를 도모하는 사이비 종교 교주나 협잡꾼들과 별반 다르지 않은 면모를 보인다는 측면에서 그런 조직의 하수인들과 다를 바가 없다고 할 것이다.[109] 가톨릭이 이런 비판을 불식시키는 단 하나의 결정적인 해결책은 신 존재에 대한 타당성 있는 근거를 제시하거나 영생의 실재성을 입증하는 것이다.

각각의 종교전통들이 제시하는 신 숭배 사상들 중에 하나를 수용하여 신에게 자신을 스스로 예속시키고, 자신이 선택한 종교의 틀에 갇힌 가치관에 매여 살아가는 것은 각자의 선택이다. 마찬가지로 가톨릭이 날조된 문건을 근거로 말하는 신, 영혼, 부활, 구원, 영생을 진실로 믿고, 그 가르침에 자신의 정신과 사고를 종속시키는 것을 탓할 수는 없다. 다만 각기의 종교전통에서 말하는 신 자체가 허구이며 상상의 산물일 뿐이므로, 아무런 효용성이나 유용성이 없는 부질없고 헛된 종교적 환상과 망상에 기대어 삶의 위안과 영생을 희구하는 모습에 연민과 동정의 마음을 갖지 않을 수 없을 따름이다.

설득당하기를 원치 않는 사람들은 어떤 증거를 들이대도 믿지 않을 것이지만, 이로써 '가톨릭이라는 종교는 관념적 상상의 존재를 신으로 설정하고 복음서라는 문서를 조작하여 설립된 거짓 종교'라는 것을 확인하였

---

109 외형상 친절하고 인격자다운 면모를 보이는 사기꾼이 있다고 할 때, 그는 겉으로 드러내 보이는 모습으로 혹자의 존경의 대상이 될 수도 있을 것이다. 하지만 근본적으로는 타인을 속이고 기만하여 자기 이득을 취하는 사기꾼에 불과할 따름이기에 그의 외형적인 품위나 행태는 위선과 가식에 그치고 만다. 가톨릭 사제라는 신원의 사람들도 외형상 종교 지도자라는 위상으로 뭇사람들의 존경의 대상으로 여겨질 수 있겠지만, 본질적으로는 사실로 입증되지 않은 허설과 조작된 논변으로 사람들을 기만하는 것을 수단 삼아 연명한다는 측면에서 전자의 위인들과 별반 다르지 않다고 할 수 있다. 사제 신원의 근원적 정체성이 이러한데, 그들이 어떻게 신자들을 향해서 자기 자신과 신 앞에 진술하고 정직하게 살아야 한다고 조언하거나 설교할 수 있겠는가? 따라서 본인이 진정 양심과 양식이 있는 인격자로 남고자 한다면 그는 교회를 떠나지 않을 수 없을 것이다.

으니, 이제 그들이 종교 설립 기원의 진실을 은폐하고 마치 자신들만이 신적 절대 진리를 간직하고 있는 '참' 교회인 것처럼 호도하는 '호교론적 교의'의 비논리성과 허구성에 대해 살펴보자.

[우리는 본문 내용의 전개 과정에서, 실체적 존재성이 없는 신이나 역사적 실존 인물이 아닌 예수를 초월적 실재자나 구원자로 호도하는 가톨릭의 거짓 논변과, 실체가 입증되지 않은 영혼의 실재를 강변하는 영혼론의 허구성, 신화적 상상과 날조로 개작한 신화(히브리 신화, 예수 신화)를 역사적 사실에 대한 기록인 것처럼 호도하는 궤변적 논변의 허위성을 살펴보았다. 그리고 이를 통해 가톨릭이 '조작과 날조로 정형화화 신앙 신조'에 근거 해 자신들의 종교가 구원과 영생을 보장하는 참 종교 기관인 것처럼 호도하며 인류와 역사를 기만해 왔다는 사실을 확인했다. 다음 장에서는 본문에서 다루지 못한 몇몇 가톨릭 교의의 사실성에 대해 살펴보겠다.]

붉은 뱀의 춤

V

가톨릭 교의에 대한
반성(反省)

■ 우주 · 인류의 기원에 대한 가톨릭의 주장

다윗 왕조가 창작한 성서의 본래적 의도와, 그 성서를 신앙의 원천으로 삼아 신론과 구원론을 펼치는 가톨릭의 주장을 비교하면서, 몇몇 가톨릭 교의의 사실성에 대해 살펴보자.

가톨릭은 창세기에 등장하는 야훼가 실재하는 유일한 신[唯一神]이며 인격적 초월자이자 궁극적 실재로서의 신, 곧 신 = 야훼 = 하느님이라는 등식 안에서 신론을 전개한다. 하지만 상기에서 살펴보았듯이 초월적 행위자로서의 신에 대한 사유는 최고 이상(理想)의 투사나 인간의 상상이며, 야훼 역시 고대 가나안 토속 신앙이 도출해 낸 '가상의 존재'이므로, 야훼가 실재하는 신이라는 허구적 · 가설적 사유를 전제한 바탕 위에서 신론과 구원론을 전개하는 가톨릭의 논변은 그 자체로 가정적 추론이자 허구일 수밖에 없다. 그럼에도 야훼를 신으로 전제하고 신론을 전개하는 가톨릭 주장의 타당성에 대해 살펴보자.

- 창조론

가톨릭은 모든 존재는 무(無)에서 신이 창조한 것이며(존재창조론), 창조된 모든 것은 신이 부여한 존재의 목적을 가지고 있고(목적창조론), 그 형태나 본질과 특성은 신의 지적 설계에 의해 주어진 것이라고 말한다(지적설계창조론). 또 생명체는 신이 설계한 완전성을 향해 점진적으로 진화하도록 창조되었다고 말하고(정향진화론), 이런 논변들을 토대로 존재하는 모든 것의 근원은 신에게 있다고 말한다(존재근원론).

존재창조론

—

성서는 야훼가 존재하는 모든 것, 즉 우주 만물과 인간을 창조했다고 기술한다. 창세기의 창조설화에 의하면, 야훼는 어둠과 물 외에 아무것도 없는 상태에서 엿새에 걸쳐 천체와 하늘과 땅과 바다, 각종 동식물과 인간을 창조하고 7일째에 휴식을 취했다(창세 1,1~2,4).

고대 다양한 종교전통에서 '신이 우주와 인간을 창조했다'는 창조신화를 기록할 당시의 사람들은 빅뱅론은 물론 현대 생물학이나 진화론에 대한 이해가 없었다. 당연히 그들은 우주와 천체의 생성 과정을 알지 못했고, 지금과 같은 외모와 형태의 인간은 수백만 년의 세월에 걸쳐 다듬어져 온 진화의 산물이라는 것도 알지 못했다. 또 인간이 다른 동물들과 달리 두 발로 걷고 도구를 사용하고 지능이 뛰어나고 동물 세계를 지배할 수 있는 우월성을 갖게 된 것도 진화의 결과라는 것을 알지 못했다. 이렇게 우주의 기원과 진화에 대한 이해가 없었기 때문에, 당시 사람들은 인간의 한계를 넘어서는 초인적·초월적인 능력을 지닌 신이 천체와 모든 생명체를 창조했고(존재창조론), 각기 진화가 완결되어 가는 상태의 인간과 동물들이 태초부터 그런 형태였다고 생각했다[창세기도 '지금 형태의 인간'을 신이 창조했다고 기록한다(창세 1,26; 2,7)]. 또 당시에 동물은 인간이 언제든 식재료로 활용할 수 있는 살아 움직이는 식량 이상도 이하도 아닌 것으로 인식되던 시대였으므로, 인간이 동물 세계를 지배할 수 있는 우월성을 갖게 된 것은 어떤 초월자로부터 부여받은 특별한 능력 덕분이라고 생각했다. 그리고 그들은 이런 생각들을 '창조설화'를 통해 표현하고자 했다.

바빌로니아의 창조설화 『에누마 엘리쉬』는 마르둑이 티아마트의 몸으로 하늘과 땅과 만물을 만들었다고 말하고, 이집트 신화는 아몬이나 아텐이, 중국 신화는 반고가 우주의 창조주라고 말한다. 그리스-로마 신화, 인도의 『인드라에 의한 창조설화』, 한국의 『미륵에 의한 창조설화, 중국 포랑족의 『그메이야에 의한 창조설화』에 등도 매우 유사한 이야기를 전해 준다. 고대 히브리인들도 비슷한 사고를 가지고 있었는데, 그들은 우주와 인간의 창조주는 자신들이 숭앙하는 신인 야훼라는 신화를 구축할 의도에서, 바빌로니아를 비롯한 메소포타미아 일대와 시리아·이집트 등 각기의 문화권에서 전해 오던 천지창조에 대한 이야기를 무비판적으로 받아들이고 그것을 모방하여 자신들의 창조설화, 곧 『야훼에 의한 창조설화』를 창작했다.

가톨릭은 이렇게 인간의 상상으로 창작된 고대 히브리(유대) 종교전통의 세상 창조 이야기를 마치 실제 역사적 사실에 대한 묘사인 듯이 호도하면서, 창조설화의 내용에 따라 '우주 만물과 인간은 신의 창조물이고, 그 창조주는 야훼'라고 주장한다. 그리고 '성서의 창조설화는 과학 이야기가 아니므로 우주와 세상 그리고 인간 창조의 과정이 성서에 기록된 내용 그대로 된 것은 아니지만, 성서는 우주 만물과 생명의 기원은 야훼에게 있고,

우주와 인류의 역사는 야훼의 종말론적인 구원 계획 속에 이끌려진다는 것을 종교적 관점에서 상징적으로 표현한 것'이라고 말한다. 가톨릭이 자신들 주장의 정당성을 옹호하기 위해 제시하는 신론과 창조론에 의하면,

"신(야훼)은 세계 없이도 완전하며 또한 지복(至福)하다. 세계는 신을 보충해 줄 부분이 아니며, 본질에 있어 신과는 전혀 다른 것이다. 세계는 신이 자기 사랑의 대상으로 창조한 인간이 지복을 누리도록 하기 위한 의지와 사상에 따라서 형성되었는데, 이때 야훼는 기존의 물질을 사용하지 않고 물질과 영혼의 쌍방을 무(無)에서 창조함으로써 무형의 물질에 형체를 부여했고, 생명체에게는 생명과 활동을 부여했다.

신의 사랑의 대상으로 창조된 인간은 우주 만물의 중심이자 으뜸이며 정점으로 창조되었고, 만물을 지배하고 관리하고 사용하며 발전된 세계로 나아갈 능력자로 창조되었다(시편 8,5~9 참조). 또 인간에게는 인간적 품위인 인격과 함께 신만이 지니는 본성과 본질이 주어졌다.

성서의 창조론은 구원론적(그리스도론적) 견지에서 기록되었다. 이는 신학적으로는 창조론이 이론적인 이성의 대상이 아니라 신앙 안에서 인식되지 않으면 안 된다는 것을 의미한다. 창조론에서 창조의 주체, 즉 창조주는 삼위일체의 야훼이고 창조의 행위는 언어 행위이며, 이 언어 행위를 통해 신은 세계의 존재와 사물을 규정했다."[1]

가톨릭의 이런 논변은 고대 타 종교전통과 마찬가지로, 존재성이 확인

---

1 다음백과(http://100.daum.net), 마리아사랑넷(https://www.mariasarang.net/), 가톨릭사전(http://maria.catholic.or.kr/dictionary/term/term_search.asp) 참조.

되지 않은 신의 실재를 기정사실로 전제하고, 자연과 동물 세계를 지배할 수 있는 우월한 지능을 지닌 인간의 조건에서 이끌어 낸 가정적 추론일 뿐이며, 우주의 기원이 빅뱅으로 비롯되었다는 것이 과학적인 연구로 명확히 밝혀진 오늘날에는 더 이상 설득력을 가질 수 없는 허설에 불과하다.

우리는 가톨릭이 문명개화 이전 시대에 전개하던 신론은 '신이 있다면 신의 본성은 아마도 이러저러할 것이다.'라고, 인간이 이성의 극단으로 추론할 수 있는 신성을 부여하여 형성한 추측적 가설 논리라는 것을 '서설'에서 확인했다. 여기서도 가톨릭은 신의 속성에 대한 가정적 추론 속에 '세상을 창조한 신은 어떤 보완재의 필요 없이, 홀로서 완전하며 지복한 존재'라고 말한다. 신은 초인적이며 초월적 궁극의 존재로 상정(想定)되는 대상이니 신이 존재한다면 아마도 그런 속성을 지닐 것이라고 생각하는 것은 당연하다. 문제는 존재하는 모든 것을 창조했다는 신의 존재성이 증명되지 못하고, 우주 만물은 신의 창조물이 결코 아니라는 사실이다. 그럼에도 불구하고 과학 문명의 시대인 오늘날까지 '야훼가 우주 만물의 창조주'라는 주장을 되풀이하는 가톨릭의 입장은 어떻게 이해되어야 하는가?

가톨릭은 오늘날에도 — 신이 존재한다고 해도 타 종교전통에서 신봉하는 신들은 왜 신이 되지 못하고 야훼만이 유일한 신일 수 있는가에 대한 타당한 근거나 설명을 제시하지 못하면서도 — 그 어떤 부연설명도 없이 "여타 신화에 등장하는 신은 미신이거나, 그 신 또한 다른 모습으로 현현한 야훼다."라고 일축하고, "비물질적이며 영적 존재로서의 신인 야훼는 태초 이전부터 낳음 없이 스스로 존재했고, 인간은 어느 순간 종교적 사유를 통해 야훼가 우주와 세상의 창조주라는 사실과 초월적 궁극의 실재라는 것을 알아보게 되었다."라고만 말한다. 유일신인 야훼는 인간 상상의 산물이 아니며, 인간이 그 존재를 알지 못했던 신을 어느 날 갑자기 비로소 깨달아 알게 되었다는 주장이다. 이런 설명 역시 수용될 수 없는 추측성 억지 논리일 뿐이다.

가톨릭의 주장이 합리성을 갖기 위한 충분조건은, 야훼의 존재에 대한 납득 가능한 증거와, 야훼와 인간 간의 인격적인 통교와 교류에 대한 사실적인 근거를 제시하는 것이다. 그럼에도 입증 가능한 증거의 제시 없이 '야훼는 속성상 영원부터 스스로 존재한다'고 말하는 선언적인 설명은, "안드로메다에 꽃의 신 플로라가 영원부터 원인 없이 스스로 존재하여 살고 있으며, 강림한 예수는 그의 아들인 붓다의 동생이다."라고 말하는 것과 다를 바 없이 터무니없고 불합리하다. 그리고 가톨릭이 신 존재의 근거로 제시하는 성서는 인간의 상상력으로 빚어낸 신화적 창작품이므로 야훼와의 교류에 대한 직접적인 증거가 될 수 없다. 그럼에도 성서 자체가 그 증거라고 주장한다면 (앞에서도 언급했듯이) 타 종교의 신화와 경전에 등장하는 무수한 신들도 실재하는 신이라는 자충수에 갇히게 된다.

우리는 신의 이미지를 떠올릴 때 막연하게 뿌연 연기 같다거나, 아지랑이 같다거나, 손으로 만질 수도 잡을 수도 없지만 하늘 어딘가에 있는 영롱한 구름 같다는 식으로 '상상'한다. 사람의 형상을 닮은 유령 같은 모습으로 상상하는 사람도 있고 기(氣: 기운, Spirit, vigor)라고 보는 사람도 있다. 어떤 이들은 추상적인 이미지나 형상이 없는 어떤 대상을 생각 속에서 객관화시켜 신으로 의식하기도 한다. 고대인들은 신이 인간의 형상과 유사하며 스스로 의지(意志)를 발하는 머리와 팔다리를 가지고 있다고 상상했다. 그래서 고대 신화에 등장하는 모든 신들은 인간처럼 자기 의지와 신체를 활용하는 수고로 지상의 진흙에 자신의 피나 침을 섞어 동물들과 인간을 창조했다거나[창세기, 이집트 크눔(Khnoum) 신화], 마차를 타고 다니며 전투를 지휘하고(미트라 신화), 지팡이를 휘두르며 번개를 치는 모습 등으로 묘사된다(바알 신화). 익히 알려진 그리스-로마 신화가 대표적인 예다.[2]

고대인들의 이런 의인화 신관을 고스란히 받아들인 가톨릭은 '야훼가 자발적인 의지로 우주와 세상을 창조하는 능력을 발휘했고'(창세 1,1~27), '직접 신체를 활용해 흙으로 사람을 빚어 만들었으며'(창세 2,7), '거센 샛바람을 일으켜 바닷물을 밀어내어 이스라엘 백성이 홍해를 건너가게 했고'(탈출 14,21~22), '인간 마리아와 협력하여 아들을 출산케 한 것'(루카 1,35)은 역사적 사실이라고 말한다. 또 오늘날에도 존재하는 모든 것들의 존재를 지탱하고(한스 큉), 종말론적인 미래를 향해 인류의 역사를 자신의 의지대로 이끌어 가고 있다고 주장한다(떼이야르 드 샤르뎅). 하지만 야훼가 직접 자신의 신체를 활용해 인류의 역사 사건에 물리적으로 개입한다면(물론 신은 상상의 산물일 뿐이고, 신의 역사 내 개입의 사실성을 입증하는 증거나 목격자나 목격 증언도 없지만), 이는 '신은 형체가 없는 비물질적인 존재'라고 주장하는 논리와 상충되고,[3] 가톨릭이 말하는 신이

---

2   새가 신을 상상한다면 날개에 부리가 달린 모습으로 묘사할 것이다. 자신의 경험 세계를 넘어서는 것에 대해서는 아는 것이 없기 때문이다. (만일 신이 존재한다면) 신은 인간 이성의 이해 범주를 넘어서는 초월적 존재이므로 인간은 신에 대해 그 어떤 것도 알 수 없고, 신에 대해 알지 못하므로 한정된 의인화적 묘사로 신을 표현할 수 없다. 신의 모습을 의인화(擬人化)하여 인간의 모습으로 묘사하는 것은 신의 본질에 대해 그 어떤 것도 표상(表象)하지 못한다. 플라톤도 신을 의인화하여 이해하는 것을 비판했고, 그리스 철학자 크세노파네스도 황소나 말이 말을 하고 그림을 그릴 줄 안다면 신을 황소나 말의 모습으로 묘사할 것이라면서 신의 의인화를 비판했다.

3   가톨릭은 창세기의 창조설화는 실제 사건에 대한 기록이 아니라 모든 창조의 기원은 야훼에게 있다는 것을 신화적인 이야기를 통해 '상징적'으로 묘사하는 것이라고 말한다. 그러면서 동시에 '우리와 같은 모습으로 사람을 만들자'(창세 1,26)고 제안하고 인간을 창조한 것은 삼위일체 하느님이 직접 인간을 창조한 역사적 사실이라고 설명한다. 어떻게 빛이나 궁창을

비물질적인 존재라면 신은 어떤 형체가 있을 수 없으므로, 형체가 없는 비물질적인 영적 실재는 어떤 의식이나 의지, 감각 · 감정도 생성해 낼 수 없으며, 어떤 물리적인 작동도 일으킬 수 없다.

예를 들어, 우리는 인간의 의식이나 생각, 의지 등의 비물질적인 관념은 그 자체 스스로 발현될 수 없고, 다양한 정신 작용은 물질적인 뇌의 감각 기관에 있는 뉴런과 시냅스의 화학작용과 역학적 상호 작용에 의해서 발현된다는 것을 잘 알고 있다. 정신은 육체를 떠나 독립적으로 존재할 수 없으며 스스로 어떤 작용도 일으킬 수 없다. 그래서 뇌에 과도한 충격이나 손상이 가해져 뉴런과 시냅스의 활동성이 정지되면 의식하지 못하는 상태에 이르거나 기억상실 증세를 일으킬 수 있다는 것도 충분히 이해한다. 마찬가지로 ― 뇌 기능이 정지되거나 해체되면 어떤 정신 작용도 일으킬 수 없고 어떤 기억도 가질 수 없듯이 ― , 가톨릭이 말하는 비물질적이고 영적인 신이 실제로 존재한다고 해도 그는 아무것도 할 수 없고 그 무엇도 만들어 낼 수 없다. '의식이나 의지, 운동성을 발현시키는 물리적인 실체가 없는' 까닭이다. 그럼에도 불구하고 가톨릭이 자신들의 신론과 창조론에서 언급하는 것처럼, "형체가 없는 비물질적 존재인 신은 의지만으로 무형의 물질에 형체를 부여할 수 있으며, 창조와 구원은 이론적인 이성의 대상이 아니라 신앙 안에서 인식되지 않으면 안 된다."고 말하는 것

창조하고 흙으로 짐승과 새를 만든 것(창세 1,3~5:2,19)은 상징적인 묘사이고 사람 창조만 반박 불가능한 실제 사실이라고 말하는 것인가? 그리고 가톨릭은 야훼는 영적 존재라고 주장하면서도 출애굽 사건에서의 야훼의 물리적인 활동은 실제 있었던 역사적 사실이라고 말하는 모순을 범하기도 한다. 신은 절대 능력자이므로 로마의 제우스처럼 수시로 인간을 포함한 모든 형태의 사물로 변화할 수 있다고 생각하는 것일까? 또 성서에 야훼가 했다는 '우리와 같은 모습으로 사람을 만들자'는 말은 창조설화 창작자가 만들어 낸 말이지 야훼가 한 말을 직접 받아 적은 것이 아니다. 그럼에도 이 표현에서 '삼위일체' 논리를 도출하는 것은 예수를 신의 현현이며 신 자체로 주장하기 위한 작위적 억지 논리에 불과하다.

은 '이상적 완전자로서의 신이 존재한다면, 그는 무한한 능력을 행사할 수 있는 존재일 것이다' 하는 상상적 추정 속에, 자신들이 믿는 신 야훼는 참으로 실재하는 신이며 그 야훼가 원자와 분자의 결합체인 물질적인 우주 만물의 창조주라는 것을 호도하기 위해 개발해 낸 억지 논변에 불과하다.

가톨릭이 신 존재의 증거는 물론, 신이 의지라는 것을 갖고 있다는 명확한 근거나, 물리적인 작용 없이 신이 의지만으로 형체를 부여할 수 있다는 납득 가능한 객관적인 설명을 제시하지 못하면서, 그저 "신은 속성상 그런 능력을 지닌 존재이므로 모든 것이 가능하다."며 주장의 유효성만을 선언적으로 강조한다면, 어떤 목사가 "네가 나와 잠자리를 하면 너에게 새 예루살렘에 들어가는 신의 은혜가 내리고 너는 영생을 얻게 된다."고 주장하는 터무니없는 망언이나(M교회 L목사. 2018.4.12. KBS 뉴스), "무녀와 잠자리를 하지 않으면 굿을 해도 액막이가 안 된다."고 주장하는 무속인(K무속인. 2018.4.11. TV조선)의 주장도 진리가 된다. 그들도 신은 무엇이나 가능하며 자신들의 주장은 신앙 안에서 인식되어야 한다고 강조할 것이기 때문이다.

나아가 비물질적 영적 실재가 실체 없이 물리적인 작동성을 일으키는 능력을 갖는다면, 비물질적 영적 실재인 죽은 이들의 영혼도 자발적인 의지와 능력을 가질 수 있으며, 스스로 살아있는 이들을 찾아와 대화를 나누거나, 어떤 감도를 일으키거나, 바위나 산을 옮기거나, 신적 지혜에서 획득한 어떤 지혜나 아이디어를 인간에게 전수하여 인류 번영에 유익함을 제공하는 일도 가능하다는 의미가 된다. 하지만 그런 일은 절대 발생하지 않으며, 단 한 번도 발생한 일이 없다. 죽은 이의 추도식에 죽은 이는 존재하지 않고, 죽은 이는 살아 있는 이들의 기억 속에만 존재한다.

'영혼 가설' 항에서 고찰했듯이, 영적 존재나 영혼은 만질 수 없고 냄새

맡을 수도 없으며 관념으로만 사유할 수 있는 비실체적인 대상이므로, '신이나 영혼은 형체가 없는 영적 존재'라고 표현될 수 없고, '신이나 영혼은 상상 안에서 영(靈)으로 인식되는 관념'이라고 표현되어야 함이 타당하다. 그리고 신이나 영혼은 관념일 따름이므로 관찰의 대상이 될 수 없고, 영적 존재는 그 어떤 사고나 작동도 일으킬 수 없다고 사유하는 것이 합리적이다. 그럼에도 인간적·물리적인 차원을 넘어 존재하는 신은 무엇이든 가능하다고 말하는 것은 공상적 사고이자 궤변이다. 재차 언급하지만, 증명할 수 없고 검증도 불가능하며, 실증적 검증이 결여된 추상적 가설은 진리일 수 없다.[4]

'영적 실재인 신이 영혼에 생명을 부여하고, 영혼이 지닌 생명은 신의 생명과 온전한 합일을 이룬다는 생각'도 추상적인 상상이며 궤변이다. '생명'은 생체 메커니즘이 발화한 생기(生氣)의 존속 현상이라고 정의할 수 있다. 자연은 진화를 통해 유기물의 화학작용 안에서 생체 메커니즘이 에너지를 활용하여 생기를 발화하는 능력을 갖게 했고, 생체 메커니즘을 구성하는 기관과 조직은 생기를 존속시키는 신진대사 역할을 수행함으로써 물리적·신체적 생명이 유지되게 한다. 그리고 생체의 메커니즘과 신진대사를 이루는 기관이나 조직의 손상이나 파괴로 생기 존속이 불가능하게 될 때 생명은 해체되고 소멸한다. '생명'은 생체의 메커니즘

---

4   한 예로, 가톨릭 신자들은 식사 전에 식재료를 마련해 준 신에게 감사를 표하는 기도를 바친다. 신이 햇빛과 비를 내리고 바람을 일으켜 식재료가 성장하고, 그것을 먹을 수 있게 되었다는 의미일 것이다. 하지만 식재료는 자연 현상을 슬기롭게 활용할 줄 아는 농부들의 수고로 재배되고 수확된 것이지 신의 개입으로 재배되는 것이 아니다. 해가 뜨고 비가 내리는 것도 신의 작용으로 일어나는 일이 아니다. 이런 측면에서 가톨릭은 신화에 바탕 한 원시 신앙 형태의 답습으로 볼 수 있다. 그리고 가톨릭의 그런 인식이 정당하다면 가뭄으로 사람과 가축이 굶어 죽는 상황 발생의 근본 책임자는 신이라는 의미가 된다. 이런 인식은 합당한가?

과 분리되어 별도로 존재하는 어떤 것일 수 없으며, 생체와 분리되어 생성될 수도 없다. 따라서 비물질적인 존재는 생명이라는 것을 가질 수 없고, 생명을 가질 수 없는 비물질적인 존재가 생명을 부여한다는 논리는 성립될 수 없다.

신은 본질상 무엇이나 가능하다고 생각하는 것은 인간의 상상이고, 신은 속성상 그런 존재라고 주장한다고 해서 그 말이 진실이 되는 것도 아니다. 그리고 무엇보다 성서의 '창조설화를 기록한 저자들의 집필 의도'는 가톨릭이 말하는 창조론과는 상당한 거리가 있다.

'성서 저술 동기' 항에서 살펴보았듯이, 창조설화가 창작되던 당시의 저자들은 가톨릭이 말하는 것과 같은 인식, 곧 '우주가 생성되기 이전부터 지복 상태에 홀로 존재하던 신은 신만이 누리는 지복을 체험할 수 있도록 하기 위해 인간을 창조했다'는 인식 같은 것은 갖고 있지 않았다. 또 '인간에게 인격과 함께 신적 본성이 주어졌다'는 의식도 없었고, '신이 구원론적인 장대한 계획을 의도하여 창조 사업을 펼쳤다'는 생각도 없었다. 그리고 창조설화가 기록되던 기원전 10세기의 상황이나, 기원전 6세기에 바빌로니아 유배에서 벗어나 본국으로 귀환하여 민심을 추스르고 야훼 신앙만을 단일한 종교전통으로 구축하고자 했던 유대인들의 당시 상황을 고려해 볼 때, 또 성서 본문 그 어디에도 인간의 본질이나 본성에 대한 사유의 흔적이 보이지 않는다는 점, 내세나 영혼에 대한 관념은 두 번째 창조설화가 기록된 이후 400여 년이 지난 기원전 200여 년쯤에야 유대교에 등장한다는 점 등을 고려할 때, 창세기의 창조설화는 지극히 단순하게 '세상에 존재하는 모든 것들은 타 문화권에서 신봉되던 여타의 신들이 아니라 자신들이 선택하여 신봉하는 신인 야훼가 창조하였다'는 것을 강조하는 것,

그리고 '히브리인들이 믿는 신은 타민족들의 신보다 위대하다'는 것을 선언하기 위한 목적 외에 다른 그 어떤 목적도 염두에 두지 않고 기록된 것으로 이해함이 타당하다. 이런 점에서 가톨릭의 창조론은 후대에 자신들이 정립한 신론에 맞추어 창조설화 원저자의 의도와 무관하게 추론적인 의미를 부여하여 창출해 낸 호교론적 논리라 할 수 있다.

한편, 성서의 창조설화는 유대 종교전통보다 선재한 타 종교전통의 창조설화를 차용하여 기록하고 있다는 점에서, (만일 신이 존재한다면) 가톨릭이 말하는 모든 존재의 근원 및 생명의 기원이 되는 신은 야훼가 아니라 타 종교전통의 신들일 수도 있다는 의미일 수 있다.

수많은 신화 속 창조설화가 말하는 우주와 세계, 인간 창조의 원 창조주는 누구인가? 마르둑도 아니고 그렇다고 야훼인 것도 아니다. 우주 만물이 어떤 초월자에 의해 창조되었다는 것은 고대인들의 상상일 뿐이고, 야훼가 우주 만물의 창조주라고 강조하는 가톨릭의 주장역시 인간의 신화적 상상의 토대 위에 세워진 유대 원시 종교전통의 답습에 불과할 따름이다. 상상에서 도출된 관념의 산물인 신은 어떤 작동이나 작용도 일으킬 수 없다. 무엇보다 분명한 사실은 현실 세계에 존재하는 물리적인 천체와 인간을 포함한 만물은 결코 신의 창조물이 아니라는 것이다.

목적창조론 · 지적설계창조론 · 정향진화론

—

천문학과 진화 생물학에 대한 이해가 없고, '신은 실제로 존재하며 존재하는 신은 야훼뿐'이라는 사고를 가지고 있던 토마스 아퀴나스(1225~1274) 시대의 사람들은 우주 만물이 어느 날 갑자기 창조되어 존재하게 되었다는 가톨릭의 '존재창조론'('존재하는 모든 것은 무(無)의 상태에서 야훼가 창조하여 존재하게 된 것이다. 야훼는 동물과 식물을 제각각의 모습으로 창조하였고(창세 1,20~25), 특히 인간을 우주 만물의 으뜸이자 중심과 정점으로 창조하였다.'는 설명)을 사실적 진리로 받아들이고 있었다. 그리고 가톨릭이 존재창조론과 함께 우주 만물은 지성적인 신으로부터 어떤 목적을 부여받아 창조되었다는 '목적창조론'('신에 의해 창조된 모든 존재는 신이 부여한 목적 성취를 지향하며, 세상은 신의 직접 통치가 완전하게 이루어지는 미래의 초월 우주·초월 세계인 오메가(Ω) 포인트를 향해 전진하여 최종적으로 완성된다'는 설명)과, 지성(知性)을 소유하지 않은 자연 세계의 부분들이나 인간 육체의 부분들이 특별하고 예측 가능한 방식으로 질서 정연하게 행동을 수행할 수 있도록 세밀하게 설계되어 창조되었다는 '지적설계창조론'도 사실적 진리로 여겼다.[5]

'목적창조론'은 우주 만물은 야훼 없이 저절로 우연히 생겨난 것이 아니며, 우주에서 떠도는 유성(遊星)들도 지성적인 존재인 야훼가 부여한 특별한 목적이 있어서 우주를 떠돌고, 수명이 다해 폭발하고 사라지는 별들도 특별한 목적이 있어서 먼지로 돌아간다는 논리다. 이것은 세상은 지적 설계자에 의해 생명체가 살아가기에 꼭 알맞도록 만들어졌으며, 세상과 인간의 역사는 신이 계획한 종말론적인 미래를 향해 신이 마련한 시간표에 따라 진행해 나간다는 주장이다. 이런 논리에 따르면 다음의 경우를 유추할 수 있다.

우리나라의 태백산맥은 2억 년쯤 전에 에베레스트산맥처럼 해저에 있던 지형이 대륙 이동의 충돌로 융기되어 형성되었다는 것이 지질학자들의 연

5　『오래된 대답』, 조규만 저, 가톨릭출판사, 2019, p. 20 참조.

구 결과다. 이를 잘 보여주는 것이 삼척에서 발견된 환선굴이다. 가톨릭이 말하는 신의 목적창조론 관점에서 본다면, 해저 지형이 융기하여 거대한 산맥을 이룬 것은 아무런 의미 없이 그저 우연히 그렇게 된 것이 아니다. 그것은 태백산맥의 밑자락 원주라는 도시에서 거대한 역사를 이루어낸 신을 경배하고 찬미하는 최고의 제사장으로 조규만 주교가 등장하도록 하기 위해서 2억 년 전에 야훼가 섭리를 발휘한 것이라는 해석이 가능하다.[6]

이런 해석에 대해 가톨릭이 "신은 그렇게 세세하고 세부적인 것에 이르도록 섬세한 계획을 가지고 있는 것은 아니다."라고 말한다면, 그리고 "신이 의도한 인류와 우주의 거대한 역사적 목적에 비추어 볼 때 세상에서 발생하는 소소한 일들은 일시적인 현상일 뿐이고 거시적 측면에서만 역사는 신이 의도한 방향을 향하여 진행된다."고 말한다면, 이것은 역사에 저절로 일어나는 일은 없고 모든 것에 신의 목적이 담겨 있다는 신의 목적창조론에 부합되지 않는 변명에 그치고 만다. 인류 역사 안에서 일어나는 숱한 사건 중에 어느 것이 신의 계획과 뜻에 의한 것인지, 어느 것이 우연히 발생한 사건인지 분별할 수 없는 까닭이다.

가톨릭의 설명대로 세계사에서 발생했던 중세의 페스트(흑사병) 창궐과 1, 2차 세계대전의 처참한 환경 또한 그저 신의 거시적인 계획과 세계의 완성을 향한 과정일 뿐이라고 한다면, "왜 사랑과 자비 자체라는 신은 이토록 잔혹한 역사를 예방하지 않고 그것을 이용하면서까지 자신의 계획과 뜻을 이루어가고자 하는가?"라는 의혹을 갖지 않을 수 없게 된다. 오메가 포인트를 향한 우주의 완성이 실존하는 인류 모두의 절대 행복이고 신이

---

6 이 문맥에서 조규만을 언급하는 것은 그가 2023년 현재 천주교 원주 교구장이며, 자신의 저서 『오래된 대답』에서 목적창조론의 정당성을 주장하기 때문이다.

인간을 사랑하는 존재라면 역사라는 중도 과정 없이 곧바로 종말론적 완성이 성취되도록 역사하지 못할 까닭이 없을 것인데, 어찌하여 야훼는 오늘도 한강에 뛰어들어 스스로 목숨을 버리는 사람이 발생하는 것을 지켜만 보고 있는 것인지, 상기 교회의 설명으로는 납득 불가능하다.

토마스 아퀴나스 시대 이후에 등장한 코페르니쿠스(1473~1543)가 태양을 중심축으로 지구가 돌고 있다는 '태양 중심설'을 제기하기 전까지,[7] 가톨릭은 '야훼가 인간을 중심으로 세상을 창조하였기 때문에 인간이 살고 있는 행성인 지구가 우주의 중심'이라고 주장했고, 고대 그리스의 천문학자 프톨레마이오스(83~168)가 주장한 '지구 중심설'에 따라 천체는 우주의 중심인 지구를 축으로 운행한다고 가르쳤다. 그리고 교회는 유성이 태양의 주위를 운행하는 현상에 대해, 신이 유성들에게 그 특정한 양식으로 운행하도록 '명령'했고 이 명령 때문에 유성들이 그렇게 운행하게 된다고 설명했다. 또 비가 내리거나 천둥이 치는 등의 일기 변화나 지진 등의 자연 현상도 신이 주관한다고 설명했고, 생물체의 기원과 진화에 대해서는 각기 생물은 신이 개별적으로 창조했으며, 창조된 생물은 신이 설계한 완전한 형태를 향해 신의 계획에 따라(지적설계론) 점진적으로 그 형태가 변화·진화해 나간다는 '정향진화론'을 주장했다.

교회가 제시하는 '목적창조론'은 제반 학문이 발달하지 못하고 대다수가 문맹인 사회에서 야훼의 권능을 드러내고 야훼의 존재를 설득력 있게 증명하는 좋은 사례로 여겨졌을 것이다. 그리고 교회의 주장에 따라 당시

---

7 지구가 자전하면서 태양의 궤도를 돈다는 사실을 최초로 알아차린 사람은 코페르니쿠스보다 1,600여 년 이전 사람인 그리스 수학자 아리스타르코스(BC 310~230년경)였다.

사람들은 규칙적으로 운행하는 천체와 자연법칙의 주기에 따른 자연 변화, 생존과 번식을 위한 생명체들의 활동들은 우주적인 질서를 부여한 야훼가 의도한 목적에 따라 움직이는 것이며, 모든 결과는 야훼가 주관하는 것이라고 이해했을 것이다. 따라서 '의심 없이 무조건 신을 믿고 신의 명령에 순응하라'는 논리를 앞세워 신과 교회에의 맹종을 강요하는 교회의 권위에 굴복 당했을 것이다. 또 교회가 매사에 "그 모든 것은 하느님의 뜻이고, 하느님이 하시는 일이다."라고 말하거나, "전투에서 죽는 것도 하느님의 뜻이고 살아남는 것도 하느님의 뜻이다."라고 말하는 것도 신의 명령이며 신의 뜻이라고 무비판적으로 받아들였을 것이다.

창조와 우주 질서에 대한 가톨릭의 주장들은 천문학과 생물학 등 제반 학문에 대한 명확한 이해가 없던 시대에, 결과에서 원인을 찾아 야훼에게 적용시킨 '결과론적'인 이해로 볼 수 있다. 다시 말해서 천체와 생명체의 유기적이고 규칙적인 운행과 활동을 관찰하면서 그것은 누군가가 질서를 부여했기 때문일 것이라고 추론하고 그 질서의 부여자를 야훼라고 생각한 것이다.

현대의 우리는 가톨릭의 '인간 중심 창조설'이나 '우주 목적론'은 터무니없는 논변이라는 것을 잘 알고 있다. 태양이 지구를 축으로 돌고 있는 것도 아니고,[8] 천체 운행에 어떤 목적이 있는 것도 아니다. 만일 우주가 야

---

8 코페르니쿠스의 '태양 중심설'로 인해 다른 모든 천체들을 장식물 또는 부속물로 거느리고 있던 으뜸 천체인 지구와 으뜸 창조물인 인간의 지위는 태양이라는 변변치 않은 한 유성의 표면에 매달려 있는 보잘것없는 존재로 전락해 버리는 결과를 낳았다. 야훼가 지적인 계획 속에 지구와 인간을 중심으로 우주를 창조했다는 가톨릭의 가르침이 터무니없다는 것이 밝혀진 것이다. 하지만 교회는 이런 상황에 대해 뚜렷한 해명 없이, 여전히 인간과 지구를 중심으로 창조 사업이 이루어졌다는 주장을 되풀이하고 있다. 교회의 가르침처럼 야훼가 인간을 중심으로 우주를 창조했다면, 왜 인간이 거주하는 지구를 우주의 중앙이나 중심이 아니라 우주 변두리의 태양계에 속한 보이지도 않을 만큼 작은 행성으로 창조했는지 의문이다.

훼의 계획과 의도한 목적에 따라 창조되고 운행된다면, 우리는 그러한 목적과 계획을 갖고 우주 만물을 창조하도록 야훼에게 임무를 부여한 또 다른 목적자이자 계획자인 초(超)조물주를 상상하지 못할 이유가 없고, 초(超)조물주의 명령과 지시에 따라 야훼가 우주 만물을 창조하게 되었다고 주장할 수도 있게 된다.[9] 다행히 과학계는 오랜 연구 끝에 우주는 만물의 창조주 · 조물주라고 주장하는 신에 의해서가 아니라 빅뱅이라는 물리현상을 통해 형성되었고, 우주와 천체의 우연한 물리 · 화학적 상호 작용에서 생명체가 출현하여 오늘날의 환경에 이르게 되었다는 것을 명백히 밝혀냈다.[10]

가톨릭은 생물의 진화에 대해, 진화는 돌연변이에 의한 새로운 유형의 출현에 의해서가 아니라 기존 유형(본질)의 변형 때문에 나타나는 현상이라고 주장했다('정향진화론'). 하지만 그러한 경향을 일으키는 어떤 메커니즘도 발견되지 않았고, 자연선택에 의한 진화론, 즉 '환경의 영향에 의한 변이진화론'이 정설로 인정되면서 정향진화론은 폐기되었다. 그리고 진화적 경향은 시시때때로 그 진행 방향을 바꾸고 심지어 다시 뒤로 돌아가기도 한다는 사실이 밝혀지면서 '우주 목적론'과 '지적설계창조론'도 주장

9   플라톤도 이점에 대해 사유했다는 것을 우리는 살펴보았다. 그는 최고신(Monad, Daimon)은 영적 존재이므로 물질을 창조할 수 없고, 대신에 물질적인 신(Demiurgos. 조물주)이 그를 대신해서 물질을 창조했다는 이론을 전개했다. 앞서 보았듯이, 그의 사유에 동조한 영지주의 그리스도교는 구약의 야훼를 최고신 다이몬의 하부신인 데미우르고스로 해석하기도 했다.

10   가톨릭은 '지적설계론'에 따라, 신에 의한 우주 및 자연법칙의 통합적인 설계를 주장한다. 그래서 그들은 137억 년 전에 발생한 우주 기원인 빅뱅은 야훼가 자신의 의지와 계획으로 발생시킨 것이며, 우주 기원 이후 137억 년이 흐른 뒤에 인간을 창조한 것도 신의 뜻이었다고 말한다. 하지만 이런 설명은 사건 발생 후에 구성해 낸 논리에 불과하다. 빅뱅은 본래 예측할 수 없고 무법칙적이어서 생명체가 있는 우주로 귀착되리라는 보장이 없었다. 이런 우주의 한 행성에 생명체가 출현하게 된 것은, 우연히 발생한 사물들의 우연적인 인과 작용에 의해 그런 여건이 형성되었기 때문이다(『종교의 철학적 의미』, pp.157~162 참조).

의 정당성을 잃었다.[11] 아울러, (신이 있다고 해도) 우리는 신이 어떤 계획이나 목적을 세울 수 있는 의지라는 것을 가진 존재인지에 대해서는 알 수 없고, 그가 인간은 알 수 없는 무언가 심오한 뜻과 계획을 가지고 있다고 단정 지어 말할 수도 없다. 아무도 그를 보거나 그의 말을 직접 들은 사람이 없기 때문이다. 야훼를 의지를 가진 신으로 설정하고, 그 야훼가 무언가 뜻을 가지고 있다고 말하는 것은 '아마도 야훼는 신이므로 심오한 어떤 뜻을 가질 것이다.'라고 막연하게 추론한 인간의 상상일 뿐이다.

이에 대해서도 가톨릭은 '신의 뜻과 의지는 성서 안에서 신이 펼쳐 보여준 계시를 통해 알 수 있다'고 말한다. 하지만 성서는 '성서 저술' 항에서 고찰했듯이, 신화를 정치 이데올로기로 활용하던 신정 일치 체제의 다윗 왕조 시대에 정치적 목적에 따라 만들어진 종교적 창작물이고(성서는 이민족의 땅을 무력으로 침탈한 것을 종교의 이름으로 정당화하고, 다양한 부족의 연합체인 이스라엘 민족을 야훼 신앙으로 결속시키기 위한 정치 정략적 의도에서 창작해 낸 신화라는 것을 앞에서 살펴보았다), 성서에 기록된 야훼의 말이라는 것도 성서 저자가 창의력으로 지어 낸 것이라고 판단되는 까닭에, 신이 무언가 의지를 가지고 있다고 단정 지어 말하는 것은 교회의 오만이자 호교론적 주장에 불과하다고 할 것이다.

사실이 이러함에도 역사와 우주의 질서가 야훼의 목적과 계획에 따라 운행된다는 교회의 주장들이 폭넓게 사람들에게 수용될 수 있었던 것은, ('가톨릭 종교전통의 존속 요인'에서 살펴본 바와 같이) 유럽 사람들은 무려 1,000여 년이 넘는 세월 동안 가톨릭의 야훼 신앙 외에 타 종교전통이나

---

11 『진화란 무엇인가』, 에른스트 마이어 저, 임지원 역, 도서출판 사이언스북스, 2013, p. 169 참조. 인간의 꼬리뼈의 소멸이나 눈의 시력이 퇴화된 동굴 생물들은 신의 설계인가?

다른 신들을 접한 경험이 없고, 대부분이 글을 모르는 문맹의 농부였으며 (전체 인구의 약 97%), 교회의 말이 곧 신의 진리라고 여기던 풍토 속에 갇혀 있었기 때문이다.[12] 그래서 '신은 야훼뿐이고, 유일신 야훼는 교회를 통해 세상에 개입하며 야훼가 인간의 삶과 죽음을 관장한다'는 교회의 논리를 그대로 받아들였고, 자신의 구원을 위해서는 교회에 순명해야 한다는 사고를 가졌다. 이런 상항에서 지식과 정보를 독점한 교회는 신앙을 바탕으로 절대 권한을 행사할 수 있었을 것이다. 하지만 제반 학문이 발달하고 지구촌 각기 문화와 종교전통들을 누구나 쉽게 접할 수 있게 된 현시대에도, 근거 없는 논변을 되풀이하고 있는 교회의 논리가 합리적인 가치로 계속 통용될 수 있을지는 의문이다.

존재근원론

—

가톨릭은 창조에 대해, '세상의 창조는 창세기의 기록대로 진행된 것은 아니지만, 세상 만물 존재의 근원은 신에게 있다는 것을 창세기 저자가 신화를 통해 상징적으로 표현하고 있는 것'('존재근원론')이라고 설명하기도 한다.[13] 하지만 이런 '존재근원론'은 가톨릭이 말하는 창조론, 즉 "신

---

12 중세 시대 제국의 통치권과 결탁된 교회는 제국의 사법권 집행 권한을 갖고 있었고, 가톨릭이 사법권을 통해 가톨릭 비판가나 종교적 이교 및 이단 세력을 제국의 반역자로 분류하여 제거하거나 처벌한 것도 가톨릭 독주 체제의 한 요소로 작용했다.

13 가톨릭은 창세기의 기록에 의거, '야훼가 개별 사물 모든 것을 창조했다'는 존재창조론을 고수해 왔지만 창조설화 기록 자체의 비논리성·비타당성에 따라 '성서의 기록은 모든 존재의 근원은 야훼에게 있다는 것에 대한 상징적인 묘사'라고 한발 물러섰다. 그로써 '존재하는 것은 신에 의한 직접적인 창조물인가 우연의 산물인가, 존재하는 것의 근원은 신인가, 자연인가'의 혼란을 자초했다.

이 아무것도 없는 무의 상태에서 우주와 세상 만물을 각기 독립적인 실체로 창조했고, 인간을 우주 만물의 으뜸이며 중심과 정점으로 창조했다."라고 말하는 '존재창조론'과 양립할 수 없으며, 상충되는 모순이다. 다시 말해서 "세상 만물의 창조는 창세기에 기록대로 진행된 것은 아니다."라는 설명은, 신이 우주 만물을 창조하였다는 창조신화의 '존재창조론'을 스스로 부정하는 것이며, 신에 의한 물리적인 실체의 창조는 없었다는 결론을 인정한다는 의미가 된다. 그리고 신에 의한 물리적인 창조가 없는 상태(존재하는 것이 없는 상태)에서 '존재하는 모든 것의 근원은 신에게 있다'는 논리는 성립될 수 없다. '없는 것'(존재하지 않는 것)은 근원도 없기 때문이다. 따라서 존재가 없는데 그 존재의 근원이 신이라는 논리는 성립될 수 없다.

만일 존재(있는 것)의 근원을 주장하고자 한다면 ― 가톨릭이 스스로 신에 의한 물리적인 창조가 없었다는 사실을 인정하는 입장이므로 ― 우연적인 발생으로 있게 된 존재를 인정해야만 한다. 그런데 가톨릭이 자연의 우연적인 현상으로 생성된 존재를 인정한다고 하면서도 만일, "그 우연적인 존재의 근원은 신에게 있다."라거나 "우연적인 존재의 발생을 일으킨 근본 동인(動因)은 신이다."라고 주장한다면 그런 주장 역시 성립될 수 없다. 자연에서 형성된 우연적인 산물은 누군가의 계획이나 설계에 의해 인위적으로 생성된 것이 아니므로, 그 산물에 대한 기원의 주체나 동인은 자연 자체이지 신이 그 기원의 주체나 동인이 될 수 없기 때문이다.[14] 결

---

14   예를 들어, 태양이 형성된 것은 빅뱅의 결과에 의한 우연적인 현상이므로 태양의 존재 근원은 자연이지 신이 아니다. 만일 '신이 태양이 생겨나도록 작용하였으므로 태양은 신의 창조물이다'고 말한다면, 태양 형성의 동인이 신이라는 주장의 정당성을 입증하는 별도의 근거가 제시되어야 한다. 가톨릭의 근거의 제시 없는 선언적 주장들은 부질없는 허설에 불과하다.

과적으로, 존재하는(있는) 모든 존재는 신의 창조물이 아니며, 신의 창조물이 아니므로 신은 존재의 근원이 될 수 없다. 곧 존재는 자연의 우연적인 산물이므로, 자연의 우연적인 산물의 근원은 당연히 자연이다.

　이러한 사실로, 교회가 말하는 신에 의한 '존재창조론'이나 '존재근원론'은 상상적 추론에서 도출해 낸 억지 논변이자 받아들일 수 없는 궤변이며, 나아가 존재하는 것들과 수억 년의 진화 과정 중에 유인원에서 분리되어 새로운 종으로 우연히 출현한 '생물학적인 인간'을 신이 창조했다는 주장 역시 수용 불가능한 허구에 불과하다. 인간은 신이 흙으로 빚어 창조한 존재도 아니고, 신이 입김을 불어넣어 숨을 쉬게 된 존재도 아니다(인간 창조에 대해 교회는 '신이 인간에게 영혼을 부여하여 인간이 비로소 인격을 지닌 생명체가 되었다'는 의미라고도 설명하는데, 이 부분은 460쪽, '생물학적 인간 기원 · 구원론' 부분에서 살펴보겠다).

■ 물리적 우주 창조의 사실성

'창조론'에서 살펴본 바와 같이, 창조신화를 창작할 당시의 고대인들은 인간의 눈에 보이는 현실의 실체들을 신이 일일이 직접 창조했다고 생각했다. 성서 창세기 창조설화도 태초의 어느 날, "신이 천체를 창조하고(창세 1,14~17), 생물들을 제 종류대로 또 날아다니는 온갖 새들을 제 종류대로 창조하였다."고 기록하고 있고(창세 1,21), "집짐승과 기어다니는 것들과 들짐승을 제 종류대로 만들었으며(창세 1,25), 완전하고 불멸하는 존재로 인간을 창조하였다."고 기술한다(창세 1,27).

　가톨릭은 다윈의 진화론(1859년)이 등장하기 이전에 신학적 논리로 제시된 창조론('신은 인간을 정점으로 우주 만물과 인간을 창조하였는데, 아무 것도 없는 상태에서 무형의 물질에 형체를 부여했고, 생명체에 생명과 활동을 부여했으며, 인간에게는 인간적 품위인 인격과 신적 본성 및 본질을 부여하였 다'는 설)을 세상의 가치관과 사상이 변한 현재에도 되풀이해서 강조한다. 하지만 이 이론은 우주의 기원과 생명체의 기원이 밝혀진 오늘날에는 무의미하며, 어떤 타당성도 가질 수 없다. 신에 의한 물리적인 우주 창조와 인간 창조 역사 자체가 없기 때문이다.

우주 공간의 가스 덩어리였던 항성과 지구, 그리고 지구 내(內) 자연 사물들은 우연한 물리적 현상으로 발생한 빅뱅의 결과로 생성되었다. 원소들의 결합과 분해에 따른 화학작용으로 생성된 지구라는 행성 안에서도 거듭되는 원소들의 물리작용과 화학작용으로 대기가 형성되고 자연환경에 변화가 생기기 시작하면서 산, 강, 바다, 바위 등 각종 형태의 사물들과 생명체가 빚어졌고 그런 소용돌이의 와중에 우연히 인간종이 출현하게 되었다.[15]

'신에 의해 인간을 정점으로 우주 만물의 창조가 이루어졌다'는 창조론은 인정될 수 없고, 나아가 우주 기원과 생명체의 기원에 대한 이해가 없던 시대에 신에 의한 세상 창조를 상상하여 만든 신화에서 창조에 대한 신의 어떤 의지나 신학적 의미를 도출해 내는 것도 사실 무의미하고 헛된 일이다(예를 들어, "아담의 갈빗대로 여자가 만들어졌다."는 이야기는(창세 2,22) 신이 갈빗대로 여자를 창조하는 것을 옆에서 지켜보고 기록한 것이 아니 다. 이런 묘사는 '인간을 포함한 만물은 신의 창조물이고, 여자도 인간이지만

15　보다 자세한 지구의 형성 과정에 대한 이해는, 『지구이야기』(로버트 M.헤이즌 저, 김미선 역, 뿌리와 이파리, 2014)가 도움이 될 것이다.

남자보다 천한 존재라는 인식을 가졌던' 고대 시대상을 반영하는 작가의 창작이다(성서가 쓰이던 시대에 여자는 재물로 취급되었다). 그런데 그것을 '신이 여자를 창조할 때 남녀평등 사상을 깨우치기 위한 신의 의지를 표명하기 위해 남자의 가슴에서 여자를 창조한 것처럼 상징적으로 묘사하고 있다'고 해석하는 것은 억지이며 논리의 비약이다. 남자건 여자건 인간은 신의 창조물이 아니며, 성서 저자는 남녀평등 의식 같은 것은 가지고 있지 않았다).

사실이 이러함에도 가톨릭이 신에 의한 우주 만물의 창조를 강조하고, 신이 모든 존재의 근원이라는 주장을 고수하는 것 역시, 신 실재와 교회 설립의 정당성을 호도하기 위한 정략적·기만적 행태라 할 것이다.

우주 질서에 대하여

—

천체물리학과 진화생물학은 "우주 만물과 생명체는 어떤 제3자의 계획이나 질서 안에서 창조된 것이 아니며, 빅뱅 이후 이어지는 혼돈의 과정에서 일정 법칙이 형성되었다."고 말한다. 곧 정교하고 치밀하게 짜여 진 것처럼 보이는 자연법칙은 지성을 지닌 어떤 제3자가 마련한 것이 아니라 혼돈 중에 자연스럽게 구축된 것이라는 설명이다. 통 안에 구슬을 넣고 일정한 속도로 돌리면 처음에는 혼란스럽게 뒤섞이던 구슬들이 일정한 패턴을 형성하는 것을 볼 수 있다. 이 패턴은 통을 돌리는 자가 마련한 정교한 수학적 방정식에 따라 형성된 것이 아니라 무작위 상태에서 자연적으로 만들어진 것이다. 토성을 에워싸고 공전하는 고리 띠 — 유성의 파편들이 중력에 이끌려 형성된 — 가 좋은 예다. 학자들은 그렇게 우연한 방식으로 형성된 자연법칙에 따라 천체가 운행하고 자연의 주기 변화가 생성되었다고 말한다. 만일 일정 법칙이 형성되지 않았다면 우주는 지금의 모습과는 사뭇 달랐을 것이다.

과학자들에 의하면, 빅뱅 이후 행성들이 형성될 때 우주를 떠돌던 유성들이 서로 부딪히거나 포섭되면서 중력이라는 것이 생겨났고, 이 중력에 의해 위성들이 주변을 맴돌게 되면서 자연의 질서가 형성되었다. 이런 일련의 과정에서 지구 내에서도 규칙적인 자연 주기·자연법칙이 형성되었고, 이에 적응하는 생명체들이 발생하여 생명이 유지되게 되었으며, 생명체는 진화 과정에서 생존과 번식에 최적의 상태로 적응하기 위해 장기나 신경 기능을 진화시켜 왔다. 지구에 사계절의 변화가 생긴 것도 지적인 존재의 계획이 아니라 유성 테이아(그리스 신화 티탄족 여신의 이름을 딴 명명)와 지구의 우연한 충돌(44억 5,000만 년 전)로 지구 축이 23.5도 기울어져 일어나는 현상이다.[16] 그리고 '지구의 자전'에 대해서 가톨릭 사제 황창연은 테이아와 지구의 충돌에서 비롯되었다고 설명하는데[17] 그것은 오류다. 지구는 테이아와의 충돌 이전에 이미 자전 활동을 하고 있었다.

과학계의 설명에 의하면, 빅뱅(137억 년 전) 이후 태양 항성이 생성(46억 년 전)되고 난 후, 태양의 중력에 빅뱅의 파편들이 이끌리고 얽히어 원시 지구 행성이 만들어지게 된다(45억 년 전). 원시 지구 행성은 태양의 중

---

16 조규만은 '계절의 변화는 우연히 저절로 생긴 것이 아니라 신의 계획에 의한 것'이라고 설명한다(『오래된 대답』, p. 50). 오류며 왜곡이다. 계절의 변화는 유성과의 충돌로 지구 축이 기울어져 발생하는 현상이고, 그의 설명대로라면 계절의 변화가 없는 남극과 북극, 적도 인근의 지역에 대해서는 왜 신이 계절의 변화가 없게 하였는가에 대한 다른 설명이 있어야 한다. 가톨릭 주교라는 저자의 인식이 그 정도의 수준이라는 것이 안타깝다.

17 가톨릭 사제 황창연은 2020년 4월 28일 자 평화방송 TV 프로그램에서 '얌전히 서 있던 지구가 유성 테이아와의 충돌로 갑자기 회전하게 되면서 지구 자전이 기원하였다'고 설명한다. 거짓이다. 정확하게 확인하지도 않은 사실을 진실인 것처럼 공공연하게 주장하는 그의 양식이 의심스럽다.

력으로 태양을 공전(1년, 약 8,766시간. 현재에도 큰 변화가 없다)하게 되는데, 지구의 태양 공전 궤도 안에는 원시 지구 행성과 앞서거니 뒤서거니 하면서 공전하는 빅뱅의 파편들이 있었다. 지구 앞뒤의 크기가 작은 파편들은 보다 강한 중력을 발휘하는 지구 행성에 이끌려 지구에 포섭되게 되는데, 이때 지구에 이끌린 지구 앞쪽의 미행성은 태양 공전 궤도 속도가 점차 감소하게 됨에 따라 궤도 운동에 의한 원심력이 줄어들고 태양의 중력에 의해서 미행성의 진로는 태양 방향으로 편향되게 된다. 그래서 미행성은 지구의 무게 중심보다 안쪽(태양 방향)에 충돌하게 된다. 반대로 지구 뒤에서 지구를 따라오다가 지구에 포섭된 미행성은 지구 무게 중심보다 바깥쪽에 충돌하게 된다. 이러한 미행성의 충돌 방향의 편향으로 인해 원시 지구 행성은 태양 공전 방향과 동일한 반시계 방향으로 자전을 하려는 모멘텀을 받게 된다. 자전은 이런 과정을 통해 시작되었는데, 우주에는 마찰이 없으므로 회전하는 물체는 수십억 년 동안 마냥 회전을 계속하게 된다. 초기 원시 지구 행성의 자전 시간은 5시간 정도에 불과했다. 하루가 1년당 1,750일이 넘었는데, 태양이 다섯 시간마다 한 번씩 떠올랐다는 의미다.

지구의 자전 속도가 점차 늦추어지게 된 것은 거대 유성 테이아의 충돌로 달이 형성된 이후다. 지구 질량의 1/3 정도 수준의 크기로 추정되는 테이아는 지구와의 충돌로 지구 축을 23.5도 기울게 만들었고, 이로 인해 남반구와 북반구에 4계절의 변화가 생기게 되었다. 또 지구와의 충돌로 지구에 융합된 테이아는 지구 지름을 현재의 12,800Km로 확장시키는 데 결정적인 기여를 하게 된다. 그리고 충돌 시 지구에 융합되지 못하고 대기에 흩어진 잔재들이 뒤엉켜 달을 형성하게 되었다.

초기의 달은 지구와 24,000Km 거리에서 형성되었고, 달이 지구를 한

바퀴 도는 데에는(공전 주기) 84시간(현대 시간으로 사흘 반)밖에 걸리지 않았다. 이후 달은 각운동량 보존법칙에 의해 일 년에 평균 3.82cm(4,000년에 1.6km)씩 멀어지면서(현재의 거리는 약 38만 5,000km) 지구의 자전 속도를 감소시켰다. 다시 말해, 지구의 자전 에너지와 달의 공전 에너지의 합은 항상 일정해야 하는데, 지구의 자전에 따른 조석 팽창이 달을 당기는 것과 동시에 조석에 의해 찌그러진 달이 동등한 중력을 가지고 지구를 반대 방향으로 잡아당기므로, 지구는 자전할 때마다 속도가 느려졌다. 각운동량 보존법칙에 의해, 달은 빨리 공전할수록 지구로부터 멀어져야 했고 그래서 각운동량이 늘어나게 된다. 이를 상쇄하기 위해 지구는 더욱더 느리게 자전해 '지구-달' 계의 각운동량을 보존해야 했다. 따라서 45억 년에 걸쳐 지구의 자전은 5시간마다 한 번에서 24시간마다 한 번으로 느려진 반면, 달은 더 멀어졌고 그 과정에서 더 많은 각운동량을 얻을 수 있게 되었다.

우리가 '지금의 위치'에서 우주를 바라보면 모든 것에 마치 처음부터 질서정연한 규칙이 있었던 것처럼 보인다. 하지만 우주 질서는 누군가가 부여한 것이 아니라 자연 발생의 결과다(빅뱅은 본래 예측 불가능한 무법칙성 안에서 발생한 물리현상이므로 현재와 같은 상태로 귀착되리라는 보장이 없었다. 모든 규칙성은 '우연히 발생한 사물들의 우연적인 인과 작용'에 인해 형성된 것이다). 이런 사실에 비추어 볼 때 가톨릭이 관련 근거의 제시 없이 선언적으로만 '신이 일정한 규칙을 정했기 때문에 천체가 정밀하게 운행된다'고 말하는 것은, 과학적인 지식이 없었던 고대의 사상가들이 추론했던 비논리적이며 이치에 맞지 않는 주장을 단순히 답습하는 것에 불과하다.

천체물리학이 발전하여 중력과 인력 법칙에 대한 체계가 규명되고, 물리적인 환경 변화에 따른 자연 현상의 변화를 과학적으로 설명할 수 있게 되면서, 신이 자연법칙의 제정자이자 자연 현상의 주관자라는 주장은 소멸되었다. '우주의 기원이나 자연의 운행'이 어떤 지적인 존재에 의해 계획되었다거나 설계되었다고 생각하는 것은 근거가 없는 비합리적인 주장이며, 그것이 신 존재 증명의 근거가 될 수도 없다.

'자연법칙'이란 물리적인 현상의 범주 안에서 사물들이 어떻게 움직이는가를 기술하는 것이며, 이런 현상이 실제 사물들 간의 어떤 상호 작용에 의한 결과로 발생하게 되는가에 대해 간단한 규칙과 형태를 파악하는 것이다. 만일 자연법칙과 자연 현상에 대한 과학적인 연구와 설명이 타당함에도 불구하고, 교회가 이를 부정하는 자세를 견지하면서 자연법칙은 신이 제정한 것이라고 거듭 주장한다면, 자연법칙의 문제와 관련해서 "신은 인력 법칙은 만들면서 무중력상태의 운행 법칙은 왜 만들지 않았는가?"를 묻지 않을 수 없게 된다. 또 "파리에게는 날개를 달아 주면서 인간은 어떤 이유로 날개를 갖지 못하게 하였는가?"라는 설명 불가능한 문제에 직면하게도 되고, 교회가 이 문제에 대한 명확한 답을 제시하지 못한다면 '신은 완벽함보다는 자신의 취향에 따라 선별적으로 규칙을 제정한 것뿐'이라는 자충수에 빠지게 된다. 자연 현상은 신이 제정한 어떤 규칙에 따라 운행되는 것이 아니라 물리·화학적 현상으로 발생하는 것으로 이해함이 타당하다.

■ 생물학적 인간 기원 · 구원론

이제 가톨릭이 말하는, "신이 인간(Homo)을 창조했다."는 명제는 어떤 의미인지, 그리고 신이 인간을 창조했다는 주장의 사실성 논의로 들어가

보자. '생물학적인 인간' 실재의 창조에 대한 규명 없이는 영적 실재로서의 인간에 대한 논의가 불가능하고, 인간 구원론의 이론적 바탕도 정당성을 가질 수 없기 때문이다.

여기서도 가톨릭은 '신이 존재한다'는 것을 전제로 신에 의한 인간 창조론을 전개하고 있다는 것을 상기할 필요가 있으며, 신이 인간을 창조하였다고 하더라도 그 창조신이 곧 야훼라는 타당한 근거의 제시가 없다는 것도 염두에 둘 필요가 있다. 가톨릭이 야훼가 우주 만물의 창조주인 것은 단순히 '성서에 야훼가 창조주라고 기록되어 있기 때문'이라고 주장한다면, 중국 포랑족의 천지창조 신화에 등장하는 그메이야 신이 우주 만물의 창조주라는 것도 진리가 되고, 몽고의 신화에서 에헤부르칸이 천지를 창조하였다는 전승도 진리가 된다. "신, 그것도 야훼가 인간을 창조했다."는 가톨릭의 주장은 타당한가?

생물학적 인간(Homo)은 진화의 산물인가, 창조물인가

—

창세기 저자는 '태초의 어느 날, 신이 지금의 인간과 형태가 동일한 인간(Homo)을 완전하고 불멸하는 존재로 창조하였다'고 기술한다(창세 1,27). 위에서 살펴보았듯이, 성서 저자는 진화에 대한 이해가 없었기 때문에, 각기 드러된 형태로 진화가 완결되어 가는 상태의 인간과 동물들이 태초부터 그런 형태를 갖고 있었던 것이라고 생각하여 그렇게 창조 이야기를 기술하고 있는 것이다. 생물학적 인간(Homo)은 진화의 산물인가, 창조물인가?

신의 인간 창조에 대해 가톨릭은, '야훼가 현생 인류와 같은 외형과 형태의 인간을 독립적으로 창조하였다는 의미는 아니지만(혹자는 지금도 성서의 묘사 그대로 신이 인간을 독립 개체로 창조했다고 주장하기도 한다), 존재하는 모든 생명체의 생명의 기원은 신에게 있으므로 그런 차원에서 인간은 신의 창조물'이라고 말한다(하지만 이 주장이 설득력이 없는 억지 논리라는 것을 우리는 '존재창조론'과 '존재근원론'의 논증을 통해 이미 살펴보았다). 그리고 자신들이 말하는 인간은 존재하는 모든 생명체에서 특별히 분리된 '인격적(人格的) 존재로서의 인간'을 의미하며, 인간 창조론은 종교적인 인간관 즉, '인간 생명의 기원과 존재의 근원은 신에게 있으며, 인간에게는 신적 본성과 인격에 관한 모든 것이 야훼에 의해 주어졌다'는 것을 말하는 것이라고 주장한다.

하지만 종교적 인간관을 논하기 위해서는 (모든 생명의 기원이 설령 신에게 있다고 하더라도), '생물학적인 인간'의 기원에 대한 규명이 선행되어야 한다. 신적 본성과 인간성을 부여할 대상으로서의 인간 존재의 기원이 규명되어야만, '신이 불멸하는 존재로 창조하였다'는 인간의 창조와, '그 인간에게 신적 본성과 위격[位格, 人格]을 부여했다'는 논리의 근거를 이끌어낼 수 있고, '최초 인간의 타락으로 인간은 신의 구원을 필요로 하게 되었으며, 인간을 구원하기 위해 신이 인류 역사에 개입하게 되었다'는 논리의 규명이 가능하기 때문이다.

가톨릭의 주장처럼 신이 존재하고 그 신인 야훼가 인간을 창조했다면, 신에 의해 창조된 최초의 생물학적인 인간은 언제 창조되었는가? 그리고 신이 부여하였다는 인격과 신적 본성은 어느 시점의 인간에게 부여되었는가? 오스트랄로피테쿠스인가? 호모 사피엔스인가? 그저 막연하게 생물학적인 인간이 아닌, '존재론적이며 영적 실재로서의 인간'에게 주어진 것이라고 말하는 것은 합리적이지 못하다. 영적 실재로서의 인간이라는 개념도 생물학적인 인간이 선행되어야 존립할 수 있기 때문이다. 생물학적 특성은 침팬지인데 그를 영적 실재로서의 인간이라고 말할 수는 없다. 따라서 그 '인간'이 누구인지가 규명되어야 한다.

가톨릭은 신에 의한 인간 창조 과정의 목격 증인과 증언이 없음에도, "신이 인간의 창조와 동시에 그에게 신적 본성과 위격을 부여했다."고 주장한다. 이런 그들의 주장은 생물학적으로 '인간'으로 분류된 현생 인류와 같은 형태를 지닌 인간에게 신적 본성이 부여되었다는 주장으로 들리며, 가톨릭 신앙인들은 야훼가 실재하는 신이라는 주장은 타당성이 있는지, 그리고 야훼가 인간을 창조하였다는 개념은 사실적인 명제인가에 대해서는 그 어떤 반성도 없이, "야훼가 세상과 인간을 창조하였다."는 가톨릭의 주장을 진리로 받아들인다. 그것은 아마도 지구상에 존재하는 다른 생명체들과는 확연하게 구별되는 생물로서의 인간종이 실재하는 것은 기정사실이며, 그 인간종 속에 자신이 속해 있는 까닭에 태초 언제쯤엔가 지금의 형태와 유사한 모습으로 인간이 신에 의해 창조되었을 것이라는 막연한 생각에서 비롯된 믿음일 것이다. 그리고 종교가 말하는 인간 창조론속의 인간은 '유인원과 무관하게 인품(personality)을 지닌 인격체이며 만물을 지배하고 다스리고 관리할 능력과 함께 신만이 갖는 신적 본성과 위격을 부여받은 존재'를 뜻하므로, 그런 면에서 인간의 창조주는 신이라는 의미로 받아들이는 것일 터이다.

가톨릭은 한때 모든 생물의 생물학적인 창조에 대해 창세기 창조설화를 근거로, "신은 인간 창조를 정점으로 지구상에 존재하는 모든 생물들을 각기 개별적으로 창조했으며(메뚜기는 메뚜기로, 개미는 개미로, 인간은 인간으로. 창세 1,21.25 참조), 모든 생물은 각자의 진화 과정을 거쳐 현재의 모습에 다다르게 되었다."고 주장했었다. 그때는 인간은 신의 모상으로 창조되었고, 창조와 동시에 그 인간에게 생명과 신의 본성과 인격이 부여되었다고 주장하기가 훨씬 수월했을 것이다(바티칸의 시스티나 성당에 그려진 미켈란젤로의《천지창조》그림 속 〈아담의 창조〉가 그런 사조의 반영을 잘 보여준다).[18]

하지만 근래에는 빅뱅 이론과 진화론을 일부 받아들여, '존재하는 모든 생명체는 최초에 발원한 생명체로부터 분류 진화해 왔으며, 인간도 진화의 선상에서 아프리카에서 발원하여 세계 전역으로 확산되어 나갔다'는 사실을 인정한다. 교황 요한 바오로 2세는 진화론은 가설 이상이라는 것을 인정하면서도, '인간의 영혼만은 신의 창조물'이라고 말했고, 교황 베네딕도 16세는, '단세포 생명체가 나타났고 그 생명체가 진화 법칙에 따라 다양한 생명체로 변화하고 갈라지는 과정을 신이 관리하고 지도했다'는 취지의 말을 했다(유신론적 창조론. '진화론과 교회', 『평화신문』, 2010.8.21). 물론 진화 과정을 신이 관리하고 지도하는 것을 교황이 지켜본 일이 없을 것이므로 그것은 교황의 '상상놀이'에 따른 주관적인 주장일 뿐이고, 가톨릭 교황이 말했다고 해서 진화와 자연선택이 신의 관리와 지도 아래 진행되는 것도 아니며, 그것이 확인된 사실인 것도 아니다. 다양한 생명체의 분리와 진화에 신을 대입시킬 필요는 없다. 자연선택은 우연한 변이를 통해 충분히 다생종 생명체를 빚어낼 능력이 있고, 지금까지도 그렇게 해 왔다. 오늘도 자연 안에서는 우연히 새로운 종의 생명체가 생

---

18 개미(ant)는 현재 지구상에 12,000여 종이 존재하는데, 그것은 단일 단종에서 분기·진화한 것이다. 가톨릭이 고수해 온 창조론 — 신이 자신의 의지대로 단일 단종의 생명체를 창조하였다는 주장 — 으로는 개미는 물론 다양한 생명체의 다양한 분기·진화의 원인이나 이유가 설명되지 못한다. 가톨릭은 오록스와 황소를 야훼가 각기 창조한 전혀 다른 생물체로 분류할 것이다. 하지만 오록스와 황소는 소의 조상에서 분기한 같은 소과 동물이다.

겨나고 있고, 기존의 생명체가 멸종의 길을 걷기도 한다.

가톨릭의 창조론에 의하면, '인간은 야훼의 창조물'이다. 그리고 생물체로서의 인간이 존재하는 것은 분명한 사실이니, 가톨릭에서 신이 태초에 창조했다고 주장하는 인간은 우리 인간종을 지칭할 것이다. 그렇다면 다음의 문제가 대두된다. "우리가 인간이라고 부르는 인간종(Homo)이 Hominoidea(유인원)에서 분류되어 역사에 출현한 것은 약 250만 년 전쯤인데, 그렇다면 가톨릭이 말하는 신에 의해 창조된 **생물학적인 인간**이란 이때의 인간을 의미하는 것인가?"

인간종의 출현에 대한 과학계의 연구결과가 신빙성이 높으니, 여기에 가톨릭의 주장을 대입한다면, 신에 의해 창조되었다는 최초의 인간은 250만 년 전의 오스트랄로피테쿠스일 확률이 대단히 높다. 하지만 오스트랄로피테쿠스는 죽지 않는 불멸의 존재로 창조되어 어느 날 갑자기 역사에 등장한 존재가 아니라, 수억 년의 진화 과정에서 우연히 발현한 인간종이다. 따라서 통칭적으로 우리가 '인간'이라고 칭하는 오늘날과 같은 형태의 생물학적 인간은 생물 진화에서 발현한 생명체이지 신의 창조물이 아니다.[19]

생물체로서의 인간이 진화의 산물이라는 증거는 인간이 같은 영장류에

---

19 만일 최초의 '생물학적인 사람'이 자연 생물체의 진화와 분기의 우연한 산물이 아니라 야훼의 창조물이라면, 그리고 신의 창조물인 생물학적 인간이 오스트랄로피테쿠스였거나 호모 에렉투스, 또는 네안데르탈인이었다면 그들은 후손을 남기지 못했을 것이다. 초기 인간종들은 인종 간의 대립과 호모 사피엔스의 출현으로 모두 멸종했기 때문이다. 그렇다고 해서 후기에 출현한 호모 사피엔스가 야훼가 창조한 최초의 인간이라고 주장한다면 그런 주장은 타당하지 않다. 호모 사피엔스 역시 오스트랄로피테쿠스 계열에서 진화한 인간종이기 때문이다. 따라서 인간은 어떤 경우에도 진화의 산물이지 신에 의해 독립적으로 창조된 생물종으로 볼 수 없다. 야훼는 생물학적 인간을 창조한 신이 아니며, 인간은 신의 창조물이 아니다.

속하는 유인원과 신체 구조나 유전자 형태상 연관성이 매우 깊다는 점이다. 과학계는, 인간종이 600만 년 전쯤에 출현한 영장류에서 분리되어 나왔으며, 더 거슬러 올라가면 다른 모든 생명체들과 공동 조상으로 삼는 최초의 생명체와 만나게 된다는 연구 결과를 토대로, "우리 인간종은 진화의 산물임이 분명하다."고 말한다. 그 근거로 인간종과 유인원과의 신체 골격 구조나 유전자 형태상의 연관성을 제시한다. 인간의 DNA는 오랑우탄과 98%, 침팬지와 97% 일치한다(인간의 유전자가 침팬지와 98.4%까지 일치한다고 주장하는 학자도 있다).

600만 년 전쯤 출현한 영장류가 350여만 년의 기간을 거쳐 유인원과 인간종으로 분류 진화하였다는 것을 인정한다면, '생물학적인 인간'은 신의 창조물이 아니라는 결론이 된다. 인간이 신의 창조물이라는 논리가 성립될 수 없는 것이다. 그리고 인간의 출현을 진화와 연결시키지 않기 위해서는 유인원과의 연관성에 대한 다른 설명이 있어야 한다. 하지만 이에 대한 가톨릭의 공식적인 반론은 제시되지 않고 있다.[20] 일부 신학자들은

20　조규만은 저서 『오래된 대답』 63쪽에서 마티아스 글라우브레히트가 자신의 저서 『진화 오디세이』에서 네안데르탈인과 현생 인류의 조상인 호모 사피엔스가 전혀 다른 종이었다고 말하는 대목을 인용하면서, 네안데르탈인과 호모 사피엔스는 교배가 가능하지 않았으므로 호모 사피엔스는 어느 날 홀연히 등장한 창조 인류라고 주장한다. 아마도 조규만은 인간종은 호모 사피엔스 한 종이 아니라 최소 6개 종 이상이 존재했다는 사실과, 다른 종은 멸종했지만 역시 오스트랄로피테쿠스 계열에서 진화한 호모 사피엔스만이 살아남았다는 사실, 그리고 오늘날 중동과 유럽에 거주하는 인구집단이 지닌 DNA 중 1~4%가 네안데르탈인 DNA로 밝혀졌다는 사실과 호주 원주민의 인간 DNA 중 최대 6%가 고대 데니소바인의 DNA로 밝혀진 사실을 알지 못한 것 같다(『사피엔스』, pp. 26~27 참조). 뿐만 아니라 조규만은 우리 인류는 영장류(약 6,000만 년 전 출현)에서 분화한 유인원에서 갈라져 나온 호미닌(hominin. 약 600만 년 전 출현)으로부터 유래했는데, 이때의 호미닌은 지금 우리가 아는 침팬지로부터 진화하지 않았다는 사실에 대한 이해가 없는 것 같다. 본문에서 살펴보았듯이, 인류와 가장 가까운 집단인 대형 유인원은 오랑우탄, 고릴라로 분화되기 시작했고, 약 600만 년 전에 호미닌과 침팬지의 공통 조상이 되는 유인원(아프리카 유인원)이 딸을 둘 낳았는데 그중의 하

신은 같은 재료로 여러 생명체를 만들 수 있다는 엉뚱한 말을 하여 실소를 자아내게도 하는데, 신이 존재한다면 그런 일도 가능할 것이라는 인간적 상상일 것이다.

신에 의한 생물학적인 인간 창조에 대해 일부 신학자들은, '신이 동물과 인간을 각기 개별적인 개체로 빚어 만든 것은 아니지만, 우주 생명의 씨 앗에 각 개체로 분류 진화할 수 있는 원형을 심어 놓았고, 그 씨앗에서 인 간은 인간의 형상으로 진화했으므로 인간의 창조자는 신'이라고 말하기 도 한다. 변명이며 궤변이다. 그리고 이런 주장은 가톨릭의 기존 입장과 도 배치된다. 진화론을 접한 신학자들은 그럼에도 불구하고 생물학적인 인간은 진화의 산물이 아니며, 신에 의해 창조된 신의 창조물이라는 것을 수호하기 위해 현대의 진화론을 교묘히 변용하여 궤변을 만들어 내고 있 는 것이다. '우주 생명의 씨앗에서 곧바로 인간이 나와 진화했다'는 그들 의 설명이 그럴듯해 보이지만 과학자들은 초기 생명체가 동시에 양서류, 파충류, 포유류로 분리된 것이 아니라, 양서류에서 파충류가, 파충류에 서 포유류가 분리되어 진화했다는 것을 밝혀냈다.

만일 가톨릭이 생물학적인 인간은 생물 진화에서 우연히 발현한 생명체 라는 사실을 부정한다면, 가톨릭이 말하는 인간은 진화의 연속성을 갖는 우리 인간종과는 다른 인간종이어야 한다. 하지만 현재 지구에는 진화의 산물인 '호모 사피엔스'인 우리 인간종 외에 다른 인간종은 없으므로 신이 창조했다는 인간은 지금의 우리 인간종을 지칭할 것인데, 살펴보았듯이 우리 인간은 창조물이 아닌 진화의 우연한 결과물이다. 따라서 모든 생명

나가 우리 인간(homo)으로 진화했고, 하나는 우리가 아는 침팬지로 진화했다는 것이 진화 생물학계의 정설이다(『뇌의 진화, 신의 출현』, pp. 53~54 참조).

의 기원이 신에게 있다고 하더라도 '생물학적인 인간의 기원은 진화이지 창조가 아닌 것'이다. '진화인간론'을 인정한다면 '창조인간론'은 설 자리가 없다. 인간종은 하나밖에 없기 때문이다.

설령, 인간이 최초의 생명체에서 분할된 영장류와 유인원을 거쳐 오늘의 모습으로 진화했다는 것을 가톨릭이 인정하는 입장을 취하면서도 "신이 생물학적인 인간을 창조했다."는 주장을 고수한다면, "그 말은 인간이 유인원과 분리되어 '인간속'으로 분류되던 그 시점을 신학적으로 지칭하는 의미인가?"라는 물음이 제기될 수 있다. 더불어 "인간에게 주어졌다는 신적 본성이나 인격 및 영혼은 언제 창조되어 어느 시점의 생물학적인 인간에게 부여되었는가?"라는 문제가 따른다. 이에 대해 가톨릭이 "유인원 중 일부에게 신이 신적 본성을 부여하여 그 유인원이 비로소 인간이 되었다."고 주장한다거나, 그저 막연하게 "존재론적인 인간 실재에게 신적 본성과 인격이 주어졌다."고 선언적으로 말만 하는 것은 합리적이지 못하다. 유인원과 분리된 인간을 생물학적으로 '인간'(人間)이라고 부르는 경계선을 딱히 정할 수 없고, 최초로 출현한 인간이 누구라고 지정할 수도 없으며, 진화는 눈에 띄지 않게 아주 오랫동안 서서히 진행된 관계로 인간은 어느 순간, 그저 우리가 '인간이려니' 하면서 다른 동물들과 분리된 자신의 모습을 보았을 것이기 때문이다.

따라서 모든 생물들이 각기 개별적으로 창조되었다고 말하는 고대 히브리인들의 창조설화를 근거로, '신이 인간을 독립적인 인격체로 창조하였다'고 주장하는 가톨릭의 인간 기원론은, 생명체의 진화 과정을 통한 생물학적인 인간의 기원이 밝혀진 현재에는 받아들여질 수 없는 억지 논변에 불과하고, '신에 의해 창조된 존재론적이고 영적인 인간에게 신이 신적 본성과 위격을 부여하였다'는 주장 역시, 인간의 진화 과정 안에서 언제 어떤 상태의 인간종에게 신이 신적 본성과 인격을 부여하였다는 것인지를 명확하게 규명할 수 없으므로 합리성이 결여된 막연한 상상에 따른 추측성 주장이자, 우주 만물의 창조주는 야훼라고 호도하기 위한 자기 정당성 옹호의 주장이라고 볼 수밖에 없다.

그럼에도 불구하고 가톨릭이 신에 의한 생물학적인 인간 창조와 존재론적인 인간에 대한 신적 본성의 부여를 주장한다면, 그 설명은 38억 년 전쯤 최초 출현한 생명체 안에 향후 인간으로 분류될 생명체에게 부여할 영혼과 신적 본성을 맡겨 놓았다는 말이 된다. 그리고 그렇게 위탁된 영혼과 신적 본성은 37억 9천만여 년이 지나 기원전 250만 년 전에 최초로 등장한 인간종에게 부여되었다는 말이 된다. 가톨릭이 상상하는 신이라면 충분히 그럴 만한 능력이 있을 수도 있겠지만 이것이 납득 가능한 이론이 아닌 것은 분명하다.

인간은 진화의 산물임이 명확하고, 인간의 본성과 지능도 실제적으로는 '진화의 결과물'이다. 또 인간이 '인격적인 존재라는 명제'는 사회적인 합의에 의해서 규정된 것이므로, 신이 인간에게 신적 본성과 인격을 부여하였다는 가톨릭의 주장은 야훼의 창조성을 옹호하고, 인간은 신의 종속물이라는 논변의 정당성 강화를 위해 도출해 낸 추정과 추론에 따른 상상적 이론에 불과하다고 할 것이다.

가톨릭은 신이 인간을 창조했다는 것은 생물학적인 인간의 창조가 아니라 **'존재론적이며 영적인 인간의 창조'**를 말하는 것이라고도 주장하지만, 이런 설명 역시 설득력이 없는 궤변에 불과하다. 왜냐하면 자연 진화 과정에서 유인원에서 분류되어 출현한 인류가 새로운 종으로 등장한 시점이 정확히 언제인지를 명확하게 규정할 수 없을 뿐만 아니라, 유인원 상태에서 최초로 등장한 인간에게 신이 신적인 본성이나 인격을 부여했다는 증거도 없으며, 영혼이라는 것이 존재한다거나 인간에게 영혼이라는 것이 필요하다는 명확한 이유나 근거도 찾아볼 수 없기 때문이다. 더 원초적으로 인간종은 신의 계획에 따른 창조의 존재가 아니라, 6,500만 년 전에 발생한 지구와 유성의 우연한 충돌로 공룡이 멸종하지 않았다면 출현하지 못했을 동물종이기 때문이다. 공룡이 사라진 덕에 생존하게 된 포유류의 분리 진화 과정에서 우연히 인간종이 출현하게 되었다는 것이 생물학계의 설명이다. 따라서 '존재론적이며 영적인 인간의 창조'라는 가톨릭의 주장은 신에 의한 '인간 창조론'과, 인간은 신과의 친교와 교감의 존재라는 '종교 인간론' 교의에 합리성을 부여하기 위해 꾸며 낸 조작적 논변에 불과하다고 할 것이다.

인간 구원론

—

가톨릭의 '인간 구원론'은 '종교로서의 가톨릭' 존립의 정당성 — 자신의 종교전통만이 생물학적인 죽음 이후, 내세에서의 영생을 부여하고 보장한다는 종교전통의 기본 기조 — 을 호도하기 위한 핵심적인 논변으로 볼 수 있다.

가톨릭은 창세기에 수록된 가상의 창작 이야기를 토대로 인간 구원론을 전개하는데 가톨릭의 설명에 의하면, "인간은 신에 의해 불멸의 존재로 창조되었는데(창세 2,17; 3,22), 최초의 인간인 아담이 범한 죄(原罪)[21]

---

21 원죄는 창세기 창조설화에서 가상의 인물 아담이 야훼의 명을 어기고 선악과를 따 먹은 죄를 말하는데, 학자들은 그 죄의 결과에 따라 죽을 운명에 처하게 된 인간의 조건을 '원죄'라고 해석하기도 하고, 인간 내면의 '죄로 흐르는 성향'으로 해석하기도 한다.

에 대한 처벌로, 다시 말해 신의 영역을 침범한 불순종과 오만에 대한 벌로 불멸성을 상실하고 죽음의 한계를 지닌 가련한 존재로 전락했다(창세 3장 참조). 하지만 인간의 죽음은 야훼를 믿는 신앙을 통해서 극복될 수 있고, 또 신은 인간의 파멸을 원하지 않기 때문에 인간 구원 역사를 펼쳐 나간다. 원죄로 파멸 상태에 놓인 인간을 구원하는 유일한 방법은 원죄를 씻어 없애는 속죄 의식을 거행하는 것인데, 그러한 역할을 수행하기 위해 신 자신이 직접 인간이 되어 세상에 내려왔고(예수), 십자가에 못 박혀 죽는 희생(대속희생)을 통해 구원의 역사가 완수되었다." 이어서 가톨릭은 "그러한 구원 역사의 성취를 이룬 예수가 가톨릭교회를 세웠고, 가톨릭을 통해 구원 역사의 성취를 이룬 그리스도를 구원자로 믿는 자는 영생을 얻게 된다."는 논리의 전개를 통해 가톨릭교회 설립의 정당성을 강조한다. 하지만 이런 논리의 전개는 허구적 가설 명제를 전제로 도출해 낸 조작 논변에 불과하다. 인간은 신의 창조물도 아니고, 역사에 실존하지도 않았던 가상 인물(아담)이 범한 죄 때문에 불멸성을 상실하여 구원을 필요로 하는 가련한 존재가 되어버린 것도 아니다. 또 예수는 역사적 실존 인물이 아니다.

신에 대한 인류의 범죄를 말하는 아담의 타락(창세 3,1~24)에 관한 성서의 이야기는, 창조설화를 기록하던 당시의 저자들이 현세적이며 생물학적인 죽음을 맞을 수밖에 없는 인간의 숙명에 대한 이유를 나름의 사유 안에서 설명하기 위해, 수메르의 『아다파 신화』를 참조하여 임의로 창작한 것이다(본서 '메소포타미아 지역 종교전통들'에서 살펴보았듯이, 아다파 신화는 지혜의 신 에다의 사제인 아다파가 고기잡이를 나갔다가 남풍(南風)의 방해로 고기를 잡을 수 없게 되자 그의 날개를 부러뜨려 버렸고, 이 죄로 하늘의 신 아누에게 불려가 상황을 소명하고 용서를 받는데, 이때 아누가 주는 음식을 먹으면 영생을 얻을 기회를 가질 수 있었지만 이를 거부함으로써 죽을 운명에 처해졌다는 내용이다).[22] 그리고 창작된 신화에 등장하는 아담과 하와는 창조설화 속 가상 인물일 뿐 역사적 실존 인물이 아니다. 곧 교회가 말하는 원죄를 범한 사람은 애초에 없었다. 아담이 없었으니 당연히 원죄라는 것도 없다. 따라서 "아담이라는 설화 속 가상의 인물이 지은 범죄로 말미암아 인간 실존에 죽음이 들어오게 되었고, 인간의 존재론적 불멸성이 파괴되었으므로 구원이 필요하다."는 논리의 전개는 성립될 수 없는 허구다.

이에 대해 가톨릭은, '아담은 상징적인 인물일 뿐, 인간이 죽음의 처지에 놓이게 된 것은 신의 영역을 침범한 인간의 불순종과 오만에 대한 벌 때문이라고 성서가 묘사하고 있는 것'이라고 설명한다. 하지만 이 또한 궁색한 변명이다. 생명체 진화 과정에서 우연히 출현한 인간이 신에게 오만함을 부렸다는 증거나 기록은 그 어디에도 없다. 뿐만 아니라 인간이 신의 구원을 필요로 하는 존재로 전락하였다고 하더라도 인간을 구원할 구원 능력을 가진 신은 고대 신화에 등장하는 숱한 신들 중에 오직 야훼뿐이라고 강변하는 것은 가톨릭의 주장일 뿐 합리적인 근거가 될 수 없다. 나아가 고대 가나안 토속 신앙에서 상상으로 도출한 허구의 존재인 야훼가 구원 능력을 지닌 신이라고 주장하는 것은, 영화 속 가상의 구세주 슈퍼맨이나 원더우먼이 실제로 지구를 구한다는 것만큼이나 터무니없는 억지와 크게 다르지 않다고 할 것이다.

다음으로, 가톨릭이 창세기 창조설화에 근거해서, "태초에 인간은 불멸하는 완전한 존재로 창조되었다고 설명하는 것은 타당한가?" '생물학

22　『세계의 신화 전설』. p. 266. 본서 130쪽 '메소포타미아 지역 종교전통' 참조.

적인 인간 기원'에서 살펴본 바와 같이 인간은 신의 창조물이 아니다. 생명체 진화의 산물 중에 하나인 인간종은 어느 순간 우연히 역사에 등장했다. 그리고 생물학에서 '인간'으로 분류한 첫 인간은 생물학적으로 불멸하는 존재도 아니었고, 인간적인 인격과 품위도 지니지 못한 미성숙한 원시적 상태였다. 나아가 성서는 인간의 생물학적인 죽음의 원인에 대한 사유를 전개할 뿐, 영혼의 불멸성에 대해서는 언급하지 않는다. 따라서 '신이 인간을 불멸하는 완전한 존재로 창조하였다'는 가톨릭의 주장은 그 어디서도 합리성을 찾을 수 없다.

인간의 불멸성은 생물학적인 인간의 불멸성이 아니라, '존재론적이며 영적인 인간의 불멸성'을 의미한다는 가톨릭의 설명도 설득력이 없다. 가톨릭은 인간에게는 영혼이 있고 인간이 지닌 영혼은 비물질적이며 불멸하는 실체라고 주장하는 몇몇 고대 그리스 철학자들의 사유를 받아들여, 인간의 영혼은 불멸하므로 존재론적인 인간은 불멸성을 지닌다고 주장한다. 하지만 영혼은 그 존재성이 입증되지 않은 가설일 뿐만 아니라, 인간에게 영혼이 필요하다는 합리적인 근거도 없으며, 설령 영혼이 있다고 해도 그리스 철학 사상에 따르면 인간의 영혼은 신의 개입 없이도 처음부터 불멸하는 실체이므로, 인간의 잘못으로 그 불멸성을 상실하게 되었다는 설명은 모순되며 이치적으로 타당하지 않다. 영혼은 불멸하는 실체이면서 동시에 소멸하는 실체라는 서로 상반된 두 가지 속성을 지닌다는 결론이 되기 때문이다.

인간의 구원을 위해 신이 사람의 모습으로 강림했고, 십자가상의 대속 죽음(희생제의)으로 구원을 성취하였다는 논변도 교회 존립의 정당성을 호도하기 위해 개발해 낸 허구적 가설 논변에 불과하다는 것을 상기의 본문 전개 과정에서 잠시 살펴보았다(본서 320쪽, 331쪽 참조).

교회 복음서는 동정녀를 통해 태어난 신의 아들이자 메시아인 예수가 정치 사범이라는 누명을 쓰고 십자가에 매달려 처형됐다고 기술한다. 하지만 예수의 죽음이 다른 사람의 죄를 대신 갚는 대속희생이었다는 언급은 하지 않는다. 그런데 교회는 고대 유대 종교전통에서 시행된 동물 희생제의에서 제물로 바쳐지는 동물은 희생제의를 청탁한 사람의 죄를 대신 짊어지고 희생하는 것(대속희생)이라는 사상과, 미스테리아 신인의 죽음 역시 죄인들을 대신하는 대속희생이었다는 영지주의 사상에서 착안, 특정인의 죄는 누군가의 희생으로 대속이 가능하며, 인류의 죄는 인류 전체를 대신하는 존재의 희생으로 사해질 수 있는데 바로 예수가 그 역할을 수행했으며, 그의 대속희생으로 인류의 원죄가 사해져 인간은 불멸의 구원을 얻게 되었다는 '인간 구원론'을 제시한다. 그리고 자신들이 개발한 논리의 정당성을 주장하기 위해 『히브리서』를 '인류 구원을 위한 신의 대속 죽음 논리'의 근거로 활용한다. 하지만 이는 조작된 논변이다.

우리는 교회 복음서가 '예수 신인 신화'에서 언급하는 가상의 신화적 존재인 예수를 역사적 실존 인물로 개작한 문건이라는 것을 살펴보았다. 예수는 역사적 실존 인물이 아니다. 따라서 실존 인물도 아닌 가상의 신화적 존재가 현실 세계에서 십자가형으로 죽는다는 것은 있을 수 없는 일이다. 더구나 그 죽음이 누군가의 죄를 대신하는 희생제의였다고 말하는 것은 성립될 수 없는 궤변이다. 그리고 히브리서는 편지도, 바울이 쓴 것도, 히브리인에게 보낸 것도 아닌, 출처가 불분명한 문건이며, 학자들은 '예수의 죽음은 예수가 대사제 신분으로 십자가상의 죽음을 대속희생제의로 거행한 것'이라는 논리의 근거로 삼기 위해 교회가 위작한 것으로 추정한다. 또 지금까지 구원받아 영생을 누리고 있다고 증언한 사람도 없고, 그런 사실이 확인된 바도 없다. 결국 '예수의 대속희생에 의한 인간 구원론'은 예수가 인류의 죄를 대속하는 희생제의의 제물로 바쳐지기 위해 강생한 역사적 실존 인물이라고 호도하고, 이를 기반으로 예수가 구약에서 예시한 구원자이며, 그가 세운 가톨릭교회는 구원의 수단을 간직한 '참' 종교라는 교회 설립의 정당성을 강조하기 위해 도출해 낸 작위적 논리에 불과하다고 할 것이다.

'신화 속에 등장하는 신들 중에 야훼만을 초월적이며 궁극적인 실재로서의 신으로 설정하고, 그 신이 인간을 불멸하는 존재로 창조하였는데 설화 속에 등장하는 가상의 인물이 신의 영역을 침탈하려는 오만함을 보였고, 그 결과로 모든 인간은 죽음의 숙명을 지닌 존재가 됨과 동시에 구원을 필요로 하는 존재가 되었으며, 그래서 야훼가 구원 역사를 펼치게 되었다'는 논리를 펴는 가톨릭의 창의력이 놀랍다. 설화 속 창조 광경은 작가의 상상력으로 기록한 것인데, 그 가공의 기록으로 모든 인간이 죽어야 할 존재가 되고 구원을 필요로 하는 존재가 되었다는 비상식적인 발상을 떠올리는 자체가 놀라운 것이다. 더구나 그 일의 결과로 원죄에 물든 인간을 구원하기 위해 실체적 실재성이 없는 신이 인간의 모습으로 강생했다는 허구적 논리를 절대 진리라고 강변하는 가톨릭의 호기로움에도 놀라움을 금할 수 없다.

인간은 생멸의 조건 속에 빚어진 자연의 산물이므로 죽음을 맞을 수밖에 없는 존재이지, 신화 속에 등장하는 가상의 인물인 아담의 죄 때문에, 또는 창조설화 작가의 상상력 때문에 죽음을 맞게 된 존재가 아니다. 그리고 '창조론'에서도 언급했듯이, 창조설화를 기록하던 당시의 사람들에게는 내세나 영혼 관념이 없었으므로, 인간의 생물학적인 죽음은 야훼를 믿는 신앙으로 극복될 수 있다는 구원 사상 같은 것도 갖고 있지 않았다.[23] 그래서 창작 소설 속에 등장하는 가상의 인물이 소설 속에서 범한 죄의 결과로 말미암아 현실에 살고 있는 모든 인간이 교도소(죽음)에 수감되어야 한다는 원죄 논리도 비합리적이지만, 그로 인해 야훼의 구원 역사가 시작되었다는 논리도 설득력을 가질 수 없다. 만일 가톨릭이 말하는 것처럼 구원받아야 할 영혼이라는 것이 있다면, 영혼은 속성상 처음부터 비물질적인 불멸의 존재이므로 영원과 영속성을 갖기 위해 신의 도움을 필요로 하지 않는다. 영혼을 간직한 인간은 신이 없어도 불멸하며 영생을 누리는 존재인 것이다(플라톤 및 그리스 철학 사상).

가톨릭의 원죄 논리에 한 가지 덧붙인다면, 설화 속에 등장하는 가상의 인물이 범한 죄를 현실에 사는 모든 사람이 물려받게 된다는 가톨릭의 논리도 터무니없는 억측이지만, 그럼에도 (존재하지도 않고 실체도 없는) 원죄가 모든 사람에게 대대로 전해지게 된다면, 원죄가 어떻게 개개인에게 전수되는가의 문제가 대두된다. 원죄가 부모의 '유전자'를 통해서 전해진다면 창조론의 견지에서 야훼가 최초의 인간을 창조할 때 사람의 유전자에 원죄를 심었다는 모순에 빠지게 된다. 이것은 성립될 수 없는 논리다. 야훼가 원죄를 최초 인간의 유전자에 심었다면 원죄를 유도한 범죄자는 야훼라는 결론이 되기 때문이다. 또 유전자로 인한 원죄 전수 이론은 생물학적인 견지에서도 성립될 수 없는 논리다. 부모의 죄는 DNA로 자녀에게 전달되지 않기 때문이다. 유전자가 아니라 신이 부여하는 '영혼'을 통해서 원죄가 전수된다면 이 또한 신이 영혼에 원죄를 심었다는 난관에 봉착하게 된다. 유전자를 통한 전수도 아니고 영혼을 통한 전수도 아니라면, 원죄는 어떻게 모든 세대의 개별 인간에게 전수되는가?

---

23 『죽음이란 무엇인가』. (한국종교학회 편, 2009) p. 206.

가톨릭은 후대에 이런 논리적인 모순에도 불구하고, (원죄가 전수된다는 허구를 전제한 상태에서) '인간은 원죄의 사함을 받아 거룩함을 회복하여야 하고, 영혼의 불멸성에도 신이 필요하다'는 논리를 전개시키기 위해 타 문화권(특히 페르시아)의 종말론에 등장하는 천국과 지옥, 심판이라는 개념을 수용하여, 불멸하는 영혼은 신의 심판을 받아 지복을 누리거나 영원한 고통의 상태로 나뉘게 되므로, 현세에서 신을 섬기고 신의 뜻에 충실을 기하여야 한다는 이론을 첨부했다.

가톨릭의 구원론을 생물학적인 인간의 기원과 진화에 대입해 보면 그들의 주장이 타당성을 갖지 못하는 터무니없는 주장이라는 것을 쉽게 확인할 수 있다. 생물학적인 인간은 현재와 같은 모습으로 독립적으로 창조되지도 않았고, 그 인간에게 신이 인격과 본성을 부여한 것도 아니며, 진화한 인간이 신에게 오만함을 부렸다는 증거도 없다.

결론적으로 가상의 인물인 아담의 원죄로 인간이 죽음의 숙명을 지닌 존재가 되었다는 허구적 가설을 전제하고, 그런 조건에 처한 인간의 구원을 위해 필연적으로 구원자가 도래해야 했는데, 그 구원자가 예수이며, 예수가 가톨릭교회를 세웠다고 말하는 가톨릭의 구원론은, 가톨릭이 자신들의 신 숭배 신앙을 합리화하고, '가톨릭교회만이 유효한 구원을 베푸는 유일한 기관'이라는 사실을 부각시켜 교회 존립의 정당성을 확보함과 아울러, 구축된 종교적 기득권을 고수하기 위해 창안해 낸 거짓 논변에 불과하다. 어떤 문제의 원인적 요인의 전제를 거짓으로 설정하고, 그 문제가 신의 개입으로 해결되었다고 말하는 것은 성립될 수 없는 논리적 오류이며 의도적 왜곡이자 논리적 합리성을 가질 수 없는 허구적 궤변의 범주를 넘지 못한다.

인간에 대한 신적 본성 및 인격 · 윤리 도덕성 부여설

—

가톨릭은 최초의 생명체가 출현하여 각기 다양한 생명체로 분리 진화하였다는 것을 인정하면서도, 인간만큼은 특별히 창조되어 독특한 진화의 길을 걸어왔다고 말한다. 가톨릭은 '창조론'에서, "인간은 유인원과 무관하게 인품(personality)을 지닌 인격체이며, 만물을 지배하고 다스리고 관리할 능력과 함께 신만이 갖는 신적 본성과 위격을 부여받은 존재다."라고 말한다. 하지만 '생물학적인 인간 기원' 부분에서 살펴보았듯이 이런 논리는 신에 의한 인간 창조를 가정한 상태에서 추론한 추측성 주장이며, 결과에서 원인을 찾는 '결과론적'인 설명에 불과하다.

고대 다양한 문명권에서 창조설화를 기록하던 당시의 사람들은, 이미 고도로 발달한 탁월한 지적 능력을 기반으로 자연을 통제하고 동물을 지배하는 위치에 올라 있었고, 철학적 사유가 가능할 만큼 지능이 발달한 상태였다. 성서 저자 역시 인간에게는 동물 세계에서는 볼 수 없는 탁월성과 우월성 · 위대성이 있다는 것을 알아볼 만큼 지능이 발달했고, '그런 능력은 신이 아니면 도대체 인간 스스로 만들어 낼 수 없는 것이지 않을까' 하고 사유할 줄 아는 명석한 두뇌를 장착한 상태였다. 그래서 모든 종교전통의 창조설화들은, 인간이 지닌 특성은 어떤 초월자가 부여해 준 특별한 권능이라고 기록할 수 있었고, 성서 저자도 그렇게 기록했다[하느님께서 말씀하셨다. "우리와 비슷하게 사람을 만들자 그래서 그가 ⋯ 온갖 것을 다스리게 하자"(창세 1,26)]. 만일 인간이 유인원이나 네안데르탈인의 상태에 머물러 있었다면 창조설화 창작자들이나 성서 저자는 세상의 기원에 대한 사유를 할 수 없었고, 가상의 초월 관념을 갖지도 못했을 것이며, 신화와 성서에 표현된 기술도 할 수 없었을 것이다.

가톨릭은 이렇게 인간이 탁월한 지능을 지니고 있고, 세상을 지배하고 관리하는 역량을 충분히 발휘하는 모습을 지켜본 뒤에야, '인간이 만물의 으뜸이고 중심이며 신으로부터 위대한 능력을 부여받은 존재'라는 인간관(人間觀)을 펼친다. 가톨릭의 이런 견해는 결과론적인 입장에서, '화성이 있는 이유는 우주여행을 떠나는 인간들의 놀이터가 필요할 것 같아서 야훼가 태초부터 미리 창조해 놓은 것'이라고 말하는 것과 별반 다르지 않다. 신이 갖는 신적 본성과 위격을 인간에게만 부여했다는 설명은, 인간이 지적 능력을 발휘하고, 서로를 배려하고, 윤리 도덕적인 감각을 지니고 있으며, 자신이 행하는 모든 것에 가치와 의미를 부여하고자 하는 성향을 이미 갖고 있다는 점에 착안하여, '그러한 인간의 본성과 인격은 신이 부여한 것'이라는 논리를 펴고 있는 것이기 때문이다. 하지만 이것 역시 억지 논리다. 그 어디에도 인간의 지적 능력이 향상되기 이전에 신이 위대한 능력과 신적 본성을 부여하여 인간의 지능을 급격히 향상시켰다거나, 윤리 도덕 감각을 갖추게 하였다는 기록이나 증거는 없다. 그럴 일이야 없겠지만, 만일 인간보다 뛰어난 지능을 지닌 외계인 X가 어느 날 갑자기 지구를 정복하고 인간을 지배하는 일이 발생한다면, 그때는 "태초에 인간을 지배하고 다스리도록 신이 X에게 우월한 신적 권능을 부여하여 그를 창조하였다."라고 말할 것인가?

윤리 도덕의 기원에 대해서도 가톨릭은 결과론적인 입장에서, "온갖 선의 기준이며 원형인 야훼가 인간의 심성 안에 도덕 감각을 심어 주어 인간이 도덕적인 존재가 될 수 있었다."고 말한다. 그리고 "종교 없이는 인간이 선할 수 없으며, 선악의 기준의 모호성도 분별할 수 없다."고 말한다. 이러한 설명에 따른다면, 인류가 살아온 모든 시대 모든 지역의 모든 인간은 공통의 동일한 윤리 의식과 도덕관을 가지고 있어야 한다는 의미가 된다. 하지만 현실은 전혀 그렇지 않다. 각 시대 각 지역마다 그리고 각기 다른 종교전통을 신봉하는 문화권마다 도덕의 원칙과 기준이 다르다. 여성 할례를 거행하는 등 여성의 인격과 인권에 대해 전혀 무관심한 문화가 있는가 하면(이슬람 일부 문화권), 신생아가 기형이거나 부모가 경제적인 이유로 아기를 기르지 않기로 결정하면 그 아기를 죽이는 것을 살인으로 간주하지 않는 문화도 있다(이누이트 한 부족).[24]

윤리(ethod, ethics)나 도덕(mores, morality)은 둘 다 사람답게 사는 도리를 이르는 말인데, 통상적으로 윤리는 사회 내부에 존재하는 관습이나 질서를 지키는 일을 지칭하고, 도덕은 개인의 인간 본성과 양심에 따라 인간다운 도리나 행동 규범을 준수하는 것을 칭한다. 부모에게 폭력을 행사해서는 안 된다는 것은 윤리 규범이지만, 부모에게 효도하라는 것은 도덕 규범이다.

인간이 지닌 윤리 규범이나 도덕규범은 외부의 어떤 초월자에게서 부여받은 것이 아니다. 인간이 지닌 윤리 규범들은 인간의 '진화 과정'에서 개인 이외의 타인과 원만한 관계를 유지하며 살아가는 데 필요한 삶의 지혜가 요청되고, 대다수가 더불어 사는 사회의 안녕과 질서유지를 위한 필요에 의해 자연스럽게 생겨났다. 곧 도덕 원칙의 정당성은 신과 무관하게 인간 상호 간의 신뢰를 기반으로 조성된 것이다. 그리고 그 기준이 되는 것은 '내가 피해를 당하기를 원하지 않듯이 타인에게 피해를 가해서는 안 된다'는 것이다. 사람을 죽여서는 안 된다. 그것은 피해 당사자뿐만 아니라 그의 가족에게 상처와 피해를 주기 때문이다. 도둑질해서는 안 된다.

---

24 『호모 데우스』, 유발 하라리 저, 김명주 역, 김영사, 2017, p. 264.

남에게 피해와 고통을 안겨주기 때문이다. 이러한 인식이 확산되면서 보다 폭넓은 분야에서의 세부적인 규범들이 생겨났고 또한 그것을 강제하기 위한 법(法)이 생겨나게 되었다. 따라서 이러한 규범과 관습은 생활 문화권에 따라 다양한 형태를 갖고 있으며, 어느 일정한 잣대로 그것이 옳다거나 그르다고 어느 누구도 판단할 수 없다. 그리고 규범이나 관습은 시대의 흐름이나 의식의 변화에 따라 수정되거나 폐기되기도 하고, 새로운 것들이 첨부되기도 하면서 윤리 도덕규범의 문화가 형성된다.

인간 본성에 깃든 선한 심성도 가톨릭의 주장처럼 '신만이 갖는 신적 본성을 신이 인간에게 심어 주어 발현되는 것'이 아니다. 그리고 인간은 종교 없이도 선할 수 있다. 오히려 종교로 인해 건실하고 온건한 사람들이 한순간에 그 누구보다도 잔악하고 잔인한 사람으로 변할 수 있다는 것을 역사를 통해 우리는 수도 없이 목격해 왔다. 종교의 이름으로 발발한 종교전쟁들, 신의 이름으로 자행된 타 종교인에 대한 학살, 학대, 테러, 소외, 배척 등. 종교가 없었다면 세상은 더 평화롭고 인간은 더 상식적이고 건실한 생애를 보냈을 것이다.

선악의 기준 역시 마찬가지다. 신이 없어도 인간은 선악을 분별한다. 물에 빠진 아이를 누군가가 봤다면, 종교인만 그 아이를 구하기 위해 물에 뛰어들고 종교가 없는 사람은 뛰어들지 않는가? 인간은 선하거나 악하기 위해서 신을 필요로 하지 않는다. 종교뿐 아니라 신 없이도 인간은 충분히 선할 수 있다. 갓난아이가 엄마에게 사탕을 내어 주는 것은 그 아이가 신을 알거나, 신이 그 아이의 본성에 사탕은 나눠 먹어야 한다는 가르침을 심어 놓았기 때문이 아니다. 종교전통의 신화가 생기기 수십만 년 전부터 인간은 번식과 생존을 위한 투쟁의 경험에서 선과 악을 구분할 줄 알았고, 옳고 그름을 판별할 줄 알았으며, 본성적으로는 이기적임에도 호혜적 이타주의의 능력을 개발하고 관대함과 자비심을 함양해 왔다. 그리고 그런 성향과 의식은 신과는 전혀 무관하게 유전자에 각인되어 집단 무의식으로 전해져 내려오는 '진화의 산물'이다.

옳고 그름을 판별하는 기준도 가톨릭이 말하는 것처럼 선의 원형이며 기준이라는 신이 아니다. 가톨릭은 '신의 의지와 명령에 따르는 것만이 선이며, 신의 가르침에 위배되는 것은 모두 악'이라 규율을 교회 권위를 절대화하는 수단으로 활용해 왔다. 하지만 선악과 옳고 그름의 기준은 '시대정신'이다.[25] 각 시대 인간 의식의 흐름이나 변화에 따라, 공동 선익에 유익하고 개별 인간에게 유익하거나 타당하게 주어지는 권리라고 인식되는 것은 선이며 옳은 것이고, 그 반대의 경우는 악이며 그른 것으로 규정되어 왔다. 간접흡연은 선도 악도 아니며, 그렇다고 그른 일도 아닌 것처럼 인식되던 시대가 있었다. 하지만 지금은 타인에게 피해를 주는 악이며 그른 일로 규정된다. 여성의 정치 참여 금지를 당연한 것으로 여기던 시대가 있었지만, 지금은 대다수의 나라에서 여성의 참정권을 인정하고, 여성이 직접 정치가로 나서서 활동하는 것을 당연한 권리로 여긴다. 선악과 옳고 그름의 기준은 신이 부여한 잣대가 아니라 끊임없이 변화하는 '도덕적 시대정신'이다.

한발 더 나아가, 인간은 누군가에게 보상을 받을 목적으로 선을 행하지 않는다. 보상을 목적으로 선을 행하는 것은 위선이고 가식적인 행위일 뿐이며 선으로 인정받지도 못한다. 대부분의 사람들은 인간의 순수 선한 본성에 따라 선을 행하는 것을 마땅한 사람의 도리로 여기고, 그렇게 하는 것이 인간답고 인격자다운 자신의 모습을 성숙시켜 나가는 삶의 자세라고

---

25 『만들어진 신』, p. 410 참조.

생각한다. 또 자기가 속한 사회나 공동체가 요구하는 규범들도 당연히 준수해야 할 것으로 받아들인다. 그것이 자신에게 유익하다는 것을 알 뿐만 아니라, 공동의 약속인 규범의 준수가 공공의 안녕과 질서유지에 필요하다는 것을 알기 때문이다.

그런데 성서는 인간이 선을 행하는 것이 마땅한 사람의 도리이며 인간다운 모습이라고 말하는 것이 아니라, 신이 약속한 구원을 얻고 신이 베푸는 은총을 받기 위한 조건으로 계명을 지키고 선을 행하라는 명령을 제시한다. "너희가 나의 규칙들을 따르며, 나의 계명들을 지키고 실천하면 제때에 비를 내려 주고 땅은 소출을 낼 것이며 … 원수들은 너희 앞에서 칼에 맞아 쓰러질 것이다"(레위 26,3~8), "내가 너희에게 새 계명을 준다. 서로 사랑하여라. 너희가 서로 사랑하면, 모든 사람이 그것을 보고 너희가 내 제자라는 것을 알게 될 것이다"(요한 13,34~35).

신앙인들에게 종교 계율로서 그 준수를 강요하는 10계명에 깔려 있는 근본정신도 순수 본성에 충실한 모습으로 인간다운 자신을 성숙시켜 나가라는 취지가 결코 아니다(탈출 20,1~17 참조). 성서의 문맥 어디에도 '신이 부여한 인간의 보편적 본성에서 발현되는 선한 의지를 함양하고 그것의 표지로 계명을 준수하라'는 말은 없다. 학교에서 학생들에게 교칙 준수를 강요하듯이, 계명은 오직 야훼와 계약을 맺은 신앙 공동체에서 배제되지 않기 위해서 취해야 할 행동지침과 윤리규범으로 제시되고 있다. 가톨릭은 이에 대해, "계명이 전체적으로는 사회의 윤리 · 도덕규범에 충실할 것을 지향하고 있으며, 인간 본성의 인격적인 성취를 목표로 한다."고 주장하지만, 성서 기록이나 예수의 말을 자세히 들여다보면 부모에게 효도해야 한다거나 공동체 규범을 준수하는 것, 누군가를 사랑해야 한다는 것 등의 규율이나 규정은 신을 신봉하는 종교전통의 공동체를 존속시키고,

그 조직에 속한 구성원들 간의 결속을 다지며, 각자가 그 공동체에서 배제되지 않고 신에게 보상을 받기 위한 수단으로 제시되고 있다는 것을 쉽게 파악할 수 있다.

인간은 누구나 가련한 이들에게 연민을 느끼고, 사랑하는 사람을 위해서 기꺼이 희생하고, 자식의 행복을 위해 온갖 수고로움을 감수하는 것을 당연한 도리로 여긴다. 그런데 가톨릭은 연민과 동정의 마음이 없어도, 희생심과 헌신감이 없어도, 또 본인 스스로 사랑을 실행하고자 하는 의지가 없어도 어떤 상황에서는 신의 보상을 받기 위해, 또는 예수의 제자로 인정받기 위해 사랑하는 척하거나 사랑해야 한다고 가르친다["너희가 서로 사랑하면, 모든 사람이 그것을 보고 너희가 내 제자라는 것을 알게 될 것이다"(요한 13,34~35)]. 이런 이기적이고 계산적인 사랑은 가톨릭이 스스로 말하는 가르침 — 사랑은 신이 인간의 본성에 심어 놓은 신적 본성이라는 주장 — 과도 배치되는 주장이며, 진정성이 결여된 인위적이며 가식적인 행위에 불과한 작위적 사랑이라 아니할 수 없다.

생명 기원설

—

신이, 그것도 야훼만이 생명의 기원이라는 주장에 대해 살펴보자. 상기에서 가톨릭의 '존재근원론'이 타당성이 없는 주장이라는 것에 대해 살펴보았지만, 가톨릭은 생물학적인 인간의 창조에 대한 명확한 답을 제시하지 못하면서도 창조론과 관련해서, '우주 만물의 기원과 살아 있는 모든 생물의 물리적인 생명의 기원은 야훼에게 있으므로, 야훼가 만물의 근원이며 만물의 존재 원인이자 이유'라고 설명한다. 그리고 '모든 존재는 신으로부터 존재를 부여받아 존재하며, 신이 붙들고 있기 때문에 존재의 지속성이 유지된다'고 말한다. 하지만 여기서도 야훼가 생명의 기원이며 존재의 근원이라는 일방적인 선언만 있을 뿐, 어떻게 여타 신화 속의 다른 신들은 존재의 근원이 되지 못하고 야훼만이 만물의 기원이며 모든 존재의 근원이 될 수 있는가에 대한 자세한 설명은 제시하지 않는다. 가톨릭이 말하는 것처럼, 생명의 기원은 야훼에게 있으며, 존재의 생명력은 야훼가 부여한 것인가? 존재하는 모든 것은 신의 의지로 존재하며, 존재에 대한 신의 의지가 취소되면 존재는 소멸되는가?

신화가 창작되던 시대의 사람들과 성서가 기록되던 시대의 성서 저자들은 현대 생물학을 알지 못했으므로, 생명현상의 신비는 신의 작품이라고 생각했다. 가톨릭도 멘델에 의해 유전 메커니즘이 밝혀지고(1892년) 19세기 후반에 효소, 핵산, 바이러스, 원핵생물, 진핵생물들이 차례로 발견되면서 생명체 생성 기원의 실마리가 풀리기 이전까지는 생명현상을 이해하지 못했기 때문에, 물리적인 생명의 기원은 신에게 있고 존재하는 모든 것은 야훼가 생명을 부여하여 창조되었다는 주장을 되풀이해 왔다. 그러다가 점차 과학 연구에 의해 생명현상은 자연 안에서 우연한 화학 분자들의 혼합을 통해 빚어진 유기화합물에서 비롯된 것이라는 사실이 밝혀지면서, 가톨릭도 생물학적인 생명체의 기원과 진화를 인정하는 방향으로 자세를 전환했다. 하지만 그러면서도 발현된 '생명의 근원'은 다른 신들이 아닌, 오직 야훼에게만 있고, 그 생명체에 생명력을 부여한 것도 야훼라는 주장을 고수한다. 자신들이 신봉하는 신만이 만물의 근원이며 존재의 원인이자 이유라는 점을 강조하고자 하는 입장일 것이다.

과학계는 생명체가 우연한 유기화합물의 메커니즘 작용의 결과임을 밝혀냈지만, 최초의 유전 분자가 어떻게 발생하게 되었는가에 대해서는 아직 과학적으로 규명하지 못하고 있는 것이 사실이다. 하지만 인간의 과학적 역량이 아직 그 수준까지 발전하지 못하여 그것을 명확히 규명해 내지 못하고 있다고 해서, 그것이 곧 신이 생명을 발생시켰다는 증거가 되는 것은 아니다. 또 '모든 존재(있는 것)는 신의 의지로 존재하게 되었다'는 가톨릭 측 주장의 타당성을 보장해 주는 것도 아니다. 과학적으로 설명이 불가능하다고 판단되는 물리적인 현상에 대해서 입증이나 검토 가능한 근거의 제시 없이, 단지 그것은 인간 이성으로 설명될 수 없으므로 초자연적인 권능에 의한 결과라고 말하는 편향된 입장을 취하는 것은 형이상학과 신학의 오만이다.

과학계는 생명이 태동한 38억 년 전의 지구 환경을 조성하여 생명 출현에 대한 연구를 지속하고 있다. 현재의 지구 환경이 그때와는 확연하게 다르고, 또 생명이 출현하던 당시의 환경이 어떠했는가에 대한 이해가 부족한 까닭에 아직 의미 있는 성과를 내고 있지는 못하지만 머지않아 밝힐 수 있으리라는 희망적인 전망을 하고 있다. 또 우주 과학자들은 2,000해(垓)(1000억의 2조 배) 개나 되는 행성 중에 생명 출현의 3대 조건인 액체 물질과 에너지, 유기화합물의 조건을 갖춘 행성이 있을 가능성이 높다고 보고, 지구와 닮은 행성에 대한 탐사를 계속하고 있다. 최근에 나사[NASA(미항공우주국)]는 목성의 유성인 유로파에서 물이 발견되었고, 토성의 달인 타이탄에서도 물의 흔적이 발견되었으며, 토성과 가까운 위성 엔셀라두스에서도 유기물이 포함된 수증기와 얼음 입자가 간헐적으로 지표면의 틈새로 뿜어져 나오는 것을 관찰했다고 발표했다(2017.11.7). 특히 화성은 대기가 있고, 눈이 내리고, 얼음이 있고, 물이 흘러내린 흔적이 있다는 점에서 생명체가 있을 것이라고 확신하며 연구를 계속하고 있다. 일본항공우주개발기구(JAXA)는 지구에서 3억 2천만 Km 거리의 소행성 류구(龍宮)의 채취 시료에서 생명체 구성에 기반되는 물질인 '우라실'(uracil, 핵산을 구성하는 염기로 RNA(리보핵산)에 존재하는 물질)을 발견했다고 발표하였는데(2023.3.23), 이것은 생명의 외계 기원의 가능성을 보여 주는 연구 보고이기도 하다. 만일 외계 생명체의 존재가 규명된다면 가톨릭은 여기에 덧붙여 이렇게 말할 것으로 생각된다. "그 생명체의 생명이 기원하고 존재하게 된 것도 야훼가 존재를 부여했기 때문이다."

가톨릭은 생명과 관련하여, "성서가 말하는 생명이란 사람과 동식물의 물리적이며 신체적인 기능에 적용되는 것뿐만 아니라, 생존을 넘어서는 차원의 의미도 지닌다."고 말한다(잠언 3,15~8; 레위18,5; 신명 5,16; 30,15~20 참조). 곧 '생명은 본질적이며 존재론적인 측면에서 건강, 활력, 행복, 신이 준 능력을 발휘하는 것, 신에게 순명하고 계명을 지키는 윤리적인 인식을 갖는 것, 신과 그리스도를 아는 것, 신과 친교를 맺는 것, 신의 본성을 나누는 것 등이 내포된 개념이므로, 그런 측면에서 생명은 신이 부여한 것이며, 신의 뜻에 따라 사는 삶만이 참된 의미에서의 생명을 갖는 것'이라고 말한다.[26] '참 생명'이란 살아 있는 물리적 작용성만을 의미하는 것이 아니라 기억, 인격, 가치관, 신앙 등 모든 요소를 함축하는 실재라는 것이다.

일반적으로 '생명'은 생체 메커니즘이 빚어내는 물리적이며 생화학적인 현상(목숨, 유기체가 살아있는 상태)을 지칭하는 개념이며, '생명' 자체에 가톨릭이 말하는 특성들이 내재되어 있다는 근거는 없다. 그리고 가톨릭이 말하는 그런 특성들은 의지와 이성적인 판단과 사고 작용을 일으키

---

26 다음백과, '생명' 항목 및 『신약성경 용어사전』, 안병철 저, 가톨릭대학교출판부, 2008. 참조.

는 두뇌의 정신 활동의 범주에 속하는 것이지, 그것이 생명의 특성을 구성하는 요소라고 볼 수도 없다. 예를 들어, 두뇌 활동에 의한 정신 작용으로 구축되는 삶의 가치관은 살아가는 삶의 환경과 문화와 습득한 정보를 통해 개별적으로 정립되는 것이지, 생명 자체에 내재되어 있는 것이거나 신이 부여하는 것이 아니다. 또 우리가 일상에서 "올바르게 사는 삶이 아니면 그것은 죽은 목숨과도 같다."고 말하거나, "생활 여건이 나아져서 풍요로운 생명을 누린다."고 말하는 것은 은유적인 표현일 뿐, 그것이 생명의 본질에 대한 언급이라고 할 수 없다. 마찬가지로 성서도 그런 차원에서 묘사하고 있는 것일 뿐, 그것이 생명의 속성을 언급하는 것이라고 볼 수 없고, '생명'과 '살아가는 삶의 모습' 또는 '생명'과 '개별 가치관'을 등치개념으로 볼 수도 없다. 나아가 '참 생명'에 대한 가톨릭의 설명은 야훼를 실재하는 신이라고 믿는 사람들에게는 진리인 것처럼 여겨질지 모르지만, 신을 믿지 않거나 신에 대한 믿음이 있더라도 야훼 외의 신을 믿는 인생과 생명은 무가치하다고 선언하는 독선과 오만이다.

다음으로, 야훼가 모든 생명의 기원이며 모든 생명체의 창조자라는 가톨릭의 주장이 사실이라면, 인류 역사에서 고통을 안겨 주었던 페스트균이나 에이즈 바이러스, 천연두나 홍역, 매독이나 임질 등의 질병을 야기하는 각종 바이러스나 박테리아도 신의 창조물이라는 의미가 된다. 바이러스는 자가 분열 증식을 통해 감기, 홍역, 인플루엔자, 수두, 천연두, 소아마비 등 40여 종의 질병을 야기하는 생물이니 생명체가 아니라고 부정할 수는 없다. 가톨릭은 자연의 생화학적 변화와 작용에 따른 '생명체의 우연적인 발생'을 부정하는 입장이니 살아 움직이는 이 미소한 생명체들도 — 신이 실체적 실재이고 모든 생명체의 창조주라면 — 그들이 믿는 신의 창조물임이 분명하다. 신은 모든 생명체의 기원이자 창조주이지 선별적인 생명체의 기원일 수는 없기 때문이다. 그런데 가톨릭의 주장에 의하면 신은 선(善) 자체이고 사랑이며 인간을 고통에서 구원하기 위해 연약한 인간의 모습으로 강림하여 십자가에 못 박혀 죽기까지 하였다. 그렇다면 그런 사랑과 자비의 신인 야훼가 병을 유발하는 균이나 바이러스를 창조하여 인간에게 죽음에 이르는 고통을 안겨 주는 것은 어떻게 설명되는가?

2019년도 말에 발생한 '코로나19 바이러스'로, (2023년 6월 기준) 전 세계에서 1천만여 명에 가까운 사람들이 목숨을 잃었다. 신이 특별한 애정으로 창조한 인간을 죽게 만든 이 바이러스도 신의 창조물임이 분명하다. 따라서 이 바이러스에 수많은 사람들을 죽게 만든 일차적인 책임은 창조주인 야훼에게 있다고 해야 할 것이다. 하지만 이런 견해에 대해 가톨릭은, '야훼는 불필요한 생명체를 창조하지 않으며, 해악을 미치는 무익한 생명체도 창조하지 않는다. 또한 인간의 고통을 원하지 않는다. 그리고 세상 창조 이후 세상의 운영과 질서의 관리를 인간에게 위임하였으므로 인류 역사에 개입하지도 않는다. 따라서 인간 세상에서 일어나는 자연재해, 물리나 생화학적 변화, 질병과 전쟁, 고통 등은 자연 현상과 인간의 잘못으로 빚어진 것이니 야훼에게는 책임이 없다'는 식으로 설명한다.

그들의 주장처럼 선성(善性)을 신적 속성으로 지닌 신이 실제로 존재한다면 야훼가 무익한 생명체를 창조하지 않는다는 주장은 일견 타당하다. 하지만 이런 설명은 야훼가 '모든 생명체의 근원이며 기원'이라는 주장과 배치되고, 가톨릭은 새로운 생명체가 출현하거나 바이러스나 병원균 등이 출몰했을 때, 그것이 어디에 필요하며 어떤 유익성에 관여하도록 창조되었는지, 관리를 하지 않으면 지구 생태계와 인류에게 어떤 해악을 미칠 수 있는지, 새로운 생명체들을 어떤 방식으로 관리해야 하는지에 대해서는 그 어떤 연구도 하지 않으며 그 어떤 설명도 발표하지 않는다. 그러면서도 생명체가 미치는 해악에 대해서는 신을 옹호하기 위해 그 책임을 인간에게 전가하는 변론을 늘어놓는다. 바이러스나 병원균이 자연에서 빚어진 '우연한 생명체'라는 것을 인정하면 간단히 해결될 문제임에도, 모든 생명의 기원이 야훼에게 있다는 주장을 철회하지 못하여 빚어지는 자충수일 것이다. 매독균이 어떤 유익성 때문에 창조되었으며, 에이즈 바이러스가 어떤 효용성이 있다는 것인지 우리는 알지 못한다.

"야훼는 인간의 역사에 개입하지 않으며, 세상의 운영과 관리의 책임은 신으로부터 그런 권한을 위임받은(창세 1,26; 2,19 참조) 인간에게 있다."는 가톨릭의 주장도 사실이 아니다. 성서에 의하면 야훼는 세상 창조 이후에도 인간의 역사에 끊임없이 개입한다. 강대국을 이용해 자신의 선민이라는 이스라엘의 잘못을 응징하고(예레 16,10~13), 모세를 시켜 미디아인들에 대한 인종 청소를 강행하기도 하고(민수 31,1~8), 인간의 선성(善性)을 시험하기 위해 사탄과 내기를 걸고, 사탄이 욥에게 아무런 까닭도 없이 질병을 일으키고 그의 가족들을 죽게 만드는 광경을 옆에서 구경하기도 한다(욥기). 또 자신을 믿는 예언자와 다른 신을 믿는 예언자들 간에 대결을 시킨 뒤, 자신을 믿는 예언자의 손으로 다른 신을 믿는 예언자들을 모두 죽이도록 지시하기도 하고(1열왕 18,20~40), 베드로가 감옥에 갇히자 천사를 보내 감옥의 자물쇠를 열어 탈출시키기도 한다(사도 12,6~10). 성서 밖에서도 야훼는 냉전 시대에 소련이 패망하도록 기도하라고 성모를 통해 명했고(파티마 성모 발현), 총탄이 교황의 급소를 빗나가도록 성모를 시켜 총탄의 방향을 바꾸기도 하며(1981. 교황 요한 바오로 2세 피격. 교황은 "성모의 손이 총알을 인도했다"고 말했다. 그런데 필자는 성모가 그런 능력이 있다면 왜 교황의 몸에 총탄이 맞지 않도록 인도하지 않았는가가 궁금하다), 성령의 인도라는 형식을 통해 교황을 선임하고 주교를 서품하기도 한다("하느님께서 우리에게 새 교황을 보내주셨습니다."). 교통사고를 당했는데 죽지 않고 목숨을 부지하면 '신이 지켜주셨다'고 말한다.

이상의 사실들로 보면 모든 생명체의 생멸에 야훼가 개입하는 것이 분명하고도 당연한 것으로 보인다. 그런데 가톨릭의 모 주교는 이렇게 말했다. "인류 역사 안에 일어나는 일들에 대해 신은 일일이 간여하지 않는다. 다만 인간의 실수나 오판으로 빚어진 모든 불행한 사건에 대해 신은 함께 가슴 아파하신다. 그리고 신은 그 어떤 최악의 상황에서든지 최선의 결과를 마련해 두고 계신다. 그러니 야훼를 신뢰하기 바란다."(어느 장례식에서 행한 P주교 강론).

야훼는 인류 역사와 생명체의 생명에 개입한다는 것인지 아니면 지켜만 보고 있다는 것인지 가톨릭의 입장은 모호하다. 하지만 가톨릭의 입장이 어떠하든, 야훼는 상상 속 가상의 존재일 따름이므로, 그는 실제 역사에 개입하거나 어떤 작동을 일으킬 수 없다. 허상의 존재가 어떤 작용을 한다는 것은 그저 종교적 망상일 뿐이다.

■ 종말론적 우주 계획설

우리는 인간종의 생물학적인 기원에 대해 살펴보았다. 진행 과정에서 가톨릭이 말하는 '신에 의한 인간 창조론'은 인간 상상의 산물이라는 것을 살펴보았고, 신이 인간을 창조한 목적이라고 제시하는 것들도 야훼가 인격적 초월자이며 존재의 근원이라는 주장을 호도하기 위해 '결과론적 유추'의 방식으로 추론하여 첨부한 것들에 불과하다는 것도 살펴보았다. 이제 창조론과 연관된 다른 주제로 논의를 옮겨 보자.

가톨릭은 — 모든 교의의 설명에서 항상 그렇듯이 명확한 근거의 제시 없이 오직 성서에서 추출한 추측성 명제만으로 — '야훼가 유일한 신이며 전지전능하고 지고지선(至高至善)이며 모든 것의 원형(原型)'이라고 말한다. 야훼가 그런 신이라면, "왜 처음부터 우주를 완전체로 창조하지 않고 수십억 년 동안의 물리 화학적 작용을 통해 오늘날의 모습이 갖춰지고, 또한 계속 변화하도록 창조하였는가?, 우주와 인류의 미래는 어떻게 되는가?"라는 물음을 제기할 수 있다.

가톨릭이 자기주장의 정당성을 옹호하기 위해 도출해 낸 논변에 의하면, 우주 만물은 야훼의 창조물이고, 야훼가 창조한 우주와 인류의 역사는 인간의 이성으로는 파악할 수 없고 인간이 바꿀 수 없는 궁극의 목표, 곧 야훼가 설정한 장대한 계획인 종말론적 미래를 향해 이끌려진다. 떼이야르 드 샤르뎅(1881~1955. 예수회 신부)은 '신에 의해 인류의 역사는, 역사가 최종적으로 수렴되는 지점인 오메가 포인트(Ω Point)를 향해 나아가는 것'이라고 설명한다.

먼저 "역사가 인간의 이성으로는 파악할 수 없는 신의 계획대로 이끌린다는 말은 무슨 뜻인가"라는 물음으로 논의를 시작하자. 그전에 야훼는 실재가 입증되지 못하고 실체가 없는 상상의 산물(고대 히브리 신화에서 설정한 가상의 행위자)이므로, 그가 미래 성취를 향한 종말론적인 계획을 가지고 있다는 것은 성립될 수 없는 논리다. 따라서 가톨릭이 말하는 '종말론적 우주 계획설'은 신이 있다면, 아마도 그런 계획으로 역사를 이끌어 갈 것이라는 상상과 추정으로 논리를 전개하는 가설이라고 전제할 필요가 있다.

인간이 이해할 수 없는 종말론적인 신의 계획이 있다는 가톨릭의 주장은, 신이 설정한 종말론적 계획이 있다는 것은 알지만, 그 속성이나 실체가 어떤 것인가에 대한 내용은 인간의 이성으로는 파악 불가능하다는 의미일 것이다. 그렇다면 '가톨릭은 우주와 인류의 미래에 대해 신이 설정한 궁극의 계획이 있으며, 신의 계획은 역사가 최종적으로 수렴되는 종말론적 미래라는 것을 어떻게 알았는가?'라는 물음이 제기된다. 우주와 인간 역사의 출현과 진행이 신의 장대한 계획에 의한 것인지, 아니면 자연 안에서 우연히 발생한 우연적 사건의 연속 과정인지를 어떻게 분간하여 그토록 자신 있게 '신의 계획에 의한 것'이라고 장담할 수 있냐는 것이다. 물론 가톨릭은 ─ 늘 그렇듯이 ─ "신의 계획이라는 것은 성서를 통해 알 수 있다."고 말한다.

성서를 통해서 알 수 있다는 그들의 설명은, 성서를 기록한 저자들이 어떤 방식으로든 먼저 그러한 사실을 알게 되었고 또한 알게 되었으므로 우주는 신의 계획으로 창조되었고, 신이 의도한 진행 방향에 따라 역사가 흘러간다고 읽히는 메시지를 성서 기록으로 남겼을 것이라는 추론을 가능하게 한다. 그렇다면, "성서 저자들은 그러한 사실을 어떻게 알게 되었으며, 그들의 주장은 타당한가?"라는 질문을 다시 던지지 않을 수 없다. 신이 직접 귀에 대고 알려 준 것은 아니며 신에 대한 종교적 사유에서 인간이 스스로 신의 의도라고 파악한 것이라면, 신의 장대한 계획 이론은 결국 인간의 상상력으로 만들어 낸 '신 의도론'이 되어 버린다. 하지만 가톨릭은, "성서 저자들이 인간의 삶에 대한 반성을 통해서 세상에 대한 신의 어떤 계획과 의도를 포착했는데 그것은 성령의 인도로 이루어진 일이다[聖靈의 感導]."라고 설명한다. 풀어 말하면, 신이 섬세하고 치밀한 계획으로 우주와 세상을 창조하였다는 사실을 인간이 알 수 있었던 것은, 개인의 종교적·철학적 사유의 결과가 아니라 신이 인간의 의식과 사고에

개입하여 그렇게 깨닫도록 작용하였다는 설명이다.[27]

이렇게 되면 순환 논리에 빠지게 된다. "성령은 어떤 방식으로 인간의 의식과 사고에 개입하는가? 개별 인간들이 성령의 개입을 직접 체험했는가? 그 체험자들은 성령이 여타 신들이 아닌 야훼의 성령이라는 것을 어떻게 인지했는가? 인간의 종교적 상상력의 산물과 성령의 개입으로 인한 결과물은 어떤, 무엇을 기준으로 구분할 수 있는가? 더 근본적으로 성령이라는 것이 있기는 한가?"

이러한 물음에 가톨릭은, "천여 년이 넘는 기간 동안 수십, 수백 명의 저자에 의해 기록된 성서의 모든 내용은 일관되게 한 방향을 지향하고 있고, 최종적으로는 예수가 말하는 종말론적 신국(神國)이 건설될 것인데, 역사는 바로 그 방향을 향해 나아가는 중이라는 내용의 일관성은 성령의 인도가 아니면 불가능하다. 그리고 성령은 인간의 영혼이 갖는 사고와 판단에 작용하며, 인간은 그것을 통해 신의 의도를 파악할 수 있다."(2티모 3,16 참조)고 말한다.[28] 모호한 답변이다. 하지만 여기서 우리는 '신에 의해 설정된 신의 종말론적 계획'이라는 가톨릭의 설명이 가상과 상상과 추론의 토대 위에 있다는 것을 다시 한 번 확인할 수 있다.

신의 종말론적인 계획에 대한 논의 전에, "성령이 인간의 영혼이 갖는

---

27 Ⅱ장 '성서를 대하는 가톨릭의 시각' 항에서 살펴보았듯이, 이스라엘 사람 중에 누군가가 이스라엘이 실제로 겪었던 과거의 역사적 사건을 뒤돌아보면서 그 사건들 안에 깃들어 있는 야훼의 어떤 계획이나 의도를 포착했다는 주장이 정당하다는 것을 입증해 주는 근거는 없다. 따라서 그런 추정은 사유자의 추측이나 가정으로 이해함이 타당하다. 그럼에도 불구하고 가톨릭이 자신들 주장의 정당성을 입증해 주는 근거의 제시 없이, '그런 포착 과정은 성령의 감도로 이루어진 일'이라고 말하는 것은, 야훼가 실재하며 역사에 개입하는 신이라는 자신들 주장의 정당성을 강조하기 위해 꾸며 낸 궤변, 억지 논리에 불과하다.

28 『제2차 바티칸 공의회 문헌』, 계시헌장 11항 참조. 참고로 티모테오서는 교회 가르침의 정당성을 주장하기 위해 서기 2세기경 가톨릭에서 바울의 친서인 것처럼 조작한 위서다.

사고와 판단에 작용하여 어떤 의도를 파악하도록 인도한다."는 가톨릭 주장의 진위 여부에 대해 살펴보자.

인간에게 영혼이 있다는 증거는 그 어디에도 없으며, 영혼이 필요한 이유도 제시되지 못했고, 영혼은 오감으로 감지되지도 않는다. 그래서 누구도 '영혼은 있다'고 확언하지 않고, '영혼이 있다고 생각한다'거나 '영혼이 있다고 믿는다'고 말한다. 영혼이 있을 것이라고 가정하는 것이다. 우리가 간혹 '그 사람의 영혼은 참 맑은 것 같다' 하는 표현을 사용할 때, 그 말은 그 사람의 정신이나 생각이 건실하고 꾸밈이 없다는 의미이지, 실제 영혼을 지칭하는 것은 아니다.

가톨릭은 — 아무런 확증도 없이, 더구나 영혼의 실체를 두 눈으로 본 적도 없으면서도 — 영혼이 있다고 전제하고, 영혼은 이성적 사고와 의식, 판단 작용을 관장한다고 주장한다. 그리고 성령은 이러 저러한 방식으로 영혼에 작용한다는 추측과 상상을 마치 신이 내려준 진리인 것처럼 전개한다. 하지만 (Ⅲ장 '영혼 가설' 항에서 살펴보았듯이) 설령 영혼이 있다고 해도 영혼을 통해 인간의 의식에서 일어나는 생각이나 사유가 인간의 순수 이성적 사고에 의한 것인지, 아니면 성령에 의해서 발현된 것인지를 구분할 수 있는 방법이나 장치는 없다. 또 영혼이 의식과 사고에 작용한다는 것을 확인할 수도 없고, 그것을 입증하는 타당한 근거도 없다. 그리고 가톨릭의 주장처럼 영혼이 스스로 이성 작용과 사고 활동을 일으키는 주체이며 인간의 이성적 사고와 판단 작용을 관장한다면, 나아가 죽은 사람의 영혼이 '두뇌와 관계없이' 생전의 기억과 경험을 간직하는 실재라면 인간의 두뇌는 그 어떤 작용도 하지 않는 불필요하고 쓸모없는 기관이라는 의미가 되어 버린다. 따라서 성령이 영혼에 작용하여 사고 작용을 일으킨다는 가톨릭의 논리는 '참'일 수 없다.

다음으로, '신의 장대한 우주적 계획에 대한 깨달음과 이해는 성령의 인도로서 가능하게 되었다'고 말하는 가톨릭의 논변은 신과 영혼의 존재를 전제해야만 도출 가능하며, 신이 상상의 산물이라면 성령 또한 상상의 산물일 수밖에 없기 때문에, 결국 신 존재에 대한 원초적인 물음으로 귀결된다. 가톨릭은 그럼에도 불구하고 신의 종말론적 장대한 계획이 있다는 논리를 펴는데, 그들이 제시하는 논리의 타당성 여부를 떠나, 그들이 말하는 신의 종말론적 계획론의 출처는 어디이며 그 내용은 무엇인가에 대해 살펴보자.

가톨릭의 종말론은 유대 종교전통의 종말론에서 말하는 '메시아의 강림(降臨)과 신의 통치'라는 관념을 이어받아, 자신들이 메시아라고 주장하는 '예수의 재림(再臨)'을 통해 신의 직접적인 통치가 이루어지는 신국(神國)이 건설되고 실현된다는 이론이다(부활 후 승천한 예수의 '재림(再臨)'으로 종말이 완성된다는 가톨릭의 종말론은, 메시아의 '강림(降臨)'으로 종말이 완성된다고 주장하는 유대교와 결을 달리한다. 유대교는 예수를 메시아로 인정하지 않으므로, '참 메시아'의 도래를 지금도 기다린다). 그런데 가톨릭이 계승한 유대 종교전통의 종말론은 야훼 신앙 안에서 자체적으로 갖게 된 이론이 아니다.

초기 구약성서에는 '내세나 부활에 대한 관념'이 등장하지 않는다. 유대 종교전통에서 야훼는 현생의 삶에만 관여하며, 현생의 행복은 '야훼의 계명에 충실할 때 야훼로부터 주어지는 축복을 얻는 것'이라고 생각했다. 그들의 종교 창작 작품인 성서를 보면 아브라함의 아내 사라의 죽음이나 아브라함의 죽음에 야훼의 내세에 대한 약속 같은 것은 없다(창세 23,1~19; 27,7~9). 아브라함이 죽자 아브라함에게 내렸던 신의 복은 이사악에게 넘어간다(창세 25,11). 유대 종교전통이 메시아의 강림과 내세의 영생에 대한 관념을 갖게 된 것은 바빌로니아 유배(BC 587~538) 이후 타 문화와의 접촉에 기인한다.

종말론은 기원전 12세기경 고대 이란에 살았던 인도-이란인들(아리안 계열의 인도-유럽인의 한 분파)의 역사관에서 처음으로 등장한다. 그들은 이 세상은 태초부터 선신과 악신의 끝없는 투쟁의 장(場)이며, 이 투쟁은 언젠가 반드시 종말을 맞는다고 생각했다. 종말은 시간과 공간이 멈추는 비역사적인 순간이다. 역사는 '실제 사건이 발생하는 시대'로 구분되고, 그 시대가 끝나면 '어떤 현실이나 사건도 일어나지 않는 새로운 시대'로 대치되는데, 현시대가 새로운 시대로 넘어가는 그 경계점을 '종말'이라고 한다. 종말은 우리에게 익숙한 세상의 끝이자 동시에 새로운 세계의 시작이며, 새로운 삶과 사상 그리고 새로운 존재 방식의 시작이기도 하다.[29]

인도-이란인들의 종말 사상은 페르시아의 조로아스터교에 영향을 미쳤고, 유대교의 종말론은 바빌로니아 유배 시기에 접한 조로아스터교의 영향을 받아 비로소 형성되었다. 부활, 천사, 사탄, 신의 우주적 통치에 관한 개념도 이때 조로아스터교로부터 받아들인 것이다.

기원전 587년에 강대국에 의해 나라를 잃은 유대인들은 '야훼가 다윗 가문에 이상적인 통치자를 보내 주어 옛 다윗 왕조의 영광을 재건해 줄 것'이라는 지상의 통치자로서의 메시아사상을 갖고 있었다(예레 33,15; 에제 37,23~24). 하지만 나라를 잃고 그들의 기대와는 달리 다윗 왕조의 재건이 현실적이지 않음을 깨닫게 된 후, '선신 아후라마즈다(지혜의 주)와 악신 앙그라마이뉴(파괴의 영)의 투쟁에서 선신이 승리할 수 있도록 인간

---

29 『역사용어사전』, 서울대 역사연구소 저, 서울대학교출판문화원, 다음백과에서 재인용.

이 선신을 도와 선한 말과 행실로 악을 물리치는 데 기여한다면, 선신이 최종 승리를 거두는 종말과 심판의 날에 천상의 집으로 갈 수 있다'는 조로아스터교의 종말론을 수용하여, '세상을 창조한 신이 언젠가 다시 등장하여 현재 질서를 종식시키고 한 나라가 아닌 전(全) 세상을 영원히 다스리게 될 것'이라는 종말 사상을 갖게 되었다. 그리고 여기에 기존의 메시아사상을 결부시켜, 야훼가 메시아를 보내 초자연적인 야훼 왕국을 이루리라는 희망을 가졌다(말라 3,1~5; 미카 5,1~14; 요엘 3,1~4; 다니 7,13~14).

여기서 확인할 수 있는 것은, 유대인들은 그들이 믿는 신 야훼가 그들에게 우주와 인간에 대한 종말론적인 계획이 있다는 것을 미리 알려 주고 깨닫게 하여 우주적 종말 사상을 갖게 된 것이 아니라는 것이다. 타 문화권의 창조신화를 모방하여 우주 만물의 창조주가 있다면 그는 마르둑이 아니라 야훼라고 주장하는 자신들의 창조설화를 창작했던 것처럼, 유대인들은 페르시아 조로아스터교의 종말론을 통해 '신의 강림으로 우주적 신의 통치가 이루어지는 시대가 도래하게 될 것'이라는 관념을 갖게 되었고, 그렇게 갖게 된 종말 사상을 야훼 신앙에 접목시켜 우주 종말의 완성자가 있다면 그는 아후라마즈다가 아니라 야훼라고 주장하는 '유배 방식의 종말론'을 갖게 되었다. 가톨릭이 말하는, 야훼가 갖고 있다는 우주적이고 종말론적인 장대한 계획은 본래 야훼의 계획이 아니었다는 뜻이다(여기서도 야훼는 존재 자체가 허구이니 야훼는 자신의 의도를 인간에게 전할 수 없고, 따라서 야훼와 관련된 모든 교의는 인간적인 상상과 추측에서 만들어진 가설 논리의 범주를 넘지 못한다는 것을 다시 한 번 확인할 수 있다).

이렇게 기원전 6세기경 타문화 종교전통의 영향을 받아 형성된 유대교의 종말 사상은, "야훼의 통치가 이루어지는 시대가 도래할 것이며,

그것은 '메시아의 강림'(降臨)으로 완성된다.",고 말한다[말라 3,1~5; 미카 5,1~14; 요엘 3,1~4; 다니 7,13~14. 유대교의 종말 사상에는 한시적으로 메시아가 '통치하다가' 창조주 신에게 우주의 통치를 '넘기게' 된다는 내용은 없다(1코린 15,24~28 참조)]. 그런데 가톨릭교회 복음서가 예수를 '사람의 모습으로 강림한 메시아'라고 기록하고 있으므로, 만일 예수가 유대교에서 언급하는 메시아라면 유대 종교전통에 따라 메시아의 강림(降臨)으로 세상의 종말이 완성되었어야 한다.[30] 하지만 복음서에 등장하는 예수는 유대교 전통 사상과는 달리, '메시아의 강림 그 자체로 신의 통치가 완성된 것은 아니며, 단지 야훼의 통치가 시작되었다'는 것만 선포한다(마태 4,17; 마르 1,15), 그리고 야훼의 심판과 야훼의 나라는 메시아의 수난과 죽음과 부활의 역사가 이루어진 이후, '메시아의 재림(再臨) 때 완성'될 것이라고 말한다(마태 24,3~35; 마르 13,28~37). 하지만 여기에도 '메시아가 재림하여 세상을 심판하고 다스린 다음, 완전해진 상태의 세상을 야훼에게 넘길 것'이라는 내용, 곧 역사는 야훼의 완전한 통치가 이루어지는 시대를 향해서 미래 성취적으로 나아간다는 언급은 없다. 그런데 가톨릭은 복음서의 내용과는 달리 예수를 메시아로 믿는다면서도 예수가 언급

---

30   여기서 또 한 번 종교전통의 '참'과 '거짓'의 문제에 직면하게 된다. 가톨릭의 주장에 의하면 메시아는 이미 왔고, 메시아의 강림으로 야훼에 의한 통치, 곧 구원의 역사(구세사)는 이미 시작되었다. 하지만 가톨릭은 구세사는 아직 완성되지는 않았고, 완결을 결정짓는 종말은 부활한 예수의 재림과 최후의 심판으로 이루어질 것이라고 말한다. 그래서 '현재'는 야훼의 통치가 이미 존재하는 시간 안에 있는 것이며, 신의 의지와 인간의 의지가 서로 싸우는 중간 기간으로 이해한다. 반면 유대교는 메시아 예수의 강림을 부정하고, 세계의 종말 후에 메시아가 유대인의 번영을 위해 출현한다고 믿는다. 구세(救世)는 미래에 온다. 따라서 유대교에서는 신의 존재는 역사의 흐름을 통해 드러나므로 과거 역사 속에 내재하였던 신을 유월절 등 절기 제의를 통해 되새기고 현재화시키면서 메시아를 기다리는 것이 '현재'라고 이해한다. 유대교와 가톨릭, 어느 쪽이 메시아에 관한 올바른 사상을 보유한 참 종교인가? (『역사적인 민족 유대인』, 안진태 저, 새문사, 2011. pp. 126~129. 참조)

하지도 않은 종말론, 곧 '야훼의 나라는 예수의 재림으로 완성되는 것이 아니라, 신이 창조한 우주와 인류의 역사는 신이 설정한 계획인 종말론적 미래, 역사가 최종적으로 수렴되는 지점[Ω Point]을 향하여 나아가는 것'이라고 주장한다. 그 근거는 무엇인가?

가톨릭의 종말론은 자신들이 날조한 복음서에 등장하는 인물이 "하늘나라(신의 통치가 이루어지는 나라)가 다가왔다."고 선포하고(마태 4,17; 마르 1,15), "세상에 다시 오겠다(재림)."고 선언했다는 내용을 그 출발점으로 한다(마태 24,44; 마르 13,26; 루카 21,27). 그런데 예수는 정말 그런 말을 했을까? 예수는 신인 예수 신화의 신화적 인물일 따름이고, ― 가톨릭의 주장처럼 역사적 실존 인물이었다고 하더라도 ― 그는 본인의 자필 문서 기록을 전혀 남기지 않았으므로, 예수가 말했다는 하늘나라의 도래 선포와 재림 예고 발언의 신빙성에 의문이 있다. 그런데 예수가 했다는 재림 선언에 자세한 설명을 덧붙이면서 '역사는 야훼의 완전한 통치가 이루어지는 시대를 향해서 나아간다'는 미래 성취적 그리스도교 종말론을 창시한 사람이 등장했다고 교회는 말한다. 유대교의 종말 사상에 대한 깊은 이해를 갖고 있던 바울이다.

헬레니즘 문화권에서 성장한 바울은 헬레니즘에 대한 깊은 이해를 갖고 있었고, 그는 천상에 신들이 거처하는 장소가 있고 신들이 세상의 질서를 관장하는 권능을 행사한다는 그리스 신화 또한 알고 있었을 것이다. 고대 신화의 틀은 대부분 천상의 신은 우주 전체의 질서를 관장하지만 하위신은 세상의 질서를 관장하는 것으로 묘사된다. 따라서 바울이 자신의 서간에서 종말에 대해, "메시아가 지상의 질서를 회복시킨 이후에 최상의 신에게 세상의 지배를 넘긴다."(1코린 15,24~28)고 피력하는 그의 헬레니즘적 사고는 자연스럽다. 그리고 영지주의자로서의 바울은 신인(神人)인 예수를 로고스이자 메시아로 신격화하고, 신인 예수에 의해 이루어질 영적인 종말론, 곧 신인을 통한 신과의 일치에서 이루어지는 자아 완성의 의미로서의 종말론을 제시했다. 그런데 그의 종말론은 그리스도교에 의해 '역사적 인물로서의 예수의 재림과 야훼에 의한 완전 통치'의 개념으로 변형되었다.[31]

위에서도 언급했듯이, 복음서에는 메시아가 재림하여 세상을 심판하고 '다스린 다음' 야훼에게 세상을 '넘길 것'이라는 내용, 곧 역사는 순차적으로 야훼의 완전한 통치가 이루어지는 시대를 향해서 나아간다는 말이 없다. 복음서에서 예수는 '자신의 재림과 심판으로 신의 통치가 성취된다'고 예고하고 있으니, 예수의 재림과 심판에 관한 내용이 『야고보서』(4,12; 5,7)나 『베드로서』(1베드 1,13; 4,7~19; 2베드 3,1~13), 『요한서간』(1요한 3,2~3) 등에 등장하는 것은 당연하다. 반면 바울은 영지주의 사상에 입각해 '부활한 예수는 모든 권세와 권능을 지니고 세상을 심판하기 위해 다시 올 것이며, 죽음을 포함한 모든 원수가 굴복할 때까지 다스린 이후에 야훼에게 세상을 넘길 것'(1코린 15,24~28; 에페 1,10)이라는 신 통치의 순차적인 성취론을 제시했다. 이것은 '지상과 천상의 질서의 통합'이라는 고대 신화의 틀과 매우 흡사하다. 그런데 이러한 바울의 종말 사상은 그리스도교적으로 해석되었고, 이 해석에 따라 『요한 묵시록』은 소위 천년 왕국설을 제시하고(묵시 20,1~22,5), 가톨릭은 '역사는 예수의 재림과 재림 이후의 완전한 신의 통치가 이루어지는 시대를 향해서 미래 성취적으로

31　본서 376쪽, '복음 보도와 바울의 부활 사상'에서 살펴보았듯이 영지주의자인 바울의 종말론은, 신인을 통한 신과의 일치에서 이루어지는 자아의 완성을 의미하는 것이었다. 그런데 교회는 바울의 종말론을 그리스도교적으로 이해하거나 개작했고, 이에 따라 바울이 '그리스도교 종말론'의 창시자로 제시된다.

나아간다'고 주장한다.

다시 성서로 돌아가 보자.

영지주의의 신인(神人) 예수를 실재 인물로 묘사하는 교회 복음서는, '예수라는 인물이 자신의 재림을 예고했고, 재림 시에는 심판이 이루어질 것(마태 24,44; 마르 13,26; 루카 21,27)이라고 말했다'고 전한다.

종말에 대한 성서 내용을 검토해 보면, 이러한 보도를 전해 주는 당시의 성서 저자는 예수의 재림과 심판 사건이 우주적인 차원에서 펼쳐지는 사건이라는 개념이 없었고, 팔레스티나 지방, 그것도 다윗의 성도(聖都)인 예루살렘이라는 한정된 지역에서 유대인들만을 대상으로 펼쳐질 지엽적인 사건으로 인식하고 있었다는 것을 발견할 수 있다. 그리고 예수도 '종말에 자신이 선택한 이들을 사방에서 모을 것이다'(마태 24,31)는 말을 했다고 복음서는 기록하고 있지만, 역사가 최종적으로 수렴되는 어떤 지점을 향해 나아간다거나, 종말을 넘어서는 신의 완전한 통치가 이루어지는 궁극적 완성을 이루게 될 것이라는 뉘앙스의 언급은 하지 않는다. 그래서 초기 가톨릭 신앙인들은 메시아의 통치는 현실적인 세계, 사람의 눈에 보이는 하늘과 하늘 너머 막연한 그 어느 곳까지, 그리고 발을 딛고 서 있는 예루살렘에서 이루어지는 것이라고 믿었다. 그리고 메시아라는 예수가 "이 세대가 지나가기 전에 이 모든 일이 일어날 것이다."(마태 24,34; 마르 13,30)라고 말했다고 전해지기 때문에, 메시아의 재림은 예수의 부활 이후 곧장 지체 없이 현실화될 것이라고 생각했다(필리 4,4~5). 하지만 메시아 재림 사건은 일어나지 않았고, 예수의 말이 결국 거짓이 되어 버리는 사태가 발생했다. 그러자 복음서 저자들은 "그날과 그 시간은 야훼만 안다."(마르 13,32~37; 마태 24,36~44)는 내용을 슬며시 끼워 넣어 얼버무렸다. 가톨릭의 삼위일체 교리에 의하면 메시아 예수는 야훼의 아들이면서 동시에 인간의 몸으로 세상에 강림한 야훼 자신인데, 전지전능한 초월자 야훼가 자신의 재림 시점을 몰랐다는 것을 어떻게 이해해야 할까?

이런 상황에 대해 가톨릭은 첨가된 성서 구절["그 날과 그 시간은 아무도 모른다. 하늘의 천사들도 아들도 모르고 아버지만 아신다."(마르 13,32)]을 근거로, "메시아의 공적 재림은 야훼의 계획 안에서 언젠가는 이루어지겠지만[**공심판론.** 이런 논리를 제시하는 순간 "이 세대가 지나가기 전에 이 모든 일이 일어날 것이다"(마태 24,34; 마르 13,30)라는 예수의 말은 실언 또는 거짓이었음을 가톨릭 스스로 공인하는 결과가 된다], 각 개개인은 개별적으로 겪게 되는 체험인 자기 죽음 안에서, 생애 전반을 관통하는 결정적 과정에서 개인적으로 메시아의 재림을 맞게 되고 자신의 생애 전반을 심판받게 된다."고 말한다[**사심판론.** 가톨릭은 그것이 무엇이든 자신들이 선언하면 그것이 곧 사실이자 진리인 것처럼 호도한다. 사심판이 이루어진다는 근거는 없다. 그것은 '영혼'이 존재한다는 가정을 전제한 종교적 가상이자 추측성 논리일 뿐이다. 사심판이 있다고 해도 그 심판이 생물학적 죽음 이후 어느 순간에 — 몇 초 뒤, 혹은 며칠이나 몇 달 뒤 — 어디에서 이루어지는지는 알 수 없고, 교회가 말하는 공심판 때까지 미뤄지거나 연기될 가능성도 배제할 수 없다. 또 영혼의 심판은 어떻게 진행되는가? 영혼이 죄수복을 입고 왕관을 쓴 예수가 심판관으로 앉아 있는 법정에서 이루어지는가? 상상은 가능하지만 이는 말도 안 되는 터무니없는 생각이다. 무형의(실체가 없는) 영혼이 역시나 실체가 없는 영적 존재 앞에서 얼굴을 맞대고 심판을 받는다는 것은 공상 속에서나 가능한 이론이다. 무엇보다 죽음으로 비존재가 된 인간의 뇌 기능은 정지되고 해체되므로 뇌에 저장된 생전의 모든 경험과 기억과 감정은 소멸된다]. 그리고 종말론적 우주와 인류의 역사에 대해서는 재해석된 바울의 종말론을 그대로 받아들여, '역사는 신의 계획에 의한 완전한 성취의 실재[Ω Point]를 향해 나아가며, 유형한 세상의 현 질서는 무형의 신적 질서로 통합되어 완결되고 종결될 것'이라고 말한다.

여기서, 가톨릭이 바울의 가설적 종말론을 수용하여 진리처럼 강조하는 완전한 성취의 실재, 역사가 최종적으로 수렴되는 지점으로 향하고 있다는 주장의 내용은 무엇일까?

가톨릭은, '신은 영적인 존재이며 비물질적인 실재'라고 말하고, '신의 나라(내세, 천국)는 어떤 장소적인 개념이 아니라 신의 생명과 사랑에 온전히 합일하는 지복(至福)의 상태 개념'이라고 말한다. 그래서 구원받은 사람은 신과의 완전한 합일을 이룬 상태에서 인간의 이성으로는 파악할 수 없는 완전한 생명과 행복의 상태에 놓이게 되고, 모든 인류의 구원이 성취될 때 비로소 유형한 세상의 현 질서는 최고 신인 야훼가 직접 통치하는 무형의 신적 질서로 통합되어 완결되고 종결된다고 말한다. 하지만 정작 복음에 등장하는 예수는 신이 준다는 영생을 얻기 위해서는 심판(審判)을 통과해야 한다고 말하였지, 신의 '생명에 완전한 합일'을 이루는 것이 인간이 추구해야 할 최고의 가치이며 행복이라고 말하지는 않는다(마태 19,16~21; 마르 10,17~27 참조). 그럼에도 가톨릭은 바울의 사상에 따라 영생을 넘어서는 '지복직관'이 인간 삶의 최종 목적이라고 말하면서 복음 해석의 지평을 넓힌다[『죽음이란 무엇인가』, 한국종교학회, 2009. p. 214 참조. 지복 또는 지복직관(至福直觀)은 신의 얼굴을 직접 보는 행복, 곧 지상에서 누릴 수 없고 꿈도 꿀 수 없는 완전한 생명과 행복의 상태에 이르는 것을 의

미하는 상징적인 표현인데, 이 역시 바울의 주장이다(1코린 13,11~13)].³²

32   여기서 우리는 가톨릭이 사용하는 '천국' 개념의 혼동을 목격한다. 가톨릭은 하늘 어딘가에 있는 천국은 구원받은 영혼이 영원한 생명을 누리는 야훼의 왕국이라고 '장소' 개념으로 설명한다(『죽음이란 무엇인가』. p. 200에서 가톨릭 사제 정양모는 '구원은 영원한 분을 뵈러 가는 것이며 먼저 간 친족, 친지, 친구들과 아득하면서도 그리운 조상님들을 만나 보러 가는 것'이라고 말한다). 그러면서 동시에, 천국은 신의 생명에 참여하여 누리는 지복의 '상태'라고 말하기도 한다. 즉, 가톨릭은 '장소 개념의 천국론'에서는 왕국의 어좌에 앉아 있는 야훼 앞에서 날개 달린 천사들이 춤추고, 구원받은 영혼들이 찬가를 부르며, 종말의 날에는 그 천사와 예수와 구원받은 사람들이 지상으로 내려온다는 방식으로 설명한다(물론 상징적인 묘사라고 설명하지만, 이런 묘사는 천국의 실제에 대해 그 무엇도 표상해 주지 못한다. 그런 물리적이고 물질적인 방식이나 형태의 천국은 존재하지 않기 때문이다. '상태개념의 천국론'에서는 형체가 없는 영적 존재로서의 구원받은 인간은 신의 '생명'에 온전히 참여하는 지복의 경지에 이르는 것이 천국이라고 설명한다(마태 19,17 참조. 생명은 '얻는 것'(성취나 소유)이 아니라 '들어가는 것'(참여)이라는 표현에 유의). 이것은 가톨릭 스스로 천국에 대한 개념 정리를 명확히 하지 못하고 있다는 방증이다.

바울은 신비신앙의 영지주의적 관점에서, 신은 인격적인 존재나 실체가 있는 어떤 존재가 아니라 신으로 표현된 형상할 수 없는 우주의 원리로서의 보편 영혼 또는 보편 자아(Daimon)로 이해했고, 완전한 구원은 인간 각자에게 깃든 신적 본성(Daimon의 조각)으로 보편 자아와 합일[이런 상태를 '얼굴과 얼굴을 마주 본다'는 표현으로 묘사(1코린 13,12)한다]을 이루어 최고 수준의 완전한 자아를 성취하는 것이라는 사상을 갖고 있었다. 그리고 이런 의미에서 '지복직관'이라는 용어를 사용했다. 바울이 서간 1코린 13,12에서 사용한 "우리가 지금은 거울에 비친 모습처럼 어렴풋이 보지만 그때에는 얼굴과 얼굴을 마주 볼 것입니다."라는 표현은, 플라톤이 동굴에 갇힌 죄인의 비유를 이야기하면서 "우리는 지금 실재를 거울을 통해서 희미하게 볼 뿐이지만, 동굴에서 해방되어 밖으로 나가 눈부신 햇빛 속에서 얼굴과 얼굴을 맞대고 직접 실재를 보는 자가 바로 철학자다."라고 가르치는 대목에 등장하는 표현이다. 그리고 이 표현은 고대 미스테리아 신비신앙에서 "우리의 목표는 얼굴과 얼굴을 맞대고 신을 보는 것이다."라는 표현에서 인용된 것이다(『예수는 신화다』. p. 256 참조).

가톨릭은 바울의 구원론을 수용하면서 바울이 말하는 지복 상태를 왜곡하였다. 바울은 신을 믿는 것이 아니라, 신으로 표현된 보편 자아와의 일치를 지복으로 이해했는데, 가톨릭은 인격적인 실재로서의 신과의 합일을 지복으로 이해한 것이다. 그리고 여기에 구원은 '구원받은 성인(聖人)들과 친교를 나누며 영원한 생명을 사는 것'이라는 개념을 첨부하여 교의의 모순과 혼란을 스스로 초래했다. 영적인 존재로서의 영혼은 신과의 합일을 통해 지복의 상태에 들게 된다는 것과, 영혼이 하늘왕국에서 야훼의 얼굴을 마주 보며 다른 구원받은 영혼들과 영원한 친교를 나눈다는 구원론은 서로 상충되고 양립할 수 없다. 영혼이 형체가 없는 영적 존재이면서 동시에 눈과 입을 가진 물질적인 존재라는 설명이기 때문이다. 신을 마주 보며 영원히 찬가를 부른다는 것은 지복의 상태에 대한 상징적인 묘사일 뿐이라고 설명한다고 해도 그런 설명은 지복의 성격을 올바르게 표상한다고 볼 수 없다. 지복의 상태는 찬

가톨릭은 이렇게 정립한 종말론적 사상 안에서, "영생을 얻는 것을 넘어 지복직관의 종말론적 완성을 이루기 위해서는 천상에서 이루어질 심판에 대비해, 지상에서 예수의 가르침을 따라 신을 사랑하고(마르 12,30), 사람들을 사랑하고(요한 13,34), 신처럼 완전한 사람이 되도록(마태 5,48) 신실하고 선한 생활이 요구된다."는 실천적인 윤리 규범을 제시한다. 다시 말해서, 인간은 메시아인 예수의 선언['회개하여라, 하늘나라가 가까이 왔다'(마태 4,17; 마르 1,15; 마태 12,28)]으로 신의 통치가 시작된 상태에 이미 들어섰고, 공적으로나 사적으로 메시아의 재림을 체험하게 될 시점의 중간 상태인 파루시아(parousia) 안에서 살고 있으며 최종적인 신의 통치는 메시아의 공적 재림 때(종말) 완성될 것이므로, 파루시아 안에 사는 인간은 현세의 삶을 '내세와 영원의 삶을 준비하는 속죄와 수련의 장'으로 받아들여, 무엇이 야훼의 뜻인지 무엇이 선하고 무엇이 야훼의 마음에 들며 무엇이 완전한 것인지 분별하며(로마 12,1~2), 예수의 가르침에 따라 애덕의 완성을 이루는 것이 인생의 최종 목적이 되는 삶을 살아야 한다고 강조한다.[33] 그리고 유형(有形)의 인류 역사도 전체적으로는 신이 말하는 완전한 선과 완전한 정의가 실현되고, 죽음도 슬픔도 울부짖음도 없는 무형(無形)의 지복 상태(묵시 21,1~6)를 향하여 점진적으로 진행되고 있다고 말한다.

우리의 관심사는 가톨릭이 주장하는 야훼의 취소할 수 없는 종말론적

가나 부르고 지인들과 수다나 떠는 상태가 결코 아니기 때문이다. 지복의 상태는 이성으로 상상하기 불가능하고, 어떤 상상을 한다고 해도 그것은 지복의 상태를 온전히 드러내지 못한다. 이런 점에서 본래 의미의 바울의 상징적이고 신화적인 구원론이 더 논리적인 타당성을 갖는다(물론 바울의 종말론 또한 바울의 신화적 상상으로 구축된 사상이므로 실제적 실현성은 보장될 수 없다).

33 『영성신학』, 조던 오먼 저, 이홍근 역, 분도출판사, 1987, p. 123 참조.

미래에 대한 계획이 있다는 사실 여부 자체가 아니라, 그 주장의 사실성이다. 조로아스터교의 종말론에서 보았듯이 유대교의 종말론은, 세상은 상상 속 신들(악신과 선신)의 전쟁터라는 가정에서 연유된 조로아스터교 종말론을 야훼에게 적용시킨 변형이지 야훼의 계시로 선포된 종교 진리가 아니다. 가톨릭의 종말론 역시 유대교 전통과 그리스 신비신앙에 익숙한 바울의 영지주의적 종말론을 교회의 의도에 따라 그리스도교적으로 재해석하여 수립한 것일 뿐 예수에 의해 선포된 계시 진리가 아니다. 예수는 역사적 실재성이 없는 가상의 인물이므로 종말론을 제시할 수도 없거니와, 교회의 종말론은 '야훼의 존재와 영혼의 존재를 가정한 상태'에서 영적인 세계에 대한 그림을 제시하는 종교적 추정의 산물에 불과하므로 가톨릭의 종말론적 우주 계획설은 정설로 수용될 수 없다.

상기에서도 살펴보았듯이, 비물질적이며 영적인 존재가 실재한다는 근거는 없으며, 영적인 존재는 실체가 없으므로 어떤 의지나 생각이나 감정, 판단을 스스로 만들어 내지 못한다. 그럼에도 그 실재 자체가 의식을 만들어 내고 판단력과 분별력을 발휘한다는 것은 비현실적인 상상 속에서만 가능한 일이다. 또 신의 생명과 온전한 합일을 이룬다는 생각도 추상적인 상상이다. 생명이라는 것 자체가 유기물의 화학작용으로 생멸의 과정을 겪는 우연적 산물인데, 육체가 소멸한 후에도 생명이라는 것이 독립적으로 존재한다는 것은 논리적인 타당성을 가질 수 없는 가설이고, 비물질적인 존재는 생명을 가질 수 없다. 따라서 그 생명이 비물질인 신의 생명과 통합된다는 것은 종교적인 상상 속에서만 가능한 이야기이다. 나아가 예수가 죽은 뒤 온전한 육체로 부활하고 승천함과 동시에, 의식을 지닌 비물질적이고 영적인 생명체로 존재한다는 것도 허구적 환상이자 가설이다.

한 가지 첨부하자면, 과학계는 우리 태양계의 남은 수명이 약 50억 년 정도라고 말한다. 태양은 핵융합이 끝나면 적색거성으로 커지면서 중력이 강화되어 지구를 끌어당기게 되고, 지구는 태양에 흡수되어 존재도 없이 소멸할 것이다. 그리고 그것이 실제적인 역사와 인류의 종말일 것이다.

이상에서 살펴본 바에 의하면, '신이 생물학적인 인간을 창조하고 인간에게 신적 본성과 위격을 부여했으며 우주와 인류의 역사는 신의 계획에 의해 이끌려진다'는 가톨릭의 주장은, 신화 속에서 발견되는 가상의 실재에 대한 종교적 상상의 범주를 넘어서지 못한다. 고대 근동 지방 사람들이 종교적 상상으로 허구의 신을 생각해 냈고, 그 신이 우주와 인간을 창조하였다는 신화를 지어내던 그 시대의 인식을 지금까지도 고수하고 있는 것이다. 신은 실재하지 않으며, 생명체는 신의 창조물이 아니다. 그리고 우주와 인간의 역사에는 그 누구의 어떤 장대한 계획도 개입되어 있지 않다. 우연한 발생으로 시작되어 자연의 이치에 따라 시공간의 연속성을 이어갈 따름이다.

가톨릭은 고대 유대인들이 기원전 10세기경에 자민족과 타 문화권을 향해 자신들이 믿기로 합의한(여호 24,15~25) 신이 세상을 창조하였다는 것을 주장할 목적에서 메소포타미아와 바빌로니아 지역의 창조신화를 변형하고 개작하여 자신들의 창조설화를 창작하였다는 사실과, 정치적 통치 이데올로기로 활용하기 위한 목적에서 야훼 신화를 창출하였다는 역사적 사실을 받아들이지 않으며 — 또는 의도적으로 은폐한 상태에서 — , 실체가 없을 뿐만 아니라 실재성이 입증되지도 못하는 야훼가 실재하는 것처럼 호도하고, 야훼의 숨겨진 의도에 의해서 성서가 기록되고 역사가 이끌려지는 것처럼 설명하는 입장을 취한다. 야훼가 전지전능한 신이라면 본인의 창조 역사를 타민족의 창조신화를 베끼는 형식으로 기록하게 하지는 않았을 것이며, 종말론적 미래에 대해서도 인간이 직접 알아들을 수 있는 언어로 명확하게 자신의 입장과 의도를 밝히고 알려 주었을 것임에도, 왜 그는 그런 방식을 취하지 않았는가? 그것은 가톨릭이 말하는 그런 신은 실재하지 않기 때문이다. 신은 인간의 관념적 상상과 선언적인 종교적 언설 속에만 존재한다.

■ 기도

종교전통의 특징 중 하나인 기도에 대해 살펴보자. 모든 종교전통은 기도라는 형태로 신과 통교한다고 말한다. 가톨릭도 기도는 신과 나누는 대화라고 정의하고, 신자들에게 기도하기를 권장한다. 그리고, "기도 중에 신의 성령이 기도하는 이의 영혼을 정화하고, 영혼의 성화(聖化)를 이루도록 작용하며, 어떤 영감(靈感)을 일으키거나, 자기반성의 기회를 제공하기도 한다."고 말한다. 기도는 기도하는 자와 신과의 대화이며, 상호 간 실제적인 통교가 이루어지는가? 신은 기도 중에 어떤 작용을 일으키는가?

대화는 상대방과 이야기를 주고받는 것이고, 혼자서 문답하거나 중얼거리는 것은 독백이라고 표현한다. 기도를 한다는 사람들은 알겠지만, 기도는 신과의 대화가 결코 아니다. 신은 기도하는 사람에게 대화의 상대로 찾아오지 않는다. 아니 신은 그 존재의 실재성이 없으므로 기도하는 사람에게 대화의 상대로 찾아올 수 없다. 아무리 큰 소리로 '주님! 주님!'을 외치며 기도를 한다고 해도 그것을 듣는 주체로서의 신 같은 것은 없다. 기도하는 사람이 기도를 통해 자신이 신과 대화를 나누고 있다고 생각하는 것은 자신의 내면에 신이 현존하여 함께하고 있다는 상상 속에 갖는 공상이며, 기도는 자기가 임의로 상상 속에 떠올린 신의 이미지와 나누는 가상의 자기 독백에 불과하다. 그것은 마치 일곱 살짜리 꼬마 아이가 로봇 두 개를 양손에 들고 서로 대화를 나누며 결투를 벌이는 장면을 연출하는 것과 같다. 로봇은 말을 하지 못하므로 그 아이는 자기 안에 들어 있는 또 다른 자기를 적으로 가정하여 자기와 얘기를 나누며 싸우는 시늉을 한다. 기도한다는 것은 이와 다르지 않다.

결국, 기도는 자기만의 방식으로 상상 속에서 떠올린 신의 이미지에 자기 안에 들어 있는 또 다른 자기를 투영하여 신의 역할을 맡기고 그 상상의 대상과 대화하는 것, 곧 혼자서 자신이 자신과 대화를 나누는 독백이다. 그리고 기도하는 사람이 기도 중에 어떤 영감을 갖게 된다는 것은, 신의 이미지로 객관화시킨 자기 자신에게 자신의 모습을 비춰 보며 이런저런 생각을 하는 과정에서 일어나는 일이므로, 어떤 영감을 떠올리는 것도 결국은 자기 생각이고, 신의 가르침에 견주어 자신의 양심을 살피며 반성하는 것도 자기 기준의 판단에 따른 것이며, 어떤 깨우침을 얻게 되는 것도 자기 생각에서 비롯되는 것이다. 따라서 신이 기도에 개입한다거나, 신이 자신의 기도를 들어준다고 여기거나, 자신이 기도를 통해 신과 통교와 교감을 나눈다고 생각하는 것은 자기 공상이라고 할 수 있다.

관상기도나 묵상기도도 다르지 않다. 관상기도나 묵상은 자기가 들은 신앙 담화나 자신이 읽은 성서 내용, 또는 교회 서적의 내용에 견주어 자신이 주관적으로 생각하는 신의 이미지나 의지에 자기의 생각과 판단을 맞추어 가는 과정을 통해 자기 신앙관을 구축해 가는 것이므로, 이는 자기최면 또는 자기 세뇌라고 표현할 수 있다. 신은 어떤 형태의 기도에도 개입하지 않으며, 한 시간씩 성당에 앉아 기도한다고 해서 신과의 실제적

만남이 이루어지는 것도 아니다. 신과 만나고 대화를 나눈다는 것은 자기 생각 속에서 이루어지는 종교적 환상 속 가상의 담화다.

기도의 대화 상대로서의 신은 실재하지 않고, 신과의 직접적인 통교가 이루어지는 일은 결코 발생할 수 없음에도, 가톨릭은 '신이 인간의 기도에 개입하며 어떤 초월적인 작용을 일으킨다'고 주장한다. 가톨릭 주장의 타당성을 살펴보자.

'생명 기원설' 부분에서 살펴보았듯이, 신의 인류 역사 개입 여부에 대한 가톨릭의 입장은 모호하다. 가톨릭은, "신은 세상 창조 이후 세상의 운영과 관리의 책임을 인간에게 위임하였으므로(창세 1,26; 2,19) 인간 역사에 개입하지 않으며, 세상일은 인간의 자유로운 판단과 선택에 내어 맡긴다."고 말한다. 그러면서도 경우에 따라서는 "신은 자신의 필요에 따라 신만이 아는 방식으로 역사에 개입하기도 한다."는 상호 모순된 입장을 취한다. 예를 들어, 가톨릭은 이스라엘의 탄식과 신음을 신이 듣고 그 처지를 알게 되어(탈출 2,23~25) 출애굽 해방의 대역사를 이룬 것은 역사적 사실이라고 주장하고, 『가톨릭 기도서』라는 기도 모음집에 수록된 기도를 바치거나 미사 중에 '보편 지향 기도' 바치기를 권장하면서, 정성 어린 기도에는 신이 현세적이고 물리적인 변화를 발생시키는 '응답'을 준다고 주장한다. 그리고 이러한 신념에 따라 민족의 복음화나 조국 통일, 올곧은 정치 지도자의 파견, 사제 지망자[聖召者]의 증가, 가정의 성화(聖化) 등 현실적인 변화를 이루어 달라고 신에게 기도한다. 그러면서도 가톨릭은 또 한편으로는, 신은 자연재해나 인간사나 세상에 일어난 사건 사고들, 신종 바이러스의 출현, 잔악한 독재자의 등장 등의 현실적인 문제에 간여하지 않는다는 상반된 입장을 보인다. 하지만 가톨릭 입장이 어떠하든, 신이 기도를 들어준다는 생각은 공상이며 신이 존재한다고 믿는 이들의 집단 최면적 망상일 뿐이다.

기도는 신과의 대화가 아니며, 상호 통교가 이루어지는 것도 아니고, 기도하는 이의 소원이나 염원을 들어주는 신은 실재하지 않으므로, 신이 초월적인 능력을 발휘하여 무언가 이루어 주기를 요청하는 것은 무의미한 헛된 일이다. 기도를 통해 무언가가 구체적으로 현실화되는 일 또한 발생하지 않는다. 가톨릭 교황이 기도한다고 해서 그 내용이 현실로 구현되는 것도 아니고, 신자가 국회의원에 당선되는 것도 본당 신부의 기도로 이루어지는 것이 아니다. 기도로 그런 일은 결코 발생하지 않는다. 그리고 기도를 통해 무엇인가가 이루어지기를 바란다는 것은 자연의 질서를 거슬러 기도하는 이에게만 어떤 특별한 혜택이 주어지기를 바라는 이기적인 행위이므로, 만일 그런 희구를 현실화시키는 신이 있다면 그는 정의나 공명정대의 신이라고 할 수도 없을 것이다.

기도가 신과의 대화이며 신이 인간의 기도에 개입한다면 다음의 모순이 발생한다. 신이 기도에 개입한다면 자기 죄를 신에게 직접 고하고 신으로부터 직접 용서를 받을 수 있을 것이다. 그런데 왜 굳이 사제에게 자기 죄를 고백하여야 하는가 하는 물음을 제기할 수 있다.

가톨릭은 마태오복음에만 기술되어 있는 성서 구절, "너희 가운데 두 사람이 이 땅에서 마음을 모아 무엇이든 청하면 … 이루어 주실 것이다."(마태 18,19)라는 구절과, 예수가 베드로에게 교회를 세울 것임을 예고하면서 "나는 너에게 하늘나라의 열쇠를 주겠다. 그러니 네가 무엇이든지 땅에서 매면 하늘에서도 매일 것이고, 땅에서 풀면 하늘에서도 풀릴 것이다."(마태 16,19)라고 말했다는 구절, 그리고 요한복음에만 기술되어 있는, "누구의 죄든지 너희가 용서해 주면 그들의 죄는 용서받을 것이고,

용서해 주지 않으면 용서받지 못한 채 남아 있을 것이다."(요한 20,23)라는 구절을 근거로, 예수가 고해성사를 세웠다고 말한다. 하지만 이 구절들은, 가톨릭이 예수로부터 세워진 정통교회라는 교회 설립의 정당성을 호도하고, 교회가 죄를 사할 신적 권한을 가지고 있는 것처럼 꾸미기 위해 후대에 조작하여 첨부한 내용일 따름이다. 곧, 가톨릭은 '신으로부터 죄 사함을 받는 것은 교회를 통해서만 가능하다는 논리를 창안'함으로써 교회의 권위를 강조하고자 했고, 이에 대한 정당성을 확보하기 위해 위 성서 구절을 첨부한 것으로 볼 수 있다. 성서에는 예수가 죄를 짓거든 사제를 찾아가 죄를 고하고 사함을 받으라고 말했다는 내용은 없다. 더구나 가톨릭의 주장처럼 신이 기도에 개입한다면, 전지전능한 신이 사제를 거치지 않고 인간의 죄를 직접 사하지 못할 이유도 없다. 그리고 인류 역사에서 두 사람이 마음을 모아 기도한 염원이 이루어진 일은 단 한 번의 사례도 없다. 지금 당장 시행해 보면 '무엇이든 이루어 준다'는 말의 허구성 확인이 가능하다.

다음으로, 만일 신이 기도에 개입하여 어떤 작용을 일으킨다면, 그 신은 인류의 역사와 인간사에 물리적으로 개입한다는 의미가 된다. 이런 논리에 따르면 병의 치유나 사업의 성공 등의 복되고 다행스러운 일들은 물론, 열 살짜리 아이를 두고 암으로 세상을 떠나는 엄마의 고통도 자신이 지은 죄에 대한 벌이거나 회개의 기회를 삼도록 하기 위해 신이 인간사에 개입하여 일으킨 일이라는 결론이 된다. 즉 인간사에 주어지는 행복이나 기쁨은 물론, 모든 고통과 상처의 책임은 신에게 있다는 의미가 되어 버린다.

히틀러의 유대인 집단 학살은 개인적인 판단으로 자행한 만행인가, 아니면 신이 기도에 개입해서 유대 민족 말살에 대한 영감을 불러일으켰고, 그 기도에 대한 응답의 결과로 실행된 일인가? 가톨릭의 논리라면, 미국에서 일어난 9.11 테러도 기도에서 받은 신의 명령에 대한 응답으로 행한 것이라고 정당화될 수 있는 것이 아닐까? 하지만 가톨릭은 이런 설명에 동의하지 않으면서도 명확한 입장을 제시하지 못할 것이다. 만일 가톨릭이, '신은 세상사 현실 문제에는 관여하지 않고 오직 영적인 차원에만 작용한다'고 말한다면 스스로 세상사의 변화를 위해 기도하거나 기도를 권장하는 행위의 정당성을 가질 수 없고, '신이 세상일에 관여한다'고 주장한다면 세상사 모든 일의 책임은 신에게 있다는 것에 대한 해명이 불가능할 것이기 때문이다.

기도에 관해 가톨릭은 논리적 모순과 자충수에 갇혀 있다고 보이지만, 가톨릭의 입장이 어떠하든 인류 역사는 인간 스스로의 생각과 판단과 결단으로 이끌어 온 것일 뿐, 역사 안에 신의 개입 같은 것은 없다. 역사에 개입하는 신 자체가 실재하지 않기 때문이다.

기도와 관련해서, 가톨릭 신앙인들은 무언가 신비롭다고 여겨지는 것을 대하거나, 찬탄을 불러일으키는 수려한 자연 경관을 보게 되면 습관처럼 신은 위대하다는 말을 한다. 그리스 메테오라의 기암괴석을 바라보던 한 가톨릭 사제가 침묵 중에 한참을 명상하더니, "신은 어떻게 저토록 위대한 작품을 빚을 수 있는가? 신을 찬미한다!"라고 말한다. 메테오라의 기암괴석은 자연적인 지질 융기와 풍화의 결과물일 뿐이다. 그 사제는 그 자연적인 현상을 주관하는 것이 신이라고 믿고 싶었을 것이다. 그런 사고는 태풍이나 쓰나미 같은 자연재해로 가옥이 침수되고 사람이 익사하는 것도 신의 주관이라는 사고와 맞닿아 있는 것으로 볼 수 있다. 선한 결과만 신의 섭리이고 나쁜 결과는 단순히 자연 현상일 뿐이라고 말할 수는 없기 때문이다. 왜곡되고 굴절된 가치 의식! 수려한 자연 경관에 신을 끌어들일 필요는 없다. 그저 자연 현상의 경이로움을 만끽하면 된다.

기도를 들어주거나 인간의 의식에 간여하는 신은 없으며, 바위를 조각하거나 인간의 역사에 개입하고 조종하는 절대적 존재 같은 것도 없다. 만일 있다고 한다면 그 신은 어느 종교전통에서 말하는 신인가? 어느 누구도 가톨릭에서 주장하는 신만이 기도를 들어주고 타 종교전통의 신들은 그런 능력이 없다고 말할 수 없으며 그와 관련된 타당한 근거를 제시하지도 못할 것이다.

각기의 신은 실재성이 없으며 믿는 이들의 관념적 믿음 속에만 존재한다. 그리고 세상의 질서와 변화는 제3자의 통제나 조정에 의해서가 아니라 인간의 선택과 노력, 사회현상과의 역학 관계에서 발생하는 것이며, 자연은 자연이 우연히 지니게 된 순리적인 법칙에 따라 운용될 따름이다. 자연과 역사의 순행에 굳이 신을 끌어들일 이유는 없다.

■ 은총

은총은 '신이 인간에게 내리는 사랑 또는 은혜'를 뜻한다. 가톨릭은 자연의 범주에 속한 인간이 '초자연계의 생명에 참여'하도록 신이 은사를 베푼다는 논변의 은총론을 전개한다.

가톨릭에 의하면, 인간은 육과 영, 물질과 정신이 밀접히 결합하여 하나의 인격을 형성하는 복합적인 존재다. 인간은 자연의 범주 안에서 동물적인 본성을 지니면서도, 천사들처럼 영적 진리를 알고 영적인 선으로 이끌린다. 인간이 지닌 인간성에는 초자연적 질서를 강요하는 것은 없다.

하지만 인간은 자연의 요구를 초월하는 초자연적 질서로 높여질 수 있는데, 그것은 신의 무상적(無償的) 은총으로만 이루어질 수 있다. 은총은 인간의 자연적인 본성을 파괴하지 않으면서도 인간을 초자연적으로 완성하고 상승시킨다. 신은 초자연 생명의 형상 원리인 성화은총(물질적이고 현세적인 인간을 영적이며 거룩한 존재로 변화시키는 은총), 초자연 생명을 이루는 기능/능력인 주입덕행[신이 신앙으로 조명된 이성의 명령을 따르도록 영혼의 기능에 주입시킨 작용 원리. 신학덕(믿음, 소망, 사랑)과 인간 도리를 행하는 윤리덕], 성령의 은사(이사 11,1~3; 로마 8,14~16) 등을 부여하여 자연의 인간을 초자연계의 신의 본성에 참여하게 하며, 인간을 신의 자녀의 지위로 들어 높여 하늘나라(천국)의 상속자가 되게 한다(로마 8,16~17; 사도 17,29).³⁴

가톨릭은 영혼의 존재를 전제한 원칙 안에서, '신은 인간이 초자연적인 생명에 참여하도록 눈에 보이지 않는 은총을 눈에 보이는 종교의식[典禮]을 통해 영혼에 부여한다'는 논리를 개발했고, 그 은총이 주어지는 의식을 성사(聖事, sacramentum)라 칭한다.

가톨릭에 의하면, 신은 세례성사를 통해 자연적 인간이 신의 영적인 자녀로 새로 태어나게 하고(요한 3,5. "물과 성령으로 새로 나지 않으면 아무도 하느님 나라에 들어갈 수 없다."), 견진성사를 통해 성령의 일곱 가지 은사(신적 진리를 깨닫고 신앙 안에 살게 한다는 이해, 지식, 지혜, 의견, 효경, 용기, 경외 은사)를 받게 하며(사도 8,14~17. '베드로와 요한이 그들에게 손을 얹자 그들도 성령을 받게 되었다.'), 성찬례(미사, 성체성사)를 통해

---

34 『영성신학』, pp. 76~77 참조.

예수의 몸과 피로 변한 성체와 성혈을 먹고 마심으로써 영적 생명이 성장하게 하고(요한 6,48~56. "나는 생명의 빵이다 … 내 살을 먹고 내 피를 마시는 사람은 영원한 생명을 누릴 것이다."), 고해성사를 통해 죄 씻김의 은총을 얻게 하며(마태 16,18~19. "하늘나라의 열쇠를 주겠다 … 땅에서 매면 하늘에서도 매여 있을 것이며, 땅에서 풀면 하늘에서도 풀려 있을 것이다."; 요한 20,23. "누구의 죄든지 너희가 용서해 주면 그들의 죄는 용서받을 것이고, 용서해 주지 않으면 용서받지 못한 채 남아 있을 것이다."), 혼인성사를 통해 신이 묶어 준 작은 교회로서의 가정을 이루게 하고(에페 5,25~32. 바오로 사도가 말했다. "아내 된 사람들은 주님께 순종하듯이 남편에게 순종해야 합니다. 남편 된 사람들은 그리스도께서 교회를 사랑하시고 교회를 위하여 당신 자신을 바치신 것처럼 아내를 사랑하십시오."), 병자성사로 임종 과정에서 죄 씻김과 구원의 은총을 받게 한다(야고 5,14~15. 야고보 사도가 말했다. "앓는 사람이 있으면 교회 원로들에게 청하십시오 … 기름을 바르고 그를 위해 기도해 주어야 합니다.")고 말한다. 그리고 은총의 통로인 전례를 거행하는 권한은 신품성사를 통해 사제에게 주어진다고 말한다. 이에 덧붙여 가톨릭은 "영혼이 존재하므로 모든 기억과 삶의 체험은 초자연계 생명 안에서 지속되며, 그 지속성과 연속성은 신이 부여하는 은총으로 가능하다."고 말한다.

가톨릭의 은총론은 '영혼'이 있다면 훌륭하게 전개될 수 있는 논리이며, 지극히 마땅하게 도출될 수 있는 결론이다. 하지만 가톨릭이 말하는 은총론 역시 신 존재와 예수의 역사성과 실재성을 전제하고, 또 영혼을 전제하여 전개되는 논변이므로 은총의 작용성과 작동성은 담보될 수 없고, 그리스 철학 사유에 의하면 영혼은 본질상 불멸의 존재이며 영생을 누리는 실체이므로 신의 은총을 필요로 하지 않는다. 따라서 초자연적 생명을 얻기 위해 신의 은총이 필요하다는 주장의 근거와 논리의 타당성을 담보할 수 있는 설명이 제시되지 못한다면 그 논변은 가정적 추론에 머물고 만다.

거듭 언급하지만, 영혼이 존재한다거나, 사람에게 영혼이 필요하다는 근거는 없다. 영혼의 실재를 확인한 사실도 없다. 신 또한 그 존재적 사실성을 입증하는 증명이나 근거가 없다. 따라서 영혼이 초자연적인 생명을 소유한다거나, 그 생명은 신이 부여하는 은총으로 구성된다는 논리, 영적 존재인 영혼에 죄의 흔적이 새겨져 있다가 씻겨나간다는 논리, 영혼이 성체를 영양분으로 식물이 자라듯 성장한다는 논리, 형체가 없고 감각 기관이 없는 영혼이 삶의 흔적과 기억을 간직한다는 논리는 종교적 상상으로 도출해 낸 관념적 사유에 불과하고, 이는 눈에 보이지 않는 공기나 소리가 스테이크를 구워 내고 양자역학 공식을 풀어낸다는 말과 같은 공허한 허설에 그치고 만다.

그리고 (신 존재를 전제한) 가톨릭의 창조론과 구원론에 의하면, '신은 당신 사랑의 대상으로 인간을 창조했고, 인간 개개인의 멸망을 원하지 않으므로 인간의 모습으로 세상에 강림하여 대속희생을 치르면서까지 인류를 구원하려는 의지를 보이는 자애와 사랑의 신'인데, 그는 왜 아무런 조건 없이 인간이라면 누구나 초자연적인 질서와 생명에 참여하도록 무상의 은총을 베풀지 않고 굳이 교회가 집전하는 성사(聖事)라는 제도적인 의식을 통해 필요충분조건이 갖추어진 이들에게만 선정을 베풀듯이 선별적으로 은총을 제공하는 시스템을 구축하게 하였는지에 대한 의문을 제기할 수 있다. 이런 논리는 가톨릭이 말하는 신의 선성과 배치되기 때문이다.[35]

---

35 사실 가톨릭이 은총의 통로라고 말하는 성사(聖事)라는 것도, 가톨릭이 자신들의 교의에 맞

신은 초월적 존재에 대한 상상에서 발현된 가상의 산물이므로, 신이 인간 개개인이나 인류 역사에 '작용'이나 '작동'으로 개입한다는 것은 있을 수 없고, 역사 안에서 실제 작동한 사실도 없다. 또 인간의 지성과 의지는 영혼의 작용과 무관하게 뇌 자체의 작용으로 발생하는 것이며, 생물학적인 죽음과 함께 인간의 모든 기억과 삶의 체험들은 사라지고 소멸된다. 따라서 가톨릭이 말하는 신의 은총 작용 같은 것은 있을 수 없다. 그럼에도 제시되는 가톨릭의 은총론은, 교회를 신이 베푸는 은총의 중재자로 규정하고, 그런 직무를 수행하는 교회의 권위에 정당성을 부여하기 위한 조작적 논변이라 할 것이다.

가톨릭은 현세적이고 물질적인 은총도 때로는 주어진다고 말한다. '기적'이 대표적인 예다. 기적은 자연적으로 발생할 수 없는 초자연적인 어떤 현상이나 사건, 또는 과학적으로나 의학적으로 설명이 불가능하거나 입증 불가능한 어떤 현상이나 사건으로 정의한다. 가톨릭교회 역사는 성

추어 성서를 개작하거나, 기타 구절을 자의적으로 해석해서 도출해 낸 신학적인 논변에 불과하다고 볼 수 있다. 가톨릭이 성사 제정의 관련 근거로 제시하는 신약성서의 구절들에서 세례와 관련된 예수의 말은 '예수 신화'를 창작한 저자가 미스테리아 신비신앙과 구별된 새로운 종교 설립의 정당성을 강조하기 위해 첨부한 구절이고, 성찬례와 관련된 발설은 이교 미스테리아 성찬례 의식에서 신인(神人)이 발설한 말을 도용한 것이다. 고해성사와 관련된 부분도 교회 성직자의 권위와 교회 존립의 정당성을 호도하기 위한 의도에서 후대에 복음서에 첨부한 내용이고, 사도행전에 묘사된, 안수로 성령이 내린다는 표현도 사도적 권위를 드러내기 위해 첨부된 표현이다. 그리고 바오로나 야고보가 말했다는 혼인과 병자에 대한 조언은 인간사에 위로를 주기 위해 누구나 할 수 있는 언사다. 그런데 교회는 이런 구절들을 자신들의 성사론 교의에 맞추어 짜깁기적 해석을 하고 있는 것이다. 결국 가톨릭이 제시하는 '성사론'은 교회의 존립 목적과 교직자들 권위의 정당성을 주장하기 위해 개발해 낸 논변으로 볼 수 있고, 신의 은총을 구하고자 하는 신자들은 교회의 권위에 굴복하고 교회의 성직자들에게 은총을 구걸해야 하는 비천한 존재라는 것을 주지시키기 위해 개발한 논리라 할 수 있다.

모 마리아가 발현했다거나(루르드, 파티마, 과테말라 등에서의 발현), 성체가 진짜 사람의 살로 변했다거나 성혈이 진짜 피로 변했다는 이야기, 또는 성인의 시신이 부패되지 않았다거나, 불치병을 앓던 환자가 원인을 밝힐 수 없는 현상으로 치유되었다거나, 뇌수종을 앓던 아이가 교황이 손을 얹자 갑자기 치유되었다는 등의 기적 이야기를 전한다.

어떤 사건이나 현상을 기적으로 판별하는 것은 두 가지 기준으로 볼 수 있다. 그 하나는 기적을 체험했다는 개인의 주장이 객관적인 사실성을 갖는지의 판별이 가능한 경우이고, 또 하나는 과학적·의학적인 규명이 불가능한 경우이다. 하지만 교회에 의해 객관적인 검토를 거쳤다는 설명과 함께 기적으로 선포된 경우에도 그 판정의 과정이나 결과가 합리성을 담보한다고 볼 수는 없다. 예를 들면, 파티마에 발현했다는 성모는 실체의 모습으로 발현하였는가? 아니면 영적 형태로 발현하였는가? 실체의 모습으로 발현했다면 연기처럼 나타나 사람 형상을 취하는 모습을 보인 후 아침의 물안개처럼 사라졌다는 것인가? 성모 발현을 묘사한 그림에서는 성모가 곱게 옷을 차려입은 여인의 모습으로 그려지는데, 영적 실체에게도 몸을 가리는 옷이 필요한가? 천국이라는 영적 세계에서 그 옷을 만든 재료는 어디서 구했으며 어떻게 박음질을 했는가? 형체가 없는 영적 형태로 나타났다면 그 모습을 목격했다는 사람들은 그것을 어떻게 알아볼 수 있었는가? 환시인 것은 아닌가?

'발현 현상은 인간 이성으로 파악될 수 없는 신비'라고 말한다고 해서 그것이 사실임을 입증하는 논리가 될 수는 없다. 또 어떤 현상이 현대 수준의 과학적 분석 능력이나 의학적 학식으로 규명이 불가능하다고 해서 그것을 기적으로 볼 이유도 없다. 과학이나 의학이 더 발달하면 그 진상이 규명될 수도 있을 것이기 때문이다. 지금까지 기적으로 보도된 일들은 개인의 환상이나 착각, 착시로 빚어진 일일 가능성도 얼마든지 열려 있다. 가톨릭이 말하는 기적은, 기적을 필요로 하고 어떤 현상을 기적으로 받아들이고 싶어 하는 사람들과 가톨릭에 의해 기적이라고 선언되고 믿어질 뿐이다. 복음서에 등장하는 기적 사화도 대부분 복음 저자들의 창작이라고 성서학자들과 역사학자들은 말하고, 초자연적인 현상이라는 것은 인류 역사 안에서 단 한 차례도 발생한 일이 없다고 학자들은 공통으로 말한다.[36]

가톨릭 신앙인들은 교통사고를 당했는데 목숨을 건졌거나, 물에 빠질 위기를 극적으로 모면했다거나, 길에서 넘어졌는데 크게 다치지 않는 등의 경험을 하게 되면, '신이 도왔고 신의 은총으로 큰일을 겪지 않게 되었다'고 말하기도 한다. 어떤 상황이건 자신에게 유익한 일이 생기면 그것을 신의 보살핌이나 은총으로 여기는 신앙심이 대단하다는 느낌이 들기도 한다. 하지만 우연한 사건을 꼭 신과 결부시켜 해석해야만 자신의 삶에 대한 이해가 가능하고, 자신의 인생에 의미를 부여할 수 있다고 여기는 종속적인 의타심에 안타까움을 느낀다.

삶에서 일어난 어떤 상황이나 사건에 대해 그 결과가 긍정적이라면 그것은 신의 도움이며 은총으로 여기고, 실패나 패배는 자기 잘못의 결과라고 생각하는 사고는 자신 스스로에 대한 모독이며 신에게 책임을 전가하는 행위일 따름이다.

실재성이 없는, 관념의 산물로서의 신은 인간 개개인의 삶에 관여하지

---

36   교회는 구원의 실재로서 '성모 마리아의 발현'에 대해 말하지만, 관련 사진이나 녹취록은 없고 발현을 체험했다는 사람들의 주관적인 주장만 있을 뿐이다. 교회는 '철저한 검증을 거쳐 발현이 확인되었다'고 선포하기도 하지만, 교회의 검증 과정은 교회 내부에서 비공개로 진행된 것이기에 진실성을 담보할 수 없다. 그리고 인공위성이 지구 궤도를 돌고 개인 통신망과 개인 휴대 카메라가 보편화된 시기에 접어든 이후 성모 발현 사건이 일어나지 않는 것은 결코 우연이 아닐 것이다.

않으며 관여할 수도 없다. 따라서 자기가 어떤 성취를 이뤘다면 그것은 개인의 노력으로 이룬 결실이며, 성취를 이룬 개인이 칭송받아 마땅하다. 그 과정에서 실패할 수도 있고 일이 뜻대로 되지 못할 수도 있다. 자기 노력의 부족이 원인일 수도 있고, 예상하지 못한 어떤 사유나 사회 역학적인 관계에서 그렇게 된 것일 수도 있다. 일이 잘되건, 잘되지 못했건 책임은 자기 본인에게 있는 것이다. 그럼에도 그 어떤 작용도 일으키지 못하는 신을 개입시켜 신의 역사(役事)로 돌린다면, 그것은 결과에 대한 책임을 신에게 전가하는 이기주의적 행태이며, 신 앞에 자신을 비하하는 굴종적인 태도일 따름이다. 신앙인들은 왜 자신의 운명이 신에게 매여 있다고 생각하여 자발적으로 굴종하는 상태를 벗어나지 못하고, 자기 자신에게 당당하거나 스스로에게 자부심을 갖지 못하는가?

'신이 은총으로 현세적인 인간의 삶 안에서 인간을 보호하고 지킨다'거나 '신은 신만의 방식으로 개개인의 삶에 간여한다'는 주장도 자기 환상이거나 신의 실재성을 정당화하기 위한 억지 논변에 불과하다. 그런 것이 아니라면 신은 어떤 이유에서 파킨슨병으로 쓰러지는 교황을 일으켜 세우지 못하고, 독실한 가톨릭 암 환자를 은총으로 치유시키지 않으며, 사제가 뇌졸중으로 쓰러지는 것을 예방하지도 않고, 갓난아이가 바이러스로 죽어가는 것을 지켜만 보고 있는가에 대한 설명이 불가능하다.

사제가 신혼부부에게 "결혼을 축하하며, 귀 가정에 신의 축복과 은총이 충만히 깃들고, 사랑과 행복이 가득한 보금자리를 만들어 가기를 기원합니다."라고 옥에 새긴 패를 선물로 보냈다면, 부부는 자신들의 새로운 삶을 축복해 주는 사제가 있다는 것에 감사하며 심리적인 위로와 위안을 얻을 수는 있을 것이다. 하지만 사제의 기원대로 신의 축복과 은총이 실제로 자신들의 가정에 충만히 내리는 것을 체험하지는 못할 것이며, 그런 일은 발생하지 않을 것이다. 신은 같은 마음으로 신을 믿는 이들의 종교적 환상과 상상 속에만 존재할 뿐, 실체가 없으며 어떤 작용이나 작동도 일으킬 수도 없기 때문이다. 그럼에도 신의 축복을 느낀다면 그것은 '자기 망상'이다.

살아 움직이는 실체적 존재로서의 신 같은 것은 없다. 그리고 인간은 자연이 선물로 준 축복된 생명을 누리는 존재인 만큼, 자신의 삶을 망상된 것에 저당 잡혀 끌려다니는 어리석음에 빠지지 않고, 주체적으로 의연함과 당당함 속에 인생을 꾸려 나가는 슬기를 가질 필요가 있다. 자기 삶의 가치는 자기만이 성취하고 이루어 갈 수 있기 때문이다.

■ 성(性)과 생명

가톨릭의 성 의식

—

가톨릭만큼 성(性)에 대해 극도로 보수적인 입장을 취하는 단체나 기관은 없다고 할 것이다. 가톨릭은 모든 진리는 성서에 담겨 있다고 강조하고, 성서에 대한 해석과 가르침의 권위는 자신들만이 갖는다는 논리로 종교 권력의 정당성을 강화해 왔다. 그리고 교회는 가톨릭을 신봉하는 신자들은 제도 교회에 종속된 존재라는 인식하에, 자신들에게 신자들의 사적인 성생활까지도 규제할 권한이 있다고 주장했다.

가톨릭의 성 의식은, '성은 추하고 불결한 것'이라는 기본 인식에 바탕한다. 요시아 왕(BC 640~609 재위)의 위작이 분명한 율법서에 근거한 율법은, 몽정이나 월경을 불결한 것으로 간주하여, 몽정을 했거나 월경 중인 사람의 몸에 닿거나 그들이 사용한 옷이나 물건에 닿은 이는 부정하다고 규정한다(레위 15,1~30. 개인의 지극히 내밀하고 사적인 생리 현상을 제3자가 어떻게 미리 알고 피할 수 있을까?). 사제는 거룩한 사람이므로 창녀나 몸을 더럽힌 여자(이혼녀나 사별녀)를 아내로 맞아서는 안 되며(레위 21,7), 그녀와 잠자리를 한 경우 제물을 드려서는 안 되고 거룩한 제물을 먹지 못한다(레위 22,4~6). 사제의 딸이 불륜을 저지르면 그 딸은 불에 태워 죽여야 하며(레위 21,8~9), 동성애자는 사형에 처해야 한다(레위 20,13). 이 외에도 성은 불결하므로 지탄받아 마땅하다는 규정이 길게 나열된다.

상기에서도 언급했듯이 교회 복음서는 예수가 독신 생활을 장려했고(마태 19,10~12), 천국을 위해 가족에 대한 의무를 버리라고 말하기도 했다고 전한다(마태 10,35.37~38; 루카 14,26). 또 바울은 성은 곧 죄이고, 정욕과 음란한 행위는 육체에서 오는 것이므로 육체 그 자체도 죄악이라고 여겨(1코린 5,1~6,20; 로마 1,24~28) 독신과 금욕 생활을 강력히 주장했고(1코린 7,32.34), 이런 급진적인 주장을 받아들인 가톨릭은 아담과 하와의 죄(창세 2장)가 성교와 관련이 있다고 보아 금욕주의로 나아갔다. 특히 교부 아우구스티누스의 이론은 19세기까지 가톨릭의 성 의식과 성생활과 관련된 규범 제정에 지대한 영향을 미쳤다.

마니교 숭배자이던 아우구스티누스는 젊은 시절에 노예 출신의 여인에게서 아들을 얻고, 약혼녀를 둔 상태에서 또 다른 여인과 관계를 맺는 등 문란한 성생활을 하고 성에 집착하는 삶을 산 인물이었으면서도, 가톨릭으로 개종하여 주교가 된 이후에는 "정욕은 마귀와 사탄의 유혹이며 여자는 재앙의 근원이므로, 천국에 들어가기 위해서는 성욕을 극복하여야 한다."는 주장을 폈다. 그는 창조설화에 등장하는 아담과 하와를 설화 속 가상의 인물이 아닌 역사적 실존 인물로 이해하여 다음과 같은 논리를 전개하기도 했다. "아담과 하와는 금단의 열매를 먹기 전에 성관계를 가진 적이 있지만 그때는 순결했기 때문에 아무런 쾌감을 느끼지 못했다. 그때 행한 성관계의 목적은 아이를 갖기 위해서였고, 이는 의지에 따라 조절 가능한 행동이었다. 하지만 금단의 열매를 먹은 후에는 원죄로 말미암아 성욕을 자신의 의지대로 조절할 수 없게 되었다. 그래서 성적 자극에 대한 본능적인 반응을 참기 어려웠고, 더 이상 출산과 관계없는 타락한 형태의 성관계를 갖게 되었는데, 이런 상태에 몰입할수록 더 깊은 죄악의 늪에 빠져 천국과도 점점 멀어졌다. 인간은 태어나는 순간부터 되돌릴 수 없는 원죄를 안고 있는 죄인이므로 영원히 속죄하여야 하며, 성생활은 출산을 위해서만 행하되, 성관계를 맺더라도 신중하고 조심하여 흥분과 쾌감이 생기지 않도록 해야 한다. 이렇게 오랜 기간 경건하게 속죄하면 신의 부르심을 받을 수 있다."[37]

이러한 아우구스티누스의 교리에 따라 가톨릭 교부들은, "성생활은 마귀와 사탄의 유혹에서 비롯되는 결과이며, 죄를 지은 육체는 방탕하게 되어 결과적으로 천국에 들어가지 못하게 된다."고 가르치면서 금욕 생활을 강조했다. 부부간에도 출산을 목적으로 하는 성관계만을 허용하는 규정을 마련했으며, 중세부터 근대 초까지는 성관계 체위도 '선교사 체위(Missionary position)'라고 부르는 남성 상위 체위(정상 체위)를 표준 체위로 규정하여, 정상 체위로 임신한 태아만이 죄가 없다고 덧붙였다.

"성은 그 자체가 죄악이고 성적 욕망은 더러운 것이므로, 신을 섬기고 천국에 들어가기를 원하는 사람은 고결한 몸과 마음으로 성적 금욕 수행

---

37   『역사를 바꾼 성 이야기』, pp. 291~293 참조.

을 해야 한다."고 강조하는 가톨릭의 가르침은 점차 널리 확산되었고, 신앙을 드러내는 최고의 표현은 '순교'이지만 종교 박해가 없을 때 순교에 버금가는 최고의 신앙은 모든 욕심을 절제하는 것, 특히 '본능적인 것을 참아 견디는 것'이라는 사조가 형성되면서 성적 금욕 생활을 추구하는 풍토가 조성되었다. 그리하여 속세를 떠나 광야나 사막에서 독신 생활을 하는 은수자들이 등장하고, 독신 생활을 선택하는 성직자들도 차츰 늘게 되었다. 그리고 이런 시대 조류에 따라 독신 생활이 추앙받는 풍토와 정서가 조성되었으며, 성욕을 억누르고 견디는 다양한 수행 방법들이 나타나게 되었다. 욕정을 다스리기 위해 채찍으로 자기 몸을 스스로 편태(鞭笞)하거나, 가시나무를 쌓아 놓고 그 위를 뒹구는 사람도 있었고, 오리게네스(AD 185~254)처럼 자신의 성기를 잘라 버리는 극단적인 행태를 보이는 경우도 있었다.

그러면서 동시에, '여성은 성적 욕망을 부추기는 재앙의 근원'이라는 왜곡된 인식 속에, 여성을 불결하고 천하고 영혼을 더럽히는 악한 존재로 여기는 여성혐오 의식이 팽배해지기도 했으며, 585년 프랑스 마콩(Macon)에서 개최된 종교회의에서는 '여성에게도 영혼이 있는가?'라는 의제가 논의되고, 투표 결과 1표 차이로 여성에게도 영혼이 있다고 인정하는 어처구니없는 일이 펼쳐지기도 했다. 그리고 세간에서는 밤에 남편과의 잠자리를 준비하는 조신한 아내가 입는 잠옷, 즉 얼굴을 제외한 전신을 가리지만 바짓가랑이에 작은 구멍 하나만 있는 옷이 유행했으며, 부부간에 황급히 일을 마친 후에는 죄책감에 사로잡혀 자신의 행위를 참회하는 일이 되풀이되었다.[38]

38　『역사를 바꾼 성 이야기』, p. 295.

초대 교회부터 최근까지 가톨릭은 — 자신의 친딸인 루크레치아 보르자를 아내로 삼다가 다른 사람에게 시집을 보낸 이후에도 자신과 내연 관계를 지속하는 정부로 삼은 교황도 있었고(교황 알렉산더 6세, AD 1492~1503 재위), 15세기에 콘스탄츠(Konstanz)에서 개최된 유럽 종교회의에 참석한 주교들은 매춘부를 대동했고, 회의 후에는 연회를 열며 매춘부들과 집단 성관계를 갖는 퇴폐적인 모습을 보이기도 했지만[39] — 외면적으로는 신앙인은 고상한 사람이 되어 고결한 삶을 살아야 한다고 가르쳤다.

가톨릭이 말하는 고결한 삶의 출발은 추하고 불결한 성생활을 멀리하는 것이다. 그리고 '고상한 사람'은 현실과의 생생한 접촉에서 격리되어 사는 사람, 곧 육체적인 쾌락이나 안락함과 편리함을 취하지 않는 사람이며, 식탐을 구하지 않고, 사치를 피하는 사람이다. 또 본질적인 세계인 저 멀리 내세를 희구하는 사람에게 현세는 비본질적인 세계이므로, 현세의 행복이나 즐거움을 경멸하며 탐하지 않는 사람이다.[40] 그래서 가톨릭은 결혼이 독신보다는 못하다고 가르쳤고, 독신(continents)이나 동정(virgines)을 유지하며 사는 것은 깨끗하고 정결하며 신성한 삶이라고 호도하기도 했다. 또 성에 대해서 말하는 것을 터부시하고, 특히 아이들에게 성에 관해 말하는 것은 도덕적인 비난의 대상이 되는 차원을 넘어 범죄행위에 가깝다고 가르쳤으며, 자위행위와 혼전 성행위는 지옥에서의 영원한 형벌을 가져오는 죄악이므로 절대 허용되거나 용인될 수 없고, 범죄자는 신 앞에

---

39 위의 책, p. 333.

40 가톨릭이 스스로 정한 이런 기준에 따른다면, 가톨릭 주교나 사제 중에서 교회가 말하는 '고상한 삶'을 실천적으로 사는 사람을 찾는 것은 쉽지 않다. 관계 당사자 본인들이 더 잘 알 것이다.

죄를 고하고 보속을 통해 정화하는 기간을 보내야 한다고 강조했다.[41] 성에 대한 이러한 왜곡된 인식과 풍토 속에 가톨릭 안에서는 잘못 사용된 성은 영원한 지옥의 형벌을 가져온다는 미신이 만연했고, 현세의 행복보다 내세의 구원을 더 중시한 신앙인들은 교회의 가르침을 지키지 않으면 지옥 불에 떨어진다는 두려움에 사로잡혀 성을 억압하는 것을 당연한 것으로 받아들이기도 했다.[42]

"육체적 금욕은 그 자체로 어떤 가치를 지니는가? 금욕 생활이 자신이 건실한 신앙인이라는 것을 외적으로 드러내기 위한 수단이거나, 신으로부터 그에 상응하는 어떤 보상을 받기 위해 행하는 자기 극기의 표현인 것은 아닌가?" 이런 것들은 가톨릭의 논리이므로 여기서 논할 문제는 아니다. 다만, 성은 건강하고 정상적인 생리 기능이고, 성적 충동과 욕망은 지극히 자연스러운 현상이며 그 자체는 선도 아니고 악도 아니므로, 사회가 허용하는 합법적인 테두리 안에서 성적 유희를 체험하거나 성적 교감을 나누는 것은 자연이 부여한 선물이자 인간의 권리이며, 인간이 행하는 자연스러운 행위 중의 하나일 뿐이라는 것을 확인하고자 할 따름이다. 이런 관점에서 본다면 독신 생활이나 금욕이나 절제는 개인이 선택하는 삶의 한 형태일 뿐, 그 자체가 칭송받을 만한 것이라고 볼 수 없고, 종교적인 금욕은 해당 종교가 정한 계율과 가르침에 따라 신에게 인정받고 보상받기 위한 수단으로 행하는 것일 뿐 — 금욕과 절제를 수행한 노고에 대한 신의 어떤 보상이 주어진다는 생각 자체도, 허상의 신을 실제적 존재로 가정한 상태에서 신화적 상상으로 빚어낸 가공의 산물이자 자기 망상일 따름이

---

41 『역사적인 민족 유대인』, pp. 130~131.

42 『종교는 필요한가』, 버트란드 러셀 저, 이재황 역, 범우사, 1987, pp. 171~175 참조.

지만 ─ , 금욕 자체가 특별한 의미를 지니는 것이라고 볼 수도 없다고 할 것이다.

성은 소중하고 아름답고 개인의 인격과 생명의 영역에 포함되는 존귀한 것이기 때문에 마땅히 보호되고 존중되어야 한다. 또 사회적인 약속인 일부일처제의 혼인 제도도 존중되고 지켜져야 하고, 사회 질서 유지에 근간이 되는 성 윤리는 어떤 명분으로도 훼손되어서는 안 된다. 또한 성인 남녀 쌍방 간의 자발적인 동의와 합의가 전제되지 않은 상태에서 성이 폭력적으로 이용되어서는 안 되며, 무책임하고 무절제하게 성이 남용되어서도 안 된다.

가톨릭의 인식처럼 성 자체는 불결하거나 추한 것이 결코 아니다. '사랑하는 사람 사이의 성은 상호 신뢰이며 약속이고, 상대방에 대한 최대의 존중과 애정에 대한 최고의 표현이다.' 그래서 사회는 결혼을 신성시하고 축하하고 축복을 기원하는 잔치로 여긴다. 혼전이라고 해서 성 자체의 가치가 무시되거나 소외되는 것도 아니다. 따라서 미혼자들과 청소년을 대상으로 하는 성교육에서는 생물학적인 구조나 기능에 관한 교육뿐만 아니라, 성은 호기심의 대상이나 쾌락의 도구가 아니라 한 인간의 존엄성과 인격의 표지이며 인격과 책임이 동반되는 것이므로 소중하게 보호되고 귀하게 다루어져야 한다는 것이 교육되어야 한다.

독신이나 동정 생활을 깨끗하고 정결한 것으로 인식하는 '미신적인 의식'도 바뀌어야 한다. 인간은 행복을 추구할 권리가 있고 그에 따른 다양한 삶의 방식을 선택할 권리가 있으므로, 본인의 신념이나 선택으로 독신이나 동정 생활을 유지하는 것을 뭐라 할 수는 없다. 하지만 독신이나 동정 생활은 자연스러운 삶의 방식인 것도 아니고, 칭송받거나 장려될 만한 삶의 형태도 아니다. 그렇다고 성적인 욕구를 견뎌 내는 절제력이 그리 대단한 것도 아니며 존경받을 만한 일도 아니다. 그저 삶의 방식의 한 선택일 뿐이다. 그럼에도 독신이나 동정을 정결한 것으로 인식한다는 것은 성을 추하고 불결한 것으로 인식하고 있다는 무의식의 표현이며, 성에 오염되지 않은 사람은 순결하고 정결하다는 선입견적 인식이다. 만일 그렇게 인식하는 자가 기혼자라면 본인은 추하고 불결한 상태에 놓여 있다는 것인가? 결혼 생활은 추하고 더럽고 저질스러운 삶의 형태인가? 절대 그렇지 않다. 결혼은 신성하고 아름다우며 생명을 잉태하고 보존하고 이어가는 거룩한 생활이다. 성을 바라보고 대하는 '미신적 고정관념'은 변화되어야 한다.

동성애

—

동성애를 대하는 가톨릭의 관점은 점차 변화하는 모습을 보인다. 퍽 다행스러운 일이지만, 절대 진리인 것처럼 고수해 왔던 원칙을 상황 따라 슬며시 갈아 끼우는 가톨릭다운 모습을 반복해서 보이는 것 같아 씁쓸한 마음이다. 고대 그리스에서는 동성애가 허용되었을 뿐만 아니라 존경의 대상이기도 했다. 날씬한 소년의 육체는 아름다움의 이상이었고, 그런 아름다움을 기념하여 많은 그림과 조각이 제작되었다. 저명한 늙은 남자가 젊은 소년에 대해서 품고 있는 연정을 노래한 시들도 많이 지어졌고, 남자 동성애는 고상하고 고결한 목적에 봉사한다고 생각했으며, 또 그것이 젊은이들로 하여금 공동체의 가치 있는 구성원이 되게 한다고 믿었다.[43] 소크라테스도 동성애자였다고 한다. 가톨릭은 성서 율법을 근거로 동성애자를 단죄해 왔다.

심리학자들과 유전학자들은 동성애 경향은 '호르몬 작용에 의한 것'이라고 말한다. 인간 태아의 신체와 두뇌의 원판은 구조상 여성이다. 수태 후 6~8주가 지나면 남자 태아는 안드로겐이라는 다량의 남성 호르몬을 공급받는다. 안드로겐의 첫 번째 단위가 고환을 형성하는 데 투입되고, 그 나머지 단위가 여성적 두뇌를 남성적 두뇌로 바꾸는 데 투입된다. 만일 남자 태아가 적절한 시점에 충분한 남성 호르몬을 공급받지 못하면 두뇌 구조가 여성적인 남자아이가 태어난다. 이 아이는 생물학적으로는 남자에 속하지만, 마음속으로는 자신이 여성이라고 생각한다. 호르몬에 의해 반대의 경우도 발생한다. 여자 태아의 경우 에스트로겐과 테스토스테론 분비 비율의 이상으로, 신체는 여성이면서 남성적인 두뇌를 갖게 되어 자신이 남자라고 생각하게 된다.[44] 이런 사항을 학교에서부터 교육한다면 동성애자들은 훨씬 넓은 이해 속에 관대한 대접을 받을 수 있게 될 것이다.

세상에는 다른 사람으로부터 멸시받고 비난받기 위해 일부러 동성애자가 되는 사람은 없다. 자신의 잘못 없이 생리학적으로나 정서적인 변형에서 그런 상태로 태어난 결과일 뿐이다. 동료 인간에 대한 보다 넓은 이해와 따스한 시선이 요청된다 하겠다.

---

43 『말을 듣지 않는 남자 지도를 읽지 못하는 여자』, 앨런 피즈 · 바바라 피즈 저, 이종인 역, 가야넷, 2000. p. 249.

44 위의 책, pp. 225~228, 248~251.

임신중절과 피임

—

악은 '자신의 행위로 타인에게 피해를 주는 일'이다. 따라서 그 누구에게도 해를 끼치지 않는 사적인 행위를 죄로 판단하여 단죄하는 것은 불합리한 일이다. 신앙 신조를 토대로 가톨릭이 말하는 악은, 가톨릭이 정한 규정을 지키지 않거나, 가톨릭이 좋아하지 않는 사적인 생각과 행동, 다시 말해서 누구에게 어떤 해악을 끼치지 않는 것임에도 가톨릭이 불건전한 생각이라거나 도덕적으로 나쁘다고 정한 것을 생각하거나 행하는 것이다. 가톨릭은 그것들을 악으로 규정하여 고해성사의 대상으로 삼는다. 영혼과 정신과 육신이 오염되었다는 의미일 것이다. 그래서 가톨릭 신앙인들은 끊임없이 교회 규정에 비추어 자신의 언행을 살피고, 자신을 죄의식에 스스로 옭아매며 부자유스러운 삶을 이어간다. 상상과 공상은 자유이며 창의력의 원천이지만, 가톨릭이 제시하는 선의 범주를 넘어서는 사고는 단죄된다.

자신의 행위로 타인에게 피해를 주는 일이 아님에도 가톨릭이 단죄하는 행위들도 있다. '임신중절(낙태)과 피임, 자살과 안락사'가 그것이다. 가톨릭은 인간 생명에 대한 존엄성 차원에서, '임신중절과 피임, 자살 그리고 안락사는 범죄이며 생명의 주인인 신에 대한 도전'이라고 말한다. 생명의 존엄성을 수호하고자 하는 그들은 노력은 타당하다. 하지만 인간 생명의 존엄성이 존중되어야 하는 이유는 생명의 주인이 신이기 때문이 아니다. 각 생명의 주인은 인간 개개인 각자 자신이고, 생명은 그 자체가 하늘보다 무거운 존재의 존엄성을 스스로 갖는 까닭에 존중되어야 한다. 문제는 '개인의 생명에 대한 권한을 어디까지 인정할 수 있느냐'는 것이다.

가톨릭은 임신중절을 살인으로 규정한다. 그래서 인위적인 피임을 금하는 교회법 규정(가톨릭은 정관수술을 받거나 성관계 시 피임 기구를 사용하는 것을 법으로 금하고, 해당자는 고해성사의 대상이 된다)을 따르다가 그로 인해 원하지 않은 임신이 되어도 무조건 출산해야 한다는 입장을 취하고, 강간 같은 극한 상황에서 수태된 경우에도 태아는 보호되어야 한다고 말한다. 피해자가 낙태시킨 경우 교회법은 그를 살인죄로 단죄한다. 십자군 전쟁으로 수없이 많은 사람들을 살상하고, 자신들과 신앙이 다르다는 이유로 수많은 이교도와 원주민들을 학살한 그들이, 그리고 지금도 가톨릭 신앙인 젊은이들이 군인 신분으로 크고 작은 전투에 참가하여 살생을 자행하는 현실을 방치하는 그들이 무슨 자격과 권리로, 그리고 어떤 이유에서 살아 있는 성숙한 인격체가 평생 안고 살아가게 될 고통과 상처는 도외시하면서, 아직 인간이라고 할 수 없는 배아의 생명권이 더 우선시되고 존중되어야 한다고 주장하는 것인지 이해하기 어렵지만, 그들 주장의 근거는 배아가 수정되는 순간부터 인간이라는 자기 원칙이다.

임신중절에 따른 죄악성의 관건은 '배아를 어느 시점부터 인간으로 보는가'이다. 가톨릭은 '수정되는 순간부터' 인간이라고 말한다. 그렇게 보는 이유는 그 순간에 새로운 인간 생명이 시작된 것이며, 신이 수태되는 순간에 그 개인에 해당하는 고유의 영혼을 부여하였기 때문이라는 것이다. 새 생명이 시작된 것은 분명하지만, 영혼이 부여되었다는 것은 아무런 근거가 없는 상상의 주장이다. 그들 중에 어느 누구도 영혼이 부여되는 모습을 본 적이 없고, 증명도 불가능하며, 종교적 상상력 안에서 아마도 그럴 것이라는 추측일 뿐이다. 반면 자연주의자들은, '16~20주 이전의 수정란은 의식이나 감각이 없는 세포에 불과하므로 인간으로 볼 수 없다'는 입장을 취하고, 이 기간 중의 낙태는 살인 행위가 아니라고 주장한다.

만일 가톨릭의 주장처럼 수정되는 순간부터 인간이라고 한다면 잉태된 배아가 자연적으로 유산된 경우, 임산부는 미필적 고의에 의한 살인범으로 처벌받아야 하는가? 시험관아기의 경우에도 문제가 따른다. 인위적으로 수정란을 만들고 착상시켜 태아를 키우는 인공 시술에서 버려지는 수정란은 그 자체로 이미 인간이므로 시술자는 살인죄를 범한 것인가? 참고로 가톨릭은 인공피임은 단죄하면서도, 사회적으로 행해지는 시험관아기 시술에 대해서는 적극적인 반대 입장을 취하지 않는 이율배반적인 태도를 보인다. 인위적으로 수정된 수정란 중 생존 가능성이 없다고 판단되는 수정란이 수도 없이 쓰레기통에 버려지고 있는 현실인데도 말이다. 태아를 가졌지만 경제 상황의 변화로 아이를 양육할 여건이 못 되어도 아이를 출산하여야 하는가? 강간으로 잉태된 아이는 사랑 속에 성장할 수 있을까? 가톨릭은 이런 문제를 해결할 수 있는 어떤 대책도 제시하지 않으면서 무작정 수정된 태아의 생명은 존중되고 보존되어야 한다는 원칙론만 고수한다.

임신중절 문제는 사회적인 합의가 아직 이루어지지 않은 논쟁의 대상이므로 신중한 접근이 요구된다. 하지만 성숙한 인격체인 인간은 자기 생명권을 수호할 권한이 있으며, 행복을 추구할 권리와 안정된 삶을 살아갈 권리가 있다. 그리고 아직 세상 밖으로 나오지 않은 배아에 대해 자기 결정권을 행사할 권한을 또한 갖고 있음을 인정해야 한다. 성숙한 인간은 어느 누구도 무책임하게 아무렇지 않은 듯이, 양심의 거리낌 없이 임신중절 시술을 받는 것을 선택하지 않는다. 자신과 배우자와 태어날 아이의 미래를 신중히 고려하고 고심하여 어려운 결정을 내린다. 따라서 인간에 대한 신뢰가 있다면 당사자의 선택과 결정을 존중해 줄 필요가 있다.

여기서 청소년과 미혼자들의 임신중절 문제가 대두될 수 있다. 이것은 사회 구조적이고 제도적인 문제이며 또한 교육의 문제이므로, 자신들의 성을 인격적으로 대하고 스스로 책임지는 자세를 갖추도록 지도하는 것이 무엇보다 선행되어야 한다. 그리고 생명의 존엄성과 존중에 대해서도 끊임없이 사회적인 관심과 교육이 이루어져야 하며, 피임에 관한 지도와 교육도 철저하게 이루어져야 한다. 가톨릭처럼 인위적인 피임을 금하면서 임신중절 역시 단죄하는 입장을 고수한다면 악순환의 연결 고리는 끝없이 이어질 것이다.

가톨릭은 인공적인 피임이 자연의 질서를 거스르는 행위라는 이유와 무절제한 성의 오남용 예방 및 절제 있는 성생활에 대한 촉구, 그리고 책임 있는 자녀 출산의 권장이라는 사유로 인위적인 피임법의 사용을 교회법으로 금한다. 인위적으로 난자의 배란일을 조절하고, 정자와 난자의 합치를 통한 수정을 인위적으로 막는 것은 자연법에 위배된다는 논리다. 그래서 가톨릭은 배란일의 자연적인 주기를 활용한 자연 주기법(오기노 피임법)만을 합법적인 피임으로 권장하며, 여타의 인공피임은 고해성사의 대상으로 규정한다.

문제는 "자연을 거스른다는 것은 무엇을 기준으로 규정하는가?" 하는 점이다. 자연의 순리대로 남녀가 짝을 이루어 사는 것과 독신이나 동정을 유지하며 사는 것 중 어느 것이 자연을 거스르는 삶인가? 또 두 발로 걷지 않고 차를 타고 다니는 것, 젓가락으로 음식을 먹는 것, 비누로 몸을 씻는 것은 자연에 대한 거역 행위인가? 몸 안에서 자연스럽게 자란 암세포를 인위적인 수술을 통해 제거하는 것은 자연을 거스르는 행위인가? 배란일 날짜를 계산해 가면서 정자와 난자의 수정을 피하는 것 또한 인위적인 행위이지 않을까?

사람들은 삶의 즐거움이나 유희를 위해 놀이 기구나 도구들을 활용한다. 술을 마시고, 비행기를 타고 여행을 떠나거나 놀이동산에서 시간을 보내고, 행글라이더나 열기구를 타는 것을 즐긴다. 같은 선상에서 상호 친교와 사랑의 감도를 증가시키고 나누기 위해 피임도구나 의학적인 도움을 받는 것을 나쁘다고 할 수 없고, 피임은 책임 없는 임신과 출산을 피하기 위한 현명한 예방 조치로 보는 것이 타당하다. 그리고 누구나 제3자에게 피해를 주지 않는 범위 안에서 행복을 추구할 권리가 있다. 물론 상황에 따라 자기 절제가 요청되는 경우도 있겠지만, 교회가 정한 규정에 매여 자연스러운 감정을 인위적으로 억제해야 하는 것이 오히려 비자연적이라고 할 것이다.

한 가지 덧붙여, 가톨릭 신앙인들은 부부가 자녀를 출산하면 그 아이는 신이 주신 선물이라고 말한다. 신의 축복과 돌봄으로 새 생명을 얻게 되었다는 의미일 것이다. 하지만 이 말을 역으로 보면 불임 여성이나 무정자증이 있는 사람은 신의 저주를 받은 몸이라는 말이 되고, 신의 저주를 받은 몸이기에 신의 축복이 단절되어 새 생명을 얻지 못하게 된다는 뜻이 되어 버린다.

아이를 가질 수 없는 몸은 자연의 우연적인 유전자 변이로 그렇게 된 것이지 결코 신의 저주를 받았기 때문이 아니다. 가뜩이나 인간적으로 아쉬운 상태에 놓인 사람들에게 위로를 주지는 못할망정, 아무런 근거도 없이 그들이 그런 상태가 된 것은 신에게 버림받았기 때문이라고 무책임하게 말하는 것은 온당한 일일 수 없고, 지극히 비인간적인 처사라 아니할 수 없다. 아이의 출산은 자연이 준 선물이지 신의 축복이 아니며, 출산에 신을 끌어들일 이유 또한 없다. 새 생명의 잉태와 출산은 부부 사이에서 일어나는 지극히 당연하고 자연스러운 자연 현상의 일부일 따름이다. 불임 부부들에게 깊은 위로를 드린다.

자살과 안락사

—

자살은 예방되어야 마땅하다. 이미 태어난 생명체는 아직 태어나지 않은 생명체보다 소중하며, 인격을 갖춘 인간은 인격을 갖출 가능성만을 갖는 태아보다 존귀하기 때문이다. 또한 자살은 개인적인 손실일 뿐만 아니라 사회적인 손실로 이어지므로, 국가와 사회가 나서서 제도적으로 예방할 필요가 있다. 인간은 누구나 소속된 사회의 구성원으로 살아가며, 각자에게 주어진 삶의 몫을 이행하는 것을 통해 사회에 기여하고 인간 상호 간 관계성을 형성하며, 자신의 행복을 추구한다. 따라서 한 개인의 손실은 개인적인 차원에서 끝나는 문제가 결코 아니며, 객체와 연관된 사회와도 직결된 문제일 수밖에 없다. 그런 의미에서 자살은 악이다. 자살이 악인 이유는 가톨릭이 말하는 근거 없는 이유, 즉 생명의 주인인 신의 권한을 침범하여 자신이 생명에 대해 월권을 행사했기 때문이 아니다. 자기 생명의 주인은 자신이므로 자기 생명에 대한 권한도 인간 개개인에게 있다. 하지만 자살이 악인 이유는 본인 자신은 물론 남은 사람들에게 영원히 잊을 수 없는 아픔과 고통과 피해를 주기 때문이다.

자살을 시도하는 사람들 대부분은 스스로의 힘으로는 해결할 수 없는 극한의 상황이나 문제에 대한 고민 중에 극단의 선택을 하게 된다. 그로 인해 사회와 단절되고, 인간 관계성이 소멸되며, 자신이 한 개인으로 또 사회의 일원으로 담당했던 삶의 몫이 소멸된다. 따라서 사회는 한 개인의 소멸을 개인적인 차원의 문제로 바라보지 않아야 하며, 한 개인이 생을 다하는 날까지 본인의 인간다운 삶을 향유하고 어떤 형태의 삶을 통해서든 사회 구성원의 일원으로서의 몫을 이행하며 살아갈 수 있도록 도와야 할 의무가 있다고 인식해야 한다. 역사와 사회는 톱니바퀴처럼 서로 어울리고 돕는 얼개로 얽혀 유지되고 이어지는 까닭이다.

따라서 자살은 개인적인 노력으로 방지하는 관심과 노력도 필요하지만, 무엇보다 국가와 사회가 나서서 제도적인 예방책을 마련할 필요가 있다. 죽음의 낭떠러지까지 떠밀린 상황에서도 사람이 마지막까지 의지하고 기댈 수 있는 최후의 보루가 마련되어야 하고, 그가 스스로 다시 일어나 자신의 삶을 살아갈 기회를 가질 수 있도록 보호해야 한다. 그의 생명이 소중하고, 그가 무언가 사회를 위해 담당할 몫이 어딘가에 분명히 있을 것이기 때문이다. 뿐만 아니라 여러 가지 이유로 극단의 선택을 하게 될지도 모르는 불특정 다수의 사람들에게 삶에 새로운 희망이 있다는 것을 보여 줌으로써, 보다 건강하고 건실한 사회를 만들어 갈 수 있을 것이기 때문이다. 어떤 상황에서도 그 누구도 자살을 생각하지 않는 사회는 분명 건강하고 아름다운 사회가 될 것이다.

안락사는 다른 차원의 문제다. 가톨릭은 극심한 고통에 신음하는 상황에 놓인 환자라도 안락사로 생을 마감하게 해서는 안 된다고 말하며 안락사 제도 시행을 반대한다. 그렇다고 해서 가톨릭이 그런 환자들을 대상으로 하는 무료 의료 서비스를 제공하는 것도, 막대한 치료비에 대한 지원에 나서는 것도 아니며, 환자들 가정의 피폐해진 환경에 관심을 기울이는 것도 아니다. 생명의 존엄성이라는 원칙만 부르짖고 있을 뿐이다.

동물병원에 입원한 애완견이 중병의 고통으로 신음할 때, 그 개를 안락사를 시키지 않는 수의사는 비정한 의사로 비난받는다. 그런데 극도의 고통 중에 신음하며 죽음을 기다리는 사람에게 안락사 주사를 놓는 의사는 살인죄나 살인방조죄로 형벌을 받는 아이러니한 상황이 우리나라의 현실이다. 최근 국가는 불필요한 연명 치료를 본인의 의사로 거부할 수 있는 권한을 법적으로 부여하기 시작했다. 다행한 일이다. 하지만 한발 더 나아가 노르웨이나 스웨덴 등 선진 국가에서 시행하는 안락사 제도를 도입할 필요가 있다.

안락사를 시행하는 나라들은 '존중받아야 하는 인간 생명의 존엄함만큼, 또한 존엄한 죽음을 맞을 권리도 존중'한다. 사람은 자신의 자발적인 의사로 자신의 최후를 존엄하게 맞이할 권리가 있다는 것이다. 그래서 그런 나라들은 관계 기관이 동원되어 한 개인이 자신의 최후를 인간다운 품위를 간직한 상태에서 맞이할 수 있도록 돕는다. 안락사를 신청한 사람은 국가 차원에서 엄정한 심사를 받게 되고, 심사를 통과한 자에게만이 안락사 기회가 부여된다. 그 날짜와 시간은 당연히 신청한 당사자가 정하며, 그 신청은 본인의 의사로 언제든지 철회될 수도 있다. 신청자는 관계 기관에서 파견된 자들의 보호 아래 본인이 원하는 시간과 장소에서, 그 자리에 함께 있기를 원하는 사람들을 초대하여 담소를 나누거나 과거를 추억하며 이별과 죽음을 준비하고, 본인의 준비가 완료되면 의사를 밝혀 준비된 약을 복용한다. 이후 편안한 수면 상태에서 세상과 작별하게 된다.

만일 이런 제도가 시행된다면 사회적 문제가 되는 독거노인 고독사와 같은 쓸쓸하고 안타까운 죽음을 예방할 수 있음을 물론, 병상에서 힘겨운 나날을 보내야 하는 환자들에게도 존엄한 죽음을 준비하고 맞을 기회를 제공할 수 있게 될 것이다. 그리고 이것은 특정 종교 단체가 반대한다고 해서 시행하지 못하는 그런 차원의 문제가 결코 아니다. 인간 존엄성과 결부된 문제이기 때문이다.

■ 헌금

교회는 스스로 땀 흘려 교회 운영이나 성직자의 생계에 필요한 재원을 구하지 않는다. 교회와 관련된 모든 제반 경비와 교회 운영비는 대부분 신자들의 헌금으로 충당된다.[45] 가톨릭은 십일조 납부를 강조하는 개신교와는 달리 십일조 규정의 철저한 준수를 강제하지는 않지만, 자체 교회법에 '신자는 교회 운영에 필요한 경비를 부담할 의무가 있음'을 명시하고 있고, 이에 따라 신자들은 교무금(교회에 납부하는 의무 책정금)과 주일 헌금 및 기타 다양한 형태의 헌금을 교회에 납부한다. '구원을 약속받는다는 대가'일 것이다.

가톨릭교회는 "교회법에서는 헌금을 의무로 규정하고 있지만 납부는 자발적인 의사로 이루어진다."고 말한다. 하지만 헌금에 소극적이거나 헌금을 하지 않는 것은 마치 죄라도 짓는 것인 양 죄의식을 심어 주는 경우가 있다. 신에 대한 헌신과 충성의 표지로서의 헌금을 독려하기도 하고, 본인의 월 수입액 대비 헌금액이 작은 것은 신에 대한 사랑과 정성의 부족이라고 질타하기도 한다. 간혹 본당 주임 신부가 개별 면담을 통해 납부할 교무금 액수를 책정해 주거나, 교회의 사무장이 개인별 납부 현황을 파악하여 납부를 독려하는 경우도 있다.

신앙인이 신을 믿는다는 이유로, '신화적 환영에 불과한 허상의 신에게 아무런 실효성도 없는 제의를 바치는 제사장 연기를 연출하며 무위도식하

---

45 대부분의 개신교계 교회는 구약성서에 기록된 율법 규정들은 예수의 강림으로 완성되고 폐기되었다는 논리로 여타 율법 규정들의 준수를 부정하면서도, 유독 자기 수입의 1/10을 신에게 바치라는 '십일조' 규정(창세 14,17~20; 레위 27,30; 민수 18,20~32; 신명 14,22~27 참조)은 신의 명령이라고 강조하고, 십일조 헌금을 신앙의 의무로 간주한다.

는 성직자'라는 사람들과 종교 기관의 운영을 위한 경비를 부담하는 것은 타당하고 온당한 일인가?

돈벌이 수단으로서의 종교 의례

—

인간은 불확실한 앞날(미래)에 불안감을 느끼고, 자신의 힘이나 노력으로 극복 불가능한 역경이나 고통에 직면할 때는 문제 해결에 필요한 어떤 힘이나 능력이 있다고 여겨지는 대상에 의지하여 상황이 극복되기를 희구하는 나약한 존재다. 또 큰 욕심 없이 자녀가 탈 없이 건강하게 성장해 주기만을 바라고, 하고자 하는 일의 성과가 그저 긍정적이기를 바라며, 불행한 사건이나 사고가 자신에게 발생하여 해가 되는 일이 없기를 염원하는 등의 지극히 단순하고 소박한 소망과 기대를 갖는 미소하고 유약한 존재다. 그런데 이런 나약한 인간의 심성을 돈벌이의 수단으로 악용하는 단체, 기관이 있다. 종교다.

각개의 종교전통들은 '인간사의 모든 문제나 염원은 자신들이 신봉하는 신에게 의지하여 해결할 수 있다'고 주장하고, — 신을 찬미하고 경배하는 의식으로서의 종교 의례를 거행함과 동시에 — 신에게 읍소하고 신의 효과적인 능력 발휘를 청원하는 종교 의례를 거행한다.

가톨릭은 교무금과 주일 헌금 외에도, 신의 전지전능성과 신이 베푸는 은총(은혜)을 강조하면서, 인간사 모든 상황에 신의 은총이 필요하다면 '교회에 예물(돈)을 봉헌하면서 종교의식(典禮, 미사)을 청하라'고 권면한다. 그래서 가톨릭 종교 의례에는 '미사지향'이라는 이름으로 붙여진 청원 주제에 따라 — 무탈한 출산기원미사, 출산감사미사, 건강기원미사,

첫돌감사미사, 입학감사미사, 졸업감사미사, 성공적인수술기원미사, 병환치유기원미사, 퇴원감사미사, 군제대감사미사, 학위수여감사미사, 입사감사미사, 개업감사미사, 대입 수험생을 대상으로 하는 수험생을 위한 100일 미사, 장례식을 대신하는 장례미사, 죽은 이의 평안과 죄 사면을 기원하는 위령미사, 결혼 예식인 혼인미사 등등의 ― 일상 생활사와 관련된 별의별 지향의 미사가 거행된다. 물론 모든 의식의 거행에는 예물을 바쳐야 한다.

그 외에도 가톨릭 안에서 신자들은 각종 헌금 납부의 요청을 받기도 한다. 교회 건축물(성전이나 사제관, 수녀원, 교육관 등의 건축물)을 신축할 때의 건축헌금, 교회 명의의 비품(차량, 에어컨, 온풍기 등)을 구입할 때의 헌금, 교황청에 보내는 헌금, 교회 각종 행사(체육회, 성지순례, 경로잔치 등)를 위한 후원헌금 등. 뿐만 아니라 신자들이 새집이나 새 차량을 구입하거나 이사할 때, 가게나 점포를 개업할 때 등등의 사안에 사제가 간략하게 '축성의식'을 거행할 때도 '감사예물'의 이름으로 헌금을 바친다. 그리고 이렇게 해서 모금된 각종 명목의 예물은 종교 기관의 유지와 성직자라는 사람들의 생활비, 교회 시설에 근무하는 직원들의 급료로 활용된다.

하지만 종교 의례를 거행하는 것을 통해 신의 은총이나 능력으로 어떤 문제가 해결되었다거나, 영혼이 구원을 받았다거나, 영혼의 죄가 사해졌다거나, 건강이 회복되었다는 등의, 기원하는 바대로의 신의 은총이 실제로 내려졌다는 것이 객관적으로 인정되는 상황이 발생한 사례가 없고, 그런 일이 실제로 발생한다는 사실성을 입증하는 근거가 제시된 사례도 없다. 단지 '위약 효과'(placebo effect)의 착각처럼 신의 은총이 내려졌을 것이라고 상상하면서 갖게 되는 심리적인 위안과 안정, 어떤 일의 결과를 신의 섭리로 받아들이는 종교적 망상만이 신앙인들의 관념 속에 존재할 따름이다. 결국 종교 의례는 실제적인 효과가 입증되지 않은, 단지 종교 기관의 돈벌이 수단으로 이용되고 있을 뿐이다.[46]

재화는 쓰임새에 따라 그 가치가 달라진다. 신이 존재하고, 영생을 부여한다는 신의 의지가 널리 퍼져 모든 이가 구원의 은총을 누리도록 하는 일에 재정적인 지원을 한다면 헌금은 충분히 가치 있고 의미 있는 쓰임일 것이다. 하지만 존재하지도 않는 허상의 신을 위한 신전 건축에 재화를 기부하는 것은 온당한 일이 되지 못하고, 자신의 재화로 실체성이 없는 상상과 가상의 존재인 신을 숭배한다는 몽상가들의 생계를 지원하는 것도 올바른 처사라고 할 수 없다.

신은 신이 있다고 믿는 이들의 상상 속 관념일 뿐이므로 신에 대한 헌금은 고대 종교전통에서 기우제의 희생양으로 인간을 수장시킨 것이 헛된 짓이고 그 희생이 무의미한 것이었던 것처럼, 어리석은 낭비일 따름이다. 여유가 있다면 실제적이고 현실적인 도움이 필요한 이들, 예를 들어 제3세계의 아이들을 위한 식량이나 의료 지원을 위해 사용하는 것이 보다 가치 있는 쓰임일 것이며, 허상의 신을 위한 신전 건축 대신 빈국이나 소외된 지역의 아이들을 위한 학교 건축에 지원금으로 활용되는 것이 보다 의미 있는 쓰임이 될 것이다.

효능이 전혀 없는 약을 팔아 소득을 취하는 행위는 명백한 사기다. 마

---

46 영혼이 존재한다는 것은 가설일 뿐이므로 종교의식을 통해 신이 영혼에 어떤 작용을 일으킨다고 말하는 것은 거짓 선동이다. 또 용광로 안에서 철이 녹는 것은 물리적인 작용으로 이루어지는 일이지 신이 철을 녹이는 것이 아니고, 복권에 당첨되는 것도 우연히 발생하는 일이지 신이 숫자가 적힌 공의 배합을 맞춰서 일어나는 일이 아니다. 교회는 모든 현상 안에 신의 섭리가 깃들어 있다고 믿는 사람들을 독실한 신앙인 또는 신심이 깊은 신앙인이라고 추켜세우지만, 그런 믿음은 자기 망상에 사로잡혀 헤어나지 못하는 우매함일 뿐이다. 그리고 교회는 이러 우매함을 조장하고 악용하여 자기 편익을 추구하는 기만 단체로 볼 수 있다.

찬가지로, 어떤 종교가 (신이 실재적 존재라는 확고한 근거를 제시하지도 못하면서) 신의 이름으로 구원과 영생을 약속하고, 그것을 빌미로 재화를 요구한다면 이는 유사 사기나 협잡 행위로 볼 수 있다. 신자들이야 종교 기관이 신이 있다고 홍보하고, 신이 가정의 평화와 영혼 구원의 은총을 베푼다고 선동하니 그것이 좋은 것이며 자기에게 유익할 것이라는 생각에 신앙에 입문하겠지만, 구체적인 실현성이나 현실성의 근거가 없는 구원과 영생을 약속하는 종교라면, 그것은 분명 신자들에 대한 기망 행위로 볼 수 있다.

오늘도 인생 허무감을 허구의 신앙으로나마 위안받기 위해 교회로 발걸음을 재촉하고, 구원의 약속에 대한 대가로 헌금하러 종교 기관을 찾아가는 신자들의 발길이 애처로워 보인다. 혹자는 신이 없다는 것을 어떻게 증명할 수 있느냐고 묻는다. '없는 것을 없다고 증명할 필요는 없다. 없는 것은 그냥 없는 것이다.' 집에 불이 나지도 않았는데 불이 나지 않았다는 증명을 요구하는 것은 상식적이지도 않고 정당하지도 않다. 그리고 어떤 것이 '있음'을 입증하는 증거가 없으면 그것은 없는 것으로 보는 것이 타당하다. 그럼에도 '있음'에 대한 확인이나 근거 없이 '있다'고 단정 짓거나 '있는 것처럼' 꾸미는 것은 조작이며 날조다. 신이 없다는 주장에 대한 정당한 반론은 신이 실재한다는 증거를 제시하거나, 존재한다는 신이 직접 나서서 자신의 존재성을 입증하는 것이다. 하지만 태양 항성이 저무는 그 날까지 그런 일은 결코 일어나지 않을 것이다.

결론

가톨릭교회 주장의 허구성

가톨릭(그리스도교)은 지난 2,000여 년 동안, 고대 히브리인들의 신화인『구약성서』는 실재하는 신에 대한 증언이며 성서의 증언에 따라 '궁극적인 실재'이자 '초월적인 행위자'로 존재하는 유일한 신은 야훼임이 분명하다고 강변해 왔고, 야훼는 우주 만물을 창조한 창조주이며 인간에게 신적 본성과 인격을 부여한 신이고, 또 사람의 모습으로 지상으로 내려와 (그를 예수라 칭한다) 신이 직접 설립한 교회, 곧 가톨릭교회를 통해서 야훼 자신을 신으로 믿는 사람들에게 불멸의 생명[永生]을 주기로 약속한 아빠(Abba, 마르 14,36)라고 주장해왔다. 그리고 이런 주장을 토대로 완전한 구원과 영생을 부여하는 신앙의 '참' 진리를 간직하고 있는 '참' 종교 기관은 가톨릭뿐이라는 자신들 교회 존립의 정당성을 강조하는 것을 통해 기득권적인 종교 권력을 유지해왔다. 하지만 우리는 본문을 통해,

ⅰ. 가톨릭교회는 고대 신비신앙의 '예수(Iesous) 신인(神人) 신화'를 역사적 실제 사실에 대한 기록인 것처럼 날조하고, '예수 신인 신화'에서 언급하는 가상의 신화적 존재인 '예수'를 역사적 실존 인물이자 구원자 그리스도인 것처럼 꾸며 개작한 거짓 문건('교회 복음서', '예수 신화')의 토대 위에 설립된 거짓 단체, 거짓 종교라는 것을 살펴보았다. 그리고 이런 사실에 비추어, 가톨릭이 말하는 구원자 예수는 허구적 가상의 인물이며, 그가 십자가에 매달려 죽고 부활했다는 주장 또한 허구라는 것을 확인했다.

ii. 또 교회가 제시하는 종교 교의나 신앙 신조 등의 모든 논변들은 '실체적 존재로 살아 움직이는 신이 존재한다'는 가정적 전제를 토대로 도출해 낸 신화적 상상과 가설적 추론의 거짓 명제들을 마치 불변의 진리인 것처럼 날조하고 왜곡하여 호도하는 것에 불과하다는 것을 살펴보았다. 그리고 이러한 고찰을 통해, 가톨릭이 실재성을 주장하는 신이나 영혼, 영생, 내세, 천국이나 지옥 등은 구체적인 실재성이나 현실성이 없는 추상적인 몽상이자 망상이라는 것을 확인했다.

iii. 또한 가톨릭은 2,000여 년 동안 — 가톨릭이 날조된 문서 위에 설립된 거짓 종교라는 사실과, 제시하는 논변들이 허구라는 사실을 철저히 은폐한 상태에서 — '조작과 날조로 정형화한 신앙 신조'를 수단 삼아 소위 성직자라는 사람들만의 아성을 구축하고, 구축된 특권 계층의 권력과 기득권을 유지하고 존속하기 위해 종교적·정치 정략적인 책략을 지속적으로 도모해 왔다는 것을 살펴보았고,

iv. 교회 성직자라는 사람들 — 그가 교황이건, 주교나 일개 시골 본당 신부이건 — 은 거짓과 허구를 진리인 것처럼 호도하며 선량한 사람들을 기망하는 방식을 통해 자기 안위를 추구하는 비열하고 비루한 존재라는 것을 확인했다.[47]

---

47 이런 사실에 비추어 볼 때, 가톨릭(그리스도교)이 말하는 신앙 신조를 진리로 받아들이고 신앙에 입문한 신앙인들은, 결국 교회 — 보다 정확히는 교회 지도자급인 주교와 신부들(또는 목회자들이나 선교사들)로 구성된 성직자 계층 — 의 존속을 위해 교회가 짜 놓은 교묘한 술수에 걸려든 헌금 제공자이자, 성직자들의 유희와 교회의 부수적인 활동과 홍보를 위한 수단과 도구일 뿐이라는 것을 확인할 수 있다. 영생이나 구원은 실제성이 없는 가공의 산물에 불과하기 때문이다.

본문에서 고찰한 내용은 다음과 같이 요약할 수 있다.

1. '신'이라고 명명된 존재는 인간 지성이 투사한 관념적 최고의 이상(理想)·상상적 가상의 실재에 불과하므로, 실제적인 실체로 존재하는 신 같은 것은 있지도 않거니와, 상상 속 관념으로만 존재하는 신이 자신의 실재성을 드러내는 일은 결코 있을 수 없다. 신은 사변적 환영으로만 존재한다. 따라서 살아 움직이는 인격체적 신이 존재한다거나, 형체가 없는 영적 존재로서의 신이 어떤 물리적인 영향력 — 인간의 기도를 듣는다거나, 인간과 대화를 나누고, 병자를 치유하는 등의 은총을 베풀고, 또 인간사를 세세하게 살피면서 인류 역사를 종말론적 미래를 향해 이끌어 간다는 것 등 — 을 행사한다는 사고는, 자신의 머릿속에서 상상한 '초월적 완전자'를 모종의 실체적 실재로 믿는 '상상 놀이'를 통해 그려 낸 환상과 공상에 불과하다.

2. '구약성서'는 고대 유대의 정치 세력과 종교전통이 당시 메소포타미아 지역 대부분의 정치 형태가 신정 체제로 유지되던 환경에서, 그리고 왕국이나 국가는 그 나라를 수호하는 신에 의해 건립되고 존속된다는 신화적 믿음이 뿌리를 내리고 있던 시대적 상황에서, 히브리인 자신들이 가나안을 정복하여 건립한 새로운 나라의 기원과 역사도 타 문화권에서 말하는 것과 다를 바 없이 신에 의해 비롯되어 건립되고 존속된다는 것을 주장하기 위한 정치 공학적 의도에서 창작된 신화일 뿐이다. 따라서 그렇게 창작된 신화에 언급된 신화적 허구의 존재를 살아 움직이는 실체적 실재로 호도하는 것은 궤변이자 기만이다.

3. 인간의 상상적 관념에 불과한 신이 실체적 존재로 현실 세계에 나타

난다는 논리는 성립될 수 없다. 가톨릭이 사람의 형상으로 세상에 내려온 신이자 구원자 그리스도라고 주장하는 예수는 영지주의 신비신앙의 '예수 신인 신화'를 역사적 실제 사실에 대한 기록인 것처럼 날조한 거짓 문건('예수 신화') 속 가공인물일 따름이므로 예수는 메시아·그리스도일 수 없다. 예수는 역사적 실존 인물이 아니며, 가톨릭은 날조된 문서('예수 신화')의 토대 위에 설립된 거짓 종교이다. 그럼에도 가톨릭이 지금까지 존속 가능했던 것은 종교적 신조의 정당성이 아니라, 2,000여 년의 세월 동안 정치권력과의 결탁과 '날조로 정형화한 신앙 신조'를 절대 진리인 것처럼 호도하고, 인간 의식과 가치관을 그리스도교 사상으로 고착화하는 전략을 활용해 왔기 때문이다.

4. 가톨릭이 주장하는 모든 논변들은 '신이 존재한다'는 가정적 전제를 토대로 도출해 낸 신화적 상상과 가설적 추론을 진리인 것처럼 호도하는 것에 불과하므로, 가톨릭이 실재성을 주장하는 영생이나 내세, 천국 등의 주장은 그 정당성을 가질 수 없고, '신에 의한 우주 만물의 창조론', '인간 구원론', '종말론적 우주 계획론', '인간에 대한 인격과 신성 부여론', '육신 부활론', '영생론' 등의 종교 교의는 실제적 진실이나 정설로 인정될 수 없다.

5. '영혼'에 대한 사유는 뇌 과학과 생물학에 대한 이해가 없었던 시대에 불멸에 대한 욕망과, 인간의 의식과 사고 작용 및 감정의 인식 등의 정신 작용을 가능하게 하는 원천을 탐구하는 과정에서 도출된 가설이다. 영혼이 존재한다거나 인간에게 영혼이 필요하다는 납득 가능한 이론은 제시된 적이 없으며, 영생은 영혼을 전제한 신화적 망상이다.

우리는 본문에서, 2세기 초경 날조된 '교회 복음서'를 토대로 설립된 가톨릭은 자신들 종교 설립 기원의 실상을 은폐하고 종교권력과 기득권을 구축하기 위한 목적에서 교회 설립 초기부터 4세기경까지 지속적으로 자신들의 필요와 의도에 따라 복음서를 수정·개편해 왔다는 사실을 살펴보았고, '유대 영지주의 신인(神人) 신화에서 말하는 예수(Iesous)가 죽은 이후 주(主)이자 신인(神人)이 되었다'고 말하는 영지주의자 바울의 주장(콜로 2,12; 1코린 6,14 참조)과 이교 미스테리아의 '신인 부활 사상'을 '역사적 실존 인물로서의 예수의 육체적 부활 사상'으로 변환시켜, 자신들의 교회가 부활한 예수가 부여하는 구원과 영생을 베푸는 기관이라는 주장의 정당성을 강화하는 것을 통해 종교권력을 지속적으로 유지해 왔다는 사실을 살펴보았다.

이후에도 가톨릭은 교회 설립 기원의 진상과 신앙 신조의 조작성이 드러나면 교회 존립의 정당성을 상실하게 되어 더 이상의 종교권력과 기득권을 유지할 수 없게 되므로, 지속적으로 자기 합리화 논리를 개발해 왔고, 궤변이나 '마법적인 주술' 등을 동원하여 기존에 자신들이 제시했던 종교 교의나 신앙 신조들을 변경해 왔다는 것도 살펴보았다.

가톨릭은 시대의 흐름에 따라 자신들의 논변을 수정하거나 변경할 때마다, '계시는 시대의 언어이므로 동시대 사람들이 이해할 수 있는 범주로 해석되며, 시대의 변화에 따라 해석의 범주가 달라질 수 있다'고 해명한다. 하지만 계시가 시대의 언어라는 말은 듣는 이를 현혹시키기 위한 언어적 수사에 불과하고, 가톨릭의 그런 설명은 기존의 논변들을 수정하고 변환시켜 온 것에 타당성과 정당성을 부여하기 위한 변명에 불과하다. 절대 진리는 불변하는 것이어야 하기 때문이다.

가톨릭은 신인(神人) 예수가 죽은 이후 주(主, logos))가 되었다고 말하는 바울의 미스테리아 고양 신학(콜로 2,12; 1코린 6,16)을 자신들의 의도에 따라 그리스도교적으로 해석하고, 이에 따라 예수는 역사적 실존 인물이며 그리스도이지만 그는 생전에는 본인이 그리스도라는 자의식을 갖지 않았고 부활 이후에야 그리스도가 되었다고 주장하다가, 로고스(logos)론을 전개하며 그리스도의 선재(先在) 사상을 주장(요한 1,1~14)하는 요한복음의 성서적 정경성을 옹호하기 위해 예수는 강림하기 전부터 존재하는 신이었다고 말을 바꾸었다. 또 사람은 생전에 지닌 육체 그대로 부활한다고 주장하다가 주장의 타당성이 소멸되자 생전의 육체와 동일성을 지니면서 동시에 비동일성을 지니는 영적 육신으로 부활한다는 모호한 논리를 펼치기도 하고, 신이 물리적인 우주 만물의 창조주라고 주장하다가 '빅뱅 이론'이 등장하자 신은 존재하는 모든 것들을 개별적이며 독립적으로 창조한 것이 아니라 존재하는 모든 것의 근원이라는 점만 부각시켜 강조한다. 또 인간은 신에 의해 현재의 형태와 같은 인간으로 창조되었다고 주장하다가 '진화론'이 등장하면서, 신이 인간을 지금의 형상으로 창조한 것은 아니지만 인간에게 신적 본성과 인격과 영혼을 부여하여 인간을 비로소 인간이게 하였다는 취지의 논리로 인간 창조의 주장을 변경하기도 했다.

한때는 여성의 인권을 무시하는 것을 당연한 것으로 여기던 여성혐오의 신이 어느 날 갑자기 여권 수호의 신으로 변모되어 등장하는 것은 신의 계시일 수 없고, 종교의 이름으로 학살과 살인을 조장하던 신이 낙태를 단죄한다는 논리는 설득력이 없으며, 철저한 신분 제도를 옹호하던 교회가 인간 평등을 말하는 것은 진리의 수호자로서의 모습이라고 할 수 없다. 또 가톨릭은 지구를 중심으로 천체가 회전한다는 천동설을 주장하며 '지동설'을 주장하는 사람들을 학대하고 처벌한 역사를 갖고 있지만, 한마디 변명이나 반성의 말도 없이 지동설을 수용하면서 우주는 신이 마련한 정확한 물리적 법칙에 따라 운행된다고 말을 바꾸었고, 흑사병은 인간의 오만에 대한 신의 심판이라고 주장했으며, 악의 화신을 제거한다는 명분으로 마녀사냥과 그들에 대한 학살을 주도했고, 히틀러에 협력하여 바티칸의 파괴를 모면하기도 했다(2003년, 교황 요한 바오로 2세가 비밀문서 공개). 구소련이 패망하여 분열된 것은 파티마에 발현한 성모의 권고로 기도를 했기 때문이라는 근거 없는 말을 하면서도, 북한의 미래와 국제사회의 핵 문제에 대해서는 그 어떤 입장도 취하지 않는다. 성모가 알려주지 않았기 때문일까? 그런가 하면 '신의 의도에 따른 역사의 종말론적 진행'을 주장하면서도 자발적인 결정으로 역사를 대혼란에 빠뜨린 십자군 원정을 200여 년 가까이 시도하기도 했고, 입으로는 '살상을 금한다'는 신의 규율의 준수를 강조하면서도 십자군 원정이라는 종교전쟁을 자행하면서 수많은 이교도를 살해하고 약탈한 전력과 식민지 개척 시대에 종교의 이름으로 원주민을 무참히 학살한 전력이 있다. 현재도 시험관 시술을 방치하고 있으며, 가톨릭 청년 신자들이 전쟁터에서 살생을 자행하는 것을 제약하지 않는다. 그런 그들은 한 편에서 어처구니없게도 타 종교가 그들이 믿는 신성한 교의에 입각하여 행하는 성전(聖戰)에는 비합리적이며 비인도적인 행위라는 비난을 퍼붓고, 정실부인 외에 후처를 둔 교황은 옹호하면서도,[48] 정관수술을 받은 신자는 단죄한다.

만일 신앙의 가르침이 절대 원칙을 기준으로 한다면, 시행 규칙이나 지침 또한 불변의 진리를 함유하고 있어야 함이 타당하고, 신의 계시라는 것이 있다면 그것은 모든 원칙과 규정과 상상 및 가치관의 절대 기준이 될 것이므로, 어떤 상황과 처지에서도 변하지 않는 만고의 진리ㆍ절대 진리

---

48 『하늘과 땅의 지배자 교황들』, pp. 176 참조.

로 남아 있어야 한다. 그런데 가톨릭에 의해 신의 계시라고 포장된 교리나 신앙적 교의가 시대 상황에 따라 번복되거나 형태를 달리한다는 것은 교회 자체가 절대 진리를 갖고 있지 않다는 방증이며, 가톨릭이 주장하는 신관이나 메시아사상·신앙의 신조는 인간의 종교적 사유에서 상상과 추론으로 도출해 낸 상상의 산물임을 드러내는 것이고, 신 자체도 인간의 상상의 산물임을 드러내는 방증으로 볼 수 있다.

가톨릭은 '신은 전지전능하므로 모든 것을 알고 있다'고 말하기도 한다. 신이 실재한다는 근거를 제시하지도 못하면서도, '신은 모든 것을 알고 있다'고 단정 짓는 주장의 정당성은 어디에서 찾을 수 있는가? 또 신은 모든 것을 알고 있다는 것을 교회는 어떻게 알았을까? 신이 알려 줬는가 아니면 상상인가?

몰랐던 어떤 것을 새롭게 알게 된다는 것은 본인이 체험한 직접적인 경험을 통해서이거나, 구체적으로 경험한 사람을 통해 간접적으로 들어서 인지하게 되는 방식이다. 그러니 '신은 모든 것을 알고 있다'고 말하려면, 신은 속성상 전지(全知)한 존재이므로 모든 것을 알 것이라고 추정하는 것이 아니라, 그 신이 "나는 그 모든 것에 대한 이해를 갖고 있으며, 내가 그 모든 것에 대해 이러저러한 것을 알고 있다는 것을 너도 알고 있어라."라고 본인이나 제3자에게 직접 선포했어야 한다. 그런 과정이 없다면 신이 어떤 것에 대해 알고 있다는 말을 확정적으로 할 수 없다. 그럼에도 그런 방식으로 말하는 것은 개개인의 추정과 상상을 신의 이름으로 포장한 것에 불과하다. '그것은 신의 뜻이다.'라거나, '아마 신의 뜻이 있을 것이다.'라거나, '신은 인류 역사의 미래에 대한 인식을 가지고 있다.'고 말하는 것도 같은 맥락이다. '신이 내용상 무엇을 알고 있을 것인가'에 대해서는 본인도 정확히 알지 못하면서, 그저 '신은 알고 있다'고 말하는 것은,

'신이 존재한다면, 신은 전지전능하니 당연히 알고 있을 것'이라고 추측하고 그렇게 믿는 것일 뿐인 무책임한 언사에 불과하다. 신이 있다면, 신 자신이 무언가에 대해 알고 있다는 것을 먼저 알려 주지 않으면 신이 무엇을 알고 있는가에 대해 인간은 알지 못하고 알 수도 없다. 신이 무언가를 알고 있다는 사실 자체도 알지 못한다. 옆 사람이 말을 안 하는데 그가 무엇을 생각하고 무엇을 알고 있는지 우리가 어떻게 알 수 있겠는가.

'성서'는 신의 실재나 신의 계시에 대한 증언 기록이 아니다. 인류 역사 안에서 성서가 말하는 신을 보았거나 만났거나 신과 직접 대화를 나눈 사람은 없다. 또 인류 역사 안에서 신이 직접 자신의 실재성을 드러내거나 자신의 의지나 신적 계시를 제시한 예가 없다. 성서의 내용은 단지 신 존재를 가정한 인간의 추정과 추측으로 도출한 상상적 가설, 신화일 따름인 것이다.

'신'은 상상 속 관념으로, 신을 믿는 이들의 믿음 속에만 존재한다. 또 신은 추상적인 관념에 불과하므로 어떤 작동도 일으킬 수 없다. 따라서 그가 무언가에 개입하고 어떤 일을 일으킨다고 주장하는 것은 허구이며, 신의 역사(役事)가 현실로 이루어진다고 생각하는 것은 신화적 망상이다. 가톨릭이 '그리스도'라고 주장하는 예수도 날조된 신화 속의 허구적 가상의 존재이며, 내세의 구원이나 영생이라는 것도 실체가 없는 관념적 상상과 종교적 가정일 뿐이다. 가톨릭이 말하는 영혼이나, 천국이나, 영생 같은 것은 존재하지 않는다.

사실이 이러함에도 가톨릭이 오늘날까지 존속되고 있는 것은, '구조화한 신화'와 '날조로 정형화한 신앙 신조'로 인간을 기만하는 교회의 허설에 현혹되어, 소위 성직자라는 사람들의 유희와 생계를 위한 '자금줄 역할'을 담당하고 종교 권력에 종속된 '종교 노예 신분'을 비판의식 없이 자발적으로 받아들이는 사람들이 존재하기 때문이다. 그리고 그들의 무지몽매를 이용해 교회 내에서 획득한 종교권력과 기득권을 향유하는 비열한 기회주의자들이 존재하기 때문이다.

가톨릭교회 — 가상의 신화적 존재인 '예수'를 역사적 실존 인물이자 구원자 그리스도인 것처럼 꾸며 날조한 거짓 문건('예수 신화', '교회 복음서')의 토대 위에 설립된 거짓 종교 — 를 통해 부여받은 신분적 특권과 기득권에 도취된 가톨릭 주교와 사제들은, 위선과 가식을 가리는 '붉은 뱀의 가면'[49]을 쓰고 오늘도 날조된 거짓을 교묘하고 치밀하게 절대 진리인 것처럼 호도하고, 허상의 신에게 아무런 실효성이 없는 종교 의례를 바치는 극(劇)을 연출하기 위해 제단에 오를 것이다. 하지만 이제 그들, 역사와 인류를 기만해 온 '붉은 뱀의 춤'은 멈춰져야 한다. 설령 그들이 '자신들만의 천국'에 몰입되어 '완장 찬 어릿광대 개구리'와 다를 바 없이 부질없는 허세를 부리는 삶을 멈추지 못한다고 해도, 붉은 뱀의 현란한 춤사위에 현혹된 신앙인들은 망상과 환상에서 깨어나야 한다. 영적 세계나 내세나 영생이라는 환상 속 이상 세계는 말 그대로의 몽상(夢想)이며 신기루(蜃氣樓)일 따름이기 때문이다.

교회 성직자라는 자들이 스스로 어릿광대의 춤을 멈추지 않는다면, '양

---

49 필자가 원고 집필 중이던 어느 날, 하늘의 천사가 나타나 제사를 드리는 사제들이 사람들의 눈에는 보이지 않는 붉은 뱀의 탈을 쓰고 있다는 것을 알려주는 꿈을 꾸었다. 가톨릭의 논리에 따른다면 이는 필자에게 어떤 깨우침을 주기 위한 성령의 역사일 것이다. 가톨릭의 그런 인식을 존중하는 의미에서 꿈에서 들은 은유적 용어를 그대로 사용한다. '뱀의 상징의미'는 문화나 지역에 따라 악의 힘, 파괴, 간계, 간사함 또는 부활, 재생, 생명, 치유, 지혜, 슬기 등으로 나타나는데, 필자는 꿈에 본 천사가 뱀에 대해 어떤 상징의미를 갖고 있었는지는 알지 못한다.

식 있는 지식인들의 연대'가 소중한 동료 인간들의 존엄성과 권리의 수호를 위해 그들의 춤을 막아 멈추게 해야 한다. 종교 문제는 특정 종교만의 문제가 아니라, 종교의 영향을 받아 형성된 개인의 인생관과 가치관은 자신과 다른 종교를 신봉하는 이들을 경멸하거나 제거의 대상으로 인식하는 왜곡된 사상을 갖기도 하고, 신에 대한 헌신과 충성의 표지라는 미화된 신념으로 고대 인류 문물을 파괴하거나 신앙의 적대자에 대한 살상을 자행하는 사회적 문제를 야기하기도 하기 때문이다. 또 우리나라의 현행 법체계는 종교의 병폐를 비난하는 이들을 보호하기는 하지만,[50] 역사와 인류를 기만하고 선량한 이들을 종교의 이름으로 현혹하고 착취하는 수단을 통해 '자신들만의 지상 천국'을 구축하는 종교 지도자라는 사람들의 그 광란의 춤의 무한질주를 법 집행으로 멈춰 세울 수 없기 때문이며,[51] 하늘보

---

50   종교 문제와 관련된 우리나라 대법원 판결의 예.

– 종교의 자유에는 다른 종교 비난의 자유가 포함된다. (대법원 제2부 96다 19246 판결),

– 교리 분석 및 분석의 결과가 사실과 다르거나 사실을 왜곡하였는가 여부를 과학적으로 입증하기는 불가능하고, 오히려 이러한 종교 교리적 분석은 하나의 의견에 불과하여 단정적·반복적으로 특정 종교를 그리스도교의 사이비라고 표현하고 있다거나 이와 유사한 내용으로 표현한 것만으로는 그 종교인의 인격권과 명예권이 침해되었다고 볼 수 없다. 또한 우리 헌법은 제20조 2항에서 국가의 종교적 중립성을 요구하고 있는바, 특정 종교의 이단이나 사이비 여부로 인하여 발생하는 분쟁에 법원이 개입하여 어떠한 특정 종교의 교리가 옳고 이에 대한 비난이 위법하다고 선언할 수 없다.(서울지법 서부지원 1996.4.19. 선고 95카합 4745 판결).

– 교단과 배치되는 교리와 주장에 대해 비판한 경우, 명예훼손은 성립되지 않는다. (1997.8. 29. 선고 97다 19755 판결),

– 개인 비방의 목적이 아니라 교파를 경계시킬 목적으로 지도자의 부족함을 부각시킨 것이라면 공공의 이익을 위해서 한 행위이므로 이는 처벌할 수 없다.(1996.4.12. 선고 94도 3309 판결),

51   우리나라는 '헌법 20조 1항, 모든 국민은 종교의 자유를 가진다. 2항, 국교는 인정되지 아니하며 종교와 정치는 분리된다.'는 규정에 따라 종교 문제는 국가 사법적 판단의 대상이 될 수 없고, 법원은 종교 교의의 문제에 개입할 수 없다는 원칙을 고수하고 있다.

다 소중한 동료 인간들이 부질없는 허설에 속아 인권을 유린당하고 인생과 재화를 착취당하는 가련한 모습을 우두커니 서서 지켜만 보는 것은 결코 식자적 양식과 양심에 비춰 진 인간의 도리라 할 수 없기 때문이다.

신을 상상하거나, 신 이름의 연극 무대에서 환상에 도취되어 이성적 판단을 상실한 채 "나는 육신의 부활과 영원한 삶을 믿습니다."라는 공허한 구호를 외치며 광란의 나날을 보낸 이들은 이제 한바탕 신나게 놀았으니, 툴툴 털고 일어나 현실로 돌아와야 한다. 인생은 지금, 여기, 두 발을 딛고 서 있는 곳에 있는 까닭이다.

필자는, 자신이 날조된 신화와 조작된 신앙 신조를 신성한 종교적 진리인 것처럼 호도하는 것을 수단 삼아 동료 인간을 기만하고, 그것을 악용하여 자기 안위와 영달을 도모하며 비루하게 살아가는 존재일 뿐이라는 자각이 없거나 이러한 사실을 부정하는 가톨릭 주교가 있다면 그에게 처음의 질문을 다시 던져보고 싶다.

"주교님! 사실로 입증되지 않은 상상적 가설은 자신이 진실이라고 믿는다고 해서 그것이 실제적 진리가 되는 것이 아닙니다. 그리고 근거 없는 맹신은 쓸모없는 자기 망상에 불과합니다. 그럼에도 불구하고 주교님은 자신 내면의 양심 앞에서, 사실로 확인되지 않은 신 존재와 육신의 부활과 영원한 삶을 진정 실제적 진리로 믿으십니까? '참된 진리라고 믿을 만한 타당한 이유가 전혀 없음'에도 그것을 진리로 믿으신다면, 그런 허황된 믿음을 고수하는 본질적인 까닭, 또는 목적은 무엇입니까?"

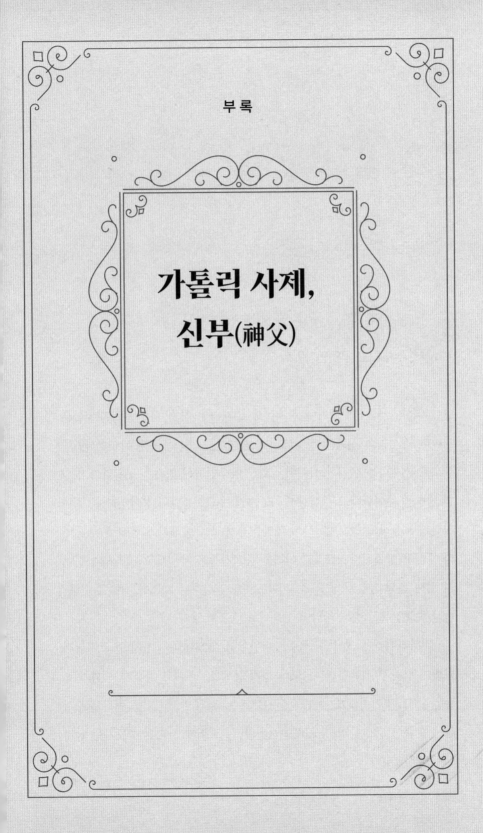

부록

가톨릭 사제,
신부(神父)

■ 사제, 누구이고 무엇인가?

인류 역사 안에 생멸했거나 현재에도 존재하는 각기 다른 종교전통들은 저마다 자신들의 신화적 상상에서 도출해 낸 초월적 존재로서의 신만이 참으로 존재하는 유일한 신이며, 그 신만이 인간의 영혼을 구원하고 영원한 생명을 부여한다고 주장한다. 또 자기 종교전통만이 신이 내려준 절대진리를 보유하고 있으며, 신은 자신들의 종교를 통해서만 신적 은총을 내려 준다고 강조한다. 그리고 이러한 종교전통을 유지하고 지속시켜 나가기 위해 종교 계승자 또는 종교 지도자를 양성하는 체제를 갖추고 있다. 숱한 종교전통들 중의 하나인 가톨릭도 다르지 않다.

우리나라에 천주교가 도입된 1784년부터 2023년 현재까지 한국 가톨릭교회에서 사제 서품을 받아 교회 성직자[사제, 신부]로 등록된 사제의 총수는 6,622명이며(2022.3.1. 한국천주교주교회의 발표), 그중 현직에 종사하는 수는 3,500여 명 정도로 추산된다. 수도회에 소속된 수도자는 남녀 포함 1만 7천여 명이며, 교구는 국가 행정 구역을 기준으로 16개로 나뉘어 있다. 각 교구는 지역 교구장 주교에 의해 독립적이고 자치적으로 운영되며, 한국 천주교 전체에 관련된 사안은 주교들의 의결 기구인 한국천주교주교회의(한국천주교중앙협의회. CBCK)의 결정에 의해 정해지거나 조율된다.

사제는 가톨릭교회가 자체 운영하는 7개 사제 양성 교육기관(신학대학)을 통해 배출되며, 서품 후에는 본인이 소속된 교구의 교회 관련 제반 업무를 총괄하는 교구청(교구장은 주교이고, 사제는 처 · 국 · 부 등으로 나뉘는 실무 단위의 책임자 직무를 수행하며 주교를 보좌한다), 지역 교구에서 운영하는 각종 시설(사회 복지 기관, 신문사, 방송국, 병원, 학교 등)에 근무하거나, 개별 본당에서 본당 소속으로 등록된 신자들을 대상으로 신앙을 지도하고 종교 업무(미사 집전이나 세례식 집전 등)와 관련된 사목 활동을 하게 된다. 사제 인사권은 각 교구별 교구장의 고유 권한이며, 임지 부임 후 4~5년 단위로 임지를 옮긴다. 사목 현장에서의 은퇴 연령은 교구마다 차이는 있지만 대략 70세 전후로 현직에서 물러나게 된다. 은퇴 후에도 사제 신분은 유지된다. 본 장에서는 포괄적인 개념의 사제, 신부에 대해 살펴보겠다.

한국 천주 교회사와 사제
―

가톨릭은 자신의 신앙을 지키기 위해 천금보다 무거운 목숨을 버린 순교자들을 모범적이고 용맹한 신앙인으로 미화하고 성인으로 추대하기도 하지만, 그들이 이집트나 마야 문명이 숭배한 태양신이 허구였듯이 야훼가 그리스-로마 신화에 등장하는 신들과 다를 바 없는 허구임을 알았더라면, 초개처럼 무가치하게 목숨을 버리는 어리석은 선택을 하지는 않았을 것이며, 목숨이 다하는 날까지 행복하고 보람된 인생을 향유했을 것이다. 필자는 순교자들에게 연민을 느끼며, 지금이라도 그들을 무의미한 죽음으로 몰아세운 교회가 역사와 순교자들 앞에 머리 숙여 사죄하는 것이 지극히 타당하다고 생각한다.

조선 시대에 유입된 가톨릭 신앙은 조상을 공경하는 유교적 민족문화 전통을 무시하고 혹세무민(惑世誣民)에 앞장서는 사교(邪敎)로 지목되어 박해의 대상이 되었다. 18세기 중반에 중국을 통해 들어온 천주교 관련 서적들을 처음으로 접한 실학자들은 천주교가 말하는 천주(天主)가 동양철학 사상에서 언급하는 천(天), 상제(上帝)와 동일한 개념의 존재라고 생각했고, 그러한 이해에서 천주교(가톨릭)을 수용했다. 민중은 강력한 신분 제도의 틀에 갇혀 자신의 신분과 처지를 숙명으로 받아들이며 고된 삶에 몸부림치던 중, 하늘 아래 인간은 모두가 평등하며 누구나 소중하고 존귀한 존재라고 위로하는 천주교 가르침에서 위로를 얻었고, 무엇보다 이승에서의 고된 삶의 역경을 이겨 내고 야훼를 섬기면 천국에 들어갈 수 있다는 달콤한 약속에 천주교를 받아들였다. 그들은 평소에도 가혹하고 비합리한 신분 질서가 뒤엎어진 세상이 오기를 간절히 염원했을 테지만, 그런 것은 꿈으로 끝날 수밖에 없는 부질없는 생각이라고 낙담하며 하루하루를 견뎌 내고 있었을 것이다. 그런 상황에서 때마침 찾아온 천주교가, 모두가 염원하는 꿈같은 세상이 꿈이 아니라 실제로 들어갈 수 있고 얻을 수 있는 실재라고 주장하는 것을 굳이 거부할 이유가 없었을 것이다. 그 말이 사실이 아니라고 하여도 더 이상 잃을 것이 없는 상태였을 것이기 때문이다.

신화가 갖는 힘은 우리가 생각하는 것보다 훨씬 강력하다. 신화는 신화를 실제 사실로 믿는 이들을 잔악한 테러범으로 만들기도 하고, 자기 자녀를 희생 제물로 바치는 것을 영광으로 여기게도 만들며, 자기와 다른 신화를 믿는 이들을 처참하게 학살하는 것을 신에 대한 헌신을 드러내는 위대한 행위로 추앙하게 하기도 한다.

신화를 실제 사실로 믿는 사람들은 자신의 믿음이 헛된 것이 아니기를 바라는 마음이 크면 클수록 더욱 강하게 집착하는 경향을 보인다. 자신의 판단이 어리석은 것으로 드러나는 것이 두렵고, 자신의 믿음에 쏟은 열정과 노력이 무위로 끝나는 것을 결코 받아들일 수 없는 까닭이다. 그래서 그들은 자신이 믿는 바가 믿는바 그대로의 사실로 드러나길 눈물겹게 염원하며 더욱더 허구에 매달리게 된다. 하지만 그런 일은 결코 일어나지 않는다. 신화는 신화일 뿐이고, 신화 속의 초월적 존재는 허상이기 때문이다.

사교를 버리라는 조선 정부 당국의 권고를 받아들이지 않고 박해의 칼날을 온몸으로 받은 가련한 사람들은 꿈으로 끝나고 말 천국을 상상하며 목숨을 버렸고, 아이러니하게도 더 이상 고난의 인생길을 걸을 필요 없이 가톨릭이 약속하는 천국에 즉시 갈 수 있는 기회가 주어졌음에도 불구하고, 이를 거부하고 살아 있는 목숨을 지탱하기 위해 피난길에 나선 사람들이 있었다. 더구나 그들은 가톨릭에서 말하는 영생의 약속을 믿는다고 입으로는 말하면서도 혹여나 누군가 자신들을 고발하여 체포되고 끌려가 죽게 될지도 모른다는 두려움에 전전긍긍하며 첩첩산중으로 몸을 피했다. 이러한 태도에 대해 가톨릭은 '성서에서 예수가 환난이 닥치면 슬기를 다해 피하라고 명한 말씀(마태 24,15~18; 마르 13,14; 루카 21,21)을 따른 것뿐'이라고 말한다. 앞뒤가 맞지 않는 모순이다. 그런 설명이라면 박해의 칼날을 피하지 않고 목숨을 내놓은 순교자들은 말씀을 거역한 불순한 자들이라는 말이 되고, 목숨을 부지하며 사는 것이 천국에 갈 수 있는 기회를 놓치는 것보다 더 큰 가치라는 것을 인정하는 말이 된다. 사람들의 눈을 피해 깊은 산으로 피신한 천주교인들은 도자기를 굽거나 화전을 일구며 끊을 수 없는 목숨을 끝까지 부지하며 살았고, 그들에 의해 천주교는 명맥을 유지하며 전수될 수 있었다.

　가톨릭 종교전통의 특징은 신에게 바치는 종교의식[典禮] 중심이므로 제사장인 사제 없이는 명맥을 유지하기가 불가능에 가깝다는 것이다. 이런 특성 때문에 교회에서 사제, 곧 신부(神父)는 중요한 존재로 인식된다. 초기 한국 교회는 사제가 없거나 부족할 때는 중국이나 프랑스를 통해 사제 파견을 요청했고, 사정이 여의치 않은 경우에는 가톨릭 규정에 없는 가성직제(假聖職制)를 운영하며 종교전통을 고수하고자 했다. 각고의 노력 끝에 초기 한국천주교회는 외국에서 선교사로 파견되어 온 사제들의 도움으로 신학교를 개설하여 한국인 사제를 양성하는 시스템을 갖추면서 교세를 확장하고 교회 조직을 갖추는 기반을 조성할 수 있었다. 일제 강점기가 지나고, 6.25전쟁 때에는 종교를 부정하는 공산군에게 사제들과 신자들이 고초를 겪기도 했는데, 만일 전쟁에서 공산주의가 승리하여 국가 체제가 공산화되었다면 가톨릭을 포함한 모든 종교전통이 소멸되었겠지만, 자유 민주주의 국가를 수호한 정치 덕에 종교전통을 계속 유지할 수 있게 되어 오늘에 이르렀다.

가톨릭 사제 양성

—

가톨릭 제사장인 사제(신부)가 되기 위해서는 까다로운 절차를 거쳐 사제 양성 기관인 신학대학(가톨릭대학 신학과, 통칭 신학교라 칭한다)에 입학하여 7년(학부 4년, 대학원 3년) 과정의 학업을 마쳐야 한다. 그 기간 중에 군 복무를 마쳐야 하므로 사제 양성은 10여 년의 기간을 요한다.

신학교는 가톨릭교회의 지도자를 양성하는 기관이므로 사제에게 필요한 학업 성취에 중점을 두면서도, 개인의 인간관·대인관·사회관·역사관 등 본질적인 심성과 가치관을 중요한 덕목으로 여기고, 사제직에 대한 소명 의식 고취 및 언행에 있어서의 기품과 예의, 타인에 대한 배려심과 희생심을 함양하도록 교육한다. 사제직 지원자들은 대부분 천주교를 '정통 종교'로 여겨 신봉해 온 가정 출신이고, 집안은 천주교가 아니지만 스스로 천주교를 받아들이고 득심(得心)하여 사제직을 지망하는 사람들도 간혹 있다. 학교생활은 전원 기숙사에 입사하여 공동생활을 하며 엄격한 규율로 통제된다. 그리고 매 학기가 끝나면 교수 신부들로 구성된 사정회(査定會)에서 각 학생들에 대한 성적과 품행, 인성에 대한 평가가 이루어지고, 이를 통과하지 못하면 퇴학 처분을 받게 된다.

그동안 봐 왔던 신학생들의 유형을 보면 — 호도된 허구의 신조를 진리로 받아들이는 착각에서 비롯된 것이지만 — 진정으로 야훼를 살아 있는 최고의 신으로 숭배하고, 그와 교회를 위해 일생을 다해 헌신하겠다는 투철한 소명의식으로 사제직을 지망했던 사람들이 대다수였던 것은 분명하다. 하지만 표면상으로는 사제직에 남다른 동경과 소명의식이 있어 보이지만 막연히 '신부가 되는 것도 괜찮겠다'는 생각으로 입학한 사람도 있었고, 사회에서 별 볼 일 없는 직업을 갖고 사는 것보다는 가톨릭 사제 신분으로 사는 것이 사회적 지위도 인정받으면서 생계에도 안정적이라는 지극히 현실적인 생각으로 입학하는 사람도 없지 않았다. 그리고 가정 형편이 어려워 자식 교육을 뒷받침할 수 없는 집안에서 궁여지책으로, 교회의 지원을 받아 신학교에서 공부도 하고, 신부가 되면 장래도 보장되니 신학교에 보내서 들어온 사람도 없지 않았던 것으로 보인다. 이런 현상은 지금도 큰 변화가 없을 것이라 생각된다.

일단 신학교에 입학한 학생들은 신부가 되는 것이 목표이므로 대부분 성실한 모습으로 학교생활에 임하고, 향후 사제로서의 자신의 모습을 갖추어 나가는 데 최선을 다한다. 그런데 내심이야 어떤 상태인지는 알 수 없지만, 표면상 드러나는 행동이나 자세는 교육 방침이 요구하는 틀에 맞추어 성실하게 생활하는 것 같은 모습을 보이는 학생들도 없지 않다. 일단 학교에서 요구하는 일정 수준의 학과 성적을 유지하고, 생활 태도와 대인 관계에서 문제가 될 만한 면모가 드러나지 않도록 주의를 기울여야 무사히 학업을 마치고 신부가 될 수 있기 때문이다.

사람의 내적인 사고나 의식은 누구도 알 수 없으며 또한 언제든지 가식적으로 위장할 수 있고, 경우에 따라서는 상대방이 원하는 방식으로 꾸며낼 수도 있다. 그래서 어떻게든 일단 신부가 되어야 뭘 하든 할 수 있는 상황이므로, 위장된 가식의 틀 속에 자신의 본 모습을 숨기고 숨죽이며 생활한 후 신부가 되면 한 개인의 본모습과 본색이 표면으로 돌출되어, 서품 이후의 삶의 태도와 가치관의 인식이 신학교 학생 때와는 사뭇 다른 모습을 보이는 경우도 간혹 있다.

신학교에서는 사제 신분의 세 가지 신원에 대해 교육한다. 그 첫째는, 사제는 사제 이전에 한 사람의 가톨릭 신앙인이므로 애덕(愛德)의 완성을 이룬 모습이어야 한다는 것이다. 가톨릭에 의하면 예수는 사랑의 원천이며 사랑의 표본을 보인 신이므로, 예수의 삶을 추종하는 신앙인은 애덕을 실천하는 사람이고 신앙인의 근본 삶의 자세는 애덕을 함양하는 데 있다. 따라서 사제는 그 애덕의 완성된 모습을 모범적으로 실천하고 보여 주는 신원이라는 것이다. 두 번째는, 사제는 신자들을 대표하고 신자들을 대신해서 기도하는 사람이라는 것이다. 그래서 사제는 성무일도(聖務日禱)라는 기도를 매일 정해진 시간에 바쳐야 할 의무가 있고, 자신에게 영신적 책임이 맡겨진 신자들을 위해서 그리고 그들을 대신해서 기도해야 할 책임과 의무를 갖게 된다. 세 번째 신원은 그리스도의 대리자로서의 직무를 수행하는 사람이라는 것이다. 교회가 사제를 필요로 하는 이유는 예수가 행했던 일들을 대행하는 것이다. 즉 전례를 거행하고 성무를 집행하며, 신자들을 가르치는 것이다. 따라서 사제는 매일 미사를 봉헌하고, 교회가 정한 세례나 고해 의식 같은 성사(聖事)를 집전하고, 신자들에게 교리나 성서를 가르치는 등의 직무를 수행할 의무를 갖게 된다. 하지만 그 어떤 것도 제3자에 의한 평가의 대상이 되지 않으며 구속력도 갖지 않는다. 원칙적인 지침은 제시되지만 그 실행 여부는 사제 개개인의 판단에 의한 자율적인 시행에 맡겨진다.

가톨릭 사제들은 서품식(敍品式)이라는 의식을 통해 교회 내에서 성직자라는 특별한 지위에 오르고 신부(사제)라는 신분을 갖게 된다. 그런데 이러한 삶의 형태와 신분의 변화는 사제들로 하여금 자신들이 평범한 세상 사람들과는 다른 차원에서 살아가는 특별한 존재라는 분리 의식과 특권 의식을 갖게 하는 동기가 되고, 자칫 왜곡된 경우에는 가톨릭 성직자를 사회적으로 존중해 주는 사회 환경에서 사제 자신이 특권층에 속한 귀족적 신분에 편입된 듯한 망상된 의식을 갖게 하는 원인으로 작용하기도 한다. 그래서 왜곡된 의식을 가진 신부들 중에는 사회 상류층 사람들의 삶을 모방하려는 습성을 보이는데, 예를 들면, 고급 승용차를 타는 것으로 자신의 존재성을 드러내려 하거나, 자신도 고가의 고급 식당에서 식사 정도는 할 수 있는 위치에 있다는 것을 보여 주고자 하는 세속적이고 유치한 면면을 보인다. 닦이지 못하고 다듬어지지 못한 인성적·성품적 결함일 것이다.

서품된 사제는 교회에서 신자들에게는 영혼의 아버지(Father)이고, 종교 의식의 집전자이며, 각종 사안에 대한 최종 의사 결정권자의 지위를 가지므로 신자들은 신부를 존경하고 그를 최고의 윗사람으로 대우하며, 그에게 절대 순종해야 한다는 가르침을 받고, 신부를 비난하거나 비판해서도 안 된다는 교육을 받는다. 그런 환경이다 보니 간혹 권위 의식에 도취되거나 안하무인격인 행태를 보이는 신부들이 등장하는 것은 어쩌면 당연한 것인지도 모른다.

제도교회 체제와 사제의 삶

—

일선 일반 사제의 삶은 어느 누구도 감시하거나 통제하지 않으며, 교회기관의 평가를 받는 것도 아닌 모습이다. 자기 스스로의 사제적 양심에 따라 생활할 것이라고 막연히 기대하며 방치한다고 해도 결코 과언이 아니다. 그렇다 보니 신부들이 사는 모습은 천차만별이다. 교구청이나 기타 기관에 소속되어 임기를 보내는 신부들은 일반 직장인들과 같은 패턴으로 정시에 출퇴근하면서 직무를 수행하지만(그래서 대부분의 신부들은 이런 직무를 기피한다), 개별 본당 사목 직무를 맡는 신부들의 경우, 일반 회사나 직장처럼 매일매일 처리하거나 담당해야 할 업무가 일정하게 주어지거나 정해져 있는 것이 아니므로, 본당 상황 — 위치(시골, 도시), 신자 수, 재정 상태 등 — 에 따라 본인이 어떤 업무를 스스로 기획해서 실행하지 않는 한, 하루에 30분 정도 소요되는 미사 한 대(성무일도는 사적 의무이고, 매일 미사 한 대를 집전해야 하는 것이 유일한 공적 의무다)만 집전하고 그 외 시간에는 아무것도 하지 않아도 되는 경우도 있다. 상황 따라 자기 편의대로의 삶이 가능한 것이다.

본당 주임 신부에게는 본당 내에서 이루어지는 (미사, 고해성사, 혼인식, 장례식, 세례식 등의) 전례집전과, (성가대, 전례부, 여성회 등의) 각종 활동 단체 및 신심 단체의 지도, (성서 교육, 초심자 교육 등의) 교육, (성지순례, 경로행사 등의) 행사 운영, 본당 재정 관리 등의 업무가 주어지지만 모든 본당에 동일하게 적용되는 것은 아니다. 본당마다 상황과 처지가 각기 다르기 때문이다. 그래서 업무 수행에 분주한 사제도 있지만, 미사 한 대만 겨우 집전하는 것이 하루 일과의 전부인 경우도 있다.

사제들은 교회 안에서 생계와 재정적 안정성이 보장된 상태에서 생활하게 된다. 각기 교구에 소속된 신부들은 — 교구마다 편차가 있기는 하지만 — 모두 소속 교구에서 책정한 일정한 금액의 보수(성무활동비와 생활비)를 수령한다. 그렇다고 해서 사적 경비를 도시 대규모 본당의 사제는 많이 지출하고 시골 소규모 본당의 사제는 적게 지출하게 되는 것은 아니다. 사제가 공적으로 사용하는 제반 경비는 교회 재정에서 편성된 예산 규모에 따라 지출되므로, 각 개인이 수령한 금액은 개인의 생활 양태에 따라 자율적으로 활용되는 개인 경비다.

개신교 목사들은 각자가 개별적으로 운영하는 교회가 생계의 수단이므로 교인 확보를 위한 여러 방안을 모색한다. 반면에 가톨릭 신부는 본당 신자 수의 증감이나 재정상의 문제와 무관하게 생계가 보장되므로 — 본당 재정이 사제 활동비를 지급하기에 부족하면 교구청에서 지원된다 — 본인의 생계 문제에 어떤 절박감을 가질 필요가 없고, 굳이 신자 수를 늘리기 위한 활동을 기획하거나 행할 필요성도 별반 느끼지 않으며, 신자들을 대상으로 교육 프로그램을 개설하여 지도하는 것을 성가시고 귀찮은 일로 여기는 경우도 있다. 이렇게 특별한 업무를 수행하지 않아도 매달 정해진 날짜에 꼬박꼬박 성무 활동비와 생활비가 지원되고, 전기 요금이나 건강 보험료 등의 공과금을 교회에서 납부해 주는 것은 물론 사제관(신부가 생활하는 숙소)에서의 식사 준비나 청소 · 세탁 등의 업무를 담당하는 직원과 그 직원에 대한 인건비를 지원받고, 의료적 치료 경비는 질환 성격에 관계없이 전액 교회에서 결제하므로, 일반 직업으로 본다면 꽤 안정적이고 좋은 직종에 속한다고 볼 수 있다. 사제들에게는 은퇴 이후에도 거주할 숙소와 생활비 및 가사도우미가 임종 시까지 지원된다.

사제로 사는 것이 무슨 대단한 것을 요구받는 것은 아니다. 전문적이고 능숙한 기술력을 요구받는 것도 아니고, 끊임없이 어떤 연구 성과를 생산해 내야 하는 직종도 아니다. 단지 서품식을 통해 부여받는다는 신권(神權)으로 정해진 종교 의례를 거행하고, 종교적 범주 안에서 일정한 틀 속에 구축된 신학적 지식을 전수하는 것이 그들의 주요 업무다. 어떤 신부가 쓴 글이 사제들이 갖고 있는 가치관과 그들이 신자들에게 호도하는 뜬구름 같은 인생관을 잘 보여준다. "나는 영혼불멸론을 믿는다. 내가 죽으면 내 육신은 소멸하고 폐품 처리된다. 야훼는 나의 생애에서 나의 인품과 인격 · 사람됨을 거두어 갈 것이다. 나는 허무적인 무로 사라지는 것도 아니요, 보편적 원리로 환원되는 것도 아니다. 영원한 분을 뵈러 가는 것이다. 어디 그분만일 소냐, 먼저 간 친족 · 친지 · 친우들, 그리고 아득하면서도 그리운 조상님들을 만나보러 가는 것이다."[1]

　만일 야훼가 참으로 존재하는 궁극적 실재로서의 신이고 영혼이 존재한다면, 사제직은 충분히 의미를 부여할 만한 값진 직분임에는 분명하다. 한 인격체의 구원과 영생에 직결된 중요한 직무를 수행하는 것이기 때문이다. 하지만 문제는 그것이 허구이며 허상이라는 것이다.

안정된 직업으로서의 사제직

—

가톨릭의 선량한 신자들은 교회의 사제들 — 날조된 문서 위에 설립된 거짓 종교에서, 실체가 없는 신과 구원과 영생이 실재하는 것처럼 허구로 호도하는 일에 종사하는 이들 — 이 투철한 소명 의식을 갖고 있으며, 신실하고 윤리 도덕적으로 정결하다고 여기고, 사제들이 세속적인 욕망을 버리고 자신의 일생을 교회와 신자들을 위해 헌신하는 삶의 태도에 존경의 마음을 갖기도 한다. 하지만 신자들이 바라보는 사제상과 사제들이 생각하는 삶의 가치관이 현격한 차이를 보이는 경우도 있다.

　이런 생각을 해 본다. '치열한 경쟁 사회에서 어정쩡한 직장 생활을 하면서 근근이 살아가느니, 차라리 든든한 교회 울타리의 보호막 아래서 신부로 사는 것이 낫겠다고 생각하여 사제가 된 A는, 교회에서 신부라고 치켜세워 주고 우러러봐 주는 것에 몹시 흡족해 하고, 결혼을 하지 않고 독신으로 지내는 것을 외로움보다는 자유로움으로 느낀다. 가정을 꾸리고

---

[1]　『죽음이란 무엇인가』(한국종교학회, 2009), 중 「죽어도 임과 함께, 살아도 임과 함께」, 정양모, p. 200.

유지해 나가기 위해 지탱해야 하는 부담을 지지 않아도 되고, 자녀를 양육하고 성인이 될 때까지 뒷바라지해야 할 필요도 없으니 오직 자신만을 위해서 시간과 재화를 활용하는 것 자체를 즐기는 것이다.

하루 고작 30분 정도, 그것도 신자들 앞에서 '미사경본에 쓰인 글자'를 반복해서 읽는 것(미사집전) 외에 아무것도 하지 않아도 일당 10여만 원 정도를 수령하는 삶이니 시간적·재정적 여유가 넉넉하고, 하는 일을 통해 무언가 성과를 내야 하는 직종에 종사하는 것이 아니니 스트레스를 받을 일이 없으며, 자기 취미 생활에 몰두하거나, 동료 신부들과 한 주일에 두세 차례 골프를 즐기거나 여행을 떠나고, 재정적 압박감 없이 원하는 물품을 구입하고, 하고 싶은 일이 있으면 어느 누구의 눈치도 보지 않고 행할 수 있는 자신의 삶을 대단히 만족스럽게 여긴다. 또 기도하는 것을 누가 감시하거나 기도 생활에 충실하지 않는다고 비난하는 사람도 없으니 기도를 하지 않아도 되고, 평일에도 정해진 시간에 일어나 출근해야 할 일이 없으니 요일과 관계없이 아침 늦게까지 늦잠을 즐길 수 있고, 밤 늦도록 술을 마시거나 여흥을 즐기는 삶을 흡족하게 여긴다. 세련된 탐욕의 변형된 형태이지만 그는 자신의 취미 생활이나 고급 승용차 구입을 위한 목적에서 돈을 모으고, 어떤 신자가 혹시 용돈으로 쓰라고 촌지를 주지는 않을까 하는 '거지 근성'(남이 자기에게 무엇인가 주기를 은근히 바라는 천박한 심리)이 자기 안에 있다는 것도 알지만 대수롭지 않게 여긴다. 그는 천주교 신부라는 신분으로 권위를 내세울 수도 있고, 교회와 사회로부터 종교 성직자 신원으로 존경과 예우를 받는 현실 상황 속에서 허세를 부릴 수도 있는 것에도 극도로 만족해 한다.' 생각일 뿐이지만 만일 이런 사고를 갖고 살아가는 사제가 있다면 참으로 서글픈 일일 것이다.

필자가 만나 본 사제들 중에는 겸손하고 매사에 조심하는 사람들도 많았다. 하지만 개중에는 세상을 만만하게 보는 사람들도 없지 않았다. 젊을 때부터 교회의 사제라는 이유로 주변에서 떠받들어졌으니 본인이 스스로 경계하지 않으면 자신도 모르게 오만함에 빠질 수 있는 것이 신부라는 신분이다. 필자가 목격한 몇몇 사제는 사제라는 의식이 결여된, 일반 사회인과 유사한 사고를 지닌 모습을 보이는 경우도 있었다. 미사를 집전하기 위해 자신이 사제가 되었다는 인식이 아니라, 역으로 미사를 집전하는 것이 자신에게 주어진 업무이기 때문에 수행하는 자세를 보이는 경우가 좋은 예가 되겠다. 그런 의식을 가진 사제가 보여주는 삶의 모습은, 자신이 신부라는 신원을 드러내거나 권위를 내세우는 것을 즐기면서도 삶의 형태나 가치관은 일부 천박한 부류의 사람들과 크게 다르지 않다는 것이다. 그런 행태는 신부가 신앙이 없어도 교회 안에서 신부 신원을 흉내 내고 신부가 해야 할 '일'만 수행하면 교회의 우산 밑에서 자동으로 생계를 보장받을 수 있다는 현실 상황에 대한 인식과, 그것만 잘 활용한다면 자신의 삶을 보다 풍요롭고 윤택하게 누릴 수 있게 된다는 삶의 방편을 터득한 결과에서 자행된 것이라고 생각된다. 인생을 충분히 즐기기에는 교회 사제직만 한 것이 없다는 왜곡된 인식일 것이다.

하지만 사제의 삶을 본질적인 측면에서 바라보면, 존재하지 않는 허상의 신을 실재로 믿도록 호도하는 직업으로서의 그들의 삶의 방식은 재고가 요청되고, 신의 이름으로 포장된 허구로 타인을 기만하는 것에 아무런 죄의식이나 수치심을 느끼지 못하는 사제들의 모습은 비난받아 마땅하다 할 것이다. 이런 상황에서 작금의 사제직은 '특정 계층에 속한 사람들의 생계와 놀이를 위한 안정된 직업으로 전락한 것은 아닐까' 우려되는 마음이고, 교회 또한 사제들의 놀이터로 전락한 것은 아닌지 염려되는 마음이다. 아니 초기 교회 기원부터 그것이 성직자들의 본 모습이었을지도 모를 일이다.

앞에서도 언급했지만 상기의 굴절된 사고방식으로 삶을 영위하는 사제직의 존속이 가능한 것은 — 천국이나 영생, 영혼, 신 같은 것은 종교적 환상과 인간적 욕망이 만들어 낸 허구임에도 불구하고 — 교회가 말하는 것은 무엇이든 참된 진리로 믿어 구원과 영생을 얻게 될 것이라고 기대하면서, 교회의 사제를 무비판적으로 존중하여 떠받들고 그들의 헌금 요구나 교회를 위한 노동력 봉사의 요구를 마다하지 않는 신자들이 존재하기 때문이라는 것을 지적하지 않을 수 없다.

사회인과 종교인

—

사회 구성원의 일원이면서, 동시에 사회 다방면의 전문 직종에 종사하는 것을 통해 사회 발전과 인류 복지의 향상을 위해 노력하는 일반 사회인들이 여가나 취미 생활의 일환으로 혹은 내세와 구원에 대한 희구로 신을 숭배하는 신앙생활을 하는 것과, 종교 사상에 심취해서 일체의 것을 포기하고 종교에 매진하는 삶에 뛰어든 종교인(종교 성직자나 교무자, 교직자 등을 편의상 '종교인'으로 통칭하자)에 대해서는 구분지어 바라볼 필요가 있다.

사회인들은 일차적으로 자신의 생계유지를 위해 직업 전선에 뛰어들지만, 각자가 수행하는 업무를 통해 사회 발전과 인간 삶의 질 향상에 나름 기여하는 모습으로 살아간다. 건축에 종사하는 분들의 수고는 아름답고 생활하기에 편리한 건축물을 만들어 내고, 용접에 능한 사람들은 유조선과 무역선을 만들어 물동의 흐름이 원활히 이루어지도록 기여하며, 과학자들은 새로운 기술과 제품의 개발을 통해 사람들이 보다 편리하고 안락한 삶을 누릴 수 있도록 돕는다. 그 외에도 사회의 각기 다양한 모든 직종에 종사하는 사람들은 누군가 타인에게 도움이 되고 국가의 질서 유지와 경제 활성화에 유익한 노동력을 제공한다. 뿐만 아니라 인류 생존을 존속시키고 경제 활동 및 사회 유지 업무에 종사하게 될 후손을 낳아 양육하고, 그들이 자신의 역량을 함양하도록 키워 내는 신성한 역할을 수행한다.

반면에 종교인은 사회와 단절된 무풍지대(無風地帶)에서 각자가 믿는 종교 신념에 따라 어떤 깨우침을 추구하거나, 자신이 신봉하는 종교 사상을 전파하는 것에 오롯이 투신하는 삶의 몫을 선택한 사람들이다. 불교 승려나 가톨릭 사제와 수도자(수사, 수녀), 개신교 목사, 원불교 정녀 등이 그들이다.

종교 문화에 관대한 우리 사회는 대체로 종교적 이상과 이념에 따라 그런 삶을 선택한 종교인에 대해 존경의 마음을 갖는다. 유사한 삶의 길을 선택한 종교인들도 각자가 신봉하는 종교와 무관하게 타 종교인의 삶을 상호 존중하는 모양새를 보인다. 그런데 신이 있다면 신은 속성상 단 하나만 존재할 것이므로, 논리적으로는 종교인들 중에 존재의 정당성을 갖는 종교인은 단 하나 특정 종교의 종교인일 수밖에 없고 ─ 종교인들 스스로도 각자 자신의 종교만이 참 종교라고 강조하고 있으니 ─ 나머지 모두는 허구나 거짓을 진리로 호도하는 삿된 삶을 사는 위선과 가식의 존재들이라고 볼 수밖에 없다. 따라서 범신론주의자가 아닌 이상, 자기가 속한 종교전통의 종교인이 아닌 타 종교인들은 허구적 논리로 건실한 사람들을 미망에 빠뜨리고 그들의 영혼을 현혹시키는 사악한 무리이므로 타도의 대상이지 존중의 대상이 될 수는 없는 일이다. 그렇다면 다양한 종교의 종교인들 중에 누가 칭송받고 존중받아 마땅한 종교인이고 누가 삿된 위선자인가?

모든 종교는 진리를 추구하므로 최종적으로 신의 보편 진리성 안에 통합된다는 어설픈 논리로 상호 존중성을 수용한다면, 자신의 종교전통만이 참된 진리를 담고 있다는 주장은 불가능하며 선교나 전교의 당위성도 소멸된다. 아무 신, 아무 종교나 믿으면 될 터이므로 군이 특정 신만이 '참' 유일신이라고 주장하고, 그 신만을 신봉해야 한다고 주장하거나 강요할 수는 없는 것이다.

하지만 더 큰 문제는, 우주 만물을 창조하고 세상의 질서를 관장하며, 인류의 역사를 종말론적 미래로 이끌어 가고, 죽은 이에게 영생을 부여한다는 신은, 그가 어떤 이름으로 호칭 되는 신이건 존재하지 않고 실체가 없는 허구의 존재라는 사실이다. 따라서 무신론자의 입장에서 냉철한 시각으로 바라보면, 어떤 종교를 신봉하는 종교인이건 그들은 종교적 망상과 자신이 믿는 신만은 실재한다는 공상과 착각 속에 허상을 좇는 낭비적인 인생이며, 허구로 사람들을 현혹하고 미망에 사로잡히게 하는 소모적인 삶을 사는 사람들이라고 할 수 있다. 이렇게 말할 수 있는 것은 — 본문을 통해 살펴보았듯이 — 각 종교전통이 그 존재성을 주장하는 신은 인간 이상형의 투사에 불과하고, 살아 움직이는 인격체로서의 신이 실재한다는 객관적인 증거가 없으며, 그 종교인들이 각기 설파하는 종교 사상이 증명될 수 없는 추정과 가정과 상상으로 구축된 것일 따름이기 때문이다. 또 그들이 말하는 종교적 전망이 현실로 구체화된다는 보장이 없고, 종교인 개개인이 아무리 뛰어난 지성과 출중한 능력이 있다고 하더라도, 인류와 사회 발전에 기여하는 바는 전무하다고 해도 과언이 아닐 것이기 때문이다.

각 분야에서 인류 발전에 큰 업적을 남긴 이들이 종교인이 아니었다는 것은 주지의 사실이다. 그러므로 표면적으로는 고결해 보이고 고상한 삶을 사는 것처럼 보이는 종교인들의 삶 자체는 당사자의 '자기만족' 외에 실제로는 허상을 좇는 것으로 소일하는 낭비적 인생이며, 나아가 사회나 사회 구성원 어느 누구에게도 아무런 도움이 되지 않는 무가치하고 헛된 삶이기에, 단지 종교인이라는 그들의 신원은 존경의 대상일 수 없고, 소중한 인생을 그런 방식으로 허비하는 그들에게 안쓰러움과 안타까움의 마음을 갖지 않을 수 없게 된다.

후배 K사제에게 드리는 권고

—

"가톨릭 사제로 살고 있는 그대에게 몇 가지 권고를 드리고 싶네.

익히 알고 있듯이 사제직은 가톨릭에서 존재한다고 선언적으로 주장하는 신 야훼에게 제사를 드리기 위해 마련된 직분이고, 제도 교회를 유지하고 이어가기 위한 한 방편으로 만들어져 유지되는 직위라는 것을 자네도 잘 알고 있을 것이네. 사제는 제사장이며 동시에 교회 구성원을 지도하고 관리하며 신앙의 결실인 구원에 참여하도록 인도하는 직무를 수행하는 자리인 것이지.

사제로 살아가는 그대는 분명 야훼를 신으로 믿고, 야훼가 바란다고 생각하는 인류의 구원을 위해 헌신하는 삶에 보람과 행복을 느끼며 미련 없이 충실을 기하며 살고 있노라고 자부하는 마음을 가질 것이네. 또 부족함이 많고 인격적으로 모난 부분도 많지만, 야훼의 은총과 성령의 돌봄 — 그런 것이 있다고 막연히 상상하는 것일 테지만 — 과 교회의 보호 아래 부족함 없이 인생길을 무난히 걸어온 것을 감사히 여기겠지. 사제로 사는 삶이 '신이 존재한다면' 충분히 가치 있고 의미 있는 인생임에는 틀림없네.

하지만 존재한다고 믿는 야훼가 실체가 없는 관념일 뿐이라고 한다면 얘기는 크게 달라지지. 일평생 동쪽으로 가면 목적지 항구가 있다는 생각에 온갖 풍파를 헤치며 힘껏 노를 저어 왔는데, 막상 그 항구라는 곳에 다다르고 보니 그 목적지가 항해 지도에 잘못 표기된 허구였거나 예정된 목적지가 아니라면, 일평생 노력해 온 수고는 무위로 돌아가고 마는 것일 뿐만 아니라 무의미하고 어리석은 일이 되고 말 것이네. 뿐만 아니라 목적지는 분명하니 자기만 믿고 따라오라고 호도하며 선원들을 기망하며 살아온 자신의 오만과 어리석음에 수치심과 분노를 느낄 것이야. 물론 허망하기 그지없는 마음을 스스로 위로하고 스스로를 합리화하기 위해 항해 도중에 선원들과 함께 공유한 경험과 시간을 추억하며, 그나마 그런 추억과 행복한 기억이 있어서 다행이라고 여기고 그것으로 위안을 삼을 수도 있을 것이네. 하지만 그런 위안이 본질은 아니며 어리석은 항해를 정당화시켜 주지도 못하지. 항구가 없다는 것을 처음부터 알았거나 착각하지 않았다면 무위로 끝나는 무모한 항해에 뛰어들지도 않았을 것이며, 인생을 무의미한 항해로 허비하지 않고 보다 더 나은 몫으로의 인생길을 걸어왔을 것이기 때문일세.

사제로 살아온 인생, 야훼가 허상의 존재이며, 예수가 가상의 인물일 따름이므로 정작 그대의 인생은 무엇이었는가? 하고 묻지 않을 수 없네. 한 번 사는 인생, 야훼가 없다고 해도 가톨릭교회 사제라는 신원에 기대어 한 인간으로서 충분히 누리고 즐기고 향유한 삶에 만족한다고 생각한다면야 뭐라 할 말은 없지만 그것으로 끝일까? 평생을 살아온 그대의 삶에 참으로 남는 것은 무엇인가? 망상을 쫓아 살아온 어리석음, 미망으로 사람들을 기망한 위선과 가식, 교회라는 허구 속에서 체험한 무의미한 추억의 잔재들, 통장에 남은 돈 몇 푼, 허상으로 끝나버린 인생!

분명 그대가 신이라는 것이 인간 상상의 산물이라는 것을 일찍 깨달았다면 그런 무의미한 삶에 자신의 인생을 내던져 허비하는 어리석음을 선택하지는 않았을 것이네. 보통 사람들이 그렇게 살듯이, 자신의 역량과 열정을 보다 좋은 몫에 쏟아 부어 누군가에게 의미가 되는 삶을 살았을 것일세. 하지만 없는 것을 있다고 상상하면서 자기만족에 취해 한평생 소모적으로 살아온 인생, 지금 그대의 삶에는 허풍과 허세와 허비, 무의미, 무가치만이 있을 뿐 '인생 자체'가 없다는 것에 연민과 동정을 갖지 않을 수 없네. 허깨비를 쫓아온 것 외에 그대의 인생에 뭐가 있는가? 무엇이 남을 것인가?

놓치는 것에 대한 두려움 때문에 신은 고대 원시 신화가 만들어 낸 허상이라는 것을 인정하고 싶지 않을 것일세. 믿고 믿어서 여기까지 왔는데, 믿었던 열정과 삶의 노력이 무효가 될까 봐서 인정하지 못하는 심리를 이해하지 못하는 것은 아니야. 지금까지 살아온 인생이 포말처럼 부서져 사라지고 연기처럼 흩어지는 헛된 것이 되어 버려 손해 보는 것 같은 느낌을 인정하고 싶지 않아서 그냥 안주하려는 심정을 갖는 것을 헤아리지 못함도 아니네. 하지만 그렇다고 해서 없는 신이 갑자기 존재하게 되는 것은 아니니 정해진 결론을 뒤바꿀 수는 없네. 신은 없고, 신이 없으니 구원도 없고, 영생이라는 것도 없지. 그런 것들은 종교적 환상, 관념적 상상놀이 속에서나 가능한 것들이야. 그러니 사제로 살아온 삶도 아무런 의미가 없는 것이지. 끝내 자기변명의 그늘에 숨어서 그래도 사제로 살아 충분히 행복했고 즐겁고 보람된 인생이었다고 위안 삼는 것은 본인 마음이겠지만, 망상을 벗어나 진솔한 자신의 모습과 자신의 인생을 더 늦지 않게 찾을 수 있기를 바라는 마음이네. 날조된 가설로 타인을 기만하여 누리는 명성이나 생계는 비열한 작태일 따름이고, 그 무엇보다 가식이나 위선이 아니라 '품위 있는 인격의 완성자'라는 기준에 비추어진 자신의 모습에서 행복감을 느끼는 인품의 소유자로 우뚝 설 수 있기를 바라네."

삶의 가치

인류의 역사는 곧 종교와 신앙의 역사라고 해도 과언이 아닐 만큼, 인류 역사 초기부터 각기 다양한 민족의 역사와 문화 안에서 신을 숭배하는 신앙과 종교전통들이 생성과 소멸의 과정을 겪으면서 이어져 내려왔다. 그리고 각각의 확립된 신 숭배와 종교전통들은 인간의 의식과 사고, 가치관 정립에 영향을 미치며 각기 다른 삶의 형태를 표출하는 요소로 작용하고, 다양한 문화와 문명 형성의 동기 및 토대가 되었으며, 때로는 반목과 갈등의 요인이 되어 역사를 분쟁과 살육, 혼란과 상처로 물들이며 역사의 한 축을 담당해 왔다. 그런데 신이 존재한다고 말하는 유신론자들의 주장은 참인가? 신은 인간의 삶에 관여하며, 인간 불멸의 욕망에 대한 답을 제공하는가?

지금까지 인류 역사 안에서 자신의 존재성이나 정체성을 드러낸 신은 없으며, 신이 존재한다는 선언적인 주장과 신 존재에 대한 가정적인 추론만 난무할 뿐, 신이 존재한다는 납득 가능한 근거 또한 제시되지 못했다. 이것은 실재성을 지닌 궁극적 실재로서의 신은 존재하지 않으며, 신은 어떤 초월적인 존재가 있으리라 추정하고 상상한 인간의 산물, 관념에 불과한 것이라는 반증으로 볼 수 있다. 신은 존재하지 않으므로 스스로 자신의 존재성을 드러낼 수 없고, 더불어 신에 대한 인간의 직접적인 체험이 불가능하므로 신 존재의 근거도 제시될 수 없는 것이다.

혹자는 신은 마음의 눈으로만 볼 수 있다고 말하기도 한다. 하지만 자신의 내면에서 신을 보려고 해도, 다양한 감각이나 여러 가지 생각 또는 느낌이 떠오르는 것을 알 수는 있겠지만 신은 보이지 않을 것이다. 그러다가 차츰 종교 그림이나 영화에서 보았던 어떤 인물이나 자상한 얼굴에 하얀 수염을 기른 멋진 할아버지를 떠올리거나, 혹은 어떤 추상적인 이미지나 형상이 없는 어떤 대상을 생각 속에서 객관화시켜 신으로 의식할 것이다. 그 대상, 자신이 상상 속에서 신이라고 떠올린 이미지의 존재와 쌍방 간 인격적이고 실제적인 통교는 이루어지는가? 신과의 직접적인 통교나 교감이 이루어진다고 여기는 것은 종교적 환상이 빚어낸 망상일 뿐이다.

사실 인간은 죽음에 대한 두려움과 불멸에 대한 갈망에서 신이라는 가상의 존재를 상상했고, 피라미드를 만들었으며, 미이라 장례 문화를 고안해 냈다. 고대 근동의 다양한 문명은 '영혼'이라는 가상 실체를 인간의 본질로 가정하여 인간의 불멸성을 주장했고, 영혼을 구원해줄 신을 상상했다. 하지만 지금까지 영혼이 존재한다는 근거는 물론 인간에게 영혼이 필요한 이유나 영혼의 존재를 받아들여야 할 그 어떤 타당한 이론도 제시되지 못한 까닭에 영혼에 대한 사유는 정설로 인정되지 않는다.

상황이 이러함에도, 가톨릭은 지능이 발달한 인간 상상의 부산물에 불과한 신과 영혼이 실재하는 실체라고 주장하고, 그 신이 인류의 역사를 자신의 의지대로 이끌어 가며, 인간 개개인의 생성과 소멸에 관여한다고 강변한다. 그리고 인간의 영혼은 육체 사후에도 살아남아 영생을 누리게 된다고 주장한다. 하지만 가상의 존재를 전제한 가톨릭의 주장은 상상과 추측성 가설의 범주를 넘지 못한다.

진화의 관점에서 보면, 신이 존재하고 그 신이 인간을 중심이자 정점으로 우주와 세상을 창조한 것이라는 가톨릭의 주장이 비합리적인 논리라는 것을 쉽게 확인할 수 있다. 어느 날 우연히 자연이 빚어낸 최초의 한 생명체에서 분류되어 진화한 생태계의 모든 생명체는 자신이 처한 여건과 환경에서 생존에 필요한 최상의 모습으로 진화해 왔고 또 진화해 나갈 것이다. 인간도 지구에 존재하는 모든 생명체와 다를 바 없는 방식으로 우연히 발현하여 생존에 필요한 최고의 조건을 갖추어 가는 모습으로 진화해 왔다. 인간은 신의 창조물이 아닌 것이다. 그리고 인간은 자연의 산물이므로 자연의 순리에 따라 생물학적인 죽음을 맞게 된다. 현대 과학과 의학이 죽음을 기술적인 문제로 파악하여 인간의 수명을 연장시키기 위한 다양한 노력을 기울이고 있기는 하지만 죽음 자체를 막을 수는 없을 것이다. 죽음은 존재하는 생명체의 피할 수 없는 필연적인 귀결이자, 지극히 우연적이고 자연적인 현상이다. 존재의 생성과 소멸은 우주 외부의 어떤 제3자에 의해 조종되는 것이 아니다.

죽음의 속성은 무엇인가? 죽음은 한 개체의 완전한 소멸이며 무(無)로의 귀환이다. 그리고 인간은 누구도 죽음 이후, 존재에서 비존재 상태로 전환된 상황에서 어떤 일이 일어나는지 알지 못하고 알 수도 없다. 죽음으로 의식과 이성 작용이 정지되고 죽은 이는 해체되고 없어져 비존재가 되기 때문이다. 인간은 죽음으로 자기 존재의 모든 것이 무효가 되고 소멸된다는 상실감 때문에 죽음을 무서운 것, 나쁜 것으로 인식하게 되고,

죽음이 안겨 주는 단절에서 벗어나 영원히 살고자 하는 불멸의 욕망을 갖는다. 죽음에 대한 고대인들의 인식도 현대인들의 인식과 별반 다르지 않았다. 그래서 고대부터 영원히 살고 싶어 하는 인간의 욕망은 불멸에 대한 다양한 사유를 전개시켜 왔다.

신이 존재하고 신으로부터 부여받는다는 영원한 생명이 있다면 참으로 좋은 일일 것이다. 하지만 신 존재나 영원한 삶이라는 것은 기대와 상상 속에서만 가능한 일이다. 가톨릭이 예수가 그리스도라고 외치고 신이 영생의 은총을 내린다고 주장한다고 해서 상상이 현실이 되는 것은 아니며, 존재하지 않는 가상의 실재인 신이 실체적으로 존재하게 되는 것도 아니다. 또 실체가 없는 비물질적 영적 존재라는 영혼이 사람의 성품과 기억과 삶의 흔적을 고스란히 간직하고 불멸한다는 비실재적이고 비합리적인 논리는 상상력이 빈약한 이들이 만들어 낸 설득력 없는 공상일 뿐이며, 영생이 있다고 해도 그것은 현재의 자신과는 무관하다. 죽음은 존재와 관련된 모든 것과의 단절이며 소멸이기 때문에 죽음 이후의 상황은 현재의 자신과는 무관하게 전개되는 또 다른 차원의 실재일 것이기 때문이다. 죽었다면 그것으로부터 상상할 만한 것은 아무것도 없다. 따라서 실체도 없는 영생을 담보한다는 종교전통의 주장에 현혹되어 쓸모없는 죄의식으로 자신을 억압하며 살아야 할 이유도, 종교가 신앙의 이름으로 준수를 강요하는 계율에 얽매인 종속적이며 부자유적인 삶을 살아야 할 까닭도 없다.

자연의 선물로 주어진 인생은 단 한 번뿐이고, 우리가 살아 있는 삶의 순간을 영원이라는 시간에 견준다면 찰나에 잠시 머무는 것에 지나지 않는다. 그리고 신은 공상의 산물이며 실재성이 없는 관념일 따름이므로, 죽음 이후의 내세나 신이 부여하는 사후 영생이 있다고 주장하는 모든 종교전통의 주장은 허위다. 그래서 우리네 삶은 자연의 순행 안에서 우연히 주어진 것이며, 때가 되어 스러지면 영원으로 사라지는 것이 지극히 자연스러운 일이라는 사실을 — 인정하고 받아들이기에는 너무도 아프고 허망해서 부정하고 싶은 마음이 앞서겠지만 — 초연한 마음으로 겸허하게 받아들이고, 살아 있는 자체를 소중히 여기고 감사히 여기는 삶의 자세가 요청된다. 허상의 신과 종교라는 헛된 미망에 사로잡혀 그나마 짧기만 한 시간과 인생을 어리석게 허비하고 종교에 예속된 정서·심리적 노예로 끌려다니는 우를 범하지 않고, 주체적으로 살아가는 자기다움의 삶을 향유하는 것이 가치 있는 삶이며 가장 인간다운 삶의 자세라는 인생관을 갖는 슬기가 필요한 것이다.

우리는 6백여 년 전에 한글을 창제하고 선정을 펼쳤다는 세종대왕, 이름이 '이 도'인 한 인간으로서의 그에 대해서 그 무엇도 알지 못한다. 한 인간으로서의 그의 아픔과 슬픔, 번뇌나 갈등, 그가 사랑에 대해 어떻게 생각했고, 죽음에 대해 어떤 인식을 가졌는지, 낙엽 지는 가을에는 어떤 감상을 갖게 되었는지 등에 대해 알지 못한다. 또한 우리는 우리 세대 이후의 시대를 살아갈 미래의 후손들에 대해 알지 못한다. 그들은 어떤 환경과 문화 속에서 살아가게 될지, 그들은 하늘의 별과 달을 보면서 어떤 느낌을 받고 어떤 생각을 하게 될지 상상할 수도 없다. 서로 비껴가는 인생인 까닭이다.

우리는 과거에 살지도 않았고, 미래에 살지도 않을 것이다. 그리고 우리의 삶은 번복되거나 되풀이될 수 없으므로, 우리 이전에 존재했던 모든 인생이 그러했듯이 한순간의 시간 속에 잠시 머물다가 역사의 뒤편으로 영원히 사라지게 될 것이다. 그리고 우리가 그들을 기억하지 못하듯이, 세월이 흐르면 그 누구도 우리가 지구에 태어나 살다가 사라졌다는 사실 자체도 알지 못할 것이다. 그래서 우리에게는 그 영원의 시간 속에 '지금 여기에' 주어진 단 한 번의 삶이 그 무엇보다 소중하고, '지금 여기서' 우연히 만나 함께 시간과 삶을 공유하는 동료 인간들이 무한히 소중할 수밖에 없다.

우리의 삶은 하늘 저 멀리 허상의 모래성에 불과한 영생을 준비하도록 주어진 것이 결코 아니다. 자연의 이치와 순리에 따라 부모님과 자연에 의해 참으로 우연히 선물처럼 주어진 삶, 살아 있음의 기쁨을 누리고 향유하는 기회를 얻어 살게 된 것이다. 따라서 우리가 삶을 대하는 진지한 자세는, 생명이라는 기쁨과 행복을 경험할 기회를 주신 부모님과 자연에 감사하고, 우리의 부모들이 그러셨듯이 또 다른 누구인 자신의 후세에게 생명을 향유하는 기쁨을 누릴 기회를 부여하고 그가 인류의 존속과 번영을 위해 기여하도록 돕는 것, 그리고 자신에게 주어진 삶의 자리[場]에서 미약하나마 세상의 발전과 동료 인간 누군가에게 유익함을 주는 일에 기여하는 것을 우리에게 주어진 삶의 숙명이자 가장 거룩한 과업으로 여기는 것이라 할 것이다. 따라서 한 번뿐이며 찰나에 불과한 인생이지만, 삶에 주어진 숙명과 과업을 수행하며 진지한 모습으로 살아왔다면, 그는 그렇게 살아온 자신에게 긍지와 자부심을 갖는 멋진 인생을 살아 낸 위인(偉人)이라고 할 것이다. 최소한 인생의 허무감을 달래기 위해 허상과 허구에 의지하는 어리석음에 빠지는 우를 범하지 않은 슬기를 갖춘 것만으로도 그는 훌륭한 인생을 살았다고 평할 수 있다.

속세의 삶이 내세에서 한 자리를 차지하기 위한 '시험의 기간'이며 '속죄의 현장'이라고 믿는 사람이 있다면, 그는 현실과 동떨어진 뜬구름 같은 몽상 속에 살아갈 것이므로 현세의 삶 그 어디서도 행복을 찾지 못하고, 순간순간의 삶의 가치를 소중히 여기는 마음도 갖지 못할 것이다. 뿐만 아니라 미래에 주어질 지복만을 기다리는 불멸주의자들은 절대 '지금의 가치'를 이해하지 못하고, '현재의 소중함'을 느끼지 못할 것이며, 가장 행복한 삶은 후회 없는 죽음을 맞는 것임도 알지 못할 것이다.

인간은 삶의 모든 것의 영원한 끝인 '죽음'이 있다는 것을 아는 까닭에 오늘, 그리고 지금 여기서 최선을 다하며 살아간다. 죽음만이 우리의 모든 활동을 가치 있게 만들어 준다. 죽음이 있기에 우리의 선택은 다급하고 그래서 중요하다. 내일에는 새로운 경험을 할 수 없을지도 모른다는 생각에 오늘의 경험과 느낌과 감정을 소중히 여기고 보다 자기다운 모습을 갖추기 위해 노력한다. 그리고 동시대를 살아가며 각 분야에서 인류 모두의 삶의 풍요로움을 위해 노력하는 동료 인간에 대한 감사의 마음을 갖는다. 결국 죽음이 인간을 인간답게 만들고, 인간을 위대하고 존귀한 존재로 만든다.

우리는 죽는다. 그래서 삶은 좋은 것이며 잘 살아야 한다. 셸리 케이건은 말한다. "우리는 죽는다. 우리가 죽음을 제대로 인식한다면 보다 절실한 마음으로 인생을 어떻게 살아야 하는지에 대한 행복한 고민을 할 수 있다. 그리고 삶은 좋은 것이며 얼마든지 더 좋은 것으로 만들 수 있기 때문에 인생을 보다 가치 있게 만들려는 노력 그 자체가 의미가 있다."[1] 에피쿠로스의 말을 되새겨 볼 필요도 있다. "우리가 존재하는 동안에 죽음은 존재하지 않는다. 죽음은 살아 있는 자와는 함께하지 않으며, 죽은 자는 이미 존재하지 않기 때문이다. 우리는 죽음을 바라보지도 경험하지도 않을 것이다. 죽음은 곧 모든 경험의 끝을 의미하기 때문이다. 따라서 죽

---

1 『죽음이란 무엇인가』, p. 507.

음이 우리에게 아무런 의미가 없다는 사실을 깨달으면 인생이 즐거워진다."[2] 그래서 우리는 숨 쉬고 살아 있는 '지금 여기'에서 자유로워야 하고 행복해야 하고 선택해야 한다. 내일은 없다!

천상병 시인이 영생을 믿었는지는 알 수 없지만, 현실 삶 자체가 아름다움이라는 것을 일깨워 주는 혜안을 지닌 시인이었다는 생각에 그의 시 「귀천(歸天)」으로 글을 마무리한다.

나 하늘로 돌아가리라
새벽빛 와 닿으면 스러지는
이슬 더불어 손에 손을 잡고,

나 하늘로 돌아가리라
노을빛 함께 단둘이서
기슭에서 놀다가 구름 손짓하면은,

나 하늘로 돌아가리라
아름다운 이 세상 소풍 끝나는 날,
가서, 아름다웠다고 말하리라……

◆——◆——◆

2　『불멸에 관하여』, p. 368.

【 참고도서 】

• 『공동번역성서』, 대한성서공회.

• 『성경』, 한국천주교중앙협의회.

• 『1.4킬로그램의 우주, 뇌』, 정용 외, 사이언스북스, 2016.

• 『가톨릭교회 교리서』, 한국천주교중앙협의회, 2008.

• 『고대 근동의 신화와 종교』, 강성열 저, 살림, 2017.

• 『고대 문명의 이해』, 브라이언 페이건 · 리스토퍼 스카레 저, 이청규 역, 사회평론, 2015.

• 『고대 신화와 신비주의의 세계』, 이준섭 저, 고려대학교출판부, 2006.

• 『고딕, 불멸의 아름다움』, 사카이 마케시 저, 이경덕 역, 다른세상, 2009.

• 『교회사』, 광주가톨릭대학, 광주가톨릭대학편집부, 1985.

• 『구약성서의 이해』, 버나드 W. 앤더슨 저, 제석봉 역, 바오로딸, 1983.

• 『그리스도의 생애』, 풀톤 J. 쉰 저, 강연중 역, 성요셉출판사, 1993.

• 『그리스도교의 본질』, 루트비히 포이어바흐 저, 강대석 역, 한길사, 2008.

• 『그리스도와 구원』, 심상태 저, 성바오로출판사, 1981.

• 『그런 하느님은 원래 없다』, 한광석 저, 가톨릭출판사, 2020.

• 『노동, 성, 권력』, 윌리 톰슨 저, 우진하 역, 문학사상, 2017.

• 『뇌의 진화, 신의 출현』, E.플러 토리 저, 유나영 역, 갈마바람, 2019.

• 『니체』, 정동호 저, 책세상, 2017.

- 『디오니소스의 귀환』, 이동용 저, 이담, 2018.

- 『라틴아메리카 역사』, 이강혁 저, 가람기획, 2008.

- 『러셀 서양철학사』, 버트란드 러셀 저, 서상복 역, 을유문화사, 2020.

- 『마야문명의 신비—아즈테카』, 정지성 저, 도서출판 한백, 1999.

- 『만들어진 신』, 리처드 도킨스 저, 이한음 역, 김영사, 2007.

- 『말을 듣지 않는 남자 지도를 읽지 못하는 여자』, 앨런 피즈 · 바바라 피즈 저, 이종인역, 가야넷, 2000.

- 『문화의 수수께끼』, 마빈 해리스 저, 박종렬 역, 한길사, 2020.

- 『믿음의 탄생』, 마이클 셔머 저, 김소희 역, 지식갤러리, 2012.

- 『바보의 세계』, 장프랑스아 마르미옹 저, 박효은 역, 윌북, 2021.

- 『불멸에 관하여』, 스티븐 케이브 저, 박세연 역, 엘도라도, 2015.

- 『사피엔스』, 유발 하라리 저, 조현욱 역, 김영사, 2015.

- 『살아남은 로마—비잔틴제국』, 이노우에 고이치 저, 이경덕 역, 다른세상, 2010.

- 『샤머니즘의 세계』, 우노 하르바 저, 박재양 역, 보고사, 2014.

- 『서양철학사』, 스털링 P. 램프레히트 저, 김태길 역, 을유문화사, 2008.

- 『성경의 탄생』, 존 드레인 저, 서희연 역, 옥당, 2011.

- 『성서입문』, 정태현 저, 일과놀이, 2000.

- 『성혈과 성배』, 마이클 베이전트 저, 이정임 역, 자음과 모음, 2005.

- 『세계의 신화 전설』, 요시다 아츠히코 저, 하선미 역, 혜원, 2010.

- 『세상을 알라』, 리하르트 다비트 프레히트 저, 박종대 역, 열린책들, 2021.

- 『쉽고 재미있는 인류 이야기』, 제임스 C. 데이비스 저, 이남규 역, 기파랑, 2009.

- 『시작』, 아이작 아시모프 저, 서광태 · 천희상 역, 세계인, 1995.

- 『신, 만들어진 위험』, 리처드 도킨스 저, 김명주 역, 김영사, 2021.

- 『신성로마제국』, 기쿠치 요시오 저, 이경덕 역, 다른세상, 2010.

- 『신의 발명』, 나카자와 신이치 저, 김옥희 역, 동아시아, 2005.

- 『신화의 힘』, 조셉 캠벨 · 빌 모이어스 저, 이윤기 역, 21세기북스, 2021.

- 『알기 쉬운 문화 인류학』, 아야베 쓰네오 · 구와야마 다카미 저, 황달기 역, 계명대학교출판부, 2012.

- 『야뽁강을 넘어서』, 송봉모 저, 바오로딸, 2002.

- 『역사를 바꾼 성 이야기』, 리수충 저, 주은주 역, 시그마북스, 2010.

- 『역사용어사전』, 서울대 역사연구소, 서울대출판문화원, 2015.

- 『역사적인 민족 유대인』, 안진태 저, 새문사, 2011.

- 『영성신학』, 조던 오먼 저, 이홍근 역, 분도출판사, 1987.

- 『영웅들의 세계사』, 폴 존슨 저, 왕수민 역, 웅진지식하우스, 2009.

- 『영혼과 자아의 성장과 몰락』, 레이먼드 마틴 저, 마리 오 역, 영림카디널, 2008.

- 『예수는 신화다』, 티모시 프리크, 피터 갠디 저, 송영조 역, 미지북스, 2017.

- 『예수와 역사』, 샤를르 뻬로 저, 박상래 역, 가톨릭출판사, 1985.

- 『오래된 대답』, 조규만 저, 가톨릭출판사, 2019.

- 『유대 고대사』 2권, 요셉푸스 저, 김지찬 역, 생명의 말씀사, 2020.

- 『이것이 영지주의다』, 스티븐 휠러 저, 이재길 역, 샨티, 2019.

- 『이야기 세계사』, 김경묵·우종익 편저, 청아출판사, 1985.

- 『이집트 신화』, 베로니카 이온스 저, 심재훈 역, 범우사, 2020.

- 『인간의 흑역사』, 톰 필립스 저, 홍한결 역, 윌북, 2019.

- 『정신분석 입문』, 지그문트 프로이트 저, 김양순 역, 동서문화사, 2017.

- 『제2차 바티칸 공의회 문헌』, 한국천주교중앙협의회, 1985.

- 『종교는 왜 멸망하지 않는가』, 울리히 슈나벨 저, 이지혜 역, 열린세상, 2013.

- 『종교는 필요한가』, 버트란드 러셀 저, 이재황 역, 범우사, 1987.

- 『종교와 세계관』, 니니안 스마트 저, 김윤성 역, 이학사, 2017.

- 『종교의 이해』, 리차드 컴스탁 저, 윤원철 역, 지식과 교양, 2017.

- 『종교의 철학적 의미』, 마이클 피터슨 저, 하종호 역, 이화여대출판문화원, 2017.

- 『죽음이란 무엇인가』, 셸리 케이건 저, 박세연 역, 엘도라도, 2012.

- 『죽음이란 무엇인가』, 한국종교학회 편, 창, 2009.

- 『지구이야기』, 로버트 M. 헤이즌 저, 김미선 역, 뿌리와 이파리, 2014.

- 『지리의 힘, 2』, 팀 마샬 저, 김미선 역, 사이, 2022.

- 『진화란 무엇인가』, 에른스트 마이어 저, 임지원 역, 사이언스북스, 2013.

- 『초대 그리스도교와 영지주의』, 조재형 저, 동연, 2020.

- 『축의 시대』, 카렌 암스트롱 저, 정영목 역, 교양인, 2010.

- 『티마이오스』, 플라톤 저, 김유석 역, 아카넷, 2019.

- 『페르시아의 종교』, 유흥태 저, 살림, 2017.

- 『플라톤의 대화편』, 플라톤 저, 최명관 역, 창, 2015.

- 『하늘과 땅의 지배자 교황들』, 한스 크리스티안 후프 저, 김수은 역, 동화출판사, 2009.

- 『한국 종교사상사』, 이대근 저, 가톨릭출판사, 2014.

- 『호모 데우스』, 유발 하라리 저, 김명주 역, 김영사, 2017.